古墳と寺院

琵琶湖をめぐる古代王権

田中勝弘

目次

まえがき

第一章　大和政権と近江の古墳

第一節　前方後方墳の時代……10
一．祭祀の変貌……10
二．弥生の墓から古墳へ……12
三．前方後方墳の時代……20

第二節　前方後円墳の時代……27
一．前方後円墳体制の確立……27
二．近江の古墳時代前期……41

第三節　「倭の五王」の時代……54
一．「倭の五王」の時代へ……54
二．湖北の古墳（高時川・姉川・天野川流域）……59
三．湖西の古墳（安曇川流域）……65
四．湖東の古墳（犬上川・愛知川・日野川流域）……70

五．湖南の古墳（野洲川中流域）……79
六．湖南の古墳（野洲川下流域）……91
七．湖南の古墳（湖南低地）……102
八．南湖西岸の古墳……106
九．「倭の五王」と近江の首長たち……109
一〇．「倭の五王」と方墳……112
一一．「倭の五王」の終焉……122

第四節　継体大王の出現
一．継体大王の擁立……126
二．琵琶湖水運と地方勢力……128
三．「近江毛野臣」と野洲川流域の古墳……161

第五節　古墳時代から律令体制へ……167
一．横穴式石室の受容と展開……167
二．群集墳の形成……180
三．群集墳と職能集団……187
四．渡来系氏族の足跡の事例……200
五．古墳時代の終焉に向けて……207

第二章　宮都と近江の古代寺院

第一節　近江大津宮と古代寺院……216
一．近江大津宮遷都と寺院の建立……216
二．近江大津宮遷都とその背景……226
第二節　壬申の乱と古代寺院……230
一．壬申の乱……230
二．藤原京と寺院の建立……240
三．壬申の乱と寺院の建立……250
第三節　平城京遷都と地方寺院……274
一．平城京遷都……274
二．地方寺院の荒廃―近江湖北地方の事例―……277
三．仏教政策の転換……301
第四節　律令国家と古代寺院……307
一．律令体制と地方組織……307
二．聖武天皇と東国行幸……321
三．三都制の実現……356

第五節　甲賀寺と国分寺 …… 378
一．「史跡紫香楽宮跡」と「甲賀寺」 …… 378
二．「史跡紫香楽宮跡」と「甲賀宮国分寺」 …… 389

第六節　保良宮 …… 401
一．保良宮の造営 …… 401
二．石山国分遺跡と関津遺跡の発掘調査 …… 404
三．恵美押勝の乱と廃都 …… 410

第七節　平安京遷都と古代寺院 …… 412
一．桓武天皇と平安仏教 …… 412
二．梵釈寺 …… 416
三．宮都と古代寺院 …… 421

一考古学徒の足跡―あとがきにかえて …… 423

注 …… 429

挿図・写真引用文献等 …… 454

まえがき

古代社会においては、専制的な権力を持つ家父長により統率された家族が、何らかの血縁関係、また、非血縁を含めて集まり、同族集団を形成していました。この集団を氏《うじ》と呼んでいます。氏は、族長の地位にある者に統率され、同じ氏神を祭り、経済的な基盤として田地などを指す田荘《たどころ》、農漁民、特殊技能者などの部民《べみん》を私有・管理する支配階級の単位だったのです。ここでいう「王権」は、その氏という集団やその集団の族長個人が持つ権力、また、その権力が及ぶ範囲などの意味で使っています。

近江の場合、王権は弥生時代後期に明確になり、その象徴として前方後方墳が築かれます。同じ頃、前方後円墳を築く大和などの畿内の王権が抜け出して優位に立ち、やがて、その頂点に立つ大王権が形成され、全国にその覇権を及ぼし始めます。古墳時代前期は、その大王の覇権が、弥生時代からの伝統的な地方王権の消長に大きな影響を及ぼした時代なのです。当然その影響は近江の王権にも及び、彼らが築く墳墓の動向からは、大王の覇権が近江を経由して北陸や東国方面に及んで行く様子を読みとることができるのです。

古墳時代中期には、中国王朝の保証を得ることで大王権の国際的な地位を高め、国内的には、大王を頂点とする政治体制を整え始めた「倭の五王」の時代が訪れます。各地の王権は、この政治的な枠組みの中に組み込まれることで保障されました。近江の各河川流域をエリアとして形成される多数の新旧の古墳群からは、大王権の地方支配が地方の王権を通じて隅々にまで及んでいった様子をうかがうことができます。また、近江を始めとする近畿地方の方墳からは、一方で大王が直轄的に行った地方支配の在り方が追求できます。

古墳時代中期末から後期初頭頃には、雄略大王の時に吉備、播磨、伊勢、継体大王期に筑紫と地方の伝統的な有力王権の討伐が続き、畿外の有力王権との連合的な体制が打破され、大王を中心とする中央集権体制へと大きく前進します。とくに継体大王の出現を契機に、山背、摂津に加えて、越前、尾張、近江などを中心とした地方王権の新たな台頭が実現し、王権を通した地方の支配体制が大きく変換して行くことになります。このことについては、地方王権の勢力分布の変化を示す前方後円墳体制の再編成ともいうべき現象と、次いでやってくる王権の象徴であった前方後円墳築造の終焉、替わって現れる氏族の一般成員の墳墓である群集墳の出現という考古学的事象からうかがうことができます。

大王を頂点とする中央集権的な国家作りは、六四五年の大化の改新を経て、天智天皇の近江令、天武天皇の浄御原令、そして七〇一年の大宝律令の制定で完成します。この頃、「大王」の称号が「天皇」に変わりました。畿内の有力王権は中央官僚となり、地方の王権は、公地公民の律令体制の中でその私的支配権や世襲権はなくなりましたが、律令官人体制のもとで地方官人としての政治的立場は残されました。また、鎮護国家の名の下で仏教が保護され、優遇策を以て寺院の建立が奨励されました。近江には六〇を超す白鳳時代の寺院跡が存在します。崇福寺など少数の天皇勅願の寺を除く大多数が氏寺で、寺院が古墳に変わり王権の存在を示す新たな象徴となったのです。この寺院の建立と廃絶の歴史が、大化の改新後に続く近江を舞台とした一連の歴史的事象と密接な関連を持つのです。

六六七年の天智天皇による近江大津宮遷都では、宮を囲う一つの勅願寺と三つの氏寺が遷都の意図を解明する糸口になるとして研究が進んでいます。六七二年に勃発した天智天皇の後継をめぐる壬申の乱では、川原寺や藤原宮などとの関わりのある屋瓦を持つ寺院の分布などから、乱後の論功行賞を含めた地方王権への対策がうかがえます。恭仁京遷都を目論む聖武天皇の七四〇年の東国行幸は、その行程が壬申の乱の時の天武天皇の経路をたどっているだけではなく、近江での頓宮の設営が乱に関わった氏寺と密接に関係しており、後々まで乱の影響が及んでいることを知ることができるのです。大仏造立を願って造営された紫香楽宮に関しては、「推定甲賀寺跡」の発掘調査の成果から、大仏造立と甲賀寺の建立、さらには、甲賀寺と甲賀宮国分寺との関係、また、第二次近江国分寺の問題について私論を述べました。

近江で六〇余カ所も数えた白鳳寺院も、平城京遷都頃には、政府の意に反して私利私欲のための具となり、各地で荒廃する寺院が増加します。近江国司であった藤原武智麻呂の荒廃寺院を統廃合するという提言は近江の実態に基づくもので、これまでの積極的な寺院建立の奨励策を大きく転換させました。事例的に取り上げた近江湖北地方の古代寺院の建立と廃絶の経緯は、この政策転換による実態を如実に示していると考えています。七五九年に開始された保良宮の造営、近江国庁を始めその周辺の諸官衙の再整備、石山寺や瀬田廃寺跡などの堂塔の改修などは、やはり近江国司でもあった藤原仲麻呂の専制を象徴しています。長岡・平安京と遷都した桓武天皇は、律令体制の弛緩と奈良仏教の堕落に対する改革を積極的に推し進めました。とくに、仏教は世俗と分離され、最澄の将来した天台宗、空海の真言宗を中心とした平安仏教を発展させます。近江には、桓武天皇勅願の梵釈寺が建立され、最澄が延暦寺を建立しています。本来の仏教の姿を取り戻すため、各地の堂塔の改修も積極的に推し進めており、近江の古代寺院の中にもその修復の痕跡を見るものがあります。また、平安時代に再び法灯を灯すものも見られます。

近江は、律令時代の東山道に属し、畿内、北陸道、東海道に接するとともに、畿内と各道を結ぶ官道が通過しています。また、広大な琵琶湖が、輸送手段として最も効力を発揮する水運を提供しています。このことから近江は、交通の要衝としての高い評価を受けてきました。交通の要衝であることは、文化・経済の拠点として都市を発展させ、豊富な経済力と豊かな文化を育みます。また、恵まれた農地、漁場、山林を有し、鉄などの豊富な資源を持つ近江は、藤原仲麻呂など藤原姓の有力者たちが歴代の国司として着任しているように、魅力のある国だったのです。近江に多数存在する古墳や寺院跡からは、その豊かさの一端を読み取ることができます。しかし、古墳や寺院跡の持つ歴史性はこのことだけではありません。古代王権が生み出した政治的な記念碑という性格をも合わせ持っているのです。本書では、古墳や寺院跡の持つこの政治的な性格を通して、第一章で、王権の成立から大王を頂点とする中央集権的な律令体制へ向かう古代国家の形成過程、第二章で、天皇を中心とする律令体制の中で大きな位置を占める仏教政策の変化を追ってみました。

文章表現、言葉の定義、考古学や文献史学に対する知識、歴史事象や先学のご高論に対する理解などに一抹の不安を感じますが、一考古学徒の遊学の限界だとご寛容願えれば幸いです。

最後になりましたが、写真掲載を快く承諾していただいた滋賀県教育委員会、大津市教育委員会、高島市教育委員会、多賀町教育委員会、東近江市教育委員会、彦根市教育委員会、米原市教育委員会、滋賀県立安土城考古博物館、栗東歴史民俗博物館、財団法人滋賀県文化財保護協会、京都大学総合博物館、長浜市立びわ中学校、來現寺、出版の労をとっていただいたサンライズ出版の方々に厚くお礼申し上げます。

第一章　大和政権と近江の古墳

第一節　前方後方墳の時代

一・祭祀の変貌

㈠　弥生時代祭祀の終焉

かつて、滋賀県立安土城考古博物館の春季特別展で、平成六年度に「弥生の祈り人—よみがえる農耕祭祀—」(注1)、平成八年度に「墓と弥生時代」(注2)と二つの展覧会を企画したことがあります。弥生時代の祭祀と墓制に焦点を当てたものですが、弥生時代から古墳時代への時代の変化を追求することにも大きな目的がありました。

祭祀については、弥生時代中期に盛んに用いられた地域色豊かな祭祀用具が、後期には消滅してしまうという傾向が全国的に認められるようになります。近江でも、安土町大中《だいなか》の湖南《こみなみ》遺跡や中主町湯ノ部《ゆべ》遺跡、草津市烏丸《からすま》崎《ざき》遺跡などから出土している近江特有の木偶《もくぐう》(注3)が中期末頃を最後に見られなくなります。野洲町大岩山遺跡から出土した弥生時代の代表的な祭祀用具であった銅鐸(注4)が、三基を入れ子状態にして埋納されたのも後期の段階です。

㈡　司祭者の登場と墓制への反映

弥生時代中期には、祭りの様子を土器などに描くことが盛んに行われます。題材には、建物などの祭りの場や豊饒を祈って神に奉げられる鹿などのほかに、神のお告げを聞く巫女と祭りを取り仕切る司祭者がよく取り上げられています。

『三国志魏書　東夷伝倭国条』（以下、『魏志倭人伝』[注5]）によると、倭国はもともと男王が各国を治めていたが、二世紀の中頃大いに乱れたので、国々が相談して鬼道に仕える老女卑弥呼を立て、乱れを治めたとあります。卑弥呼は直接神霊と交わり、神がかりになって色々な神託を受けていた巫女で、その彼女を国の祭祀を仕切る女王として君臨させたのです。祭祀が国を統制する役割を持つものであるなら、司祭する人物の力は強大化し、祭祀の主役が神から司祭者へと移つるとともに、やがて政治的にもその地位が重要になってくると予想されます。三世紀中頃に卑弥呼が死ぬと、一時男王を立てたが国中が服従せず乱れたので、再び女王を立てたとあります。このときの女王は卑弥呼の宗女の壱与《いよ》で、わずか一三歳だと記録されています。穿って見れば、国を統一するために傀儡的な女王を立てたと見ることもできます。すなわち、卑弥呼から壱与へと女王が交代する間に、予想が現実のものとなったことを示しているのではないでしょうか。

人々の願いを一身に受けて祭りを執り行ってきた司祭者は、その力を利用して祭祀そのものも変化させます。司祭権を持つものが国の首長として君臨し、信仰の対象を自分に向けさせ、やがて巨大な墓を築き、首長権を継承するための新たな儀式を執り行うようになったと考えられるのです。弥生時代後期の祭祀用具の変遷は、こうした変化に対応するものと思われます。しかし、集落や国の中の特定の人物が権力を握り、集落や国を支配していく様子については、祭祀に関する考古資料だけでは多くを語ってくれません。一方、墓制では、家族や個人が持つ力の差が、墓の形や規模、副葬品の質や量などに、よりはっきりと表されます。

二　弥生の墓から古墳へ（注6）

近江の弥生時代の墓制は、前期から方形周溝墓を基調とし、中期を中心に、格差の少ない等質的な造墓活動が活発に続けられます。後期前半に一時その活動が減少しますが、後期後半には、格差の大きい、階層差のあるものへと変化を見せながら再び盛んに造墓されるようになります。この傾向は畿内およびその周辺での一般的な傾向とされていますが、近江では三つの考古学的な現象・変化として現れています。

(一)　大型方形周溝墓の築造

中期の大型墓

弥生時代後期に見られる造墓活動の変動は、古墳時代へ向けての社会構造の大きな変化の現れと考えられます。すなわち、墓制の上で家族や個人の間に生じた格差・階層差を示すような大きな変化といえるのです。その変化を示す現象の一つに、大型の方形周溝墓の築造があげられます。規模だけに限れば、畿内や北部九州、東海地方などの弥生時代の先進地域において、大阪府瓜生堂遺跡（注7）や加美遺跡（注8）、佐賀県吉野ケ里遺跡（注9）や愛知県朝日遺跡（注10）などに見られるように、早くも中期の段階に絶対的な差を持つ大型の墓が築造されています。しかし、瓜生堂遺跡第二号墓は、三代にわたる夫婦を埋葬し、その間に死亡した子どもや乳幼児なども同じ墳丘の中に葬ったいわば家族墓として築造されています。加美遺跡でも、数世代にわたる家族の人々が葬られています。一四基もの甕棺が見つかっている吉野ケ里遺跡北墳丘墓も特定の個人のための墓ではなく、有力な家族の数世代にわたる墓だったと考えられます。

近江では、守山市服部遺跡[注11]の三六〇基もの方形周溝墓は、大型墓を基点に、数基を列状に連接させたものがいくつも集まって形成されています。一つの墓には大半が一人しか葬られておらず、連接して構成される一つの単位は、数世代にわたる家族の長およびその家族の墓だったと考えられます。大型墓は一辺が二〇mを越しますが、連接するものは規模を暫減させており、その格差は決定的なものとはいえません。また、それぞれの単位、言い換えれば家族の間にも、隔絶するような差を認めることができません。

後期の大型墓

時代が降り、中期でも終わり頃になると、同じ服部遺跡でも、同じ規模の小型方形周溝墓が二、三基ほどで単位を作り、それら数単位が、一辺が小型の二倍ある大型の方形周溝墓の周囲に付随する形で造墓されるようになっています。同じ時期の守山市二の畦・横枕遺跡[注12]などでも同じ状況がうかがえます。このことは、近江でも、集団墓の中から有力な家族が格差を持って造墓を始めたことを物語っています。

後期後半の余呉町桜内遺跡[注13]では、この現象がさらに分布の上からも明確になっています。ここでは、方形周溝墓群が山丘裾部の扇状地形の山手側と低所側との二群に分かれて分布しています。山手側には、溝を接する二～四基ほどの小型の方形周溝墓が四単位以上密集して築造されているのに対し、低所側には、溝を接する二基と単独の一基の大型の方形周溝墓のみが作られています。規模の大小だけではなく、それぞれの墓域をも区別するようになっているのです。

以上のように、畿内や北部九州、東海地方などの先進地域では、弥生時代中期の早い段階から有力な家族が大型の方形周溝墓を築き、同じ墳丘内に数世代にわたる埋葬を行っていました。近江では中期の終わり頃になって、ようやく、有力家族墓の大型化現象が見受けられるようになります。さらに後期後半には、墓域をも区別する事例が発生し、一層各家族間の格差が拡大していく様子を見ることができました。しかし、大型の方形周溝墓を築く段階では、有力家族も共同墓域から抜け出すことができず、さらに有力な個人の出現も認めにくい状況にあります。まして古墳のように独立して築かれることはありません。規模の大型化は有力な家族の成長を物語っていますが、古墳を築くような人物の出現については、これだけでは、十分に説明できないようです。

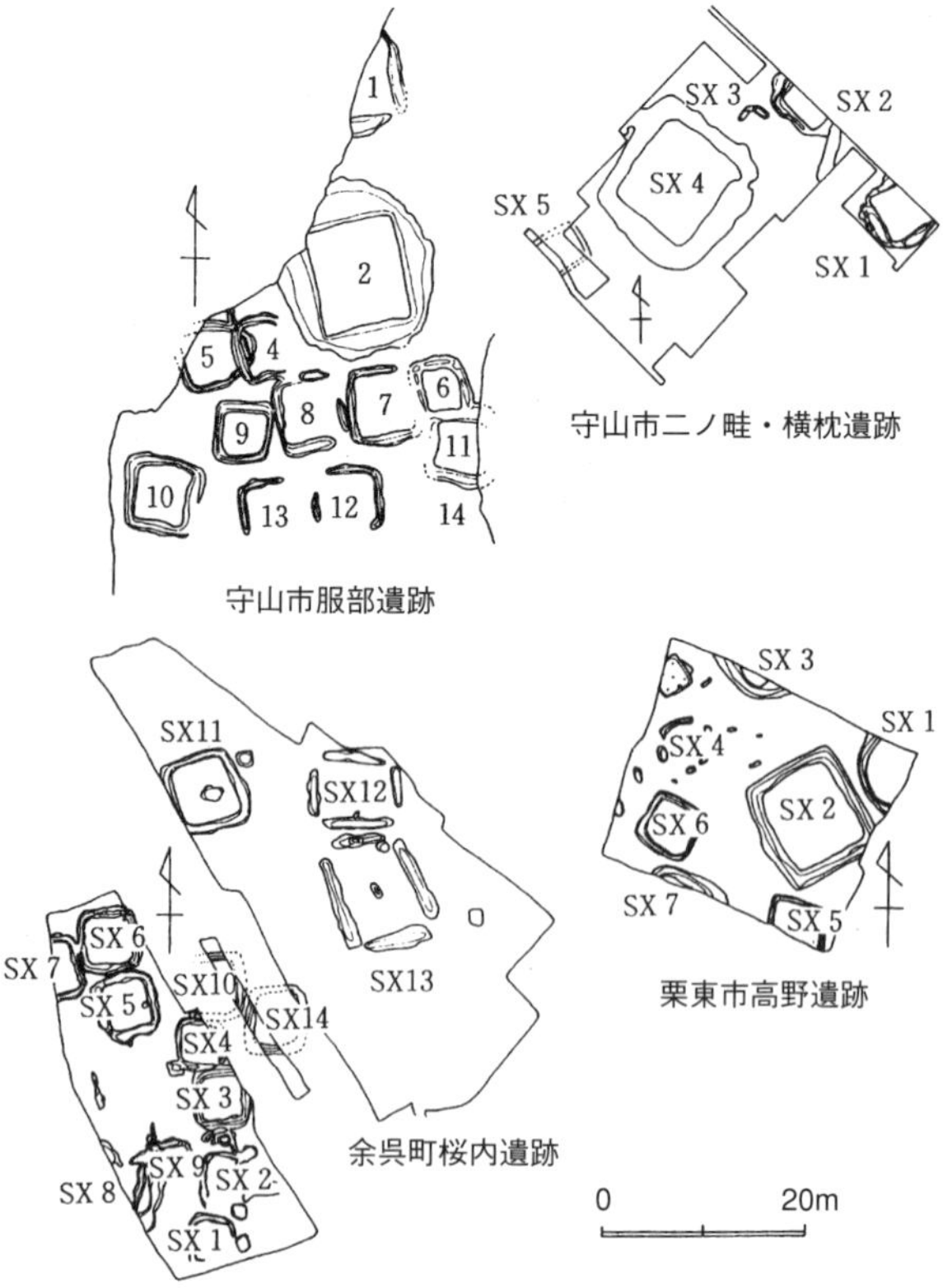

図1．大型方形周溝墓

㈡　円形周溝墓と円墳

円形周溝墓

弥生時代の墓は基本的に方形の区画を持つのですが、この伝統の中にあって、後期には新たに円形墓が築かれ始めます。円形は古墳の基本的な形ですから、古墳時代へ向かう社会構造の変化を示す二つ目の現象として、この円形周溝墓の出現をあげることができます。岡山県や兵庫県などでは後期でも比較的早い段階から見ることができますが、近江では、現在のところ、後期末頃のものが三遺跡で知られているだけです。

長浜市大戌亥《おおいぬい》・鴨田《かもた》遺跡(注14)のものは、全長一八・九ｍで、小さな作り出しのある帆立貝形の円形周溝墓です。ここではこれと並行して三基の小型のものを伴う一辺一五・五～一七・五ｍと同規模の方形周溝墓が並列して築造されていました。円形周溝墓からは、翳形《さしば》・刀形・剣先状・輪状などの祭祀に関係する木製品が多量に出土し、杭や丸太、柱状の木製品もあって、墳丘の上に何か構造物があったのではないかと考えられています。

虎姫町五村《ごむら》遺跡(注15)では、直径二〇ｍの円形周溝の一部を掘り残し、見かけ上の張り出し部分を持つものが検出されています。ここでも鳥形や鋤、鍬、杭、板、角材などの木製品が出土していて、大戌亥・鴨田遺跡と共通した被葬者像が想定できます。また、ここでも、二、三基ごとにまとまりのある方形周溝墓群が見つかっていますが、一辺五～一一ｍ程度と小さく、また、円形周溝墓とは溝で区別された別の区画に分布していました。すなわち、規模や墓域の中で、明らかに方形周溝墓とは区別される存在となっているのです。

近江町西円寺遺跡(注16)の円形周溝墓は、周溝の一部を掘り残した五村遺跡と同じ形態のもので、直径一二ｍの大きさです。木製品などは出土していませんが、周辺に方形周溝墓などが見られず、明らかに他の墳墓群から独立し、単独で築造されています。近くに、後から築かれた方形周溝墓が一基あり、一世代にわたる墓が築かれており、まさに古墳の様相を呈したものといえるものでした。

以上の三遺跡は、ほぼ、同じ時代のものです。まだ発見例は少ないのですが、方形周溝墓と同等に扱われている大戌亥・鴨田遺跡から、方形周溝墓とは明らかに区別され、かつ、規模の上でも方形周溝墓群より優位にある五村遺跡へ、さらに、集団の構成員の墓域から独立して古墳のように築造されている西円寺遺跡へと、弥生の墓から古墳へ変遷していく様子を図式化して表すことができます。しかし、円形周溝墓には、大戌亥・鴨田遺跡や五村遺跡に見られるように、祭祀関係の木製品で墳丘が飾られていたようで、方形周溝墓とは異なる特殊な階層の人物、たとえば、巫女など祭祀に関わる人物が葬られていた可能性があります。

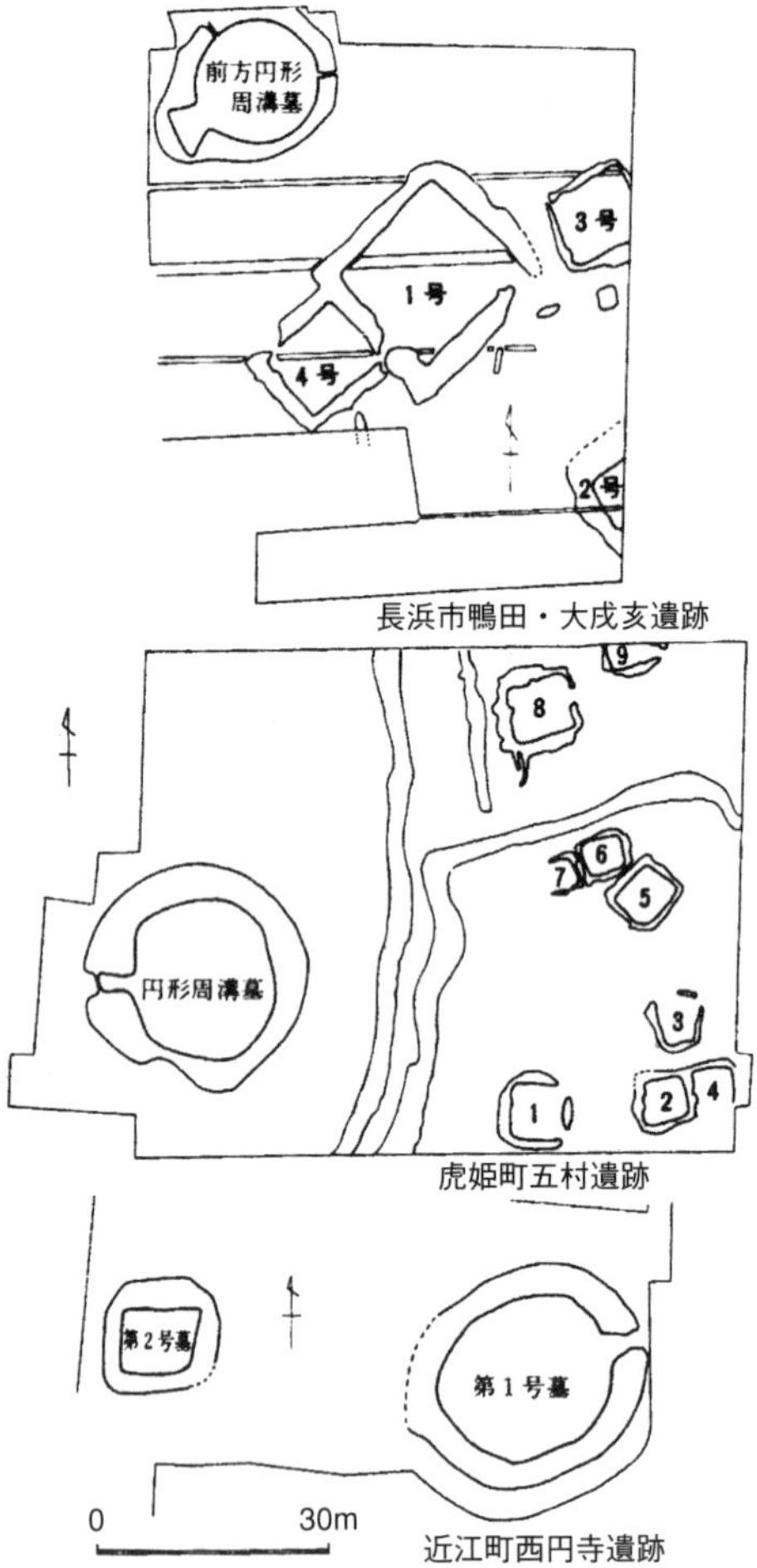

図2．円形周溝墓

円墳

古墳時代の首長たちの墳墓を代表する前方後円墳が、古墳時代前期から中期にかけての頃に全国に波及し、いわば前方後円墳の時代を迎えるのですが、円墳も古墳時代の多数の首長たちに採用されている墳形なのです。近江の古墳時代前期に築かれたと思われる円墳からは、虎姫町丸山古墳(注17)から獣帯鏡《じゅうたいきょう》一面、野洲町古冨波山《ことばやま》古墳(注18)から三面の三角縁神獣鏡、大津市織部古墳(注19)から三角縁神獣鏡が一面、野洲町大岩山《おおいわやま》古墳(注20)や栗東市岡山古墳(注21)からも鏡が出土しています。いずれも直径二〇m程度の規模で、弥生時代後期末の円形周溝墓とかわらないのですが、これらの副葬品からは、ほとんど副葬品を持たない畿内の弥生時代の墓制からの急激な変化を見ることができます。これらの中には、丸山・古冨波山・織部・皇子山二号墳のように、古墳時代初期の庄内式と呼ぶ土器が採集されているといわれるものがあり、大津市壺笠山《つぼかさやま》古墳(注22)では、埴輪の初期の姿を留める都月《とつき》型(注23)と呼ばれるものが出土しているのです。

近江には、特殊な階層の人物の墓かと思われる円形周溝墓、また、豊富な副葬品を伴いながら、前方後円墳より先に、クニを治める首長たちの墓として築かれていた可能性のある円墳が存在しています。こうした円形という新たな墳形にも古墳時代への胎動が感じられるのです。

㈢　前方後方形周溝墓の築造

四つの類型

方形周溝墓の形は、文字通り方形に四周を溝で区画した墓のことですが、この溝で囲まれた方形の台状部の一辺から前方部を作り出したものが作られるようになります。前方後方形周溝墓とよんでいる新たな墳形の誕生が弥生時代後期に現れる三つ目の現象です。この墳形には、方形周溝墓の一辺中央部を単純に掘り残すＡ四型、この開口部で溝の幅を拡張するＡ三型、溝を屈曲させて開口部を強調するＡ二型、前方後方形の台状部の回りにも溝を全周させるＡ一型の四種類があります。この四種類は単に形の違いだけではなく、墳墓群の中での有り方にも大きな違いを見せています。

Ａ四型

安曇川町南市東《みなみいちひがし》遺跡(注24)や八日市市内堀遺跡(注25)など、弥生時代中期末から後期初頭頃の方形周溝墓群の中にまま見られます。この頃の方形周溝墓群は、数基ごとにまとまったものが一群を構成していますが、いずれも規模などに大差はありません。Ａ四型もその中の一基にすぎず、特別な扱いを受けていません。この形は、前方後方型周溝墓の祖形と考えられますが、後期後半になっても大型化することはなく、他の型のものに付随する状態で築造されています。

Ａ三型

能登川町柿堂《かきどう》遺跡（注26）では後期初頭頃に造られています。ここでは、Ａ三型のものが三基連接し、通有の方形周溝墓二基がこれに並行して造られていました。ともに規模などの差はなく、特別な存在とはなっていないのですが、通有のものとは何らかの区別がなされていたようです。Ａ三型も後期後半になると、栗東市坊袋遺跡（注27）のように一辺が二〇・四ｍと大型化し、その周りに一辺一〇ｍ程度の小型の通有の方形周溝墓が伴うようになります。この傾向は、栗東市綣《へそ》遺跡（注28）や同市出庭《でば》遺跡（注29）などにも見られます。このように、Ａ三型は他のものと区別され、格差を持つものとして築かれているのです。ただし、まだ独立して築かれることはなく、また、次のＡ一型やＡ二型とともに築かれる場合は、なお従的な存在に過ぎないようです。

Ａ二型

周溝の開口部で溝を屈曲させ、溝を全周させないまでも、前方部と呼ぶにふさわしい形になりつつあるものです。守山市横江遺跡（注30）では、方形周溝墓が五基程度ずつで東西二群に分かれており、Ａ二型はこのうちの東群に含まれています。Ａ二型には通有の方形周溝墓が付随し、格差あるものとして築かれていますが、両群とも大型の方形周溝墓が核となって構成されており、Ａ二型が群の中心とはなっていません。守山市益須寺《やすでら》遺跡（注31）でもＡ四型を伴っていますが、一〇〇ｍほど西側には大型のＡ一型が分布しています。このように、Ａ二型は、Ａ三・四型に対しては格差あるものとして築かれていますが、墳墓群全体の中にあっては、この墳形もまだ核となる存在にはならなかったようです。古墳時代初頭に下りますが、栗東市辻遺跡（注32）ではＡ二型が単独で築かれているものの、その東側で全長推定五〇ｍに及ぶＡ一型の前方後方形周溝墓と思われるものが見つかっています。この頃でもなお、大型のものやＡ一型に対しては従的な存在のものが多いのです。

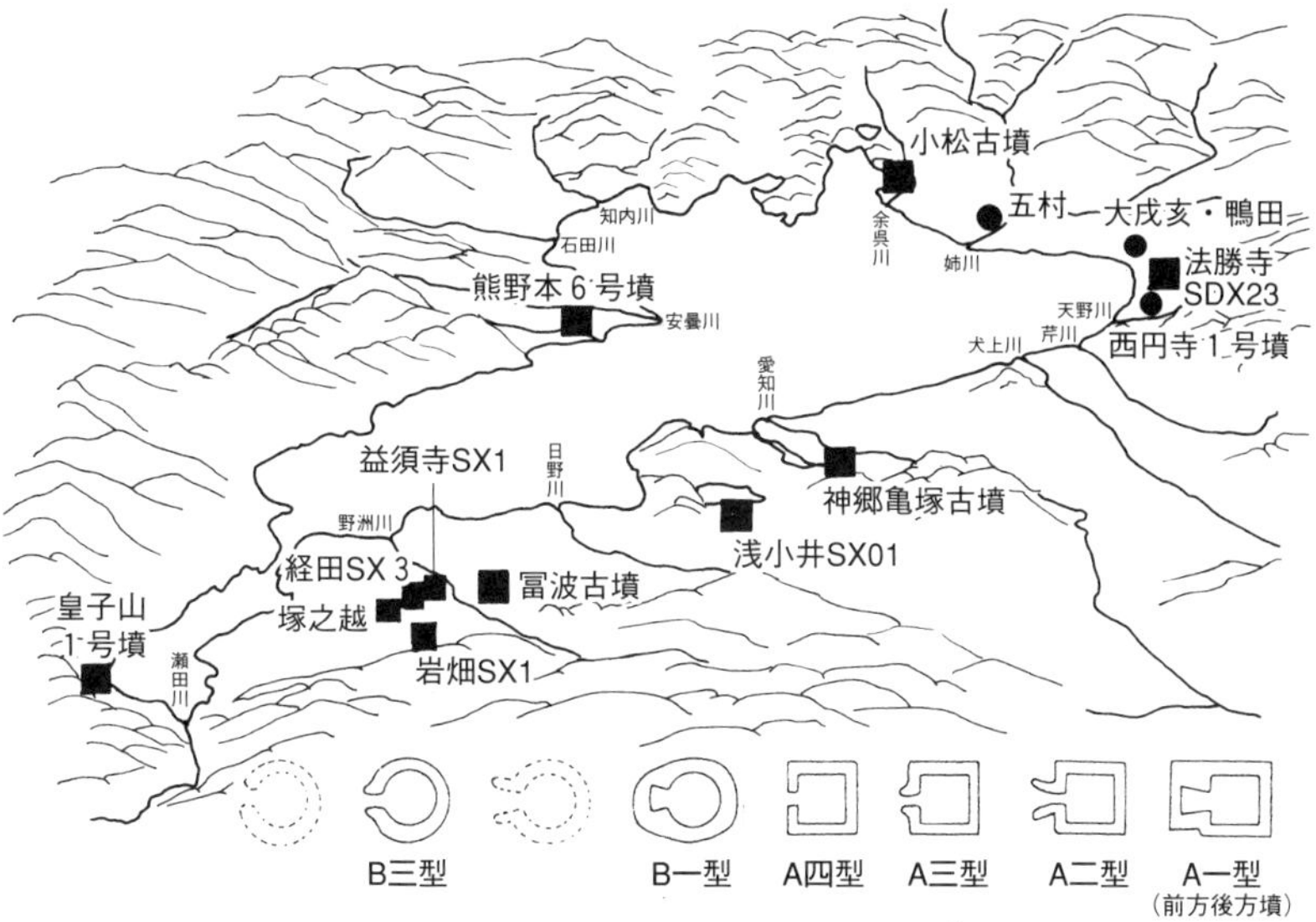

図3．円形周溝墓および前方後方墳の分布

A一型

A一型とした前方部を含めて溝が全周するものは八カ所で検出されています。近江八幡市浅小井《あさごい》遺跡SX○一[注33]が現在のところ最も古いものです。前方部が後方部の二分の一ほどの長さしかありません。守山市経《きょう》田《でん》遺跡SX三[注34]も同様の形を持っています。近江町法勝寺遺跡SDX二三[注35]、守山市塚之越遺跡[注36]、守山市益須寺遺跡SX一などでは三分の二と少し長くなり、さらに、古墳時代初頭の野洲町冨波《とば》古墳（冨波遺跡SZ一[注37]）では後方部とほぼ同じ長さになって、ほとんど古墳時代の前方後方墳と同じ形へと変化しています。規模の上においても、三五〜二〇・四mと円形周溝墓とほとんど変わらない段階から、全長が四二mと大型化し、前方後円墳に匹敵する規模へと成長しています。

三、前方後方墳の時代

㈠　前方後方墳の立地

山丘上の前方後方墳

近江には、前方後円墳が築かれる前に、高い盛土による墳丘を持った本格的な前方後方形の古墳と呼ぶべきものが存在しています。いずれも山丘部に立地するもので、一つは以前から知られている大津市皇子山一号墳（注38）です。円墳の皇子山二号墳を伴って独立した丘陵の斜面に築かれています。全長六〇ｍで、湖岸側に当たる側面だけに葺石を貼り、墳形を整えています。墳丘から出土した土師器から安土町瓢箪山古墳などの前方後円墳よりさらにさかのぼるもので、四世紀の前半頃のものと考えられています。ただ、後円部に三基、前方部に一基の埋葬主体があって、首長の家族墓的な様子がみられ、弥生時代の伝統を残しています。

新旭町熊野本古墳群（注39）も丘陵部にあり、弥生時代後期から古墳時代中期までの円墳、方墳、前方後方墳、前方後円墳など三六基の古墳で構成されています。七つ以上のグループに分けることができますが、このうち六号墳が全長二七ｍの前方後方墳で、四基の円墳と一基の方墳を伴っています。新旭町教育委員会で調査が行われ、前方後円墳に先行して三世紀代に築かれた古墳であることが判明しています。葺石《ふきいし》や埴輪などは認められませんが、地山を整形し、盛土により墳丘を整えています。主体部は粘土槨のようです。

高月町古保利《こほり》古墳群（注40）は、賤ヶ岳から湖岸に沿って南に延びる地塁状の山丘尾根に立地しています。ここでは、小松古墳と呼ばれているものが全長六〇ｍの規模を持って築造されています。出土した壺・甕・高杯《たかつき》・器台《きだい》・手《て》焙《あぶり》形土器などから三世紀中頃、弥生時代終末から古墳時代初頭頃のものと判明しました。しかも、木棺を直葬した埋葬主体から、盗掘を受けながらも、銅鏃・鉄鏃・刀子《とうす》・輸入品の内行花文鏡《ないこうかもんきょう》などの副葬品が数多く出土し

図4．高月町小松古墳

ています。

平地の前方後方墳

平地に立地するものでは、墳丘を残すことが少ないことから、これまで、墳丘の高さは、方形周溝墓も含めて、周溝の掘削土量分を盛土として用いられた程度と考えられてきました。山丘上のものと比較すれば、墳丘規模の差は歴然としたものと考えられ、古墳の高塚に対し、低塚とも呼ばれていました。しかし、近年実施された能登川町神郷《じんごう》亀塚古墳[注41]の調査で、全長三六・五m、周溝を含めると約四八mの規模に対し、地表から三・八mの高さまで墳丘の残っていることがわかりました。到底低塚とは呼べず、調査者は周溝墓とせず、古墳の呼称を与えています。この発見により、県内各地の平地で見つかっている前方後方形周溝墓と呼称されているものに対し、大きな問題を提示しました。以下では、本稿でもA一型を前方後方墳と呼ぶことにします。

写真1．能登川町神郷亀塚古墳

(二)　前方後方墳の二つの様態

特定個人墓の出現

弥生時代の墓制は、祭祀と同様に、それぞれ地域ごとに特徴を持って展開していきます。その中で、近畿中央部の大阪平野・大和盆地を核とする地域は、副葬品を持たない方形周溝墓に象徴されています。この墓制は、埋葬人骨などから家族構成や親族構成が研究できる、いわば、家族墓だったのです。夫婦を中心とする小家族が累世的に造墓して一単位を形成し、さらに、数単位が集まって大家族としてのまとまりを持ち、他の大家族とともに、集落単位の共同墓地が形成されていったと考えられるのです。弥生時代中期までは、方形周溝墓群の造墓数などから、集落規模の大小や集落間の優劣を認めることができるものの、集落を構成する一般成員とは区別される特定の個人の墓は生まれていません。弥生の墓から古墳への変遷は、こうした等質的な共同墓地の中から有力な特定の家族が表面化し、やがてその中から特定の個人の墓だけを卓越した状態で造墓し、さらに、共同墓地からは隔絶した特定個人だけの墓域を形成するという変化なのです。その変化は、地域色を持ちながら、副葬品の集中・多種・多様化、埋葬施設の規模・構造の変化、墳丘規模の大型化、特別な墳形などにおいて示されるのです。

二つの様態

特定個人墓の出現については、近江の場合、弥生時代後期後葉から古墳時代前期前葉頃に見られるA一型とした前方後方墳の築造によって顕著に示されます。A一型は、形状からみれば、溝の一辺中央部に陸橋を設けただけのA四型から発展的に変化した最終の形といえます。現在のところ、弥生時代後期後半のものが最も古いものとされています。墳墓群にあっては、一般的な方形周溝墓はもちろん、他の三つの形態からも卓越した存在として築かれ、強大化する首長層の墓にふさわしいものとなります。しかし、このA一型も墳墓群の構成の仕方から、大きく分けて二つの様態のあることがわかります。

例えば、天野川流域には、近江町法勝寺・狐塚・高溝《たかみぞ》・顔戸《ごうど》遺跡など弥生時代中期から古墳時代前期前半頃に形成された遺跡群が所在しています。(注42)この流域は、生産基盤である長浜平野を擁しているだけではなく、東に越

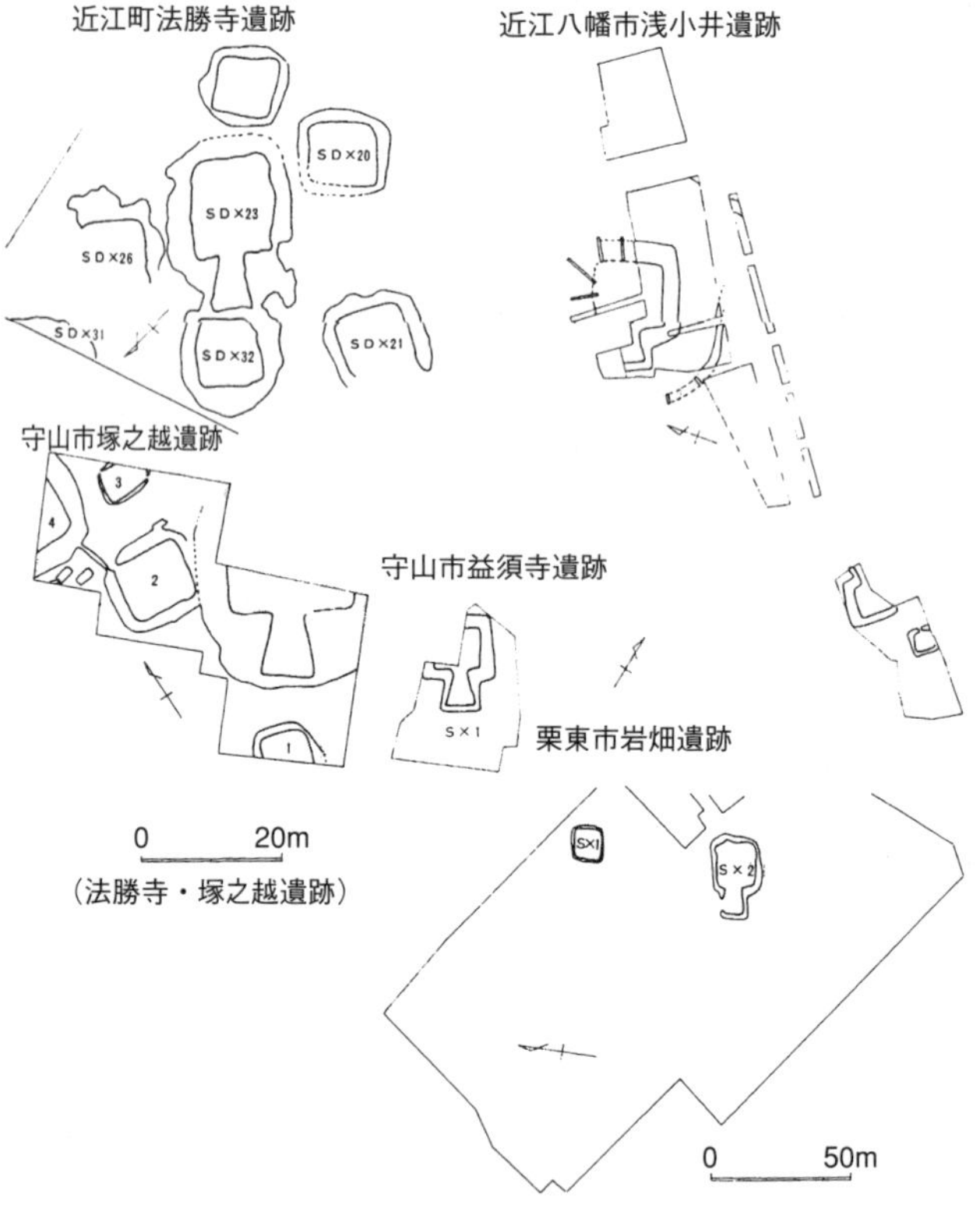

図5．前方後方墳の二つの様態

前の鯖江盆地と後の中山道を結ぶ北国脇往還道の起点があり、西の河口付近には、琵琶湖の水運の起点となるべき入江内湖があることから、水陸両交通の要衝となっています。この地域で発達した諸集落の核となっているのが法勝寺遺跡で、弥生時代末頃、全長二〇・四mの前方後方墳SDX―二三を築造する人物が現れています。ここでは、同じ規模の方形周溝墓で墳墓群を構成する段階から、大型のものに数基の小型のものが伴う段階を経て、前方後方墳が出現する段階への変遷が把握されています。前方後方形という新たな墳形の採用に、より一層有力になっていく首長層の成長をうかがうことができるのです。しかし、ここではまだ、その周囲に二、三基単位の小型の方形周溝墓群を伴い、一般成員とともに共同墓域の中に築造されています。血縁的な紐帯に縛られ、いくつもの墳墓を密集して築く弥生の墓の伝統が色濃く残り、まだ、共同体から首長が抜け出せていない部分が見られるのです。

一方、愛知川左岸流域では、弥生時代後期中頃から古墳時代前期頃にかけて営まれた能登川町石田・斗西《とのにし》・中沢遺跡などが所在しています。(注43)愛知川左岸の沖積平野は、生産の基盤としては十分ではありませんが、鋳銅などの手工業を発達させ、愛知川の河川水運を掌握して、この地域の中心となる拠点的な集落を形成してきました。この地域では、これら集落とは自然河川を挟んだ南東部に、神郷亀塚古墳が築造されます。この古墳は、中沢遺跡や信願寺遺跡(注44)などで見つかっている一般成員の共同墓地とされる方形周溝墓群とは分離され、拠点的集落の首長として、独立して築造されているのです。

これら二つの地域の異なる様態は、野洲川左岸域では混在して見られます。守山市塚之越遺跡や経田遺跡などでは、前方後方墳が一般成員の墓と考えられる通有の方形周溝墓群と同じ墓域に築造されています。これに対し、守山市益須寺遺跡では、A一型のSX一の一〇〇mほど東に離れてA四型を伴うA二型の前方後方形周溝墓が見られ、世代が変わることで墓域を東から西へ移動させながら、より規模の大きいA一型を築造しているのです。すなわち古墳の様態に近い状況を見ることができるのです。野洲川左岸域は、下之郷遺跡や伊勢遺跡、さらには、下長《しもなが》遺跡と弥生時代中期から古墳時代前葉にかけての強大な勢力が醸成され、多くの前方後方墳が築造された先進的な地域なのです。しかし、こうした地域にあっても、それぞれの集落によって、多様な造墓様態が認められるのです。

古墳時代への過渡期

前方後方墳は、それぞれの地域で、生産力の確保、琵琶湖水運の権益の掌握などを通じて発展してきた拠点的集落の首長たちの墓として築造されるものです。しかし、血縁的・地縁的地域社会の紐帯の強い弥生時代的色彩を色濃く残す場合と、そうした紐帯から解き放たれて、より一層政治色を強くする場合とが混在しています。すなわち、前方後円墳が出現するまでの過渡的な社会情勢をこの二つの様態が示しているのです。また、Ａ一型の二つの様態と、これら四類の組合せから、将来巨大な古墳を築く人物が出現していく社会構造の変化の様子を図式的に描くことができます。弥生時代後期の段階では、地域によってこの図式に遅速が生じており、このことが古墳時代前期の各地域の様相の違いとして現れているのです。

このように、弥生時代後期後半に浅小井遺跡で本格的な前方後方墳が築かれてから前方後円墳が築かれるまでの間に、近江には前方後方墳の時代があったのです。円形周溝墓や円墳も並行して築かれている可能性があるのですが、その規模は小さく、前方後方墳を築く勢力には抗しきれなかったものと思われます。しかし、前方後方墳は、その後の主流とはならず、首長墓の系譜はやがて瓢箪山古墳などの前方後円墳に取って代わられることになるのです。

第二節　前方後円墳の時代

一．前方後円墳体制の確立

㈠　畿内型前方後円墳の成立

在地首長墓の出現

弥生時代後期にあたる二世紀中頃から後半にかけての頃は、『後漢書』倭伝(注45)に、「桓帝《かんてい》・霊帝《れいてい》の治世（一四七〜一八九年）に、倭国は大変混乱し、互いに戦い、何年もの間主なき有様だった。」と記されるほど混乱した時代でした。この大乱は、『魏志倭人伝』によると、「国は、もと男子が王であった。ところが、七、八〇年前に倭は乱れ、国々は長年の間互いに攻撃しあっていた。そこで相談の結果、一人の女子をたてて王とした。」とあり、女王卑弥呼を擁立することで収まり、安定した時代を迎えたといいます。しかし、弥生時代末頃に当たる三世紀中頃に卑弥呼が没すると、再び国中が乱れます。この時も卑弥呼の一族の娘である壱与（臺与）をたてて収めています。こうした時代背景の中で、弥生時代後期になると遺跡数が激減し、後期後半から古墳時代前期前半頃に再び拡大する傾向が見られます。近江においても、琵琶湖水運から生ずる利権などを背景に集落が大規模化し、それぞれの地域における拠点的な集落が生まれました。前方後方墳は、こうした拠点的な集落の首長墓として築造されたのです。

畿内型前方後円墳の出現

同じ頃、大和・讃岐・阿波・播磨・吉備などでは、これまでの方形墓の伝統を否定し、前方後円形など円形を基調とした墳丘墓が築造されます。特に、畿内では、大和で、いわゆる纏向《まきむく》型（注46）と称せられる前方後円墳の祖形が生まれ、早くも、三世紀中頃から後半頃には、畿内型と称せられる定型化した巨大な前方後円墳が築造されました。すなわち、シンメトリーな前方後円形の墳丘、墳丘を飾る葺石や埴輪、遺体を埋葬するための長大な木棺、木棺を納めるための竪穴式石室、多数の鏡、鍬形石・車輪石・石釧《いしくしろ》などの石製腕飾類、勾玉や管玉などの

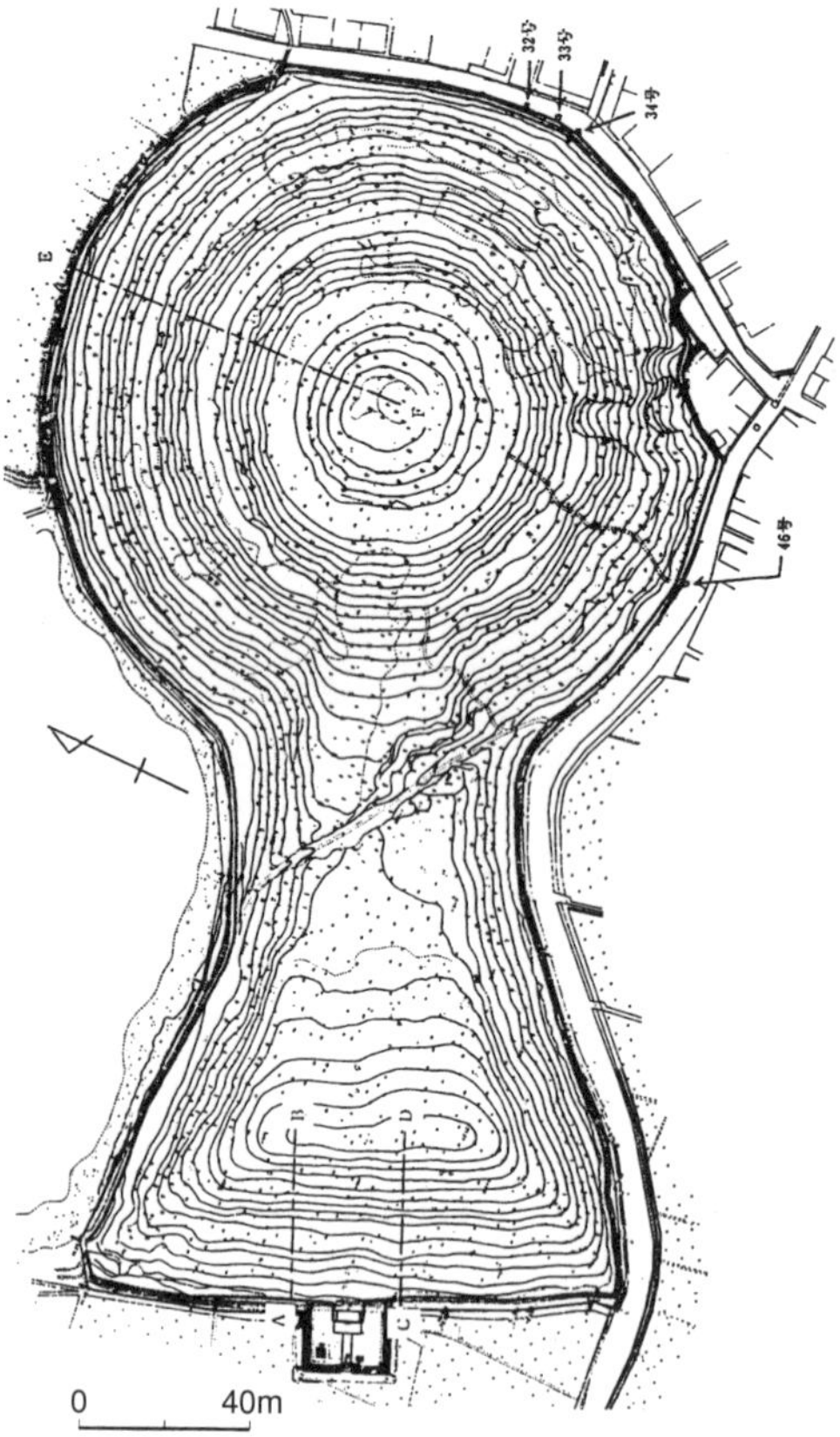

図６．奈良県箸墓古墳

装身具、鉄製の武器・武具、鉄製の農工漁具、銅鏃などの銅製品など、多種多様で、宝器的な要素の強い副葬品を持つことを特徴としています。こうした前方後円墳が、全長二八〇mの奈良県箸墓《はしはか》古墳を頂点に、京都府椿井《つばい》大塚山古墳の一七〇mを始め、一〇〇mを越すものが兵庫県、大阪府、奈良県に集中して築かれ、大和を中心とした畿内の連合体制の中で、階層性のある前方後円墳体制が成立しました(注47)。

巨大な墳墓は、初めて国家として統一される頃につくられるもので、世界的な現象といわれています(注48)。日本の場合、弥生時代の祭祀とともに葬送儀礼も、北部九州、瀬戸内海地域、山陰、畿内、伊勢湾地域とそれぞれ非常に地域色豊かに発展してきました。その中から畿内型とされる前方後円墳が生まれ、それが大和の勢力の浸透と並行するように各地の首長たちの墓として採用されていきます。各地の弥生的なものが薄らぐとともに、全国的にいわば前方後円墳の時代を迎えることになるのです。前方後方墳を築いてきた近江も例外ではありません。このように、古墳時代の始まりや国家としての統一過程を、畿内に出現した前方後円墳が各地に波及していく様子から知ることができるのです。

(二) 畿内型前方後円墳の特徴

畿内、とくに大和の前方後円墳の初現は三世紀中頃とされています。しかし、近江の場合、安土町瓢箪山《ひょうたんやま》古墳(注49)や大津市膳所茶臼山《ぜぜちゃうすやま》古墳(注50)、彦根市荒神山《こうじんやま》古墳(注51)のように、全長が一〇〇mを越すような前方後円墳が出現するのは、四世紀後半頃を待たなければならないのです。それでは、近江で先行して出現した前方後方墳との違いは何なのでしょうか。近江の前期の前方後円墳が持っている色々な要素から考えてみることにします。

シンメトリーな墳形と規模

まず墳丘に関しては、高月町小松古墳が全長六〇m、野洲町冨波古墳が四二m、大津市皇子山一号墳が六〇m

と前方後方墳にも前方後円墳に匹敵する規模のものが存在しています。しかし、瓢箪山古墳の一三四mや膳所茶臼山古墳と荒神山古墳の一二四mのように一〇〇mを越す巨大な墳丘を持つことはなかったのです。

また、前方後方墳の場合、皇子山一号墳のように琵琶湖側のみに葺石を施して形を整え、また、冨波古墳のように前方部側の周溝の片側を墳丘に沿って矩形にくびれさせるなど左右非対称なものが見られます。前方後円墳の場合はシンメトリーで、地域を越えた定型的な形を持っているのです。

竪穴式石室と長大な木棺

埋葬施設に関しては、皇子山一号墳では、後方部に三基、前方部に二基の埋葬主体が確認されていますが、いずれも木棺を直接埋納しているようです。瓢箪山古墳でも後円部に三基、前方部に二基と多数の埋葬主体が検出されていますが、後円部の三基はいずれも竪穴式石室を築いていました。また、三基のうちの中央石室は、長さ六・六m、幅一・三m、高さ一・一mと割り石を小口積して築かれた非常に長大なものな

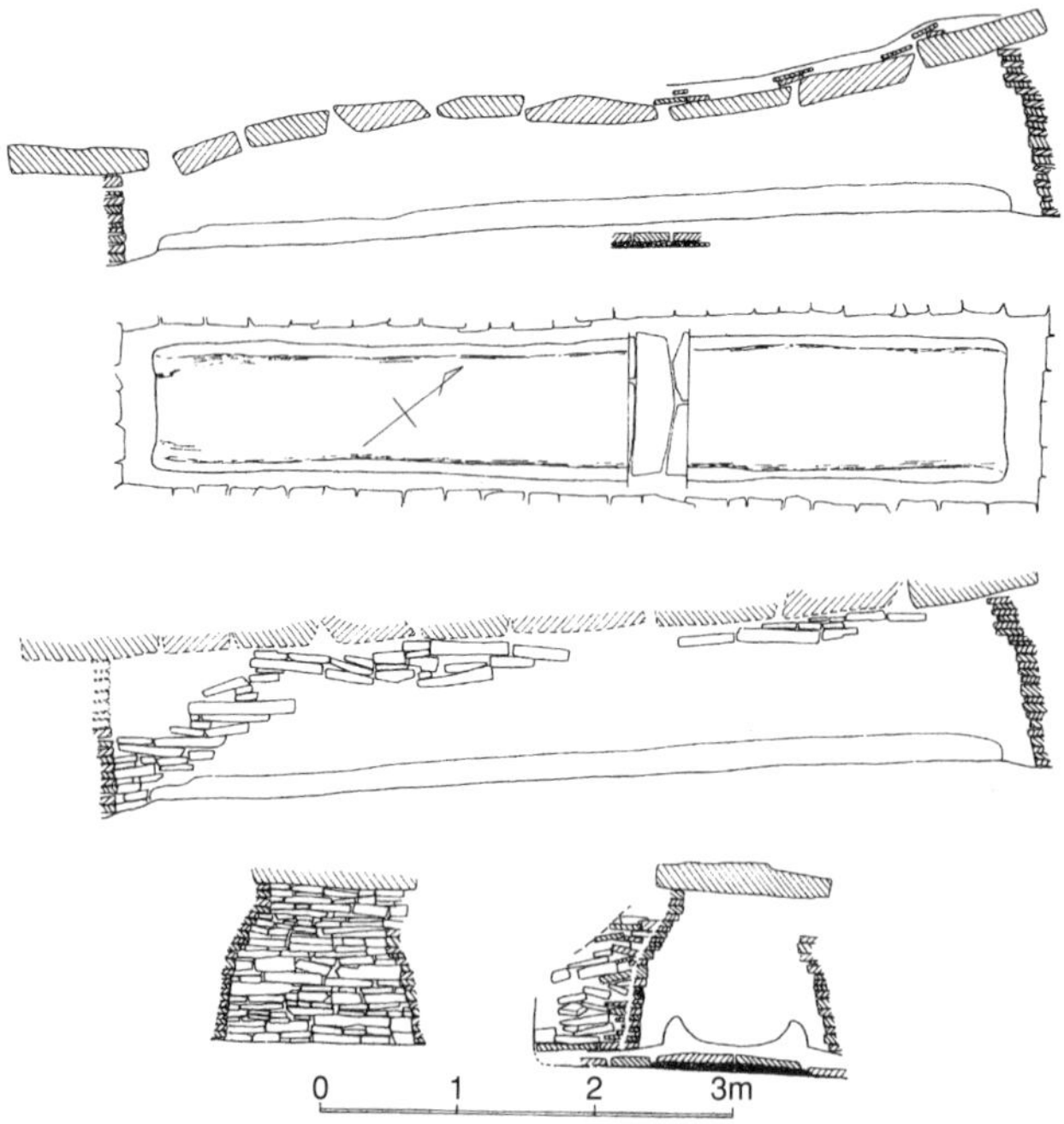

図7．安土町瓢箪山古墳の中央石室

のです。竪穴式石室そのものは、弥生時代の終わり頃、吉備や播磨など瀬戸内海沿岸の一部の地域で作られていましたが、長さは四m前後と短いものでした。長大な石室であることが定型化した前方後円墳の特徴の一つなのです。

また、皇子山一号墳の後方部で検出された埋葬主体の墓坑は、長さが三・五mから四mほどの規模で、納められた木棺もこれより短いものと考えられます。瓢箪山古墳では、石室の底に粘土で作った棺床の上に、石室の長さに近い長大な木棺が納められていました。木棺の多くは高野槙の巨木を縦に半裁し、中を刳り抜いてそれぞれを身と蓋にした割竹形木棺と呼ばれているものです。八日市市雪野山古墳(注52)では、木棺の形が舟形に近いものでしたが、近年では、このような船形の扁平なものも確認されています。ともかく竪穴式石室に合わせて木棺が長大な点も定型的な前方後円墳の要素の一つなのです。

多種多様な副葬品

前方後方墳との比較は難しいのですが、多種多様で大量の副葬品が納められ、中でも多数の銅鏡類を持つことを五つ目の特徴として指摘することができます。長大な木棺は大量の副葬品を納めるために必要だったのです。

瓢箪山古墳の中央石室からは、夔鳳鏡《きほうきょう》一面、二神竜虎鏡《にしんりゅうこきょう》一面を始め、鍬形石一点、車輪石一点、石釧二点、管玉二三点、筒形銅器二点、銅鏃三〇点、鉄鏃二三点、直刀三点、剣一四点、刀子《とうす》五点、鉄斧七点、鎌三点、鉇《やりがんな》四点、短冊形鉄斧一点、短甲《たんこう》一括、異形鉄器一括が出土しています。また、雪野山古墳からも、石製品（鍬形石・紡錘車・琴柱《ことじ》形）、玉類（管玉・ガラス小玉）、農工漁具類（鎌・鉇・鑿《のみ》・刀子・針・ヤス）、武器（銅鏃・鉄鏃・矢柄・刀・剣・槍）、武具類（冑・短甲）、漆塗り製品（竪櫛・合子・その他）など、銅鏡類は日本製（倣製）のもの二面、中国製（舶載）のもの三面と計五面も出土しているのです。瓢箪山古墳の鏡は二面とも遺体の頭部付近に三面、雪野山古墳では頭部付近に三面、足元付近に二面が遺体を画する仕切り板に立て掛けられていたようにして出土しています。豊富な副葬品の中で鏡がきわめて重要視されていることを示しています。

(三) 弥生的要素の受容

畿内の定型的な前方後円墳は、これまでに紹介してきた特徴の他に、埴輪で墳丘を飾り、葺石を墳丘に施すことや、主に、丘陵の頂部や尾根、その端部などに立地していることも共通しています。しかし、これらの定型的な要素の多くは、すでに弥生時代後期の各地の墳墓に見られるものが多数含まれているのです。

竪穴式石室と割竹形木棺

弥生時代の長大な割竹形木棺は現在のところ見つかっていませんが、畿内の方形周溝墓の中で、埋葬主体の棺床部がU字形になっていて、巨木を半裁して身と蓋にしたと推察されるものは見つかっています。

この木棺を納める竪穴式石室についても、兵庫県西条五二号墳(注53)や岡山県総社市宮山遺跡(注54)、また岡山県黒宮大塚古墳(注55)では、蓋石を持たないものの竪穴式石室と呼ぶべきものが作られ、岡山県都月坂二号墳(注56)では、まさに、竪穴式石室そのものが作られています。畿内の方形周溝墓では、現在のところ竪穴式石室は用いられていなかったと考えられます。従って、竪穴式石室は、瀬戸内海沿岸地域に見られる墳丘墓の一部に採用されていた埋葬施設といえるでしょう。また、これら墳丘墓の多くが、墓坑を墳丘の中心に深く穿ち、中心埋葬を卓越化させている点も前方後円墳に見ることができる要素なのです。

埴輪と葺石

瓢箪山古墳や膳所茶臼山古墳、また、湖北町若宮山古墳(注57)などでも埴輪片が採集されています。墳丘を飾る埴輪、とくに円筒埴輪は、岡山県南部を中心に吉備地方で発達した特殊器台形土器と呼ばれているものに祖形があるとされています。壺形埴輪も特殊器台形土器と組み合わさる壺形土器に起源をもちます。近江では、都月型と呼ばれるものが円墳とされている大津市壺笠山古墳から出土しています。

瓢箪山古墳や雪野山古墳、志賀町和邇《わに》大塚山古墳(注58)などには墳丘に葺石が葺かれています。古墳の葺石と墳丘構築の技術的な面との直接的な関連は明確ではありませんが、弥生時代の墳丘墓には列石を施し、また、石垣状に石材を墳丘に貼り付けるものが少なからず見られます。特に、山陰地方に見られる方形の墳丘の四隅に張り出し部を設けた四隅突出型墳丘墓(注59)で顕著に認められます。突出部を含めて貼り石がなされているのです。

立地と墳丘規模

前期古墳の多くは、丘陵の頂部や尾根線上、また、その端部に立地しています。集落に近い平地に位置することが多い畿内の方形周溝墓よりは、瀬戸内海沿岸・山陰・北部九州などに分布する墳丘墓あるいは台状墓と呼ばれる墳墓の立地と共通しています。

墳丘規模に関しても、方形周溝墓が最大で一辺二〇～三〇m程度であるのに対し、墳丘墓の中には、島根県西谷三号墳丘墓(注60)の東西四七m、高さ三・五m、鳥取県西桂見《にしかつらみ》墳丘墓(注61)の一辺六五m、高さ五m、岡山県楯築《たてつき》墳丘墓(注62)の一辺四三m、高さ四～五mと大型のものが作られています。近江でも三世紀後半の高月町小松古墳が六〇mの規模を誇っていて、墳丘を巨大化する傾向も、すでに弥生時代に現れているのです。

副葬品

弥生時代からの伝統は、豊富な副葬品の中にも見ることができます。例えば、瓢箪山古墳の中央石室からは、銅鏡、石製腕飾類、管玉、銅製品、武器、武具、農工具などが出土しています。このうち武器類は、鉄刀が三点であるのに対し、鉄剣が一四点も副葬されています。弥生時代では剣が主流を占めており、その名残と考えられます。銅鏡の副葬も、早くに北部九州の甕棺墓などで盛んに行われているものです。

また、丘陵尾根の整形と切断する溝で区画した墓を、方形周溝墓と区別して台状墓とよび、弥生時代の早い段階から丹後地方などで発達しています（注63）。この台状墓からは、鉄鏃、鉄剣、鉄刀などの武器類、刀子、鉇などの工具類、勾玉、小玉、管玉などのガラス製の装身具類など、瓢箪山古墳を始め、前期古墳に見られる副葬品と同じ種類のものがきわめて豊富に出土しているのです。

銅鏃（注64）も少ないながら美濃、越前、丹後、丹波、吉備などの弥生墳墓の副葬品として出土しています。実用的な銅鏃が姿を消し、鉄鏃が発達した古墳時代にあって、なお、儀器化させた銅鏃が副葬品として採用されているのです。

石製腕飾類は、鍬形石が巻貝製、車輪石がカサ貝製の貝輪を碧玉などの石に写したものなのです。貝輪は縄文時代から用いられていますが、弥生時代の貝輪が古墳時代にも継承されているのです。ただし、貝輪そのものの出土例は少なく、碧玉製の石製品として受け継がれています。

このように、瓢箪山古墳などの副葬品の大半が、弥生時代の墳墓の副葬品として、また、弥生時代の文物の伝統を継承したものとなっています。畿内の方形周溝墓の伝統では、直接身につけていた玉類などの装身具を除くと、ほとんど副葬品を納める風習はなかったと考えられます。豊富な副葬品の埋納も、前方後円墳の他の要素と同様に、弥生時代に他の地域で発達したものを合わせたものなのです。

伝統の吸収

前方後円墳が持つ諸要素には、各地の弥生時代の伝統を垣間見ることができます。前方後円墳は、こうした伝統を含みこみながら各地の諸要素を総括して定型化させ、巨大な墳墓としたものなのです。すなわち、前方後円墳の時代は、弥生時代の社会を否定するのではなく、肯定的に受け入れ、各地の弥生時代の社会を基盤として成立したということができます。

新たな要素の付加

しかし、そこには当然、新たな要素が加わっていきます。たとえば、瓢箪山古墳の副葬品の中には、鉄製の短甲が見られます。雪野山古墳でも冑が出土しています。和邇《わに》大塚山古墳からも甲冑類の出土が報告されています。短甲は木製のものが弥生時代の遺跡から出土していますが、鉄製のものはありません。甲冑類などの鉄製武具は古墳の副葬品として初めて登場するものなのです。鏃・刀・剣などの武器を中心とした鉄製品についても、弥生時代をはるかに凌駕する量の物が埋納されています。前期古墳の副葬品の大半が各地の弥生時代の伝統を継承し、呪術的な傾向が強い中で、鉄製品の保有量の多さと、さらに武人的な様相を加えているところに、巨大な墳丘を作り上げた被葬者の力の背景を見ることができるのです。三角縁《さんかくえん》神獣《しんじゅう》鏡《きょう》を中心とする銅鏡の副葬も前期古墳の大きな要素となっています。これらの要素は、日増しに強くなっていく東アジアの諸国との関わりの中で、新たに加わっていくものなのです。

㈣　鉄製甲冑(注65)

舶載と倣製

雪野山古墳からは、小型で薄い鉄板、小札を用い、その左右上下に穴をあけて皮紐で綴じ合わせて作る小札革《こざねかわ》綴冑《とじかぶと》が出土しています。この冑は、古墳時代初期とされる古墳に多く、それ以前には存在しておらず、以後でもいずれも四世紀代の前期古墳に限られ、製作技法も五世紀以降の甲冑類とは全く異なるものとされています。また、四世紀以前の朝鮮半島には同じ技法のものが知られておらず、むしろ中国の前漢の時代（BC二〇一～八年）に盛んに用いられ、西晋時代（二六五～三一六年）の武人俑《よう》の表現に見られるものに系譜を求めることができることから舶載品と報告されています。

一方、瓢箪山古墳の中央竪穴式石室からは、方形の鉄板の四隅にあけた穴に革紐を通して綴じ合わせて作った胴部分を保護する方形板革綴短甲が出土しています。この短甲は、朝鮮半島南部に起源を持つもので、福泉洞六四号墳から同種の短甲が出土したことで、一層両地域の密接な関係を裏付けているものとされています。ただ、日本出土のものは製作技法

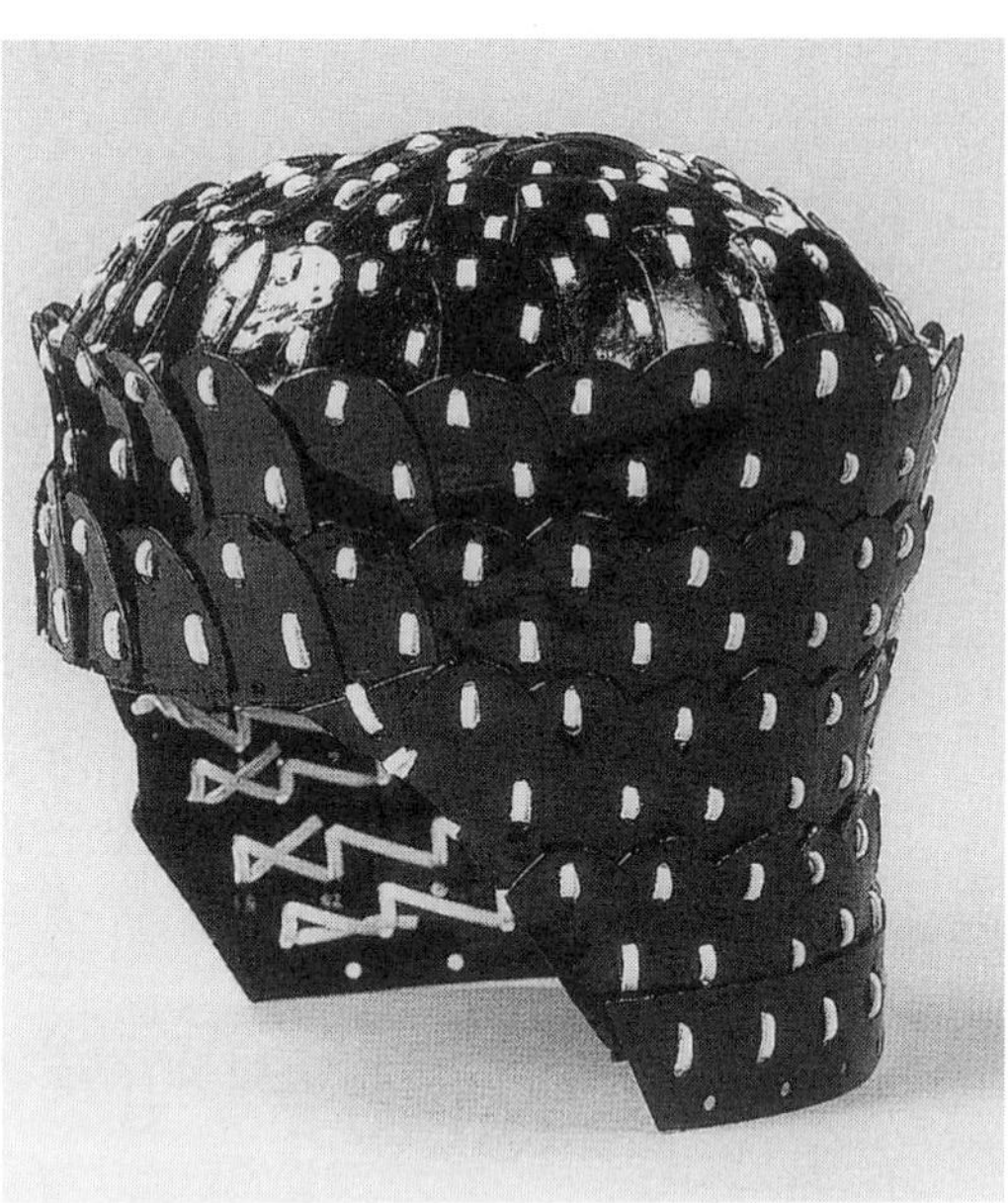
写真２．八日市市雪野山古墳出土の冑（復元品）

写真３．安土町瓢箪山古墳中央石室出土の方形板革綴短甲

の細部において独特のものがあり、朝鮮半島の影響を受けて日本列島で制作されたものと考えられています。また、五世紀以降の我が国の甲冑製作にも引き継がれていきますが、前期の初頭にさかのぼる古墳からは出土していないといわれています。

時代背景

二つの古墳の甲冑は、雪野山古墳の小札革綴冑は邪馬台国が魏へ遣使を送ったことが契機となって日本にもたらされたものでなのですが、楽浪《らくろう》・帯方《たいほう》郡、西晋王朝が滅亡したことで入手経路が断たれ、新たに瓢箪山古墳などに見られる甲冑類が導入されたと考えられています。また、こうした甲冑を副葬する古墳のうち、小札革綴冑が出土する古墳は一〇基あり、前方後方墳一基以外全て前方後円墳で、そのうち一〇〇mを越す大型古墳が六基もあります。これに対し、竪矧板《たてはぎいた》のものを含めて方形板革綴短甲は一五基から出土しており、このうち前方後方・前方後円墳が一〇基と過半数を占めていますが、一〇〇mを越す大型古墳は瓢箪山古墳を含めてわずか三基のみとなっています。小札革綴冑が本来の用途よりむしろ、大首長が保有する「冠」と呼ぶにふさわしく、方形板革綴短甲の方が実用的な要素が高いと考えられています。このように、両種の甲冑は同じ古墳からは出土することがなく、時代の差を示すとともに、東アジアの国際社会との係わり合いの変化を物語っているのです。

㈤ 三角縁神獣鏡

円墳と三角縁神獣鏡

三角縁神獣鏡[注66]は、古墳時代の国家形成過程を研究する上できわめて重要な資料とされています。近江では、雪野山古墳、織部古墳、岡山古墳、古冨波山古墳、大岩山古墳、栗東市亀塚古墳、野洲町二番山林古墳などの七基の前期古墳から出土しています。このうち雪野山・織部・岡山・古冨波山・大岩山古墳のものが中国三国の魏で製作されたものとされています。雪野山古墳が前方後円墳とされている他は、いずれも、三〇ｍ未満の円墳と考えられます。また、雪野山古墳が畿内型前方後円墳の条件の一つである竪穴式石室を持っているのに対し、他の円墳は石室を採用せず、木棺を粘土で覆った粘土槨《ねんどかく》と呼んでいる埋葬構造を採用しています。近江の前期前方後円墳には、雪野山古墳以外で、若宮山古墳、荒神山古墳、瓢箪山古墳、膳所茶臼山古墳、和邇大塚山古墳などが知られています。いずれも竪穴式石室を採用しているようですが、これらからは、今のところ三角縁神獣鏡は出土していません。また、これら前方後円墳がいずれも単独で築かれ、古墳群を形成していないのに対し、雪野山・織部古墳以外は、安養寺古墳群や大岩山古墳群など、古墳時代を通して形成される近江の代表的な古墳群を構成しています。

写真４．虎姫町丸山古墳出土の獣帯鏡

前期の円墳には、これらの他にも、舶載の獣帯鏡一面が出土した虎姫町丸山古墳、岡山県の都月型と呼ばれる埴輪の初現を示すとされるものが出土している壺笠山古墳、庄内式と呼んでいる古墳時代初期の土器が出土している皇子山二号墳などが知られています。三角縁神獣鏡が出土した他の円墳と同様に、埋葬主体は木棺直葬か、粘土槨であり、墳丘規模も、壺笠山古墳の径四八ｍを最大として、二〇ｍ程度の小規模なものにとどまっています。また、瓢箪山古墳などの前期前方後円墳の領域とは重複しない状況で分布している点も同じです。しかし、これら円墳は、今のところ三角縁神獣鏡が出土した報告はありませんし、中期以降に続く古墳群を形成していません。

三角縁神獣鏡は、近江においては、単独で前方後円墳や円墳を築く首長層ではなく、小規模な円墳しか築きませんが、後世に近江を代表的する古墳群を形成する首長たちに配布されているのです。

前方後円墳と三角縁神獣鏡

三角縁神獣鏡は、邪馬台国の女王卑弥呼が魏の明帝から送られた「銅鏡百枚」に当たるものとされ、全国で三〇〇余枚もの舶載鏡とそれを真似て作ったほぼ同数の倣製鏡が出土しており、同じ鋳型で作られたものの配布と分有関係を通じて大和政権の国家形成過程が追求されてきた資料なのです。雪野山古墳には、副葬されていた五面の銅鏡のうちこの鏡が三面も含まれていました。ところが県下最大規模を誇る瓢箪山古墳からはこの鏡が出土していないのです。このことについて次のような考えがあります(注67)。

すなわち、雪野山古墳が瓢箪山古墳より早く作られたことを検証し、内陸にある雪野山古墳が東国への重要なルート上に位置すること、琵琶湖に近い瓢箪山古墳が湖上交通の要衝を握るものとした上で、雪野山古墳は、東海地方の勢力を牽制する大和政権の前進基地であり、その被葬者は、東方政策の一端を担うことで三角縁神獣鏡の配布を受けることのできた首長であった。次いで、東海地方との勢力関係が安定すると、今度は朝鮮半島との交渉に力が注がれ、日本海地域と結ぶ湖上交通の重要性が高まり、そのルートの確保と維持のために新興勢力の瓢箪山古墳の被葬者と結ぶようになった。瓢箪山古墳の頃には、若宮山古墳、荒神山古墳、膳所茶臼山古墳、和邇大塚山古墳などの前方後円墳が各地の湖上交通の要衝に築かれるが、これらの被葬者も、同じ理由により新たに台頭してきた新興勢力であった。このように考えた上で、三角縁神獣鏡は、雪野山古墳の頃には、その配布を通じて大和政権との関係を象徴させるだけの権威を持っていましたが、瓢箪山古墳の頃になると、三角縁神獣鏡は急速にその権威が失われ、両者の関係を構築する上で不必要になったとしているのです。

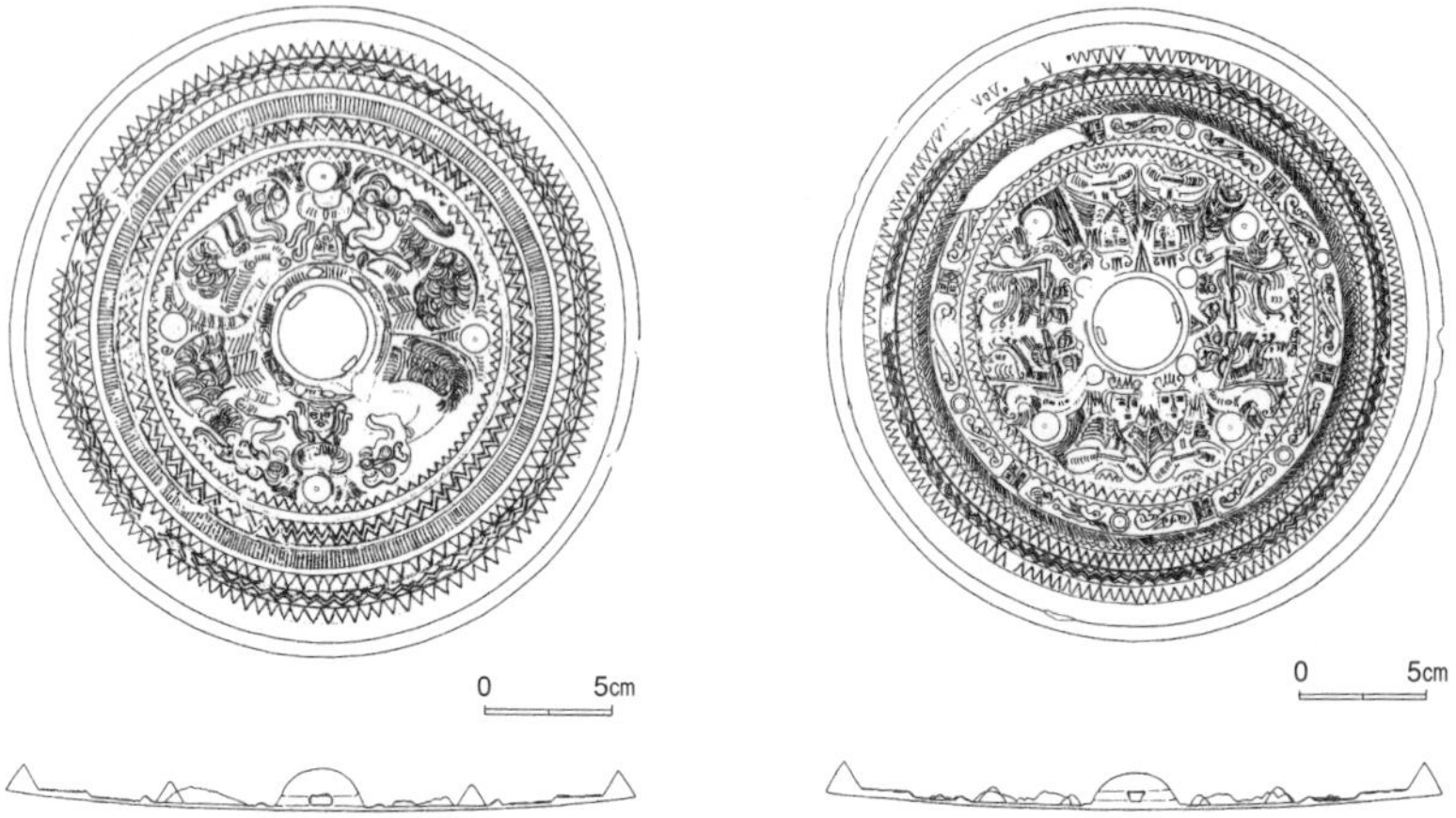

三角縁波文帯盤龍鏡　　三角縁唐草文帯四神四獣鏡

図8．八日市市雪野山古墳出土の三角縁神獣鏡

大和政権と三角縁神獣鏡

雪野山古墳は、東海地方の勢力を牽制するという初期大和政権の東方政策の一端を担った首長の墓と考えられています。この対立構造については、大和の前方後円墳と東海地方の前方後方墳という墳形の違いに象徴させる考えがあります。

前方後方形墳墓に関しては、近江では三世紀前葉にさかのぼる可能性のあるものが相次いで発見され、三世紀中頃には全長六〇mもの規模を持つものが現れます。さらに、栗東市や守山市、野洲市を中心に、古墳時代初頭までの間に近江のほぼ全域で築かれるようになるなど、出現時期、規模、数量の上で明らかに、東海地方以上に大きな勢力になっていた時期があったと考えられます。ところが、東海地方が方形墓の伝統を以後も長く保持し、円形墓の導入を拒否しているかのように見受けられるのに対し、近江では、熊野本古墳群の六号墳から一一号墳、大岩山古墳群の冨波古墳から古冨波山古墳、皇子山古墳群の一号墳から二号墳、さらに、古保利古墳群の小松古墳から深谷・大谷・黒見古墳などのように、早い段階で、同じ古墳群内で円墳あるいは前方後円墳へと墳形を変えて古墳を築造している現象が見られます。

古墳時代前期には、古墳の墳形と規模に基づいて、首長たちの身分的な編成が出来上がっていたとする考えがあります。(注68)この考えに従えば、雪野山古墳築造を前後する時期に、近江の多くの勢力が、大和を中心とする畿内の勢力下に入っていったことになります。その中には、小規模な円墳でありながら三角縁神獣鏡の配布を受けるものがありました。特に、古冨波山古墳や岡山古墳などは、安養寺古墳群や大岩山古墳群など、古墳時代を通して近江の有力な勢力を形成しています。これらは、単に東方政策の一端を担った新興的な首長の墓ではなく、畿内の有力者の連合政権的な初期大和政権へ近江から参画した首長たちの墓であり、その証として三角縁神獣鏡の配布を受けたのではないでしょうか。また、古保利古墳群や熊野本古墳群も、また、湖北北部や湖西北部を勢力圏とする有力者たちの墳墓群として形成されています。かれらは、三角縁神獣鏡の配布を受けるのではなく、前方後円墳を築くことで大和政権への参画の証としたのでしょう。(注69)

二、近江の古墳時代前期(注70)

(一) 新旧両勢力の形成

近江の古墳時代前期には、弥生時代からの伝統的な勢力を保持する在地勢力が築造した古墳と、そうした在地勢力というカテゴリーとは異なる新勢力と呼ぶべきものが築造した古墳とが併存しています。両者の違いは、まず第一に、在地勢力が前方後方墳を基調とするのに対し、新勢力は畿内型前方後円墳を築造していることによって峻別することができます。

在地勢力の醸成

前方後円墳体制を主導する大和政権が日本海や東海地方へその勢力を拡大する過程で、近江では、安曇川流域に熊野本六号墳（二七m）、天野川流域に法勝寺SDX二三（二〇・四m）、日野川流域に浅小井遺跡SX〇一（三五m）など、三世紀前葉にさかのぼる可能性のある前方後方墳を築造する在地勢力が醸成されていました。三世紀中頃には、高時川流域にも小松古墳のような全長六〇mもの規模を持ち、銅鏡や銅鏃などの副葬品を持つまでに成長するものが出現し、三世紀末から四世紀初頭頃までには、愛知川流域に神郷亀塚古墳（三七・九m）、野洲川左岸流域においても守山市域の経田・塚之越・益須寺遺跡などで多数の前方後方墳が築造され、下之郷遺跡や伊勢遺跡などのクニ規模の集落を発展させた勢力も生まれました。前方後方墳を築造する勢力は、四世紀前葉頃にも南湖西岸の皇子山一号墳（六〇m）、野洲川左岸流域の栗東市辻遺跡（五〇m）、野洲川右岸流域の冨波古墳（四五m）などが加わり、近江各地の主要河川流域に在地勢力としてのテリトリーを築いていったのです。

しかし、四世紀前半頃を境として、強大化した大和政権の勢力が近江にも強く影響を及ぼし始め、これら在地勢力の盛衰を生み出すこととなりました。安曇川と高時川流域では、熊野本六号墳から一二号墳、小松古墳から深谷・大谷・黒見古墳と、四世紀中葉までに、同じ古墳群内で不定形ながら前方後円墳が築かれました。これら在地勢力は、墳形を変えて大和政権の行動に参画する立場をとり、それぞれの領域を保持することができました。姉川流域の長浜市龍ケ鼻《たつがはな》古墳群(注71)においても同様の傾向が見られるといいます。ただし、これら古墳群においては、確実に畿内型の前方後円墳が築造されるのは五世紀代を待たねばならず、本格的に大和政権の政治体制に組み込まれるまでには、もう少しの時間が必要だったのです。

その一方で、皇子山一号墳、浅小井遺跡SX〇一、神郷亀塚古墳など南湖西岸や日野川、愛知川流域ではその後の継続性が見られず、在地の勢力が希薄になっていく領域が生まれました。また、野洲川左岸の守山市域や天野川流域では、守山市塚之越遺跡や近江町定納《じょうのう》古墳群(注72)のように、四世紀後半になってなお、伝統的な方形墓を築き、独自の立場を保持するものもありました。さらには、大岩山古墳群の古冨波山古墳や大岩山古墳のように、四世紀後半に舶載の三角縁神獣鏡の配布を受けて円墳を築き、野洲川右岸のテリトリーを保持するものも見られます。出庭・安養寺古墳群でも、岡山古墳が舶載の三角縁神獣鏡の配布を受けており、独自の立場をとる守山市域から遷り変わる勢力を形成しているのです。これら流域にあっては、二番山林古墳と出庭亀塚古墳で、倣製ですが、継続して三角縁神獣鏡の配布を受け、五世紀以降もその勢力を維持していくのです。

このように、近江の主要河川流域には、前方後方墳を築いて弥生時代からの伝統的な勢力を増強させるものが現れます。彼らの中には、四世紀中頃を前後して、前方後円墳に墳形を変化させ、あるいは、三角縁神獣鏡の配布を受けて大和政権と結び、その勢力を保持するものや、四世紀後半になってもなお、方形の伝統的な墳墓を築き、独自の立場を維持するものなどが現れ、さらには、継続性が見られず、在地での強い勢力を失う領域も生まれたのです。

新勢力の出現

こうした在地勢力の盛衰を見る中で、四世紀中頃以降、在地での強い勢力を失った流域に新たな勢力の出現を見るのです。皇子山一号墳を築いた南湖西岸地域では、瀬田川右岸の山丘に膳所茶臼山古墳（一二四m）、また、北湖と南湖を界する辺りの山丘に和邇大塚山古墳（七二m）が築かれ、新たな勢力が登場します。日野川流域の浅小井遺跡SX〇一に変わっては、繖山《きぬがさやま》の南西麓に県下最大の前方後円墳である瓢箪山古墳（一三四m）が築造されました。愛知川流域の神郷亀塚古墳に変わって、愛知川右岸荒神山の山頂に荒神山古墳（一二四m）が築造されました。湖北では、古保利古墳群がその規模を縮小する頃、古墳群が立地する地塁状山丘の南端に、若宮山古墳（四九m）が築かれます。そして、これら新勢力が築く前方後円墳は、旧勢力が早々に築く前方後円墳と

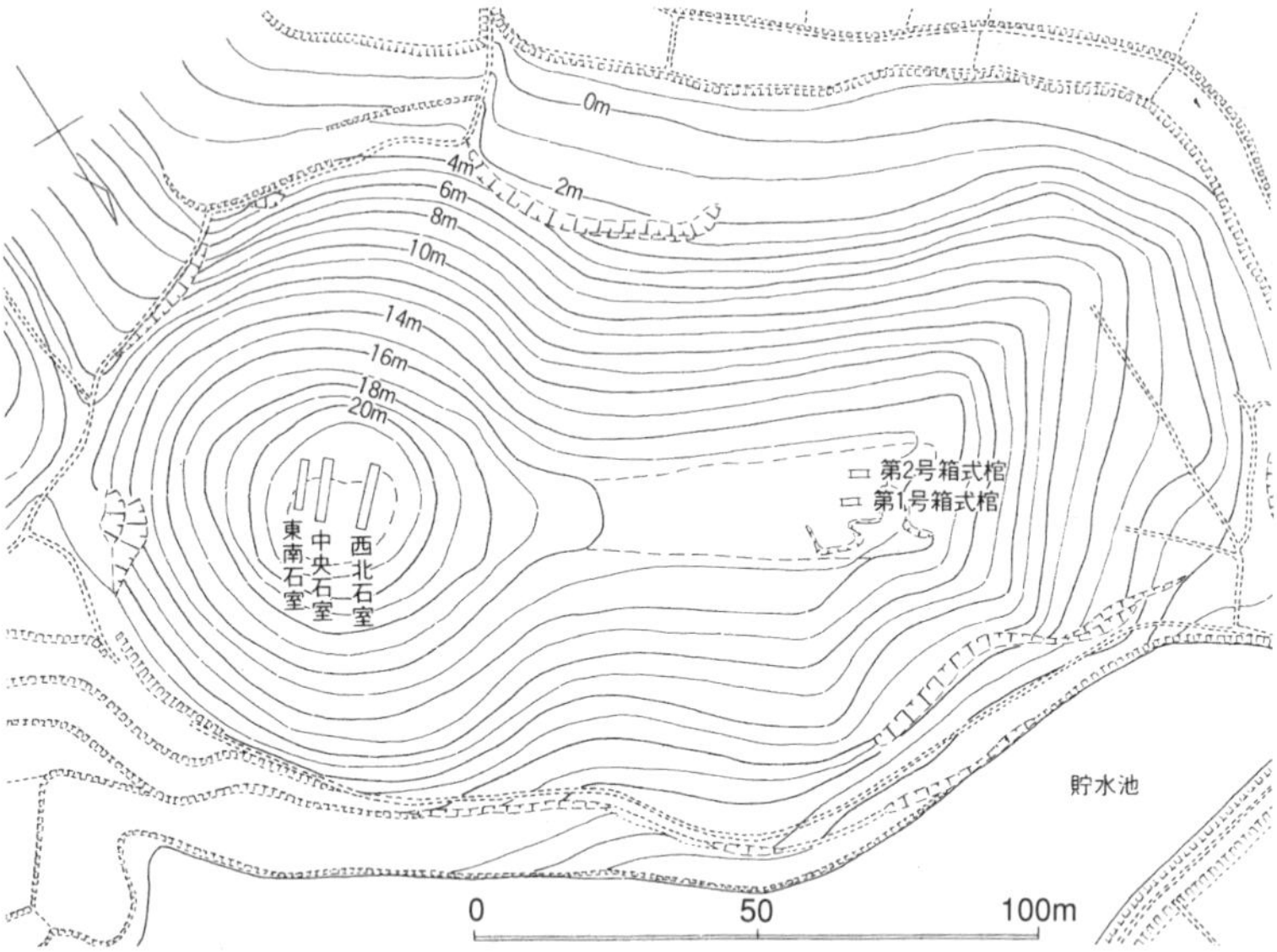

図9．安土町瓢簞山古墳

は異なり、畿内型の定型的なものであって、大和政権との直接的な関係のもとで出現したものであることをうかがい知るのです。

こうした地域以外でこれまで伝統的な勢力が希薄であった地域にも、四世紀中頃以降新たな勢力の定着を見ます。日野川中流域にあっては、標高三〇八m、平地との比高差が二〇〇mもある山丘頂部に、四世紀中頃に雪野山古墳（七〇m）が突然出現します。この古墳は、報告に従って前方後円墳とするにしても典型的な畿内型の墳形とはいいがたいものですが、粘土棺床を持つ竪穴式石室を持ち、舶載の三角縁神獣鏡を副葬するのです。さらに、その南西方向、日野川の作る河岸段丘状の平地最奥部の小さな独立丘陵頂部に、墳形は明かではありませんが、四世紀後半に日野町日枝社《ひえしゃ》古墳が築造されます。また、膳所茶臼山古墳の対岸、南湖東岸、瀬田川河口付近の琵琶湖沿岸に織部古墳が築造されています。この古墳は、円墳で粘土槨を持つとされ、舶載の三角縁神獣鏡を副葬するのです。

以上のように、四世紀中頃以降、伝統的な在地勢力を失う流域、また、従来から在地勢力の希薄な地域に新たな首長墓が現れます。これら首長墓は、畿内型の前方後円墳を築き、また、三角縁神獣鏡の配布を受けるなど、大和政権との直接的な関わりの中で、新勢力として出現しているのです。

(二) 新旧両勢力の立地

在地勢力と新勢力とは、ともに水運や陸運の要衝に位置しますが、両勢力の二つ目のカテゴリーの相違は、それぞれが築造する古墳の位置の上からも明確にうかがえるのです。

湖北の在地勢力と新勢力

越前に最も近い湖北は、高時川、姉川、天野川が作る平野が開け、越前と美濃を結んでいる北国街道と北国脇往還道が通っています。水運では、湖北町尾上付近の野田沼や延勝寺地先の旧浜堤の作る内湖、米原町の入江内湖などが港湾としてきわめて有効な地理的条件を持ち、長浜市で開口する姉川やこれに合流する高時川、入江内湖の北側で開口する天野川なども河川を利用した水運に欠かせない存在であったと思われます。さらに、奥琵琶湖の塩津も越前の「敦賀津」への最短距離を保っているのです。こうした中で、湖北北部には、平野の西端にあって、賤ヶ岳から南に延び、琵琶湖に東面する地累状山丘の尾根上に在地勢力である古保利古墳群、その南端、神奈備《かんなび》風の山本山の山裾に新勢力となる若宮山古墳が築造されます。古保利古墳群は、湖上交通を利用して塩津に向かう場合に見上げることのできる古墳群であるのに対し、若宮山古墳の位置は、塩津に向かう船舶の経由地であり、また、北国街道に合流し、北上して越前武生に向かうための上陸地点となる港湾に近いのです。また、古保利古墳群が、その被葬者を支える諸集落からすれば、開けた高時川側とは逆の、いわば、後背の山丘部に位置しているのに対し、若宮山古墳は、前面に琵琶湖が広がり、しかも、前方部を琵琶湖岸に直行する西南西に向けているのです。

湖北南部には、天野川右岸の丘陵尾根に在地勢力である息長《おきなが》古墳群の一支群である定納古墳群があり、湖北平野の南端を確保しています。この付近は、東に中山道と北国脇往還道の分岐点のある柏原、南に中山道と北国街道との分岐点のある鳥居本があり、また、湖上交通の良港としての条件を持つ入江内湖が存在しています。従って、定納古墳群は、美濃と越前を結ぶ交通路の中継地点として重要な位置を占めていることになります。そして、この古墳群も諸集落の広がる平野からは後背の山丘部に位置しているのです。

なお、この地域は、大和政権との関わりの大きい息長氏のテリトリーとされています。また、長浜古墳群は北国脇往還道と姉川との合流付近に形成されています。姉川河口には良港を提供する地形的条件が見あたらず、むしろ、河川と陸路との交点に港湾の発達を見たのでしょう。この古墳群を形成した在地勢力もまた、古墳築造にあたって、琵琶湖岸ではなく、長浜平野からは後背となる東側の山丘部を選地しているのです。

湖東の在地勢力と新勢力

湖東地域では愛知川や日野川などの河川、大中の湖や西の湖などの内湖が重要な役割を果たしました。この地域の重要性は、荒神山周辺や大中の湖の港湾で上陸すれば、御代参《ごだいさん》街道を通って日野川をさかのぼり、旧の土山町で東海道に合流して三重県の亀山市に、また、八風《はっぷう》街道から愛知川をさかのぼって四日市市に入ることができる河川水運および陸路を利用することができることです。すなわち、日野川および愛知川の河川水運を利用することで、尾張や大和に近い伊賀や伊勢の北部に入ることができるのです。内湖はその起点となり、河川はより内陸へ入るための水運を提供します。日野川中流部に築造されている雪野山古墳、さらにその上流に位置する日枝社古墳の存在が、この経路の重要性をよく示しているのです。こうした地理的条件を背景に勢力を得た斗西・中沢遺跡などの諸集落は、後背となる和田山の麓に神郷亀塚古墳を築いたのです。

一方、新たな勢力として築かれた瓢箪山古墳は、観音寺城のある繖山の北西部に延びる支丘の先端に、前方部を北西方向の琵琶湖側に向けて築造されており、前面には、大中の湖、小中《しょうなか》の湖《こ》、西《にし》の湖《こ》および伊庭内湖などの内湖が広がっています。瓢箪山古墳は、現在はこれら内湖から離れていますが、北側の安土山に安土城が築かれていた頃には湖が城の裾にまで入り込み、繖山の西側、桑実の集落まで船で入り込むことができたといわれています。したがって、かつては内湖に面して立地しており、伊賀への経路の起点を掌握する重要な任務を持っていた考えられます。愛知川右岸の荒神山古墳は、荒神山（標高二八四ｍ）の山頂から琵琶湖のある北方向へ張り出した丘陵尾根斜面に築造された新勢力です。荒神山周辺にはかつての内湖状の地形が残り、また、近接する愛知川の河川は格好の船舶の停泊地として利用できます。さらに、荒神山の沖合約七㎞に多景島《たけしま》が浮かびます。この島は、古代の水上交通にあって、陸地側の山丘とともに、水上のランドマークとして重要な役割を果たしていたものと考えられます。この多景島が、前方部を北北西に向けた荒神山古墳の主軸の延長線上に位置しているのです。また、この古墳からは、平野側よりも、むしろ、琵琶湖側に眺望が開けていることも加えて、まさに、琵琶湖を意識して築造された古墳ということができるのです。

湖南の在地勢力と新勢力

野洲川流域では、その下流域にあたる野洲・栗太両郡に弥生時代の前方後方墳も含めて、古墳時代の有力な古墳が集中しています。それは広大な穀倉地帯を抱えているだけではなく、野洲川が、後でいう東海道と中山道の分岐点に近く、さかのぼれば、旧の東海道が走り、三重県の関から右に折れれば大和へ、左に折れて伊勢から東に向えば尾張に入る今昔の幹道となっているからです。また、河口からは、淀川水系の水運を利用できる瀬田川が近いのです。その野洲川左岸沿辺に塚之越遺跡など弥生時代からの伝統的な勢力が醸成され、さらにさかのぼった右岸山丘部に大岩山古墳群や左岸山丘部に安養寺古墳群などが形成されたのです。これら在地勢力もまた、穀倉地帯の平野部や諸集落からは後背の山丘部や河川沿辺に古墳を築造しているのです。

一方、円墳ですが、新勢力の一つと考える織部古墳は、膳所茶臼山古墳の対岸であって、琵琶湖沿岸に位置しているのです。

湖西の在地勢力と新勢力

皇子山一号墳の東側、琵琶湖との間には、大津市錦織《にしごおり》遺跡や北大津遺跡など、弥生時代から古墳時代前期前葉にかけての集落が広がっています。従って、集落から見上げる山丘上に古墳が築かれているのです。琵琶湖側にだけ葺石を葺いて墳形を整えていることも、集落を意識した築造であったとすることができるのです。

これに対し、新勢力とした南湖西岸の膳所茶臼山古墳は、眼下に、集落ではなく、琵琶湖を見る丘陵の先端に立地し、前方部を東方、琵琶湖岸に向けて築造されているのです。この地域は、琵琶湖が畿内中枢部の一つである山背と接っしており、逢坂山《おうさかやま》を越え、山科川を下ればすぐに山科に入ることができます。また、琵琶湖唯一の流出河川である瀬田川は、宇治川、木津川、淀川とつながり、山背から河内を経て瀬戸内海へ通じています。この河川を利用した運輸ルートが、『古事記』・『日本書紀』(注73)などの文献にもたびたび登場してきており、その重要性が推し量られるのです。港湾についてははっきり明確なことがわかりませんが、『日本書紀』の神功紀摂政元年三月条や天武紀元年条などに登場する「粟津」があります。膳所茶臼山古墳の東側、今の膳所辺りと推定されています。こうした港湾が琵琶湖水運の北からの終着点であり、南からは起点となるのです。

和邇大塚山古墳は、北湖と南湖との境にあって、真野川がつくる堅田の小さな三角州の北側の丘陵頂部に立地しています。ここもまた、琵琶湖との間の狭い平野部には、有力な勢力を醸成するほどの集落の成長が認められず、足下に琵琶湖を見下ろすことができる場所なのです。また、ここは、琵琶湖の南湖と北湖を界する狭隘な部分で、琵琶湖水運の関門的な部分に当たり、また、真野川に沿ってさかのぼれば途中越えで山背の北部に出ることができます。そして、和邇大塚山古墳の前方部も琵琶湖側の北東方向に向いているのです。

北湖西岸、旧高島郡には、若狭街道を通って若狭に至るルートがあります。平安時代の『延喜式』に、若狭からの貢納物は陸路で、高島平野の南端にある「勝野津」に運ばれ、ここから水運を使って都へ輸送されることになっています。この若狭と結ぶ湖上交通および陸路の拠点という地理的条件の重要性は、熊野本遺跡で、弥生時代後期の「倭国大乱」に備え、多数の鉄製品を保有した高地性集落が丘陵上に営まれ、後に熊野本古墳群が形成されたことで示されています。熊野本古墳群は安曇川の左岸で、他の地域の在地勢力と同様に、饗庭野《あいばの》台地の先端、平地の諸集落からすれば後背の山丘部に立地しているのです。

以上のように、古保利・長浜・定納・大岩山・安養寺・熊野本古墳群、また、神郷亀塚古墳などを形成した在

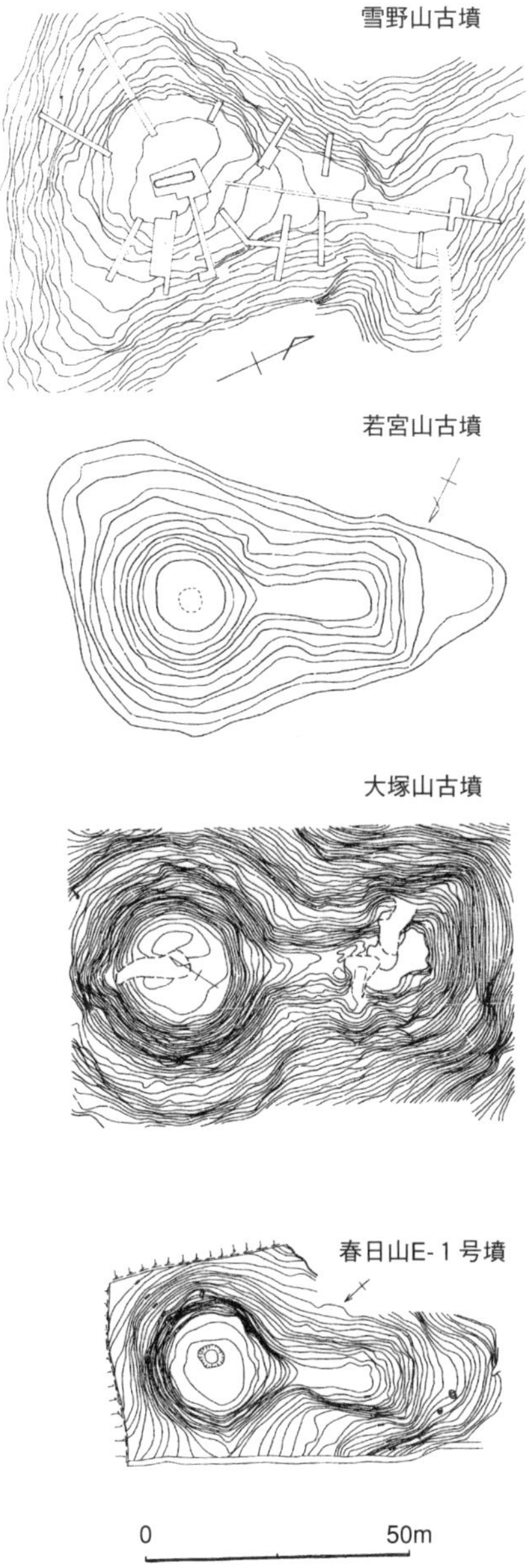

図10．各地の前期前方後円墳

地勢力は、古墳時代前期後半頃まで、各流域の平地に形成される諸集落の後背山丘部、あるいは、河川沿辺に古墳群を形成し、その勢力を保持してきました。一方、前期中頃以降に築造される前方後円墳を中心とした新たな勢力は、これら在地勢力と重複することなく、反対に琵琶湖沿岸部に、かつ、琵琶湖を見下ろすような位置に古墳を築造しているのです。すなわち、造墓の状況から、集落を意識して古墳を築造する在地勢力と、琵琶湖水運に関わる立地条件を得て古墳を築造する新勢力とに峻別することができるのです。

㈢　琵琶湖湖上ネットワークの策定

広大な琵琶湖とその琵琶湖に注ぐ諸河川は、湖北・湖西・湖東・湖南のそれぞれに豊穣な平野を発達させ、古代より豊かな生産力を保持するとともに、近江が若狭・越前・美濃・伊賀・山背の諸国と接していることから、畿内とこれら地域とを結ぶきわめて有効な運輸手段を提供してきました。大和政権が日本海地域や東海地方への進出、さらに朝鮮半島への進出にあたって、この琵琶湖の水運手段の掌握がきわめて重要な課題であったと考えられます。そのための湖上ネットワークの実現が大和政権の重要な施策のひとつであったのです。これまで述べてきたような新旧両勢力の持つカテゴリーの相違は、その施策に起因するものと考えられます。

第一次琵琶湖湖上ネットワーク（対内政策：旧勢力との連合段階）

古墳時代前期の大和政権にとって、越前などの日本海地域や尾張などの伊勢湾岸地域への進出に、琵琶湖の水上交通権の掌握は欠かすことのできない課題でした。これら地域との関係がまだ安定していない四世紀前半頃から中頃には、越前へのルートの要衝に位置する湖北の古保利古墳群や若狭へ通じる湖西の拠点に形成された熊野本古墳群など、早期に前方後円墳を築いた在地の旧勢力を傘下に入れることでそれぞれの拠点を掌握することができました。尾張へは、大和と尾張を結ぶ伊賀の存在が大きく、その伊賀と琵琶湖を繋ぐ野洲川が重視されまし

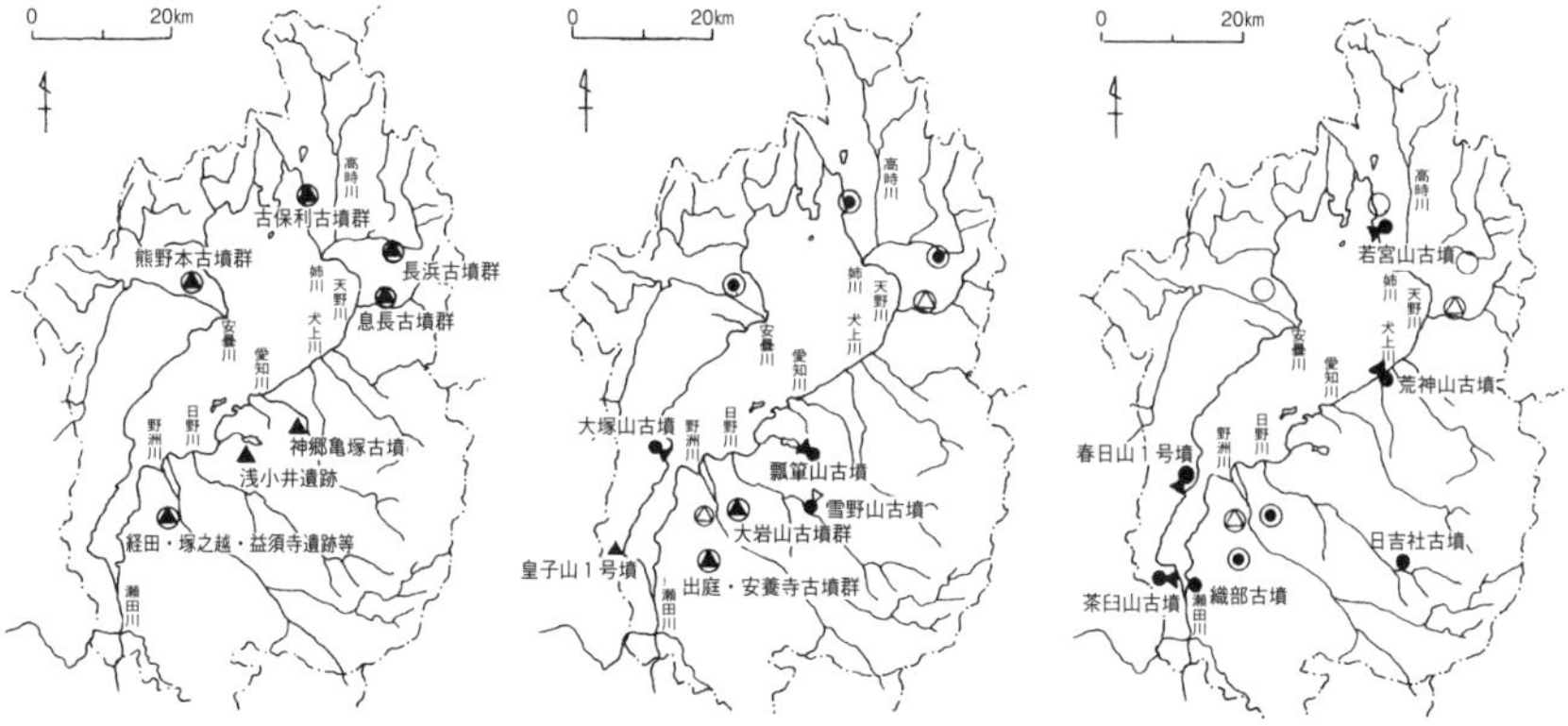

弥生時代からの伝統的在地勢力　　新たに加わる在地勢力と新勢力（第１次琵琶湖ネットワーク）　　新旧交代する新勢力（第２次琵琶湖ネットワーク）

（▲△前方後方墳・方形墳　●前方後円墳・円墳　白ヌキは前段階からの継続　黒ヌキは新たに築造）

図11．在地勢力と新勢力の分布と変遷

た。その流域には大岩山古墳群や安養寺古墳群を形成した在地勢力が存在し、河川水運の権益を握っていました。こうした勢力に対しては、四世紀中葉を前後する頃、岡山古墳、古冨波山古墳、大岩山古墳などの円墳を築いた王たちに対して中国製の三角縁神獣鏡を配布し、その権益を保障することで大和政権への参画を促したのです。また、美濃を経由して尾張と結ぶ天野川沿いの常納古墳群、野洲川沿いの塚之越遺跡、瀬田川で山背と結ぶ南湖西岸の皇子山一号墳など前方後方墳を築造する被葬者たちとも融和を図ったのでしょう。すなわち、琵琶湖水運の掌握のための第一段階は、在地勢力との連合関係の構築にあったと思われるのです。

　こうした伝統的な在地勢力の掌握に加えて、四世紀中頃には、大中の湖を抱えた繖山の山裾に瓢箪山古墳を築造させ、伊賀と結ぶ経路の起点を掌握しました。また、日野川中流域の雪野山山頂に築かせた雪野山古墳の被葬者には、伊賀に最も近い位置で尾張を牽制させました。さらに、琵琶湖西岸で、南北両湖の境に和邇大塚山古墳を築かせ、山城を経由する畿内への守りとしました。とくに、瓢箪山古墳には県内最大級の前方後円墳を築かせたのであり、大和政権にとって、大中の湖などのあるこの地域の掌握がきわめて重要であったこととともに、瓢箪山古墳の被葬者には、連合関係にある各地の在地勢力を統括させたのでしょう。

第二次琵琶湖湖上ネットワーク（対外政策：新勢力での直轄段階）

越前や尾張では、四世紀中頃まで前方後方墳の築造が優先し、前方後円墳も不定型な状態が続きました。しかし、四世紀後半以降には定型的な前方後円墳が築造されるようになり、この頃からこれら地域との関係が安定期に入ったものと考えられます。近江では、この頃を境に在地勢力の古墳群が縮小し始め、新勢力の古墳も継続する新たな古墳を築造していないのです。このことから、大和政権にとって、国内的な統一が一段落し、これまで琵琶湖沿岸に戦略的に配した新旧両勢力の役割は一応終了したと見られます。その後、大和政権の政策は、倭の五王に見られるように朝鮮半島諸国との交渉に向けられ、そのための新たな琵琶

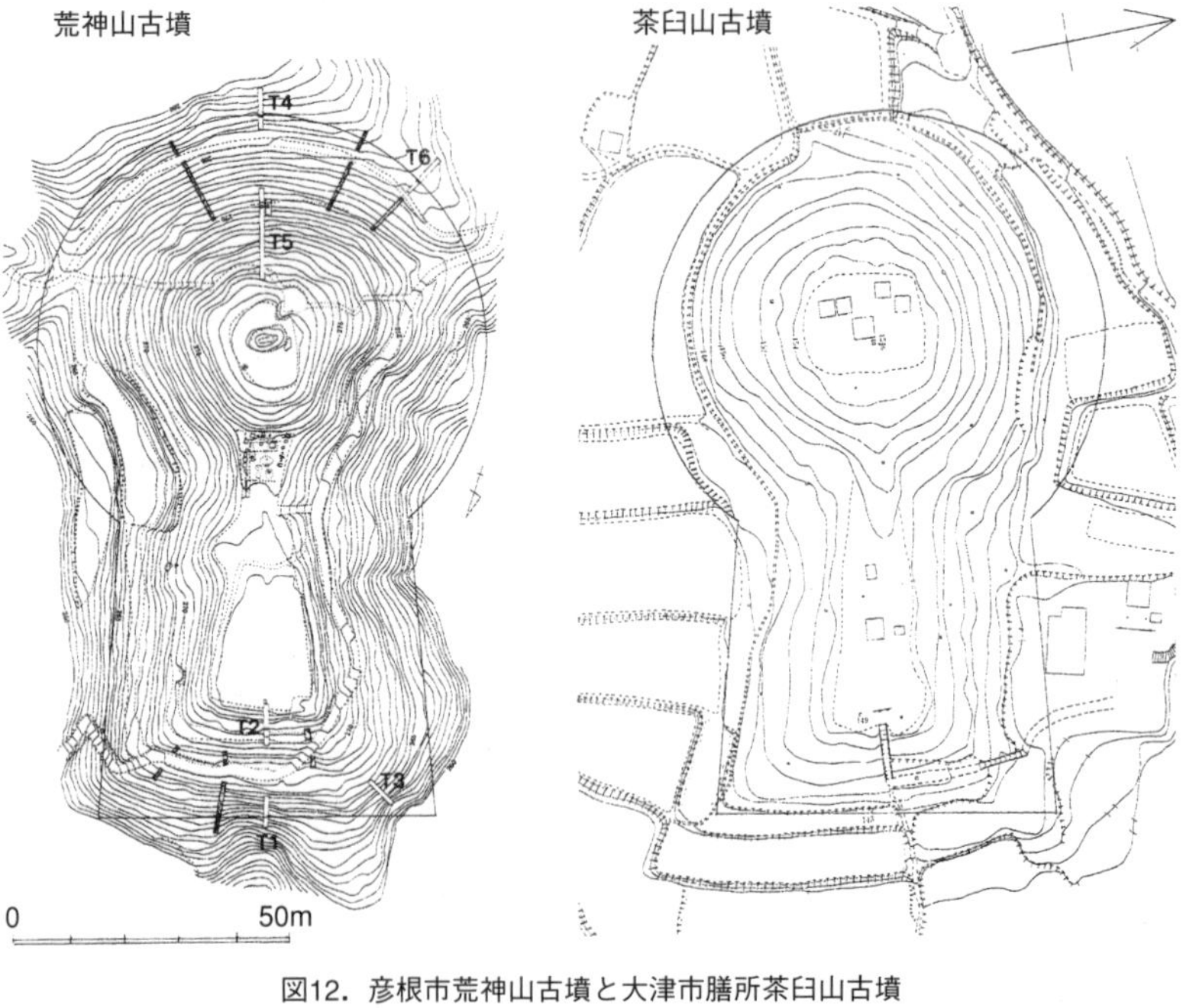

図12．彦根市荒神山古墳と大津市膳所茶臼山古墳

湖水運システムの構築が必要となりました。ネットワーク構築の第二段階は、南湖西岸では皇子山一号墳に代わって瀬田川右岸の山丘上に膳所茶臼山古墳、南北両湖の境には春日山一号墳、湖東の瓢箪山古墳に変わっては愛知川をはさんだ北側の荒神山山頂に荒神山古墳、湖北では、古保利古墳群に代わって地塁状山丘南端の山本山南西裾部に若宮山古墳と、琵琶湖周辺各地に前方後円墳を再配置することにありました。なお、雪野山古墳においても、さらに日野川をさかのぼって日枝社古墳が築造されています。この段階では、もはや在地勢力の存在は小さくなり、これらとのこれまでのような連合体制を維持していく必要性がなくなったのです。すなわち、大和政権主導のもとで新たな琵琶湖水運のシステムを完成させていったのです。とくに、これまで瓢箪山古墳に琵琶湖水運の一元的な要としての役割を持たせていたのに対し、荒神山古墳と膳所茶臼山古墳とに全長一二四ｍと県内第二位の規模を誇る同形・同大の古墳を築かせ(注74)、水運システムの二元化を図ったのです。

第三節　「倭の五王」の時代

一．「倭の五王」の時代へ

㈠　大和政権と大型古墳群の形成

大陸の王朝との交渉

五世紀代は、大和政権が、朝鮮半島南部の百済《くだら》・新羅《しらぎ》・任那《みまな》（伽耶《かや》・加羅《から》）に対する倭国の政治的・軍事的関与に関する中国南朝の保証を求めるとともに、彼らが倭国全体を支配する大王であることを国際的に認めさせ、国内での大王権の強化を意図し始めた時期にあたります。すなわち、国家的な統一が図られる「倭の五王」(注75)の時代で、『宋書』や『梁書《りょうしょ》』(注76)によると、西暦四二一～四七八年までの間に、讃・珍・済・興・武の五人の倭王が何度も使者を送っており、『宋書』には、讃の後の珍・済・興は「安東将軍倭国王」、最後の武は「安東将軍倭王」の称号を求め、それが承認されたとあります。これらの大王が『古事記』や『日本書紀』に記載されるいずれの大王に当たるかについては様々な議論がありますが、時期的には、応神から雄略大王の頃に当たるのです。

巨大古墳群の形成

この時代には、全長四二五ｍとわが国第二位の規模を誇る応神陵古墳を始めとする一〇〇基以上の大規模な古墳で構成される古市《ふるいち》古墳群が河内に、また、全長四八六mと国内最大規模を誇る仁徳陵古墳を含む一〇〇基以上の古墳からなる百舌鳥《もず》古墳群が和泉に形成されます。両古墳群は、国際的に認められた大王権を古墳の大きさで内外に誇示するために築造されたものです。また、倭の五王の時代は、各地の王たちも、あたかも群雄割拠するかのように、前方後円墳を中心とする大小の古墳群を形成するようになります。古市・百舌鳥古墳群で築造される大王墓を頂点に、各地に築造される王墓の規模や墳形を規制することで、政治的な階層社会を具現化させていったのです。そして、その階層社会の中で、比較的安定した時代を迎えることになるのです。

技術・制度の導入

さらにこの時代には、大陸や朝鮮半島との活発な交渉や朝鮮半島での政治的動向により、冶金《やきん》・製鉄・工芸・製陶・機織・土木など様々な技術分野において、産物そのもの、また、その技術がもたらされ、多くの工人たちが渡来し、わが国で活躍するようになりました。乗馬や華麗な装飾で身を飾る風習も伝わり、政治制度や儒教・道教などの思想ももたらされました。倭の五王の時代は、諸産業の発達に支えられ、行政機構や身分秩序などの制度的な整備が行われ、大王を中心とする政治体制が整えられていった時代でもあるのです。巨大古墳の築造、埴輪の製作、多種多様な副葬品の製作などの考古学資料が、土木労働者や手工業者たちが組織化され、それらを指揮する行政機構が整備されていたことを如実に示しているのです。

(二) 「倭の五王」の時代の近江

古墳時代前期の終焉

近江の古墳時代は、格差の少ない方形周溝墓群の中から前方後方形の墳墓を築く首長が現れる一方、小さな円形墳を作ることで弥生時代からの方形墓の伝統を打ち破るという変革期を経て、開始されました。古墳の形と規模によって首長たちの身分的な編成が確立する段階になると、近江では、四世紀中頃、雪野山古墳のように、三角縁神獣鏡の配布を受けるとともに、不定形ながら前方後円墳を築造するものが現れ、さらに、四世紀後半頃、湖北、湖東、湖南、湖西にそれぞれ一基程度の定型化した前方後円墳が築造され、本格的な前方後円墳の時代を迎えることになります。中でも瓢箪山古墳が一三四m、膳所茶臼山古墳と荒神山古墳が一二四mと大規模なもので、これらの古墳を中心に、近江に安定した勢力が形成されたかのように見受けられました。しかし、河川などで限られた一定の範囲内に継続的に築造されるものを同じ系譜の首長墓群と考えますと、近江の前期の前方後円墳は単独で、継続して築造されているものが少ないことに気づきます。大和政権の朝鮮半島との交渉などのための日本海地方へのルート、また、東海地方あるいはさらに東国との交渉のためのルートとして湖上交通が重要視され、その結果その要衝を占める首長たちが、身分的に上位と考えられる前方後円墳を築くようになったと考えられるのですが、それはどうも一代限りの短い期間の権益だったようなのです。

すなわち、四世紀末から五世紀初頭頃、越前や尾張などにも前方後方墳が全く見られなくなり、畿内型の定型化した前方後円墳が築かれるようになったことから、尾張や越前などの諸勢力との間に連合的な安定した関係が成立し、もはや、琵琶湖水運を政略的・戦略的に利用する必要性がなくなり、琵琶湖沿岸の各地に配された前方後円墳の役割も終えることになったと考えられるのです。

古墳時代中期の始まり

大和政権は、全国を統一していく過程で制度的な整備を行い、各地の豪族たちもその制度に従い、中央の政権に参画していくようになります。すなわち、大和政権は、直接ではなく、在地の豪族たちを通じた間接的な地方支配の体制を整えていったのです。その結果、墓制の上では、大和政権の大王を頂点とする前方後円墳体制の中で、地方の有力な首長たちも、前方後円墳を中心に大型の古墳を築造することができるようになり、各地に数多くの古墳群が形成されることになりました。近江でも、五世紀に入って旧勢力の盛衰が見られるとともに、各地に新たな古墳群が形成され、比較的安定した本格的な在地勢力が根付いていきました。

交通の要衝と古墳

近江は、広大な琵琶湖を抱え、湖北・湖西・湖東・湖南のそれぞれに諸河川が作る平野を発達させ、古代より豊かな生産力を保持してきました。また、若狭・越前・美濃・伊賀・山背の諸国と接しており、畿内と日本海地方や東海地方と結ぶ交通の要衝となっています。すなわち、湖北北部は北国街道・北国脇往還道を通じて越前と、湖北南部からは中山道を通って美濃から尾張へ、湖西からは若狭街道を経由して若狭へ、湖東はその北部から中山道に入ることができ、また、南部からは東海道で大和と尾張の中間に位置する伊賀とも通じています。湖南は、琵琶湖からの唯一の流出河川である瀬田川が大阪湾に開口する淀川に通じ、山背、摂津、河内の畿内中枢部に入ることができます。しかも、これら交通路の中央に位置する琵琶湖の水運はきわめて重要視され、そこから生じる権益は計り知れないものだったと考えられます。このような状況を背景に、古墳時代中期には、琵琶湖周辺に多数の古墳群が形成され、歴史の中で、それぞれの盛衰を見ることとなるのです。

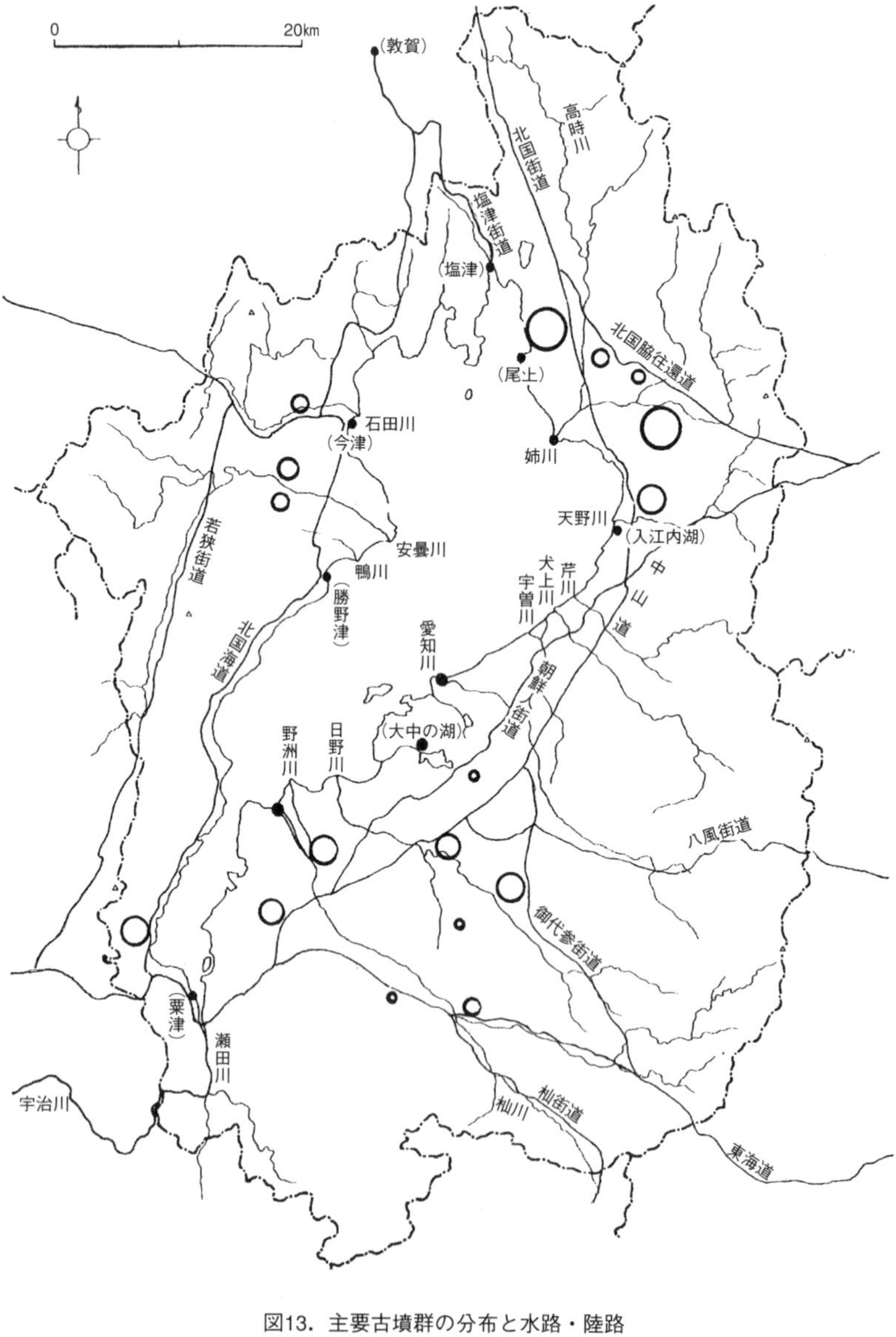

図13．主要古墳群の分布と水路・陸路
○　中期古墳（群）　●　水運拠点

二、湖北の古墳（高時川・姉川・天野川流域）(注77)

(一) 越前・美濃と湖北の古墳群

古墳群の形成

湖北は、高時川、姉川、天野川の諸河川が作る平野が開け、越前と美濃に通じる北国街道と北国脇往還道、および、中山道が通過しています。また、湖上交通では、湖北町尾上付近の野田沼、米原町の入江内湖が港湾としての有効な地理的条件を持ち、それぞれが北国街道と中山道の両陸路につながり、長浜で開口する姉川やこれに合流する高時川なども、北国脇往還道と琵琶湖をつなぐための河川として、水運に欠かせないものだったと思われます。さらに、奥琵琶湖の塩津も越前の「敦賀津」への最短距離を保っています。こうした地理的条件の中で、古墳時代前期には、それぞれの拠点に、古保利古墳群、長浜古墳群、息長古墳群などを形成した在地勢力が醸成され、また、野田沼南東部の山本山の南端には畿内型前方後円墳である若宮山古墳が築造されたのです。

若宮山古墳を除くこれら在地勢力は、五世紀に入っても、古保利古墳群に西野山古墳、長浜古墳群に茶臼山古墳(注78)と九〇m級の前方後円墳を築造し、また、息長古墳群(注79)でも大型円墳や帆立貝形古墳を築造していて、その勢力を保持していく様子がうかがえます。さらに、この頃、伊香郡では、高月町内の平野部に物部古墳群、独立丘陵上に涌出山《ゆるぎやま》古墳群(注80)、湖北最北端の塩津には西浅井町丸山古墳群(注81)が加わり、東浅井郡の北国脇往還道沿いにも湖北町丁野《ようの》岡山古墳群(注82)、浅井町八島古墳群(注83)と大型の円墳を含む数多くの古墳群が形成されます。まさに群雄が割拠するように、各地に豪族たちが進出してくるのです。

郷単位の有力古墳群

ちなみに、湖北地方の前方後円墳を中心とした四、五世紀代の古墳群を後の律令制の郷域に当てはめてみると、伊香郡では、高月町内の古保利古墳群が楊野《ようの》郷と安曇《あずみ》郷にまたがり、物部《もののべ》古墳群と涌出山古墳群が楊野郷、前方後円墳を築造していませんが、方墳や多数の円墳を築く木之本町長野(注84)・余呉町長山両古墳群(注85)が伊香《いか》郷に属しています。東浅井郡では、湖北町若宮山古墳が朝日郷、湖北町丁野岡山古墳群が丁野郷、西浅井町丸山古墳群が塩津郷、虎姫町虎御前山《とらごぜんやま》古墳群(注86)が浅井郷に、大型円墳を築く浅井町八島古墳群は田根郷、小円墳群ながら甲冑を出土する湖北町雲雀山《ひばりやま》古墳群(注87)は岡本郷に属しています。坂田郡では、長浜古墳群が上坂《こうさか》郷、近江町息長古墳群が朝妻《あさづま》郷に位置していると見られます。

このように、湖北においては一郷域に一墳あるいは一古墳群が分布する傾向が見られることから、およそ、後の律令制の「郷」の範囲が、古墳時代においても政治的地域集団の最小の単位であったと見てよいと思います。そして、郷の中の有力首長層がそれぞれに古墳群を築き上げたものと考えられます。また、その勢力の強弱によって、墳形の相違、規模の大小の差、古墳群の消長、古墳群形成期間の長短が生じているのです。

(二) 湖北の有力古墳

前方後円墳を築く首長層

伊香郡では、「倭の五王」の時代に、平地に立地する物部古墳群、独立山丘上の涌出山古墳群などで前方後円墳が築造され、古保利古墳群においても、群中最大規模となる西野山古墳が築造されます。すなわち、楊野郷域に、前方後円墳を中心とした湖北最大規模の古墳群が形成されるのです。湖北平野には、広大な生産基盤があるだけでなく、付近に、越前の海の玄関口である「敦賀津」と最短距離で結ぶ「塩津」があり、武生を経由して越前の中心部である福井平野に至る陸路の起点となる港湾を湖北町尾上付近に求めることができます。大和政権にとって、越前への最前線に位置する地域として重要視されていた証だといえるでしょう。

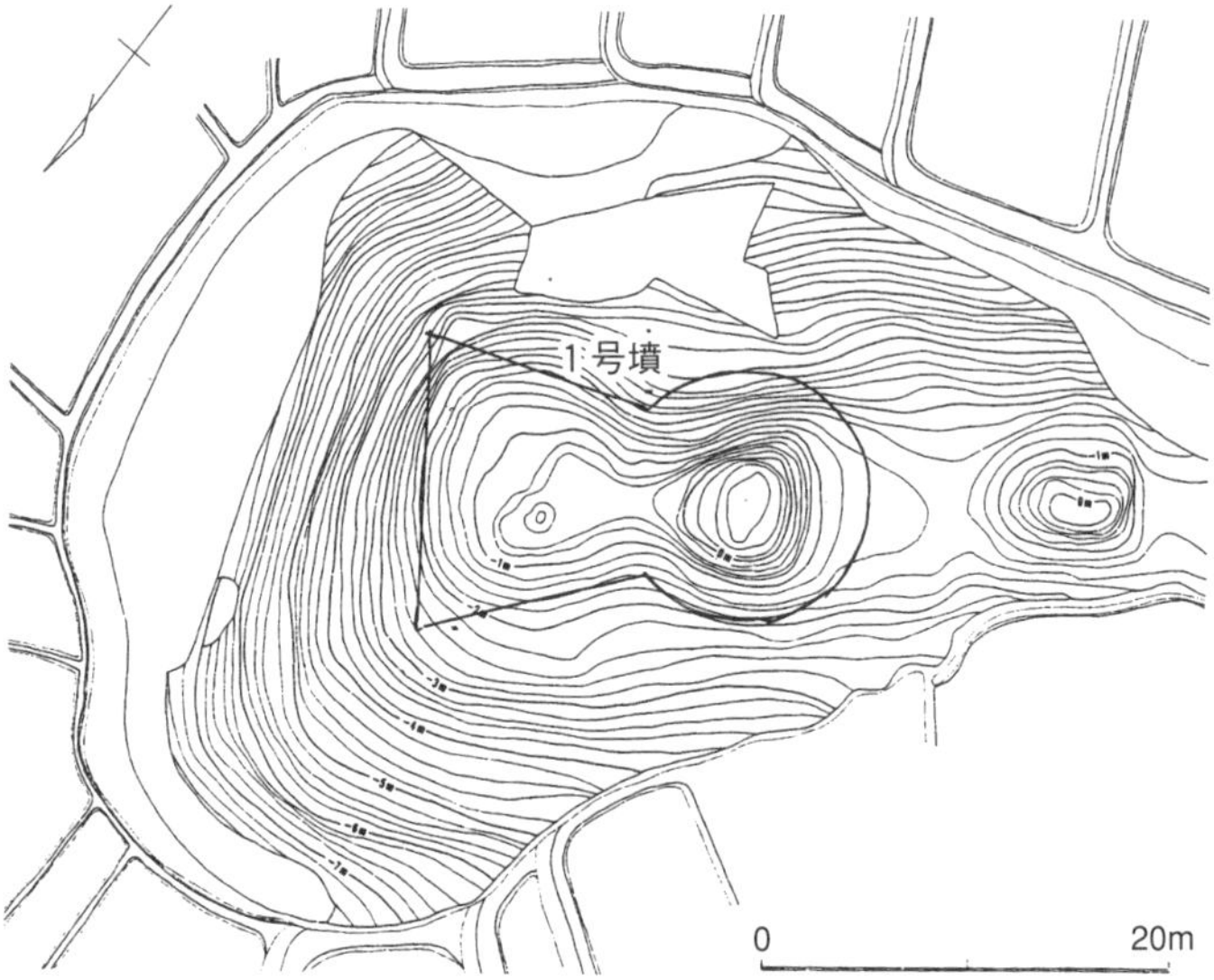

図14．西浅井町塩津丸山1号墳

坂田郡においては、上坂郷が歴代の有力首長層が築造する前方後円墳の分布する範囲となっています。肥沃な長浜平野を控え、越前と美濃とを結ぶ北国脇往還道の関門的な地形部分に当たるとともに、陸路と琵琶湖とを結ぶ河川水運に便利な姉川左岸沿いに位置しており、水陸両面での交通の要衝を占めています。ここでは、横山丘陵最北端に湖北最大規模の茶臼山古墳、平地に垣籠《かいごめ》古墳などが築造されています。

東浅井郡では、これらの中間で、高時川の中流域左岸に位置し、河川水運の便に恵まれた丁野郷の湖北町丁野岡山と浅井郷の飯喰山《いたべやま》にも幾基かの前方後円墳が築かれているようですが詳細は不明です。

なお、湖北の前方後円墳の規模は、長浜市茶臼山古墳の九二m、姫塚古墳の推定八八～九六m（最近の調査で、三世紀代にさかのぼる前方後方墳ではないかとされていますが、葺石を持つことなどに疑問があります。）が最大で、ついで、古保利古墳群中の西野山古

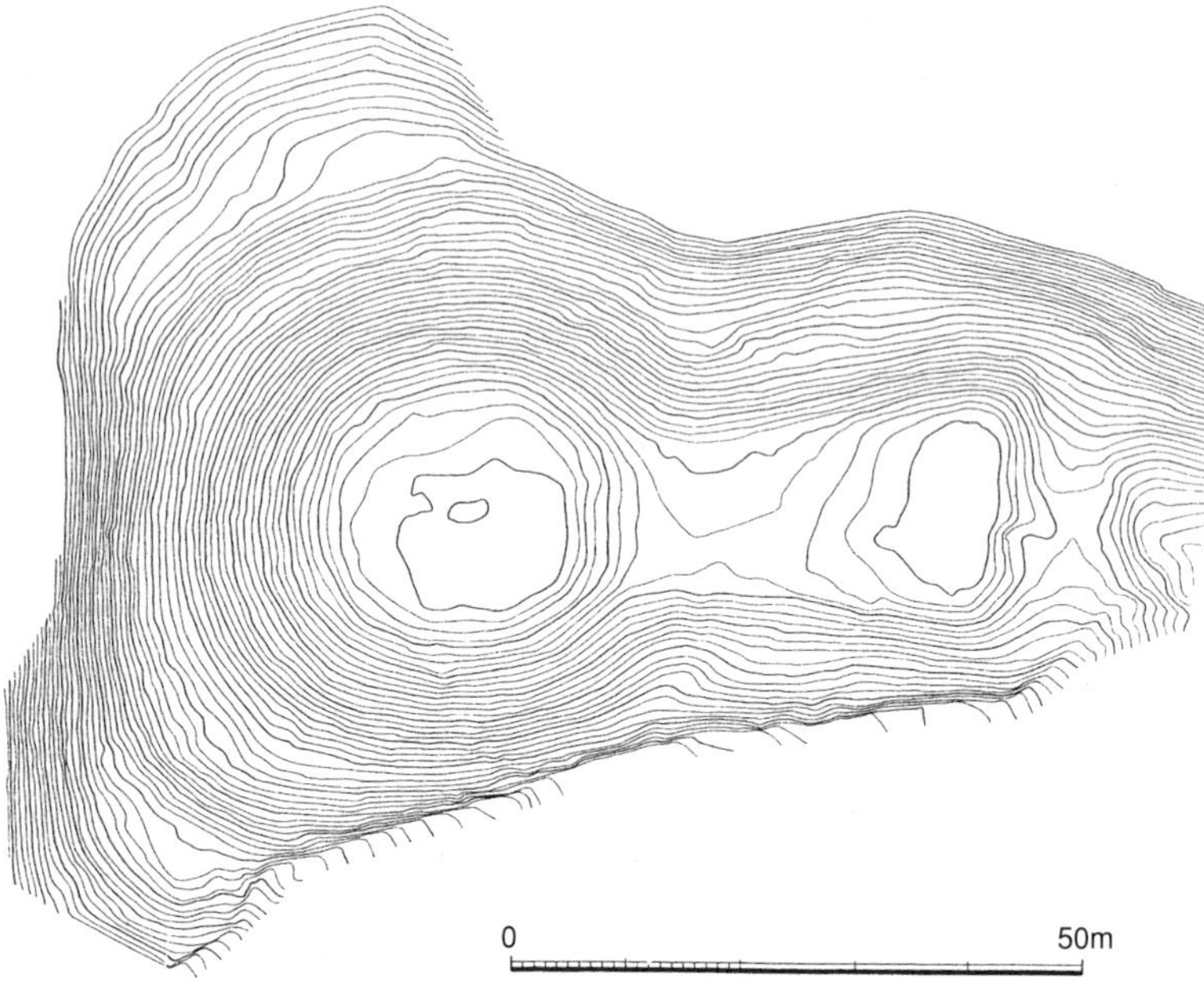

図15. 高月町西野山古墳

墳が九〇ｍで、これら以外は五〇ｍに満たない小規模なものとなっています。

円墳を築く首長層

湖北地方では、これら前方後円墳を築造することのできた首長層だけではなく、大型の円墳を築くものも現れます。東浅井郡では、田根郷に、直径六三ｍの浅井町岡の腰古墳を築いた八島古墳群、坂田郡では、朝妻郷に、直径四三ｍの近江町甲塚《かぶとづか》一号墳や帆立貝形古墳の後別当《ごべっとう》古墳などが分布する息長古墳群が形成されています。八島古墳群は、越前と美濃とを結ぶ北国脇往還道の近江の中での中間地点に位置し、息長古墳群はそれが中山道と合流する付近にあって、しかも、湖上交通の要衝となる入江内湖を擁しています。これら大型円墳は、小型の前方後円墳に比べれば、見かけ上は、むしろ、大規模なものとなっているのです。

古墳群の消長

このように、「倭の五王」の時代の湖北では、伊香郡の楊野郷と坂田郡の上坂郷に前方後円墳を中心とした古墳群を形成する二大勢力が存在し、さらに東浅井郡の丁野郷、浅井郷、田根郷、坂田郡の朝妻郷には大型円墳を中心とする古墳群を形成した中小の勢力が存在していたことになります。これらの諸勢力にも消長があります。

二大勢力の一つである楊野郷には、三世紀から四世紀にかけての頃に成立する古保利古墳群、五世紀代には平野部の物部古墳群や独立丘陵上の涌出山古墳群、さらに、六世紀代にも前方後円墳と思われるものが見つかっており、古墳時代を通して前方後円墳を築くことのできた勢力が存在しています。その中でも、五世紀中頃に、推定全長八八～九六mの規模を誇る物部古墳群中の姫塚古墳、古保利古墳群の最北端に築かれた群中最大規模の西野山古墳が築かれ、この頃に勢力の最盛期を迎えたものと思われます。

もう一つの勢力である上坂郷の長浜古墳群では、横山丘陵の尾根筋に築かれる前方後円墳が前期にさかのぼる可能性があり、越前塚《こしまえづか》三九号墳(注88)が六世紀の最後の前方後円墳で、やはり長期間にわたり勢力を保持していたと考えられます。この古墳群の中では、茶臼山古墳(注89)が全長九二mを計る湖北最大規模の前方後円墳です。その墳形や出土している埴輪から五世紀後半の築造と考えられ、伊香郡の西野山古墳より後出のものと考えられます。これに後続するものとしては、平地に垣籠古墳、茶臼山古墳のある丘陵を挟んだ東側に村居田《むらいだ》古墳が築造されていますが、全長は五〇m以下の規模であり、群としては五世紀後半に最盛期があるように見受けられます。

東浅井郡の丁野・浅井郷については詳細がわかりません。

円墳を築く郷域では、四世紀以降衰退傾向にあった坂田郡朝妻郷の息長古墳群で、五世紀中頃に、帆立貝形の後別当古墳(注90)や大型円墳の甲塚一号墳(注91)などが築かれ、一時的に勢力を持つようになります。しかし、その後は目立った動きはなく、再び頭角を現すようになるのは、塚の越古墳(注92)など全長四〇～五一mの前方後円墳が相次いで築かれるようになる六世紀に入ってからなのです。

東浅井郡田根郷の八島古墳群は、五世紀中頃に群を形成し始め、その初期に大型円墳である岡の腰古墳が（注93）築かれています。ここでは、続く亀塚古墳が前方後円墳ではないかとされていますが、その場合でも三三m程度の小規模なもので、むしろ規模からすれば衰退の方向にあります。

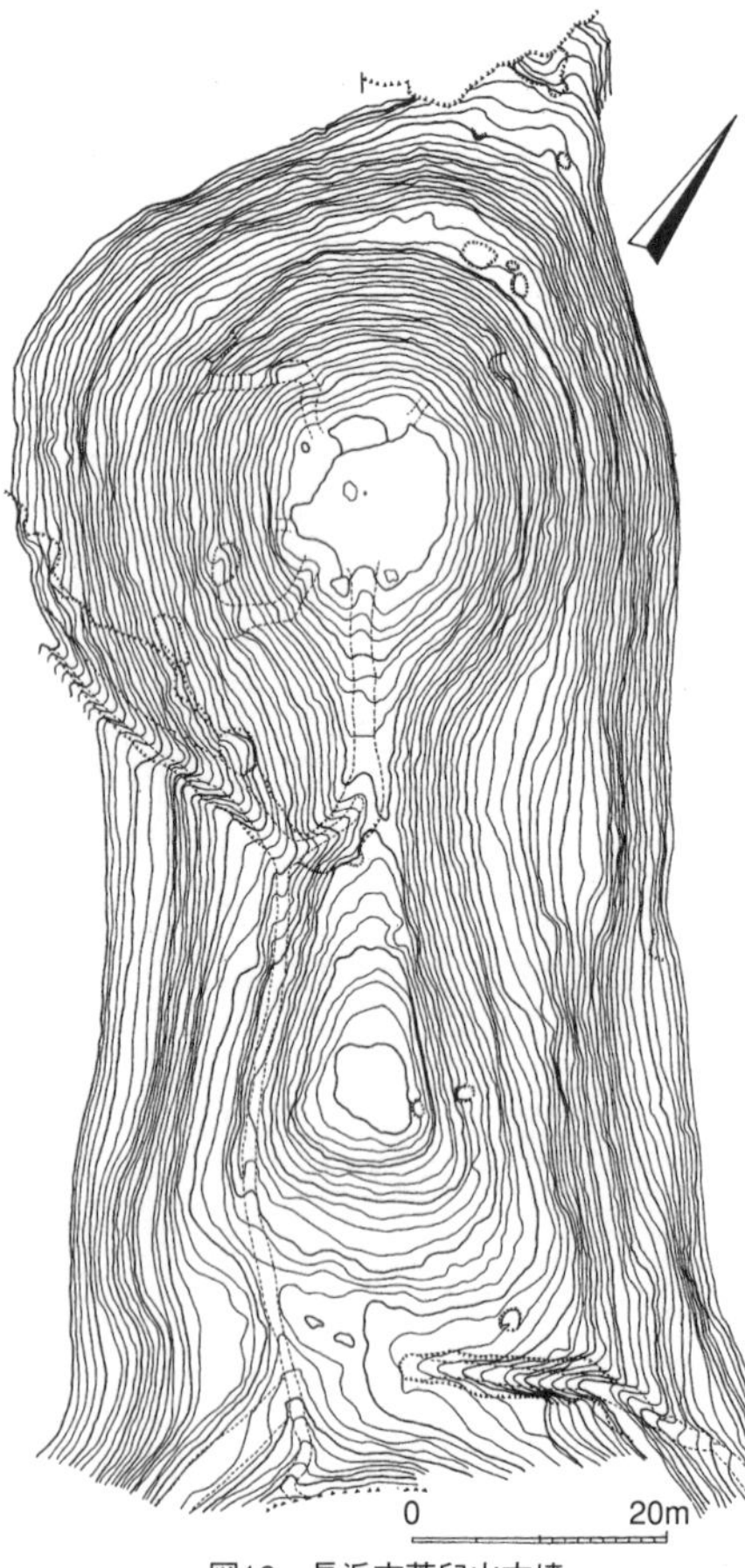

図16．長浜市茶臼山古墳

湖北地域の王墓

このような湖北各地の首長墓の消長をまとめると、五世紀中頃を過ぎて、越前と最短の距離にある楊野郷の勢力の最盛期が過ぎ、北国脇往還道沿いで円墳を築く田根郷や朝妻郷の首長たちにもその勢力に衰退傾向が見られます。かわって、湖北最大規模の前方後円墳を築いた上坂郷の勢力がピークを迎えることになります。越前では、五世紀後半には、確実に、畿内の定型的な前方後円墳が築かれており、この頃には、大和政権との間が安定期に入ったと考えられます。この頃を境に、大和政権の越前に対する政策に大きな変化が生じたと推察でき、その影響が湖北の勢力図に大きな変化をもたらしたのではないでしょうか。ちなみに、坂田郡上坂郷は、大和政権の中で大きな位置にある坂田氏の根拠地とされています。

三、湖西の古墳（安曇川流域）

㈠　熊野本古墳群

弥生時代の王墓

琵琶湖の西、旧高島郡には、若狭に至る今の若狭街道が通っています。平安時代の『延喜式』(注94)では、若狭からの貢納物は、陸路で高島平野の南端にある「勝野津」に運ばれ、ここから水運を使って都へ輸送されることになっています。この若狭と結んでいる湖上交通の拠点を持っているということの重要性は、安曇川左岸に熊野本古墳群、安曇川の右岸に田中王塚古墳群、石田川右岸に妙見山・平ケ崎《へがさき》王塚古墳群と、群形成の開始が弥生時代にさかのぼる三大古墳群が形成されていることでよくわかります。

この三地域のうちの安曇川左岸には、高島平野の西部に広がる饗庭《あいば》野《の》台地の先端に熊野本遺跡が所在しています。この遺跡は、弥生時代後期の「倭国大乱」に備え、標高一四五～一八〇ｍほどの丘陵上に立地する高地性の集落で、多数の鉄製品を保有していました。この集落を経営した人々の中から、後期末に貼り石のある墳丘墓を築造し、さらにその直後には前方後方墳、次いで、不定形ながら前方後円形の墳丘墓を作った人物が現れています。三つの地域のうちで最も早く王墓の形態を整えた熊野本古墳群が形成されているのです。ただ、近江の各所に前方後円墳が築かれる時期に入っても、ここでは、小型の方形墳を築き続け、弥生時代以来の伝統を根強く保持しています。

方墳から円墳へ

五世紀にはいると、大和政権が中国王朝の後ろ盾を得て朝鮮半島との活発な交渉を行うために、若狭・敦賀津

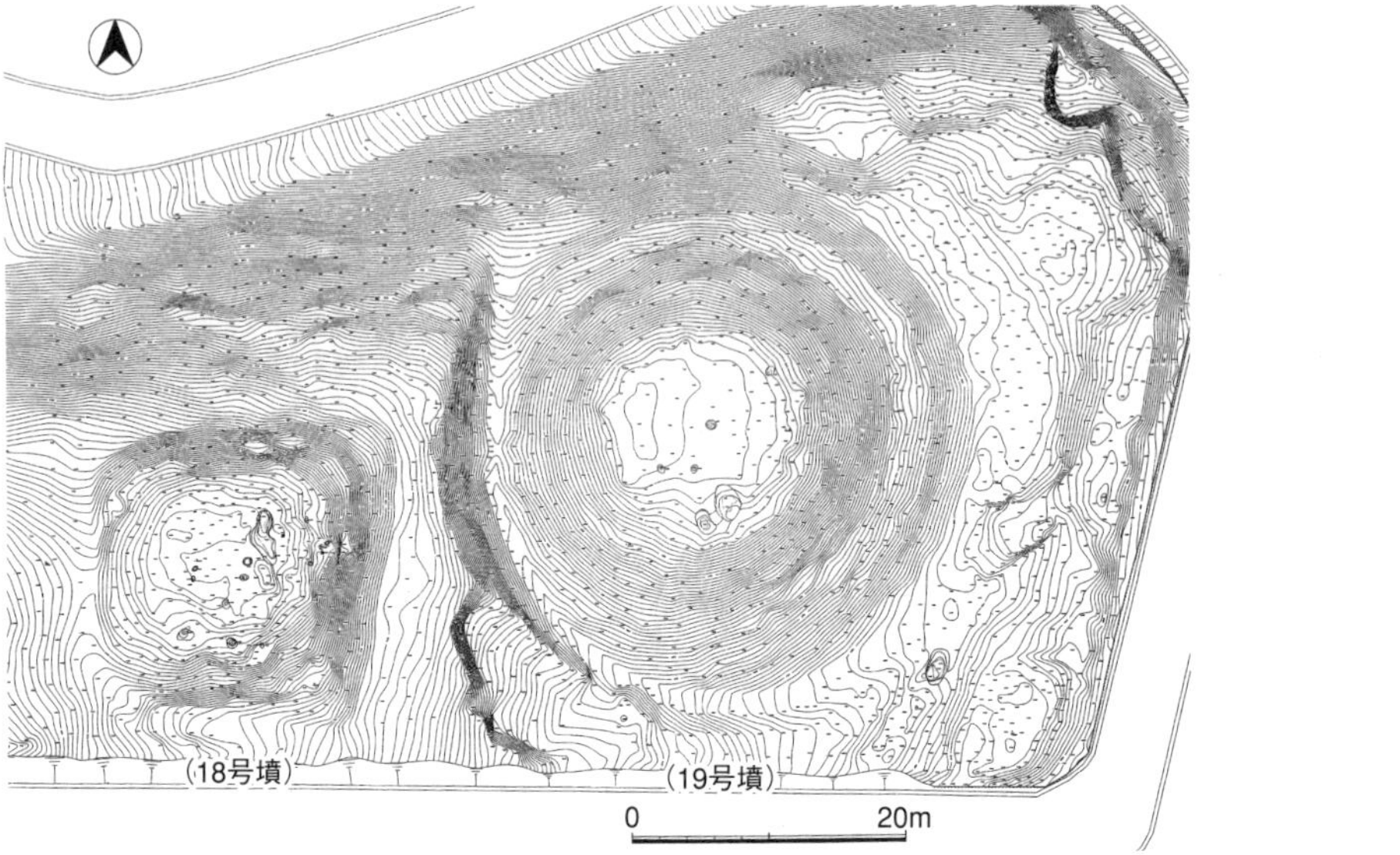

図17．新旭町熊野本18号墳・19号墳

などを通じた日本海航路が重要視されるようになりました。そのため、日本海地域との交渉が活発化し、再び積極的に琵琶湖の水運が利用されるようになったのです。特に、若狭との関係では、湖西北部、高島郡の地域が重要視されたのです。

熊野本古墳群では、五世紀の前半頃まで、一辺一〇数m前後の小型の方墳しか築かなかった人々の中から、やがて、一辺二二mの大型の方墳（一八号墳）を築く人物が現れ、続いて、群中最大規模の直径三五mの円墳（一九号墳）が築かれます[注95]。この頃を境に、小型の墳墓も、これまでの弥生時代以来の伝統的な方形の墳墓を築くことをやめ、円形の墳墓に変えているのです。円墳を採用することで、大和政権の日本海地域への進出に対する協力の証を示したものと考えられます。しかし、その後は、直径一〇m前後の小円墳しか築かなくなり、勢威を衰えさせています。ただ、六世紀後半頃まで古墳の築造を続けており、消滅してしまうことはありませんでした。

(二) 田中王塚古墳群

熊野本古墳群の衰退

熊野本古墳群は、直径一〇m前後の小円墳を築きながらも、五世紀中頃以降、もはや、大型の墳墓を築く勢力を維持することはなかったようです。これに続く有力首長層は、安曇川右岸で、やはり饗庭野丘陵端部に形成される田中王塚古墳(注96)を築いた人物に移るようです。この古墳の被葬者は、継体大王の父、彦主人《ひこうし》王とされ、現在、陵墓の参考地になっています。しかし、彦主人王の墓とする伝承と墳丘の形から見た編年観とは符合しません。

大型帆立貝形古墳の築造

王塚古墳は、全長七〇mの帆立貝形古墳とも直径五八mの円墳ともいわれ、二段築成の墳丘には葺石が葺かれ、埴輪をめぐらせているようです。採集されている埴輪から五世紀中頃に築造されたと考えられています。ここでも、王塚

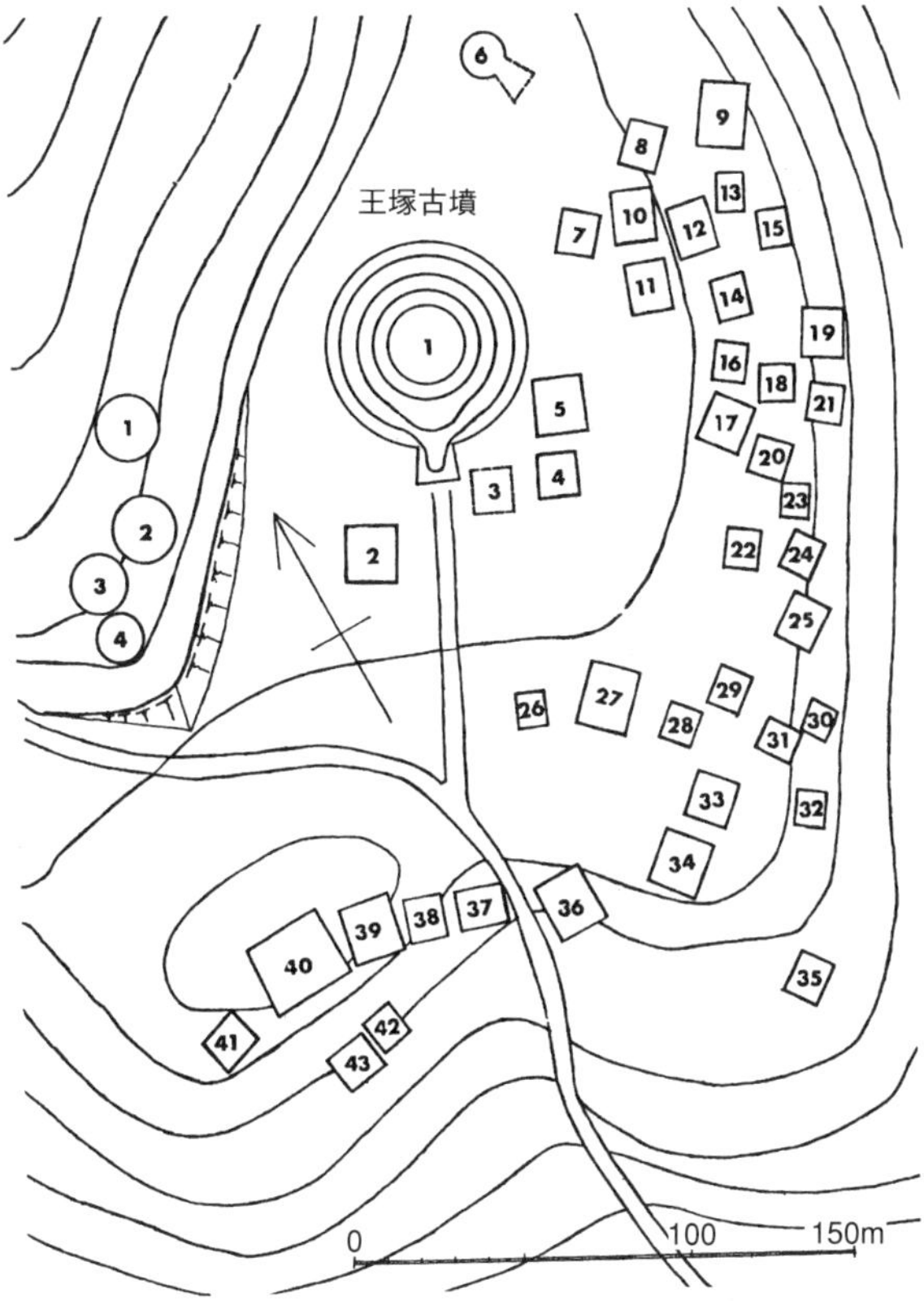

図18. 安曇川町田中王塚古墳群

古墳を中心に四三基もの小型の方墳が築かれていて古墳群を形成しています。方墳は不整形で、一辺一〇数m前後の小さなものですが、王塚古墳の近辺に四基、他は東側から南側にかけて分布しています。方墳は、五世紀中頃以前、さらには三、四世紀代にまでさかのぼる可能性があり、熊野本古墳群と並んで、弥生時代以来の伝統を色濃く残した在地の一勢力であったと思われます。この勢力が大和政権と結ぶことで大型の王塚古墳を築くことになったものと考えられます。しかし、ここでは、王塚古墳の北側に一基、西側に四基の小円墳が築かれているだけで、王塚古墳の築造後は、熊野本古墳群以上に急速にその勢力を衰えさせていったと考えざるを得ません。

(三) 平ヶ崎王塚古墳群

大型円墳の築造

田中王塚古墳築造後、急速にその勢威を衰えさせた田中王塚古墳群に替わって、石田川右岸の平地に作られた平ヶ崎王塚古墳群(注97)に勢力の中心が移っていきます。古墳群の中心である王塚古墳は平地に立地する円墳で、墳丘径五六mと湖西最大の規模を誇っています。二段築成で、葺石や埴輪は確認されていませんが、幅約一二mの周濠をめぐらせています。この古墳の周辺にも八〇基にのぼる方墳や円墳が分布する妙見山古墳群(注98)が所在しています。四世紀初頭頃には、妙見山の山丘斜面に位置するC・D・F支群の三つの有力家族が方墳群を築いており、熊野本・田中王塚両古墳群とともに、弥生時代以来の伝統を保持する在地の一勢力だったことがわかります。

五世紀後半になって盟主的な首長が出現し、平ヶ崎王塚古墳を築造します。ここでも、この頃を境に、妙見山古墳群の古墳の形が弥生的な方形から円形に変わっていきます。しかし、ここでも、王塚古墳に続く大型古墳が築造されることはありません。ただ、急速に衰退することなく、以降六世紀後半まで、丘陵の頂部、北側尾根、東側裾部、さらに、王塚古墳の南西および南東部に四〇基以上の円墳を築き、七世紀中頃には横穴式石室墳を築いており、古墳時代を終えるまでその勢威を保っているのです。このように、平ヶ崎王塚古墳群は、熊野本・田中王塚古墳群に比べて造墓活動が活発であり、五世紀後半以降の湖西高島地方の盟主的な存在となっています。

(四) 湖西地域の王墓

湖西高島郡内には、三、四世紀頃に根を下ろした三つの在地勢力があり、五世紀前半頃に熊野本一八・一九号墳、中頃に田中王塚古墳、少し遅れて平ヶ崎王塚古墳と、順次大和政権と結んで大型の円墳や帆立貝形古墳を築造します。畿内と若狭を結ぶ陸路・水路の玄関口として湖西高島郡が重要視されたことをよく示しています。しかし、ここでは、湖北地方と異なり、いずれの首長も前方後円墳を築くことはありませんでした。

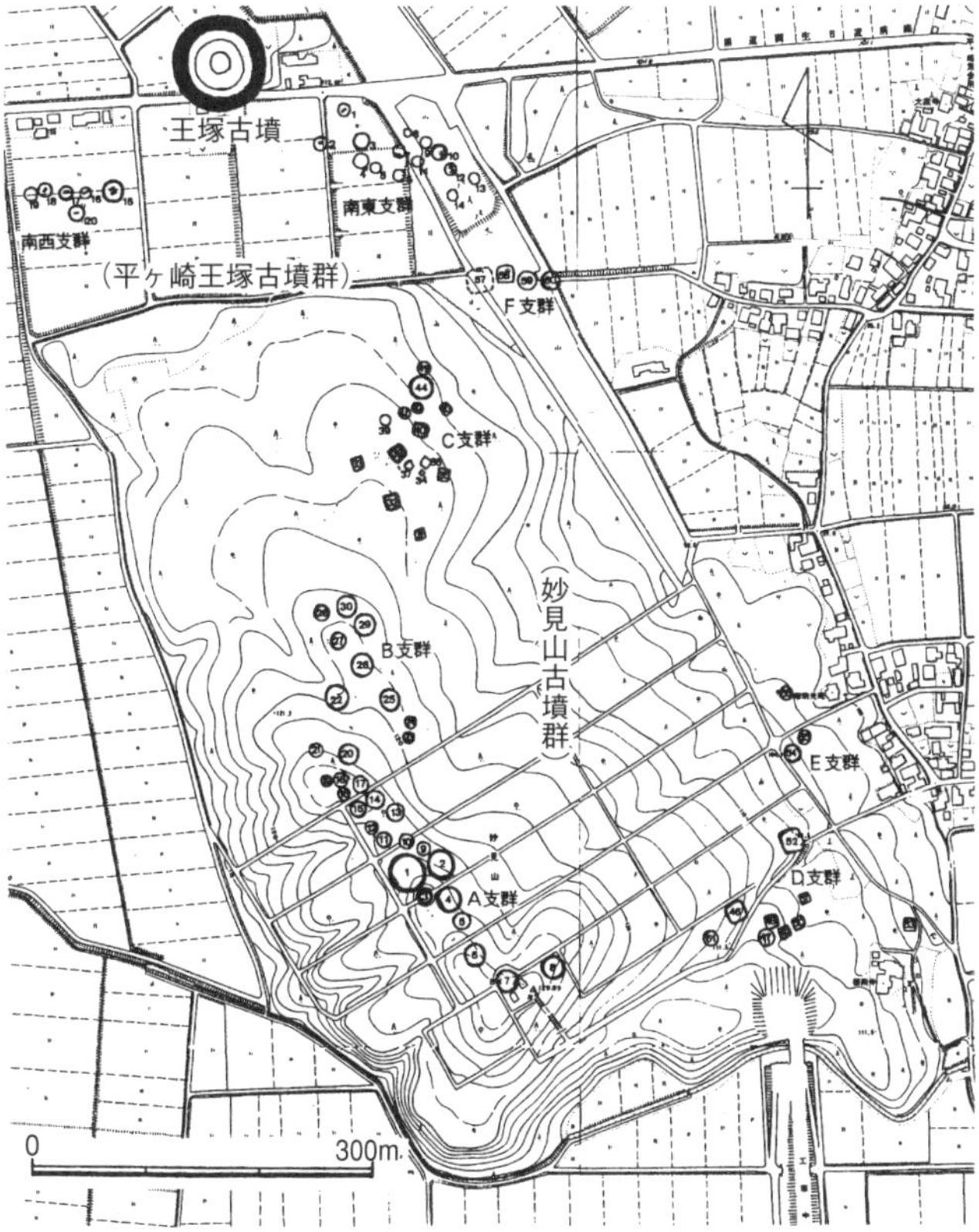

図19. 今津町平ヶ崎王塚古墳群と妙見山古墳群

四．湖東の古墳（犬上川・愛知川・日野川流域）

(一) 湖東と伊賀・伊勢

湖東の有力古墳

湖東北部の旧犬上・愛知両郡域には、四世紀後半に荒神山山頂に荒神山古墳が築造されて以降、五世紀代の顕著な古墳は知られていません。いくつかの伝承地があって、かつて前方後円墳が存在していた可能性は残されますが、今のところ、古墳時代中期には大きな勢力は育っていなかったようです。

旧神崎郡では、能登川町内で、前方後方墳の神郷亀塚古墳が三世紀代に築かれ、その西方に、中沢大塚古墳があったとされています。墳丘は削平されていますが、周濠を持つ全長一〇〇m以上の前方後円墳で、前方部はバチ形に開く古い要素を持つものといわれています。四世紀の早い段階まで、この付近に大きな勢力があったのかもしれませんが、少なくとも五世紀代には、この地域でも目立った勢力を見出すことができません。

蒲生郡域にはいる日野川の流域は、四世紀中頃から後半に雪野山古墳、瓢箪山古墳が築かれ、近江の古墳時代の幕開けを迎えた地域です。さらにこの地域には、五世紀代にも、日野川中流右岸に蒲生町木村古墳群(注99)、下流左岸に近江八幡市千僧供《せんぞく》古墳群(注100)が形成され、また、日野川の支流の祖父川沿いには竜王町雨宮《あまみや》古墳(注101)、瓢箪山古墳の南西部の常楽寺山にも安土町常楽寺山一号墳(注102)と幾つもの勢力が育っており、湖東地方の中心的な地域となっています。

伊賀・伊勢と結ぶ湖東

中期古墳が集中的に分布する日野川右岸の繖山西麓には、大中の湖、小中の湖、西の湖および伊庭内湖などの

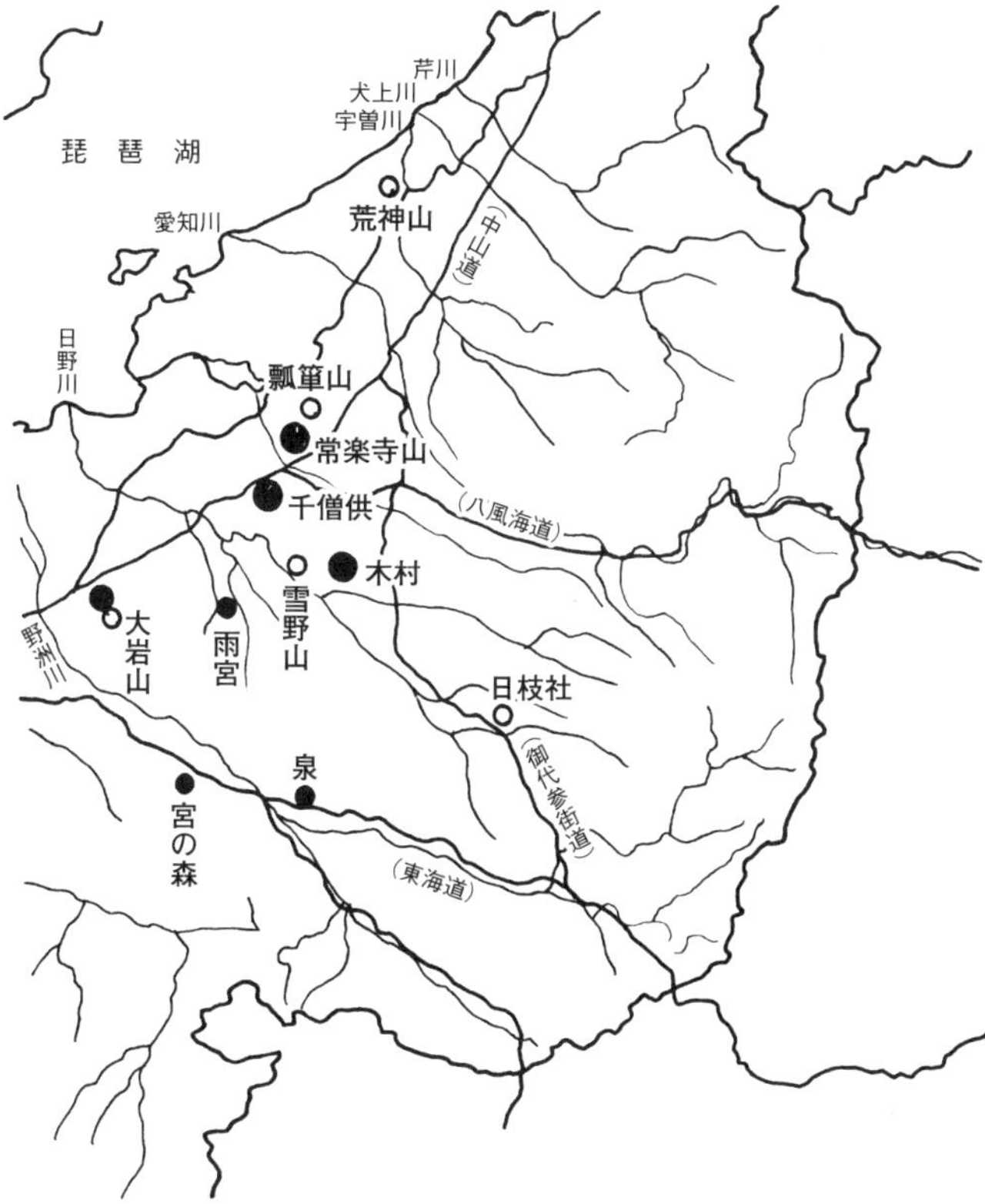

図20．日野川流域に分布する主要古墳
（○ 前期古墳　● 中期古墳（群））

内湖が発達しており、湖上交通にとって自然の良港を提供してくれています。ここで上陸すれば、御代参街道を通って日野川をさかのぼり、土山町で東海道に合流して三重県の亀山市に、また、八風街道から愛知川をさかのぼって四日市市に入ることができます。すなわち、鈴鹿山系の難所がありますが、湖東地方から伊賀や伊勢の北部に入ることができ、近江と尾張を結ぶ河川水運および陸路の重要な道筋の起点を占めているのです。
さかのぼって古墳時代前期に、内湖東岸に県下最大の前方後円墳である瓢箪山古墳が築造されていることや、湖上交通の拠点を占めることの多い前期の前方後円墳の中で、雪野山古墳が日野川の中流という内陸に築造されたことも、この道筋の重要性をよく示しています。

㈡　木村古墳群

古墳群の構成

木村古墳群は、調査が実施されている天乞山《あまごいやま》古墳、神輿塚《みこしづか》古墳、ケンサイ塚古墳、久保田山古墳、石塚古墳の五基の他、入刀塚《いりたちづか》（入谷山《いりたにやま》）・蝙蝠塚《こうもりづか》（盛塚《もりつか》）・経塚・藪戸塚《やぶとつか》・赤塚などの伝承地があり、五世紀代を通じて一〇基以上の古墳を築いて勢力を維持する同一首長系譜の古墳群と考えられています。

内容のわかる五基の古墳の中で、最も早く築かれた天乞山古墳は一辺六五ｍの方墳で、南北両側に造り出しを持つきわめて特異な墳形を持つ大型方墳であることが判明しています。竪穴式石室を持ち、周濠をめぐらせ、葺石が葺かれ、埴輪をめぐらせています。方形墳丘の規模は奈良県橿原市の枡山古墳の九八ｍには及びませんが、大阪府藤井寺市浄元寺山古墳の七〇ｍに次ぐ四番目の規模を誇っています。[注103] また、双方中方墳というべき特異な墳形は、東海道を通って伊勢に入った亀山の南に位置する三重県安濃町明合《あけあい》古墳（一辺六〇ｍ）が知られており、両地域が密接な関係にあったことをよく示しています。

神輿塚古墳は、少なくとも一方に造り出しが付く方墳で、この墳形以外にも竪穴式石室・周濠・葺石・埴輪などに天乞山古墳と同じ構造を見ることができます。出土した埴輪から築造時期も天乞山古墳に近いものであることがわかりました。ただ、その規模は、一辺七〇ｍ前後と推測され、この推測が正しければ、天乞山古墳と順位が逆転する規模となります。

久保田山古墳の西側に位置するケンサイ塚古墳[注104]は、昭和三五年に一度発掘調査が実施されています。このときの調査では、墳丘の頂部に小型の竪穴式石室と幅一ｍ、長さ二ｍの小さな粘土槨などがあったと報告されています。粘土槨からは、剣・刀・鏃・刀子・鉇《やりがんな》・手斧・鎌・鍬など、鉄製の武器、工具、農具などの副葬品が出土しています。また、周濠を巡らせ、葺石を施し、家形などの埴輪を持つこともわかりました。ただ、直径七〇～八

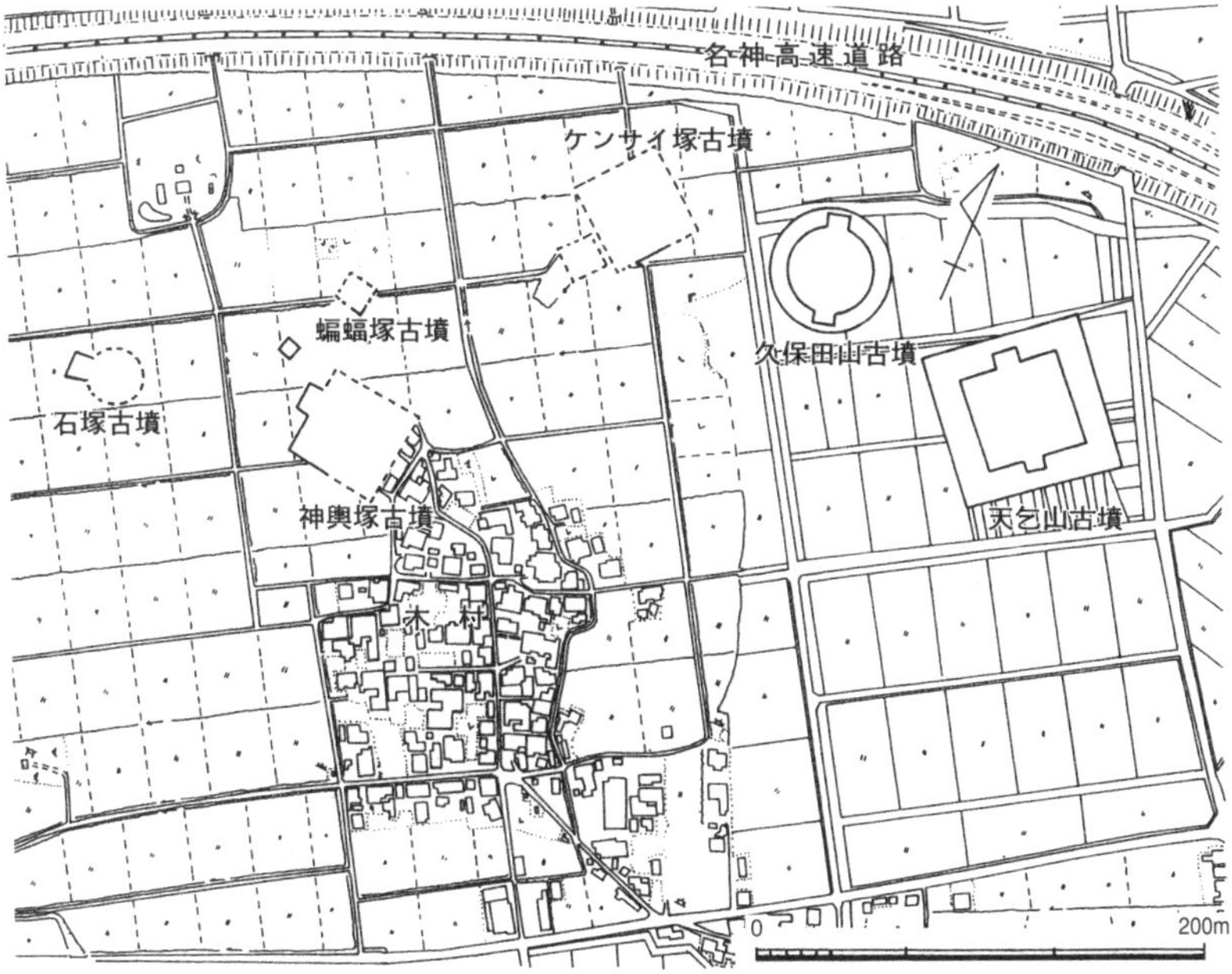

図21．蒲生町木村古墳群

○mの円墳とされていましたが、その後の調査で、方墳であることが判明しています。出土した埴輪などから、五世紀中頃に築造されたものと考えられています。

天乞山古墳とケンサイ塚古墳にはさまれて久保田山古墳が築造されています。この古墳は、直径五七mの大型円墳で、周濠と葺石、埴輪列を持っています。これにも南北に造り出しが付き、全長七七mのいわば双方中円墳で、方墳の伝統的な墳形を維持しています。

五世紀中頃まで、全長六○m前後の規模を誇った首長墓も、五世紀後半の石塚古墳の段階になると直径四○mの円墳、帆立貝形としても全長五○m程度の規模になっており、墳丘規模の縮小化が進行するようです。そして、この頃、日野川下流域で千僧供古墳群の形成が開始されるのです。

方墳から円墳へ

木村古墳群は、天乞山古墳、神輿塚古墳、ケンサイ塚古墳と古墳群形成初期には、前方後円墳ではなく方墳を築き続けています。墳形を円形に変えるのは、五世紀中頃の久保田山古墳の築造からなのです。この特徴は、湖西の熊野本古墳群で、盟主墳の墳形が方墳から円墳に変わっている状況と似ています。また、五世紀中頃から後半の田中王塚古墳群や平ヶ崎王塚古墳群では、

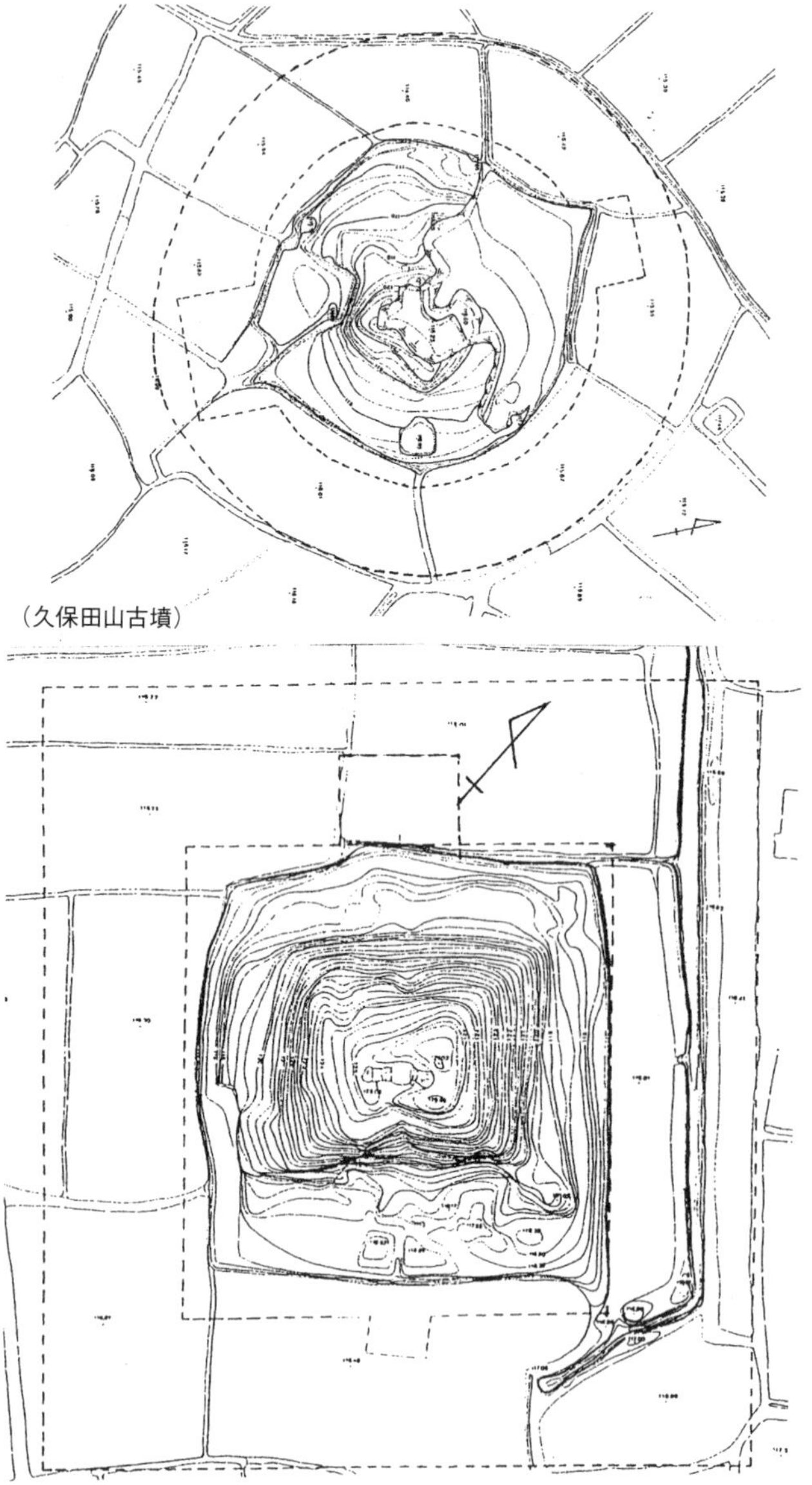

図22．蒲生町木村古墳群（天乞山古墳・久保田山古墳）

盟主墓である両王塚古墳が円墳を採用することを契機に、周辺を取り巻く小墳群も円形墳に変わっているのです。この頃、地域の首長たちが採用する古墳の形に対して、大和政権によるなにか規制があったのでしょうか。後述しますが、五世紀代の方墳は近畿地方を中心に分布しています。特に、応神陵古墳や仁徳陵古墳の築かれる古市古墳群や百舌鳥古墳群で、多数の方墳が大型前方後円墳の陪塚《ばいちょう》的存在として築かれています。このことが、伝統的な方形墳を採用してきた地域の首長たちの古墳に対する規制となって現れているように思えるのです。

また、この頃までに、北陸越前地方では、不定型な前方後円墳が畿内型の定型的なものに変化し、伊勢・尾張・美濃などでも前方後方墳から前方後円墳へと首長たちの古墳の形が変化していきます。このことは、大和政権による越前を中心とする日本海地方や尾張を中心とする東海地方などとの連携が一応完了したことを示しているのであり、大和政権の政治的な支配を象徴する前方後円墳体制が、これらの地域へも浸透していったと見ることができるのです。

(三) 千僧供古墳群

住蓮坊古墳と雨宮古墳

木村古墳群では、久保田山古墳の築造後から墳丘規模の大幅な縮小化が始まります。これに前後する頃、日野川下流域の平地に、近江八幡市住蓮坊古墳が築造され、千僧供古墳群の形成が開始されます。住蓮坊古墳は五三mの円墳で、幅二〇mほどの周濠を持っています。埋葬主体はわかりませんが、葺石や埴輪は持たなかったようです。この古墳は、周濠から出土した古式の須恵器から、古墳群の中で最も古く、五世紀中頃で、久保田山古墳よりは少し新しい時期のものと考えられています。ただこの段階では、木村古墳群で久保田山古墳に続く五世紀後半の石塚古墳でも直径四〇mの規模を持っており、規模の縮小化の傾向があるとしても、まだ、木村古墳群を

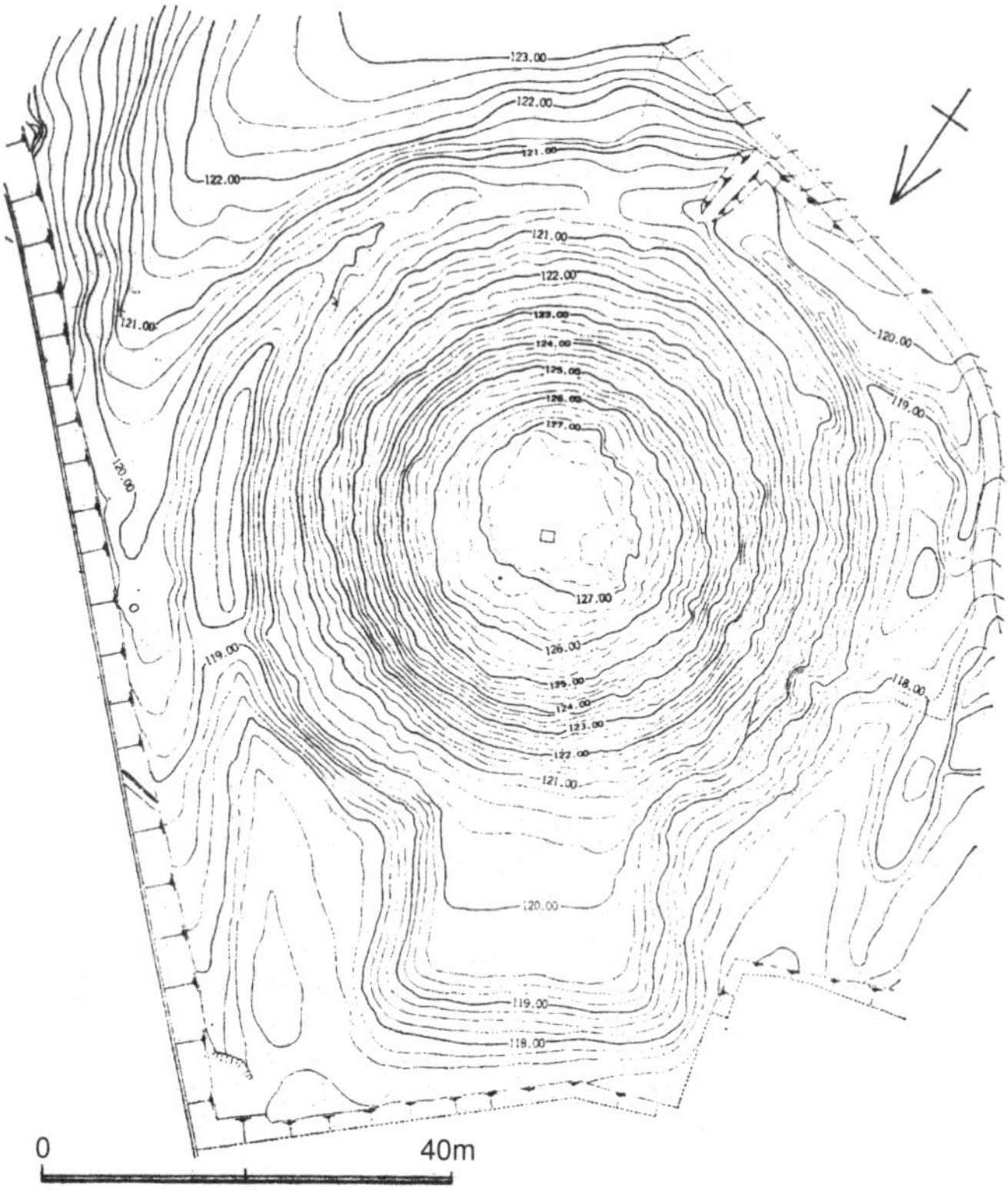

図23．竜王町雨宮古墳

完全に凌駕する勢力までにはなっていなかったと思われます。

また、同じ頃、日野川の支流である祖父川右岸の丘陵端部にも大型の帆立貝形古墳である雨宮古墳が築かれています。この古墳には盾形の周濠とその外周に周堤帯があり、墳長だけでも八三m、全長で九五m以上の規模を持っています。葺石が葺かれ、墳頂部に埴輪をめぐらせていたようです。滑石製の勾玉が一点出土していると伝えるだけでこれ以上の詳細はわかりませんが、一時的にしろ、木村古墳群や千僧供古墳群を凌駕し、湖東地域で最大規模の古墳を築いていたのです。

供養塚古墳の築造

このように、日野川流域には、久保田山古墳が築かれる時期に、中流の左岸地域と下流の右岸地域に、新たな

写真５．近江八幡市供養塚古墳

二つの勢力が生じたことになります。この様子は、湖西北部や湖北地域で、それぞれ三つの旧勢力が鼎立する状況とは異なり、全く新しい二つの勢力が誕生しているのです。しかし、五世紀後半には、雨宮古墳では、なぜかこれを受け継ぐ古墳が出現していません。また、木村古墳群においても、六世紀まで首長墓の築造が認められるものの、規模の縮小化傾向は否めません。これらに対し千僧供古墳群では、住蓮坊古墳に引き続いて供養塚古墳が築造されます。しかも墳丘長五〇ｍ（後円部径三七ｍ、前方部長一三ｍ）で、後円部に六・五ｍ×四ｍの造り出しを持つ前方後円墳を築いているのです。この墳形は、木村古墳群でも雨宮古墳でも造り得なかったもので、規模は小さいものの、木村古墳群に変わって湖東地域の盟主的な位置付けがなされたものと考えます。

　この供養塚古墳の墳丘はほとんどが削平されて残っていませんが、造り出し部を含めて葺石が施され、馬蹄形の周濠をめぐらせています。周濠からは円筒埴輪や朝顔形埴輪だけではなく、人物・家・馬・鶏・蓋《きぬがさ》・

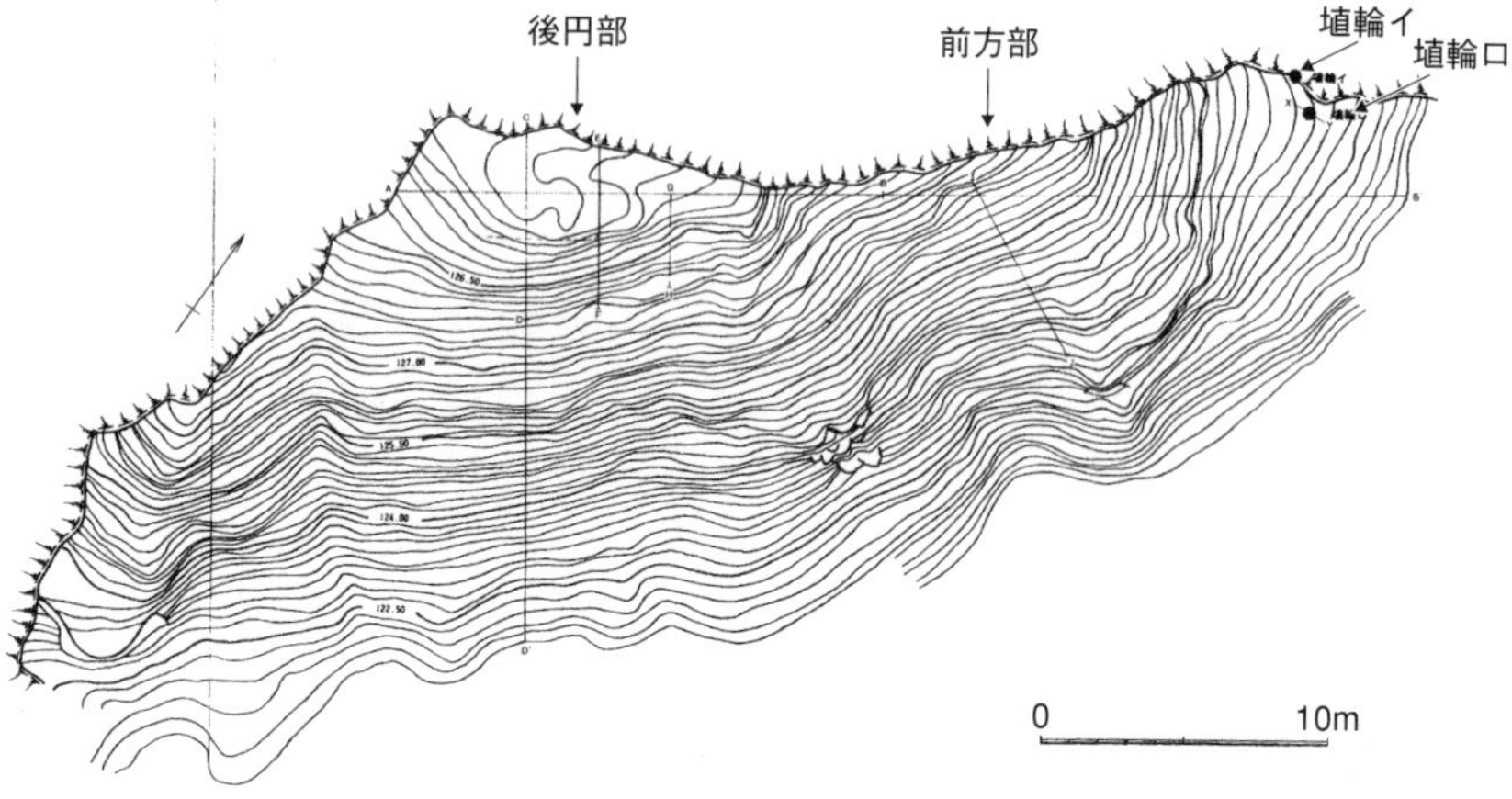

図24. 安土町常楽寺山１号墳

靫《ゆき》などの形象埴輪が多数出土しています。とくに墳丘側に円筒・朝顔形・蓋形埴輪、外堤に円筒埴輪、造り出し対岸に人物と器財埴輪を配していたと考えられる出土状況を示していました。造り出しの対岸から家形などの器財埴輪が出土したことは、造り出しが葬送儀礼を行う上で重要な場所であったことを示しています。埋葬主体は、後円部の中央には竪穴式石室があり、人骨、鏡一、鉄刀一、数珠《じゅず》粒のような水晶が多数出土したと伝えられ、また、後円部の南西隅にも長さ〇・九m、幅〇・六m、高さ〇・六mと小規模な竪穴式石室があり、鉄剣五、鉄刀五、鋲留めの短甲一が出土しています。

㈣　常楽寺山1号墳

さらに湖東地域では、瓢箪山古墳の南西部、観音寺山（繖山）の南端から細長く張り出した尾根にも、全長三〇m以上の前方後円墳かと思われる安土町常楽寺山一号墳が築かれ、三つ目の新たな勢力が誕生しているのです。大半が破壊されていましたが、円筒埴輪の出土状態から墳形が推測されています。埋葬主体もかろうじて竪穴式石室とわかる状態で残っていました。その周辺からは、鉄鏃、石突《いしづき》（槍の柄の端に付ける金具）、鉄剣、鉄刀、刀子、甲冑類の小札《こざね》か錣《しころ》状の鉄製品、滑石製の勾玉、輸入品かと考えられる須恵器、土師器などが出土しており、武器・武具類が豊富な中期古墳の特徴をよく残しています。

(五) 湖東地域の王墓

このように湖東地方では、五世紀中頃から後半にかけての頃、日野川流域に、木村古墳群に加えて新たな三つの勢力が生まれ、しかも、これまで見られなかった前方後円墳が二基も築造されました。この頃には、墳丘規模の巨大化現象が峠を越すと同時に、新興の勢力が出現し、中には前方後円墳を築造するものも認められました。さらに、墳形が円形墳に統一される傾向が生まれるのもこの頃で、こうした動きは、近江の各地で共通した現象といえます。同じ頃、南河内に形成された古市・百舌鳥両巨大古墳群などの大王墓にも変容が生じています。すなわち、支配体制の確立を目指して伸張してきた大和政権に大きな画期が認められる時期と重なっているのです。このことが地方勢力に対しても大きな影響を及ぼしたものと思われます。

五. 湖南の古墳（野洲川中流域）

(一) 野洲川と古墳

伊賀と結ぶ河川水運

野洲川流域にある旧の甲賀・野洲・栗太の三郡域を占める湖南地域には、弥生時代末から古墳時代初頭頃の前方後方墳も含めて、古墳時代前期以来の有力な古墳が集まっています。そのほとんどが野洲・栗太両郡域を通る野洲川の下流域に集中しています。それは、広大な穀倉地帯を抱えているだけではなく、後にいう東海道と中山道の分岐点に近く、また、古墳時代には今より南に河口のあった野洲川の河川水運により伊賀と結ばれ、山背と水運で結ぶ瀬田川をも近くに望むことができるという、交通の要衝にあったことも大きな要因だったと考えられます。

そうした中で、五世紀代には、野洲川の中流域までさかのぼる甲賀郡内にも石部町宮ノ森古墳(注105)と水口町泉古墳群(注106)を築く二つの有力な勢力が登場します。中流域は、広大な平野を抱える下流域と違って、北側に布引丘陵があり、南側に飯道山のある丘陵があって、野洲川の作る狭長な河岸段丘状の平野が延びています。この狭い平野部に、野洲川に沿って旧の東海道、現在の国道一号線が走り、三重県の関から伊勢に入って東に折れれば尾張に入る今昔の幹道が通っています。また、水口町の泉地先は、南北の両丘陵が野洲川にまで迫っていて、水口の盆地に入る関門のような状態になっています。東海道は、ここで横田橋を渡って右岸沿いに水口盆地に入ることになります。この横田橋付近から野洲川の支流である杣川《そまがわ》が流れており、これに沿って、東海道から分岐する平安時代前期以前の東海道といわれている杣街道が通っています。この街道を通れば伊賀に入り、柘植《つげ》で西に折れれば伊賀上野を通って大和に入る近道となっています。泉古墳群はこの東海道と杣街道との分岐点の北側に位置しているのです。

野洲川沿いの狭い段丘上の地形は、水口盆地を下流側に出て、甲西の菩提寺山付近まで続いています。この付近でも山丘が南北から野洲川にまで張り出しており、下流域の広大な平野部に出るための二つ目の関門的な場所となっています。宮ノ森古墳は、この関門部の野洲川左岸、東海道沿いに位置しているのです。

野洲川中流域に作られる狭い平地は、穀倉地帯となっている下流の野洲平野と比べるまでもなく、さほど大きな収穫は望めなかったと考えられます。こうした地域に五世紀代に有力な古墳が築かれる背景には、尾張と大和を結ぶ伊賀および伊勢に入るための河川水運と陸上交通路に最も恵まれ、琵琶湖と伊賀とを中継する重要な地域であったことをあげることができると思います。

宮ノ森古墳と泉古墳群

宮ノ森古墳は、破壊されていて詳細はわかりませんが、全長八〇m以上の帆立貝形古墳だったとされています。鉄剣や鉄刀、鑿などが出土しており、円筒埴輪や朝顔形埴輪、甲冑や家などの形象埴輪が置かれ、葺石が施されています。出土した埴輪から五世紀中頃の築造と考えられています。現在のところ、これに続く大型墓の築造は認められていません。

泉古墳群は、野洲川が流れる狭隘部と野洲川と杣川の合流点の北側、水口・日野丘陵西端の南斜面尾根上に立地しています。古墳群は、全長六〇mの帆立貝形古墳である西罐子塚《かんすづか》古墳と、直径四二mの円墳である東罐子塚古墳の二基がよく残っています。周囲に小規模な古墳があったようですが、現在のところ、詳細はわかっていません。両罐子塚古墳についても未調査で、詳しいことはわかりませんが、西罐子塚古墳では埴輪と葺石が確認されています。その埴輪から、宮ノ森古墳と同じ頃の五世紀中頃に築造されたと考えられ、引き続いて東罐子塚古墳が築造されたものと思われます。

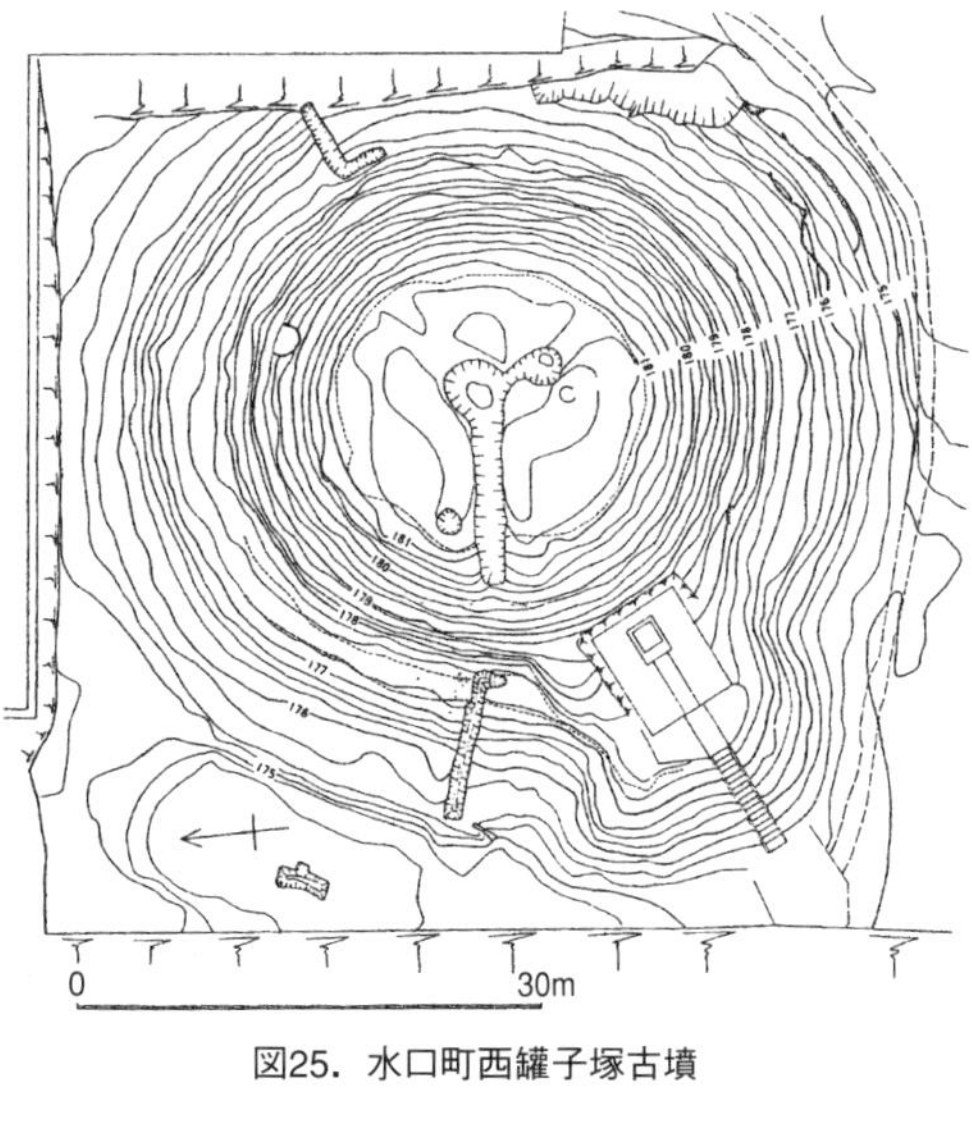

図25. 水口町西罐子塚古墳

帆立貝形古墳

宮ノ森古墳や西罐子塚古墳のような帆立貝形古墳は、湖西の田中王塚古墳群の王塚古墳、湖北の息長古墳群の後別当古墳、湖東の木村古墳群の久保田山古墳、雨宮古墳、湖南の大岩山古墳群の大塚山古墳、安養寺古墳群の地山《じやま》古墳、椿山古墳、湖西南部の大津市木《こ》の岡《おか》古墳群の木の岡三号墳などがあります。いずれもほぼ同じ頃に築造されていること、単独で分布する場合が多いこと、などの共通した特徴があります。帆立貝形は、前方後円墳の前方部を非常に短くした形であること、畿内中枢部の巨大古墳群形成のピークと重なり、この頃、大和政権の地方支配の力も強大化したと考えられることなどから、大和政権によりその規模に規制が加えられたとする意見(注107)があります。しかし、前方後円墳の後円部の規模をはるかに凌駕する大規模なものが多いことにも注目すべきだと思います。むしろ、大和政権にとって前方後円形という墳墓の形にこだわりがあったのではないかと考えます。このことは、泉古墳群に加えられているもう一基の塚越《つかごし》古墳が方墳であるということにも関わってきます。

塚越古墳の築造

泉古墳群は、五世紀後半に大きな画期を迎えます。というのは、東西両罐子塚古墳から離れ、五〇〇mほど南

図26．水口町塚越古墳

の河岸段丘端部に塚越古墳（注108）が築造されるからです。これまで、前方後円墳と考えられていましたが、近年の調査で、一辺五二mの方墳であることがわかりました。墳丘は相当破壊されていましたが、直線的に延びる幅一〇mほどの周濠と葺石が見つかったのです。埴輪が樹立されていたことも判明しています。さらに、付近から、これの陪塚かとされる小方墳も見つかっています。出土した埴輪から、五世紀後葉の築造で、これまで通り、東罐子塚古墳に次いで築造された古墳であることには変わりがありません。この古墳の築造に画期を設定するのは、前の二基が位置する丘陵部から離れて段丘端部に築造されていることと、前の二基が帆立貝形、あるいは円形の墳墓であるのに対し、地方の首長墓の墳形では非常にまれな方形の墳丘を採用していることにあるのです。

金銅装眉庇付冑

塚越古墳に対しては、これまで正式な調査が実施されてきていません。ただ、昭和三六年に多数の副葬品が出土しており、これらが、現在、甲賀市水口歴史民俗資料館で保管されています。列挙すると、内行花文鏡一点、碧玉製勾玉一点、金銅装眉庇付冑《こんどうそうまびさしつきかぶと》一点、三角板革綴短甲一点、三角板鋲留短甲・頸鎧《あかべよろい》・肩鎧の一セット、鉄刀・鉄剣一〇数本、鉄鏃一〇数本で、武器・武具を中心とする副葬品であることがわかります。特に注意すべき副葬品は、全国で一〇例ほどしか出土していない金銅装眉庇付冑（注109）が含まれていることです。金銅装の武具は、頸甲なども含めた短甲や挂甲などの鎧、衝角付《しょうかくつき》冑などにもみられ、これらを含めても二九例ほどしかありません。この中に仁徳陵古墳が含まれていることにも注意すべきです。しかも、五世紀後半を中心とする限られた時期のものであり、百舌鳥古墳群の中の大阪府堺市百舌鳥大塚山古墳の一六八m、群馬県太田市鶴山古墳の一〇二mを除くと、大半が五〇m前後の決して大型ではない古墳から出土していることも大きな特徴です。

塚越古墳の被葬者の性格

金銅装眉庇付冑が威武を正すものであるとしても、武装するものであることに変わりはなく、当然、被葬者の軍事的な性格を考える必要があります。塚越古墳が位置する泉の地が、琵琶湖と伊賀を結ぶ水陸両交通の要衝であり、しかも、門戸的なきわめて狭隘な地形に位置していることから、軍事的にも重要な場所であったことがうかがえます。後述するように、同じ方墳で、金銅装武具が副葬されている京都府亀岡市坊主塚古墳、奈良県五條市の猫塚古墳や塚山古墳が、丹後方面や紀伊地方と結ぶ交通の要衝にあることと共通しています。このことに加え、金銅装の武具が大和朝廷から下賜されたものである可能性が強く、被葬者は、軍事的な側面をもって地方の行政を預かる官人として朝廷から任命された人物であったと推察することもできるのです。方墳は、そうした人たちが築く墳墓だったのかもしれません。

(二)　植遺跡と大型倉庫群

大型倉庫

塚越古墳の被葬者の性格を考えるとき、水口町植《うえ》遺跡(注110)で見つかった大型倉庫群との関係を欠かすことができません。植遺跡は、塚越古墳から南東一㎞ほどの所、今の植集落の西側にあって、野洲川が作る幅百数十ｍほどの東西に延びる自然堤防状の微高地西端に立地しています。ここに、四間×四間で総柱の大型倉庫跡三棟が、東西に一列に並んだ状態で見つかったのです。規模は、東の倉庫から六

写真６．水口町植遺跡の大型倉庫群

七・二四㎡、六七・二四㎡、四八・九六㎡で、西端のものが少し小さなものとなっています。また、東端のものの南北には棟持柱が設けられていました。三棟とも建て替えが認められず、きわめて短期間の施設であったことがわかります。この倉庫群の建造時期については、遺構の重なり具合から、その後に作られる竪穴住居などのすべての遺構に先行していること、そして、出土遺物の検討から、塚越古墳と同じ五世紀後半に建造されていることが明らかになったのです。このことから、塚越古墳の被葬者が、この大型倉庫群の建造に関わった可能性が非常に高いと考えるのです。

植遺跡の立地

植遺跡の位置は、現在では、野洲川まで最短で、まだ一㎞ほどの距離を残しています。しかし、地形や水田の地割などをよく見てみると、今の野洲川に沿って幅三〇〇m前後に及ぶ範囲に野洲川の氾濫原が広がっており、遺跡はその北側にほぼ接して位置していることがわかります。また、遺跡と塚越古墳と結ぶ辺りより西側も条里型水田の方形地割の乱れる部分が広がっています。遺跡の西側のほとんどが野洲川の作る湿地帯のような状態だったのです。さらに、遺跡の北側には比較的よく条里型水田が残っているのですが、遺跡から端を発して東側に、幅五〇mほど、長さにして六〇〇mほどにわたり線状に乱れる部分が認められます。これはどうも、かつて川の跡で、野洲川に注いでいた河道があったと思われるのです。あるいは、人工的なものであったのかもしれません。こうした復元地形がいつの時代までさかのぼるのか、さらなる調査が必要ですが、遺跡が、野洲川を航行する船の港湾施設と関わる性格のものであったと予想させるのに十分な状況証拠といえると思います。さらに穿ってみれば、遺跡が野洲川に沿って位置し、その北側に運河を設け、野洲川を航行する船舶を引き込んで、大型倉庫に保管された物資の上げ下ろしを行っていたと復元することができます。大型倉庫群は、野洲川を航行する船に対し、大型古墳のようにその威容を示していたのでしょう。

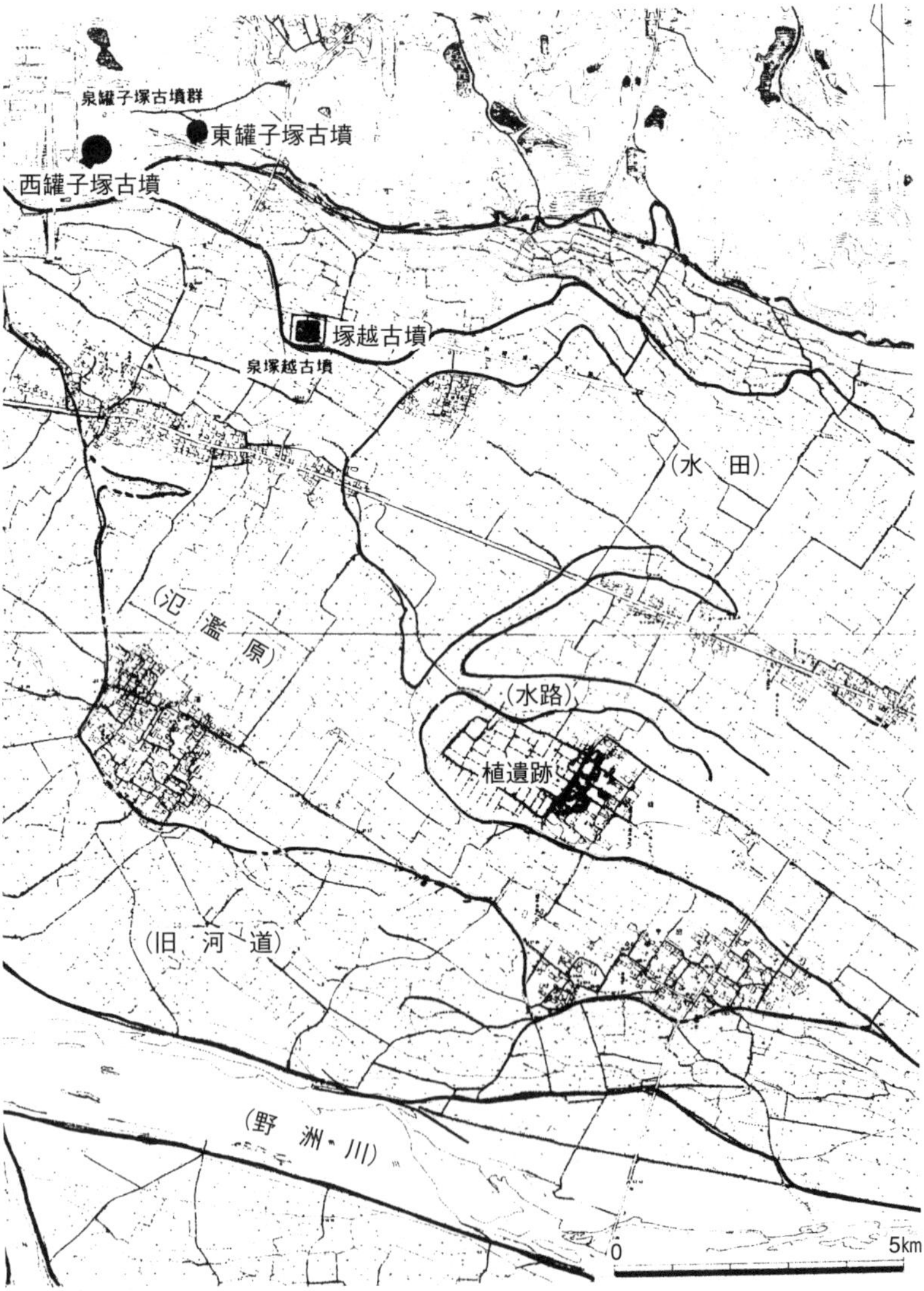

図27．水口町植遺跡周辺の地形

一般集落と豪族居館の倉庫

大型倉庫群の性格を考える前に、まず、倉庫群がいかに巨大なものであるかということから見ておきたいと思います。

古墳時代の一般集落で発見される倉庫跡は、四世紀頃では、柱間が二間×一間、一間×一間など弥生時代からの伝統的で簡単な構造のものが多く、その規模も一〇㎡前後と小さいものが多いのです。その後、遅くても六世紀後半には総柱構造のものがあらわれますが、二間×二間の柱間で、やはり、一〇㎡前後の規模のものが大半を占めています。三間×二間、四間×三間の柱間の大型の倉庫もまれに見られますが、いずれも三〇㎡に満たない規模のものなのです。複数棟検出される場合もありますが、企画ある配列を持つものはほとんどなく、数棟の竪穴住居群に一〜二棟が伴い、集落内に散在する場合が普通です。

一般集落以外では、全国で四〇余例発見されている豪族の居館とされるものがあります。五世紀後半から六世紀後半のものが多く、この中に倉庫と思われる掘立柱建物群が発見されているものがあります。いずれも総柱構造で、二間×二間、三間×二間、三間×三間、四間×二間、四間×三間など色々な構造を持っています。しかし、その規模は一四〜一八㎡程度のものが主流を占め、大型のものでも三〇㎡を越えるものはきわめてまれなのです。大阪府八尾市矢作《やはぎ》遺跡(注111)が居館であるとすれば、三九㎡が最大規模のものとなります。大阪府大薗《おおぞの》遺跡(注112)では九棟の倉庫跡が検出され、また、他にも六棟、四棟、三棟など複数棟見つかっている遺跡があり、それらが列状に配置されるものも見られます。しかし、植遺跡や後の官衙遺跡のように柱列を直線上に通すなどの規格ある配列を持つものはありません。

以上のことから、植遺跡の倉庫群がきわめて大型で、規格性のある配列をした特異なものであったことがうかがえると思います。

㈢　大型倉庫群の性格

五世紀代に築造された大型の倉庫群としては、現在のところ、大阪市の難波宮《なにわのみや》跡(注113)の下層遺構の一六棟、和歌山市の鳴滝《なるたき》遺跡(注114)の七棟、大阪府豊中市の蛍池東《ほたるがいけひがし》遺跡(注115)の三棟など、畿内中枢部およびその近辺に限って見ることができます。

難波宮跡下層

難波宮跡下層で見つかった倉庫群は、東群六基（三基南北二列）、西群一〇棟（五基南北二列）、いずれも五間×五間の総柱構造で、六〇・三～九六㎡の規模を持っています。五世紀後半の建造で、建て替えは認められません。

遺跡は、上町台地北端部で、台地中央から大阪湾側へ突き出した東西に細長い高台に立地し、西側一㎞で大阪湾、東側一㎞で入江、北側一㎞で仁徳朝の「難波堀江」にあたるとされている大川があり、古代の要津である「住吉津」、「難波津」の推定地に近接しています。なお、難波津は大阪市中央区三寺町付近、あるいは、中央区高麗橋付近とされています。

鳴滝遺跡

東側五棟、西側二棟の二列の配列で、いずれも四間×四間で総柱構造です。五八・一～八〇・八㎡の規模をもち、五世紀前半期の建造で、建て替えは認められません。

山丘尾根に囲まれた低い平坦な尾根上に立地し、紀ノ川下流域の北岸に位置しています。周囲の山丘尾根には五世紀末～七世紀の鳴滝古墳群・雨ヶ谷古墳群、一㎞ほどで大谷古墳群などの有力古墳群が分布しています。大谷古墳群からは、馬甲・馬冑・須恵器など半島からの将来品と考えられる副葬品が出土しており、また、古代豪族の「紀氏」が大和朝廷の朝鮮戦略に深く関与していることから、紀ノ川北岸に半島色の強い文化圏があるとされています。さらに、紀ノ川河口は紀伊水門（神功紀元年二月条）と呼ばれる水軍派遣の一大基地といわれています。

蛍池東遺跡

三棟が見つかっています。遺跡は、周辺状況から調査地の南西方向にも広がり、二列一〇棟程度の棟数があったと想定しています。二棟は五間×五間の総柱で、内側に棟持柱があり入母屋構造になっています。もう一棟は五間×一間以上で側柱のみの構造です。総柱の二棟は一〇三・二㎡と一一五・四㎡と巨大で、側柱のみのものはこれらより規模が小さくなりそうです。五世紀後半の建造で、建て替えは認められず、廃絶後に竪穴住居による集落が形成されています。

猪名《いな》川の形成する低位段丘上に立地し、猪名川の左岸から二㎞ほどのところに位置しています。その北には猪名川に通じる谷筋が東西にのびていて、水運の便の好位置にあります。また、旧能勢街道まででも一㎞ほどで、陸路でも交通の便のよい場所に位置しています。

この付近は、仁徳紀三八年七月条の「猪名県《あがた》」、応神紀三一年八月条の造船技術の「能匠者」、新選姓氏録の摂津国の「為奈部首《いなべのおびと》」の本貫の記事などとの関連が想定されています。さらに、雄略紀一二年条の楼閣（たかどの）の記事と関連する可能性も指摘されています。また、桜塚古墳群［四〇余基の古墳から構成され、現在、大塚（鏡・甲冑等が出土）・御獅子塚（鏡・甲冑・馬具等が出土）・南天平塚古墳などが残っている。」が分布しています。

以上から、いずれも五世紀代を中心とした限られた時期に、規格性を持って建造され、その後の建替えがなく、きわめて短期間で姿を消すといった共通した特徴をもっていることがわかります。また、いずれも、大和朝廷にとってきわめて重要な水運の港を控えた場所に位置しており、さらに、遺跡の近辺には、倉庫群に前後して、それぞれの地域の主要な古墳が分布しているのです。こうした特徴は植遺跡と全く同じであることがよくわかります。

(四) 大型倉庫群と塚越古墳

植遺跡の大型倉庫群を管掌した人物が塚越古墳の被葬者だった可能性が非常に高いことは先に述べました。その塚越古墳が、東西両罐子塚古墳がとる従来の墳形ではなく、方墳として築かれているのです。方墳は、古市・百舌鳥古墳群の陪塚である他は、畿内周辺にあって、越前や丹後方面、紀伊地方と結ぶ交通の要衝に分布するという特徴を持っています。すなわち、方墳の被葬者は、在地の有力者であれ、中央からの派遣であれ、大和朝廷から、軍事的な側面をもって地方の行政を預かる官人として任命された人物であったと推察しています。塚越古墳の被葬者には、特殊な金銅装眉庇付冑が大和朝廷から下賜されていると考えられることも、この推察を補強するものと思っています。同じ軍事的な側面を持っているとしても、方墳の被葬者は、円墳や前方後円墳を築く在地豪族とは異なった別の性格を持つものと考えているのです。

一方、大型倉庫群の性格について、四～六世紀、中国王朝と交渉を持ち、朝鮮半島に軍を進め、これをテコに王権を強化し、西日本各地の首長層との連合の強化が図られ、やがて統一政権となるその過程で、紀伊と難波の要津に、対外交渉・計略のための備蓄、補給基地としての役割を持たせたとする考えがあります。(注116) そのために建造されたのが大型倉庫群だというのです。大型倉庫群は、有事の際の軍事的拠点にもなるとも考えられる場所に建造されています。単なる水田収穫物などの租税等の収納庫ではなく、兵庫のような性格だったのではないでしょうか。そうすれば、建て替えもなく短期間で役割を終えることや、大型倉庫群を管掌する人物が武人的な性格を持つこともうなずけるものとなるでしょう。

六、湖南の古墳（野洲川下流域）

(一) 野洲川右岸の古墳（大岩山古墳群）

野洲川下流域の二大勢力

「倭の五王」の時代に、伊賀あるいは伊勢に通じる野洲川中流域の交通の要衝に、泉古墳群や宮ノ森古墳のように、弥生時代あるいは古墳時代前期からの伝統を持たない新興の勢力が形成されました。一方、野洲川下流域には、右岸の大岩山古墳群(注117)を中心とする一群と左岸の安養寺古墳群(注118)を中心とする一群を形成した弥生時代以来の伝統を持つ在地の有力な勢力が存在しています。ともに、広大な沖積平野を背景とする生産力や野洲川を利用した河川・湖上交通の利権などを背景に、古墳時代を通して湖南地域を掌握した首長たちの墳墓群なのです。彼らは、国家統一を目指す大和政権と連携し、その勢威を保持していったのです。しかし、古墳時代を通して野洲川流域に勢力を維持した首長たちも、古墳群の変遷を見ると、お互いの勢力を拮抗させ、消長している様子がうかがえます。

(二) 大岩山古墳群

野洲川右岸の二大勢力

野洲川右岸には、野洲市の銅鐸博物館のある大岩山の山丘部からJR琵琶湖線を越えて冨波の集落のある平地にかけてに分布する大岩山古墳群と、これの南西側、野洲駅を挟んで、山丘側の小篠原から平地の久野部辺りに分布する野洲町小篠原古墳群を形成した二つの勢力が存在しています。これらの周辺には、弥生時代前期の野洲町市三宅東《いちみやけひがし》遺跡をはじめ、中期の野洲町市三宅東・五之里・下々塚《げげづか》遺跡など、後期の野洲町久野部・五之里遺跡などが古墳群の外側を取り巻くように分布しています。従って、二つの古墳群は、これらの伝統を背景に成長していった首長たちの墓であることがうかがえます。このうち小篠原古墳群は、五世紀末から六世紀前半を中心に形成されているので、この後のテーマで紹介することとします。

三つのグループ

さて、ここで紹介する大岩山古墳群は、四世紀から六世紀にかけて、古墳時代を通して同じ系譜の首長たちが築いた古墳群とされてきました。しかし、近年の調査で、この古墳群には、これまで知られてきた墳丘を残す大型古墳の他に、墳丘が削平され、周溝のみを残す小型古墳の存在が判明し、大岩山古墳群は、どうも三つの有力なグループから構成されていたことがわかってきたのです。

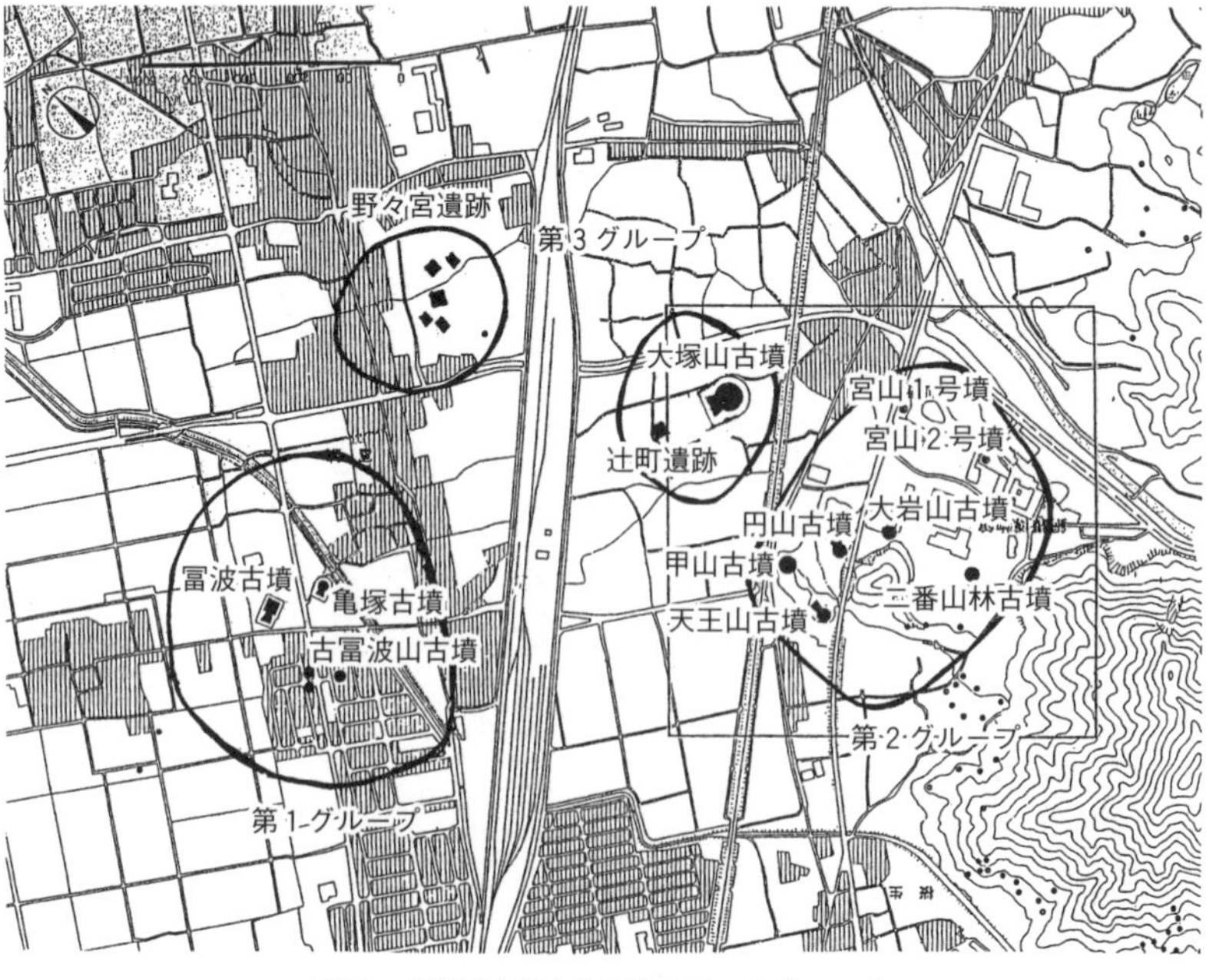

図28．野洲町大岩山古墳群の三つのグループ

第一グループは、古墳群の中で最も琵琶湖側に位置し、冨波古墳、古冨波山古墳、亀塚古墳などが知られています。このグループには、前方後方墳の冨波古墳が含まれています。この古墳の周溝の東コーナー部分から古式土師器が出土しており、畿内の勢力が及ぶ前の四世紀初頭頃に全長四二mの前方後方墳を築くまでに成長した一定の勢力があったことがうかがえます。この勢力は、四世紀後半に古冨波山古墳が三角縁神獣鏡の配布を受け、直径三〇mの円墳を築くことで、畿内の勢力と連携を取ることとなります。しかし、五世紀代の首長墓が知られておらず、亀塚古墳が築かれる六世紀前半頃を待って古冨波山古墳のそばに円墳か帆立貝形の古墳が築れます。しかし、これも、もはや大型化することはありませんでした。

第二グループは、古墳群の東側の山丘部に築かれる一群で、四世紀後半に、三角縁神獣鏡を副葬する大岩山二番山林古墳と大岩山古墳の二基の円墳が築かれています。しかし、このグループも、これら円墳築造後には顕著な古墳が築かれていません。しかしこのグループは、五世紀末になって勢力を復興し、天王山《てんのうざん》・円山《まるやま》・甲山《かぶとやま》・宮山一号・宮山二号墳と六世紀後半まで、前方後円墳や大型石棺を持つ首長系譜墓を連綿と築造し、第一グループを遙かに凌駕する強大な勢力を形成していくのです。

第三グループは、第一と第二グループの間の平地に位置する大塚山古墳で、五世紀中頃に、直径五八mの帆立貝形古墳として、古墳群中最大規模の墳墓を築きます。馬蹄形の周濠があり、群中では数少ない埴輪をめぐらせています。埴輪の製法などから五世紀中頃、まさに「倭の五王」の時代に築造されたものであることがわかっています。これまで単独墳とされてきましたが、最近、隣接した辻町《つじまち》遺跡(注119)で、弥生時代後期の方形周溝墓とともに、五世紀代の方墳群が見つかっています。また、少し離れて、五世紀中頃の一辺一二～一九mの方墳五基が見つかった野々宮古墳群(注120)を築くグループがあり、大塚山古墳の周辺には、弥生時代の伝統的な方形墳を築く少なくとも二つの墳墓群の存在が知られるようになりました。この状況は、湖西の平崎王塚古墳とその周辺に分布する妙見山・王塚古墳群との関係に非常によく似ています。このことから第三グループは、第一・二グループと同様に、早くから一定の勢力を持っていたのですが、大塚山古墳が築造される五世紀中頃になって、ようやく、「倭の五王」との連携を深め、大岩山古墳群の盟主的な地位を獲得したものと思われます。

ただし、大岩山古墳群も「倭の五王」の時代には前方後円墳を築造することがありませんでした。

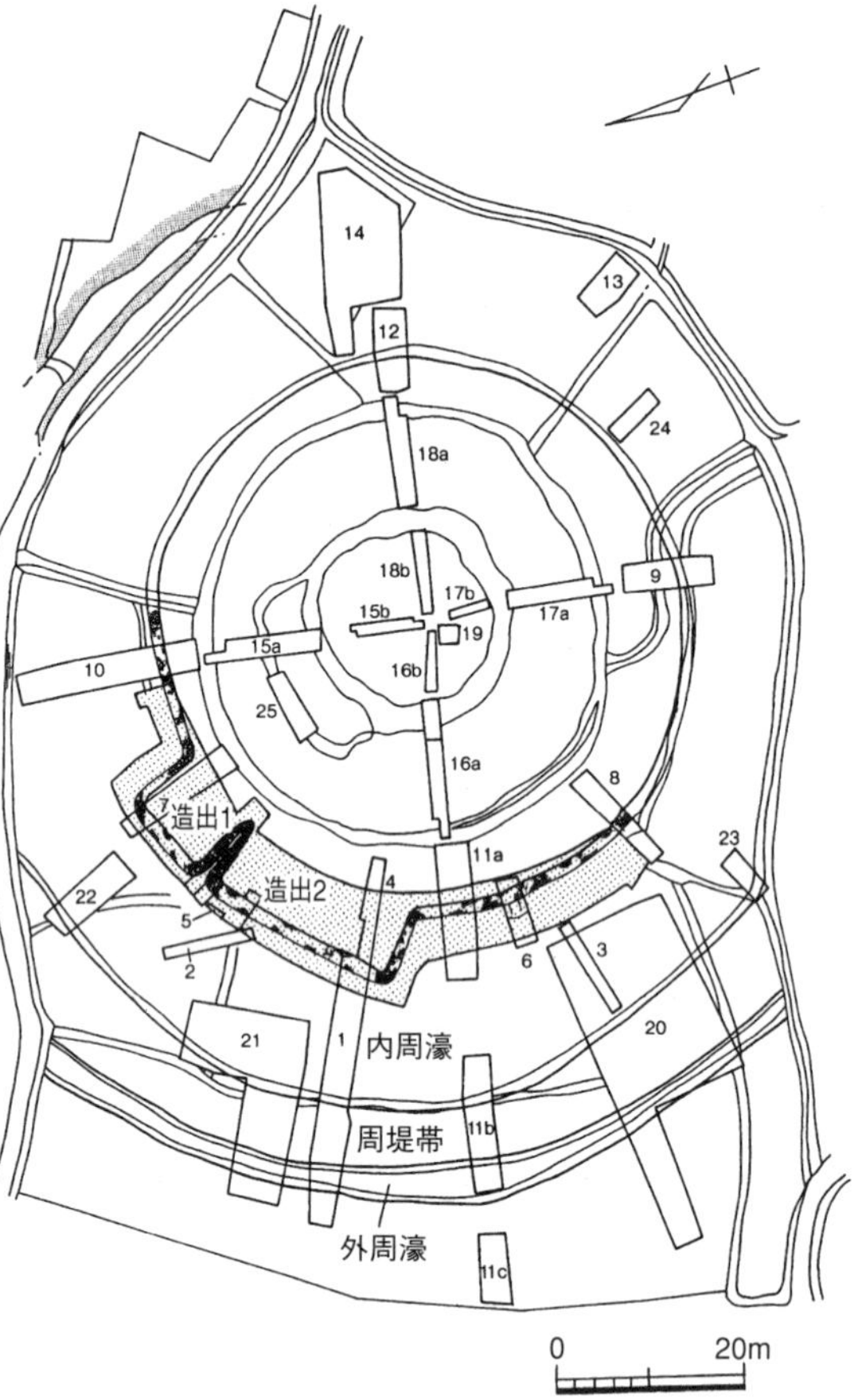

図29．野洲町大塚山古墳

㈢　野洲川左岸の古墳（安養寺古墳群）

野洲川左岸の勢力

野洲川下流域左岸には、右岸地域以上に弥生時代以来の強力な勢力の存在していたことが明らかになってきています。とくに、守山市下之郷遺跡で中期後半に大規模な環濠集落が形成されて以降、同じ市内に、播《はり》磨《ま》田東《だひがし》遺跡、二の畦・横枕遺跡、酒寺《さかでら》遺跡、山田町遺跡、伊勢遺跡、栗東市内の下鈎《しもまがり》遺跡など、後期中頃までに数多くの環濠集落が形成され、湖南地域に拠点的な集落を発展させるのです。これら遺跡は、独立棟持柱建物や大型掘立柱建物などの特殊な建物群を方形区画内に配したり、鉄製品や銅製品などの金属製品を豊富に所有するとともにそれらの製造をも手掛けるなど、『魏志倭人伝』に見る「クニ」のイメージを持たせてくれています。

また、後期後半から古墳時代初頭頃には、守山市下長遺跡(注121)で、山陰・北陸・東海・瀬戸内海・畿内各地の土器が出土するとともに、準構造船の船材が見つかっています。このことから、野洲川左岸域の諸勢力が、湖上交通を利用した交易を発展させ、水運の権益を背景にその勢力を伸ばしていった様子をうかがい知ることができるのです。

しかし、四世紀後半になってこれら弥生時代から

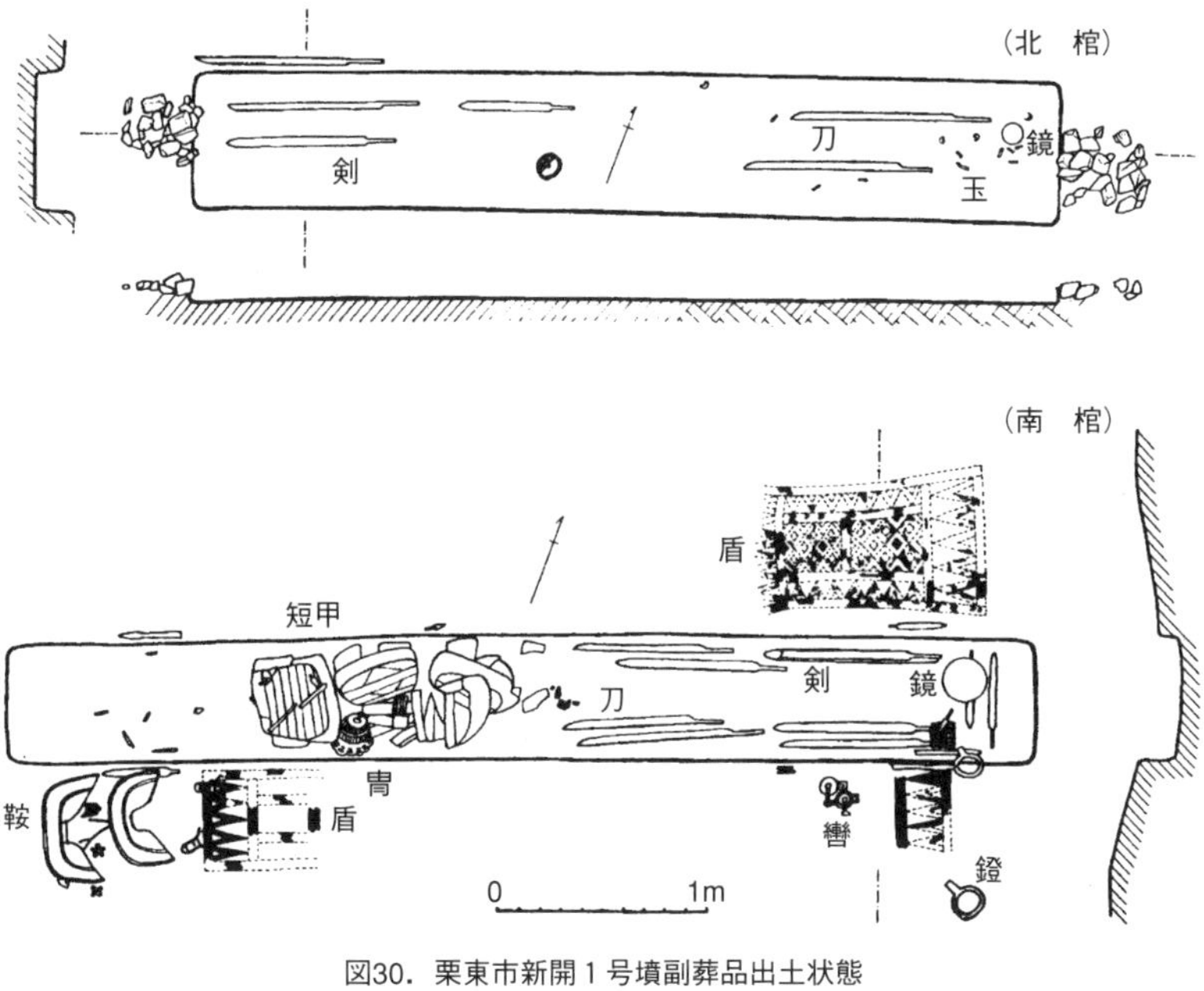

図30．栗東市新開１号墳副葬品出土状態

の諸勢力が衰退傾向に向かうと、これらから離れて、草津市の山寺町と栗東市下戸山《しもとやま》の山丘部から岡の平地にかけてと、安養寺と六地蔵の山麓から出庭《でば》付近の平地にかけての、金勝《こんぜ》川を挟む広い範囲に数多くの古墳が築造されるようになります。多くが名神高速道路の建設工事に伴い発掘調査が実施され、また、明治年代の発掘などによって銅鏡などの出土が報じられるなど、内容のわかる古墳が比較的多いのが特徴です。さらに、最近の発掘調査によって、墳丘が削平されてしまった新たな古墳の発見や、墳形・時代などに修正を要する資料などが相次いで見つかっています。

なお、ここでは、この広範囲に分布する古墳群を総称して、便宜上、安養寺古墳群と呼ぶことにします。

安養寺古墳群の形成

古墳群の分布状況を見ると、野洲川沿いの六地蔵から出庭にかけての山麓から平地に、岡山・大塚・車塚・出庭亀塚古墳が点在しています。岡山古墳は、木棺直葬か粘土槨を持ち、舶載の三角縁神獣鏡他二面の銅鏡を持っています。出庭亀塚古墳は

図31．栗東市下戸山古墳

粘土槨で、倣製の三角縁神獣鏡、刀、土器などが出土しています。ともに墳形や規模は明らかではありません。また、出庭亀塚古墳の南東部には辻遺跡があり、ここで周濠だけを残す前方後円墳（推定全長五〇ｍ）と方墳（一〇×八・五ｍ以上）が見つかっています。ともに四世紀代の古墳で、出庭亀塚古墳に先行する古墳の存在が明らかになっています。岡山古墳の北側平地にも埴輪を持つとされる大塚・車塚古墳がありますが、ともに詳細は不明です。これらは、いずれも野洲川に沿うように分布していることから、琵琶湖水運および伊賀・伊勢とを結ぶ河川交通権を掌握していた在地の首長たちの墓と考えられます。また、野洲町大岩山古墳群では見られなかった前方後円墳が築造されていることにも注意を引かれます。

しかし、やがて国家統一を目指す「倭の五王」の時代になると、この地域の主導権は、金勝川左右両岸の安養寺の山麓から平地にかけてと、山寺から下戸山、岡にかけての山麓から平地に古墳を築いた首長たちに移動していくことになります。

金勝寺川流域の古墳群

金勝川左岸には、粘土槨から銅鏡や鍬形石、鉄剣や鉄鏃などの鉄製武器類等を出土した草津市北谷一一号墳、次いで、棺床に厚さ一五㎝ほどに小石を敷き詰めた排水溝を設ける粘土槨を持つ一号墳の二基の円墳が山丘上に築かれます。野洲川沿いの出庭亀塚古墳や岡山古墳に近い時期の古墳ですが、三角縁神獣鏡の配布は受けていません。同じ頃、右岸の山丘上にも、栗東市毛刈《もっかり》・山の上・下味《したみ》古墳などの円墳が築かれます。いずれも粘土槨を埋葬主体に選び、銅鏡と石釧を共通した副葬品として持っています。また、銅鏡は、山の上古墳の舶載鏡以外は小型の倣製鏡で、鉄製品が少なく、玉類などの装身具が中心となっています。墳丘の規模は、下味古墳が直径三五ｍ、他の古墳は、明確ではありませんが、同程度のものと思われます。この地域では引き続いて丘陵の端部に直径四七ｍで、埴輪を持ち、周濠を巡らす佐世川《させがわ》古墳が築造されます。五世紀前半の古墳と考えられ、粘土槨の

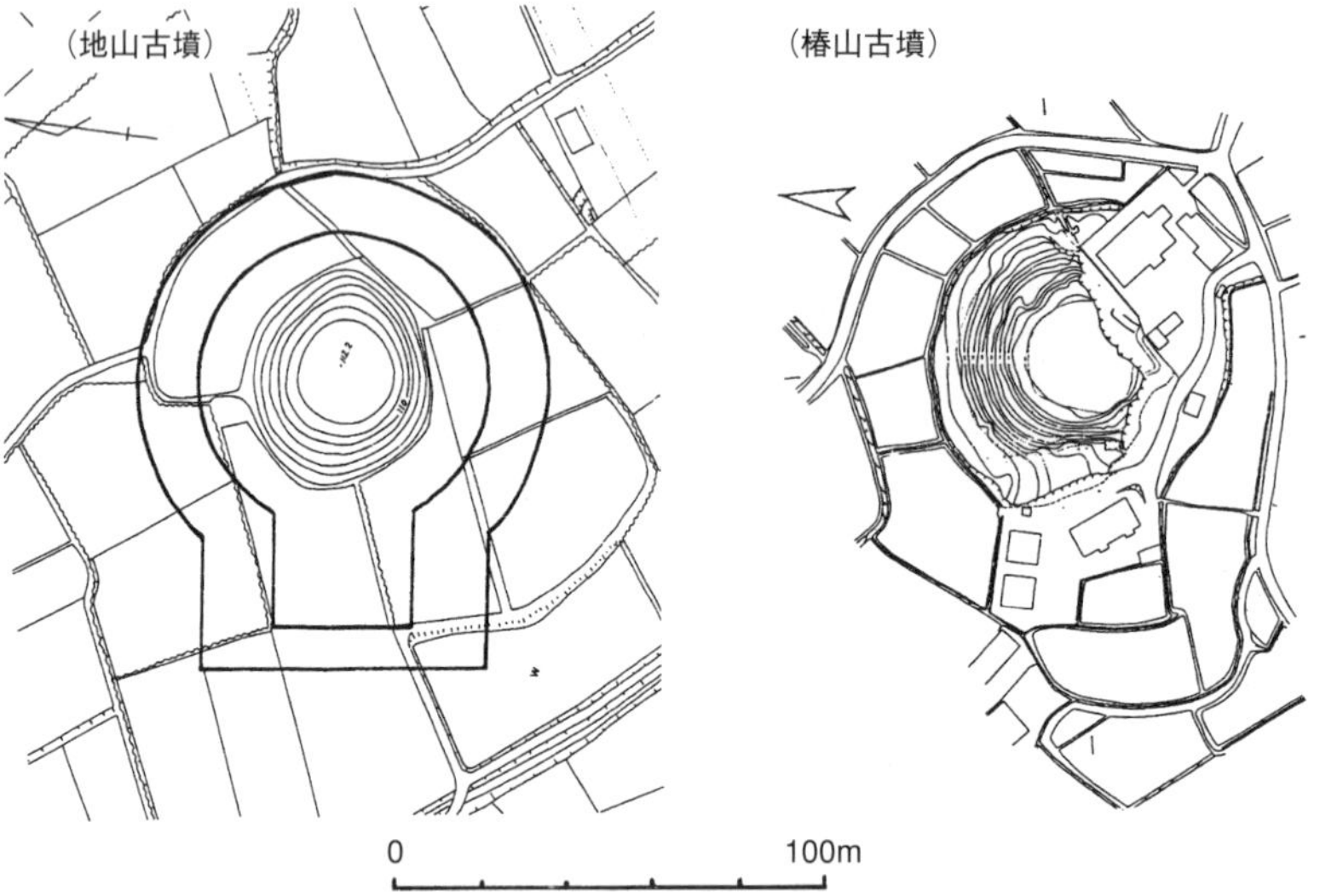

図32．栗東市地山古墳と椿山古墳

内外に鉄剣や鉄刀などの武器類を中心とした副葬品が認められます。

こうした山丘上の円墳群に対し、その前面の平野部には、大塚越古墳が全長七五ｍの前方後円墳として築かれます。埋葬主体は粘土槨で、舶載鏡や琴柱形石製品、巴形銅器など、前期古墳に見る副葬品の他に短甲の出土が伝えられています。同じ頃、金勝川左岸の山丘端部でも前方後円墳の下戸山古墳が築かれています。全形は不明ですが、後円部の直径だけで約五〇ｍを計り、出土している埴輪や土器から四世紀にさかのぼる可能性があるとされています。

五世紀中頃には、金勝川左岸地域に地山一号墳、右岸地域では椿山古墳がともに平野部に築造されます。両古墳の墳形は相似形の帆立貝形で、地山一号墳が全長八九ｍ、椿山古墳が九九ｍと両地域で最大規模の墳丘を誇るものとなっています。また、椿山古墳では短甲など武器・武具類を中心とした中期古墳特有の副葬品が知られています。また、その山丘上に、武器・武具・馬具などを中心としたきわめて豊富な副葬品を持つ新開一号墳が築造されるのもこの頃なのです。

㈣ 野洲川流域勢力の変遷

以上から、野洲川左岸地域の安養寺古墳群では、野洲川沿いの岡山古墳と出庭亀塚古墳を中心とする二つのグループと金勝川左岸の北谷一一号墳と右岸の下味・山の上・毛刈古墳などを中心とする二つのグループが「倭の五王」出現前夜の首長たちの勢力分布だったと思われます。出庭亀塚古墳に隣接する辻町遺跡で全長五〇mほどの前方後円墳かとされるものが見つかっていますが、他は、いずれも、直径三〇m前後の円墳だったと考えられ、野洲川右岸で、大岩山の山丘上と冨波の平野部に古墳を築いた大岩山古墳群の首長たちと、ほぼ、対等の勢力を保っていたものと思われます。ただ、三角縁神獣鏡の配布を受けていない金勝川左右両岸地域の首長たちは、大岩山古墳群や野洲川左岸沿いの首長たちに比べて、大和政権との関わりからすれば、その役割はやや低いものだったのかもしれません。

しかし、倭の五王の時代には、大岩山古墳群が、大岩山の山丘と冨波の平野部との間の大塚山古墳を中心とするグループにその主導権が移動したように、安養寺古墳群においても、野洲川左岸沿いの二つグループの勢力が衰え、変わって、金勝川左右両岸の二つのグループが主導権を握ることになります。特に、四世紀末を前後する頃、下戸山古墳と大塚越古墳で、大岩山古墳群でも築造しなかった前方後円墳の築造を実現し、五世紀中頃には、帆立貝形古墳に墳形を変化させながらも全長一〇〇mに近い大規模な古墳を築造することになるのです。

従って、野洲川流域では、四世紀後半頃には、右岸の大岩山古墳群の二グループと左岸の安養寺古墳群の四グループが、ほぼ、対等な勢力を維持していましたが、四世紀末を前後する頃になると、金勝川両岸の二つグループが、完全に、その主導権を掌握してしまうのです。この勢力図は、五世紀中頃になっても、大岩山古墳群にも勢力の伸張が認められるものの、その状況に大きな変化はなかったと思われます。その背景には、新開《しんがい》一号墳の鏨の技術を用いた鉄鏃や高度な技術を要する甲冑類、大陸製の金銅製馬具類などの副葬品に象徴されるように、大陸の高度な諸技術の修得、あるいは、技術者集団の掌握があり、また、新開四号墳から出土した船形埴輪[注122]が示すように、琵琶湖水運に関わる技術だけでなく、その管理権をも掌握していたことが考えられます。

(五) 船形埴輪と琵琶湖水運[注123]

船形埴輪の構造

船の容積を大きくするためには、幾枚もの船板をつなぎ合せる必要があります。しかし、船板の縫合技術が未熟な段階では、浸水を防止するために、常に水中にある船底部分に刳《く》り舟（丸木船）を使い、舷側だけに板材を継ぎ足して高くし、容積を大きくする工夫がなされました。船板を継ぎ足して造船するものを構造船と呼ぶのに対し、それに準じるということで準構造船と呼んでいます。これには、刳り舟の船底の上に、竪板と舷側板で造った上部構造部分を乗せるため、船首と船尾が二股に分かれたように見える二体成形船と、竪板が外されて船首・船尾が開放される一体成形船の二つの種類があります。船形埴輪で見ると、一体成形船の方がより新しい造船技術であったようです。

新開四号墳出土の船形埴輪

新開四号墳から出土した船形埴輪は、舷側板は二段で、上下の境にフェンダーが設けられ、竪板が刳り舟の先端に、その二分の一を船外に出すような状態で斜めに据えられ、左右両舷側板がこの上におかれています。竪板を立ち上げれば二体成形船になるような構造です。竪板に一端をかけてデッキが設けられ、その上に隔壁が両舷側板に挟み込まれた状態でおかれています。縫合方法ははっきりしませんが、二体成形船から一体成形船へ移る

写真７．栗東市新開４号墳出土の船形埴輪

過渡的な様相を呈しています。

この船形埴輪には、オールを固定するピボットと呼ぶ突起七対が舷側板の上端に表現されています。オールは座って漕ぐもので、船内には座るための横板が渡してあります。また上体を前後運動させるため、広い間隔で漕ぎ手を配置する必要があります。この間隔を一m程度とし、前後のデッキ部分を加えて、新開四号墳の船形埴輪は全長一五m、幅二mほどに復元できます。他の船形埴輪のピボット数は四～六対ですので、いかに大きな船だったかがわかります。この大きさで五〇～六〇人の乗船が可能だったといわれています。

新開四号墳の被葬者像

船形埴輪は全国で二一例が出土[注124]しています。そのうち一七例が畿内の大和と河内からの出土という限定された分布状況を示しています。これらはおよそ五世紀の限られた時期に製作されており、出土している古墳には前方後円墳がなく、いずれも比較的小型の円墳か方墳に限られ、大和・河内の大王墓に従属するものであるという特徴を持っています。この特徴から、五世紀代が「倭の五王」に象徴されるように、活発に大陸との交渉を進めた時期であることを考えると、船形埴輪を出土した古墳の被葬者は、畿内の王権に従って船運を職掌とした集団の長と見ることができます。大和・河内以外の出土古墳は、栃木県鶏塚古墳、宮崎県西都原《さいとばる》一六九号墳、京都府弥栄町ニゴレ古墳、そして栗東市の新開四号墳の四例です。鶏塚古墳を例外として、それぞれ日向灘、日本海、琵琶湖に面しており、大和政権の組織体制のもとで、船運に関わった地方官としての被葬者像が浮かび上がってきます。新開四号墳の被葬者も琵琶湖の航行に関わった地方官であるだけではなく、大和政権にとって、外海に加え、琵琶湖での水運組織とその管理がいかに重要であったかということもよく示していると考えます。

七．湖南の古墳（湖南低地）

(一) 服部遺跡

立地

現在、琵琶湖大橋が架かる付近は、野洲川の南流が形成する広大な三角州と対岸の真野川が形成する小さな三角州によって湖幅が急激に狭くなり、この付近で北湖と南湖が分かれています。琵琶湖が、若狭や越前などの日本海方面、また、美濃・尾張をはじめとする東国方面と畿内中枢部とを結ぶ重要な運輸手段であることはいうまでもありませんが、北湖の幅広い湖面を自由に航行したいずれの船舶も、さらに南下するためには、必ず、この狭い水路を通過しなければなりません。一種の湖上の関門といえる場所となっています。この東岸の野洲川の三角州上に守山市服部遺跡(注125)が形成されています。この付近では最も琵琶湖に近い遺跡で、この付近から湖岸側は、古墳時代にはクリークの発達した泥湿地状の地形だったと考えられます。ここに、五世紀末を前後する頃の古墳群が見つかっているのです。

古墳群の構成（注126）

服部遺跡では、二七基の方墳と円墳が見つかっています。三基から四基を単位とするAからFの六つの群が形成され、大型のものに小型のものが伴うという群構成を見せています。この他のGからMの七基は、単独で分布しています。AからFの六つの群は、およそ、一期から三期の間に形成されたものであり、単独で分布するものは、これらの群より遅く、二期以降に築造されたものと考えられます。また、この間に、方墳から円墳へ墳形を変化させており、埴輪を飾るものもあります。

これら二七基は、溝SD―Dにより、AからE群とFからM群の二群に、さらに、溝の南側の一群はE群を核としたB～E群とA群の二つ、溝北側では、F群とその北側の7つの単独墳の八群に区別することができます。図式化すると次のようになります。

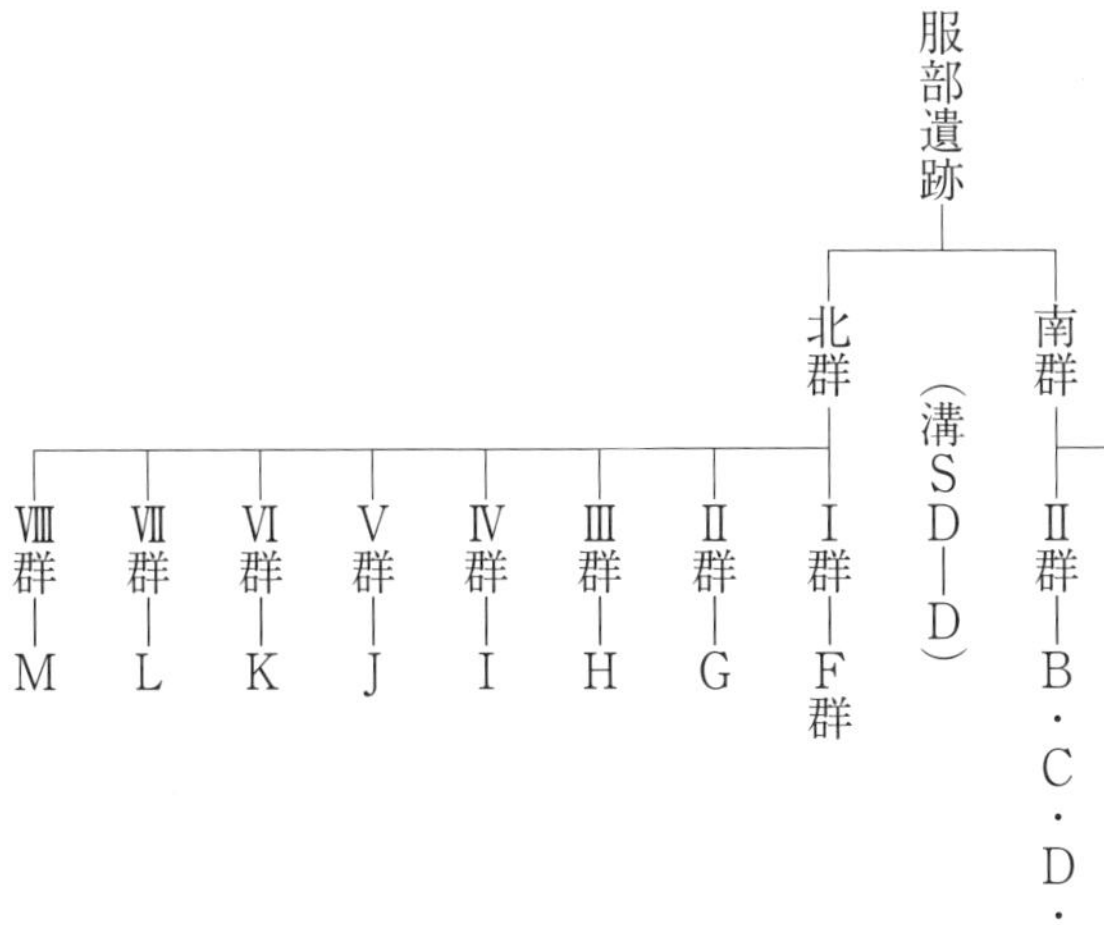

墳丘の規模は、最大のもので方墳が一辺二〇m、円墳が直径二〇・五m、最小が方墳で六・一m、円墳で八・二mであり、ともに一二mほどが一般的な大きさです。従って、

地域の首長層の墳墓とはいいがたいものです。

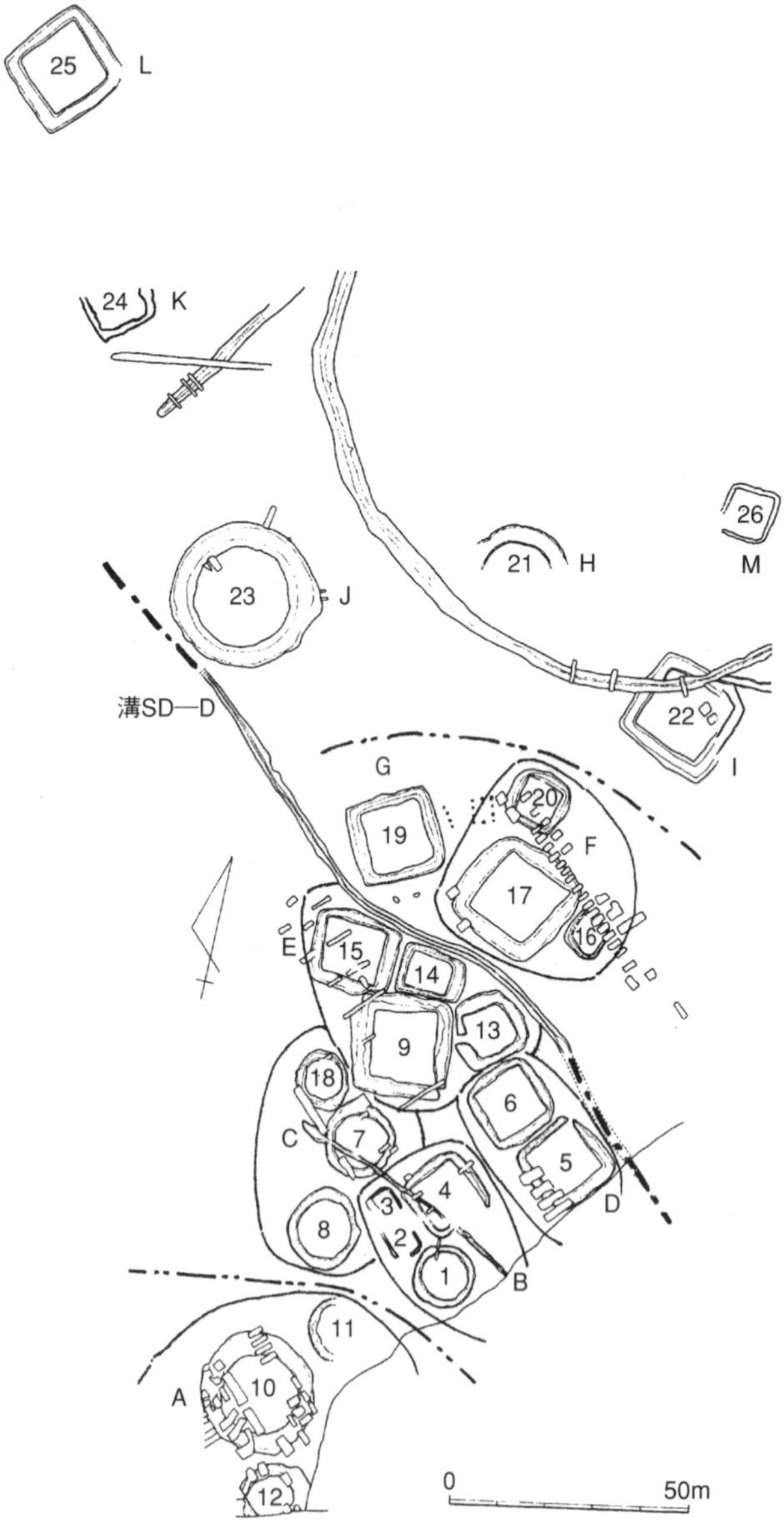

図33．守山市服部遺跡の古墳群

(二) 草津市域の古墳

服部遺跡より以南においても、南から、草津市大将軍遺跡[注127]、御倉《みくら》遺跡[注128]、芦浦遺跡[注129]と、今の浜街道沿いに数多くの古墳群の分布が見られます。しかし、いずれも規模が小さく、群集するもので、しかも、五世紀後半以降の短期間に形成された古墳群です。三、四基を単位群として群集する服部遺跡に似た性格の古墳群と考えられ、地域の首長墓とはいいがたいものです。

これら小古墳群を統括するものとしては、琵琶湖岸までわずか二kmの低地に築造されている南笠《みなみがさ》一号墳（全長二七・五m）と二号墳（全長三〇m）の二基の前方後円墳[注130]が考えられます。『栗太志』［文政四（一八二一）年編纂］によれば、この二基の他に二〇基の古墳が存在していたことが記されています。詳細は不明ですが、この二基の前方後円墳は、残存している一基の円墳から五世紀末頃の須恵器が出土していることや、その墳形から五世紀後葉から末までの間の築造と思われます。小群集墳が形成される頃と重複しており、「倭

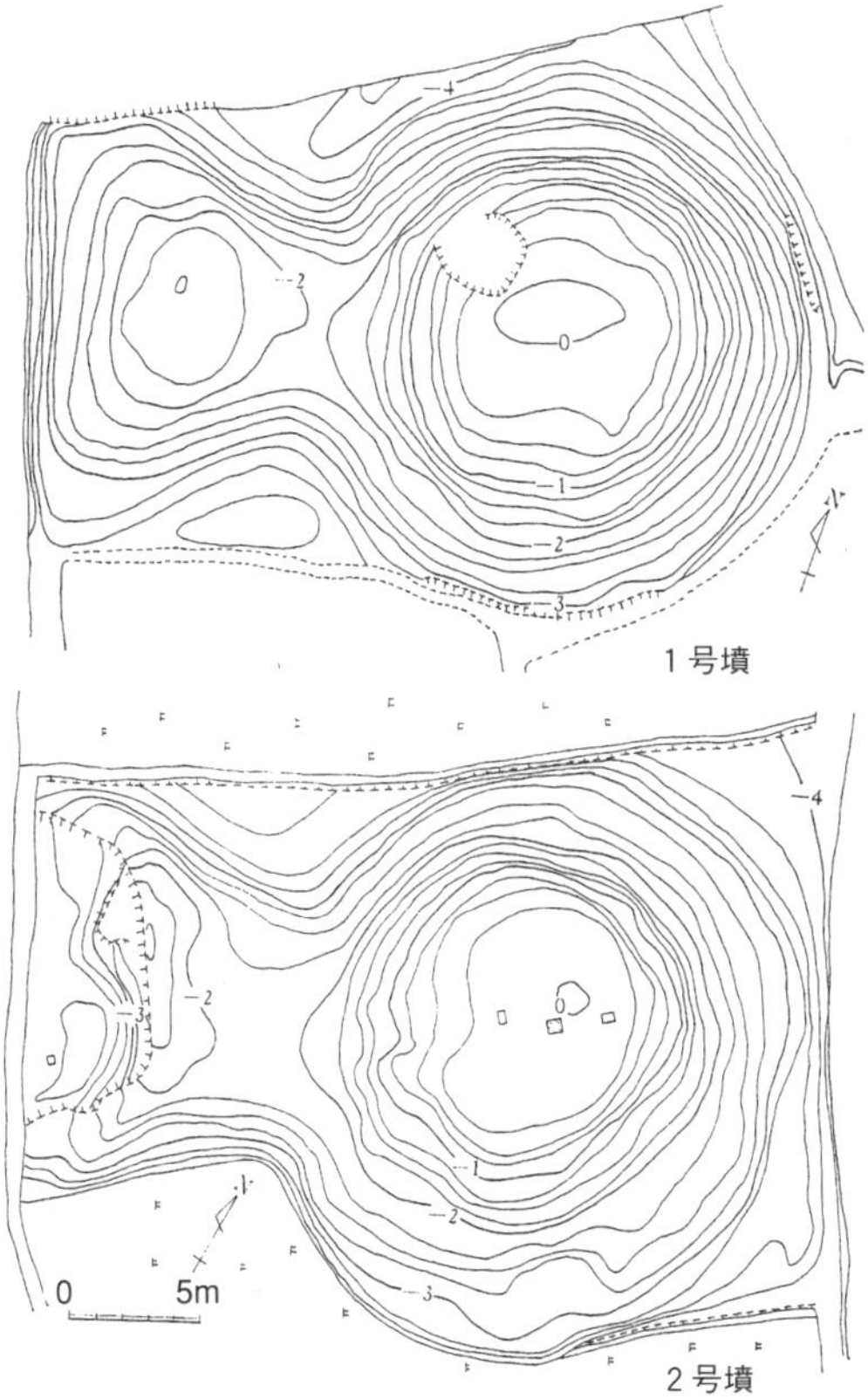

図34．草津市南笠１号墳・２号墳

の五王」の終わり頃にこの地域を取り仕切った首長の墓と見ていいと思います。なお、両古墳からは埴輪が出土しています。

八．南湖西岸の古墳

㈠　畿内と南湖西岸

畿内と繋ぐ交通の要衝

南湖西岸部は、東岸に比べ、河川による沖積作用が少ない上に、比良山系が湖岸に迫り、山塊と湖に挟まれた狭い平地が見られるにすぎません。この地形は古墳時代から大きな変化はなく、対岸の野洲川流域や湖北地方の高時川・姉川流域のような生産性豊かな平野に恵まれた地域ではありません。しかし、この南湖西岸の地域にも、北は和邇から南は国分付近までの間に、前方後方墳一基、前方後円墳八基、帆立貝形古墳二基と多数の有力首長墓(注131)が築かれているのです。このうち、横穴式石室を持つ国分大塚古墳が唯一古墳時代後期の六世紀に築かれたもので、他の一〇基はいずれも古墳時代前期と中期（四世紀から五世紀）に築かれています。

南湖西岸のこの地域は、畿内中枢部の一つである山背と接しており、逢坂山を越え、山科川を下れば、すぐに山科盆地に入ることができます。また、琵琶湖唯一の流出河川である瀬田川は、宇治川、木津川、淀川とつながり、山背から河内を経て瀬戸内海へ通じています。この河川を利用した運輸ルートが、『日本書紀』などの文献にもたびたび登場してきます。南湖西岸の港については明確なことがわかりませんが、一例として、『日本書紀』の神功紀摂政元年三月条や天武紀元年条などに登場する「粟津」の存在を知ることができます。今の膳所《ぜぜ》辺りと考えられています。ともかく、南湖西岸の地域は、畿内中枢部に最も近い湖上交通の要として重要視され、大和政権との結びつきの強い地域であったと思われるのです。多数の前方後円墳の築造はこのことによるものと考えられます。

(二) 古墳時代前期の首長墓

古代の滋賀郡は、北から真野郷、大友郷、錦織《にしこり》郷、古市《ふるち》郷の四郷から構成されています。古墳時代前期の首長墓は、滋賀郡北部の真野郷に和邇大塚山古墳、中部の錦織郷に皇子山一号墳、南部の古市郷に膳所茶臼山古墳と大友郷を除くそれぞれの郷ごとに一基程度の前方後円（方）墳が築かれています。これらのうち膳所茶臼山古墳と和邇大塚山古墳は、安土町瓢箪山古墳に近い四世紀後半に築造されたものと考えられています。この二基に対し皇子山一号墳は、墳丘から出土した壺類から、この二つの前方後円墳より少し早く築造されています。

また、この三基以外に、大友郷に当たる地域の山頂に、直径四〇ｍの円墳ではないかとされる壺笠山古墳が築造されています。ここから特殊器台形埴輪が出土し、前方後方墳や前方後円墳の築造よりさかのぼる古墳時代初期に、すでに、円墳を築造していたことが知られるようになりました。また、皇子山一号墳に隣接する二号墳についても、直径二〇ｍの円墳で、墳丘から古墳時代初期の土師器が出土していることが知られています。このように古墳時代初期には、滋賀郡の中部に当たる大友郷から錦織郷の地域に、すでに円墳を築く勢力が定着していたことが知れます。

(三) 古墳時代中期の首長墓

滋賀郡域の勢力図は、四世紀末以降五世紀代の「倭の五王」の時代に入ると、北部では続いて真野郷に春日山

E一号墳（全長六〇m）、南部では古市郷に変わって、大友郷に赤塚古墳、錦織郷に兜稲荷《かぶといなり》古墳（全長九一・五m）などが築造されます。ただ、南部の大友郷と錦織郷では、赤塚古墳や兜稲荷古墳に前後する前方後円墳の築造が認められず、それぞれの勢威が短期間であったことがうかがえます。

南部とは異なり、北部の真野郷域では、春日山E一号墳に続いて、郷域南部の丘陵上に、前方後円墳一基または二基、帆立貝形古墳一基、円墳三基から構成される木の岡古墳群[注132]が形成されます。その北部にも、真野古墳[注133]、西羅《にしら》一号墳[注134]、出口古墳群[注135]など帆立貝形・円墳・方墳の分布が認められ、五世紀代の有力な古墳が集中的に築造されています。とくに木の岡古墳群は、全長七〇m程度の前方後円墳の可能性のある本塚《もとづか》古墳（現在陵墓参考地に指定されています）に始まり、全長八四mの規模を誇る前方後円

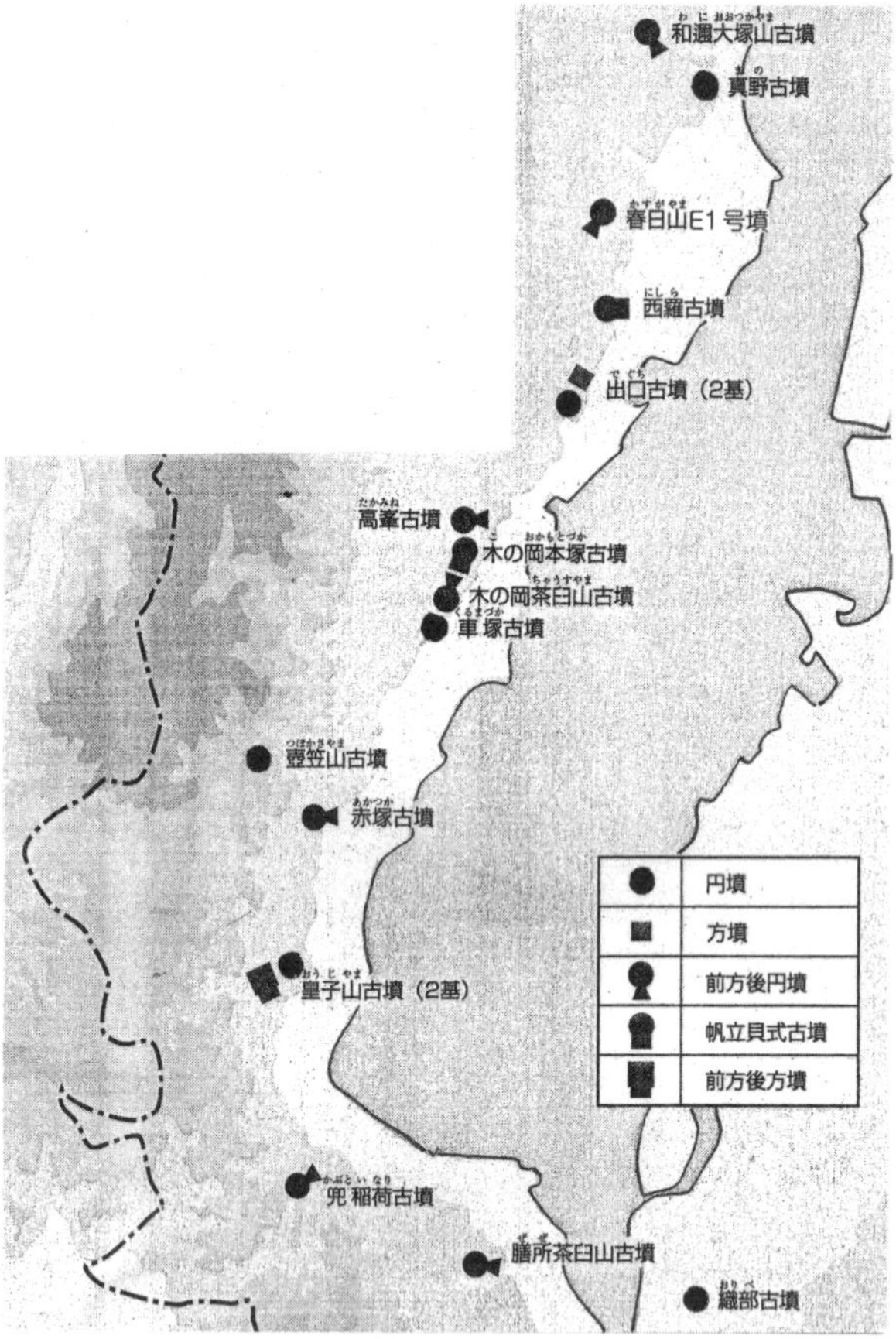

図35．旧滋賀郡に分布する主要古墳

墳の茶臼山古墳、全長四〇ｍの帆立貝形古墳である木の岡三号墳と続いて大型古墳が築造されています。この他にも、御前塚・百塚・新塚古墳などの円墳があり、平地にも直径二五ｍの車塚古墳と直径一六ｍの鹿道古墳が作られています。いずれも詳細な調査が実施されていませんが、他の郷域と違って、「倭の五王」の時代に集中的に古墳が築造され、南湖西岸で最大の勢力を誇っていたことがわかります。滋賀郡は、大和政権の中枢を担う和邇氏との関わりの深い地域とされています。政権中枢部との関わりの深さが、この地域の首長たちが築く古墳の動向に大きな影響を与えていたことは否定できません。

九．「倭の五王」と近江の首長たち

㈠　「倭の五王」の時代前夜

大和を中心とした連合政権が、尾張を中心とする東海方面や越前を中心とする日本海方面に勢力を拡張し始めた三世紀末から四世紀前半頃、近江では、前方後方形の墳墓を築く在地勢力が各地に存在していました。大和政権はこれら在地勢力と結ぶ

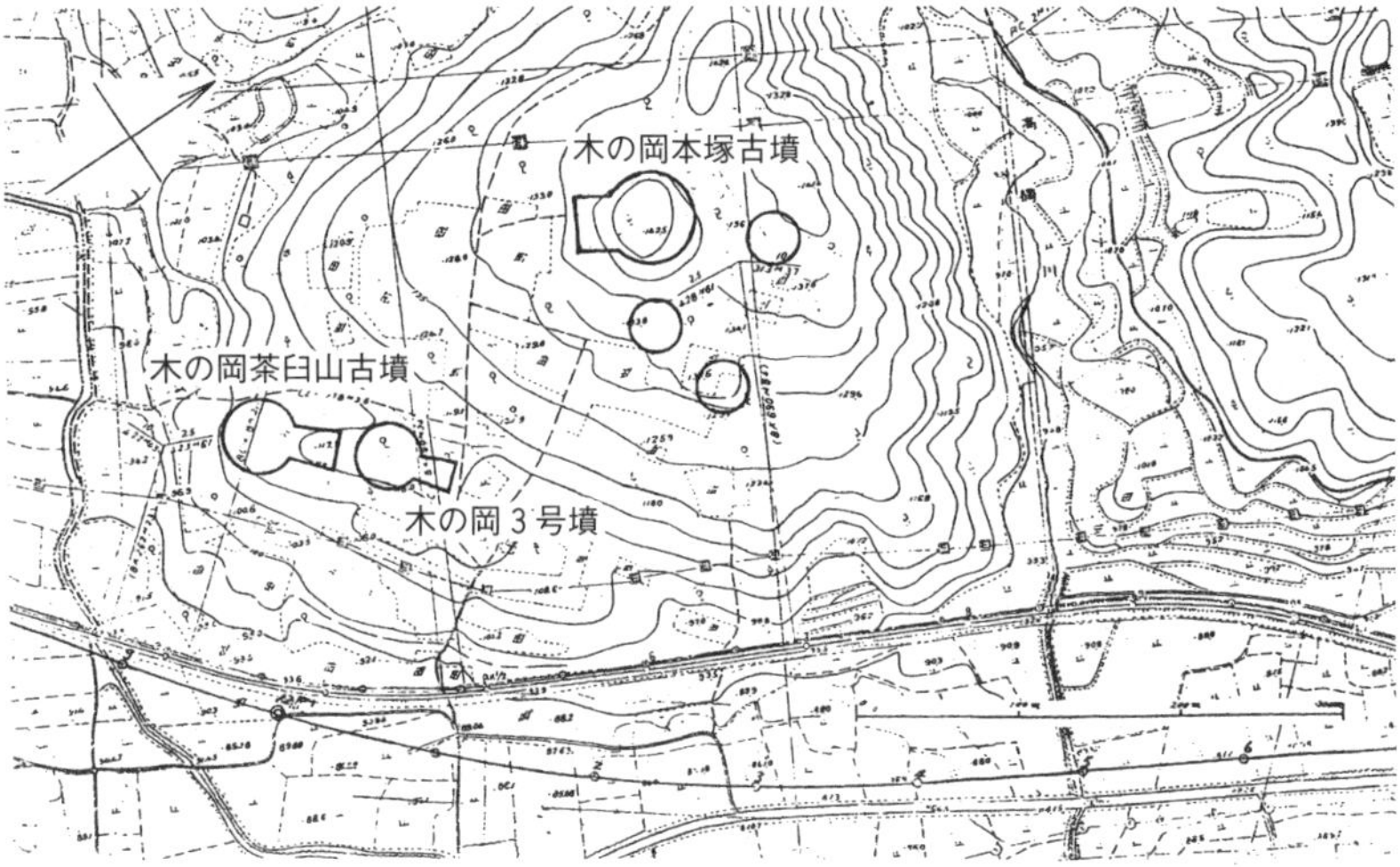

図36．大津市木の岡古墳群

とともに、四世紀中頃には、尾張と大和を結ぶ伊賀への水運の拠点に瓢箪山古墳、陸路の要衝に雪野山古墳、南湖と北湖との関門部に和邇大塚山古墳と、三つの前方後円墳を各所に配します。

両地域への進出を果たし、国内が安定期に入る四世紀後半頃になると、大和政権の目は、朝鮮半島から中国大陸の諸政権に向けられるようになります。大陸との交渉が活発になるに従い、再び琵琶湖の果たす役割が重要視され、越前への拠点である尾上近くに若宮山古墳、山背と河内を結ぶ淀川水系の起点に膳所茶臼山古墳、南湖と北湖を界する関門の位置に春日山一号墳、伊賀への水運拠点に荒神山古墳、陸路の拠点に日枝社古墳と、湖上交通、および、陸路の要衝に前方後円墳を再配置するようになります。大和政権によって、琵琶湖の水運が、完全に掌握されたのです。

(二) 「倭の五王」の時代の新旧勢力

四世紀末頃から五世紀初め頃、越前や尾張方面の強大な勢力との連合関係が成立します。この頃は、朝鮮半島に対する大和政権の政治的・軍事的関与に中国南朝の保証を求めるとともに、大和政権の王が倭国全体を支配する大王であることを国際的に認めさせ、国内の大王権の強化を意図し始めた時期と一致します。大和政権は、国際的に認められた大王権を古墳の大きさで内外に誇示するため、河内と和泉に古市古墳群と百舌鳥古墳群の二つの巨大な古墳群を形成しました。また、大和政権は、在地の首長たちを介して地方支配をする体制をとります。その証として首長たちが古墳を築造することを認めるとともに、古市・百舌鳥両古墳群で築造される大王墓を頂点に、各地に築造される首長たちの古墳の規模や墳形を規制することで、政治的な階層社会を実現したのです。地方支配の体制が確立すると、もはや、琵琶湖の水運の拠点に政策的・戦略的に配した前方後円墳の必要性はなくなります。そのかわりに、群雄割拠するがごとくに各地に多数の古墳を築造した在地の首長たちに、水運の管

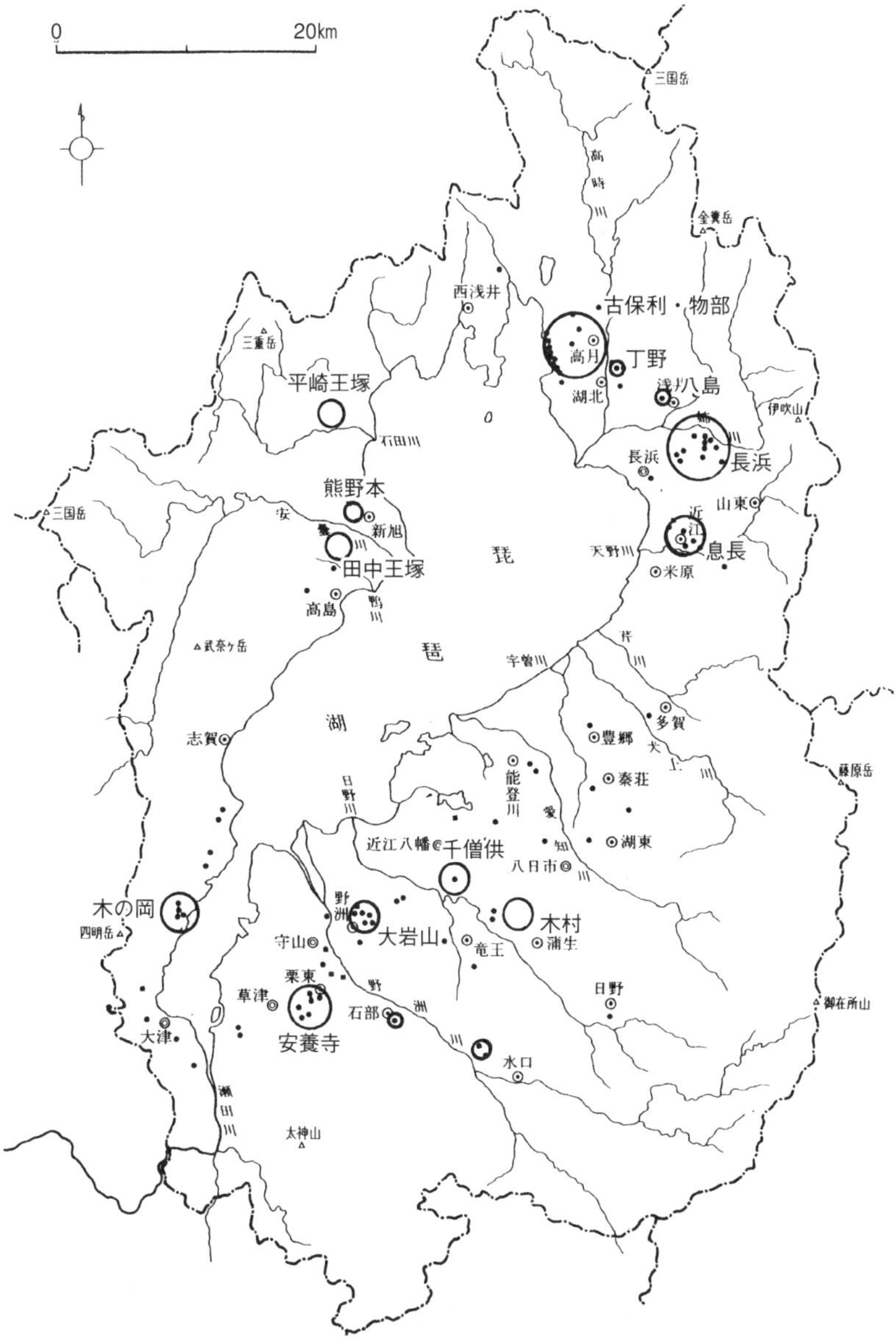

図37.「倭の五王」の時代の主要古墳群（〇印）

掌も含め、それぞれの役割を負わせていったのです。

近江の各地にも、有力層の古墳が多数築造されるようになりました。伊香郡の古保利古墳群や物部古墳群、涌出山古墳群、坂田郡の長浜古墳群、蒲生郡の千僧供古墳群、常楽寺山古墳群、栗太郡の安養寺古墳群、滋賀郡の木ノ岡古墳群などでは、新たに、前方後円墳を築造するものが現れ、また、東浅井郡の八島古墳群、坂田郡の息長古墳群、蒲生郡の木村古墳群、雨宮古墳、甲賀郡の泉古墳群、野洲郡の大岩山古墳群、高島郡の熊野本古墳群、田中王塚古墳群・平崎王塚古墳群などでは、円墳や帆立貝形古墳を築く新しい勢力が進出してくるのです。これらの中には、古墳群の形成が四世紀にさかのぼる伝統的な有力層の古墳群があり、また、古墳群形成初期の段階をさかのぼって前方後方墳などが築かれていて、弥生時代以来の在地勢力と考えられるものも存在します。また、八島古墳群や泉古墳群、木村古墳群、さらに雨宮古墳や湖南市宮の森古墳などは、四世紀以前にさかのぼる歴史のない新しい勢力で、こうした古墳が出現するのもこの時代の特徴と考えられます。

国家の体制を整えるためには在地勢力との連携が不可欠であり、これらの中期古墳は、大和政権の大王が彼らを掌握し、国家体制に組み入れた証だったのです。

一〇．「倭の五王」と方墳（注136）

(一) 近江の方墳

首長墓と方墳

古墳時代前期にあたる四世紀代、大和を始めとする畿内の勢力は、日本海方面および東国方面に展開するために、越前、伊賀、山背とを結ぶ交通の要衝を占める近江の首長たちと結び、琵琶湖を中心とする水陸両交通権の掌握を図ります。この過程で前方後方墳を築いたかつての在地勢力は後退し、新たに出現した首長たちは、大和政権の傘下に入った証として前方後円墳を築くようになります。四世紀末から五世紀初頭頃になると両地域との関係が安定状態に入り、大和政権による国家体制の整備が計られ、全国制覇に向けての行動とともに、朝鮮半島や中国大陸の諸国家との交流も盛んに行われるようになります。いわゆる「倭の五王」の時代に入るのですが、日本海方面および東国方面の経営のために欠かすことのできない近江の陸路および湖上交通の安定的活用を図るためには、琵琶湖周辺各地域の新旧の首長たちに国家体制の一翼を担わせる必要があります。交通の要衝に分布する前方後円墳、帆立貝形古墳、円墳などの大型古墳は、在地の首長たちが大和政権と結んだ証としての政治的なモニュメントだったと考えられるのです。

ところが「倭の五王」の時代には、こうした円形を基調とするこれら在地の首長墓以外に、方墳と呼ばれる平面が方形の墳墓が築かれているのです。

希少な方墳

方形の墳墓は、弥生時代の方形周溝墓や古墳時代にも一辺一〇m前後と小型で低墳丘のものが五世紀末頃まで築造されています。しかし、これらは数基から数十基が群集して墳墓群を形成しており、首長墓とは様子が異なるものなのです。首長墓と同じように独立して分布し、一辺二三m以上の高塚の数は、随分古いデータなのですが、畿内に一一一基、畿外で最も数の多い出雲で三五基、吉備で二二基、比較的詳細に分布調査がされている丹後・丹波では、古墳数約二七〇〇基中方墳はわずか三〇基ほどとされています。近江でも、木之本町長野古墳群に二基、木村古墳群に三基、泉古墳群に一基、新旭町熊野本古墳群に一基とわずか八基を数えるにすぎません。前方後円墳をはじめとする帆立貝・円墳など地域の首長たちが築く大型古墳の数と比べ、方墳の数はきわめて少なく、在地の首長層以外の性格を考えなければならないのです。

越前・伊賀と方墳

古墳時代中期を中心に築造される方墳は、その築造数がきわめて少ないだけではなく、その分布状況においても特異な性格を併せ持っています。長野古墳群中の四号墳と五号墳は、一辺二三・五mとほぼ同規模のもので、ともに四世紀末から五世紀初頭頃に、並列して築造されています。丘腹に立地しており、南方の湖北平野が一望でき、北方は柳ヶ瀬の断層谷を見通すことができます。また、眼下には、越前武生に通ずる古来よりの幹道と考えられる北国街道が走り、古墳は、その門戸にあたる部分の東側に位置しています。湖北北部の首長墓は、長野古墳群から一望できる平野部に位置する物部古墳群や西側の地累状の山丘に位置する古保利

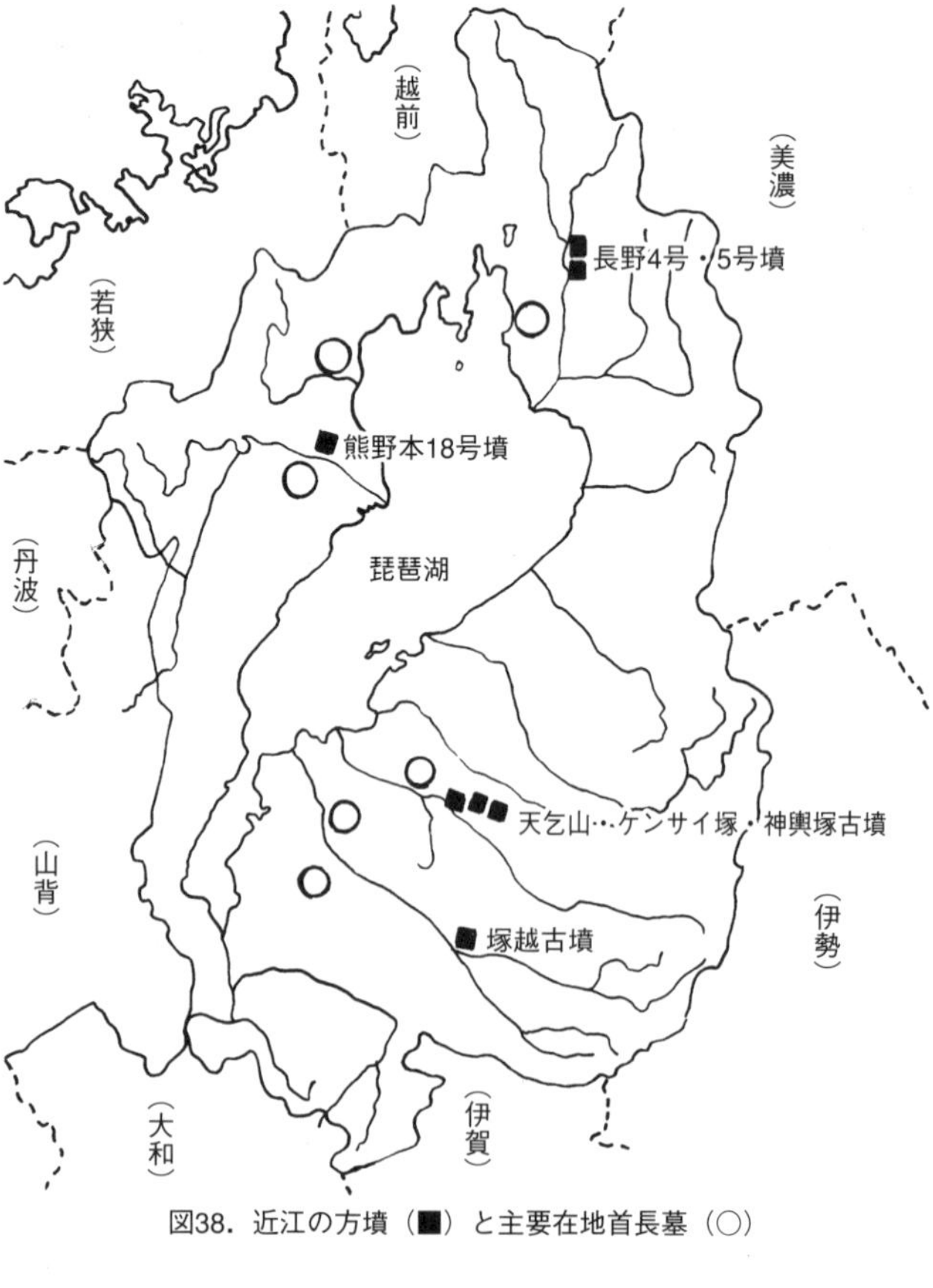

図38．近江の方墳（■）と主要在地首長墓（○）

古墳群などにあり、これらからはおよそ三kmほどの隔たりがあります。

泉古墳群は、五世紀前半から中頃、伊賀に通じる野洲川中流域の要衝に形成された首長墓群で、その右岸の山腹に、五世紀前半に全長六〇mの帆立貝形古墳、中頃に直径四二mの円墳を築いています。続いて五世紀後半には、これらから南東に五〇〇mほど離れた平地に塚越古墳が築造されています。これまで塚越古墳は前方後円墳ではないかとされてきましたが、最近の発掘調査で、一辺五二mの方墳であることが判明しました。

木村古墳群では、五世紀代を通じて一〇基以上の首長墓が築造されています。古墳群形成初期から天乞山古墳と神輿塚古墳が一辺六五mから七〇m前後とほぼ同規模の大型方墳として築造され、これらに続くケンサイ塚古墳も一辺七〇~八〇mの方墳だとされています。古墳群は、日野川流域の要衝に位置し、伊賀、また伊勢の国の北部と結ぶ水路・陸路の湖東での拠点を占めています。

熊野本古墳群は、五世紀前半頃まで、弥生時代の伝統的な小型の方墳群を築いてきたのですが、五世紀中頃に、一辺二二mの大型の方墳（一八号墳）が築かれます。この後に築かれる直径三五mの円墳と並列して分布していますが、この頃の高島の盟主は、全長七〇mの帆立貝形古墳を築く南の田中王塚古墳群を形成した首長に移っています。高島の首長たちは、大和政権にとって、特に、若狭との関係で重要視されてきたのです。

このように近江の方墳は、在地の首長層からは一定の距離を置き、また、一基あるいは二基を単位とし、若狭や越前、伊賀や伊勢に通じる近江の出入り口にあたる交通の要衝に築造されていることがわかります。

(二) 山背の方墳

巨椋池と久津川古墳群

山背では南部の城陽市に、山背最大級の久津《くっ》川古墳群が形成されます。久津川古墳群は、伊賀と結ぶ木津川、近江と結ぶ宇治川、丹波と結ぶ桂川の三川の流れを受け止め、大阪湾に開口する淀川に通じる巨椋池《おぐらいけ》の東に位置しています。水運の要衝にあることから、芝ヶ原支群や西山支群など、古墳時代初期から前期にかけての時期的に古い支群が含まれています。古墳時代中期には、その中の平川支群で、五世紀前半に、全長一五六ｍと山背最大の前方後円墳である車塚古墳をはじめ四基の前方後円墳が築かれ、以降、五世紀末頃までその勢力を保持し続けます。

久津川古墳群の方墳

ここでは、方墳が、この平川支群形成初期の四世紀末頃、支群の南東部一㎞ほどの所に尼塚古墳(注137)が単独で、次いで、五世紀初頭頃に、その北東部に一条の河川を挟んで、二基が並列する下大谷一号・二号墳(注138)が築造されています。また、古墳群が終息に向かう五世紀末頃にも、支群から南東へ一・五㎞ほど離れて、宮ノ平一号・二号墳(注139)の二基が築造されているのです。

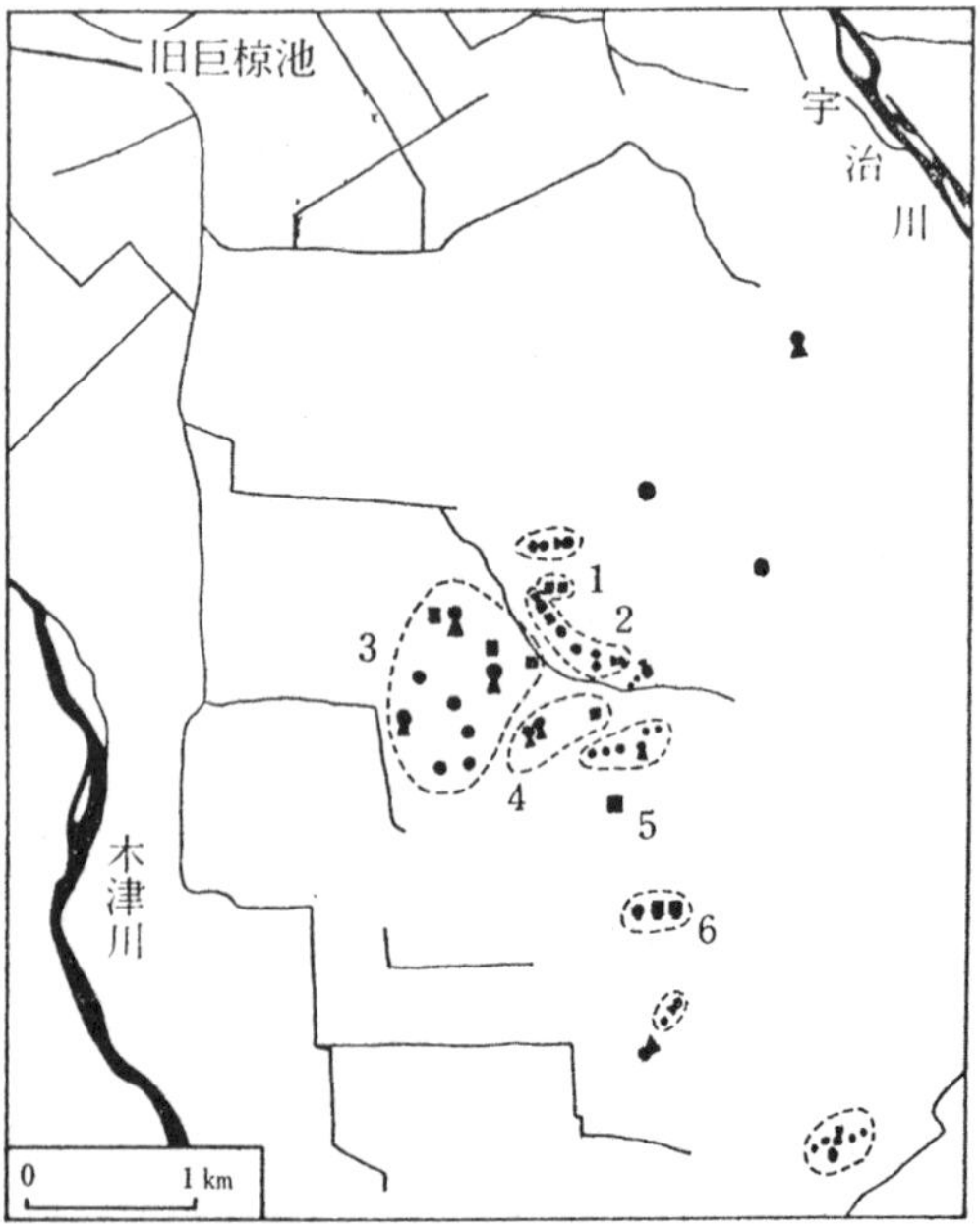

図39．山背・久津川古墳群平川支群と方墳
1．下大谷古墳群　2．西山古墳群　3．平川古墳群
4．芝ヶ原古墳群　5．尼塚古墳　6．宮ノ平古墳群

㈢ 大和の方墳

紀伊国と方墳

大和では、盆地の北端に、天皇陵などに比定される大型前方後円墳群を築成した大王墓群である奈良市佐紀古墳群が形成されます。この古墳群は五世紀前半を中心として形成されていますが、この頃、この古墳群の反対側、盆地南端の五条市に、北から塚山古墳[注140]、西山古墳[注141]、猫塚古墳[注142]、荒坂青墓古墳[注143]などの方墳が単独で相次いで築造されているのです。猫塚古墳は五世紀前半のもので、他のものもこの頃のものと思われますが、塚山古墳だけは五世紀後半に築かれています。五条市は吉野川の流域にあり、紀伊国への出入り口に当たっているのです。

㈣ 丹波の方墳

亀岡盆地の方墳

山背の久津川古墳群や大和の五条市域の様子から、方墳が、大和を中心として、紀伊、近江、

図40. 大和・佐紀古墳群と吉野川流域の方墳
（左） 1. 成務陵古墳　2. 磐之媛陵古墳　3. コナベ古墳
4. ウワナベ古墳　5. カザハイ古墳
（右） 1. 猫塚古墳　2. 荒坂青墓古墳　3. 西山古墳
4. 塚山古墳　5. 近内古墳群

伊賀、丹波方面に対する門戸としての地理的条件を持っている所に分布していることがわかります。同じ状況が、さらに、畿内中枢部から但馬や丹後に通じる交通の要衝である山陰道沿いの亀岡盆地や福知山盆地などの丹波でも認められます。

亀岡盆地では、五世紀中頃、盆地北部よりの大堰川（桂川）沿いに、この地域最大の前方後円墳である亀岡市千歳《ちとせ》車塚古墳[注144]が築かれます。その後半に、山背から老坂《おいのさか》を越えた丹波の入り口付近で、しかも古墳の非常に少ない地帯に、滝ノ花古墳[注145]と桝塚古墳[注146]の二基の方墳が近接して築かれています。

また、同じ頃、車塚古墳の北方三㎞ほどのところ、福知山盆地を経て丹後や但馬に通じる盆地北部の門戸に当たるところに、天神塚古墳と坊主塚古墳[注147]の二基の方墳が、やはり近接して築かれています。

さらに、車塚古墳とは大堰川を挟んだ対岸に馬場ヶ崎一号・二号墳[注148]と二基の方墳が築かれています。ここは、篠山盆地を通って但馬へ通じる盆地の入り口にあたっているのです。すなわち、亀岡盆地では、山背、但馬方面

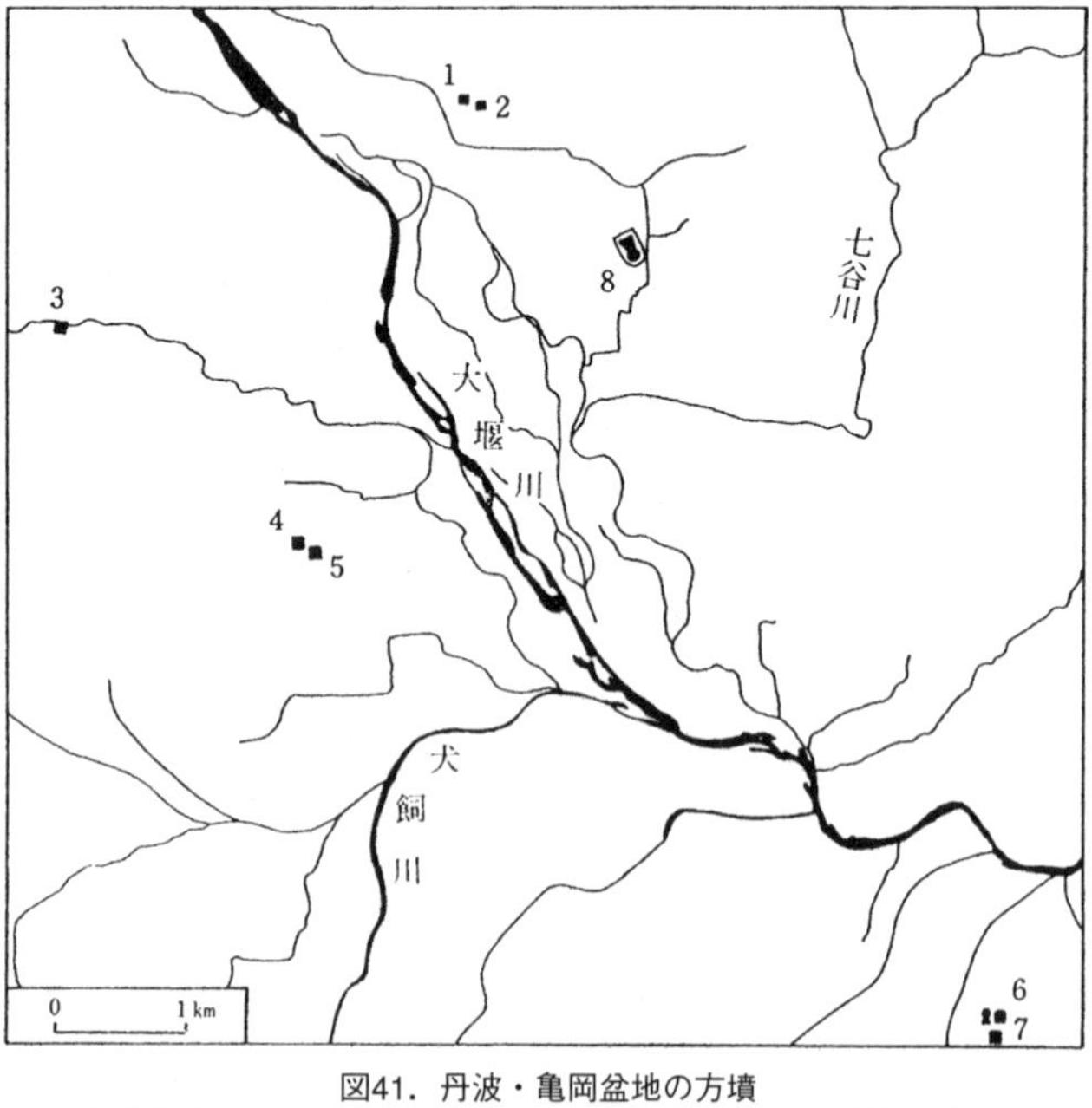

図41．丹波・亀岡盆地の方墳
1．天神塚古墳　2．坊主塚古墳　3．北ノ庄古墳　4．馬場ヶ崎１号墳
5．馬場ヶ崎２号墳　6．桝塚古墳　7．滝ノ花塚古墳　8．千歳車塚古墳

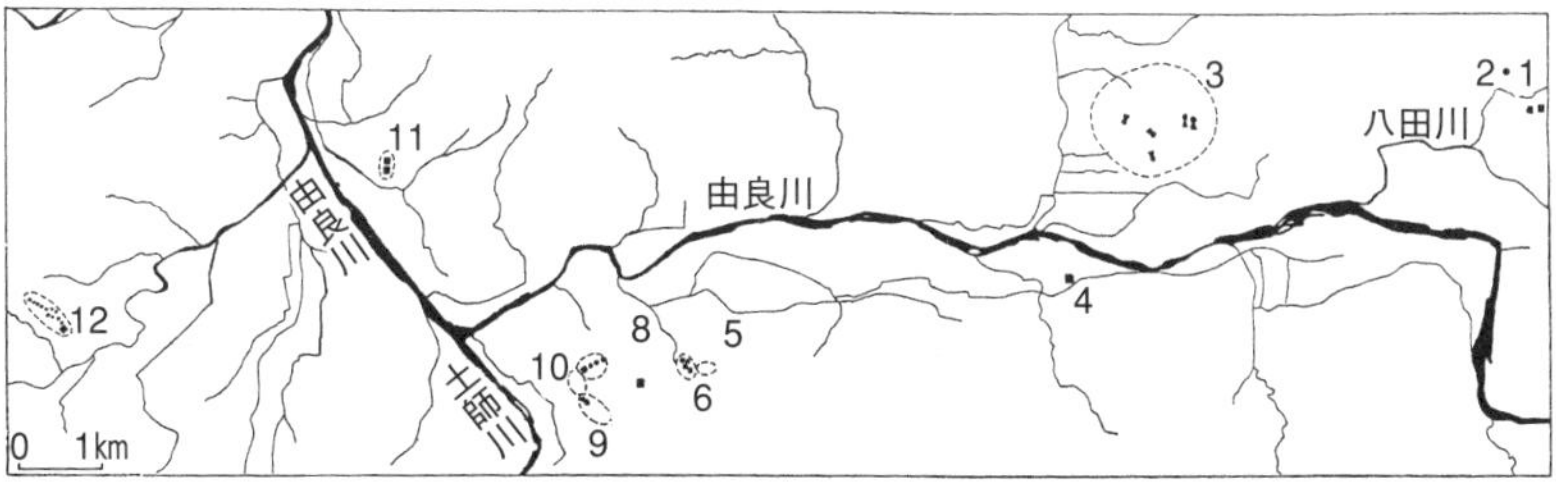

図42．丹波・福知山盆地の方墳
1．聖塚古墳　2．あやめ塚古墳　3．以久田野古墳群　4．藤ノ木古墳　5．中坂東群　6．中坂西群　7．八ヶ谷古墳　8．宝蔵山古墳群　9．南町古墳群　10．ゲシ山古墳群　11．高田山古墳群　12．妙見古墳群

へのそれぞれの拠点三カ所に方墳が分布しているのです。

福知山盆地の方墳

亀岡盆地の北方の但馬・丹後への出入り口にあたる福知山盆地にも、綾部市域で盆地東端に五世紀初頭頃の綾部市聖塚《ひじりづか》古墳（注149）とあやめ塚古墳（注150）の二基が並列して、また、西端に藤ノ木古墳（注151）が単独で築造されています。西部の福知山市域では、二基並列の高田山古墳群（注152）と単独の八ヶ谷古墳（注153）がそれぞれ丹後および但馬への拠点に分布しているのです。

この地域の首長墓群は綾部市以久田野《いくたの》古墳群で、盆地の東寄りの北部に位置しています。さらに、福知山盆地を西に進めば二〇km足らずで丹波の北西端、但馬との国境にある夜久野町にでますが、ここにも方墳である桝塚古墳（注154）が単独で分布しています。

㈤　方墳の性格

大王墓と方墳

方墳は、大和、山背の畿内中枢部では、大和を中心として丹波、近江、伊賀、紀伊への門戸、近江や丹波などの畿内周辺では越前、伊勢、但馬、丹後などに通じる出入り口にあたる地域に偏在して分布していること、一、二基を単位としており、一、二世代程度の短い間の勢力であること、前方後円墳を築く在地の首長墓群とは一定の隔たりを持ち、独立して分布すること、畿内周辺部では、それぞれの在地首長墓群の最盛期がおよそ五世紀前半から中頃にあり、方墳はその前後の四世紀末から五世紀初頭、および五世紀後半に築造されている場合が多いことなど、いくつかの特徴を持っていることがわかります。

このような方墳が各地に作られる頃、畿内の中枢部では、五世紀前半を中心とする大和盆地の北部にある佐紀古墳群、五世紀前半から中頃にかけての河内の古市誉田古墳群と和泉の百舌鳥古墳群、山背の久津川古墳群など、前方後円墳を中心とする巨大な墳墓群が作り上げられています。これらは「倭の五王」と密接に関連する古墳群と考えられますが、これらの大王墓群に多数の方墳が陪塚《ばいちょう》として築造されているのです。佐紀古墳群では、成務陵古墳に三基、磐之媛《いわのひめ》陵古墳に二基、コナベ古墳に八基、ウワナベ古墳に一基と計一四基、古市誉田古墳群では、応神陵古墳に六基、墓山古墳に四基、仲哀陵古墳に二基、仲津媛陵古墳、古室山古墳、允恭《いんぎょう》陵古墳にそれぞれ一基、百舌鳥古墳群では、仁徳陵古墳とイタスケ古墳に各一基が確認されています。山背の久津川古墳群中の車塚古墳にも三基の方墳が伴っています。また、陪塚全体で見ても、大和で五五基中一八基、河内で三〇基中一五基、和泉で六基中二基、山背で一四基中三基と、方墳が非常に高い比率を占めていることがわかります。

このことから、畿内周辺地域に分布し、在地の首長墓とは一定の隔たりを持って築造されている方墳と畿内の大王墓の陪塚として築かれる方墳との間には、何か非常に密接な関係のあることが想定できるのです。

方墳の副葬品

方墳の性格を考えるため、さらにもう一つ、副葬品の特徴を上げておきます。

近江の木之本町長野五号墳には、木棺を直葬した埋葬主体に鉄剣二本と鉄鏃二本のみが副葬されていました。蒲生町木村古墳群中の天乞山古墳や神輿塚古墳は盗掘を受けていて詳しいことはわかりませんが、水口町の塚越古墳からは、鏡・玉類の他、鉄剣・鉄刀・鉄鏃、革綴襟付短甲・三角板鋲留短甲・金銅装眉庇付冑などの武器・

武具類が豊富に出土しています。このうち金銅装の武具が、丹波の坊主塚古墳、大和の猫塚古墳や塚山古墳などにも副葬されていたことについては、すでに触れています。

亀岡盆地に分布する桝塚・滝ノ花塚・坊主塚古墳は比較的内容の知られているもので、いずれも玉類の出土がなく、鏡の他は鉄剣・鉄刀・鉄鏃・鉄槍などの武器類が出土し、滝ノ花塚・桝塚古墳からは、さらに挂甲《けいこう》、坊主塚古墳から短甲が出土しており、やはり武器・武具を中心とした副葬品となっています。福知山盆地の綾部市聖塚古墳でも武器・武具類の豊富な出土が知られています。

大和の五条市の塚山・猫塚古墳からも豊富な武器・武具類が出土しています。

またこの傾向は陪塚にも見られ、応神陵古墳の陪塚とされているアリ山古墳からは、短甲・刀剣類などの武器・武具だけが多量に出土し、人体埋葬のための方墳ではなく、武器・武具類のみを埋納するために築造された古墳と報告されているのです。

すなわち、副葬品の特徴として武器・武具類が中心となっていることをあげることができます。このことから方墳の被葬者の性格を推察するなら、当然文人とするよりも武人的な人物が想定されるでしょう。

方墳の性格

方墳が、畿内の大王墓群の陪塚として多数が築造され、在地の首長墓群とは一定の隔たりを持ちながら、大和を中心とする畿内周辺に向けての各門戸をおさえるように配されるとともに、さらに、被葬者が武人的な性格を持つとすれば、方墳は、畿内周辺に対する防備あるいは攻撃面を考慮した「倭の五王」からの派遣、あるいは、そうした役割を課して任命された地方官人たちの墳墓だったのではないかと推察されます。在地の首長層が同じ役割を担うことも当然生じるのですから、方墳の被葬者は、彼らとは墳形の上で区別されるべき人物、あるいは、大王墓の陪塚に多数の方墳が伴うことから、大和政権と直結するような人物だったのかもしれません。大和政権の軍事体制についてては多くはわかりませんが、方墳の築造とその分布から、その一端がかいま見れるのではないかと思っています。

二・「倭の五王」の終焉

(一) 雄略大王の時代

王道は遍くゆきわたり

「倭の五王」の時代は、倭王武に比定されている雄略大王で終わります。倭王武は、『宋書倭国伝』などの記載によると、西暦四七八年に有名な上表文を宋に奉献しています。これによると、これまで「わが先祖は、代々みずから甲冑をまとって幾山河を踏みこえ、席の暖まる暇もなく戦ってきた」状況であったとされています。この状況は、古墳時代前期から中期のおよそ四世紀代から五世紀中頃の様子を示しているものと思われます。近江は、畿内中枢部と日本海および東国方面とを結ぶためにきわめて重要な水運手段を提供する琵琶湖を抱えています。このことを背景に、郡内のおよそ郷毎に存在する有力者たちもこの状況に敏感に反応し、大和を中心とする畿内政権の全国制覇との関わりを求めて諸勢力がお互いに拮抗し、これに乗じて自らの勢力の拡充を図るために群雄割拠していったと考えられます。こうした様子が、これまで紹介してきた近江各地に築造されてきた有力者たちの墳墓である古墳の築造に反映され、多数の古墳群が形成されるとともに、それぞれの勢力の盛衰が古墳群の消長に残されてきたのです。方墳の築造や分布もこのような状況の中で理解できるものと思います。こうした戦国時代のような様相も倭王武の頃には、すでに、「東方の毛人を征すること五十五国、西方の衆夷を服すること六十六国、海を渡って北方を平らげること九十五国にものぼった。王道は遍《あまね》くゆきわたり、領土を拡げ境域は遠くまで及んだ」とされ、大和政権を中心とする国家体制が整ったものと考えられます。

地方豪族への影響

こうした社会情勢の変化に対応するように、群雄割拠していた古墳群も五世紀中頃を過ぎると大きな変化を示すようになります。すなわち、五世紀後葉頃、これまでの有力な古墳群の中で、築造される古墳の規模が急激に小さくなり、また、円墳などに墳形を変化させ、さらには、もはや古墳を築造しなくなるなどの現象が現れるのです。一方、これまで明確な首長墓を築造しなかった地域に新たな首長墓が現れるのもこの頃なのです。五世紀後半から六世紀初頭頃、再び古墳の動向に大きな画期が訪れることとなるのです。

(二) 専制国家への道

連合政権の解体

「倭の五王」最後の武に擬される雄略大王に関して『古事記』や『日本書紀』には、他の四王にはあまり見られなかった地方豪族との紛争や中国大陸および朝鮮半島の諸王朝との関連記事が数多く記されています。これらの記事では、大王は勇猛果敢で専制的な人物として描かれ、時には「大だ悪しくまします天皇なり」と記されています。大王の性格についてはともかくとして、吉備や播磨・伊勢の豪族の討伐などが主な記事となっている地方豪族との紛争については、これまで、大和を中心とする地方豪族との連合政権的な基盤の上にあった大王の権力を、強力で専制的なものとするための大王の政略であったとする考えがあります。雄略大王が中国の宋王朝に上表文を送ったのも、大王の権威を内外に示すためのものであったと考えられています。

さらに、朝鮮半島の政治的な動向の影響を受けて、大陸の新技術を持った渡来人が多数入ってきたと考えられます。彼らは、支配階級である豪族の直接的な支配下にあった従来からの部民に対して「今来《いまき》」と呼ばれ、大和政権の政治組織の中に組み入れられていったのです。

このように、雄略大王の治世は、渡来人も含め、諸豪族を再編成して連合政権からの脱却がはかられ、大王を中心とする国家体制の確立に向けて強力に推し進められていった時期にあたるのです。

古墳群の変貌

雄略大王の在位期間には諸説がありますが、『宋書倭国伝』によると、四七七年頃に倭の五王の一人「興が死んで、弟の武が王位に即いた」とあり、「順帝の昇明二（四七八）年、［武が］使者を遣わし上表文を奉った」とあります。また、『日本書紀』からは、即位は四五七年、没したのは四七九年頃と考えられることから、五世紀後半頃を中心に活躍した大王といえるでしょう。そして、『古事記』、『日本書紀』の記事の信憑性については慎重を要しますが、この大王の時代の五世紀後半、朝鮮半島や中国大陸の王朝との関係や地方豪族との紛争を通じて、大王の権力が一層強大になっていったことは間違いないものと考えます。

こうした社会情勢の変化が、前方後円墳など各地の首長墓の動向に如実に現れているのです。近江を例に取れば、古墳時代前期から中期、湖北地方の二大古墳群であった古保利・物部古墳群では西野山古墳、長浜古墳群では茶臼山古墳を最大規模とし、また、湖東の木村古墳群では久保田山古墳、千僧供古墳群では供養塚古墳、湖南の安養寺古墳群では椿山古墳、湖西南部の滋賀郡域では木ノ岡茶臼山古墳、湖西北部では平ケ崎大塚古墳などをピークとして急速に規模を縮小させていっているのです。それぞれの地域で遅速はありますが、四世紀あるいは三世紀から五世紀にかけて、近江に根付いた伝統的な在地勢力、また、五世紀に現れた新興の勢力のいずれもが、五紀後半には大きな画期を迎えるのです。

すなわち、雄略大王の頃、姓による国家的身分制度が整えられ、大王を中心とした官僚的国家組織が成立します。新たな政治体制のもと、群雄割拠していた各地の地方豪族たちに対する支配の仕方にも大きな変化が生じます。成長していく家父長に対しても、氏族長を通じた間接的な支配方法から、国家による直接的な支配へと変化していきます。こうした変化が古墳の築造に対しても影響を与え、強い制限が加わるとともに、従来持っていた象徴性が失われていったのではないかと考えられるのです。

後継争いと新旧両勢力の対立

倭王武に擬される雄略大王が即位した五世紀後半頃、朝鮮半島や中国大陸の王朝との関係、また、地方豪族との紛争を通じて、大王の権力が一層強大になっていったことは間違いないものと考えます。しかし、大王の権力が強大になると、大王家の相続争いが国の内乱にまで発展していく危険性を孕むことになります。

雄略大王は四七八年に没したとされますが、その死に際して、吉備上道臣《きびのかみつみちのおみ》が加担する星川皇子が乱を起こします。この乱は、大伴室屋《むろや》大連《おおむらじ》と協力して解決されています。大伴室屋は、允恭大王の時に連であったが、雄略大王の時には大連となっており、大伴氏進出の足がかりを作った人物なのです。また、大王崩御の報を聞いた征新羅将軍吉備臣尾代の率いる蝦夷（大王の親衛軍）五〇〇人が反乱を起こすなど、次の清寧大王即位までにも内乱が起こっています。この乱もまた、大伴室屋が制圧しているのです。さらに顕宗・仁賢・武烈大王と続きますが、武烈大王の時にも平群真鳥《へぐりのまとり》が皇位簒奪をはかっています。これらも、星川皇子の乱と同様に、大伴一族の金《かな》村《むら》によって解決されています。主な内乱が大伴氏によって解決されていますが、このことは、大王と対等の立場にあり、強大な権力を握っていた葛城《かつらぎ》氏という豪族にかわって、大伴氏という新たな勢力が台頭してきたことを物語っています。葛城氏などの旧勢力に対抗する新興勢力が出現するのもこの頃なのです。大王の相続争いに加え、大和の新旧両勢力の対立をも生み出しているのです。

第四節　継体大王の出現（注155）

一．継体大王の擁立

(一)　継体大王の即位

武烈大王の後継争い

武列大王の死後、やはり後継問題が起きます。この時、大和の新旧両勢力だけではなく、畿内外諸勢力の対立にまで発展して行き、最大の緊張関係が生じます。武烈大王の後継問題は、時の最高実力者、大連大伴金村の推挙により、五〇七年継体大王が即位することで一応の終結を見ます。この六世紀前葉頃、河内や和泉に形成された巨大墳墓群である古市・百舌鳥古墳群に、規模が縮小するなどの大きな変化があらわれ、かわって大和南部に巨大古墳が築かれるようになり、大和に再び勢力の伸張が認められるようになります。畿内中枢部のこの変動は周辺の諸地域にも大きな影響を及ぼしており、吉備を中心とする瀬戸内海沿岸地域においては、もはや大型の前方後円墳が築かれなくなり、群集墳のような小規模な古墳群に変化してしまいます。また、近江はもちろん、畿内周辺各地域においても、勢力図の再編成ともいえる前方後円墳を中心とした首長墓の動向に大きな変化が認められるようになるのです。

継体大王の動向

六世紀前葉頃を境とした首長墓の動向に大きな変化をもたらした最大の政治的契機は、六世紀初頭に即位したとされる継体大王の出現であったと考えられます。この大王は近江との関わりのきわめて強い人物で、『古事記』や『日本書紀』によると、近江国高島郡三尾《みお》（今の高島市安曇川町で、三尾の地名も残っています）に別業《なりどころ》を持つ彦主人王《ひこうしのおおきみ》を父に、越前国三国坂中井（福井県坂井郡に三国町があります）の振媛《ふりひめ》を母に持つ畿外の出身者で、武烈大王の後継問題が起きる中で、大連大伴金村の推挙により、三国から迎え入れられ、五〇七年に、大和ではなく、河内国交野郡の樟葉宮《くずはのみや》（今の大阪府枚方市楠葉）で即位します。しかも、その後においても、継体五年に山背国綴喜郡の筒城宮《つつきのみや》、同一二年には同じ山背国乙訓郡の弟国宮《おとくにのみや》と遷都を繰り返し、即位後二〇年たってようやく大和国磐余《いわれ》玉穂宮《たまほのみや》に遷都して大和入りを果たすというきわめて特異な経緯をたどっているのです。また、陵墓も摂津国の藍野《あいの》（大阪府高槻市の今城塚古墳とする説が最も有力となっています）に設けられています。

㈡　継体大王の勢力背景

地方勢力

継体大王の后妃を見てみると、大和の皇族や豪族以外に、尾張国、近江国、越前国、河内国などの地方出身者が多いのです。大王関連地域のこうした記事から穿って考えれば、継体大王の即位は、武烈大王の死後、その後継をめぐって大和の旧勢力が対立している中で、近江と越前を中心とした地方勢力が、大和の大伴氏と物部氏の協力を取付ける一方で、山背・河内・摂津の畿内中枢部、尾張を中心とする伊勢湾岸地域の有力者たちの勢力を背景に実現させたものと考えられます。

水運

越前には、大陸の先進的な文物をいち早く取り入れることのできる要港を備えた日本海地域の中枢勢力があります。河内や摂津には、対外交流の玄関口である北部九州と結ぶ瀬戸内海航路の門戸となっている「難波津」があります。尾張は、東国への要で、陸路だけではなく、太平洋航路の拠点となる伊勢湾に面しています。さらに、近江と山背には、日本海と瀬戸内海、また、伊勢湾とも結ぶ琵琶湖および淀川水系の主要河川が通っています。

このように、大王と結ぶこれらの地域は、水運の拠点であり、要衝であるという共通した特性を持っていることがわかります。すなわち、このことから生じる様々な利権を掌握することで、大きな経済的、政治的な発言力を醸成させていった地域であったということができます。大伴氏による継体大王の擁立は、こうした地域の有力者の支持があったからこそ成功したのです。また、彼らの協力を取付けることで水運のシステムを掌握したことが、継体大王の力を強大にした理由の一つとも考えることができます。そして、この水運システムには、琵琶湖および淀川水系がきわめて重要な役割を果たしていたのです。

二、琵琶湖水運と地方勢力

(一) 琵琶湖と越前

大和政権と敦賀津

平安時代の初め頃に編纂された『延喜式』によると、越前・加賀・能登・越中・越後・佐渡の北陸各諸国から京への貢納物は、いずれも一旦、越前の西端に位置する「敦賀津」に集積されています。敦賀津は、湾の中央部に河口を持つ笙の川に、かつて西の入江と東の入江があって内海が形成されており、より一層自然地形に恵まれた良港だったようです。また、西の入江付近には松原駅が想定され、東の入江付近には気《け》比《ひ》神社（『日本書紀』の応神紀に「笥《け》飯《い》大神」とあります）が鎮座しています（注156）。北陸道は、この松原駅と気比神社を経由して北陸の諸国へ、南下して近江へ通じ、西へは若狭が至近距離にあります。このように、敦賀津は、越前・若狭・近江の三国への分岐点という地理的要因をも持っていることがわかります。また、『日本書紀』によると、垂仁紀二年条に「額に角有ひたる人、一の船に乗りて、越国の笥飯浦に泊まれり。故、其の処を号けて角鹿と曰う。」とあり、仲哀紀二年二月条には「角鹿に幸す。即ち行宮《あんぐう》を興てて居します。是を笥飯宮と謂す。」などが見られ、さらに、応神紀即位前紀では、穢れ払いをするために「越国に行して、笥飯大神を拝祭みたてまつりたまふ。」などの記事が見られます。このことから敦賀の地が早くから畿内の王権と緊密な関係があったように思われます。しかし、狭隘な敦賀平野に展開する古墳の動向を見れば少し様子が異なってきます。

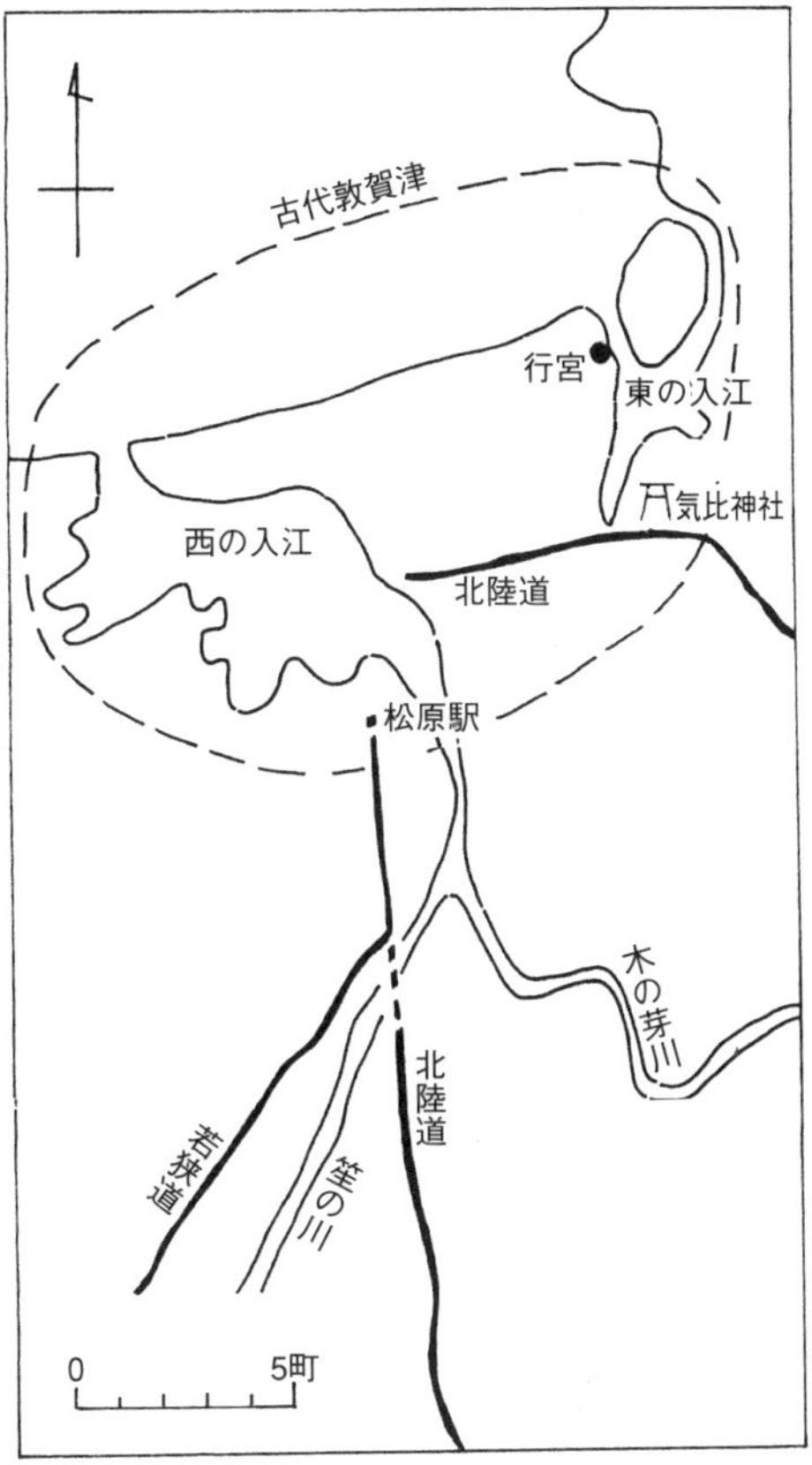

図43. 古代敦賀津の復元

敦賀平野の首長墓

敦賀平野の主要な古墳は、笙の川と木の芽川に挟まれた狭い丘陵部を中心に分布しています。[注157] これまでの調査では、四世紀末を前後する比較的早い頃に首長系譜の古墳を認めることができるものの、象徴的な前方後円墳ではなく、小規模な円墳や方墳が築かれているに過ぎません。しかも、五世紀代には、わずか、敦賀湾東端の湾を見下ろす岬に、小円墳である金ヶ崎古墳[注158]が築かれるだけで、笙の川流域には目立った古墳が築かれなくなるのです。古くから畿内王権と密接な関わりがあったとしても、在地首長層の政治的な位置付けは小さく、むしろ、「笥飯大神」との関わりが見られる記紀の記事から、祓えの場などの宗教的な性格が重用視されていたのかもしれません。

こうした笙の川流域に再び首長墓が築造されるのは、五世紀後半から六世紀にかけての頃で、特に五世紀末頃に、直径六〇mとかつてない大規模な墳丘を持つ向出山一号墳[注159]が築造されます。この古墳には二つの石室があり、銅鏡や玉類の他

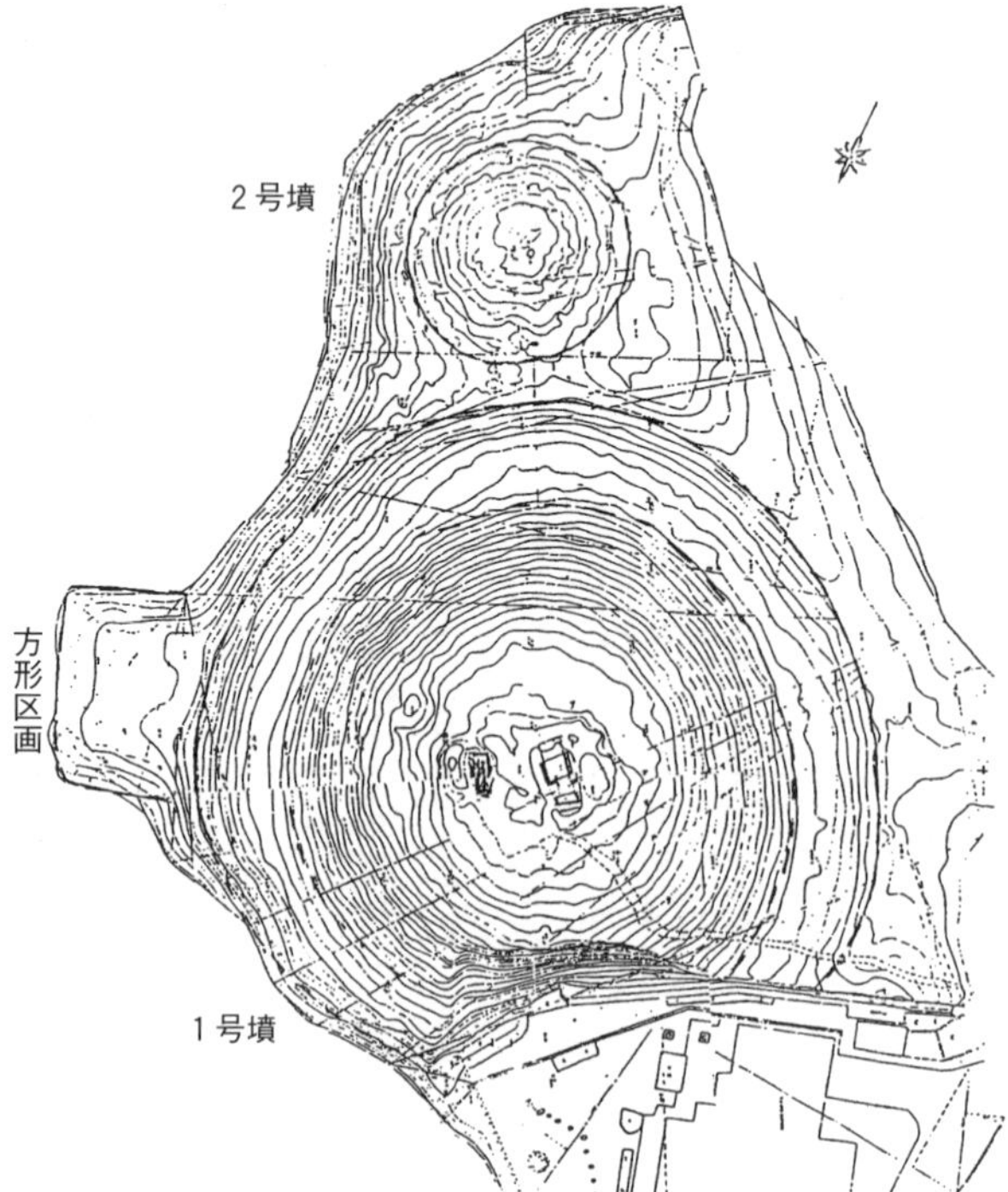

図44．敦賀市向出山1・2号墳

に、刀剣、鉄鏃、鉄地金銅装眉庇付冑、挂甲など武器・武具類を中心とした豊富な副葬品を持っています。とくに、前方後円墳ではなく円墳であるとともに、全国でも数少ない金銅装の冑を出土していることから、その被葬者は、軍事的な性格を持ち、また、在地の首長層だったとしても、大和政権と密接な関係を持つ人物であった可能性があります。

雄略大王以降、大王権をめぐっては、大和の新旧両勢力だけではなく、畿内外諸勢力の対立にまで発展しており、敦賀津が、北陸日本海地域への拠点の一つとして重要な位置を占めていたことは否めません。越前から継体大王を擁立するその前夜に、近江と越前を結ぶ幹線道路である北陸道を見下ろし、敦賀湾をも見通すことのできる位置に、向出山一号墳が築かれていることを見逃すことができないのです。

敦賀津と琵琶湖

敦賀平野に分布する首長墓はいずれも小円墳ですが、近江と北陸日本海地域を結ぶ幹線道路である北陸道を見下ろし、敦賀湾をも見通すことのできる丘陵地に造られていることから、彼らの勢力背景に、北陸日本海地域の海の玄関口である敦賀津が存在していたであろうことは容易に推測できます。この敦賀津から近江の琵琶湖へは、陸路を通って琵琶湖最北端の「塩津」に出るのが最短距離で、『延喜式』にもこのルートが記載されています。今の西浅井町塩津に当たりますが、この付近は、塩津川が形成する狭い谷間で、河口部に形成されている狭隘な平地も砂利層が広がり、かつては塩津湾が現在以上に内陸に入り込んでいたようなのです。しかも、塩津湾の西側には小さな谷間があり、その段丘上に岩熊の集落があって、ここから弥生時代の土器類が採集されていますが、これ以外にほとんど目立った遺跡の分布を見ない地域なのです。

こうした環境にあって、岩熊集落の北側、山丘裾部に、西浅井町丸山古墳群が塩津湾を望むように、忽然と出現します。小円墳一基を伴う全長二一・五ｍの小規模な前方後円墳一基と、直径三〇ｍと二八ｍの円墳二基から構成される古墳群です。ＪＲ湖西線が琵琶湖を後にし、トンネルを抜けて塩津に出た辺り、塩津川をわたる手前で、鉄道の橋脚の幅が広くなっているところがありますが、現在、その高架下に残されています。詳細はわかりませんが、古墳時代前期から中期にかけての頃、三基がそれぞれ別々の尾根に順次築かれた三世代にわたる古墳群と考えられます。塩津が、一時的にしろ、敦賀津と結ぶ港としての権益を生み出していたことがわかります。

しかし、前方後円墳の分布から見れば、古墳時代前期および中期頃には、湖北平野に若宮山古墳、古保利古墳群・物部古墳群などを築いた諸勢力が、塩津をも含み込んだ湖北一帯を掌握していたと考えられます。敦賀平野でも五世紀末頃、塩津では前期から中期にかけての頃に、一時的に大型円墳や前方後円墳を築造しますが、共に、四、五世紀を通じた有力な古墳が築かれていないのです。この頃の越前と近江を結ぶ陸路の主要な起点は、前方後円墳が築かれた湖北平野の尾上付近にあったのではないでしょうか。

三国湊と九頭龍川

『日本書紀』継体即位前紀に、継体大王の母振媛の出身地として、「三国の坂中井」の「高向《たかむこ》」の地名が見えます。「高向」は、『和名抄』に越前国坂井郡高向郷とあり、今の坂井郡丸岡町辺りと考えられています。「坂中井」は越前国坂井郡とあり、従って三国は坂井郡を中心とする一帯を指すものと思われます。『古事記』や『日本書紀』には坂井郡に関係する港津は見られず、『続日本紀』宝亀九（七七八）年条、渤海使来着の記録の中で初めて『三国湊』が登場します。三国湊は、今の福井県坂井郡三国町にある九頭竜川河口付近にあったものと思われます。また、『延喜式』によれば、越前国からの雑物の積み出しは「比楽湊」となっていて、国家貢納物の水上輸送拠点として国が指定した港津は、後の加賀国に属する手取川河口付近とされ、三国湊ではありませんでした。しかし、三国湊は、中世には年貢の積出港として、近世には越前米の集散地として、また、西回り海運の拠点として大いに栄えたといわれています。これは、九頭竜川本流の他、日野川、足羽《あすわ》川の主要な支流が合流する地理的な要因から河川水運を活発に利用することができ、また、これらの河川が形成する広大で肥沃な福井平野を抱えていたからと考えることができます。さかのぼって古墳時代にあっても、各河川流域に前方後円墳を中心とするきわめて多数の古墳群が形成されており、河川運輸とともに、三国湊が北陸地方の拠点として栄えていた可能性が非常に高いと考えられます。この三国湊からは、海路で、直接あるいは間接的に大陸との交渉を持つことができます。先進的な知識・技術などの導入をはかることができたことも豪族たちの勢力増強の背景にあったものと思われます。

一方、この越前から琵琶湖の水運を利用するには、三国湊から海路を敦賀津に取る方法と、逆に日野川をさかのぼり、陸路で栃の木峠を越え、余呉湖を横に見て湖北平野に入る方法が考えられます。この経路は、現在の国道三六五号（北国街道）に沿った最短の陸路で、とくに、継体大王擁立に際しては、尾張との関係からもきわめて重要なルートだったと考えられるのです。

福井平野の首長墓

九頭竜川水系に分布する主要古墳(注160)は、福井平野部では、九頭竜川河口付近から北側山裾を流れる竹田川右岸、九頭竜川本流の左右両岸、支流の日野川からさらに派生する足羽川両岸と平野東側の山裾部と九頭竜川河口近くの左岸山丘部を中心に分布しています。さらに、伊吹山地の北端、滋賀県との県境近くに端を発する日野川流域のいわゆる鯖武《さばたけ》盆地周辺の山丘部、および、平地の独立丘陵上にもきわめて多数の前方後円墳を中心とする首長墓が築かれています。しかも、肥沃な福井平野周辺だけではなく、平地の比較的少ない鯖武盆地に、全体の四割近い前方後円墳が分布しているのです。こうした首長墓の分布状況からも、古墳時代には、北国海道に沿った陸路が、越前から琵琶湖の水運を利用するための重要なルートの一つであったと考えられるのです。

北陸日本海地域の中心的な役割を担っている越前地方も、古墳時代中期後半以降になると、大きな転換期を迎

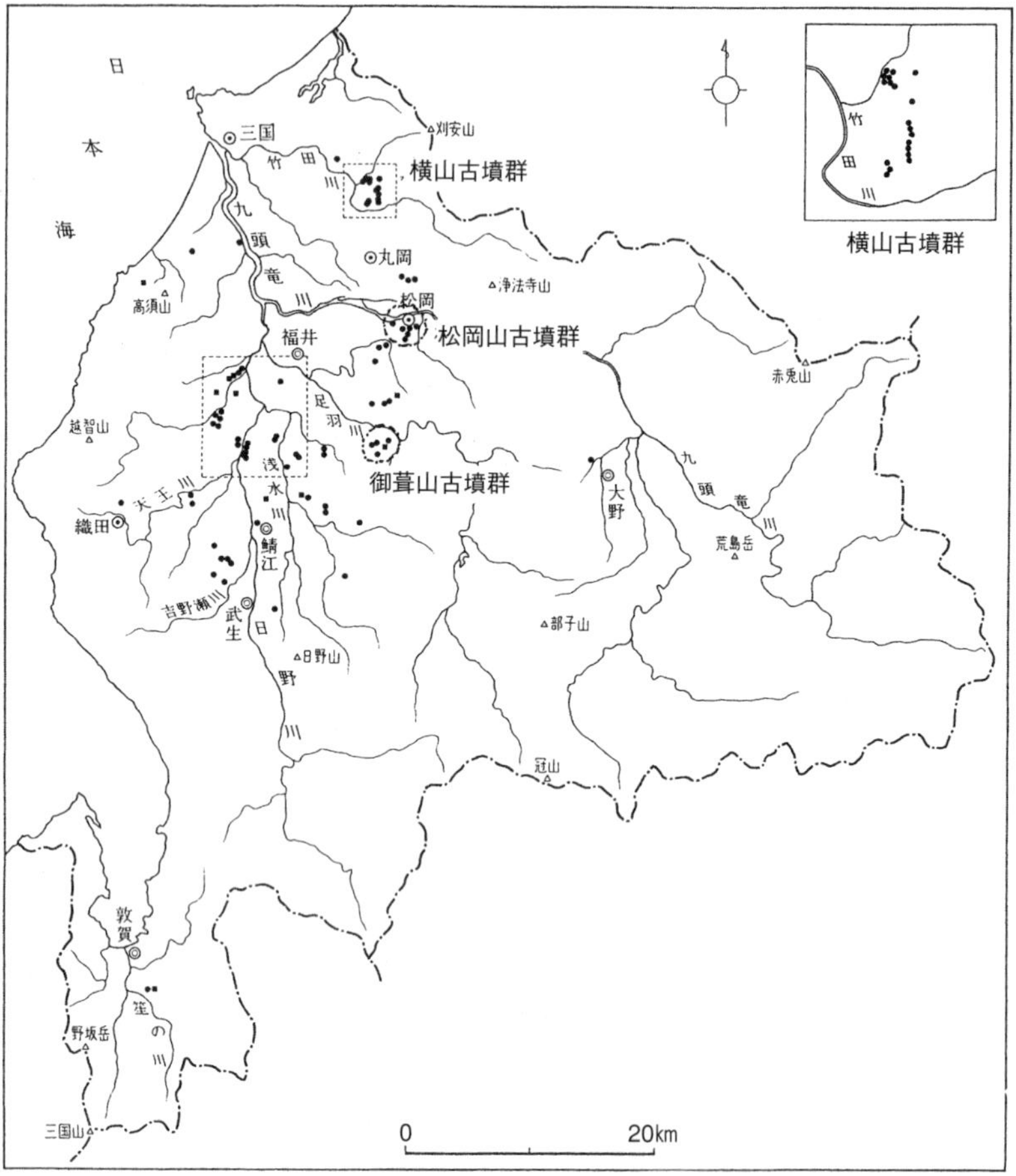

図45．越前の首長墓

えます。鯖武盆地では前期前葉に比較的大型の前方後円墳が築かれ、弥生時代からの大きな転換期を迎えますが、中期にはいると古墳の規模が縮小化し、比較的早い段階で前方後円墳の築造すら見られなくなるのです。一方、福井平野部では、中期後半に、松岡町泰遠寺山古墳の全長一〇〇mを筆頭に、逆に古墳規模の大型化がはかられているのです。さらに、後期に入っても前方後円墳の築造が続けられ、しかも、竹田川左岸の横山古墳群[注161]、九頭竜川左岸の松岡山古墳群[注162]、足羽川左岸の御茸山古墳群[注163]の三カ所に集中して分布するようになります。すなわち六世紀に入って、福井平野と鯖武盆地を中心とする後の越前のテリトリーがこれら三古墳群によってリードされることになるのです。特に、横山古墳群は規模、数量ともに卓越した存在であり、継体大王の母振媛の出身地である坂井郡に含まれていることから、この現象が継体大王の擁立と密接な関係にあることが推察されます。すなわち、この横山古墳群を形成した首長たちを中心として、後の越前のテリトリーをリードする支配体制が整えられ、継体大王擁立に向けて大きな役割を果たしたと考えられるのです。

福井平野と琵琶湖

琵琶湖水運を利用する場合、湖北町尾上付近が拠点的な港津として想定できます。尾上浜には野田沼が形成されており、船舶の係留地としての地理的条件を備えています。また、神奈備のような山本山は、船舶にとって格好の目印になっています。『延喜式』に見る塩津も、尾上から壁のように伸びる地塁状の山丘に沿って北上すれば、至近の距離に位置しているのです。

このことを古墳の動向から見てみると、古墳時代前期には、山本山の裾部に若宮山古墳があり、また、山本山から伸びる地塁状の山丘上には一〇〇余基の古墳からなる県内最大規模の古保利古墳群が形成されます。いずれも、尾上浜だけでなく北の塩津湾をも見渡すことのできる良好な立地にあり、尾上付近が湖上交通の要衝であったということを示しています。また、中期には、大型円墳を含む主要な古墳が尾上浜と木之本町の北国街道を結ぶ線上に築造されています。このことからも、琵琶湖→尾上浜→北国街道→鯖武盆地→福井平野というルートの存在が一層明確になるのです。

福井平野と北国脇往還道

一方、現在の国道三六五号に沿う北国街道を南下すると、湖北平野が収束する木之本町付近で分岐する北国脇往還道に入ることができます。この道をさらに南下すると不破の関から美濃を経由して尾張に入ることができます。このルート沿いには、湖北地方の三大古墳群の内の一つである長浜古墳群が姉川流域に形成されています。また、後の中山道と合流する付近、天の川流域には息長古墳群が形成されています。さらに、その途中にも、大型円墳である岡の腰古墳を中心とする八島古墳群、中国の銅鏡を出土した虎御前山北山古墳、丁野岡山古墳群と、北国脇往還道に沿う拠点ごとに首長墓群が形成されているのです。継体大王の擁立に、伊勢湾岸の尾張がきわめて重要な役割を果たしていたことを考え合わせると、この脇往還道の重要性も明らかだと思います。

湖北の首長墓の動勢

越前と畿内中枢部、また、尾張を結ぶ陸路・水路の要衝を有する湖北地方の首長たちは、高時川流域に古保利・物部古墳群、姉川流域に長浜古墳群、そして天の川流域に近江町息長古墳群と三大古墳群を形成します。彼らは、古墳時代前・中期までは、古保利および物部古墳群と長浜古墳群を中心に、大型円墳を築造する他の地域の首長墓群とともに、比較的安定した関係を形成していました。ところが、五世紀末頃、余呉町長山古墳群や湖北町雲雀山古墳群の形成を契機に様相が一変します。両古墳群はともに、小円墳群で構成され、多数の古墳がほとんど時間差がなく築造され、刀剣・鉄鏃などの武器類のみを副葬し、中心的な古墳からは鉄製の短甲が出土しているのです。武人的な被葬者像が浮かび上がるこれら古墳群は、長山古墳群が越前への最短ルートの近江での入り口部分、雲雀山古墳群が尾張へ通じる北国脇往還道沿いに位置しているのです。敦賀平野の向出山一号墳ほどの規模は持ちませんが、時期や内容に共通したものがあり、同じ政治的背景の基に出現した古墳群であると思われます。そして、これらの古墳群の築造を契機とするかのように、湖北地方では、物部古墳群、長浜古墳群でもはや前方後円墳が築造されなくなるか規模を縮小させ、また、大型円墳を築いてきた湖北各地の首長系譜墓も衰退に向かい始めるのです。

息長古墳群

一方、古墳時代中期には大型円墳や帆立貝形古墳しか築けなかった息長古墳群では、後期に、塚の越古墳や山《やま》津《つ》照《てる》神社古墳などのように新たに前方後円墳の築造が開始されるのです。すなわち、五世紀末頃を境に湖北地方は、息長古墳群の被葬者たちを中心とする氏族によって支配体制が整えられたと考えられるのです。古墳群のある一帯はかつて息長村と呼ばれ、周辺一帯が大和政権に大きな力を発揮する息長氏の根拠地とされています。また、継体大王の后妃伝承にも、「息長真手王女麻績娘子」がいて、大王との関わりが非常に強い氏族だと考えられています。従って、こうした古墳の動向は、越前で、横山古墳群を中心として支配体制が整えられた現象と共通し、継体大王出現に見る政治的

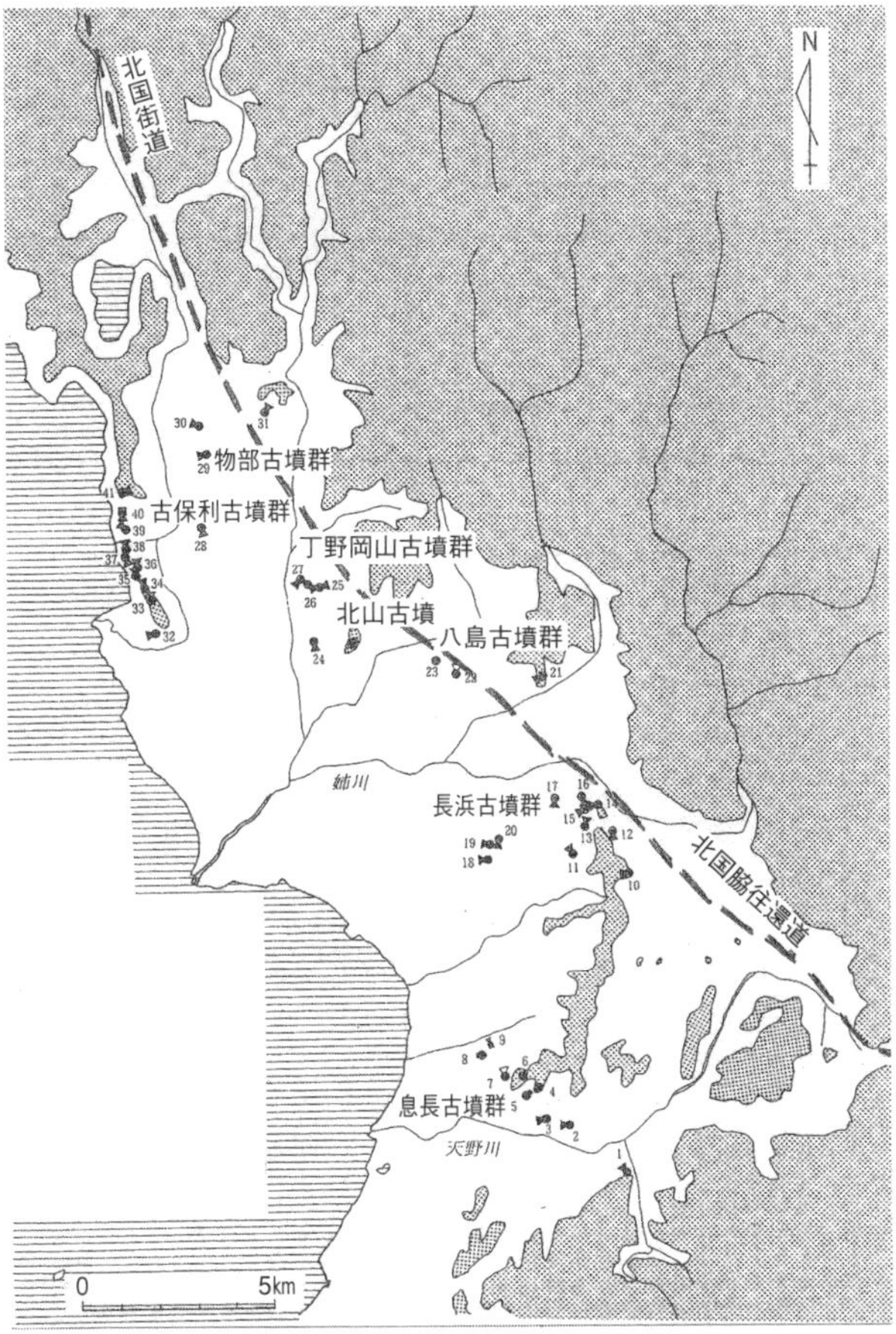

図46．北国脇往還道沿いに分布する首長墓

動向と深い関係を持つものと思われるのです。

(二) 琵琶湖と若狭

小浜湾

琵琶湖と日本海地域とを結ぶもう一つの主要港が若狭にあったと考えられます。若狭は、東は越前岬から西は経ヶ岬までの非常に入り組んだ海岸地形を持っています。このうち小浜湾は、松ヶ崎と鋸崎がカニの爪のように突き出し、自然の防波堤が形成された格好の湾を形成しています。ここでは湾の東よりに北川が流れ、狭いながらも若狭湾岸では最も広い平野を形成しています。東の美浜湾には内海の三方五湖があり、ここに鰣川《はすがわ》が流れ込んでいます。その東側には小さな湾状の地形が形成されており、ここには耳川が流れていて狭い扇状地をつくっています。西側の高浜湾には、佐分利川と関屋川が山岳を削り込んでつくった細長い開析平野が見られます。山塊が迫り、これら四つの河川がつくる非常に狭い平地しか持たない若狭にも数多くの前方後円墳が築造されています。このことは、自然がつくる良港を利用し、北陸諸国からの物資の集積地として、越前の敦賀津とともに重要な役割を果たしていたことを示すものと考えられます。また、平安時代の『延喜式』には、若狭からの貢納物は、陸路で「勝野津」に運ぶことになっています。勝野津は、現在の高島市勝野付近と考えられており、若狭から京への物資の運搬にも琵琶湖の水運を利用していたことがわかります。この勝野津が古墳時代にさかのぼっても主要港であったかどうかについては後で触れますが、古墳時代にあっても琵琶湖の運輸手段が利用されたであろうことは想像に難くありません。『古事記』や『日本書紀』の記事に、継体大王は近江国高島郡三尾に別業を持つ彦主王を父に持つとあり、湖西北部、今の高島市付近が、大王ときわめて密接な関係のある地域であったことがわかっています。記紀の継体大王の后妃等に関する記事には、若狭に関する記述が認められませんが、継体大王にとって湖西高島の地と隣接する若狭の存在を無視することはできなかったと考えます。

若狭国造と膳臣

大化改新（六四五年）以前に大和朝廷がおいた地方官で、国の長官として国造《くにのみやつこ》があります。東の耳川から西の関屋川までの範囲が後の若狭国の範囲ですが、この若狭国の国造について、『国造本紀』という書物に、允恭大王（第一九代、五世紀中頃の大王とされる）の時に膳臣《かしわでのおみ》の祖で佐白米命の児、荒礪と定めています。また、『日本書紀』の景行紀五三年一二月条に、大王が取ったハマグリを膳臣の遠祖の磐鹿六雁《いわかむつかり》が膾《なます》（細切り肉）にして進上したところ、その功をほめられ、膳大伴部を賜ったとあります。この記事から、膳臣は宮廷の食事を管理する職掌を持っていたと考えられます。従って、朝廷の大膳を管理・掌握している膳臣の一族が国造として若狭を治めることになるのです。『令義解』によると、北陸諸国の貢納物は海産物が中心で、古墳時代には敦賀津とともにこの若狭に集積され、膳臣の管理下に置かれたものと思われます。また、膳臣は大膳を管掌していただけではありませんでした。『日本書紀』雄略紀八年条には、新羅が高句麗に攻められた際、日本軍に援助を求めた記事が見られますが、この時の援軍を率いた一人に、膳臣斑鳩がいました。また、欽明紀六年条には、膳臣巴提《はす》便《ひ》を百済に派遣する記事が見られ、三一年条には、膳臣傾子《かたぶこ》を越前に派遣して高句麗の使いを饗宴させています。これらのことから、膳臣は、大膳を司る以外に軍事や外交面での職務を併せ持った一族であったことがわかります。こうした性格を持った一族が国造として若狭を治めるようになった背景として、若狭が日本海地域の物資の集積地だっただけではなく、大和朝廷にとって、日本海地域での外交の重要な拠点であったことが考えられます。このことが、耕作に適した平野のきわめて少ない若狭において、多数の前方後円墳が築かれた理由でもあり、継体大王にとっても、この地域の掌握は非常に重要な問題であったと考えられます。

若狭の首長墓

若狭では、三方郡の三方五湖に流れ込む鰣川の右岸の山丘上に、松尾谷古墳が最初の古墳として築かれています。これは前方後方墳で、弥生時代の系譜をひいたものとなっています。その後目立った古墳が築かれず、五世紀に入ってようやく、畿内と共通した定型的な形を持つ前方後円墳が小浜湾に流れ込む北川の流域に集中的に築かれるようになります。ここには、北川支流の鳥羽川の上流に城山古墳、その河口付近に中塚・上ノ塚・西塚古墳などの脇袋古墳群、対岸の向山一号墳、北川左岸の十善の森古墳を中心とする天徳寺古墳群、北川をさらに下った左岸に白鬚・下船塚・上船塚古墳などの日笠古墳群など、五世紀から六世紀にかけての首長たちの墳墓が集中的に分布しています。(注164) これらは、脇袋古墳群を中心とする一群と日笠古墳群を中心とする一群に大きく分けることができますが、五世紀の末から六世紀初頭頃、十善の森古墳の築造をきっかけに、脇袋古墳群を中心とする一群から日笠古墳群を中心とす

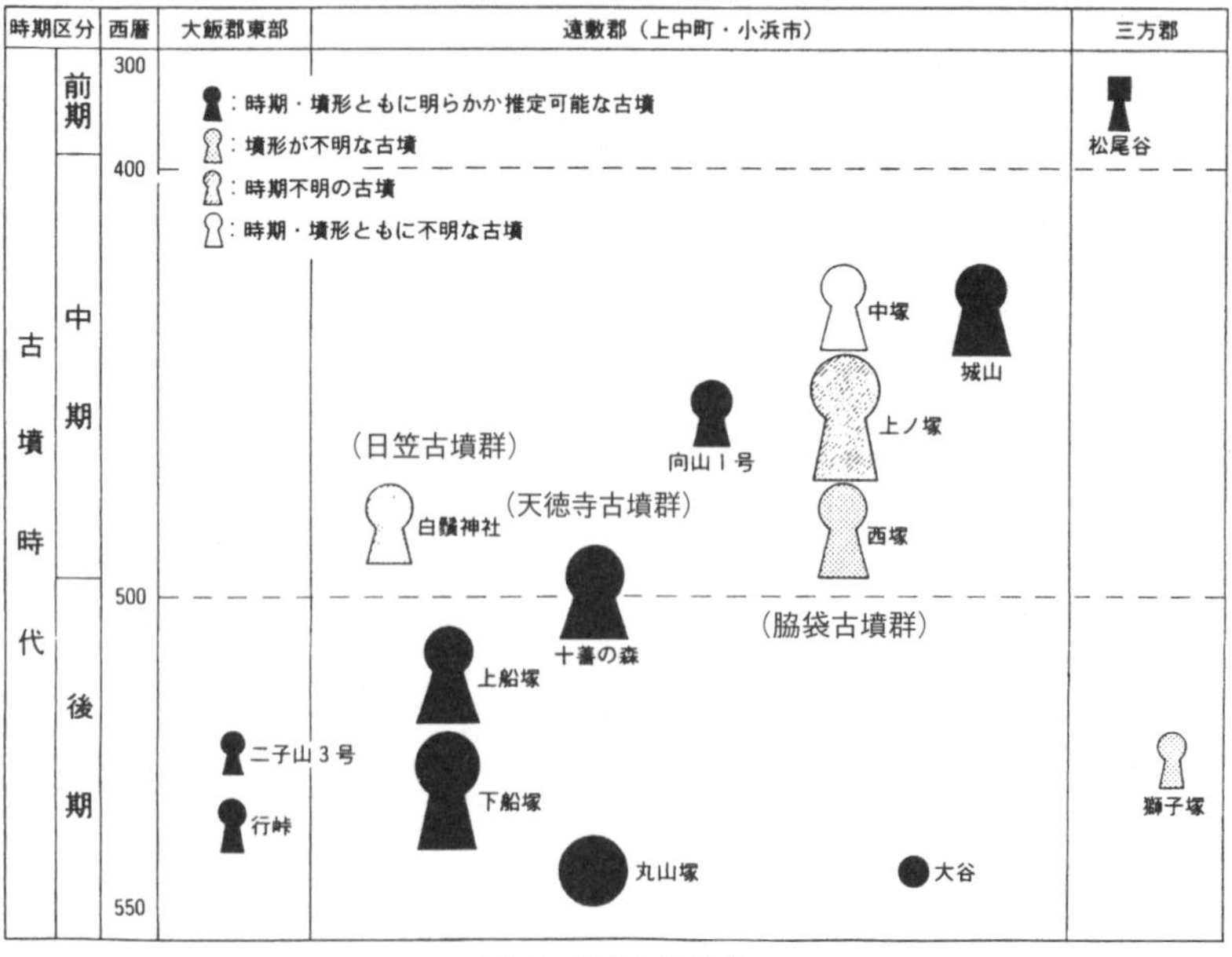

図47. 若狭の首長墓

る一群へと大きく墓域を移動させており、古墳の動向に大きな画期が見られます。また、このこととともに、六世紀前半になると、美浜町の耳川左岸に獅子塚古墳、高浜町の関屋川左岸に二子山三号墳と行峠古墳が築かれます。全長二六～三四mと日笠・天徳寺古墳群と比べると規模は小さいものですが、これまで前方後円墳を築くことのなかった地域に突然出現しており、この頃に何か政治的な動きのあったことが予想されます。その一つに継体大王の擁立が考えられるのです。

若狭と北部九州

五世紀後半から六世紀頃、若狭の地に築かれる首長たちの墓の特色として、まず第一に、他の地域に先んじて横穴式石室を導入し、その構築方法や構造に九州系のものが採用されていることをあげることができます（注165）。北川支流の鳥羽川河口付近に築かれた向山一号墳が最も古く、次いで、その対岸に形成された脇袋古墳群の中の西塚古墳、北川左岸の天徳寺古墳群の十善の森古墳などの五世紀後半から六世紀初頭の首長たちを始め、六世紀になって突如前方後円墳を築いた高浜町の二子山三号墳や美浜町の獅子塚古墳などにも九州系の横穴式石室が採用されているのです。第二の特色は、向山一号墳、西塚古墳、十善の森古墳などから、金製耳飾り、金銅製帯金具、金銅製冠帽、金銅製馬具、銅鈴など大陸から輸入された副葬品が豊富に出土していることです。また、十善の森古墳から出土した金銅製の冠帽は、鳥取県長者平古墳出土のものと同形式であり、同種のものが福岡・佐賀・熊本県など九州地方に分布しているのです（注166）。こうしたことから、若狭の首長たちと、外交上の門戸である北部九州との関係、また、大陸との接触の深さを知ることができます。

さらに、向山一号墳の埴輪が尾張と関連し、また、西塚古墳の埴輪が吉備の地域色を示すとの指摘を第三の特色としてあげることができます（注167）。若狭と吉備の関係は、『日本書紀』の雄略紀八年条の新羅への援軍の記事に、膳臣斑鳩《いかるが》が吉備臣小梨《こなし》、難波吉士《きし》赤目子とともに派遣されたとあり、両地域の関係が推しはかれます。このこと

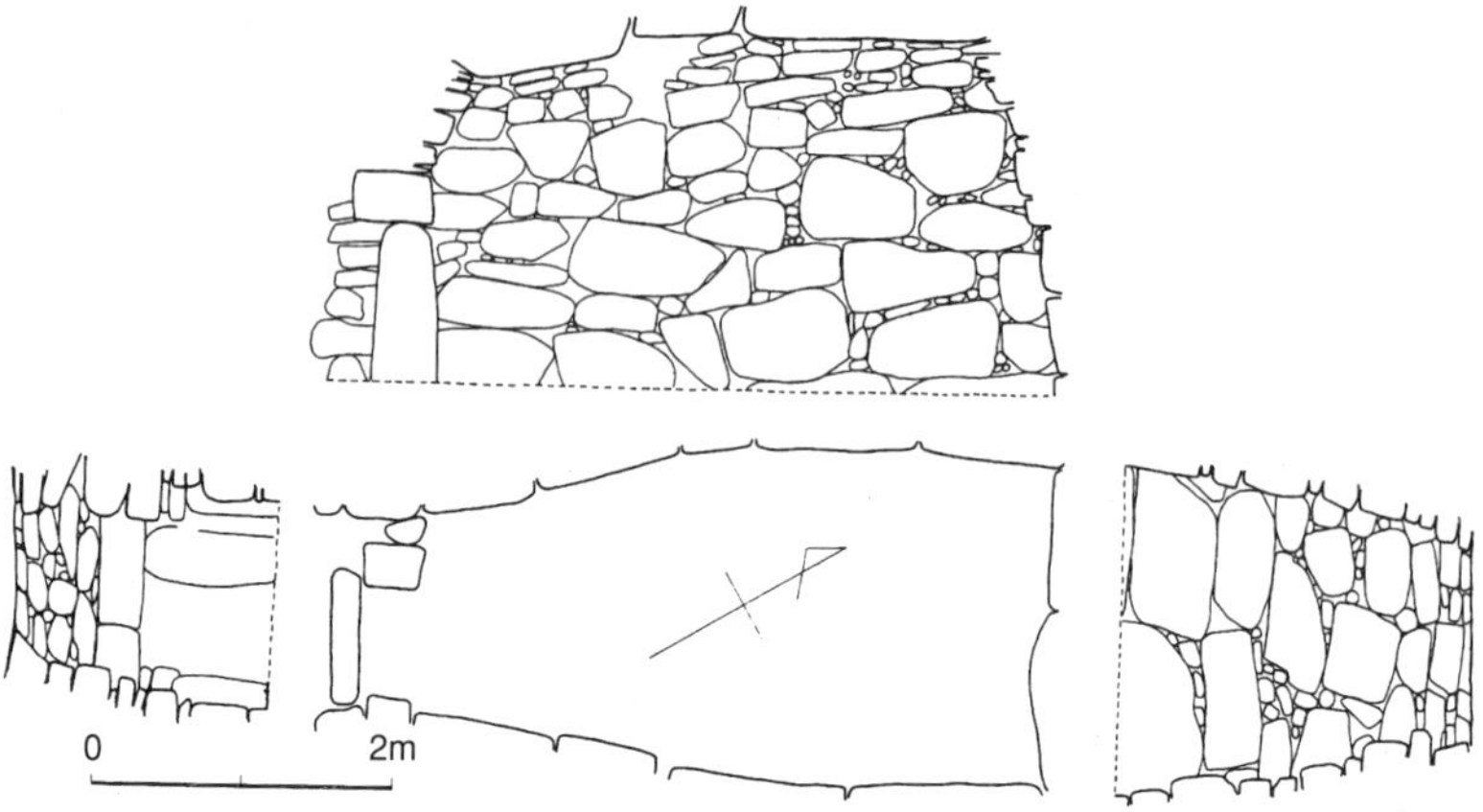

図48．上中町十善の森古墳の横穴式石室（後円部）

と関連して、九州系の横穴式石室は、若狭の他に吉備・志摩・和泉・紀伊などを中心に分布していますが、このうち前方後円墳を採用しているのは若狭と吉備・紀伊だけなのです。これらの地域の首長たちが大和政権の半島進出に関連した氏族でもあることから、若狭は、また、その地理的位置から渡航船団の集積場所としての役割をも担っていたのかもしれません。

若狭と湖西

このような性格を持つ若狭の近江での玄関口は、地理的にも湖西北部、高島郡域にあったと考えるのが普通でしょう。平安時代の『延喜式』でも、若狭からの貢納物は、陸路で勝野津に運ぶことになっています。勝野津は、高島町勝野付近と考えられています。勝野は高島平野の南端に位置し、今も乙女ヶ池と呼ばれる内湖があり、港としての機能を果たすのには十分な地理的条件を備えています。この勝野津がいつの頃から湖西北部の主要港として機能したのでしょうか。若狭から琵琶湖の水運を利用する経路としては、若狭の北川をさかのぼり、熊川を経て近江の今津町生見・藺生《ゆう》・弘部・弘川と饗庭野丘陵の北側を流れる石田川を利用して琵琶湖に入る方法と、今津町の保坂から南に下って朽木村に入り、安曇川を下って琵琶湖に入る方法があります。石田川河口

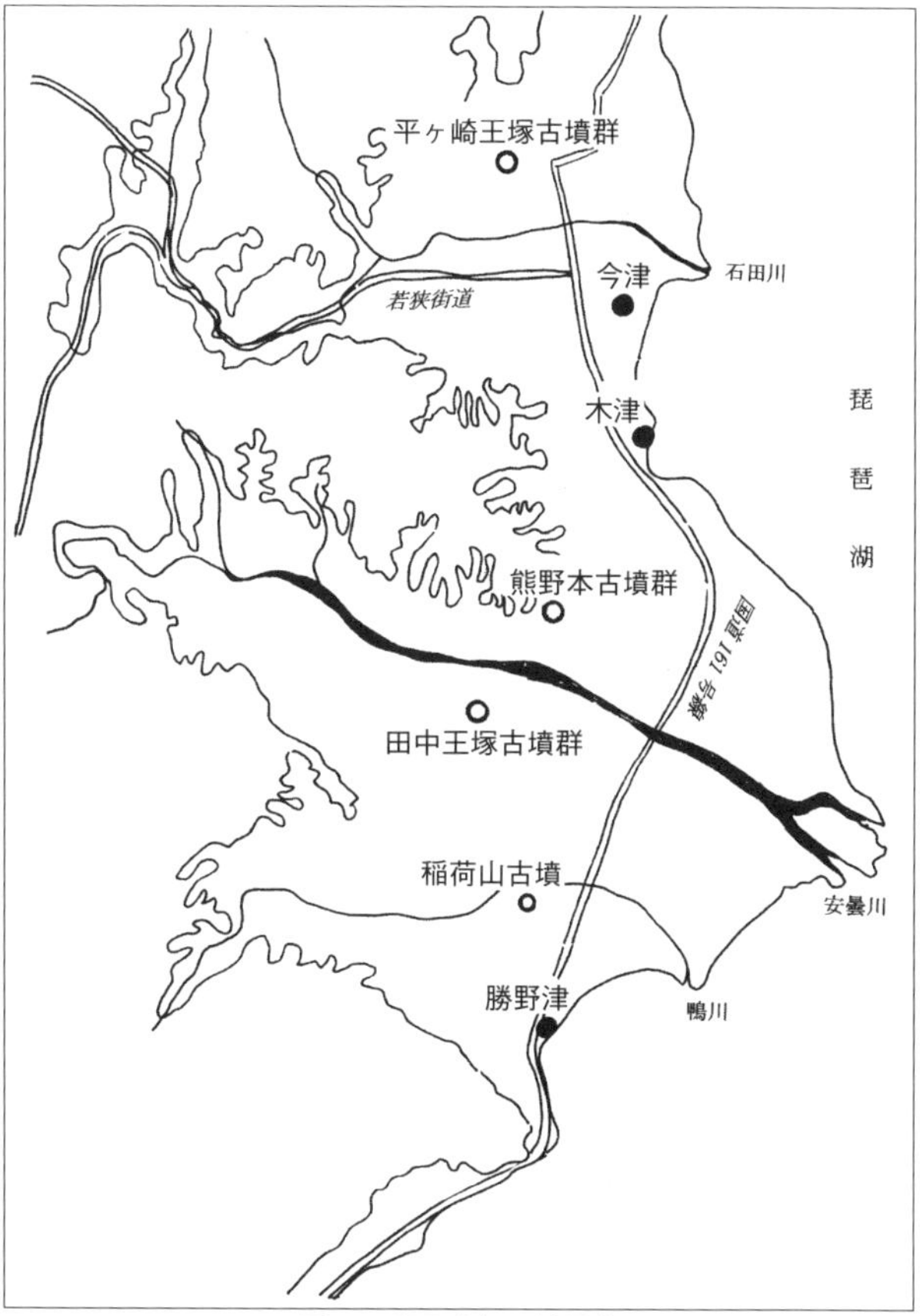

図49. 湖西北部の首長墓

付近に今津があり、その南に木津の地名を残しています。地名の起源は不明ですが、この付近には湖中の隠れ道があり、かつて内湖地形であったことが知られています。安曇川の河口は乳頭状に扇状地形が発達しており、地形的に良港を見いだし難いのですが、安曇川そのものが港として機能していたものと考えられます。

湖西の首長墓と港津

若狭から琵琶湖水運を利用する二つの経路のうち石田川の左岸の段丘上には、直径五七ｍを計る大型円墳の平ヶ崎王塚古墳があります。二段に盛り上げられた墳丘をもち、周囲に濠を巡らせています。五世紀の終わり頃に築造されたと考えられ、周辺には王塚古墳の築造を契機に、六世紀初頭から後半にかけての多数の小円墳が築かれています。また、安曇川が平野に流れ出るその出口に当たる左岸の山丘部には熊野本古墳群があります。最近の発掘調査成果によると、弥生時代中期にさかのぼる高地性

写真8．高島町鴨稲荷山古墳の家形石棺

集落があり、弥生時代の終わりの三世紀頃から四世紀の古墳時代前期頃までの間に、前方後方墳や前方後円墳を始め多数の方墳などを築き、五世紀前半には群中最大規模の円墳である一九号墳を築いています。その右岸側には、全長五八mの帆立貝形古墳の王塚古墳を始め、四〇余基の方墳から構成されるとされる田中王塚古墳群が形成されています。王塚古墳は五世紀中頃のものと思われますが、付近で採集された土器類などからみると、五世紀前半に古墳群を形成し始め、六世紀後半頃まで続いていたようです。このことから、熊野本古墳群→田中王塚古墳群→平ヶ崎王塚古墳群とその勢力を順次変遷させている様子が見て取れます。すなわち、五世紀中頃までは朽木から安曇川を下るルートが主流を占め、その河口に近い木津が主要な港津となり、五世紀後半には今津に近い石田川を利用する経路が中心となったものと考えることができるのです。

鴨稲荷山古墳と勝野津

五世紀代まで、安曇川や石田川の河川水運を掌握してきた首長たちは、一度も定型的な前方後円墳を築いていません。ところが、六世紀に入って、これまで首長墓が築かれていなかった安曇川の南を流れる鴨川の右岸平地に、突然、前方後円墳が出現します。それは、全長四〇m前後と推定される高島町鴨稲荷山古墳です。(注168)これまでの首長墓に比べて最も勝野津に近い所に位置しており、この港と最も関連のある首長の墓と考えることができます。すなわち、鴨稲荷山古墳が築造される六世紀前半頃、勝野津が湖西北部の主要港として機能し始めたのです。

鴨稲荷山古墳の出現は、若狭で六世紀初頭、天徳寺・日笠古墳群の形成を契機に大きな変化が見られ、これまで主要な首長墓の見られなかった耳川や関屋川流域に前方後円墳が築かれる時期や状況が一致しており、その築造に共通した政治的背景がうかがえます。また、鴨稲荷山古墳は、湖西北部にあって初めて横穴式石室を採用し、その中に権威を象徴する家形石棺を納めていました。石棺内からは、金銅製冠、金製耳飾り、金銅製環頭大刀、金銅製帯金具、金銅製馬具類など、大陸からの輸入品を含む多数の副葬品が出土しています。中でも金銅製の冠は新羅系のもので、十善の森古墳を始め日本海側から数多く出土しているものです。また、環頭大刀は、向かい合った二匹の龍をモチーフとした装飾を施す柄頭の飾りを持つもので、輸入品とされています。この双龍式の環頭大刀も、日本製のものを含めて能登・若狭・丹後・出雲など日本海側に密に分布しているものなのです。(注169)

このように、鴨稲荷山古墳に葬られた首長が若狭や越前、出雲などの日本海地域と密接な関係を持っていた人物であったことがわかります。また、この古墳は、継体大王の別業のあった三尾の地とされる安曇川町の三尾里

図50．高島町鴨稲荷山古墳出土の金銅装環頭大刀（復元図：長さ九一・八㎝）

が鴨川を挟んだ北側にあり、これまでも、あるいは大王の父、彦主王の墓ではないかとされてきました。彦主王の墓とするには時代が違いますが、継体大王と縁の深い地にあって、大王の出現と深く関わった人物の墓であったことだけは確実だと考えられます。若狭あるいは越前と結び、琵琶湖水運の新たな拠点となった勝野津の管理が、鴨稲荷山古墳の被葬者の大きな役割の一つだったのでしょう。

(三) 琵琶湖と尾張

伊勢湾と濃尾平野

継体大王の出現に重要な役割を果たしたと考えられる畿外の勢力に、大陸の先進的な文物の導入をいち早く果たすことのできた北陸日本海地域の中枢である越前や若狭などの諸勢力の他に、東国への要であり、太平洋航路の拠点と考えられる伊勢湾岸地域の中枢である尾張の諸勢力があったと考えられます。伊勢湾岸の地域は現在、犬山・小牧・春日井・名古屋の各市を結ぶように南北に長く、平野部より一段高い名古屋台地と呼ばれる洪積台地が形成され、その南西部には、木曽川、長良川、揖斐川の三大河川と庄内川が作る濃尾平野と呼ばれる広大な沖積平野が広がっています。すなわち、犬山市域を中心に標高一〇m付近までは木曽川の作る扇状地形が広がり、名古屋・一宮・岐阜の各市を連ねる標高一〇〜二・五m付近には自然堤防が形成され、その南西部は海抜〇mの臨海低湿地となっているのです。この臨海低湿地は、津島市・清洲町・名古屋市の熱田神宮付近・知多市付近と広がっていますが、かつては海だったとされています。(注170) 実際にこの低湿地には、古墳はもとより、その他の遺跡の分布もきわめて希薄になっています。従って、名古屋台地は、熱田《あつた》神宮を南端とする岬状の地形を呈し、また、丘陵性の山地が迫っていて、いくつもの入り江が形成され、港として機能する地形に恵まれていたものと考えられます。

こうした地形復元からすれば、熱田神宮は、伊勢湾に張り出した岬状の台地にあって、太平洋を望む位置にあったことになります。この神宮については、『日本書紀』の景行紀によると、日本武尊が東国へ遠征するときに、伊勢神宮の斎王である倭姫命から授けられた神剣を、東征後に尾張国造の館に泊まったおり、妃としたその女の宮簀姫《みやすひめ》に預けたが、さらに伊吹山の妖族の討伐に出かけたときに病に倒れたため、宮簀姫が熱田の地に社を建て、預かった神剣を奉祭したことに始まるとされています。伝承の真偽は別として、伊勢湾が、東国に対する太平洋沿岸航路の要衝で、熱田神宮は、その航海の安全を祈願する神をも祭っていたと考えるべきで、この付近が伊勢湾岸の中で中核的な場所であったことを示しているものと考えられます。

名古屋台地の首長墓

尾張地方の前方後円墳を中心とする首長の系譜をひくと考えられる古墳は、庄内川の本流とその支流の矢田川の流域、および、庄内川左岸の名古屋台地に集中しています。(注171) 特に、台地に集中する諸古墳は、旧地形の復元から眼下に伊勢湾を望む位置にあることから、この湾を発着点とする太平洋沿岸の交通路から得られる多大な権益を背景に成長し、湾岸の港の管理を掌握した首長たちの奥津城だったのです。台地先端にある熱田神宮は、航海の安全を祈願した彼らによって祀られたものと考えられます。

一方、庄内川をさかのぼれば、多治見・土岐・瑞浪を経て恵那に至り、木曽谷から信州の松本へと通じています。すなわち、後の東海道と中山道、木曽路とを結ぶ幹線交通路を形成しているのです。河川を下れば名古屋台地を左に見て伊勢湾に出ることもできます。伊勢湾岸の地域は、弥生時代以来、広大で肥沃な平野が豊かな生産力を提供してくれています。また、地理的、地形的にも中部・東海・関東への水陸両交通路の要の位置を占めています。このことが有力古墳群の分布に現れているのです。これら有力古墳群に葬られた人物を考える場合、まず第一に、尾張国愛智郡を中心とする尾張南部に本拠地を持つとされる「尾張連」が取り上げられています。(注172)

この氏族については、『古事記』の孝昭・孝元・崇神・景行・応神・継体大王など、また、『日本書紀』の孝昭・孝安・崇神・景行・継体大王などの各条に頻繁に現れ、特に、皇妃に関する伝承が非常に多い氏族です。このうち継体記の「又尾張連等の祖、凡連の妹、目子郎女《めのこのいらつめ》を、娶して、生みませる御子」、継体紀元年条の「元の妃、尾張連草香が女を目子媛という。二の子を生めり」については、ほぼ史実で、以前のものは創作とする説が有力です。しかし、尾張氏が庄内川流域から名古屋台地に分布する有力古墳群と密接な関係があるとすれば、盛衰はあるものの、古墳時代の前期以来の有力豪族であり、幾多の皇妃伝承もあながち無視できません。

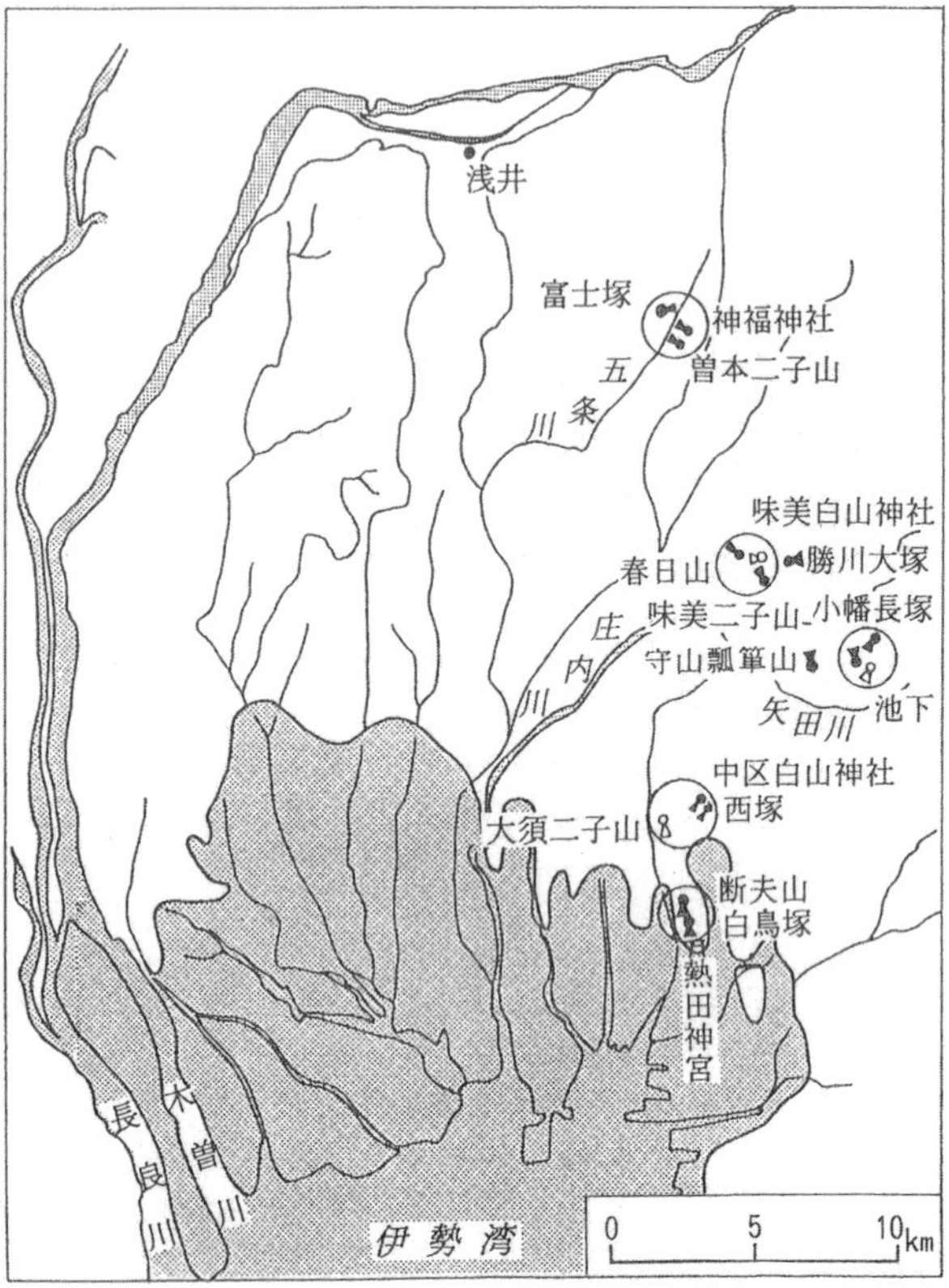

図51．旧伊勢湾岸線と主要後期前方後円墳

尾張氏と断夫山古墳

大和政権にとって尾張は、『日本書紀』・『古事記』に、日本武尊が東国への遠征の途中、「また尾張に還りまして、すなわち尾張氏の女宮簀姫を娶りて、ひさしく留まりて月をへぬ。」とあることから、東国遠

征の軍事的拠点であり、尾張氏がその任を負っていたと考えることができます。また、尾張の有力者たちは、魚介類等の貢納を通じて畿内政権と関係を取り結んでいたとされています。その輸送は、陸路では木曽川や揖斐川を越さなければならず、その下流は内陸部まで海が入り込んでいます。むしろ海路が最も有効な手段で、鈴鹿川をさかのぼり、伊賀・上野を経由して大和へと運ばれたと考える方が自然のように思われます。すなわち、尾張氏は、畿内王権の海上輸送の任にも携わっていたと思われのです。

こうした尾張氏が、継体大王の出現に当たって、対東国への要としてきわめて重要な役割を果たしたことは当然予想されます。尾張地方の首長系譜の古墳は、とくに、後期に築かれる前方後円墳との関わりで見れば、庄内川・矢田川流域と名古屋台地に前期からの系譜を追うことができます。しかし、庄内川・矢田川流域では、庄内川左岸上流とその下流およぴ右岸のやや下流の三地域に前期から中期にかけての古墳群が築かれますが、中期の一時期に衰退し、

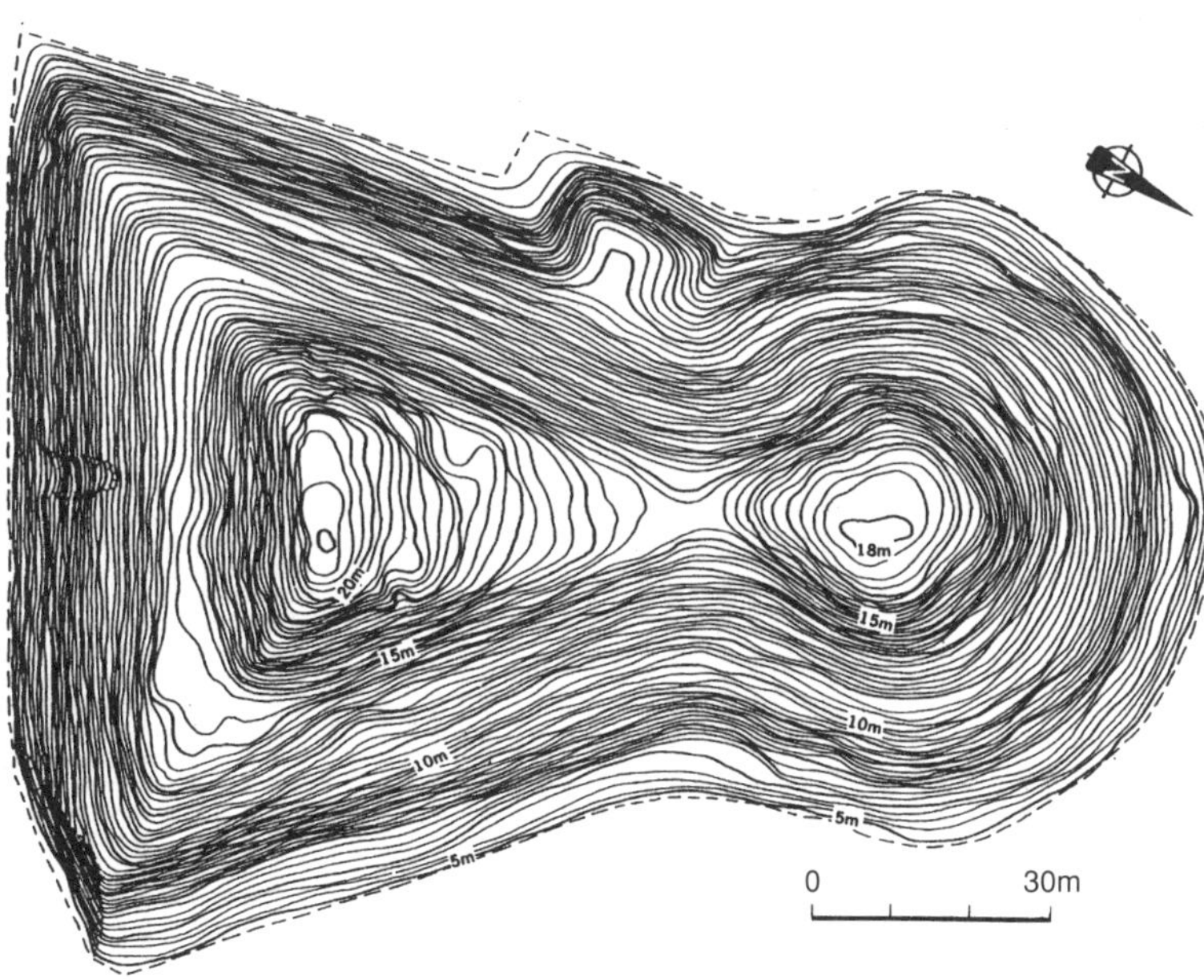

図52．名古屋市断夫山古墳

順調に首長系譜を追うことができません。名古屋台地では、前期に鳥栖八剣社古墳が造られて以降、高田・八高古墳、大津二子塚古墳、西塚・中区白山神社古墳、断夫山・白鳥塚古墳と後期まで順調に推移しています。

そうした中で、後期に断夫山《だんぷさん》古墳(注173)が全長一五一mと尾張最大規模の古墳を築いており、この頃に大きな画期のあったことが認められるのです。また、この頃を前後する頃、一時期衰退した庄内川流域で前方後円墳の築造が再開され、五条川流域や木曽川の中流域では、後期になって初めて前方後円墳が築かれ、新たな勢力の進展が見られるようになるのです。その契機となったのが、継体大王の出現であったと考えているのです。

尾張と湖北

尾張で見られる製作技法を持った埴輪が若狭・越前・能登などの中期から後期にかけての古墳から出土しているといわれています。越前は、『日本書紀』の継体即位前紀に、大王の母振姫の出身地とされ、大王の出現にとって大きな勢力背景となった地域です。また、東国への要である尾張は、継体大王の擁立にとって無視できない大きな勢力だったのです。埴輪の製作技法の研究は、こうした二つの地域が、比較的早くから密接な関係を持っていたことをうかがわせる考古学的な証拠を示しているといえるのです。

この尾張を中心とする伊勢湾岸と越前を中心とする北陸日本海の両地域を結びつけるためには、その中間に位置する近江の存在がきわめて重要になってきます。尾張方面と近江は、平安時代の『延喜式』に記された駅制では、「各務《かがみ》」・「方県《かたがた》」・「大野」・「不破」の美濃の諸駅を通り、「横川」で近江に入って結ばれています。「各務」は木曽川上流の右岸、今の各務原市付近にあたります。駅制では、ほぼ後の中山道に沿って濃尾平野の北端を通っており、直接伊勢湾に入るルートは設定されていません。しかし、木曽川を始め、湾に注ぐ諸河川をさかのぼることで「各務」に出ることができます。一方、近江の「横川」は、米原町の醒ヶ井付近をあてる説が有力となっています。この付近の山東町柏原には、越前の鯖武盆地と結ぶ北国脇往還道の起点があります。また、山東町

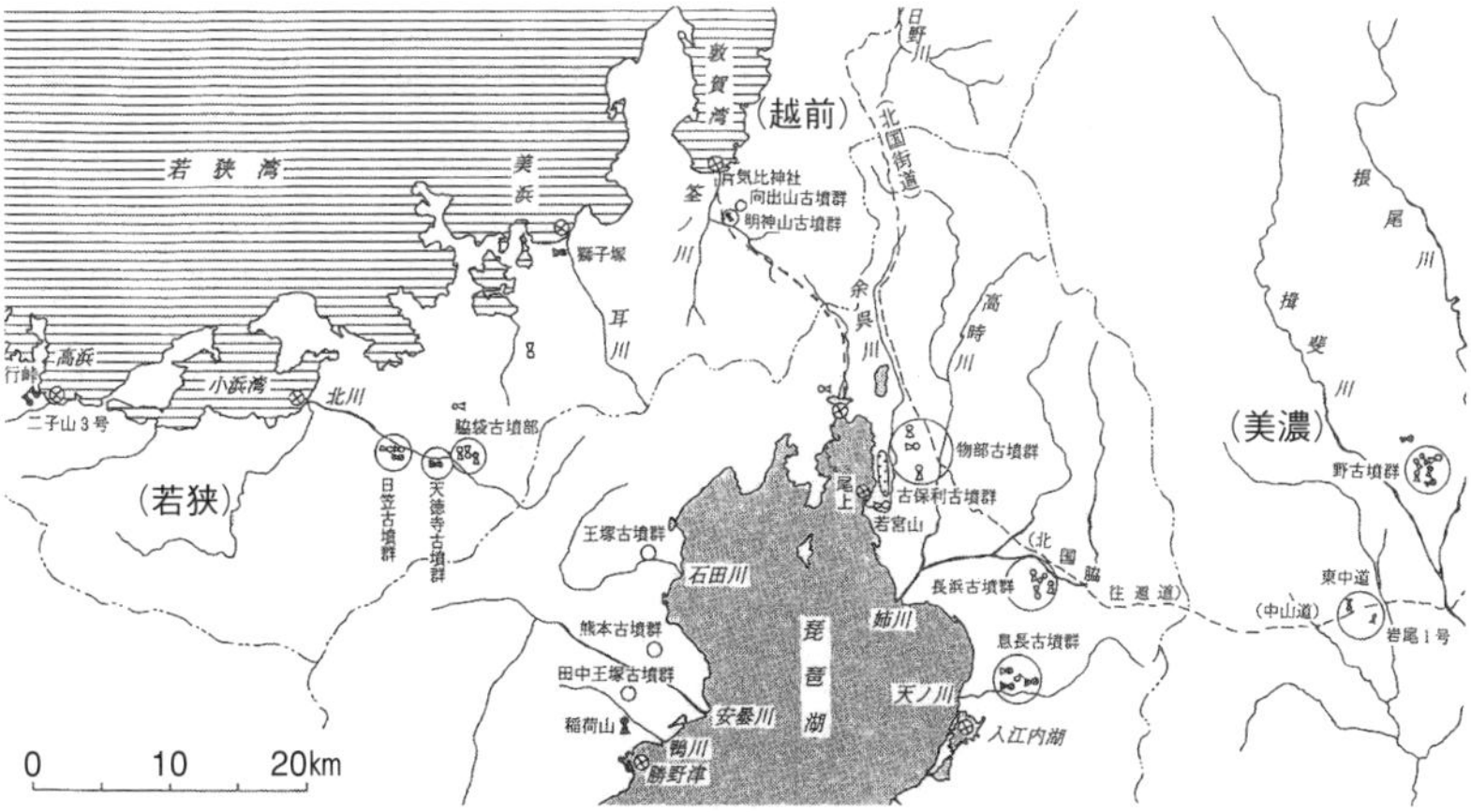

図53．琵琶湖と美濃・越前・若狭
（白ヌキは前・中期古墳　◯は前・中期の円墳等　⊗は水運拠点）

から米原町を天野川が流れ、琵琶湖に注いでいます。陸路で「不破」を越えてこの天野川を下れば琵琶湖の水運を利用することができます。湖上を北上し、湖北町尾上で上陸して北国街道を通り、鯖武盆地へ、あるいは、西浅井町塩津で上陸して陸路で「敦賀津」へと出ることもできます。従って、「横川」の付近が、水陸両面で交通の要衝の地にあったことがわかり、尾張と越前とを結ぶきわめて重要な役割を担った地域であることが予想されます。

湖北の首長墓の動勢

天野川の右岸、今の近江町に旧の息長村があり、この周辺一帯が古代の有力な豪族の一つ、息長氏の本拠地と考えられています。この息長氏については、『日本書紀』の継体大王の皇妃に関わる伝承で、「八《やはしら》の妃《みめ》」の一人に「息長真手王の女、麻績《おみの》郎女《いらつめ》」（『古事記』では「麻組郎女《おくみのいらつめ》」）とあり、継体大王擁立を成し遂げた有力豪族の一つであったことがわかります。『延喜式』に見る駅の一つ「横川」を含む付近一帯は、伊勢湾岸地域と日本海地域、また、畿内中枢部とを結ぶ水陸両交通の要衝であり、このことから生じる権益が息長氏の勢力背景の一つとなっていたものと考えられます。また、この地理的な位置から、

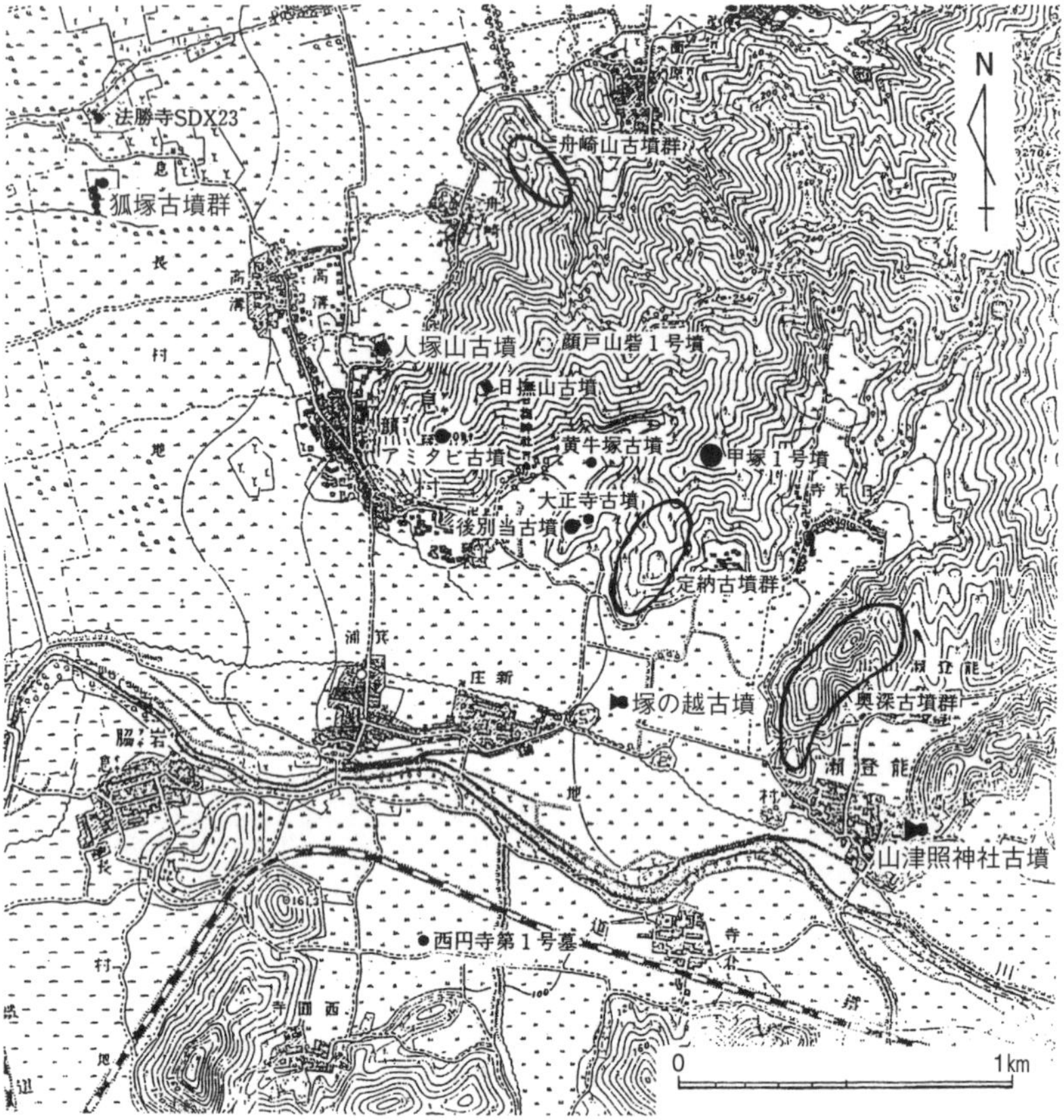

図54．近江町息長古墳群

息長氏は、自ら継体大王擁立のための重要な勢力となっただけではなく、越前と尾張の諸豪族との連携をはかるためにも重要な役割を担っていたものと考えられます。そして、この旧息長村付近には息長古墳群が形成されており、この古墳群が息長氏の首長たちの奥津城と考えられるのです。

この古墳群は、前方後方墳のSDX二三を築く土川南岸平地の法勝寺遺跡や、円形周溝墓を築く天野川南岸平地の西円寺遺跡に見られるように、弥生時代以来の伝統を持っています。古墳時代に入っても、山丘部に四世紀代の定納古墳群、五世紀代にも後別当古墳・甲塚一号墳・顔戸山砦一号墳などを順次築造しています。しかし、前期のものは、弥生時代からの伝統を持つ方形の墳墓を築き、中期になって大型墳を築きますが、いずれも帆立貝形古墳や大型円墳しか築いていません。(注174) 同じ頃、湖北地方北部、高時川流域の古保利古墳群や物部古墳群、中部姉川流域の長浜古墳群などで、大型の前方後円墳を築く状況とは対照的な存在だったのです。しかし、六世紀にはいると、物部・長浜両古墳群では、その規模は小さくなり、衰退の段階に入りますが、反対に、息長古墳群では、塚の越古墳や山津照神社古墳(注175)など、新たに前方後円墳が築かれるのです。継体大王の出現を契機としている若狭や越前、尾張、また、近江湖西北部などで生じていた大きな変革期が息長古墳群にも生じているのです。

息長古墳群

息長氏の奥津城の一つと考えられる塚の越古墳は、周囲に散乱する石材から横穴式石室を持っていたらしく、埴輪などの年代観からすれば、近江でもいち早く外来的な葬法を採用した首長墓とすることができます。また、入江内湖の南側には、磯山《いそやま》と呼ぶ独立した丘陵がありますが、その湖に突き出した丘陵の端部に、大津北郊に集中的に分布し、渡来系のものといわれるドーム状の天井を持つ特徴的な横穴式石室を持つ磯崎古墳群が存在しています。入江内湖からは、朝鮮半島の南部にあった伽耶の系譜を持つ五、六世紀の須恵器(注176)が出土しており、磯崎古墳群の被葬者との関係がしのばれます。さらに、塚の越古墳に次いで築造された山津照神社古墳からは、鏡や武器、馬具などの他に、金銅製の冠帽が出土しています。若狭の十善の森古墳など日本海地域に分布する古墳からの出土例が多く、透かし彫りの模様は鳥取県の長者平古墳出土のものに似ています。塚の越古墳でも出土しており、日本海地域からもたらされた外来的な副葬品といえます。金銅製冠帽は、継体大王と縁の深い湖西の鴨稲荷山古墳からも出土しています。また、鴨稲荷山古墳には家形の石棺が納められていましたが、山津照神社古墳でも、かつて横穴式石室が開口された時の記録に家形石棺と思われる記事が見られ、両地域、しいてはそれぞれ

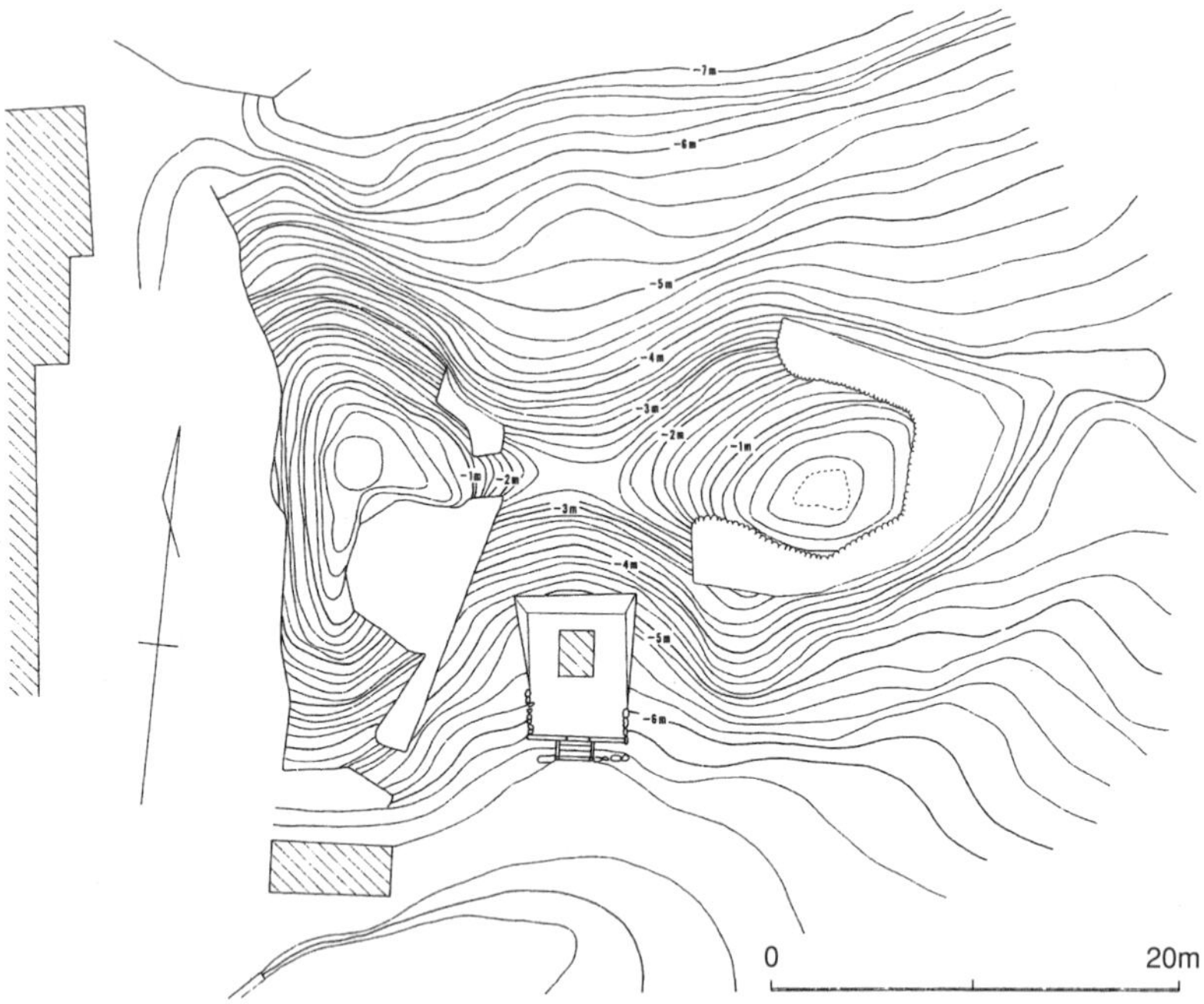

図55．近江町山津照神社古墳

に葬られた人々の間に緊密な関係のあったことがうかがえます。塚の越古墳は周濠を巡らせる前方後円墳ですが、ここから石見《いわみ》型と呼ばれる大和の古墳から出土するものと全く一致する盾形の埴輪が出土しています。こうしたことから、息長古墳群の被葬者たちと日本海地域、また、大和との強い結びつき、さらには、その背景に渡来系氏族の存在していたことがうかがえるのです。

㈣　琵琶湖と山背

淀川水系の水運

『日本書紀』によれば、武烈大王死後の後継問題が起きる中で、大連大伴金村の推挙により、元年春正月「丙寅（六日）に、臣連等を遣して、節《しるし》を持ちて法駕《みこし》を備えて、三国に迎え奉」られた継体大王は、越前・尾張・近江などの畿外の諸勢力を結集して勢力を増強し、大和に向けて進行します。二月四日には、

「男大迹天皇曰はく、『大臣・大連・将相《まえつきみ》・諸臣、咸《ことごとく》に寡人《おのれ》を推す。寡人敢へて乖はじ』とのたまいて、乃ち璽符を受く。是の日に、即天皇位す」るのですが、しかし、その場所は大和ではなく、正月一二日に到着した樟葉宮だったのです。しかも、「遷りて磐余の玉穂に都」することができたのは、即位後二〇年たった「二十年の秋九月丁酉の朔日己酉(一二日)」なのです。その間、「五年の冬十月に、都を山背の筒城に遷す。」、「十二年の春三月の丙辰の朔甲子(九日)に、遷りて弟国に都す。」とあって、山背の南端、木津川左岸に位置する筒城宮、さらに山背東部、桂川右岸の弟国宮と転々としながら山背に滞在することになるのです。

即位した樟葉宮は、和名

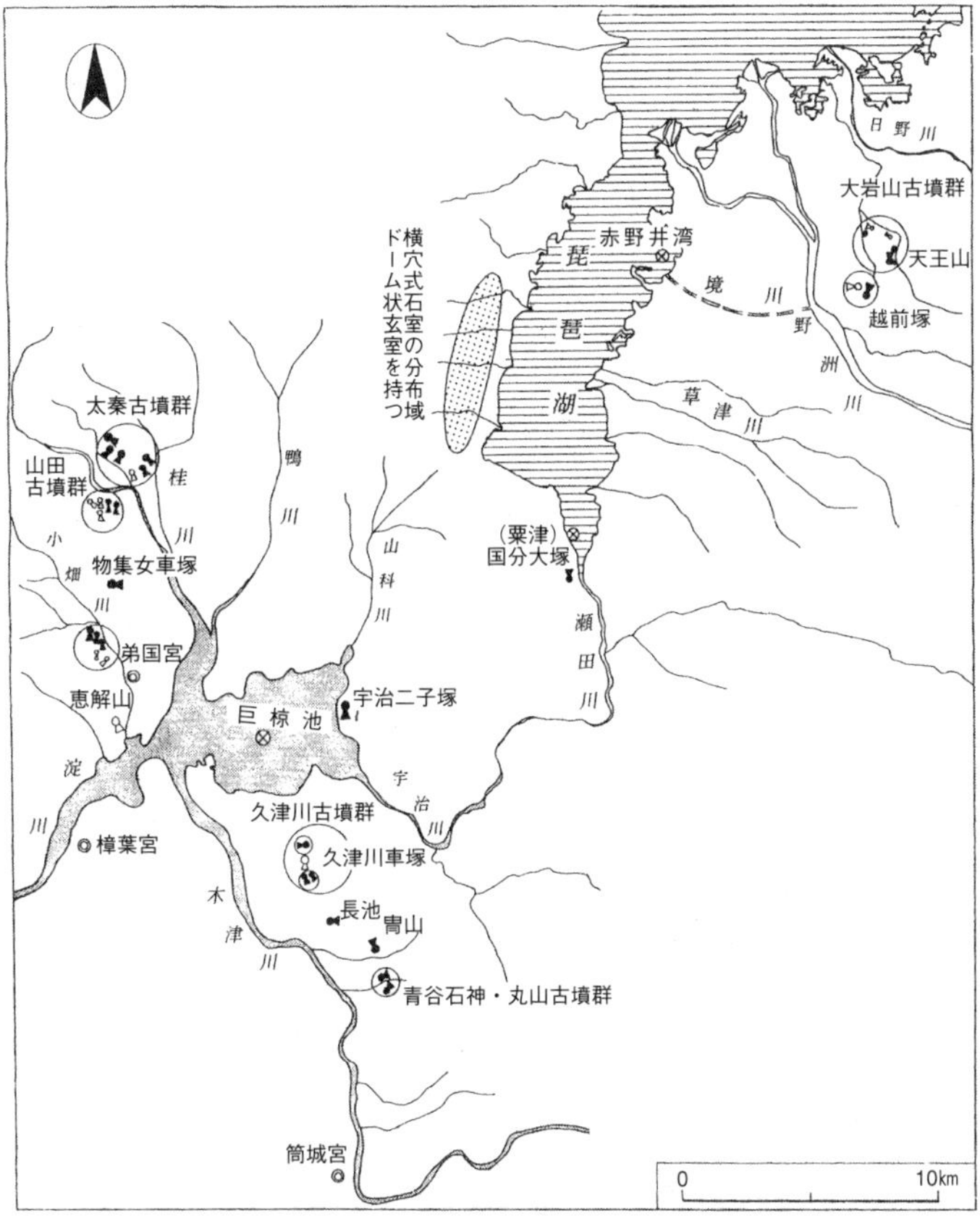

図56．淀川水系の首長墓と継体大王の宮都
(白ヌキは前・中期古墳、⊗水運拠点)

抄に河内国交野郡葛葉郷とあり、現在の大阪府枚方市楠葉と考えられています。今、淀川を見下ろす小高い高台に設けられた楠葉神社があり、この付近に樟葉宮があったとされ、この境内に樟葉宮の碑が建てられています。正確な所在地は不明ですが、この神社から見下ろすことのできる淀川は、遊水池とされる山城の巨椋池に端を発し、河内と摂津の間を流れ、その河口は瀬戸内海航路の玄関口となっています。

この巨椋池は、琵琶湖唯一の流出河川である瀬田川と結ぶ宇治川、丹波地方と結ぶ桂川、伊賀、さらには伊勢と結ぶ木津川が流れ込んでおり、大和を除く畿内の主要地域、また、畿外周辺の主要諸国と結ぶ河川交通が結集する場所だったのです。これが輸送経路として利用できれば、物資の流通をはじめとする経済的効果は膨大なものであり、政治的に掌握できれば、強大な力を蓄えることが可能になると考えられます。継体大王が、即位後二〇年間、山背を中心にとどまることのできた大きな理由の一つがここにあったと考えられます。

山城盆地と瀬田川

山城盆地にあった巨椋池は、干拓前には周界一六km、水面積八〇〇町歩、水深〇・九mと浅い皿状の池底を持った独立した池でしたが、本来、山背を流れる主要な河川のいずれもが、直接巨椋池に流れ込んでいたことが明らかにされています。(注177) すなわち、桂川、宇治川、木津川のそれぞれが結ぶ丹波、近江、伊賀などの畿外周辺の主要な地域からの物資などがこの地点に集結されることになり、山背が、淀川の河口にある難波津に至る単なる通過点ではなかったことを示しているのです。このことは、山背の主要な古墳が巨椋池を中心に分布していることからも明らかです。こうした山背と近江の結びつきについては、例えば、『日本書紀』の垂仁紀三年条の一書に、新羅王の子天日《あめのひ》槍《ほこ》が来朝して住まいを決めるために諸国を巡る際、「菟道河《うじがわ》より泝りて、北近江国の吾名邑に入りて暫く住む。複更近江より若狭を経て、西但馬国に至りて則ち住処を定む。」とあり、播磨国から近江に入るために、淀川をさかのぼり、宇治川と瀬田川を経由して琵琶湖に入る水運の利用のあったことがうかがい知れるのです。また、継体紀二四年条で、任那復興のために派遣されていた近江毛野臣《けなのおみ》が召喚され、帰国の途上対馬で病に倒れて死亡した際、その亡骸を「送葬るときに、河の尋《まま》に、近江に」入っています。さらに、近江毛野臣を迎えにきた彼の妻が、淀川沿いの枚方で、はからずも夫の葬送の船に出会っているのです。すなわち、遺骸の葬送に船が使われ、淀川から宇治川に入り、瀬田川をさかのぼって琵琶湖に戻ってきているのです。『古事記』の安康記で、市辺之忍歯王の難にも、近江で父王が殺された騒動から逃れる際、「玖須婆《くすは》の河を逃げ渡りて播磨国に至」っています。こうした例から、継体大王が都をおいた楠葉辺りに滞在できる施設や渡場が存在していたと思われるとともに、淀川、宇治川、瀬田川、そして琵琶湖へと続く水運がきわめて早くから利用されていたことを知ることがでるのです。

山城盆地の首長墓

古墳時代前期には、前方後円墳を中心とする首長たちの墓が、桂川の支流である小畑川の左岸に沿う向日町丘陵と木津川が大きく屈曲する山城町の丘陵裾部にいち早く築造されます。次いで、木津川右岸では目立った動きは見られませんが、桂川右岸では、向日町丘陵の北部の樫原、小畑川右岸、小泉川右岸と広い範囲に、さらに、この二つの地域よりやや遅れて、八幡市北部の男山丘陵、田辺市大住、普賢寺川の左岸丘陵、飯岡の独立丘陵、巨椋池南側の城陽市域の丘陵、宇治川と山科川の合流地点付近など、巨椋池を囲むそれぞれの主要河川流域に多数の古墳が築造されるのです。この段階では、巨椋池を中心とする河川水運の統一的な管理がなされていないようで、割拠する各河川の拠点ごとで得られる権益の確保が中心だったように見受けられます。

この様子は、五世紀の古墳時代中期になって一変します。すなわち、主要な前方後円墳の分布が、小畑川が桂川と合流する辺りに築造された恵解山《えげのやま》古墳（注178）を中心とする地域と、木津川右岸、城陽市に形成される久津川古墳群の二地域に限られてくるのです。恵解山古墳は、桂川、木津川、淀川の三川が合流する地点近くに位置しており、全長一二〇ｍとこの地域では最大規模の古墳です。久津川古墳群は、巨椋池を北に見る位置にあります。古墳時代中期には、巨椋池を中心とする諸河川の重要性が増すとともに、この二つの地域に勢力を持つ首長たちがその管理にあたったものと思われます。

中期後半には、桂川右岸では恵解山古墳に続く有力な古墳が見られなくなり、一方、木津川右岸では、全長一八〇ｍと山背最大規模の久津川車塚古墳が築かれます。この頃、車塚古墳を築いた被葬者に河川管理が一元化されたのです。

久津川古墳群

巨椋池については、『万葉集』巻九で始めて記されたとされており、その情報はあまり多くはありませんが、『日本書紀』の仁徳紀一二年一〇月条に、「大溝を山背の栗隈県《くるくまのあがた》に掘りて田に潤く。」とあります。一連の開発記事の中の一つですが、この大溝は、枇杷《びわ》庄から木津川の分流として直線的に延び、巨椋池に注いでいる「古川」がこれに当たるといわれています。同じ記事が推古紀一五年条に見られ、仁徳紀については後世の作為とする意見が強いようです。しかし、山背の首長たちの墓の変遷、特に、巨椋池の南、木津川の東側の丘陵に存在する久津川古墳群の被葬者たちが木津川の作る平野の開発の主体であったと考えれば、仁徳紀の記事もあながち無視することができないのです。中期後半には、山背最大規模の久津川車塚古墳が築かれ、山背の前方後円墳の分布がこの久津川古墳群(注179)に一元化された様子がうかがえるのも、一方でこうした開発を通して経済力を養い、同時に河川交通の管理を一手に握っていったことが背景にあったと思われるのです。暴れ川の治水があってこそ経済基盤の確保が可能になり、巨椋池の管掌もできるようになるのです。

ところが中期末から後期にかけての頃になると、再び山背の各地に活発な前方後円墳の築造が見られるようになります。桂川周辺では、前期古墳の見られた小畑川周辺と新たに京都市北西部の太秦で認められます。木津川流域では、規模は小さくなりますが久津川古墳群とその南側の青谷で新たな前方後円墳が築造されます。さらに注意すべきは、これまで有力な古墳が見られなかった巨椋池の東、宇治川の旧流路の北側に、後期では最大規模

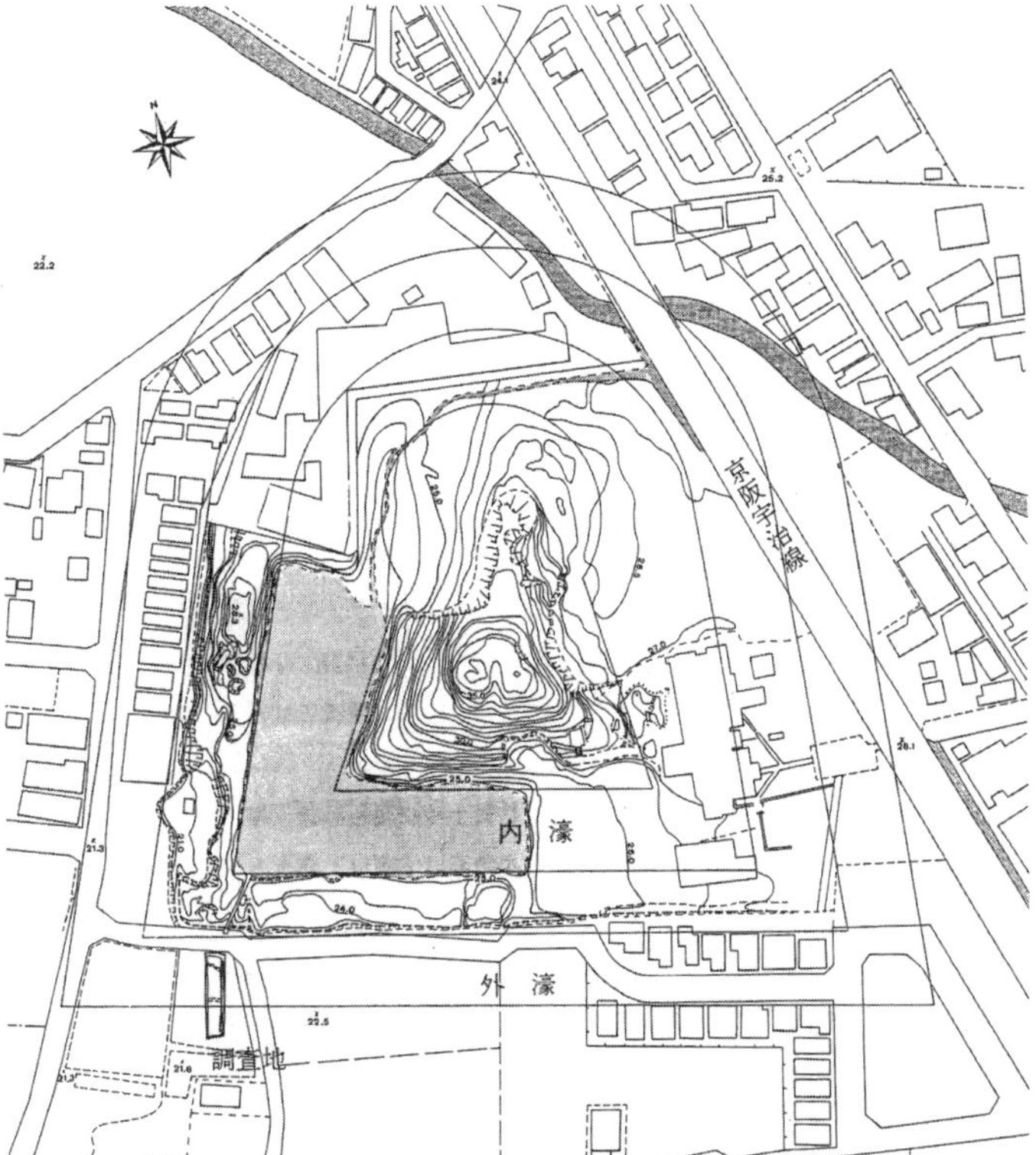

図57．宇治市宇治二子塚古墳

の一一二mを計る宇治二子塚古墳（注180）が築かれていることです。

中期末から後期にかけて見られる継続的な勢力の維持、旧勢力の復活、新たな勢力の台頭などは、各地で共通して見られる現象で、継体大王の出現が契機となっていると想定しているところです。六世紀初頭に樟葉宮で即位した後、筒城宮、弟国宮と遷都しますが、桂川右岸での旧勢力の再興は弟国宮への遷都と関わり、渡来系氏族との関係の強い太秦古墳群は、その進出の背景に彼らの存在が大きかったことを示しています。筒城宮への遷都は、巨椋池を抱えた久

津川古墳群とその南に位置する青谷の古墳群の勢力がその背景にあったと理解することができるでしょう。

宇治二子塚古墳と国分大塚古墳

これまで有力な古墳が見られなかった巨椋池の東、宇治川の旧流路の北側に、古墳時代後期最大規模の一一二mを計る前方後円墳、宇治二子塚古墳が築造されます。宇治川は、琵琶湖唯一の流出河川である瀬田川と結んでおり、山背と近江を結ぶ重要な河川交通手段を提供しています。この宇治川の巨椋池への河口付近に後期最大規模の二子塚古墳が築かれており、しかも、二重の濠を持っているのです。継体大王の墓ではないかとされる高槻市今城塚《いましろづか》古墳の墳形と相似するとともに、出土した埴輪にも共通したものがあるとされ、(注181)継体大王ときわめて緊密な関係のある人物の墓と想定されています。

一方、宇治川と瀬田川をさかのぼった近江側では、瀬田の唐橋を西に入った瀬田川河畔の丘陵台

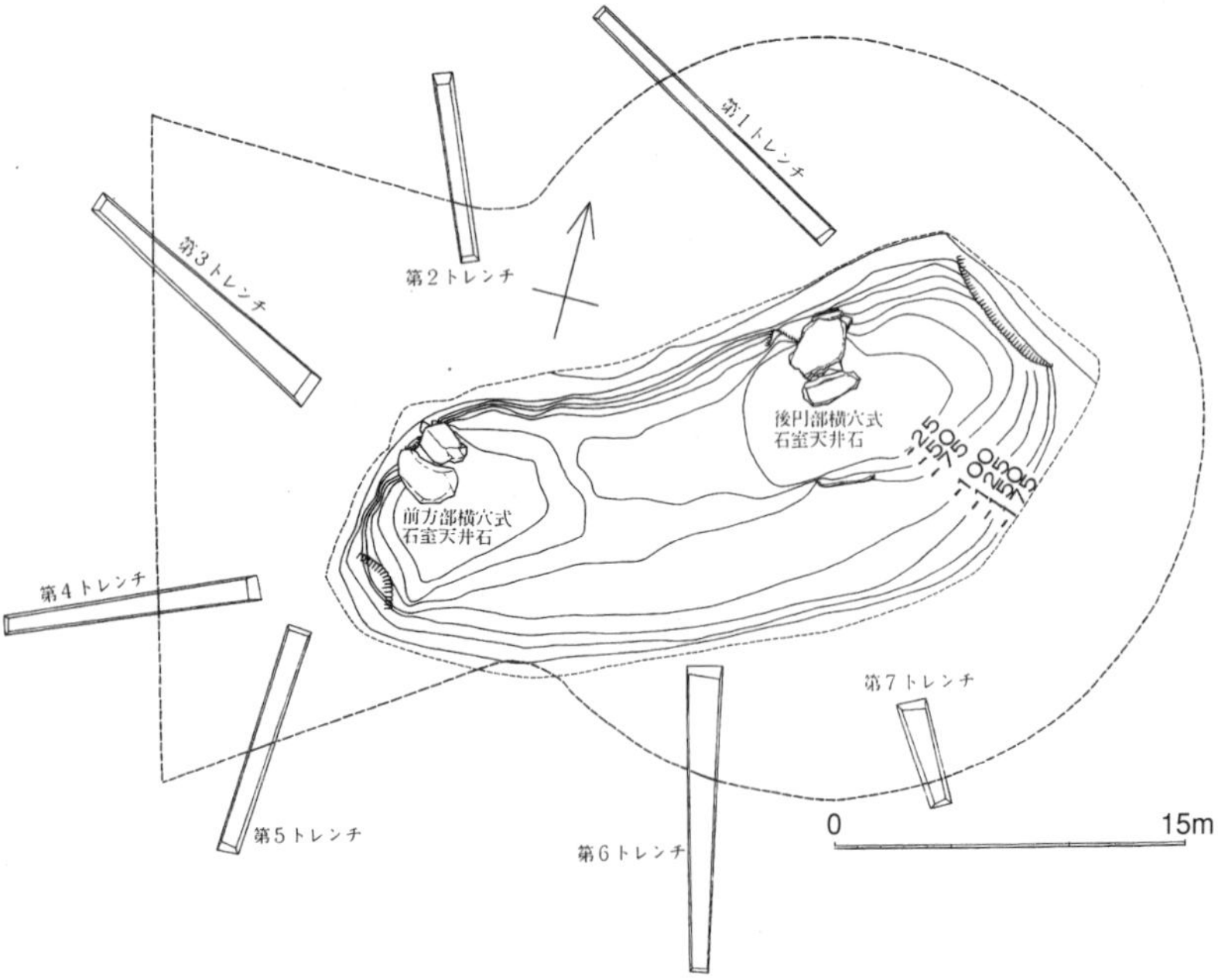

図58．大津市国分大塚古墳

地に、瀬田川を見下ろすように、大津市国分大塚古墳(注182)が築造されています。全長四五ｍの前方後円墳とされ、後円部と前方部のそれぞれに横穴式石室を持っています。北方の膳所に前期古墳の茶臼山古墳が築造されて以後、有力な前方後円墳は大津市の北郊に展開しており、国分大塚古墳の築造も継体大王擁立に伴う新たな勢力の台頭と見ることができます。

近江と山背を結ぶ経路は、この他に山科川を北上し、逢坂山越えするルートがあります。国分大塚山古墳の位置は、後の東海道に沿っており、北上して逢坂山を越えれば山科に入ることができます。宇治二子塚古墳は、宇治川河口の北側に位置するとともに、この山科川河口の南側にも位置しているのです。従って、国分大塚古墳は二子塚古墳とともに、近江と山背を結ぶ水陸両交通路の要の位置にあることになるのです。

三.「近江毛野臣」と野洲川流域の古墳

㈠ 野洲川右岸の首長墓

大岩山古墳群と小篠原古墳群

野洲川右岸下流域には、東側の桜生《さくらばさま》から冨波の間とその南西部の小篠原付近を中心として、古墳時代前期から後期の全期間を通して古墳を作り続ける大きな勢力が存在していました。この勢力は、四、五世紀頃には、小篠原ではなく、桜生から冨波付近に集中して首長墓を築き、大岩山古墳群を形成しているのです。すなわち、冨波古墳、古冨波山古墳と四世紀前半を中心とする第一グループから、大岩山二番山林古墳や大岩山古墳など四世紀後半に三角縁神獣鏡の配布を受けた第二のグループへ、そして、五世紀中頃に第一と第二のグループとの間の平地に築かれた大塚山古墳を中心とする第三グループへと順調に推移する三つの有力なグループが存在していたのです。

ところが五世紀後葉から六世紀前葉頃になると、大岩山古墳群では大塚山古墳以後の有力な古墳が見あたらないのに対し、小篠原地区では全長九〇ｍの規模を誇る林ノ腰古墳（注183）が築造されます。しかも、この地域では初めての前方後円墳が採用されただけではなく、引き続いてその山側に築かれた越前塚《こしまえづか》古墳（注184）も全長五二・五ｍの前方後円墳であり、二世代にわたる前方後円墳の築造が認められるのです。越前塚古墳には、後円部の中央に横穴式石室があります。詳細ははっきりしませんが、石室を構築するのに板状の石材を積み上げており、県内の首長墓が採用する横穴式石室の中では最も古い形式の横穴式石室である可能性があります。

この越前塚古墳が築造される頃になって、大岩山古墳群でも、桜生地区に全長四九ｍと越前塚古墳とほぼ同規模の前方後円墳である天王山古墳が築かれ、二つの地域が鼎立する状況を呈するようになります。この古墳は、朱や勾玉、管玉などが出土した伝承が残され、近年の調査では前方部に横穴式石室の存在することが確認されています。そしてこのときを契機に、以降の首長墓は、小篠原ではなく、再び大岩山古墳群の桜生地区に集中して築造されるようになっていきます。

このように、これまで前方後円墳が築かれなかった地域に、突然県内でも有数の規模を誇る林の腰古墳が出現したことや、引き続いて、桜生地区と小篠原地区の二つの地域の勢力が鼎立する状況を生み出した背景には、やはり、継体大王の擁立という大和政権の動向から受ける強い影響があったと考えられるのです。

林ノ腰古墳

林ノ腰古墳は、墳丘部分がすでに削平され、周濠がかろうじて残っていたのですが、全長九〇ｍを計り、前方部が後円部の直径より幅広く、バチのような形に開く墳形で、造り出しが付き、馬蹄形で二重の周濠を持っていることがわかりました。また、墳丘には葺石が貼られ、木製の盾形埴輪、人物や馬形を含む形象埴輪、円筒埴輪などが並べられていたこともわかっています。その形は、継体大王の墓とされる高槻市今城塚古墳や、大王と関係の深い尾張氏の名古屋市断夫山古墳、また、宇治市の二子塚古墳などと非常によく似た形をしており、まさに大王級の古墳ということができます。

大岩山古墳群や小篠原古墳群の周辺には、弥生時代前期の市三宅東遺跡など、中期の市三宅東・五之里・下々塚遺跡など、後期の久野部・五之里遺跡などが古墳群の外側を取り巻くように分布しています。これら古墳群は、こうした伝統を背景にして成長してきた在地の首長たちの墓と考えられます。こうした在地に根ざす首長層の中から、しかも、これまで前方後円墳が築かれなかった地域で、大

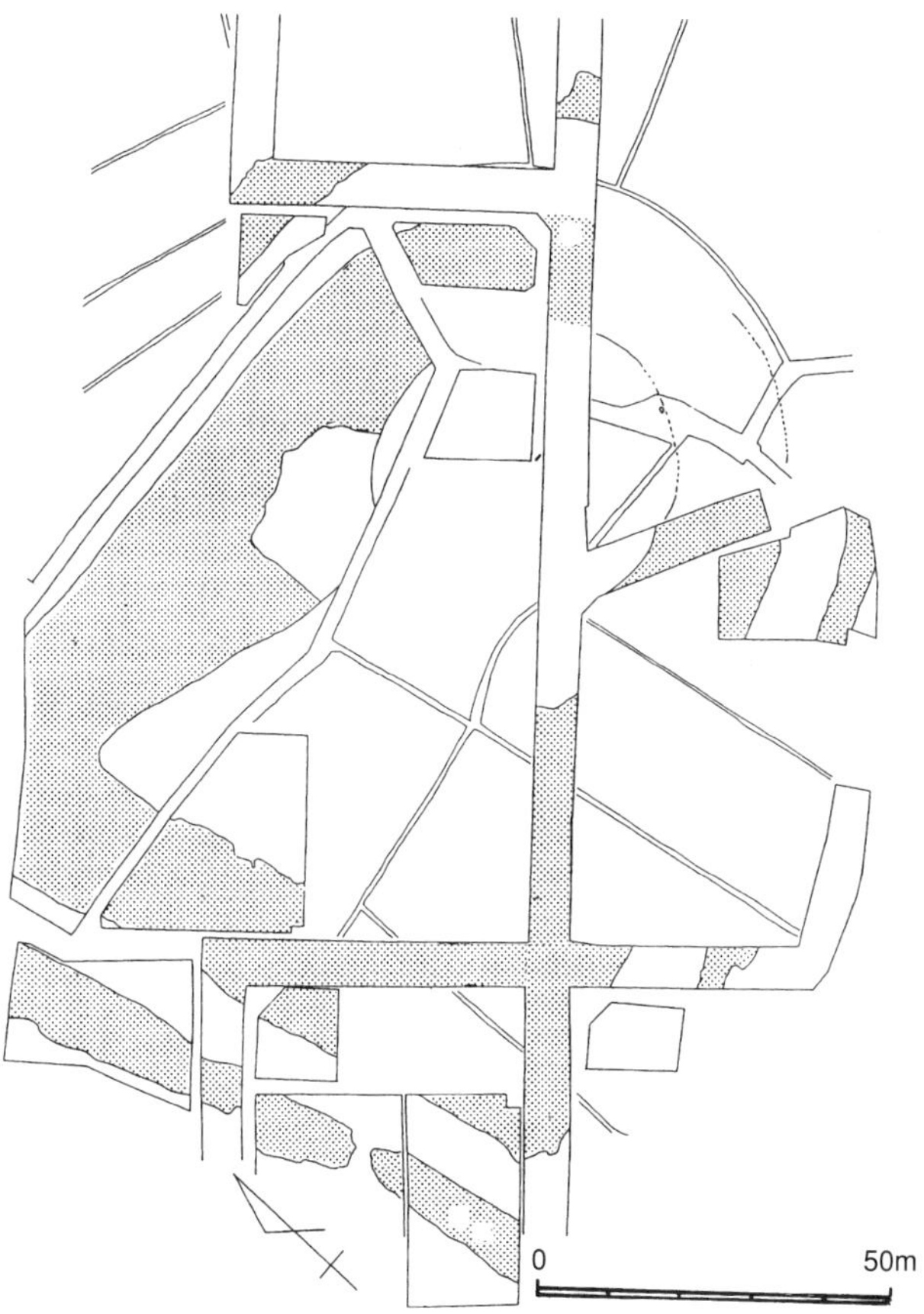

図59. 野洲町林ノ腰古墳

王級の古墳の墳形を持つ林ノ腰古墳が突如築かれたということは、非常に大きな出来事といわざるを得ません。

古墳の形や構造が、継体大王を始め、各地の大王と関係する大豪族たちの墓と相似形であることからすれば、その被葬者は、大和朝廷、強いては、継体大王と直接関わる大きな力を持った人物だと考えることができます。継体大王擁立に際して無視できない大きな勢力であり、大王と直接関わるとすれば、即位後の大王と行動を共にした側近だったのではないかと思われます。近江出身でそのような人物といえば、「近江毛野臣」を思い浮かべることができます。彼は、継体紀二四年条によれば、復興のために派遣された任那から、召喚を受けての帰国途上、対馬で病に倒れて死亡し、その亡骸は、「送葬るときに、河の尋に、近江に」入っていると記されています。遺骸は瀬田川をさかのぼって琵琶湖に戻ってきており、出身地の近江で葬られているのです。どこに葬られたかは不明ですが、林ノ腰古墳がその有力な候補であるといっても過言ではないでしょう。

大岩山古墳群と北部九州

このように、弥生時代以来の伝統的な勢力を持ちながら、古墳時代中期頃まで前方後円墳が築かれなかった野洲川右岸地域にあって、林ノ腰古墳の築造を契機とするように、二つの中心的な古墳群で、ほぼ同時に、横穴式石室を持つ前方後円墳が築かれることになります。その後、小篠原古墳群では目立った古墳が見あたらなくなりますが、大岩山古墳群では、円山古墳、甲山古墳、宮山一号墳、宮山二号墳と、桜生地区を中心に継続して首長系譜の古墳を築いていきます。特に、円山古墳や甲山古墳には家形石棺が納められ、国内でも出土例の少ない馬甲冑などが出土していてます。また、石棺の石材が、九州産の阿蘇凝結凝灰岩製のものであることがわかっており、しかも、近江ではこの二つの古墳だけに用いられているのです。六世紀前半頃、『日本書紀』などの「筑紫君磐井の乱」の記述に見られるように、対外的な関係も含めて、九州と大和朝廷の間で密接な連携が計られていたと考えられるのですが、野洲川右岸の伝統的勢力がその役割の一端を担っていた可能性が高く、林ノ腰古墳以降においても、大和朝廷との間に密接な関係が維持されていたものと思われるのです。

(二) 継体大王と近江の首長たち

越前、尾張、山背など、継体大王と関わりの深い地域を中心に、古墳時代中期までの勢力に変わって、これまで顕著な古墳が築かれなかった地域、また、前方後円墳を築かなかった古墳群において、突然前方後円墳が築造されるという、前方後円墳体制の再編成ともいうべき現象が六世紀前半を中心とした時期に見られました。近江においても、湖西の鴨稲荷山古墳、湖北の息長古墳群に含まれる塚の越古墳、山津照神社古墳、湖南の国分大塚古墳、大岩山・小篠原古墳群の林ノ腰古墳、越前塚古墳、天王山古墳などが代表的なものです。竜王町薬師岩屋古墳(全長四〇m)(注185)も加えることができるかも知れません。これら古墳はいずれも、若狭・越前などの日本海地域、尾張などの伊勢湾岸地域、大阪湾から瀬戸内海地域と結ぶ山背、大和と結ぶ伊賀等に通じる河川および湖上交通の要衝を占めています。また、それぞれが継体大王ときわめて関連の深い地域であることから、継体大王の出現を契機として新たに進出し、大王を支えてきた各地域の首長層であると考えてきました。

彼らが、大王を支えるだけの勢力を保有することができたのは、単に交通の要衝を占めていたからだけではありません。息長古墳群や大岩山古墳群のように、弥生時代以来地元に根付いている伝統的な力も無視できません。また、鴨稲荷山古墳や山津照神社古墳、甲山古墳などに見られる金銅製の冠帽や馬具などの大陸からの輸入品と思われる副葬品、国分大塚古墳の北方に分布する多くの群集墳や息長古墳群に近接する入江内湖の南湖畔に位置する磯崎古墳群に見られるような、大陸系の特徴ある横穴式石室を持つ古墳群が存在すること、また、大岩山古墳群に九州産石材の石棺が存在することなどから、朝鮮半島をはじめとする大陸の諸王朝と直接、あるいは、北部九州を通じて間接的に交渉をもち、また、先進的な文物をもたらす渡来系氏族を積極的に受け入れるとともに、その支援を受けてきたことも、自分たちの勢力をより一層強力なものとしてきた要因であったと考えられます。

図60．高槻市今城塚古墳（推定継体大王陵）

第五節　古墳時代から律令体制へ

一．横穴式石室の受容と展開（注186）

㈠　首長墓の横穴式石室

横穴式石室の導入

古墳時代後期前半の六世紀前半段階を中心に、中期までの諸勢力に変わって、これまで顕著な古墳が築かれなかった地域、また、前方後円墳を築かなかった首長たちの古墳群において、突然前方後円墳が築造されるという、前方後円墳体制の再編成ともいうべき現象が見られました。彼らは、土地に根ざした伝統的な力だけではなく、積極的に大陸の文化を受け入れることで、その勢力の増強を計ってきたのです。このことは、彼らの墓に、横穴式石室という新たな埋葬施設が、いち早く採用されていることからもわかります。これまでの古墳では、棺を直接土の中に納める直葬、棺を粘土で包み込む粘土槨、また、板石を積み上げ、長方形の箱状の部屋を作り、その中に棺を納める竪穴式石室など、いずれも一人の人を葬るための施設が構築されてきたのです。横穴式石室は、玄室と呼ぶ遺体を納める部屋とこれに通ずる通路となる羨道《せんどう》からなり、何度も埋葬ができる構造のもので、新しく朝鮮半島からもたらされた埋葬施設なのです。

畿内系横穴式石室

横穴式石室そのものは、五世紀の早い段階にすでに北部九州にもたらされています。非常に特徴的な構造を持っており、これに類するものが、早くも、吉備や若狭地方などで首長たちの墓と思われる大型古墳に受け入れられています。近畿地方やその周辺では、そうした人たち以外の、多分、渡来系の人々の墓と思われる小型の古墳において築造されています。しかし、この頃ではまだ、きわめて限られた地域や人々に採用されており、一般的には受け入れられていません。また、この九州北部の特徴的な横穴式石室の各地への波及は、六世紀に入るまでにほぼ終わりを迎えます。代わって、六世紀始め、大和の地において、首長たちの大型古墳で採用される新しい形の横穴式石室（畿内型）が生まれ、首長たちだけでなく、その後の多くの小型古墳に大きな影響を与えていくことになるのです。

六世紀前半に新しく進出した近江の首長たちの中にも、この畿内系の横穴式石室を採用しているものがいます。出土資料からわかる最も古い石室は、今のとこ

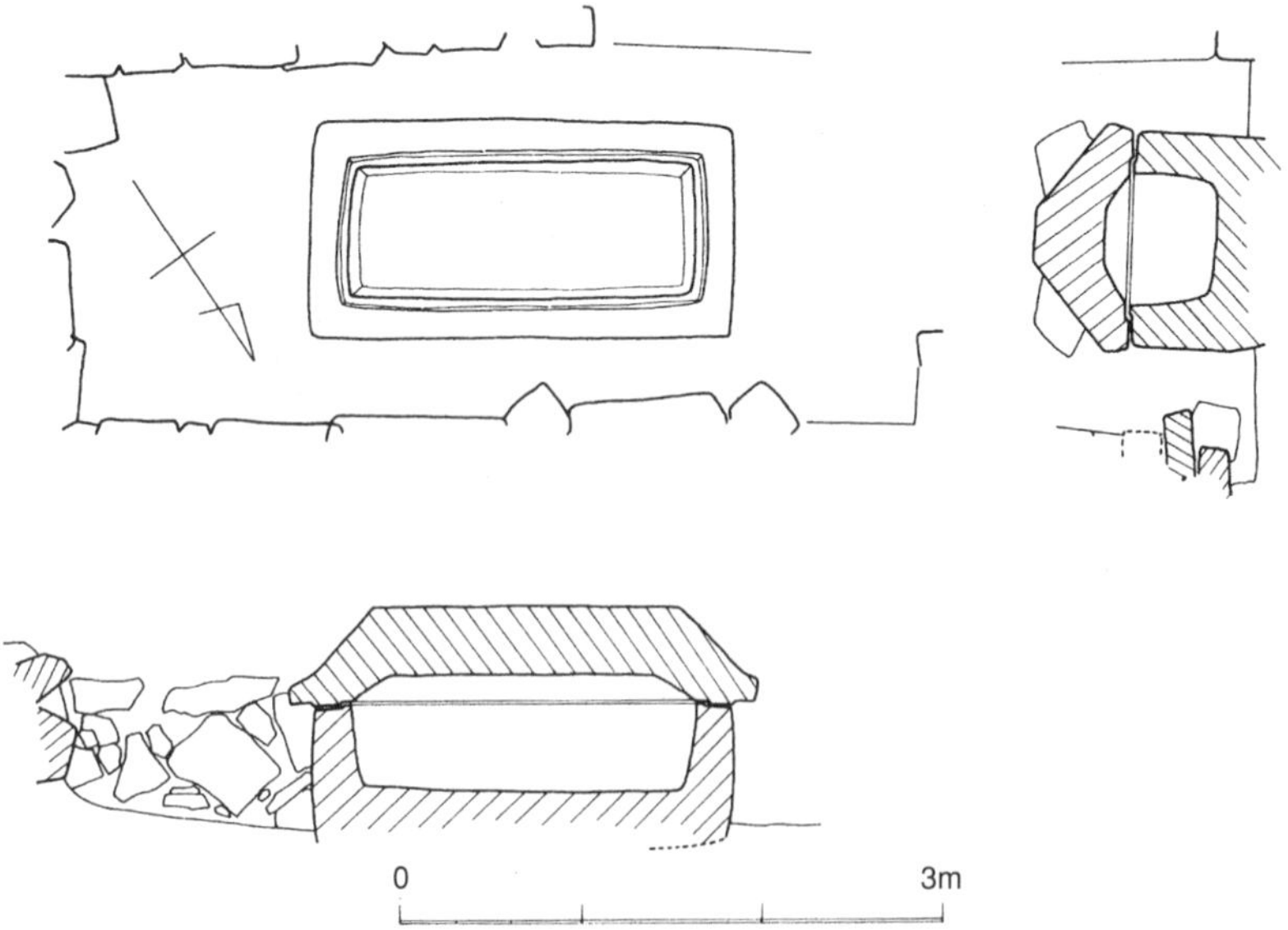

図61．高島町鴨稲荷山古墳の横穴式石室

ろ高島町の鴨稲荷山古墳のようです。この石室が発見された時には、長さ九m程度、幅一・八m内外、高さ一・八m以上の規模で、小型の石材を用いており、玄室と羨道の区別が明確でない無袖の長大な石室だったと記録されていました。しかし、その後に再調査を実施した京都大学の調査報告書の実測図では、右袖部が表現されており、長さ四・六九m、幅一・九mの規模を持つ玄室が描かれています。多分、発見時には玄室と羨道の区別ができなかったものと思われます。本格的な調査が実施されていないので詳細は不明ですが、鴨稲荷山古墳に次いで構築されている息長古墳群の山津照神社古墳や竜王町薬《くず》師《し》岩屋古墳の石室なども畿内型のものを採用しているようです。

近江型横穴式石室の構築

鴨稲荷山古墳以外では、調査がされていないので詳しいことはわかりませんが、小篠原古墳群の越前塚古墳も大型古墳が採用する初期の横穴式石室と考えています。およそ玄室の長さが五・二m、幅が二・九mで、幅一・一七mの比較的狭い羨道が玄室の左側に付き、右側に幅の広い袖部を作り出しています。側壁に小型の扁平な石材が用いられ、玄室の天井部にも小型石材を八枚も使用

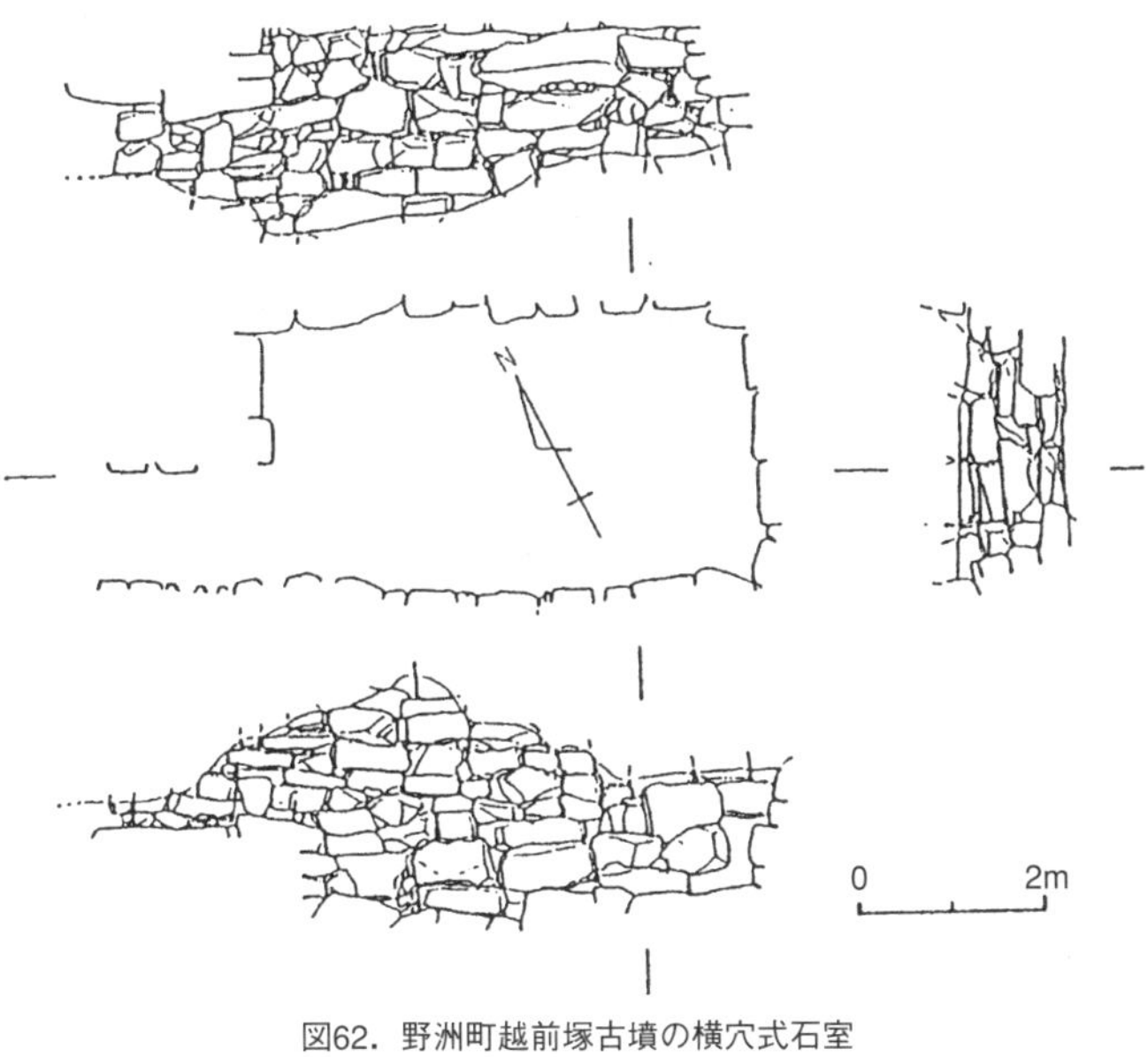

図62．野洲町越前塚古墳の横穴式石室

しており、石室に使用する石材が大型化する前の特徴を持っているのです。越前塚古墳も大和盆地で生まれた畿内系と呼ばれるものの影響を受けて構築されています。しかし、畿内系の石室では、玄室部も羨道部もともに平天井であるのが普通ですが、越前塚古墳の石室では、玄室の入り口側の前壁と呼んでいる部分から始まる羨道部の天井の石材が、これより高い位置にかけられており、天井が入り口に向かって順次高くなっていたと考えられるのです。すなわち、羨道部の入り口から玄室に向かって、斜めに下り降りるようになっており、これに合わせて天井部も斜めになるように架けられているのです。この特徴的な構造は、大岩山古墳群の円山古墳などにもみられます。

近江型横穴式石室の系譜

越前塚古墳で採用された横穴式石室の構築方法を採用する大岩山古墳群の円山古墳では、全長八・三m、玄室長四・三m、幅二・三m、羨道幅一・四mの規模で、右肩袖の石室が築かれています。側壁石材は大型のものが使用され、玄室の天井石も三枚の大型石材が置かれるだけになっていて、越前塚古墳に比べて新しい構築方法を採用しています。しかし、ここでも羨道に残っている三枚の天井石が、入り口側に向かって、明らかに順次高く架けられており、羨道の床面も天井にあわせて、入り口に向かって登り勾配のスロープを作っているのです。これに続く甲山古墳では、羨道部の天井石は残っていませんでしたが、羨道の床面にスロープが見られ、円山古墳と同じ構造を持っていたことがわかります。

この特徴的な石室は、野洲川右岸の首長たちだけではなく、瀬田川を越えた国分大塚古墳でも見られます。全長四五mの前方後円墳で、後円部と前方部の二カ所に横穴式石室を築いています。このうち後円部の石室で、羨道部に残っている二枚の天井石のうち入り口側のものが一段高く架けられているのです。袖部が左側に設けられている点だけが違っていますが、玄室の長さ四・五m、幅二・〇八m、羨道の幅一・六mと円山古墳とほぼ同形、

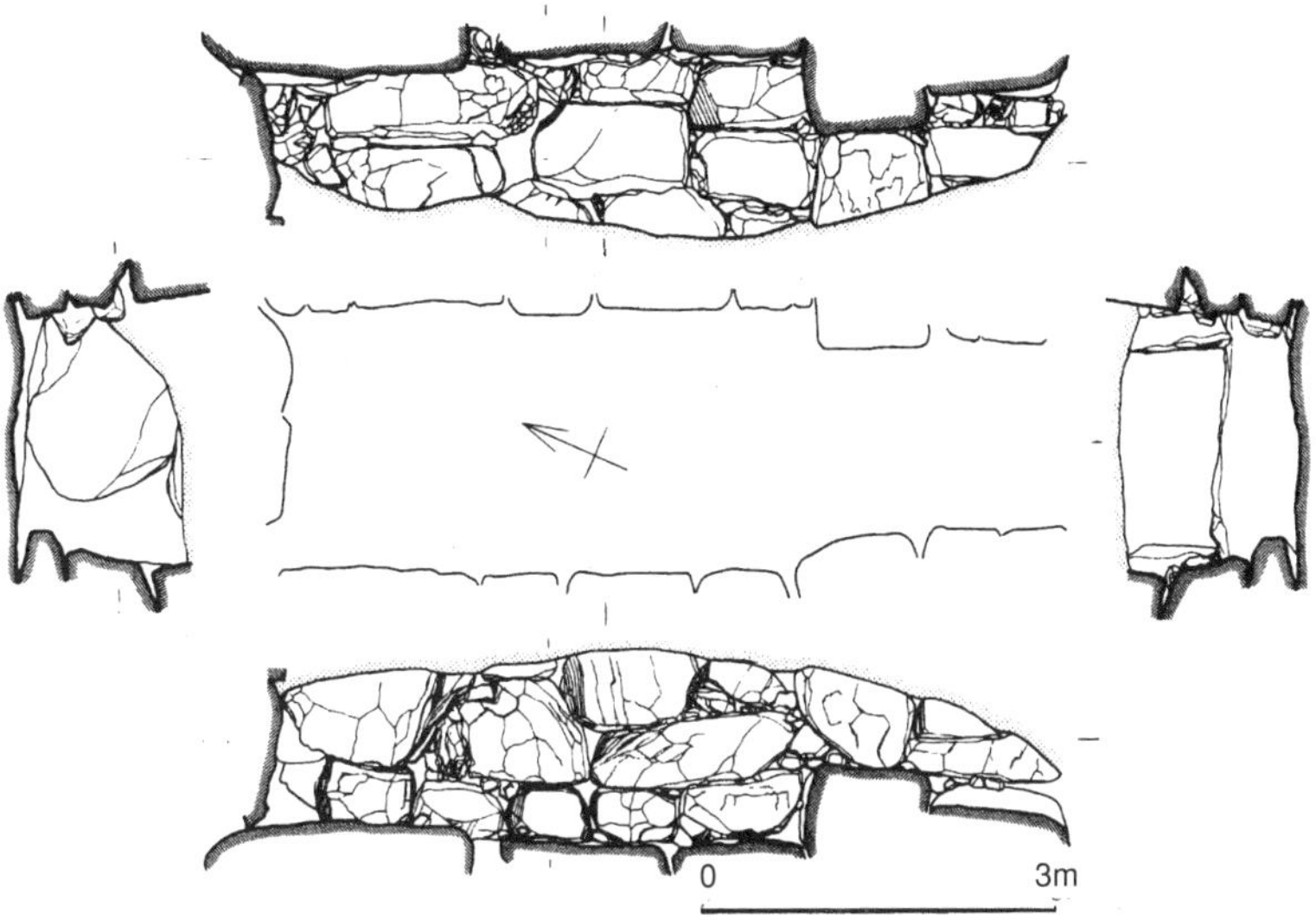

図63．大津市国分大塚古墳の横穴式石室（後円部）

同規模の石室で、しかも、同じ構造を持った横穴式石室なのです。

竜王町にオーゴ古墳と呼んでいる一辺二〇ｍほどの方墳があります。前方後円墳である薬師岩屋古墳に次ぐ、六世紀後半に築造された首長墓と思われます。玄室が長さ五・七ｍ、幅二・一四～一・六六ｍと長大になり、玄室の前の壁が高くなるなどの変化が見られるのですが、二石残っている羨道の天井石については、入り口側のものがより高い位置に架けられているのです。

越前塚古墳に見られた横穴式石室の特徴は、伊賀の鳴塚古墳（前方後円墳、三七ｍ）[注187]にわずかに見られるだけで、畿内およびその周辺ではあまり見かけない近江特有のものといえます。それが、野洲川右岸と瀬田川右岸、さらに多賀町の直径二六ｍの大型円墳である大岡高塚古墳[注188]と異なる三地域の首長たちによって、六世紀中頃のほぼ同時期に築造されているのです。さらに、多賀町楢崎古墳[注189]、栗東市日向山《にっこうやま》古墳[注190]、五個荘町丸山一号墳[注191]、竜王町竜王寺北支群一号墳[注192]、また、野洲町桜生古墳群など、六世紀後半の群集墳の中にも似たものが築造されています。

越前塚古墳の横穴式石室は、湖東方面を中心に、群集墳などにも影響を与えた、いわば、近江型と呼ぶべき構造なのです。

近江型横穴式石室と群集墳

五個荘町丸山古墳群は、三基の古墳が知られている群集墳です。最も早く作られた一号墳では、羨道部に残っている二枚の天井石のうち入り口側のものが一段高く架けられています。床面は、玄室より入り口側一・三mほどのところに仕切り石が置かれ、この部分までは平坦なのですが、ここを境に、天井石に合わせて、入り口に向かって登り勾配になり、玄室床面との間に一・三mもの落差を生じさせているのです。また、玄室の長さが四・八m、幅が二・三mあり、大岩山古墳群の円山古墳と形も構造も非常によく似たものとなっており、作られた時期も近い

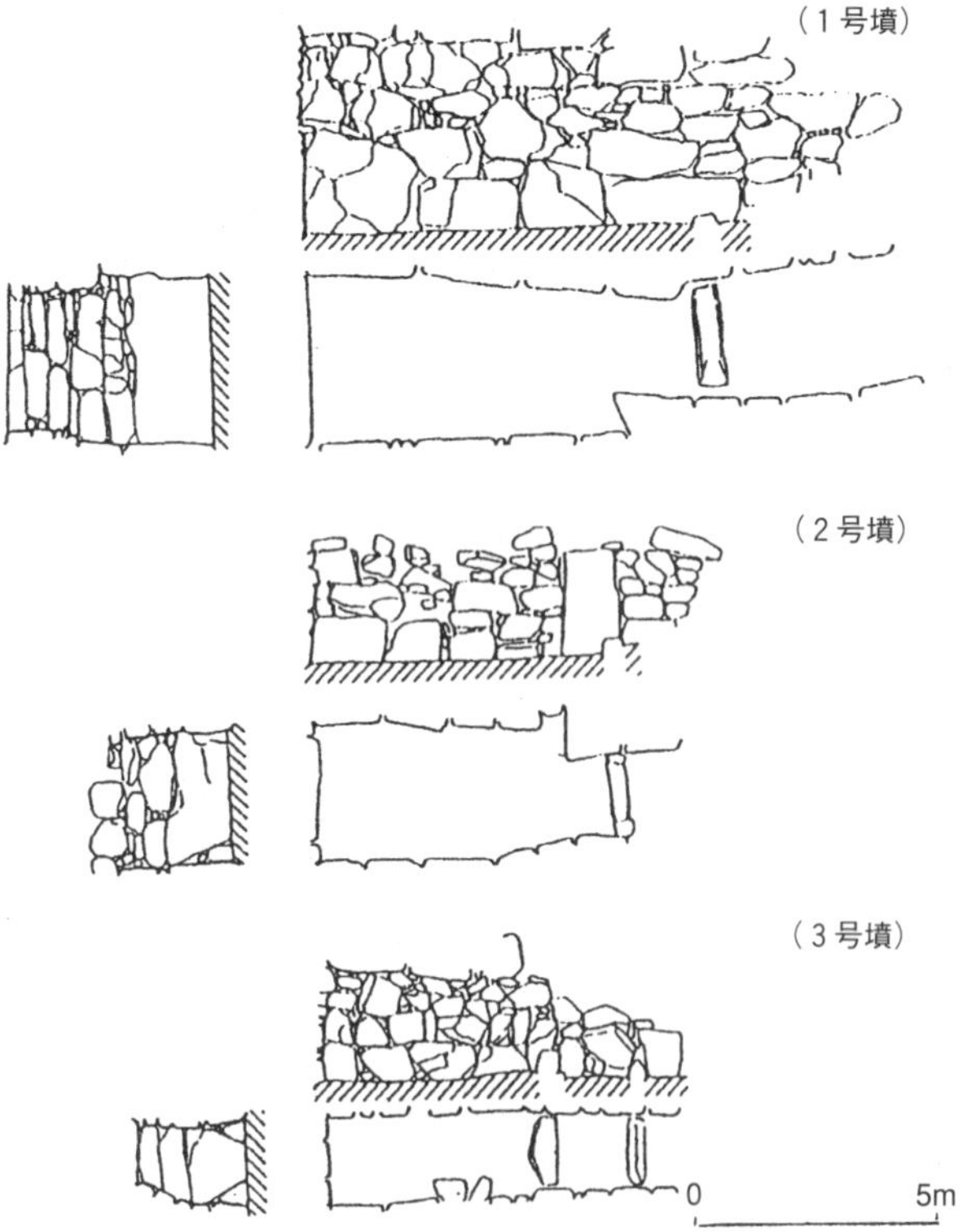

図64．五個荘町丸山古墳群の横穴式石室

ものと思われます。次いで作られている二号墳では、羨道部の天井石は残っていませんが、床面に仕切り石があり、ここから入り口に向かって勾配を残しています。ただ、勾配の落差は七〇㎝と一号墳に比べて小さくなっています。さらに新しい三号墳は、玄室に袖を持たない小型の石室となっていて、七世紀初頭頃のものと考えられます。ここでは羨道床面の勾配がほとんどなくなっているものの、仕切石だけが残されています。

このように、時とともに形骸化していきますが、群集墳の石室の中に、首長墓が採用した石室構造の影響を受けているものが明らかに存在し、しかも、その影響が七世紀初頭頃までの長期間に渡っているのです。

現在知られている近江型の石室が見られるものは、北は多賀町の大岡古墳・楢崎古墳、南は栗東市の日向山古墳までの範囲で、多賀町、野洲市、竜王町、東近江市に分布し、湖北や湖西方面では認められていません。また、これに類似した構造自体が畿内を始めその周辺ではほとんど見られないもので、野洲川右岸の勢力が、畿内系の影響を受けながらも、非常に地域色の強いものを生み出したといえるでしょう。その影響範囲から、野洲川右岸の首長たちの勢力範囲を想定することもできるかもしれません。

(二) ドーム状天井の玄室を持つ横穴式石室

構造の特徴

六世紀前葉に大和で、その後の各地の群集墳に影響を及ぼした横穴式石室が作られる頃、五世紀の早い段階で北部九州にもたらされたものとは異なる、別の特徴を持った横穴式石室が近畿地方の各地に登場します。近江では、大津北郊域に集中して分布するものもその一つなのです。その大きな特徴は、遺体を納める玄室と呼ぶ部屋の構造に見られます。大和で生まれたものや近江の首長たちが採用したものと異なり、玄室の平面の形が方形で、壁は最初垂直に積み上げますが、途中から四隅を内側に持ち送り、天井石を一枚だけ乗せられるように天井部を小さくしてドーム状にしてあります。以降においても首長墓や群集墳の盟主的な大型墳には採用されない構造形式なのです。

分布の特徴

この構造の石室は、大津市北郊域の大通寺古墳群や飼込《かいごめ》古墳群などで、首長墓が横穴式石室を導入する少し前に構築されています。この地域では、野添・大谷・大谷南・熊谷・百穴・福王子古墳群など、その後に新たに形成されていく群集墳においても、引き続きドーム状玄室を持つ石室が築かれていきます。

大津北郊域以外の地域では、湖北の高時川左岸にある虎御前山の北端に位置する湖北町四郷崎《しごうざき》古墳(注193)が、大津北郊域とともに県内で最も古いドーム状玄室を持つ石室を築いています。その他では、入江内湖の南を界する磯山の西端部に形成される六世紀中頃の磯崎古墳群(注194)、六世紀後葉の荒神山古墳群三王谷支群の一号墳(注195)などが知られているにすぎません。しかも、これらの周辺の群集墳はその影響を受けることがなく、従って、単独で終わる小集団の墳墓群となっているのです。

首長たちと渡来系氏族

これらは、四郷崎古墳が高時川の左岸にあり、大津北郊域の諸群集墳が琵琶湖に張り出した山丘裾部、磯崎古墳群が入江内湖と松原内湖に挟まれた小丘、また、三王谷支群が琵琶湖に面した荒神山に立地するなど、水運とのかかわりがうかがえること、また、大津北郊域にはその南端に国分大塚古墳、磯崎古墳群には東部の山裾に山津照神社古墳、三王谷支群には平地にゲホウ山古墳と、隣接して有力古墳が築かれていることなど、立地や分布状況に共通性がうかがえます。

四郷崎古墳の石室は、ドーム状の玄室を持つだけではなく、玄室の敷石、羨道部の配水施設などに、六世紀中葉とされる百済公州の熊津洞《ユウシンドン》八・一二・二二号墳(注196)の石室と、玄室が方形プランである点を除けば、きわめて類似

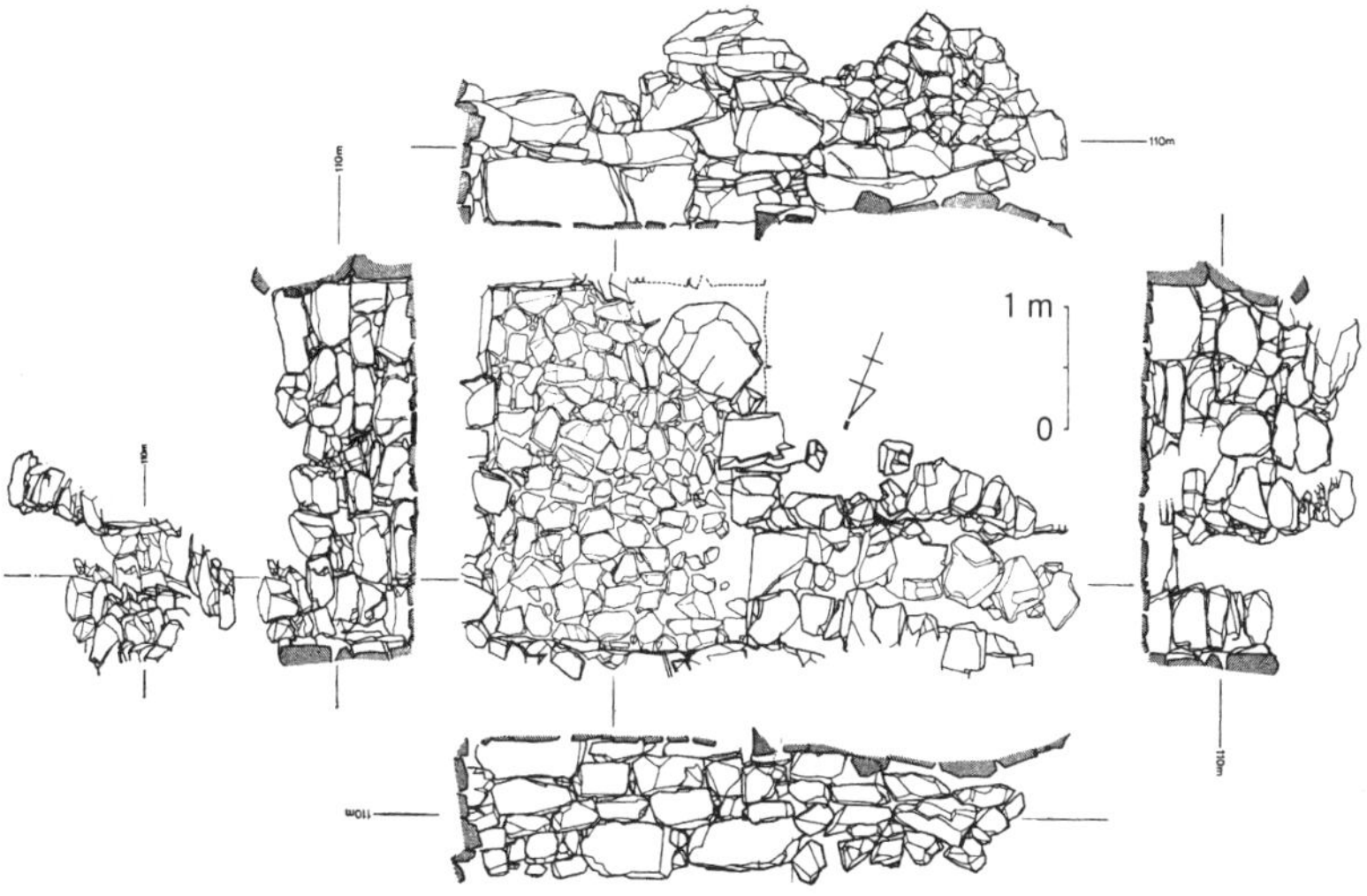

図65．湖北町四郷崎古墳の横穴式石室

した構造を持っているのです。百済のこの種の石室は、五世紀後葉に、可楽洞《カナクトン》三号墳や芳荑洞《バンイドン》一号墳などにおいて、高句麗の墓制を受容して構築されるようになったとされています。また、大津北郊域に分布するものは、その地域が和邇氏を媒介として、五世紀末頃に漢人系渡来人が編貫されたところであり、ミニチュア炊飯具の副葬や特徴的な石室が集中することなどから、漢人系の墳墓であると考えられています（注197）。磯崎古墳群では、その北側に広がる入江内湖遺跡からは、時期的にさかのぼりますが、五世紀中葉の慶尚南道釜山市華明洞《ファミョンドン》七号墳に出土例のある伽耶系の長頸壺や、五世紀後葉の同じく伽耶系の蓋、有蓋高杯などの陶質土器が出土しており、古墳群が、これらをもたらした渡来系氏族の子孫の墳墓であると理解することが可能です。

隣接して築かれている有力古墳は、継体大王の出現を契機とする新たな体制が作り上げられたことと関係することをこれまでにお話ししてきました。また、首長たちが進出する背景には、渡来系氏族の存在があったことにも触れておきました。すなわち、後期に新たに勢力を増強する首長たちのもとには、外来的な文物や技術を提供するとともに、水運技術などのノウハウを持った渡来系氏族が存在したのです。

(三) 階段状施設を持つ横穴式石室

石室の導入と展開

近江には、ドーム状の玄室を持つ横穴式石室とは別の特異な構造を持つもう一つの石室が見られます。最大の特徴は、玄室と通路に当たる羨道との境に階段状の施設を持つことです。この構造は、最初に玄室を築くための墓坑を掘り込み、その四周に二段程度に石を積み上げた後に羨道部を作るため、両方の床の間に段差ができることから生じた構造なのです。今のところ、ドーム状の石室よりわずかに遅く、六世紀中頃に首長たち

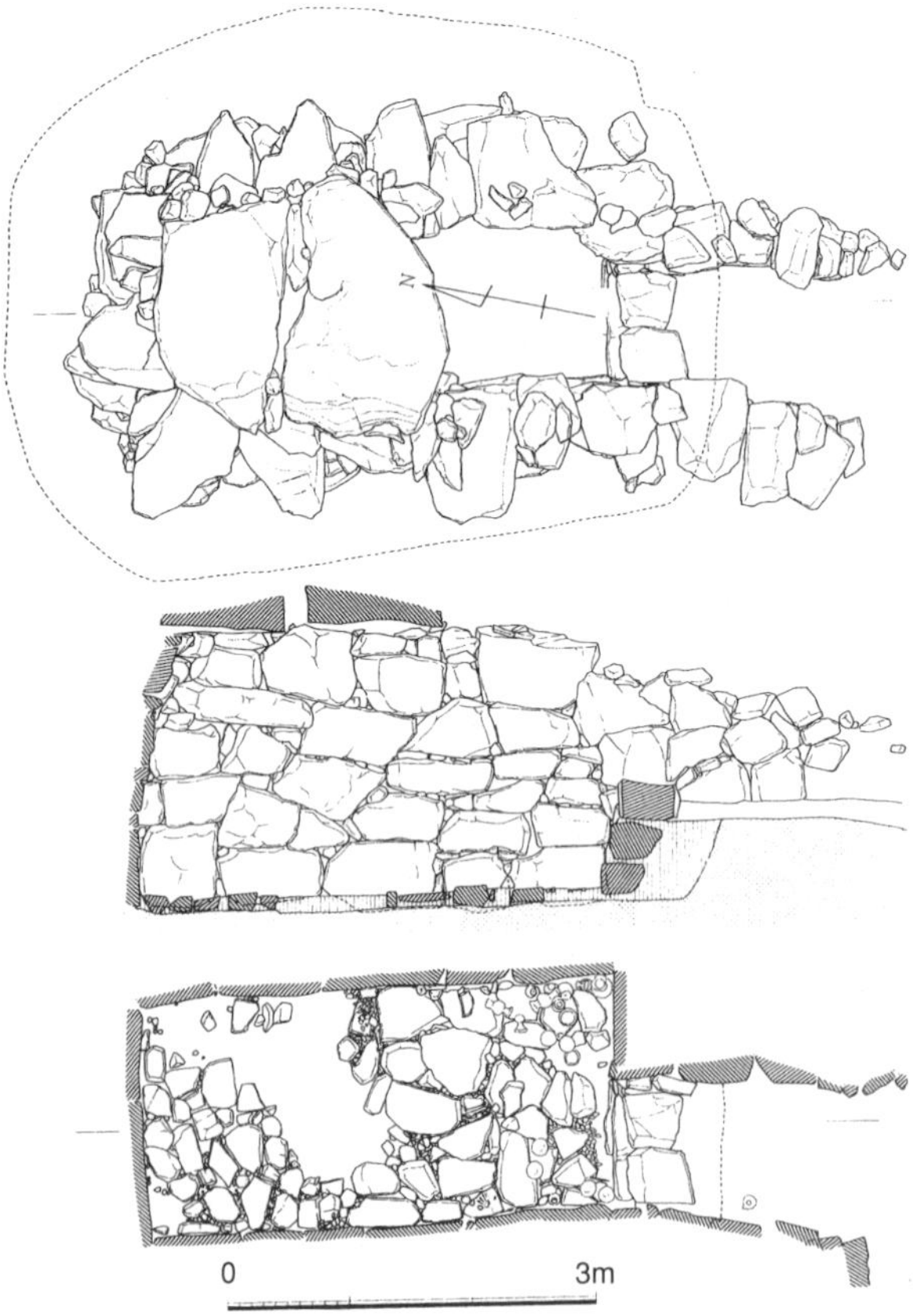

図66．安土町竜石山２号墳の横穴式石室

が横穴式石室を築き始める頃のものが最も古いようです。

導入初期のものは、蒲生町天狗前古墳群の一〇号墳(注198)を始め、秦荘町上蚊野《かみかの》古墳群の五号墳(注199)（今は、金剛寺野古墳群に含まれている。）、安土町竜石山《りゅうせきざん》古墳群の二号墳(注200)、竜王町三ツ山古墳群の四号墳(注201)、湖東町祇園西古墳(注202)などで、湖東地方の広い範囲でほぼ同時に構築されています。しかし、愛知川より南では、竜石山古墳とはわずか一kmほどの所に近江型の石室を作る五個荘町丸山古墳群があり、天狗前古墳群は畿内型の石室を作る八日市市八幡社古墳群と至近距離にあるように、先行して構築されるこの種の石室が他に影響を及ぼすことがありませんでした。畿内型石室が優勢を占めていく中で、群集墳としては、ほとんどが単独で終わってしまうのです。また、中には、群形成過程で、畿内型の石室の影響を受けてその構造が変容していくものも見られ、さらに、同じ古墳群の中に畿内型のものを混在させてしまうものもあります。

そしてまた、階段状の構造を持つこの横穴式石室も首長墓に採用されることはありませんでした。

石室の祖形

この種の石室の祖形については、冷州梅龍里《メーニョンニ》二・八号墳の類似例から百済に祖形を求めるもの、達城《タルソン》の竪穴系横口式石室に求めるもの、達西面《タルソミョン》古墳群に原型を求めるものなど、百済あるいは新羅との関連を求める諸説があります(注203)。直接どの地域との関連で成立したかは、今後の研究に待たなければなりませんが、渡来系氏族との関連の強いものであることは間違いありません。また、湖東の地域には、古墳時代が終わった後にきわめて数多くの白鳳時代の寺院が建立されています。しかも、そこで用いられる軒瓦は、高句麗系の特徴の見られる湖東地方特有のものなのです。高句麗から直接もたらされたとは考えにくく、百済や新羅、あるいは伽耶地方を媒介としてその影響を受けたものと思われますが、いずれにしても、階段状の構造を持つ石室が渡来系氏族ときわめて関連の強いものであることは確かだと考えます。

犬上川扇状地の群集墳

湖東地域の広範囲に分布していた階段状施設のあるこの石室も、六世紀後葉以降になると、愛知川以北、特に、犬上川流域に集中的に分布するようになります。しかも、犬上川が形成する扇状地の中央付近に分布し、標高一〇〇m付近より琵琶湖側にはほとんど見ることができないのです。また、ドーム状玄室を持つもののように、かかわりのある首長墓を持っていません。さらに、墳丘規模の小さいものが大半です。このように、畿内型の石室を築く群集墳とは、墳丘の規模や分布上において、明確に峻別されています。しかし、畿内型石室を中心に群を形成する楢崎古墳群が六二基、湖東町勝堂古墳群が四八基を数えるのに対し、階段状施設を持つものを中心とするものでは、甲良町北落古墳群が五一基以上、さらに、秦荘町金剛寺野古墳群が二九八基と、県内で最大規模を誇る群集墳を形成するのです。

水田耕作から見れば、この扇状地での生産力は低かったと考えられるため、群集墳を形成した人々の生業については、手工業など、他の職能を考えてみる必要があると思います。

沖積平野の群集墳

一方、同じ頃、沖積平野に立地する彦根市段ノ東遺跡(注204)では、埴輪を持つＳＸ三・ＳＸ四の二基の方墳、続いて、ＳＸ一・ＳＸ二の二基の円墳が築造されています。しかし、いずれも、石室ではなく、伝統的な箱式組合木棺を直葬する葬法を採用しているのです。また、彦根市葛籠北《つづらきた》古墳群(注205)においても、横穴式石室を採用しない八基の円墳と六基の土坑墓が検出されています。この古墳群は六世紀中葉から七世紀前葉頃に築造された群集墳で、七基の円墳と五基の土坑墓が一群を形成し、円墳一基と土坑墓一基が一〇〇mほど東に分布していることから、少なくとも二つの支群を認めることができます。また、大型の三号墳に四・六号墳と三基の土坑墓、八号墳に五号墳が伴い、一号墳と七号墳がそれぞれ独立していて、各一基の土坑墓を伴っています。その古墳群の構成状況は、犬上川の扇状地に形成される横穴式石室を持つ群集墳と変わることはなく、一号墳の箱式組合木棺から出土した副葬品も、須恵器一五点、鉄刀一点、鉄鏃五点、鉄鎌一点と横穴式石室の被葬者と遜色のないものなのです。扇状地の群集墳とは対照的な様子を示す段ノ東遺跡や葛籠北古墳群は、扇状地端部の湧水地点に立地していること、葛籠北一号墳およびSK九土坑墓において、収穫具である鉄製の鎌が象徴的に副葬されていることなどから、生産性の高い沖積平野において、水田経営に従事した在地有力層の墳墓群と考えられます。すでに渡来系の人々によってもたらされている横穴式石室による葬法を採用せず、伝統的な葬法にこだわる人々の姿を彷彿とさせているのではないでしょうか。(注206)

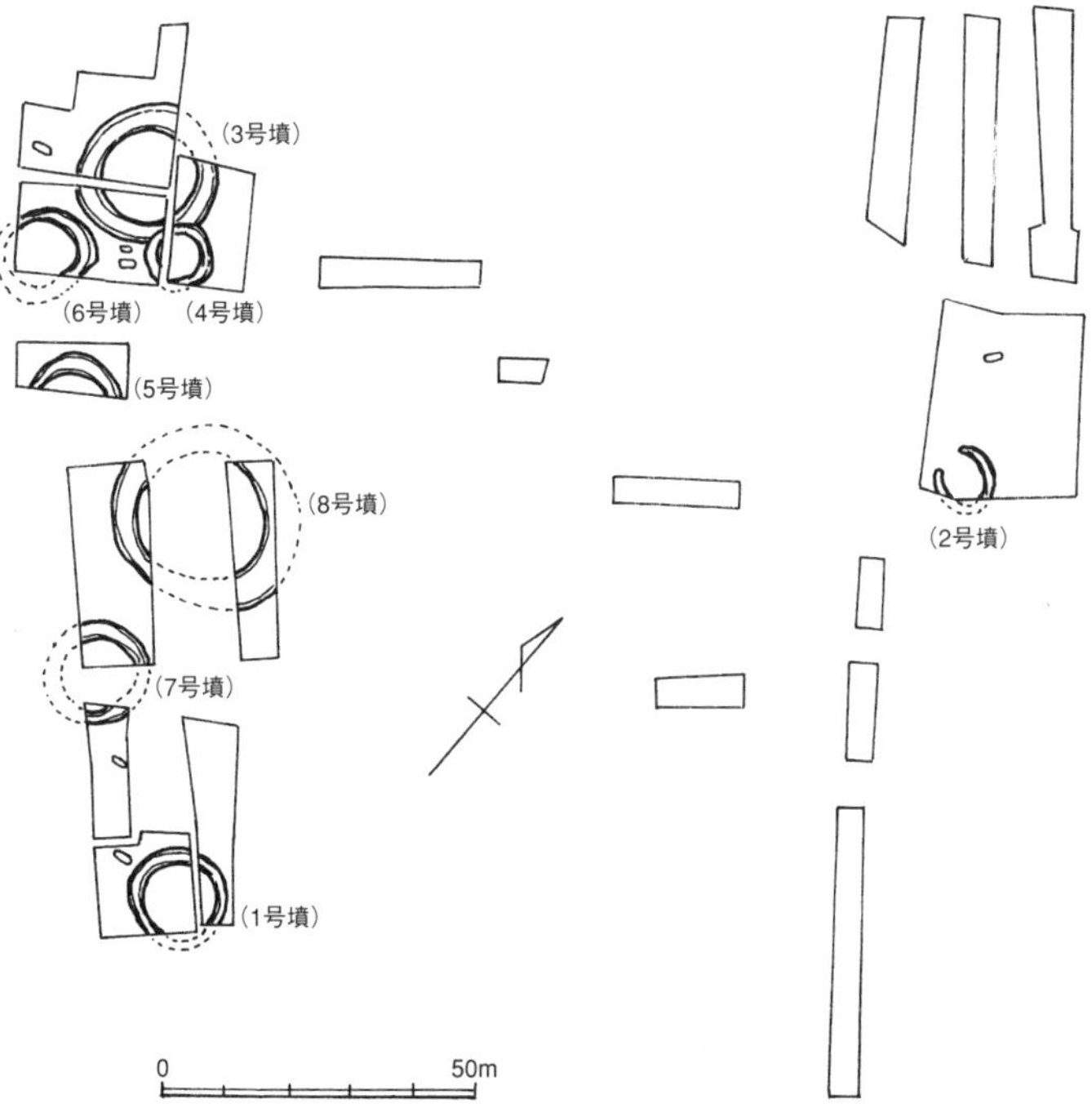

図67．彦根市葛籠北古墳群

二、群集墳の形成

㈠　前方後円墳の終焉と群集墳の形成

群集墳の発生

大和で、後の畿内型と称される石室が生まれた頃とほぼ同時に、近江でも、野洲町越前塚古墳や高島町鴨稲荷山古墳でいち早く横穴式石室の導入が計られます。近江の首長墓が畿内型の石室構造の影響を受け、また、一方で近江特有の石室を構築する段階です。次いで、近江型の石室が大津市国分大塚古墳や野洲町円山古墳、畿内型が近江町山津照神社古墳等に受け継がれる段階に入るのですが、この時を境に、首長たちによる前方後円墳の築造が行われなくなってしまいます。逆に、これまで古墳を築けなかった村々の有力な家族が横穴式石室を持つ小規模な古墳を築くようになります。彼らの墓は、村単位に集まって築造され、群集する古墳群を形成します。この群集墳が、全国的に爆発的な勢いで増えていくのです。

前方後円墳の終焉

古墳時代の始まりについては、最古の前方後円墳とされる奈良県の箸墓古墳の実年代の研究から三世紀中頃とされています。『魏志倭人伝』の正始八（西暦二四七）年の記事に、「女王卑弥呼が死んだとき、大きな冢を作った。直径が百余歩ほどであり、殉葬された者は奴婢百余人であった。」とあります。直径百余歩の塚が前方後円墳であるかどうかわかりませんが、一歩は六尺で、魏の一尺は日本の約七寸九分に当たることから、一歩は約一・五ｍになり、百余歩は約一五〇ｍとなります。記述が正しければ卑弥呼の墓はまさに前方後円墳であったということができ、最近の古墳の研究とよく符合します。この頃から、前方後円墳は、北海道と東北北部および沖

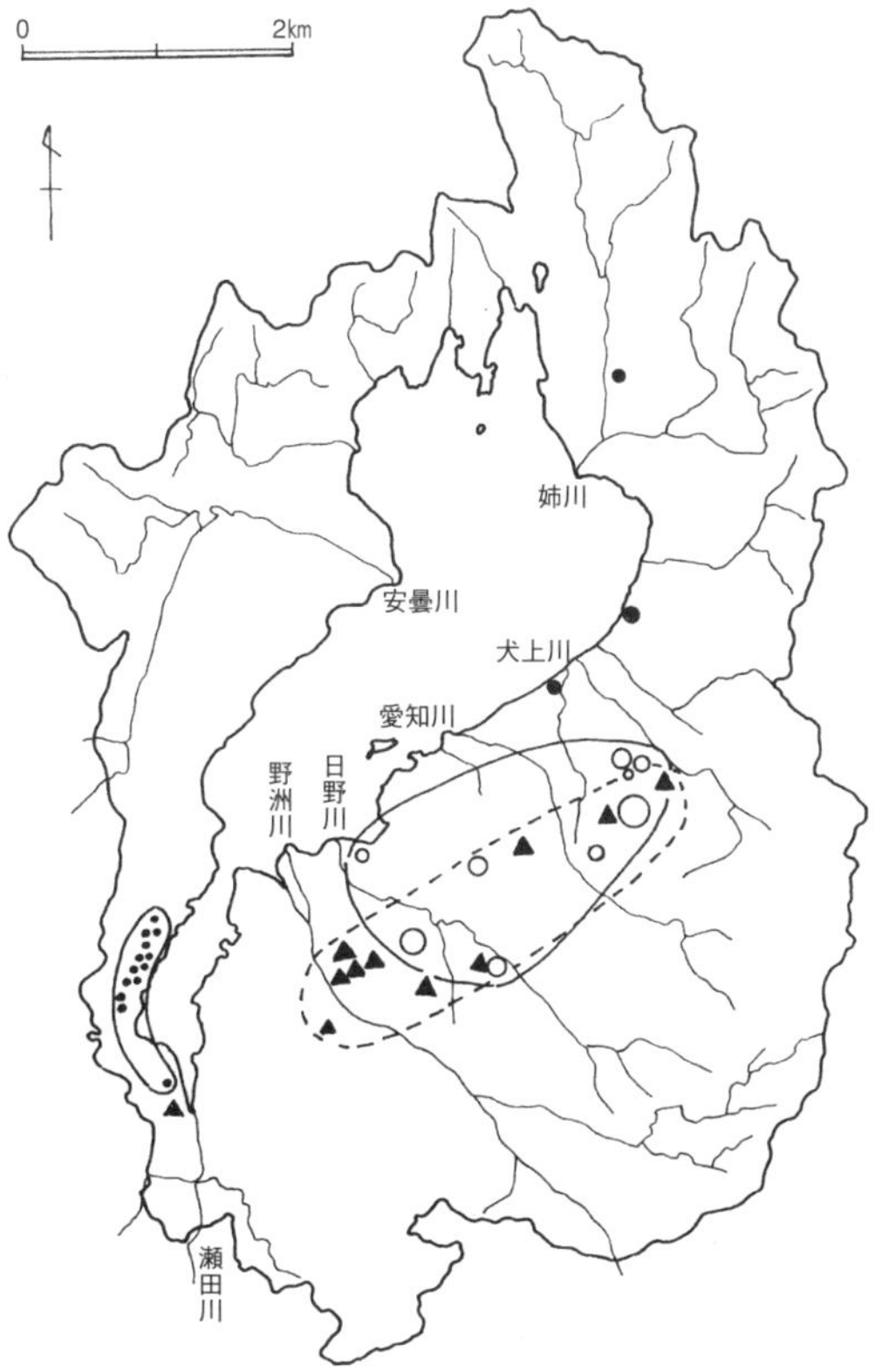

図68．三つの横穴式石室の分布
● ドーム状天井の玄室を持つ横穴式石室
○ 階段状の施設を持つ横穴式石室
▲ 羨道が下り坂になる横穴式石室

縄を除く全国に五二〇〇基も築かれるようになり、古墳時代はまさに前方後円墳の時代といって過言ではない状況となります。

日本の歴史の中で特異な墳墓を築いてきた古墳時代もやがて終わりを迎えるのですが、その終焉については、六四五年の「大化の改新」後、六四六年正月に出された詔の中にみられる墳墓の規模などを規制する「大化の薄葬令」を根拠に七世紀中頃とされてきました。しかし、例えば近江では、五世紀頃まで各地に割拠していた首長たちの系譜が六世紀前葉頃には湖北南部の天野川流域の近江町息長古墳群、湖南の野洲川流域の大岩山・小篠原古墳群の二つの地域に一時的に集約され、新たな葬法である横穴式石室を導入します。六世紀中葉頃になると、これまで首長墓の系譜のなかった地域にも前方後円墳が築かれるようになり、その直後に前方後円墳は首長たちの墳墓としての役割を終えることになるのです。同時に、これまで古墳を築けなかったムラごとの有力者たちが、首長たちが導入した横穴式石室を自ら構築し、全国の古墳の八〇％以上といわれる群集墳を築くようになります。六世紀後葉には、前方後円墳は、わずかにこの群集墳の中の盟主的なものにだけ採用されるようになるのです。

古墳時代が前方後円墳の時代だとすれば、その終わりは遅くても六世紀末から七世紀初頭頃とすることができるのです。

㈡　群集墳の性格

群集墳と集落

古墳を調査していると、見学されている人から「この古墳には誰が葬られていたのですか？」とよく聞かれます。しかし、葬られた人の名前が刻まれた墓誌が出土しない限り個人名を答えることはできません。古墳からわかることは、一人の人のためにはあまりにも大きすぎる規模の古墳を築かせ、非常に貴重な鉄を材料にした武器や武具をはじめ、様々な器財を惜しげもなく遺体とともに葬り去ることのできる人物が存在することと、その古墳を作るために動員されていた人々や、捨て去るも同然の器財を作る人々などが、彼らを支えていたということだけです。すなわち、色々な階層の人々がおり、こうした人々によってピラミッド構造の社会が構成されていたということを知ることができるので

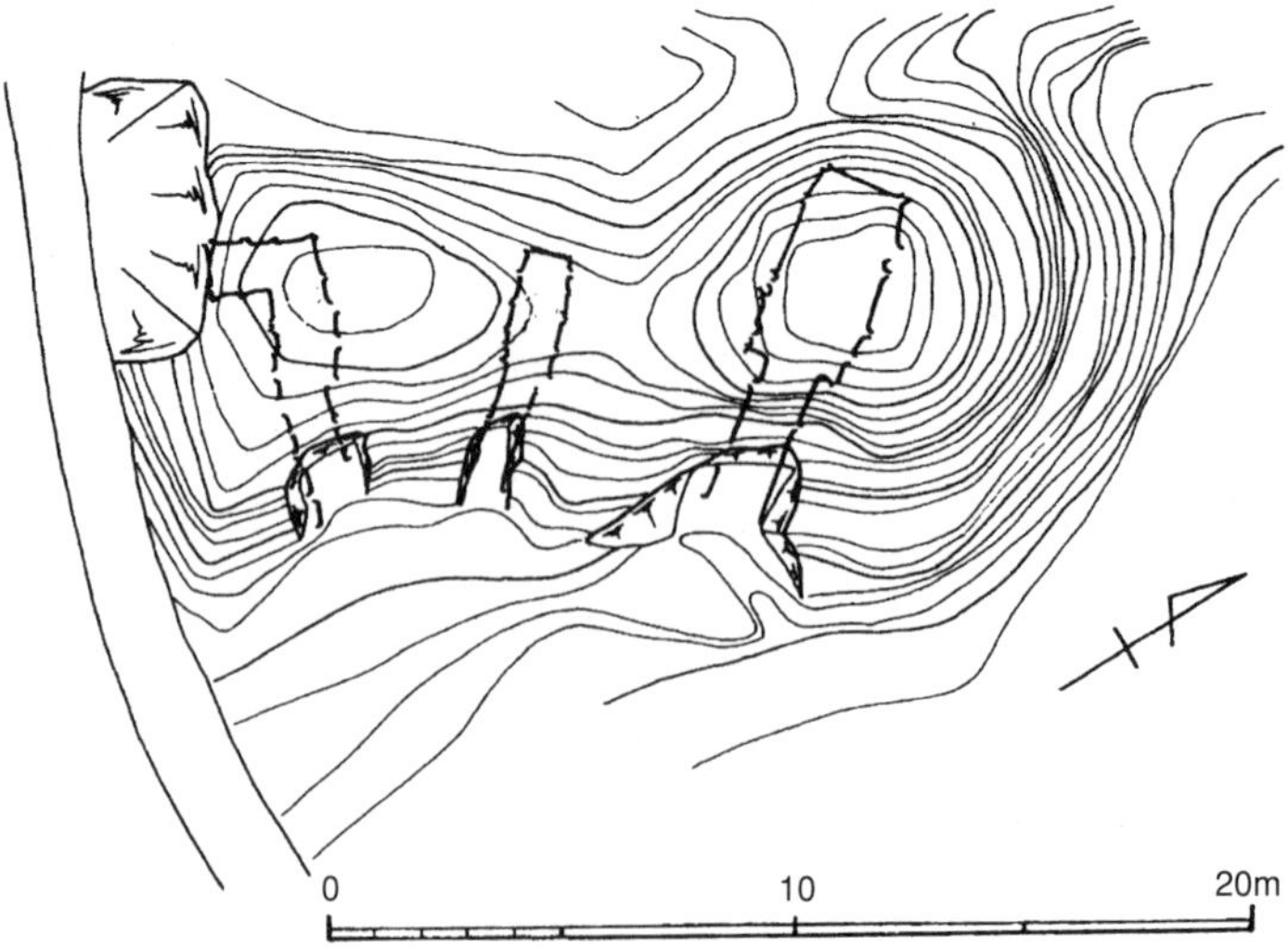

図69．八日市市八幡社46号墳

す。このピラミッド構造の上層にいる人々にも、古墳の規模や形、副葬品の質や量によって、主従、優劣、上下などの関係が想定されるのです。

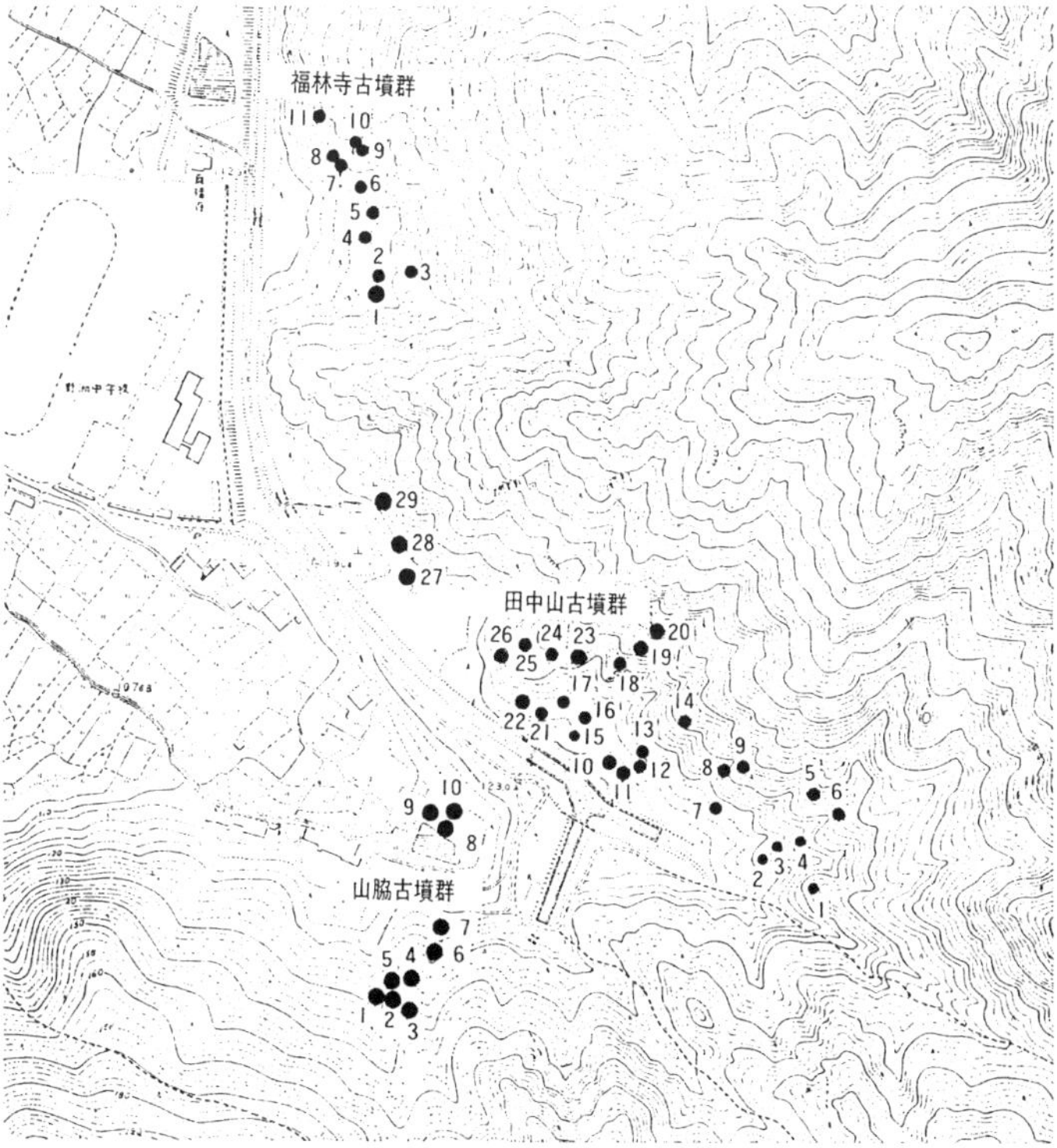

図70．野洲町三上山西麓の群集墳

また、六世紀後半頃を中心に形成される群集墳においても、群を構成する古墳の数や規模、分布状況、副葬品の様相などによって、下層にいる人々の構造も少なからずわかってくるのです。例えば、群集墳の規模について、湖南の野洲町では、町内だけで二五〇基もの後期古墳が確認されています。その大半が三上山から妙光寺山を中心とする山腹や山麓に集中して分布しているのです。これらは、首長墓を除くと、一基から三基程度が一一古墳群、一〇基前後が六古墳群、二〇基前後が三古墳群、また、三〇基および五〇基のものがそれぞれ一古墳群ずつが、この地域に集まっているのです。（注207）このうち一〇基前後以上の古墳群は、三基前後を一単位とする古墳が複数単位集まって形成され、三〇基や五〇基と大規模なものも、この一〇基前後のまとまりがさらに複数集まって群を形成しているのです。すなわち、単純に計算すると、家族が三世帯にわたり造墓したとすると三基の群集墳が形成されるので、一有力家族だけの小さなムラでは三基、有力家族が五つある大きなムラでは三基×五家族で一五基、さらに、このムラが三つ集まって共同墓地を持てば一五基の三倍で四五基の群集墳ができあがるのです。群集墳の規模からは、個々の集落の規模や複数の集落が同族意識などによって結ばれる地域社会の大きさなどを知ることができるのです。

横穴式石室に埋葬される人々

古墳時代後期の群集墳は、ピラミッド構造の階層の上層ではなく、その大半はその人々を支える下層にいる人々の墓なのです。また、群集墳は、肥沃な沖積平野を背景に持っている地域だけではなく、農業的な生産基盤の全くない狭隘な谷間や小さな島、砂丘の広がる海岸地帯、集落さえ形成しにくい山がちな所などにも分布しています。日本の津々浦々まで、様々な生業を営む人々で作るムラを単位に群集墳が形成されているのです。しかし、ムラの人々がすべて横穴式石室に葬られたのではありません。ムラの中にも階層があり、家族の中でも有力な家族に限られていたと考えられます。さらにその家族の構成員にも、横穴式石室に葬られる人と葬られない人との区別があったのです。

横穴式石室は、一人のために作られたこれまでの首長たちの墓と異なり、入口があって何人もの人を葬ることのできる構造になっています。米原町塚原二号墳(注208)からは、六世紀後半から七世紀前葉にかけての間で、六回にわたり七人もの人を埋葬したことが、出土した人骨から判明しました。七人の中では一〇代後半が最年少で、他はすべて成人と判断されています。また、一回目から五回目まではすべて男性のみが葬られ、最終の第六回目のみ夫婦と判断される男女二遺体が並列して葬られていました。このことから、横穴式石室には成人の男性のみが葬

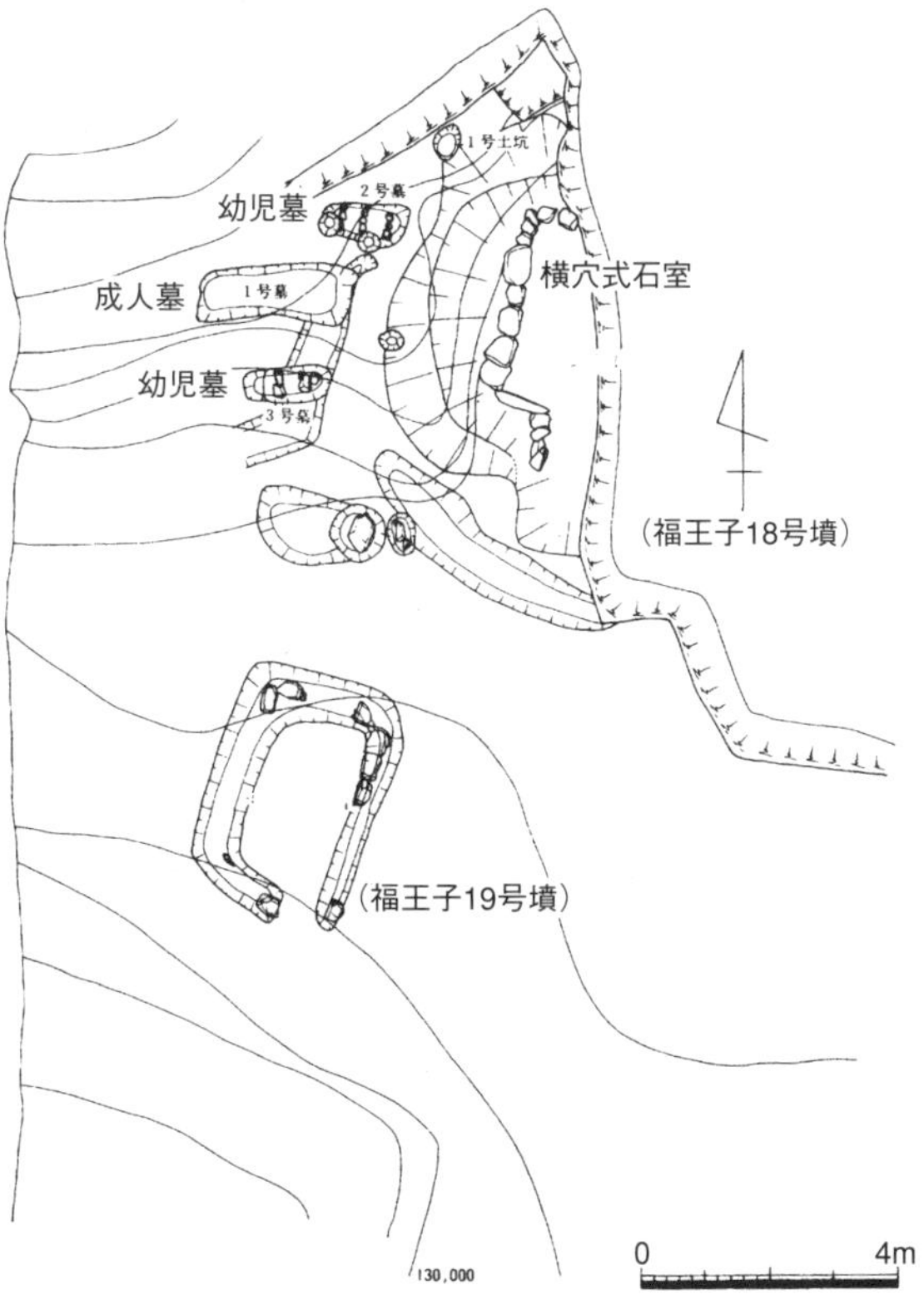

図71．大津市福王子18号墳

られ、子供や女性は埋葬の対象になっていなかったことがわかりました。第六回目の埋葬は、七世紀前葉の時期に当たりますが、この頃になって初めて女性が葬られ、しかも夫婦合葬という新しい思想が導入されたと考えられるのです。

　六世紀後半に作られた大津市福王子一八号墳(注209)では、人骨は出土しなかったのですが、墳丘の裾部に大小三基の木棺を直葬した墓の跡が見つかりました。中央のものが長さ二mほど、その左右両側のものが一m程度のもので、横穴式石室に埋葬された人物の妻とその子供たちと見ることができました。

　このことから、横穴式石室は男性優位の墓制であり、かつ成人を対象としていること、配偶者や子供は墳丘外に葬られるものであることなど、家族の中でも性別および年齢による階層差が存在していたことがわかってきました。(注210)

副葬品と葬送儀礼

横穴式石室には、いずれの古墳にも共通して須恵器と呼ばれる陶質の土器類と素焼きで軟質の土師器が副葬されています。須恵器には、大きく分けて壺・甕・杯・埦・高坏・器台などがあり、供膳・供献・貯蔵など、容器としてのすべての用途のものが納められています。壺や甕には大小だけではなく、壺には頸の長いものや短いもの、台の付くもの、胴部に穴をあけ、筒を差し込んで注ぎ口を持つ𤭯《はそう》、甕には俵のような形をした横瓶《よこべい》、取っ手の付く提瓶《ていべい》、尿瓶のような形をした平瓶《へいべい》など、用途に応じて様々な形のものが見られます。多くの場合、実用品が納められていますが、中には、一般の住居からは出土することのない提瓶や、実用品に比べて小型のものなど、葬送用のためにだけ作られたものもあります。

土師器は種類も量も少なく、最初は、小型で頸の細い壺が須恵器類に混じって出土していましたが、その後には、作り付けの竈の普及にあわせて、煮炊きに使う胴の長い甕や胴が球形の甕などが主流となっています。(注211)

つまり、横穴式石室には、食器、食べ物を盛る器、食料等を貯蔵する容器、煮炊きに使う甕など、人々が日常使う容器類が遺体とともにお墓の中に納められているのです。埋葬に土器を用いることは以前からありましたが、多くは、食事を盛ったりする高坏や、酒などを入れた壺や甕、それを載せる器台など、死者が再生するようにとの祈りを込めて墓前に捧げられる容器類が中心でした。横穴式石室の導入によって常世の考え方も変わり、死者が彼岸の地でも日常生活に困らないようにと、土器類の一式が納められるようになったのです。

三、群集墳と職能集団

(一) 製鉄

環頭大刀

湖西の高島郡に広大な沖積平野を形成している安曇川のすぐ南側、湖西線からわずか二〇〇mの所に鴨稲荷山古墳があります。墳丘はすでになくなっていますが、周辺の水田の形などから、六世紀前葉に築造された全長四〇m前後の前方後円墳とされています。明治三五年に、道路拡幅工事の土取りの時に石棺が発見されました。石棺は横穴式石室に納められたもので、その中から、金銅製冠、飾履《しょくり》（装飾の付いたクツ）、金製垂飾付耳飾り、金銅製双魚佩《そうぎょはい》、各種玉類、三輪玉付捩り環頭大刀、双龍文環頭大刀、鹿角装鉄刀、鉄斧、槍、銅鏡など、石棺の外から、金銅製鞍金具・鉄製輪鐙・鉄地金銅張鏡板付轡・杏葉《ぎょうよう》・雲珠《うず》・銅鈴などの馬具類、須恵器類などが出土しました。その内容は、近年話題になった奈良県の藤ノ木古墳と何ら遜色のないものです。副葬品の中には大陸からもたらされたものも数多くありますが、ここでは双龍文環頭大刀に注目してみたいと思います。

環頭大刀(注212・213)とは、刀の柄の先端部分に環状の装飾を付けたもので、朝鮮半島や中国大陸からも数多く出土しています。最も簡単な環だけで装飾のないものを素環頭と呼んでいます。これは、我が国でも弥生時代から見ることができます。装飾のあるものでは、龍や鳳凰をモチーフにしたものが多く、二つが向かい合った双龍文（双鳳文）と一つだけの単龍文（単鳳文）とがあります。三つ葉のような模様の三葉文などを含めて、我が国では、大半が六世紀中頃以降の古墳から出土しています。多くは金銅装で、朝鮮半島からもたらされたものとそれを模して我が国で作られたものとがあります。我が国では、単龍のものが八〇%を占め、西日本を中心に分布しており、一部関東方面からも出土しています。一方、双龍のものは日本海側を中心に分布する傾向にあります。また、朝鮮半島の出土事例から、双龍（鳳）文は高句麗系、単龍（鳳）文は百済系、三葉文は新羅系とする研究があります。こうしたことから、それぞれの系列に親縁関係のある中央の豪族たちがその入手や配布、また、制作に関係していたのではないかと考えられています。

環頭大刀と群集墳

環頭大刀は、近江では、双龍文が高島町鴨稲荷山古墳、単龍文がマキノ町北牧野二号墳[注214]と竜王町鏡山古墳[注215]、三葉文が新旭町二子塚古墳[注216]から出土しています。

鴨稲荷山古墳は、横穴式石室の中に石棺を納め、墳丘は前方後円墳ではないかとされているもので、出土した双龍文環頭大刀は、朝鮮半島の昌寧《チャンニョン》校洞《キョドン》古墳の出土品に類品が見られることから舶来品とされています[注217]。鴨稲荷山古墳は、越前出身の振媛を母に持つ継体大王の擁立に深く関わった人物の墓で、その副葬品の内容からも、越前や若狭を通じて朝鮮半島の諸国と緊密な関係にあったことがうかがえます。従って、この古墳から日本海側に多く分布する傾向のある双龍文環頭大刀が出土したことに、さほどの驚きはないのです。

しかし、他の三基を見てみると、北牧野二号墳は、総数九六基ともいわれる大群集墳のうちの一基で、直径がわずか一〇m程度の小円墳なのです。二子塚古墳は、墳丘規模など詳細は不明ですが、安養寺地先の台地にある墓地にあったもので、周囲の状況から、おそらく、通有の横穴式石室を持った古墳だったと思われます。なお、ハマグリの入った須恵器の高坏が出土していることで有名です。鏡山古墳は、七基から構成される老々塚《ろうろうづか》古墳群中の一基で、周辺に多数分布する群集墳の一つなのです。群集墳に埋葬される人物が、鴨稲荷山古墳の被葬者のように、朝鮮半島の諸国から直接、自らの手で副葬品用の環頭大刀を入手したとは考えにくく、むしろ、朝鮮半島諸国と直接交流することのできる人物から配布を受けたと考える方が素直だと思います。

環頭大刀と製鉄

三種類の環頭大刀が出土した湖西高島郡内で、とくに北牧野二号墳が位置するマキノ町付近には、北牧野古墳群の他に、両方谷《りょうほうがだに》（四基）・西牧野（四七基）・伏ノ木《ふしのき》（四五基）・青地山《あおちやま》（三〇基）古墳群など、総数二〇〇基以上、いずれも横穴式石室を持つ湖西北部で最大規模の古墳群が形成されています。安曇川が形成する広大な沖積平野から離れた谷奥で、六世紀後半にこれだけの規模で群集墳が出現した背景には、これら古墳群の周辺に多数分布する製鉄遺跡が重要な位置を占めていたと考えられます。

鉄は、これまで、その多くを朝鮮半島からの輸入に頼っており、安定した鉄の入手が、五世紀代の活発な大陸との交渉の目的の一つであったともいわれています。国内生産が可能になった段階においても、鉄の重要性には変わりはなく、その生産と流通には、大和政権の強い力が働いていたと考えてよいでしょう。湖西北部で六世紀代にさかのぼる製鉄遺跡は、まだ、見つかっていませんが、谷奥に分布するこれら製鉄遺跡は、大和政権によって組織された鉄生産の専業集団によって運営されたものと見ることが可能だと考えています。湖西北部からは環頭大刀が県内四例中三例も出土しており、しかも、高島町に双龍文、マキノ町に単龍文、新旭町に三葉文と、

図72．高島郡内出土の環頭大刀
（（左）鴨稲荷山古墳：双龍文、（右）北牧野２号墳：単龍文）

それぞれ高句麗系・百済系・新羅系とされる三様の系統の違ったものとなっています。環頭大刀が、鉄生産などに関わる人々への報償的な意味を持ち、中央豪族によって下賜されたものであるなら、この三つの地域が、それぞれの系列の氏族と結ぶ豪族たちによって管掌されていたことになります。その中で、北牧野二号墳の被葬者には、鉄生産に関わる功績により、高句麗系の人々と関わりのある中央官人から環頭大刀が下賜されたのかもしれません。また、鉄生産に渡来人の技術が必要で、彼らも専業集団に加わっていたことが考えられますが、環頭大刀は、彼らの所有品だったのでしょうか。いずれにしても、この谷奥の群集墳は、大和政権のもとで組織された鉄生産に関わる専業集団を構成する人々の墓だったと考えていいと思います。

(二) 須恵器生産

鏡山古墳の環頭大刀

北牧野二号墳と同じ単龍文環頭大刀を出土した鏡山古墳については、詳細は明らかではありませんが、大字鏡小字三ッ山から山面にかけてに分布する群集墳中の一基であることには間違いないと思われます。鏡山古墳出土の単龍文環頭大刀は、雲気を吐くのではなく、玉をくわえており、顎髭や冠部分の様子などが北牧野二号墳のものとは趣の違ったものとなっています。北牧野古墳群の周辺に、製鉄関連の遺跡が集中的に分布していたように、鏡山古墳周辺には須恵器を生産した古窯跡が、やはり、集中的に分布する特異な地域となっています。

環頭大刀と須恵器生産

鏡山の須恵器生産については、『日本書紀』の垂仁紀三年の条に、天日槍《あめのひぼこ》の伝承として、「近江国の鏡村の谷の陶人《すえびと》は、天日槍の従人《つかいびと》なり。」と記されていることで有名です。「陶人」は須恵器生産に携わる工人を指しており、今の鏡村付近に、須恵器生産の専業集団が組織されていたことを伝えています。ただし、この伝承は、『日本書紀』編纂の時に編者が作り上げたもので、我が国での須恵器の生産が垂仁大王の時代までさかのぼることはありません。

近江での須恵器生産の開始は、現在のところ、水口町の泉古窯跡(注218)で、五世紀末頃にさかのぼります。しかし、ここでの生産は小規模で、六世紀前半頃までの短期間で終了し、その後の須恵器生産の中心は鏡山の古窯跡群に移ります。鏡山古窯跡は、鏡山の北側山麓の野洲町大篠原(注219)から東側山麓の竜王町薬師付近まで、広い範囲に分布しています。これまでの調査では、野洲町夕日丘古窯跡(注220)で六世紀前半に操業が開始され、群集墳が形成される六世紀後半から七世紀初め頃に最盛期を迎え、八世紀頃まで操業しています。

地下式あるいは半地下式の登り窯を用いて、高火度で焼き上げる須恵器生産に、渡来人たちの技術が必要であったことは、天日槍伝承からもうかがうことができます。また、群集墳の形成が最盛期を迎え、須恵器に対する需要が急速に増加する時期に、生産地が増加するのではなく、逆に、鏡山の古窯跡群で大規模で、かつ、集中的に生産されるようになるのです。鏡山古墳出土の環頭大刀は国産品と考えられますが、渡来系の技術者が保有するものか、また、新羅系の人々と関わる大和政権中枢部の人物からの下賜品なのでしょうか。いずれにしても、大津市春日山古窯跡(注221)や蒲生町宮川古窯跡(注222)などのように小規模に生産が行われることもありますが、須恵器の生産や流通にも、大和政権の強い干渉があったものと思われるのです。

㈢ 交易

古墳時代後期に形成される群集墳は、ムラの有力な複数の家族が、ムラの共同の墓域の中にそれぞれ数世代にわたり密接して古墳を築いてきたことで形成されています。墳丘や石室などの規模には、ほとんど、優劣に差がないのが特徴なのですが、副葬品を見てみると被葬者の階層や性格の違いを区別できるものが存在しています。

馬具

五二基の古墳が知られている大津市大通寺古墳群では、大津北郊域ではほとんど出土しない馬具類が出土しています。しかも、わずか三基からだけで、いずれも杏葉や雲珠など装飾性の高いものが轡や鞍などと一緒に副葬されており、威儀を正すための馬具と考えられます。その中には、三七号墳(注23)から出土した金銅装銀鋲剣菱形の特殊な杏葉が見られます。これは、本体の鉄地には、普通に見られるように鍍金した青銅を貼っているのですが、鋲部分にだけ鍍銀しており、類例のない特異なものです。

外来品と交易

大津北郊域の群集墳や甲良町北落古墳群などから出土している馬具や簪《かんざし》、釧などは、等質的な群集墳の被葬者の中に、これらを保有し、着装した特別な人がいたことを示しています。これらは主に朝鮮半島で出土するものです。大津北郊域には、平面形が方形で、天井部がドーム状になる外来的な玄室構造を持つ横穴式石室墳が多数築かれています。また、甲良町の群集墳にも、大津北郊域とは別の構造ですが、やはり、外来的な構造の横穴式石室が分布することが知られています。また、大津北郊域の石室からは、外来的な埋葬儀礼にともなうミニチュアのカマドがよく出土します。これらは、マキノ町北牧野二号墳の

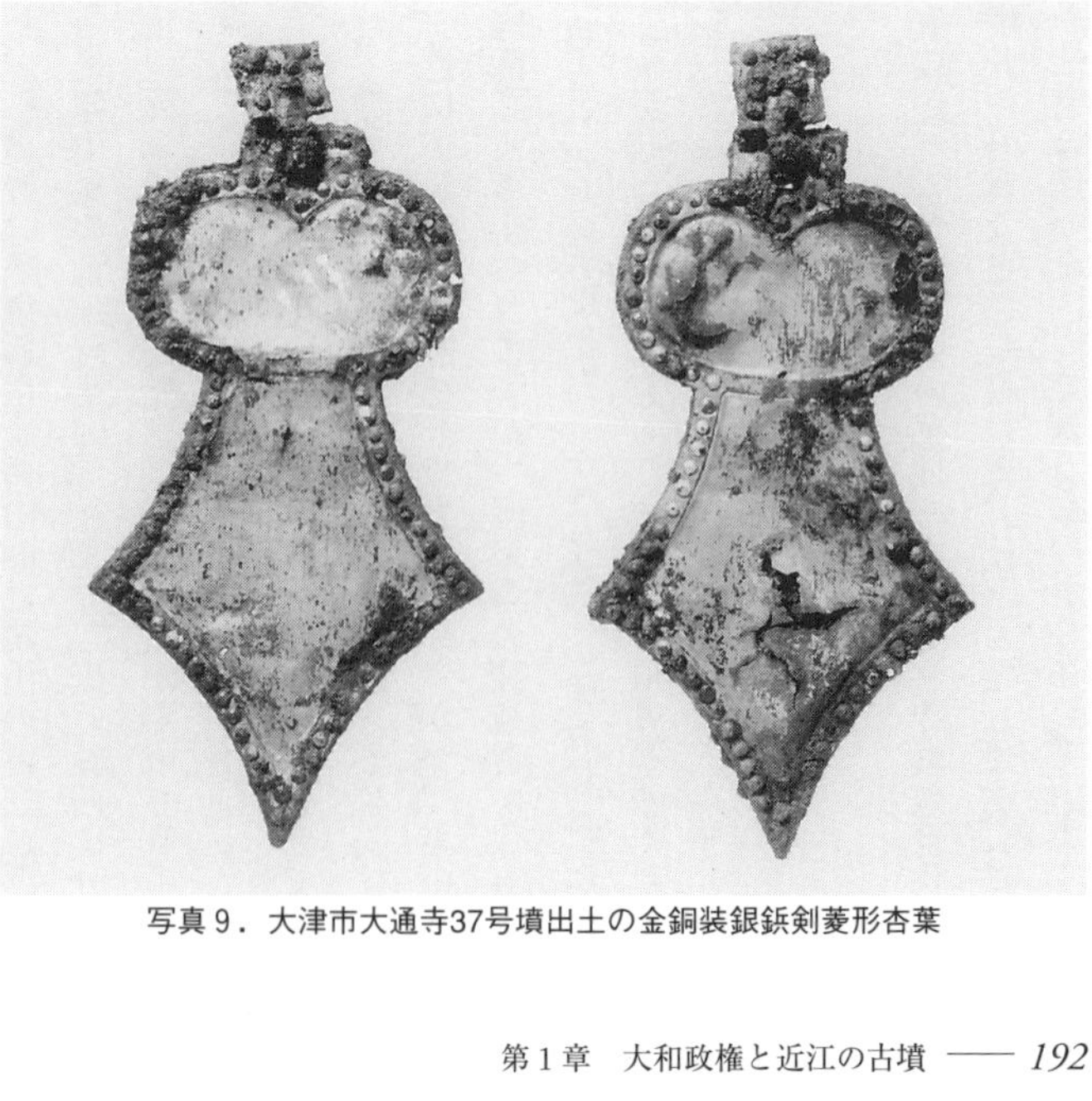

写真９．大津市大通寺37号墳出土の金銅装銀鋲剣菱形杏葉

環頭大刀のように、大和朝廷や中央の豪族たちが介在してもたらされたと考えられるものではなく、被葬者たちが日本に渡来する際に、直接、朝鮮半島から持ち込まれたものか、あるいは、交易関係などの職掌にあるものが入手し、着装していたものと考えられます。

㈣　金工細工

象眼装大刀

草津市北谷七号墳(注224)からは、刀の柄の頭部を飾る金具に銀象眼を施すものが出土しています。文様は、本来は、向かい合う二匹の龍を線彫りして象眼するものですが、もとのモチーフがわからないぐらい簡略化されており、おそらく大陸のものをまねてデザインされた国産品と思われます。高島町音羽一四号墳(注225)からは、刀の鍔《つば》や鞘口の金具に渦巻き文あるいは唐草状の文様を銀象眼したものが出土しています。山東町のすも塚古墳(注226)からも刀の鍔に「の」の字形の文様を施したものが出土しています。その他、栗東市和田八号墳の柄に銀線を巻き付けた刀も特殊なものといえます。

これらはいずれも国産のものだと思われますが、大通寺三七

写真10．草津市北谷７号墳出土の銀象眼のある刀の柄頭

号墳出土の銀鋲を施す杏葉と同様に、高度な技術を要する貴重品だったと考えられます。下賜品と考えられる環頭大刀とは異なり、これらは、技術者や交易関係者などの職掌上、また、群集墳を形成する有力家族の中でもさらに富裕な人々など、それを入手することのできる立場・環境にある人々によって副葬品に加えられたものと思われます。

㈤ 鍛冶

鍛冶滓

特殊な副葬品の一つに、鍛冶を行ったときに生じる鉄滓《てっさい》（鍛冶滓）があります。これは、はやくも古墳時代前期の古墳から出土していますが、多くは後期古墳からの出土で、六世紀代よりも七世紀代の古墳からの出土例が多いようです。何らかの呪術的な目的を持った習俗の問題とする考え方が強いようですが、被葬者の生前の職業、生業と関わるものかも知れません。

鉄釘・鎹

横穴式石室に収められる副葬品から、技術者や交易関係などの職掌、また、それらを入手することのできる富裕層など、古墳時代後期に等質的な群集墳を築く人々の間に様々な階層構造の存在することを見ることができました。副葬品以外では、石室の中に収められる棺の種類からも、被葬者の性格を推し量ることができます。

棺の多くは、現在のものに似た箱形の木棺です。この木棺にも釘や鎹《かすがい》を用いるものと釘などを使わず組み合わせるものとがあったようです。古墳時代の釘は鍛造で方形の断面形を持ち、一端を扁平に叩きつぶして折り曲げ、他端を尖らしたものです。鎹もやはり鍛造で、背の部分は扁平なものが多く、棺に刺さる部分を方形にしているものが多いようです。まれに銅釘もありますが、ほとんどが鉄釘です。円形などの座金具を用いるものもあり、竜王町三ッ山古墳群では、棺に菊花文様の銅の飾り金具を留めるための小さな釘が見つかっています。木棺にこうした釘や鎹を使った事例は案外少なく、県内では三〇例ほどの古墳が知られているにすぎません。時期的にも六世紀代にさかのぼるものは少なく、大半は七世紀に下ります。

鉄釘と鍛冶

我が国での製鉄は、吉備地方などで六世紀にさかのぼる事例が知られていますが、近江では、六世紀代にさかのぼる可能性はあるものの、現在の所、木之本町古橋遺跡や大津市南郷遺跡など七世紀初頭から中頃の製鉄炉が知られているにすぎません。これに対し、鉄を製品に加工する鍛冶については、工房跡の検出や古墳から出土する鉄滓から四世紀代にさかのぼることがわかっていますが、まだ、この頃の鍛冶技術の様子は詳しくわかっていません。五世紀代になると、鍛冶遺構や鉄滓が地域の核となるような集落から検出されることが多くなります。また、六世紀代では、限られた横穴式石室墳に鍛冶滓が副葬されていることなどがわかってきました。このことから、鍛冶作業は集落の有力者の管理下にある特殊な職掌であったと考えられます。こうした鉄製品の生産事情下にあって、木棺用の鉄釘や鎹からも、これらを生産し、使用した特別な人物の存在が推しはかれるのです。

㈥　石工

石棺

古墳に収める棺の材料には、木材を用いるのが一般的なのですが、まれに石材を用いるものがあります。石棺には刳り抜いて作るものと板石を組み合わせて作るものとがあります。また、古墳時代前期には、竹を割って蓋と身にしたような割竹形石棺や舟のような扁平な形をした舟形石棺など、木棺の形を模して石材を刳り抜いて作った石棺が多く見られます。古墳時代中期には組み合わせ式の長持形石棺、古墳時代後期には蓋の部分が屋根の形をした家形石棺などが流行しています。

古墳時代前期や中期の前方後円墳などの古墳は、各地の首長たちが築造したものなのですが、中でも中期に多い長持形石棺は、大半が、全長一〇〇m以上の巨大な前方後円墳にを収められています。古墳時代後期おいても、石棺は、鴨稲荷山古墳や山津照神社古墳、大岩山古墳群中の円山古墳や甲山古墳など、首長たちの系譜につながる大型古墳に採用されていくものなのです。

石棺と石工

こうした石棺は、前方後円墳の終焉にあわせて作られなくなりますが、六世紀後半から爆発的に形成される群集墳の中に、まれに採用しているものが見られます。大津市大通寺・百穴・羽栗・太古塚古墳群、高月町松尾宮山古墳群、栗東市上砥山古墳群などが知られています。これらは、石棺を内蔵すること以外では群集墳の中の他の古墳と変わることがないことから、首長墓に用いられたこれまでの権威の象徴としての石棺とは大きく異なります。群集墳の石棺の多くは、軟質の凝灰岩製のものが多いのですが、太古塚八号墳の組み合わせ式の石棺や、百穴二四号墳、羽栗二号墳などの刳り抜き式石棺では、これまでの首長墓でも用いられることのなかった加工の難しい硬質の花崗岩製のものが納められています。群集墳を形成する集落の中に、それぞれの石材を用いる石工を職掌とするグループが存在し、その長的な人物が石棺を製作し、石室に納めたのではないでしょうか。

(七) 犬上川扇状地の群集墳と職能集団

犬上川が形成する広大な扇状地には、二九八基もの古墳を築造した金剛寺野古墳群を始め、きわめて数多くの古墳が築造されています。それらの中には、被葬者たちの生前の職能を示す痕跡を残すものが比較的多くあり、大古墳群を形成したその背景を推しはかることができます。

木工

古墳の副葬品として出土する鉄製品の中に、工具と見られるものがあります。多賀町楢崎三七号墳(注227)出土の斧は、長さ九・六cm、刃幅三・八cmで、楕円形の袋部が付いています。板材の表面を整える手斧《ちょうな》の刃先と考えられるものです。ここからは、長さ一八・六cmの袋部の付いた鑿も出土しています。これらの工具はまれな副葬品なのですが、木工作業で細工や仕上げに必要な刀子はよく出土しています。刀子に次いで出土数の多い鉄鏃が武器の象徴であり、鎌が農具の象徴とすると、刀子は工具を象徴しているといえます。

後世の『正倉院文書』などの研究から、愛知郡には秦氏が多く住んでいたことが明らかにされています。彼らは、奈良時代の石山寺の造営に、司工、木工、土工、仏工、画師、櫃工などとして動員されたといいます。(注228)犬上川の扇状地や芹川の河岸段丘周辺は、沖積平野に比べて木材の豊富な地域であると考えられることから、この地域に集落を構える人々の中には、農耕に従事しながらも、植林や伐採を行う後の杣での作業や、木工の仕事に従事

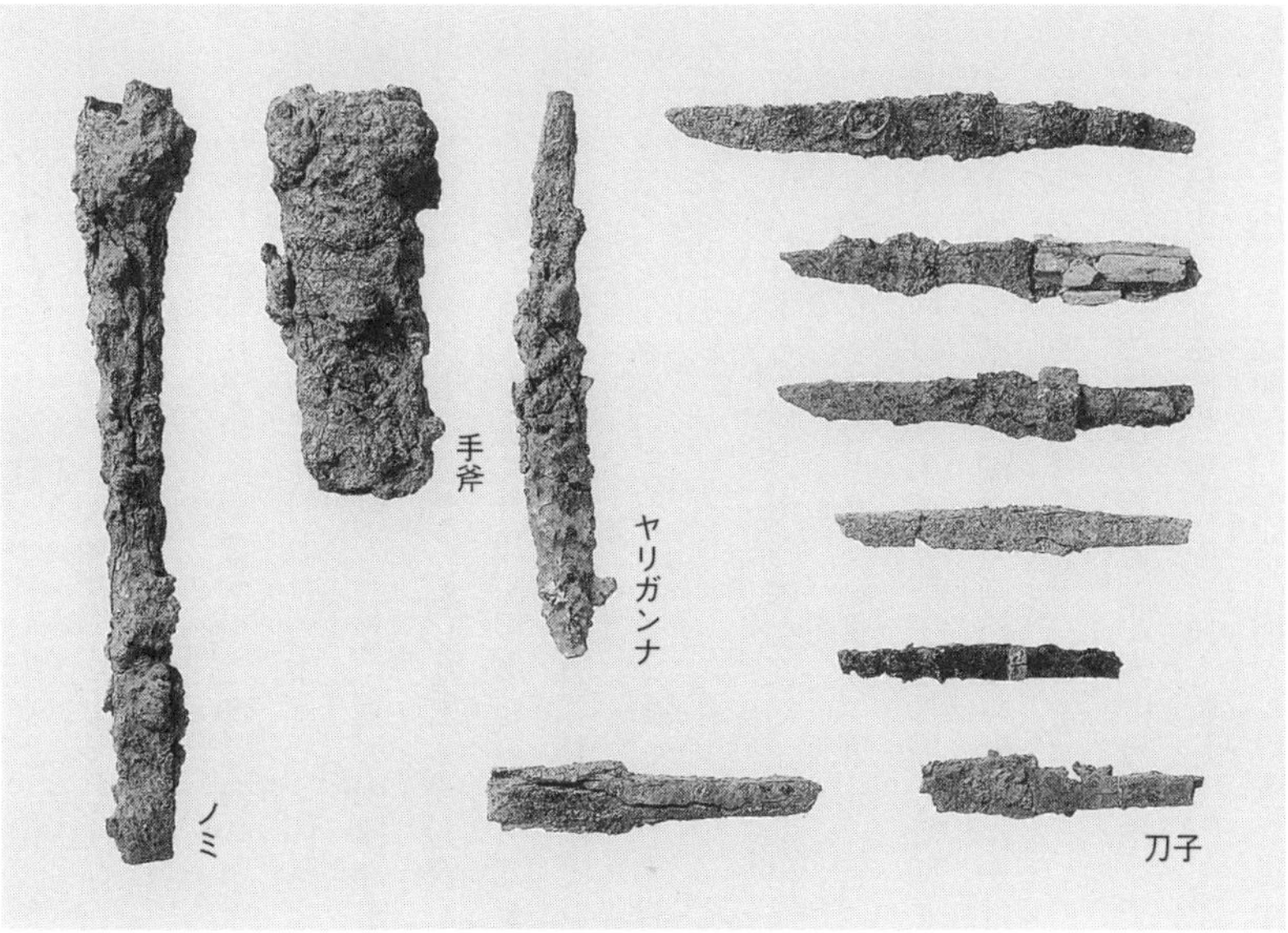

写真11．多賀町楢崎37号墳出土の鉄製木工具

する職能集団を形成していた人たちがいたものと思われます。特に、楢崎三七号墳は、手斧や鑿など、出土例のまれな工具が副葬されていたことから、被葬者は、その職能集団の長的な役割を担っていたのかもしれません。

製鉄

甲良町尼子遺跡(注229)では、七世紀前葉以降に築造された一八基以上の古墳が検出されています。このうちの五号墳の周溝から、炉壁、鉄釘、炭などとともに鉄滓が出土しています。周溝内にも埋葬が行われたようで、炉壁などは木棺を安置した後に乗せられたものとされています。五号墳は七世紀前葉に築造されており、周溝内埋葬もさほど遅れずに行われたと考えられます。鉄滓は三〇点ほど出土しており、いずれも製鉄の際に生じる精錬滓だったのです。鉄滓は、近江では、四世紀代の今津町妙見山三八号墳を始め、五世紀代の今津町甲塚一一号・二五号墳、六世紀代の大津市石神三号墳、大津市野添七号墳、中主町木部《きべ》天神前古墳、浅井町木尾古墳、七世紀代の大津市横尾山一九号墳、高月町八ツ岩A―二二号墳など、古墳時代を通して供献が行われていますが、これらはいずれも鍛冶に伴うもので、精錬滓は尼子五号墳が唯一の事例なのです。

わが国での鉄の生産は、これまでに岡山県の吉備地域や福岡県を中心とする北部九州地域などで、六世紀後半頃の製鉄炉が確認されており、遅くてもこの頃から広く各地に伝わり始めたものとされています。近江では、現在のところ、七世紀初頭から中葉頃の古橋遺跡や南郷遺跡などが最もさかのぼるもので、尼子五号墳の時期とは食い違いません。ただ、奈良時代を含めた製鉄遺跡の分布は、湖北北部から湖西、湖南の南郷から瀬田にかけた地域に集中し、湖東地域では彦根市内の奈良時代の一例が知られているのにすぎません。

尼子五号墳の被葬者が鉄生産に直接関わる人物か、あるいは、習俗としての鉄滓の供献なのか、今の段階では判断できません。しかし、尼子遺跡の古墳群は、犬上川の扇状地に形成される群集墳の中で最も新しく、七世紀前葉に造墓を開始しており、六世紀中葉から後葉に群集墳を形成した氏族とは別に、新たに編入してきた集団と考えることができます。その彼らが、製鉄に関わる技術を持った職能集団を形成していた可能性も否定できません。

鍛冶

尼子五号墳から精錬滓が出土したこととともに、尼子一号・四号・五号墳から木棺の組合せに用いられた鉄釘が出土していることに注意する必要があります。石室に納められる木棺の多くは、今の棺に似て箱形ですが、その組合せに釘が用いられることが比較的少なく、また、釘が出土する古墳の分布に偏りがあります。すなわち、ドーム状玄室を持つ横穴式石室が集中的に分布する大津北郊域では、六世紀から七世紀にかけての群集墳が形成されるほぼ全期間で、大半の古墳から釘が出土しています。また、鍛冶滓が出土した横尾山古墳群、階段状施設のある石室を築き、周辺の鏡山古窯跡との関連がうかがえる三ツ山古墳群、鍛冶工房と関わる草津市北谷古墳群や栗東市和田古墳群、鍛冶滓が多数出土した桜内遺跡に隣接する長野古墳群や長山古墳群、渡来系氏族との関わりの深い息長氏の本拠地に分布する近江町黄牛塚《おぎゅうづか》古墳、長浜市諸頭山《もろとやま》古墳群、山東町高岡塚古墳群と、渡来系氏族とともに鍛冶や製鉄との関わりの強い地域に限られる傾向が見られます。このことからも尼子古墳群を形成した人々と製鉄や鍛冶との関係がより一層明確になるものと考えます。

朱砂・水銀

朱は、天然に産出するもの以外では、水銀を加熱加工する特殊な技術を要します。弥生時代から古墳時代にかけての頃、朱の持つ魔よけ的な意味合い、また、殺菌能力から防腐剤的な機能を期待して重要視され、遺骸や遺骸を納める施設に朱を塗布することが盛んに行われました。しかし、古墳時代後期になって、横穴式石室を持つ群集墳が盛行する頃になると、朱の使用がほとんど見られなくなります。近江においても、鴨稲荷山古墳、円山古墳・甲山古墳などの石棺の内面、山津照神社古墳や大型円墳である木部天神前古墳の石室の内面など、各地の首長墓級の古墳に朱の塗布が認められるものの、一般の群集墳ではほとんど見られなくなるのです。

そうした中で、多賀町木曽遺跡・楢崎古墳群、北落古墳群、金剛寺野古墳群など、犬上川流域に分布する群集墳の横穴式石室に多用され、また、葛籠北古墳群中でも木棺の内面に朱を塗布するものが見られるのです。これらは、木棺直葬の葛籠北古墳群や畿内型の石室を築く楢崎古墳群を除いて、いずれも階段状の施設を持つ外来系の石室で構成された古墳群なのです。百穴二四号墳の家形石棺の内面や三ツ山四号墳の石室壁面など、朱を塗布する県内のわずかな事例も、また、ドーム状玄室、あるいは、階段状施設のある横穴式石室を持つものなのです。このことから、六世紀中頃に、犬上川の扇状地に階段状施設のある石室を持つ群集墳を築いた人々に、朱を精製する技術があり、遺骸や埋葬施設に朱を塗布することができたと考えることができます。

朱砂・水銀の産出、その精錬には秦氏が関わっていたとされ、犬上川に入植したとされる依知秦氏の中にその職掌を持つ集団が存在し、首長たちへの貢納だけではなく、葛籠北古墳群や楢崎古墳群などを形成した在地の有力層との交易や交流も盛んに行われていたのでしょう。

四. 渡来系氏族の足跡の事例

(一) 大津北郊域

ミニチュア炊飯具セット

横穴式石室には、一般の住居跡から出土するものと同じ須恵器類や土師器類が納められています。この点は、石室の大小に関わりなく、すべての人々に共通した葬送儀礼となっています。そうした中で、渡来系の人々の足跡を顕著に示す副葬品があります。その一つに、土器類で、竈《かまど》、甑《こしき》、甕など炊飯具の一式をミニチュアにしたものがあります。六世紀代の竪穴住居には、竪穴の壁に粘土で作り付けた竈が設けられています。この竈を持った住居からは、竈にかけて煮炊きするのに火が当たる面積を広くするために胴を長くした長胴甕、球体の甕、鍋などが出土しています。煮炊きに炉が用いられていた頃までよく見られた甑は、五世紀に竈が日本に伝わった初期の頃を除いて、ほとんど見られなくなっています。こうした竈を移動可能にしたものが九州などに多く見られ、近江でも集落跡から数例出土しています。ミニチュア炊飯具の竈は、この移動式のものを模したものなのですが、これに、長胴の甕や取っ手付きの甕だけではなく、一般の集落からはほとんど出土しなくなっている甑がセットになっているのです。

このセットが大津の北郊域の六世紀中頃から後半にかけての横穴式石室から集中的に出土しているのです。納められる位置も、玄室の入口に当たる玄門左側コーナー付近、あるいは玄門を入った左側の壁に沿ったところに集中しているようで、他の須恵器類などとは区別されて納められています(注230)。

須恵器類などと同様に、炊飯具セットを彼岸の地に持ち込むという思想で、中国大陸や朝鮮半島からの渡来系氏族との関係が考えられています(注231)。また、大津北郊の地域には、玄室の平面が方形で、天井がドーム状になる特殊な構造を持った横穴式石室が集中的に分布しています。この石室が百済や伽耶など朝鮮半島との関わりの強いものであることは、すでに、お話ししたところです。また、ミニチュア炊飯具セットは、近江以外でも、大和の飛鳥西部や葛城の地、河内など、渡来系氏族の勢力の強いきわめて限られた地域から出土しているのです。

簪・銅釧

また、五二基ある大通寺古墳群からは、三七号墳を含めて二基の古墳から銅製の簪《かんざし》が出土しています。同じ大津北郊域の大谷古墳群(注232)では一基、太鼓塚古墳群では四基、また、甲良町の北落古墳群(注233)からは一基のみと、これも群集墳の中できわめて限られた古墳からだけ出土しているのです。(注234) これが冠などの留め具であれば、冠を着装する人がいたことになりますし、髪結いの道具だったとしても、日本的な装いより外来的な髪型が考えられるのです。

さらに、大津北郊域の大谷古墳群と太鼓塚古墳群では青銅製の釧が出土しています。この釧も、主に、朝鮮半島などで出土するものなのです。

渡来系氏族の定住

大津北郊域には、ドーム状の天井を持った玄室構造の横穴式石室を構築し、ミニチュア炊飯具を副葬する風習を持った渡来系の人々が集住していたと考えられます。渡来系氏族の痕跡は、ミニチュア炊飯具などの他に、青銅製簪や青銅製釧など、特殊な装身具にも認められました。このことに対し、武器・武具・馬具類などについては、ほとんど出土していないことに気づかされます。同じ系譜の石室構造を持つ湖北町四郷崎古墳からは鉄鏃が六〇本、米原町磯崎古墳群では一号墳と二号墳から直刀、三号墳から直刀、鉄槍、鉄鏃などが出土していることと比べれば大きな違いといえるでしょう。また、大津北郊域には古墳時代後期だけで六五〇基以上の古墳が密集しているのですが、馬具が出土したのは、このうちわずか三基だけなのです。木棺に鉄釘や鎹を大量に使っているので、鉄の入手が困難だったわけではありません。むしろ、武器や武具などを持たない非武人的な、文人的な人々が集住していたと考える方が素直だと思います。彼らの子孫は、六世紀末以降にも、寺院以外には見られない礎石を用いた建物や、住居に土壁を用いる大壁造りの建物を作り、床暖房のオンドルなどを構築して集落を営んでいるのです。

渡来系氏族といえば、先進的な開発技術の導入だけを考えがちですが、大津北郊域は、山丘が湖まで張り出した地形を持っており、さらに可耕地を拡大するだけの余裕を持っていないので、彼らが、単に先進的な土木技術だけを持って活躍したのではないことがわかります。崇福寺・南滋賀町廃寺・穴太廃寺・園城寺前身寺院などの寺院の建立を始めとする宗教的活動、天智天皇の時に完成したとされる近江令を始めとする諸法令の作成、また、逢坂山を越えれば山背に入り、瀬田川、宇治川、木津川、淀川などの諸河川を用いた大和や河内との通行など、陸路・水路の要衝にあることから、運輸・交通体系の整備などに果たした役割は大きく、大津宮遷都に際しても非常に大きな役割を担ったと考えられるのです。横穴式石室に葬られた人々は、こうした人々の祖先と見てよいでしょう。

(二) 犬上川の扇状地

大壁造住居

犬上川流域には、埋葬施設の構造以外にも渡来系氏族の足跡が残されています。その一つに、多賀町木曽遺跡、愛知川町長野遺跡・なまず遺跡など(注235)で検出されている「大壁造り」と呼ばれる住居があります。普通の掘立柱建物のように、壁に間柱が見えるものを「真壁造り」、土壁を塗り込んで間柱を隠すものを「大壁造り」と呼んでいます。木曽遺跡(注236)のSB〇四〇一は六世紀後半に作られたもので、七・六二m×六・〇六mの規模で方形に布掘りし、五間×四間の柱穴が見つかっています。束柱や棟持柱がなく、寄棟、あるいは、入母屋形式の住居と考えられています。なまず遺跡(注237)のSH三は、六世紀末頃のもので、五・五m×五・六mとほぼ方形に溝が巡っています。棟持柱を持っていることから切妻の

写真12．大壁造建物の復元模型

大壁造りです。

大壁造りは、階段状施設のある横穴式石室が分布する犬上川扇状地、ドーム状玄室を持つ横穴式石室が分布する大津北郊域など、渡来的な要素が多く見られる地域に分布するとともに、忠清南道公州市公山城など朝鮮半島でも類例が見つかっており、渡来系氏族との関わりがきわめて強い住居といえるものです。しかし、日本の風土に合わなかったのか、六世紀末から七世紀前半の一時期に集中し、次世代には引き継がれていません。

未焼成木心粘土槨墳

横穴式石室以外の埋葬方法として、六世紀後葉に築造された愛知川町塚原古墳(注238)の未焼成木心粘土槨と呼ばれるものがあります。県内では日野町小御門《こみかど》第Ⅱ—二号墳(注239)があり、県外では、大阪府の北摂地域や泉北地域、また、静岡県でも類例があるといわれています。北摂や泉北は須恵器の窯跡が多数分布する地域であり、窯業に関わる人々が残した墳墓と考えられています(注240)。宇曽川右岸の丘陵裾部に、須恵器窯である秦荘町常安寺高坪《たかつぼ》遺跡(注241)がありますが、七世紀初頭頃を中心とするものであって、塚原古墳との直接的な関係は明かではありま

写真13．県内各地の徳利形須恵器

せん。しかし、階段状施設を持つ横穴式石室を構築した人々とは異なる出自の人々によるものであるとすれば、犬上川流域や日野川上流域などに定着する渡来系の人々について、新たな問題を提起することになるでしょう。

徳利形須恵器

平底の徳利形須恵器は、現在のところ、犬上川流域の甲良町塚原古墳群と小川原古墳群、大津北郊域と安曇川流域の古墳からの出土に限定されています。[注242] 朝鮮半島の百済の地に多い器形とされるものです。大津北郊域にはドーム状玄室を持つ石室が集中的に構築され、安曇川流域も朝鮮系軟質土器や初期須恵器を出土する南市東《みなみいちひがし》遺跡や下五反田遺跡などが分布する地域であり、その製作に関わる渡来系氏族の存在が想定できます。

簪[注243]

簪は、冠の留め金具、あるいは、髪結いの際の留め金具で、外交の際の儀礼、あるいは、外来的なヘアースタイルに整える際に用いられたものと思われます。全国で三〇数例しか知られておらず、しかも、大和、河内の畿内中枢部と近江にそのほとんどが分布しています。五世紀後半と七世紀前半の事例が各一例あるのみで、他はいずれも六世紀代のものとなっています。近江では、六遺跡八例を数え、うち七例が大津北郊域の古墳から、残る一例が甲良町北落遺跡SX九二〇九からの出土であり、二つの特異な石室が集中する地域に限られています。また、大和では、ミニチュア炊飯具を伴うものが五例あり、さらに、奈良県寺口忍海E―一二号墳からは鉄滓が出土しています。また、出土人骨から男性が使用していたことも判明しています。従って、被葬者は、先進的技術である鉄生産に関係し、しかも、古墳群中限られた古墳からしか出土していない点から、王権のプロジェクトのもとで、鉄生産集団の指導的な立場にあった人物であったとされています。犬上川流域でも、少し時期が下りますが、甲良町尼子五号墳から精錬滓が出土しており、簪が出土することを考えるうえで参考になります。

子持勾玉

新たな渡来系氏族の定着に関わって、朝鮮半島との交流を物語るものに子持勾玉があります。大型の勾玉に、その腹背部や両側面に小型の勾玉を付けたもので、古墳時代中期から後期の頃に用いられた祭祀品です。全国でおよそ一五〇カ所、一八〇点ほど、県内からも一〇遺跡一〇点、うち、彦根市福満遺跡(注244)からも六世紀後葉のものが一点出土しています。これは、長さ八・一cm、幅五・四cm、厚さ三cmの大きさで、背部に三個、腹部に一個、両側面に二個ずつの合計八個の小型の勾玉を付けています。県内出土例中ただ一点、体部全体に竹管状の小円圏が施されていることが大きな特徴です。

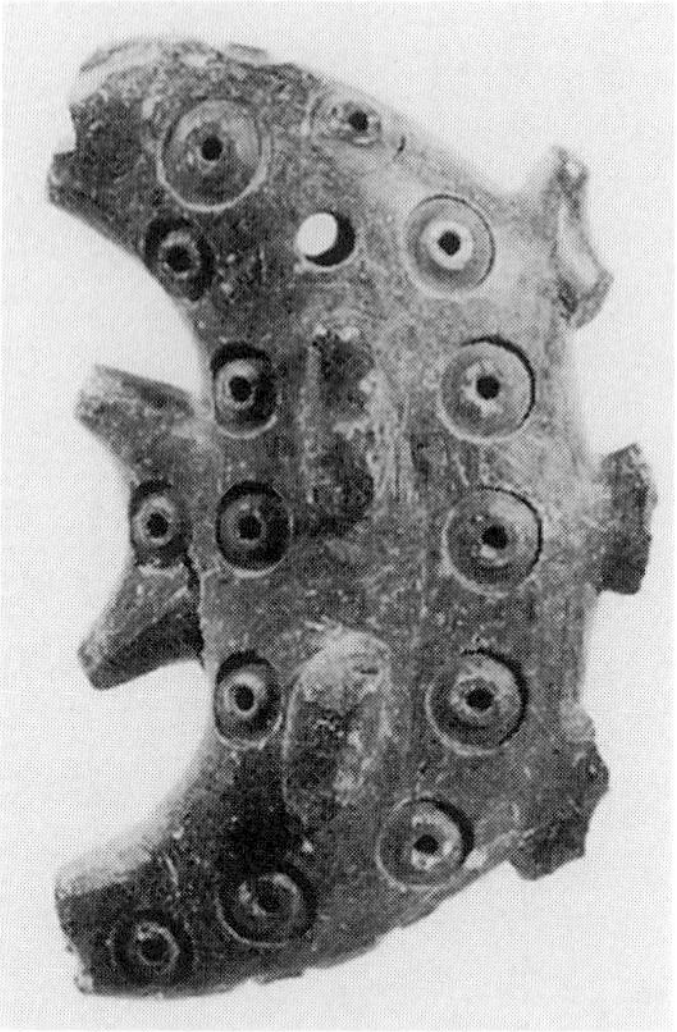

写真14．彦根市福光遺跡出土の子持勾玉

このタイプのものは六世紀に多く、伯耆・能登・越中・信濃・上野・武蔵・三河・紀州に分布しており、現在の所、畿内からは出土していません。その分布状況から、日本海地域の能登や越中から信濃、さらに上野や武蔵野へと東国への伝播ルートが想定でき、また、福満遺跡についても、伯耆を含めた日本海地域との結びつきが想定できるのです。さらに、子持勾玉は、朝鮮半島でも、扶余軍首里、昇州月山里、新安大川里、伝晋州などからも出土しており、これらは日本からの将来品とされています(注245)。特に、晋州出土と伝えられるものには竹管文を施すものがあり、朝鮮半島との交流が、北部九州を経由した大和政権だけではなく、日本海地域を経由する民間によるものがあったことを示しています。福満遺跡出土の子持勾玉は、犬上川流域への新たな渡来系氏族の定着の背景に、日本海地域を経由した朝鮮半島との直接的な交流のあったことを示しているのです。

五．古墳時代の終焉に向けて

(一) 群集墳の変貌

群衆墳の中の前方後円墳

古墳時代は、まさに、前方後円墳の時代と呼ぶのにふさわしく、北海道と東北北東部、沖縄を除く全国に五二〇〇基も築かれ、その規模や副葬品などによって首長たちの権威を象徴してきました。しかし、六世紀前半、古墳時代後期前半になると、前方後円墳は首長たちの墳墓としての役割を終えることになります。このことと逆に、これまで古墳を築けなかったムラの有力家族たちが、自分たちの墳墓として首長たちが導入した横穴式石室を自ら構築するようになります。家長の死を契機に次々と石室を築き、さらに、ムラを構成する複数の家族が共同墓地を形成するため、多数の古墳が密集し、群集墳を形成することになります。ムラの中の優劣によって多少の規模の差は生じていますが、これまでの前方後円墳に見られるほどの差はなく、きわめて等質的な状態を保っています。しかし、そうした中にも、男系社会の性的な埋葬上の区別、成人と未成人の区別、鉄や須恵器の生産、貢納などで大和政権から下賜品を受ける階層、交易などに伴い大陸的な文化の影響の差異を示す階層、石工など職掌による階層など、古墳時代の終焉に向かう社会構造の一端をうかがうことができました。さらには、首長たちが放棄した前方後円墳を取り入れ、群集墳の中でもさらに盟主的な立場を強調する者が残ります。例えば、八日市市八幡社四六号墳(注246)は、六世紀後葉に築造された全長二四mの前方後円墳です。この四六号墳は、二、三基ずつのまとまりをもって計一七基が直線的に分布している八幡社古墳群の中の一基で、もはや、分布の上からは他の古墳と区別された特殊な扱いはなされていません。ただ、後円部だけではなく、前方部とくびれ部の三カ所に横穴式石室を築いており、墳形の視覚的な要素で盟主としての立場を強調することの他に、群集墳を構成する他の古墳との間に何らかの差異を設ける必要があったのかもしれません。

群集墳の終焉

墓制の上で古墳時代後期を特徴づけている横穴式石室から、これまでお話ししてきました近江の古墳時代後期という時代をまとめてみると、その展開過程に四つの段階が見られます。(注247)

第一段階（六世紀前半）は、首長たちが大和で発祥したとされる構造の横穴式石室を受容する段階です。また、畿内型の受容とほぼ同時に、羨道が入口に向かって登り勾配になり、同時に天井部も順次高く架構する近江特有の石室が考案されます。これに前後して、大津北郊と湖北の一部のきわめて限られた地域で、朝鮮半島の百済や伽耶あるいは漢人系氏族との関わりが考えられる特徴ある構造（ドーム状の天井部と方形平面の玄室）を持った石室を構築する人々によって群集墳が形成されます。

第二段階（六世紀中頃）は、湖西・湖北の首長たちが畿内型、湖東の首長たちが近江型の石室を受け継いでいく段階です。近江型の石室は、後に形成される湖東地域の群集墳に影響を及ぼし、一部三重県の伊賀地方にも及んでいます。さらにこの段階には、羨道と玄室との境に階段状の施設が設けられる特徴的な石室構造を持った群集墳が湖東地域に形成されます。この石室構造も百済や新羅の「竪穴系横口式石室」と呼ばれるものに祖形が求められるもので、これらの地域の人々との関わりを示すものといえます。

第三段階（六世紀後半〜七世紀前半）は、首長たちが築造してきた前方後円墳が姿を消し、逆に、群集墳が爆発的に増加する段階です。この段階では、群集墳の大半が大和系とされる石室構造を採用するとともに、ドーム状玄室を持つものや階段状施設のあるもの、近江特有の石室構造を持つものなども大和系の影響を受け、その伝統が薄れていきます。また、それぞれが大和系の石室と混在して群集墳を形成する場合も増加します。

この第三段階も後半になると、石室が小型化するとともに、追葬を目的とする横穴式石室本来の性格がなくなり、単葬墓として棺を覆うだけの簡略化された施設となっていきます。さらには、入口を持たない竪穴式の小石室になる場合もあります。第三段階後半は、群集墳そのものが終焉を迎える段階なのです。

(二) 終末期古墳

岩屋山亜式の石室

第四段階（七世紀中頃～八世紀初頭）は、群集墳の終焉と重複して、いわゆる終末期古墳の築造が開始される段階です。近江で七世紀中頃以降に築造あるいは古墳群を形成するものとして、新旭町の下平《しもだいら》古墳群(注248)、下井《したい》古墳群(注249)、大津市の唐臼山《からうすやま》古墳(注250)、横尾山古墳群(注251)、日野町の北代《きただい》遺跡(注252)、浅井町の東野古墳群(注253)などが知られています。これらは、第三段階までの群集墳とは異質な部分があり、墓制の上では新たな段階に入ったと考えられるのです。なかでも、横尾山古墳群の中の一号墳、唐臼山古墳、平石古墳(注254)などに、第三段階までの各種の石室系譜とは全く異なった切石の石材を用いた新たな型式の横穴式石室が現れます。この石室は、大和の終末期古墳の系譜をひいた「岩屋山式亜式(注255)」とされるもので、大和とのストレートな関係のあったことを示しています。北代一号墳も石材の抜き取り跡から切石の石室と考えられています。

『日本書紀』孝徳紀大化二（六四六）年の条に見られる「大化の薄葬令」では、地位や身分に応じて、墳丘の規模や築造にかりたてられる役民の員数などを規定し、豪族たちが築いてきた前方後円墳に象徴される巨大な墳墓の築造を規制しました。しかし、西日本では、各地の豪族たちが自らの力で築造してきた前方後円墳が、すでに、姿を消している段階ですから、発令された「大化の薄葬令」は、「大化の改新の詔」によって、全国の土地・人民を公地公民と定めたことにより、土地や役民の動員を必要とする墳墓の築造についても、すでに消滅している私営を禁止することに加え、公葬制を規定したものと考えられます。

そして、これまでの石室には見られなかった「岩屋山式」といわれる横穴式石室が、いずれも全く共通した築造規格を持っていること、七世紀中頃を中心に築造されていること、群集墳を形成する小型古墳にはあまり見られず、比較的大型の古墳や独立墳に採用されていること、大和南部の飛鳥から桜井にかけての地域を中心に分布する天皇家や有力豪族層に採用されていることなどから、「大化の薄葬令」は、考古学的には、この「岩屋山式」あるいはその系統の石室に反映していると見られているのです。(注256)

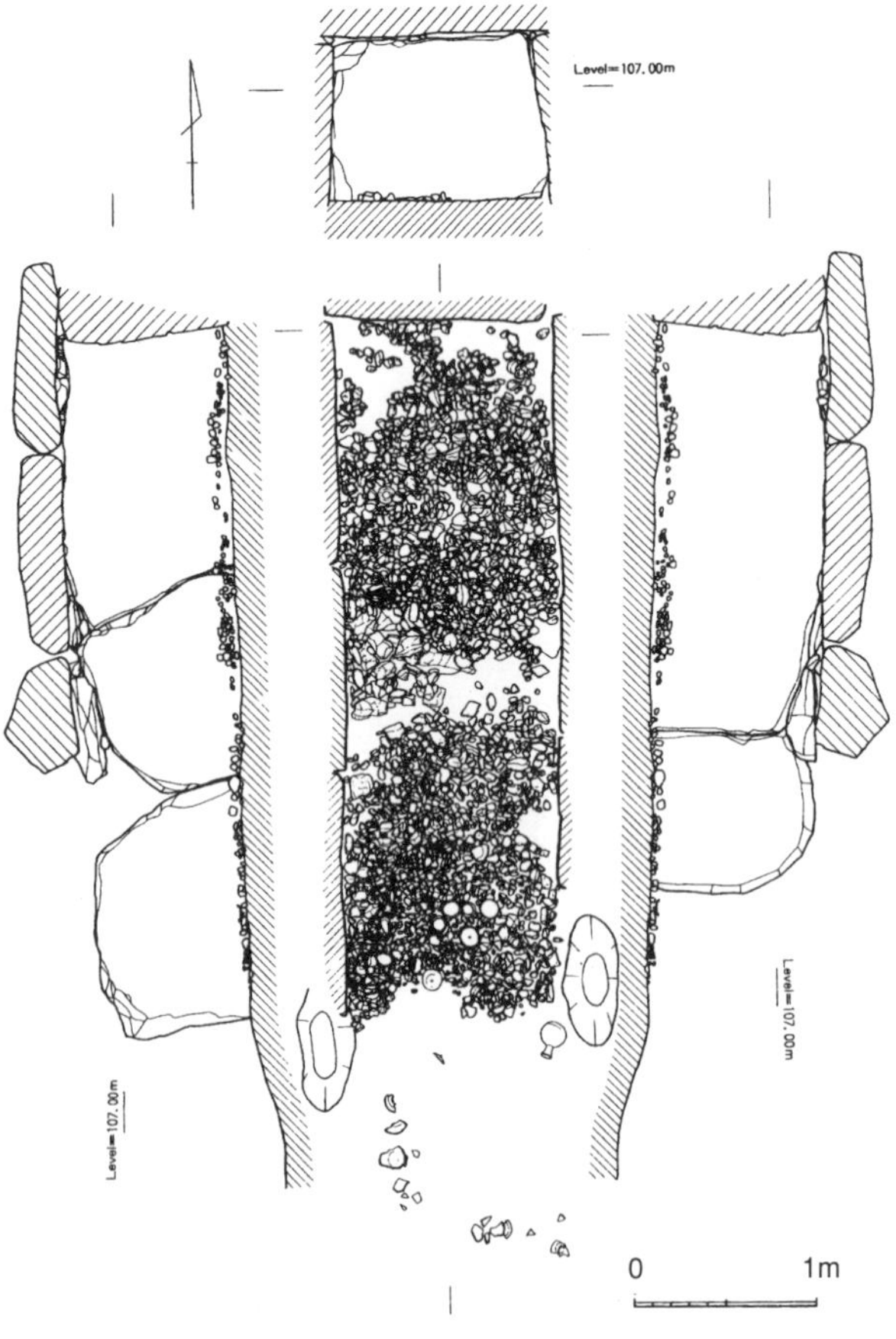

図73．大津市横尾山１号墳の横穴式石室

従って、「岩屋山式」の系譜を持つ横尾山一号墳や大津市唐臼山古墳などについても、第三段階までの、在地の有力者たちが自らの権威を象徴させるために築いてきた墳墓とは異なり、中央官僚が直接地方を支配する新たな政治体制の中で築造されたものと見ることができます。すなわち、その被葬者は、新たな中央・地方官制の中に組み込まれたある種の地方官であったのではないかと考えられるのです。

終末期の群集墳

一方で、無袖で追葬のできない小型の横穴式石室一二基、竪穴系の小石室二基、不明四基などで構成される甲良町尼子古墳群のような群集墳も形成されます。この群集墳の被葬者たちは、木棺に鉄釘を多用していることや精錬滓が出土していることなどから、鉄生産や鍛冶に関わった集団と考えられました。同じ終末期古墳群である大津市南郷田中古墳群(注257)では、その周辺に、七世紀中頃の南郷遺跡や七世紀末頃の芋谷遺跡などの製鉄関係遺跡が知られており、陶棺を納めた横穴式石室を構築した草津市横土井古墳(注258)は、須恵器や鉄生産の遺跡が分布する瀬田丘陵の北端に位置し、同様に陶棺を納めていた若松神社古墳(注259)でも、木棺に鉄釘や鎹が使用されています。いずれも製鉄や鍛冶、須恵器生産などとの関連がうかがえるのです。このように、尼子古墳群などの終末期古墳群の被葬者たちの多くは、鍛冶や製鉄、須恵器生産などに直接関わった技術者集団であったと考えられます。彼らは、大化の改新以降、地方からの供給体制を整備し、直営的な生産体制を確保するために組織された大和政権の新たな体制の中に組み込まれていったのです。切石の横穴式石室を構築した被葬者の中には、こうした技術者集団を管理するための地方官も含まれていたものと思われます。

㈢ 律令体制へ

郷戸・房戸制

「大化の改新の詔」では、班田収授法を施行するため戸籍が定められました。後の律令体制下では、一人の戸主（家長）と、一〇人前後の血縁関係の強い幾つかの小家族（房戸）、血縁関係のない「寄人・奴婢」などを含む数人から一〇〇人以上に及ぶ大家族を郷戸と定め、租税の負担および行政の末端組織としています。

七世紀中頃を前後する頃に形成され、二九基の横穴式石室、直葬、木炭槨から構成される横尾山古墳群は、大

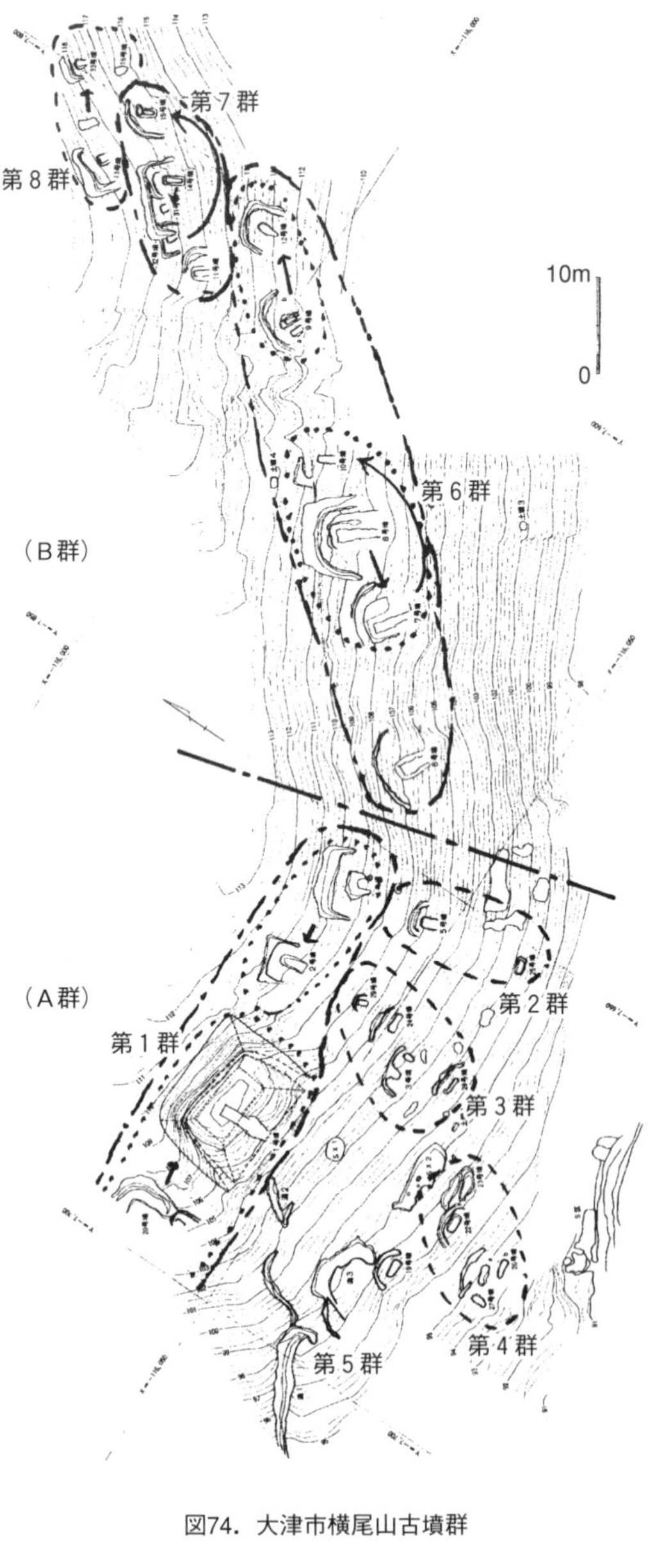

図74．大津市横尾山古墳群

型方墳で切石石材を使用した横穴式石室を持つ一号墳および二〇号墳を中心とする西半分と、横穴式石室を持つ六～八号墳を中心とする東半分の二つのグループに分けることができます。そしてその各グループは、直葬あるいは木炭槨を採用し、それぞれ二基前後で形成される最小単位群が西半分で五群、東半分で三群から構成されていることがわかります。これを律令体制からみると、横尾山古墳群は東西二家族の墓域であり、それぞれ一・二〇号墳および六～八号墳が二～三世代にわたる郷戸主の墓、他の八群が郷戸主以外の家族構成員の墓、すなわち、房戸主層の墓に当たるのではないかと考えられます。(注260)

古墳時代は、多数の家族（戸《こ》）の集合体である氏の族長が全体を統率しており、大和政権はその族長を通して家族を支配する体制を取っていました。律令体制下の郷戸・房戸制は、大和政権が戸ごとに直接支配することを意図した体制であり、第三段階までの群集墳の消滅は、横尾山古墳群が示すように戸主層の成長と関連して、大和政権が戸ごとを直接支配する体制へ移行させていく状況を示すものといえるでしょう。

古墳時代の終焉

六四五年の大化の改新により、多数の家族（戸）の集合体である氏の族長が全体を統率し、大和政権はその族長を通して家族を支配するという従来の体制（氏姓制度）が打破され、中国の制度にならった新しい律令体制を目指すことになります。律令体制は、六七一年、天智天皇による近江令の施行に始まり、持統天皇の六八九年、天武天皇編纂の飛鳥浄御原律令の施行、次いで、文武天皇の七〇一年、大宝律令の完成により確立していきます。考古学的には、特に葬制の上では、氏の族長の権威を象徴してきた前方後円墳が姿を消す六世紀後半から家族（戸）ごとに形成されてきた群集墳が消滅する七世紀前半頃までの第三段階に、早くも旧体制の崩壊の兆しが認められます。第四段階に築かれる終末期古墳と呼ばれる古墳は、これまでの首長墓や群集墳とは区別されるべきもので、この段階は、律令体制が確立するまでの過渡期にあたり、もはや新たな時代に入っていると見ることができます。すなわち、古墳時代の終焉は、葬制の上では、前方後円墳の消滅に続いて群集墳が形成されなくなる七世紀前半に求めることができるのです。

仏教の伝来

前方後円墳が消滅し、群集墳が形成される頃、国家の体制を左右する思想が伝わってきます。それは、五三八年（五五二年説もあります）、百済の聖明王が仏像と経論、幡蓋《ばんがい》などを日本に送ったことにより公伝したとされる仏教思想の伝来です。当時の有力者である蘇我氏と物部氏との間で崇仏論争が起こりますが、五八三年に蘇我馬子が石川の私邸に仏殿を造る記事に始まり、用明天皇の五八六年には法隆寺建立の発願がなされ、崇峻天皇の五八八年には法興寺の建立が始められるなど、天皇家や大和政権を構成する有力豪族の間に浸透していきます。さらに、五九三年、推古天皇の摂政となった聖徳太子の出現により隆盛期を迎え、推古天皇三二年の六二四年には四六もの寺院の建立がなされています。仏教は、七世紀後半、大化の改新を経て律令体制が確立されていく天武天皇の頃、国家統一のための思想的支柱として国家体制の中に組み込まれ、畿内の中枢部だけではなく、近江をはじめ各地にも多数の寺院が建立されていきます。かつての前方後円墳の築造に変わる新たな建築事業が開始されたのです。

第二章　宮都と近江の古代寺院

第一節　近江大津宮と古代寺院

一．近江大津宮遷都と寺院の建立

㈠　近江大津宮遷都

近江の古代寺院

五三八年に公伝したとされる仏教は、聖徳太子の出現で隆盛期を迎えます。七世紀後半、大化の改新を経て律令体制が確立されていく天武天皇の頃には、国家統一のための思想的支柱として国家体制の中に組み込まれ、畿内の中枢部だけではなく、各地にも多数の寺院が建立されていきます。かつての権威の象徴であった前方後円墳の築造に変わる新たな事業が開始されるのです。

考古学的には、堂塔に用いられた屋根瓦や柱の基礎となる礎石の発見などで古代に寺院が存在していたと判断しています。滋賀県教育委員会編集の『滋賀県遺跡地図』（以下、『遺跡地図』）(注1)によると、近江には七〇余カ所の古代の寺院跡が存在しています。長浜市と坂田郡、東浅井郡、伊香郡の湖北一市三郡に限ってみると、瓦類の出土した遺跡あるいは出土したと伝える場所は、瓦を生産していた窯跡とわかっている四遺跡を除いて、三五カ所にものぼります(注2)。これらの場所にすべて寺院があったとはいえませんが、近江にきわめて多数の寺院が建立されていたことだけは間違いありません。

屋根瓦のうち、軒先におかれる瓦には文様が施されています。この文様にはそれぞれの時代の流行があって、寺院が建立された時期を知ることができます。このことから見る限り、近江では早くも七世紀前半の飛鳥時代から寺院が建立され、七世紀後半の白鳳時代には、七〇余カ所とされる寺院跡のうち六〇余カ所で寺院が建立されていることになります。

近江大津宮遷都

前方後円墳に変わるモニュメントとして多数の寺院が建立される背景には、様々な歴史的な事象が関わっているものと考えます。まず、最も顕著な歴史的事象としては、六六七年の近江大津宮への遷都があげられます。『扶桑略記』〔天台宗の皇円阿闍梨が神武天皇から堀河天皇の寛治八（一〇九四）年までの事柄を編年体で記したもの〕によると、このとき近江に崇福寺が建立されたと記されています。現在、近江大津宮錦《にしこおり》織遺跡の北西部の山腹に崇福寺跡が存在しています。また、近江大津宮錦織遺跡の周辺には、この寺院跡以外に、南滋賀町廃寺跡、穴太《あのう》廃寺跡、園城寺前身寺院跡の三寺院が同時に存在していたことが知られており、これらの寺院が、大津宮への遷都ときわめて密接な関係を持つものであると考えられているのです。

近江大津宮跡の発見

六六七年、大和の飛鳥の地から近江大津宮へ遷都が行われ、宮の造営が実行されます。大津宮については、『日本書紀』、『懐風藻』、『藤氏家伝』などの文献資料から、「内裏」、「浜台」、「大蔵」、「宮門」、「朝廷」、「大殿」、「漏刻」、「内裏仏殿」などの施設のあったことが知られています。ただ、宮跡のその所在地については長い間不明で、大津市街、錦織、南滋賀、滋賀里、穴太などの諸説がありました。しかし、昭和四九年、錦織の一画で、宮に関わると思われる門跡が発見されて以降、精力的な発掘調査が積み重ねられ、宮の中枢部と思われる部分の姿が次第に明らかになるに及び、その所在地の論争も錦織地区（近江大津宮錦織遺跡[注3]）で一応の落ち着きをみています。

門跡の発見後、これまでに、門跡の真北八九mの所で正殿と思われる四面に庇を持つ大型建物の南東部分、門に取り付く回廊の東側一部、門の東西両側で、回廊北側に設けられたと考えられる区画を囲う塀の一部、推定内裏の西側を画す塀と北側を画す塀および長殿とされるものの西側一部が見つかっています。また、推定内裏正殿の北側では、長殿を挟んでさらに北側に、もう一棟の庇付の大型建物の中央部の一部、その北西部で倉庫と思われる二間×四間の南北棟と二間×三間の東西棟（総柱）の二棟の掘立柱建物、南門跡南西側でも二間×三軒以

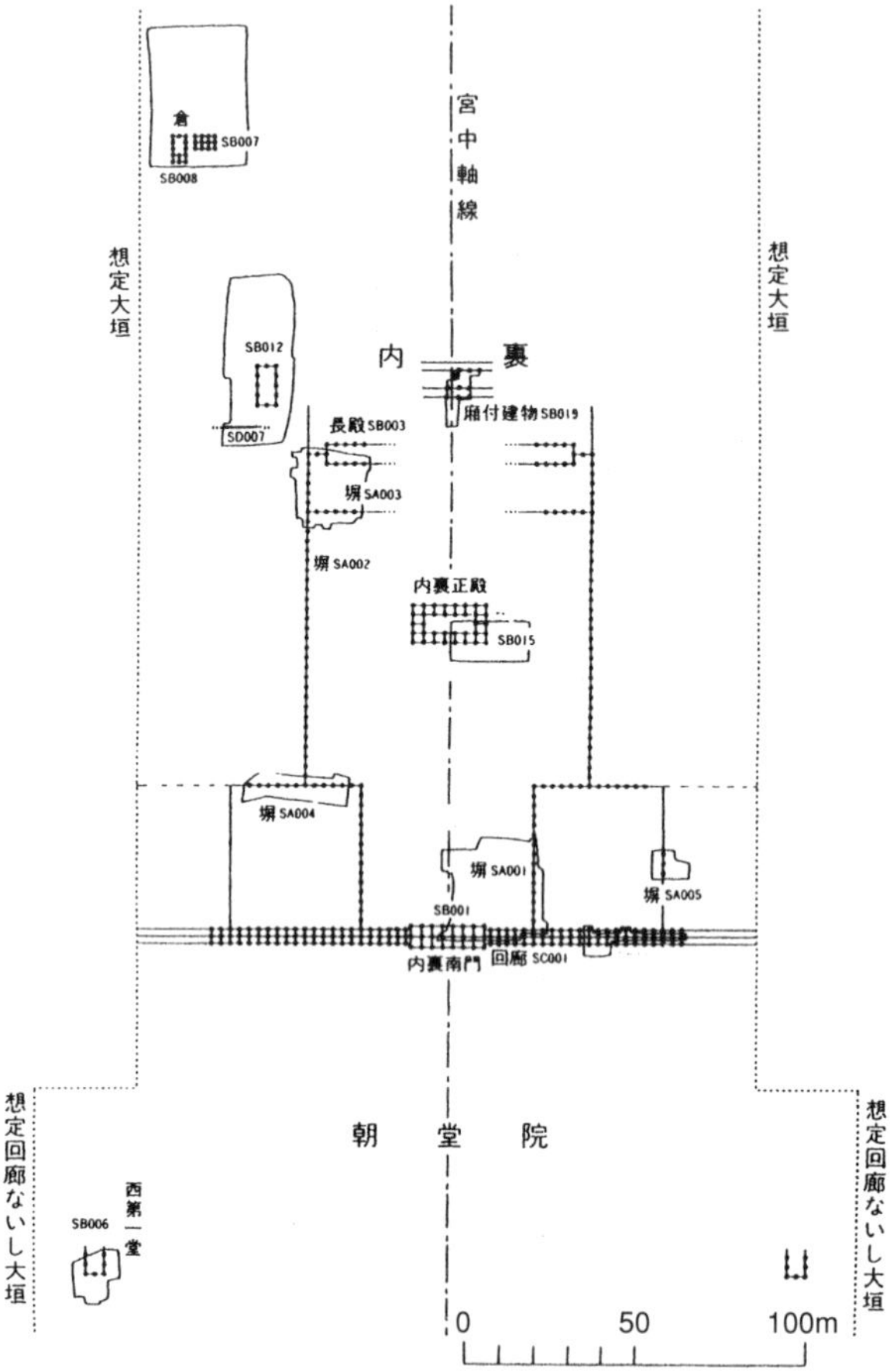

図1．近江大津宮中枢部推定復元図

上の掘立柱建物なども見つかっています。これらの成果から、門跡と正殿の位置、および、その推定規模から宮の中軸線が求められるとして、見つかった遺構群をこの線を基軸に反転させることで、宮の中枢部の様子をイメージしようとされています。そして、このイメージから、六四五年、孝徳天皇が大化の改新に際し、大和から遷都された難波長柄豊碕宮《なにわのながらのとよさきのみや》（前期難波宮）の構造によく似ているとされ、北に内裏、南に朝堂院を配する宮中枢部の推定復元が試みられています。

しかし、近江大津宮錦織遺跡での調査の成果は断片的であり、建物などもその一部が見つかっているのにすぎません。正確な規模や構造を知るには、さらなる調査が必要です。また、検出された遺構群の時期についても、大津宮造営の時期を示す遺物に乏しく、これまでに検証されたことがありません。京域の有無なども含めて、近江大津宮の解明については、まだまだ多くの課題を残しています。

㈡　四寺院の建立

崇福寺跡

崇福寺の建立については、『扶桑略記』によると、天智天皇が大津宮でやすんでいるとき、夢の中で、「宮の乾（北西）の山中に一つの霊窟がある」と法師のお告げがあり、その場所に赴くと、そこに小さな山寺があって、その中に修行僧がいたので、「この地はいかなる所ぞ」と問いただした、僧は「この地は古くから仙人の潜む霊窟で、佐々名実長等山と申します」と答えて姿を消した、その周辺を見渡すとまさに寺院を建立するのにうってつけの場所であったので、天皇の勅願により建てられたとあります。

現在崇福寺跡（注4）は、大津市の滋賀里西方、京都の北白川に通じる志賀越えの旧道が通る山中にあり、丘陵の頂部を削平した三つの尾根上に伽藍が設けられています。北尾根の中央に金堂、その北東に講堂、中尾根の東側に塔、西側に小金堂があり、南尾根にはこれらと方位の異なる堂宇（金堂と講堂）が残されています。北尾根と中尾根のものが本来の崇福寺で、南尾根のものは、後に新たに建てられたものと考えられています。中尾根の塔心礎に、舎利容器一具（金銅製外箱、銀製中箱、金製内箱、金蓋の瑠璃壺が入れ子となり、瑠璃壺に水晶の舎利三粒が収められていた）と荘厳具（容器の中に紫水晶二個、ガラス玉一四個、容器の外に無文銀銭一二枚、金銅背鉄鏡一面、銅鈴二個、硬玉製丸玉三個などが安置）が納められていたことは有名です。

俗世から離れたこの山間地に、官寺である崇福寺を建立した一つの理由は、遷都した大津宮の繁栄と安穏を祈願することにあったと思われます。

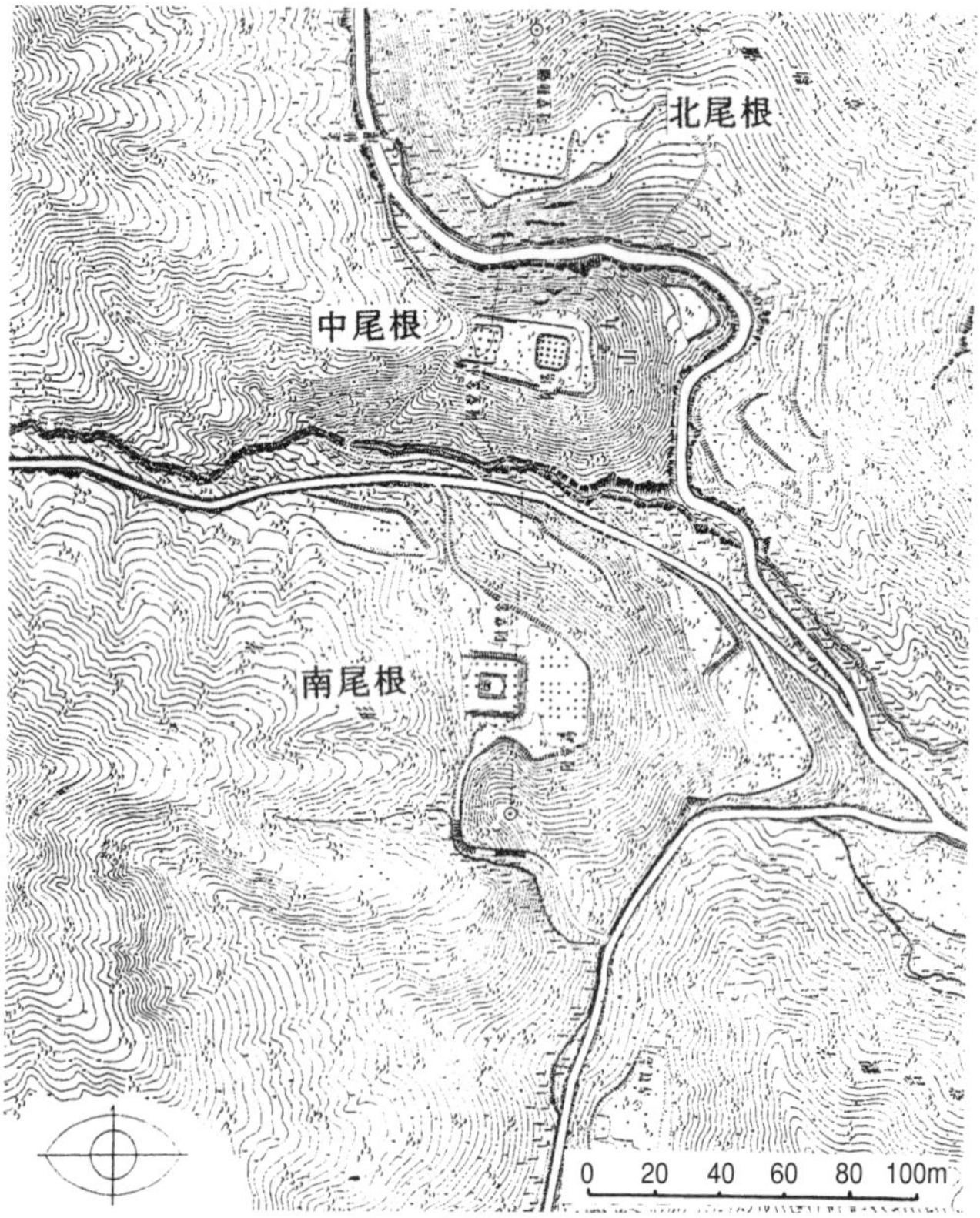

図2．大津市崇福寺跡

園城寺前身寺院

園城寺前身寺院跡(注5)については、現在の園城寺境内の金堂周辺と釈迦堂周辺を中心に、東西が大門跡から金堂の西端あたり、南北が村雲橋付近から釈迦堂付近までの二町四方の範囲で瓦や焼土の堆積することが確認されています。瓦には南滋賀町廃寺跡出土のものに似たものがあり、大津宮時代に寺院が今の園城寺の境内地にあったことがわかります。この寺院に関しては、そのすぐ南側が、大津宮時代の官道である小関越えに通じる道であることに注意する必要があります。小関越えは、山科の四宮から山背に通じ、近江側では大津の北郊と後の東海道にも通じる要衝となっているのです。

南滋賀町廃寺跡

南滋賀町廃寺跡[注6]は、昭和三年と一三年の二回にわたり調査が実施されています。これらの調査で、北から食堂《じきどう》、講堂、金堂、東西に並ぶ西金堂と塔が南北に並び、金堂に取り付く南回廊と東西の回廊により西金堂と塔を囲んでいたことがわかりました。さらにその後の調査でも、食堂とされていた地域で北の僧房跡、講堂基壇の南縁の西側の延長線上に位置する西の僧房跡の礎石列が確認されています。

図３．大津市南滋賀町廃寺跡

出土した瓦などから、大津宮遷都以前に創建され、その後平安時代末頃まで法灯の続いたことが判明しています。この廃寺跡は、崇福寺が京都の北白川へ通じる志賀越えの旧道にあるのに対し、山中越えで山背に入る南の入口に位置しています。

穴太廃寺跡

近江大津宮の周辺に配された四寺院のうち残る穴太廃寺跡(注7)については、西大津バイパス工事に伴う発掘調査で、重複する二つの時期の伽藍が発見されています。この二つの伽藍は建て替えによるもので、古い時期のものを創建寺院、新しいものを再建寺院と呼んでいます。これらは、創建寺院伽藍の主軸方向が真北に対して約三五度東に振っているのに対し、再建寺院は真北に対して約二・五度東に振って建て替えられているのです。

創建寺院の伽藍は、東に塔、西に金堂を並べ、北に講堂かと思われる建物の基壇の一部が見つかっており、また、これらを囲んでいたと思われる回廊の一部も金堂の西側で検出されています。寺の規模を

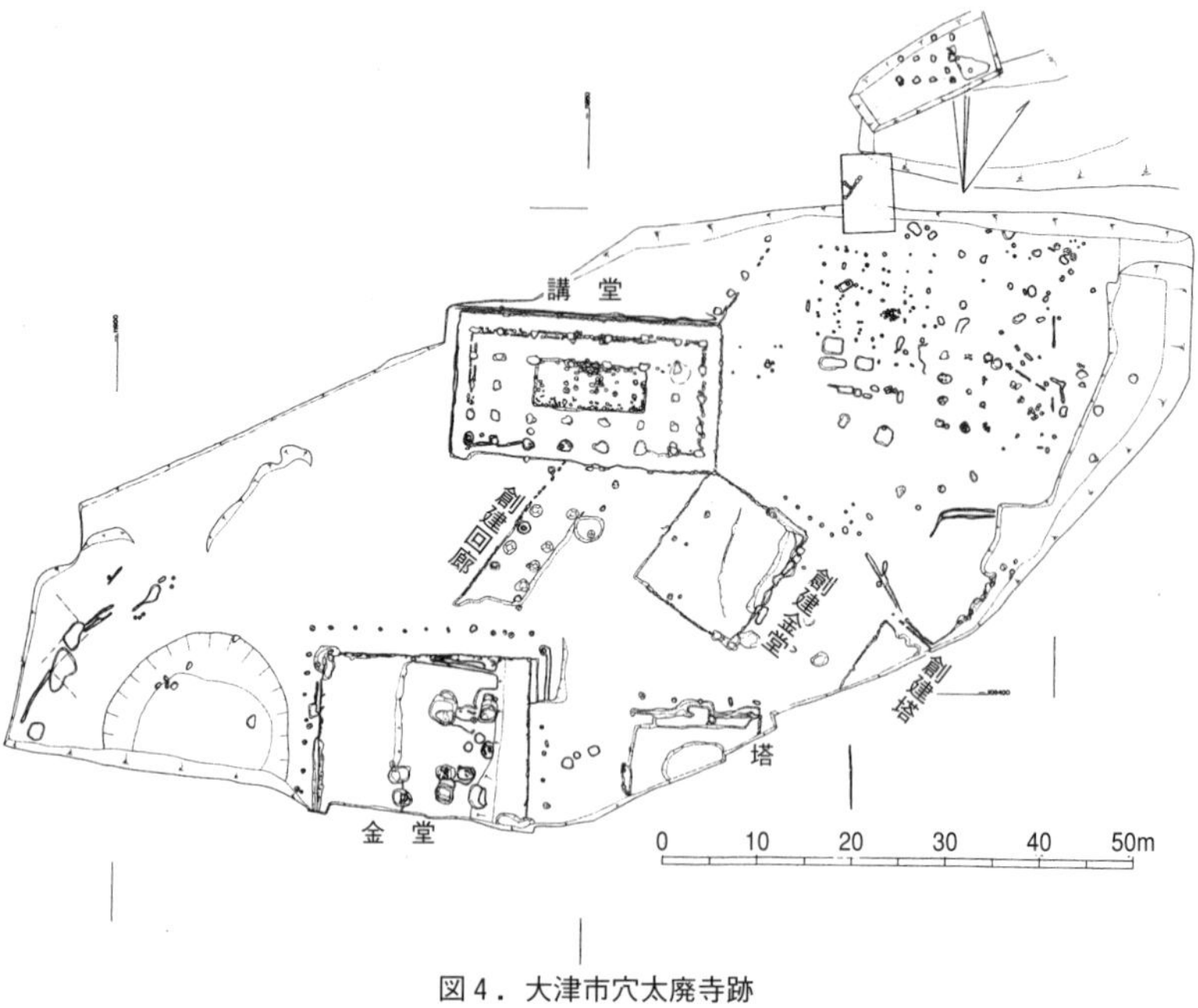

図4．大津市穴太廃寺跡

示す寺域に関わる遺構は見つかりませんでしたが、地割りなどの検討から、二〇〇m四方と想定されています。

再建寺院の伽藍は、東に塔、西に金堂、これらの北に講堂を配し、さらに講堂の東側に鐘楼《しょうろう》のような建物と想定できる小規模な礎石建ちの建物が見つかっています。寺域については、周辺の地割りや講堂の東側で見つかった築地《ついじ》塀跡などから、東西約二三六m、南北約二一六mと想定されています。

この重複する二つの寺院跡からは、三つの型式の軒瓦が出土しており、Ⅰ・Ⅱ型式が大津宮の時代に作られ、

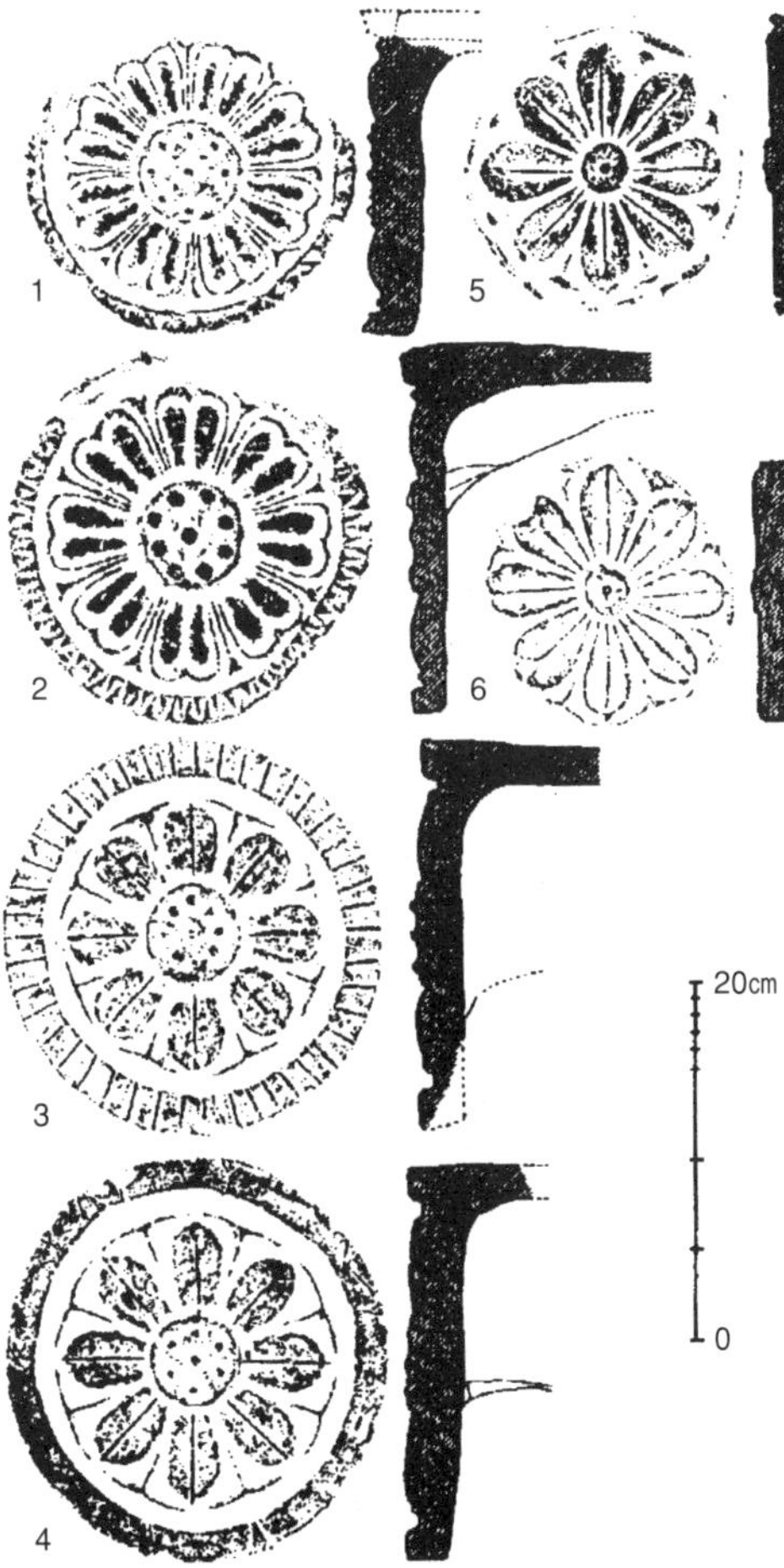

図5．大津市穴太廃寺跡出土の軒丸瓦
（1・2；Ⅰ型式、3・4；Ⅱ型式、5・6；Ⅲ型式）

二つの伽藍のいずれにも使用されたもの、Ⅲ型式のものは二つの伽藍には結びつかないものと見られています。特に、Ⅰ・Ⅱ型式のものは、同じ大津宮時代の崇福寺跡、園城寺前身寺院跡、南滋賀町廃寺跡から出土しているものと共通する系統のもの

とされています。

以上に加え、創建寺院の金堂や塔の基壇が完全に撤去されず、再建の時にも地上に見えていた状態であったことから、創建寺院が完成途中、あるいは、創建後あまり時をおかず、急遽、伽藍中軸線の方位を変えて再建されたと考えられています。その再建の理由については、再建寺院の伽藍中軸線の方位が、近江大津宮錦織遺跡で見つかっている大津宮関連建物とされているものとほぼ同じであること、出土している軒瓦が、大津宮時代に存在したと考えられる崇福寺跡、南滋賀町廃寺跡、園城寺前身寺院跡から出土しているものと共通する系統のものであることなどから、大津宮への遷都、および、その造営と深く関わるものとされています。完成途中、あるいは、創建直後でありながら、わざわざ伽藍中軸線の方位を変えるためにだけ再建しなければならない理由が判然としませんが、ともかく、大津宮時代に存在した寺院が、穴太の地にあったことだけは否定できません。

城郭的寺院

近江大津宮の周辺に位置する四寺院のうち崇福寺跡は、志賀越えで京都の北白川へ通じる旧道にあり、園城寺前身寺院跡は、山科の四宮から山背へ入る小関越えに通じ、大津北郊や東海道に通じる要衝の位置にあります。南滋賀町廃寺跡についても山中越えで山背に入る近江側の入口に建立されていました。穴太廃寺跡のある場所についても、想定されている古い西近江路（北陸道）がすぐ西側を通っており、また、付近には、『延喜式』に記載されている北陸道の第一の駅にあたる「穴太駅家《うまや》」があったとされていることから、交通の要衝を占めていたことがわかります。このことから、大津宮時代に存在した四つの寺院は、遷都した大津宮の繁栄を祈願するための単なる宗教的な施設であっただけではなく、大津宮そのものを守護するための城郭的な性格をも合わせ持っていたのではないかと考えられています。(注8)
しかし、後述しますが、白村江の敗戦後、国内防衛のために北部九州から瀬戸内海、さらに畿内に設置された

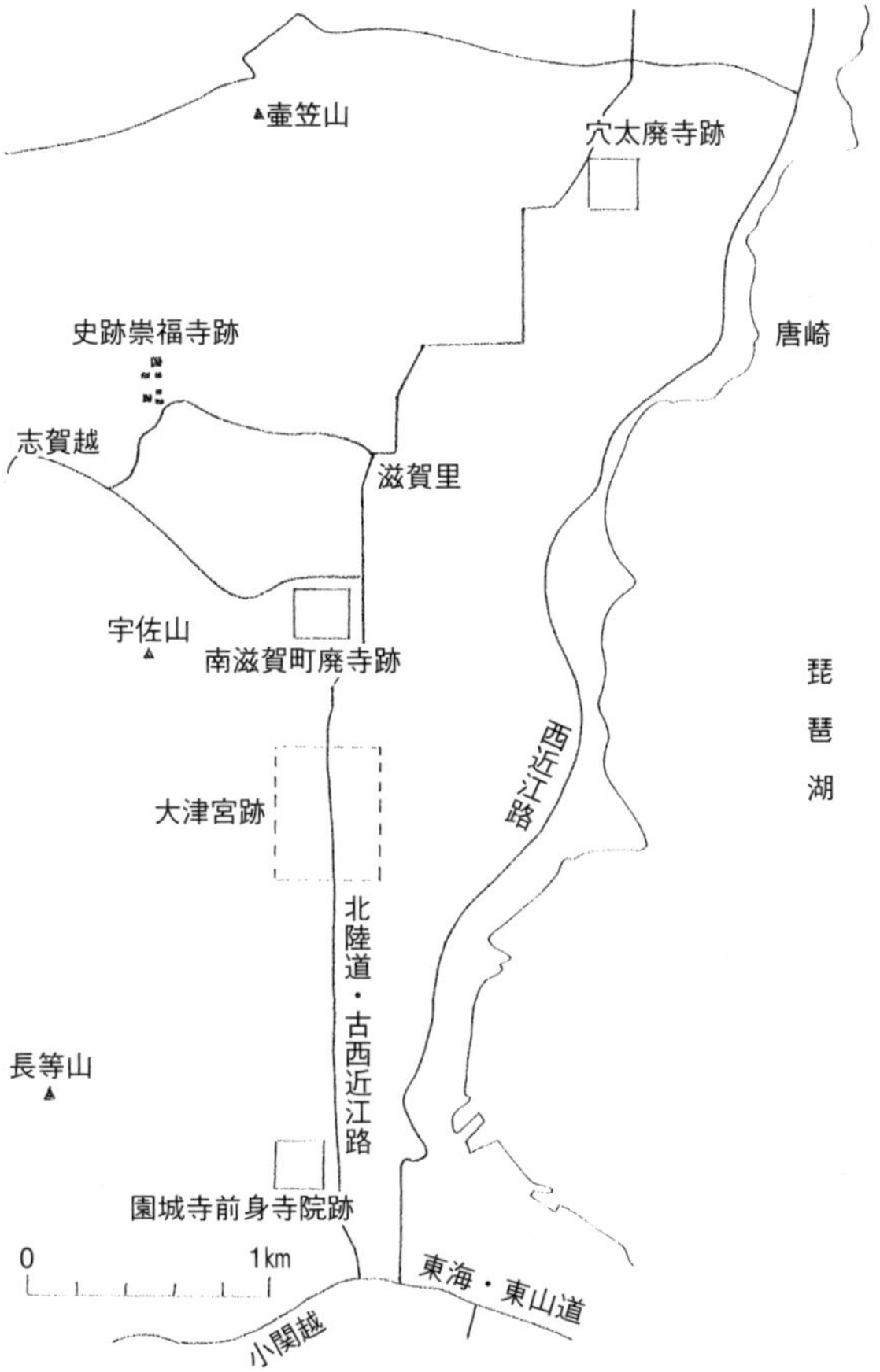

図６．近江大津宮と寺院の配置

のは、いずれも朝鮮式の山城で、寺院が防衛のために建立されたことはありません。後の織田信長などが活躍した戦国時代に、寺院が城郭的性格を帯びたことがありますが、その時も、戦国の情勢にあわせて、後に付加されたものなのです。崇福寺を除いて、残る三寺院は大津宮造営以前から存在する在地豪族の氏寺であったと考えられます。従って、大津宮遷都の情勢にあわせて城郭的な性格を帯びたということでしょうか。ただし、これら寺院跡のこれまでの調査結果では、山城のような防御的な遺構は見つかっていません。

二．近江大津宮遷都とその背景

㈠ 内外の政治情勢

諸豪族の粛正

『日本書紀』(注9)の天智天皇五（六六六）年条に、「この冬、京都《みやこ》の鼠が近江に向かって移る」と遷都を予知する記事が見られ、翌年の六六七年三月に、天智天皇は、大和の飛鳥の地から近江の大津宮への遷都を断行しています。こうした天智天皇の政策の背景には、国の内外の不安定な情勢が非常に大きく影響していると考えられます。

国内的には、六四五年のクーデターにより軽皇子を即位（孝徳天皇）させ、中大兄皇子《なかのおおえ》（後の天智天皇）を中心に、天皇を頂点とする中央集権的政治体制をとるための改新の端緒が開かれます。都も、国内最初の都城とされる難波長柄豊碕宮に移されました。しかし、同じ年の九月に、古人大兄皇子《ふるひと》（中大兄皇子の異母兄、蘇我入鹿《いるか》の従兄弟。反中大兄皇子。）が蘇我田口臣川堀《たぐちのおみかわほり》らと謀反を図ったかどで粛正され、六四八年には蘇我石川麻呂（大化の改新の計画に参画し、改新後には右大臣として政治の中枢にいた人物）でさえ、謀反の嫌疑をかけられて自殺に追い込まれました。また、六五八年には、蘇我赤兄《あかえ》の謀にはまった有馬王子（孝徳天皇の皇子）が粛正されるなど、反対勢力が多数いる中での改革であるため強権政治が続いたのです。さらに、孝徳天皇の晩年には、皇太子である中大兄皇子と天皇との間に不和が生じ、六五三年、皇子は、皇極上皇とともに、難波長柄豊碕宮から飛鳥に帰ってしまっているのです。このように、改新後も国内の政情は必ずしも安定したものではなかったのです。

白村江の大敗

近江大津宮遷都の背景には、国内の不安定な政治情勢に加え、百済と新羅が激しく対立する朝鮮半島の政治事情がきわめて大きく存在していたと考えられます。

この頃の朝鮮半島は、北に高句麗、南西部に百済、そして、南東部に新羅が割拠しており、とくに、半島統一をねらう新羅は、唐との連合を強固にして激しく百済を圧迫します。これに対して百済は、これまでも五経・易・医博士や採薬師、楽人、僧侶などを派遣するなど、早くから関係が深い日本に救援を求めることが多くなります。一方、『日本書紀』の白雉二（六五一）年の条に、筑紫までできた新羅の朝貢の使いが唐の国の服を着ていたことから、難波に迎え入れずに追い返した記事が見られるように、日本も、大化の改新後の孝徳天皇の頃から、新羅との関係が険悪になっていきます。こうした情勢から、斉明天皇六（六六〇）年一〇月、百済の将鬼室福信《きしつふくしん》は遣いを日本に派遣して救援を乞うとともに、日本に人質として滞在している百済王子豊璋《ほうしょう》の送還を求めてきました。この百済の要請に対して斉明天皇は、百済救援のために直ちに難波宮に移って「諸の軍器《つわもの》」を整え、翌六六一年正月、中大兄皇子とともに自ら難波を発ち、三月には娜の大津（福岡県の博多）に到着し、朝倉宮を本営として臨戦体制を整えています。斉明天皇は朝倉宮で没しますが、中大兄皇子は、天智天皇元（六六二）年に、船師《ふないくさ》百七十隻を率いて豊璋を百済に送り帰すなど、百済救援を実行していきます。翌六六三年三月には、これまでの百済を救援する体制から、直接新羅を打つことを決意し、上毛野君稚子《かみつけのきみわかこ》らに率いらせた兵二万七千の大軍を半島に送り込みます。しかし、日本の水軍は、八月に錦江の河口付近の白村江で、新羅に荷担した唐の百七十艘に及ぶ戦船を擁した水軍に大敗を喫し、九月には百済遺民とともに帰国を余儀なくされてしまったのです。

(二) 国内の防備

城の設置

この白村江の大敗から唐・新羅の日本侵攻に対する不安が募り、中大兄皇子は、政策を国内の防衛に一変させます。六六四年、対馬・壱岐・筑紫に防人《さきもり》と烽《すすみ》（のろし）を置き、筑紫に水城《みずき》を、六六五年には、長門国に城（山口県の下関あたりか）、筑紫国に大野城と基肄城《きいのき》を築かせています。水城は、全長一km、高さ一〇mの堤を築き、戦時には御笠川をせき止めて貯水するもので、現在もその遺構が太宰府に残っています。大野城は太宰府政庁跡の北にある標高四一〇mの四王天山の山頂に築かれたもの、基肄城は太宰府の西南、佐賀県基山町の坊中山に築かれたものです。ともに朝鮮式山城で、石塁や土塁が残っており、大野城からは城門、兵舎、倉庫などの礎石が見つかっています。太宰府の地は、古墳時代から大陸との交渉の拠点として、朝廷の出先機関が置かれたと考えられるところです。これら城は、唐・新羅の侵攻に備えた太宰府の防衛線を形成するものであり、下関に築かれる長門国の城は、日本海から瀬戸内海へはいる関門を守護するものと考えられます。さらに、六六七年、大津宮に遷都した年の一一月には、倭に高安城（奈良県生駒郡と大阪府八尾市の境の高安山）、讃岐に屋島城（香川県高松市の屋島）、対

図7．城（●）と朝鮮式山城（○）の分布

馬に金田城《かなたのき》（対馬の美津島町の城山か）を築きます。高安城は大阪湾から飛鳥への侵攻に対する防備、屋島城は瀬戸内海航路の要衝に位置しています。金田城は、朝鮮半島から北部九州への中継地にあたります。この他、瀬戸内海沿岸には、無名の朝鮮式山城がいくつも見つかっています。(注10)

近江への遷都

このように、白村江の大敗からわずか四年ほどの間に、北部九州から瀬戸内海、さらに畿内に、水城や朝鮮式山城を築き、唐や新羅の侵攻に備えたのです。大津宮への遷都についても、飛鳥の旧勢力との軋轢を避けるためだけではなく、水陸交通の便とともに要害の地でもあることから、新羅や唐の侵攻に対する防衛策でもあったのです。大津宮周辺の交通の要衝に存在する四つの寺院も、こうした理由から、城郭的性格を持たせたのかも知れません。

第二節　壬申の乱と古代寺院

一．壬申の乱

㈠　近江朝廷と大海人皇子

地方豪族の不平・不満

中大兄皇子は、六四五年に大化の改新を断行し、律令体制を整えることにより天皇を中心とする中央集権的国家の基礎を築き、強大な権力を手中に収めました。その反面、大和の旧勢力や地方豪族との軋轢が強くなるとともに、白村江の戦いの敗戦から唐や新羅の侵攻に対する不安が大きくなるなど、国内外の不安定な諸情勢が増幅していきました。六六七年、こうした社会情勢を背景に、大和旧勢力を避け、人心を一新するとともに、対唐・新羅に対する防衛策として、大和から遠く離れ、水陸交通の要衝で、要害の地でもある近江大津宮への遷都が断行されました。同時に、斉明天皇の没後、称制（先帝が没した後、新帝が即位の儀式を行わずに政治を執り行うこと）していた中大兄皇子は、翌年即位して天智天皇となり、律令による体制の強化を一層促進していったのです。しかし、天皇を中心とする中央集権化の強化は、特権的な官職を得た一部の畿内有力豪族を除き、地位を失った旧来の有力豪族たちに近江朝廷に対する強い反感を持たせることとなりました。また、地方豪族にとっても、中央集権化を目指す改新の断行によって旧来の特権が失われたうえに、斉明天皇の頃からの百済の要請に応えての朝鮮出兵、白村江の敗戦後の唐や新羅の侵攻に対する防衛のための朝鮮式山城の造営、これらに加えて近江大津宮への遷都など、負担が増大し、彼らの近江朝廷に対する不平・不満も増幅していったのです。

緊張を増す国際関係

一方、白村江の戦い後、唐・新羅の連合軍は六六三年に百済、さらに六六八年には高句麗を滅ぼし、朝鮮半島は新羅により統一されました。しかし、高句麗遺民の反乱の勃発や新羅の唐に対する反撃など、再び朝鮮半島で戦争状態が続くようになり、近江朝廷も新羅と唐の両方から援軍の要請を受けるなど、国際関係も一層緊張の度が高まっていったのです。

天智天皇は、こうした状況に対して適切な対策をとることなく、遷都後わずか五年の六七一年に没します。『延喜式』の諸陵式によると山城国宇治郡山科郷の山科陵に葬られたといいます。今の京都市山科区御陵に天智天皇陵に比定された陵墓があります。天智天皇の没後、皇族や畿内の有力豪族だけではなく、地方の諸豪族をも巻き込んだ歴史的な事件が勃発します。後継争いを契機に起こった内乱で、壬申の年に起こったところから「壬申の乱」と呼んでいます。この内乱は、その後の体制に大きな影響を及ぼしていますので、少し詳しく紹介しておきます。また、後で紹介しますが、近江の寺院の中に、この乱と深い関わりのあるものが存在しているのです。

天智天皇の後継

当時、皇位は、皇族か畿内の有力豪族出身の后妃から生まれた皇子でなければ継承することは難しく、また、先帝に有力な兄弟がいれば、皇子より先に即位することも慣例として行われていたと考えられています。天智天皇の后妃には、舒明天皇の孫で古人大兄皇子の女の倭姫王《やまとひめのおおきみ》、蘇我山田石川麻呂の女の遠智娘《おちのいらつめ》、阿部倉橋麻呂の女の橘娘《たちばなのいらつめ》など、皇族や大和の有力豪族出身の女《むすめ》がいましたが、健康な皇子に恵まれなかったため、彼らの中か

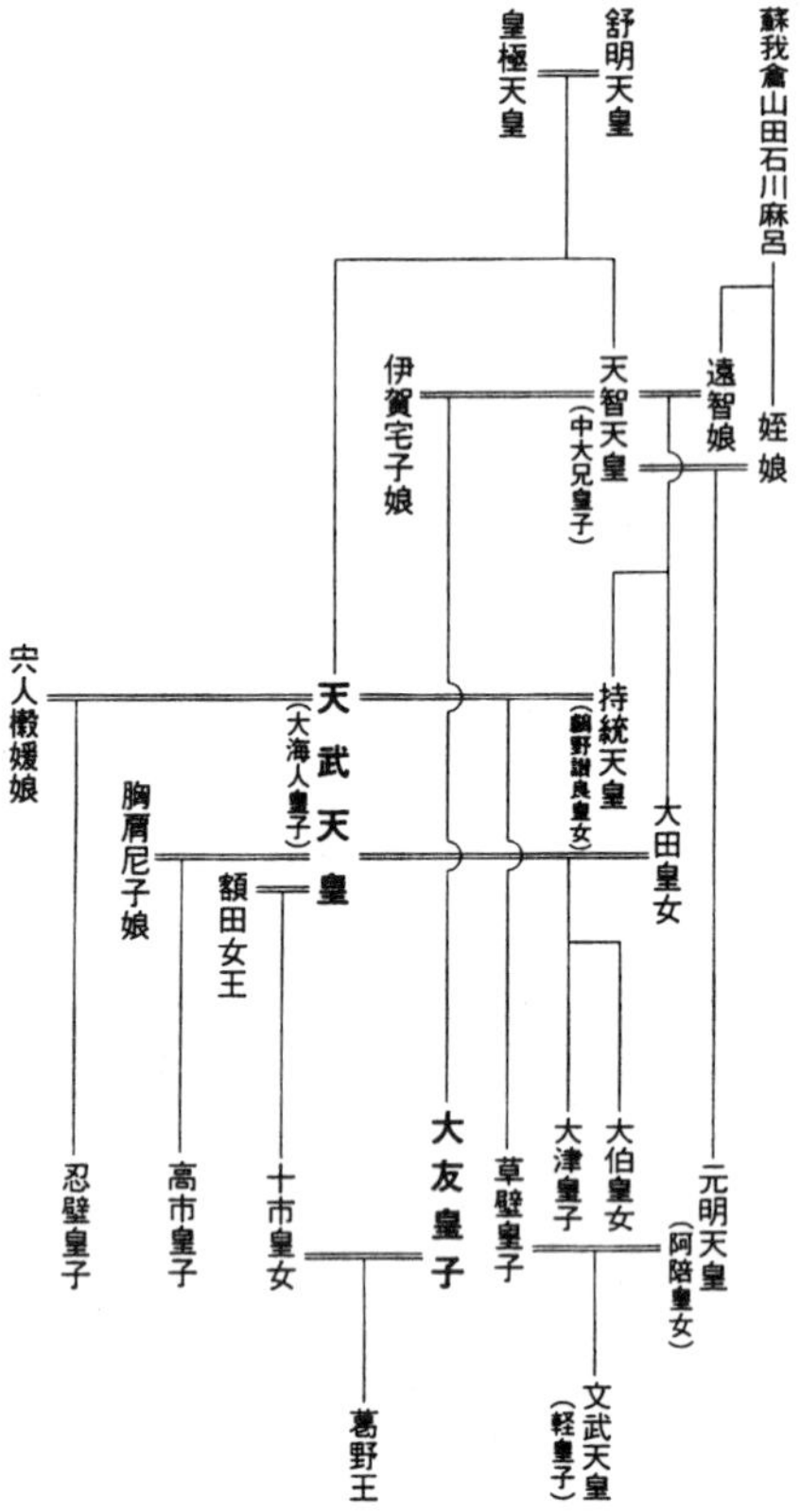

図8．大海人皇子を巡る系図

ら後継を決定することは困難だったようです。一方天皇には、大化の改新以来、律令制による国家体制の形成のために天皇を助けてきた弟、大海人皇子がおり、彼が後継者であることは、政界の中の暗黙の合意であったとされています。しかし、天智天皇は、地方豪族出身である伊賀采女《いなめ》宅子娘《やかこのいらつめ》が生んだ伊賀皇子（後の大友皇子）を可愛がり、六七一年一月には、太政大臣に任命します。この官位は、左右の大臣の上に位置する律令官制の最高位にあり、天皇を補佐して政治を総覧する役割を担うものでした。この官位に大友皇子を就任させたことは、彼を後継者としたことと同じことを意味していたのです。この処置が大海人皇子にとって、天智天皇との間が乖離していく大きな出来事だったのです。

大海人皇子の吉野下向

天智天皇の大友皇子に対する処置は、政界だけではなく、大海人皇子自身にとっても大きく期待を裏切るもので、彼の朝廷での立場も微妙なものとなりました。このような情勢の中で、大海人皇子は、天皇が病床に伏した年［天智天皇一〇（六七一）年九月］の一〇月、「後事を以て汝に屬く」とした大友皇子後見の依頼を固辞した上で、「出家して修道せむ」と申し出、さらに、「修行仏道」するため吉野に向かうことの許可を得て、近江を離れたのです。天智天皇はその年の一二月に没し、大友皇子を中心とする近江朝廷で政治が執り行われることになりました。しかし、国内外の政情不安がますます増大する中で、若干二〇代で経験の少ない大友皇子よりも、「虎に翼を着けて放てり（ますます勢力を増すたとえ）」との風聞がでるほど、大海人皇子への復帰待望論が大きくなっていきました。

こうした情勢の中で近江朝廷の大海人皇子に対する警戒も強まり、朝廷が「美濃と尾張の両国の国司に命じて、天智天皇の山陵を造るため人夫を集めさせている。しかし、彼らには武器を執らせており、これは山陵を造るためではなく、吉野を攻める準備のためと思われる。」、また、朝廷が「近江京から倭京（飛鳥京）に至る間の所々に候《うかみ》（監視人）を置いている。また、菟道の守橋者《はしもり》（宇治橋の守衛人）に大海人皇子の舎人の私粮の搬入を止めさせている」などの情報がもたらされてきます。天武天皇元（六七二）年六月二二日、こうした情報を聞いた大海人皇子は、軍事的、経済的な基盤があったとされる美濃国安八磨郡《あはちまのこおり》（岐阜県安八郡付近）の湯沐令《ゆのうながし》（湯沐邑《ゆのむら》の支配者で、課税の収納を行う役人）である多臣品治《おおのおみほんじ》に命じて兵を集めさせ、さらに、近江への門戸となる不破の道を塞がせるため、美濃の国司にも挙兵させるとともに、美濃国で力を持つ土豪である村国連男依《むらくにのむらじおより》・和爾部臣《わにべのおみ》君手《きみて》・身毛君廣《むげつきみひろ》の三人を先発させます。大海人皇子自身も、「朕、今発路たむ」と挙兵を決意して吉野を出発し、行動を起こしました。いよいよ「壬申の乱」が始まるのです。

㈡　壬申の乱

大海人皇子の挙兵

天武天皇元（六七二）年六月二二日、大海人皇子が挙兵し、内乱が勃発します。吉野を出発し、近江国に入るまでの壬申の乱のあらましを『日本書紀』の記述に従って見てみると次のようになります。

二二日　「美濃国の土豪三人（村國男依・和爾部君手・身毛廣）を安八磨郡に赴かせ、湯沐令多臣品治に兵を集めさせるとともに、国司に命じて不破の道を塞がせるよう手配させる。」

二四日　「夜半に隠《なばり》（名張）郡に入り、その駅家《うまや》（諸道に三〇里（今の四里）ごとに一駅を置き、一定数の駅馬を置いた）を焚いて挙兵の趣を伝えたが、だれも参画する者がなかった。さらに伊賀郡に急行し、その駅家を焚いて中山（三重県上野市付近か？）に至ったとき、郡司たちが率いる数百の兵に出会う。」

二五日　「莿萩野《たらの》（滋賀県信楽町の多羅尾か？）からさらに積殖《つむえ》（三重県伊賀町柘植）の山口に至ったとき、鹿深《かふか》（滋賀県甲賀郡）より越えてやってきた高市皇子に出会う。」

「大山を越えて伊勢の鈴鹿に至ったとき、国司らがやってきたので、ただちに五百の兵を以て鈴鹿山道を塞ぐことができた。」

「川輪《かわわ》の坂下《さかもと》（三重県伊勢市）で日が暮れ、一旦休息した後、三重郡家《みえのこうりのみやけ》（郡司の政庁：三重県四日市市）に至る。」

二六日　「朝明郡《あさけのこうり》の迹太川《とおかわ》（朝明川）で天照大神（伊勢神宮）を望拝。」

「朝明郡家に至ろうとするとき、美濃国の軍勢三千人で以て不破道を塞ぐことに成功したとの男依の報告を受ける。」

「高市皇子を不破に派遣して軍事を指揮させ、使いを遣わして、東海道と東山道の軍を起こさせる手はずを整え、大海人皇子自身は桑名郡家（三重県桑名市）に留まり、ここを本営として指揮を執ることとした。」

二七日　「遠所では政を行うのに不便との高市皇子の進言に従い、皇后を桑名郡家に留めおいて不破にはいる。

このとき、尾張国司守小子部連鉏鉤《ちいさこべのむらじさいち》が二万の軍勢を率いて帰参するのに出会う。」

「野上（岐阜県関ヶ原町野上）に行宮《あんぐう》（仮宮）をおいて留まる。」

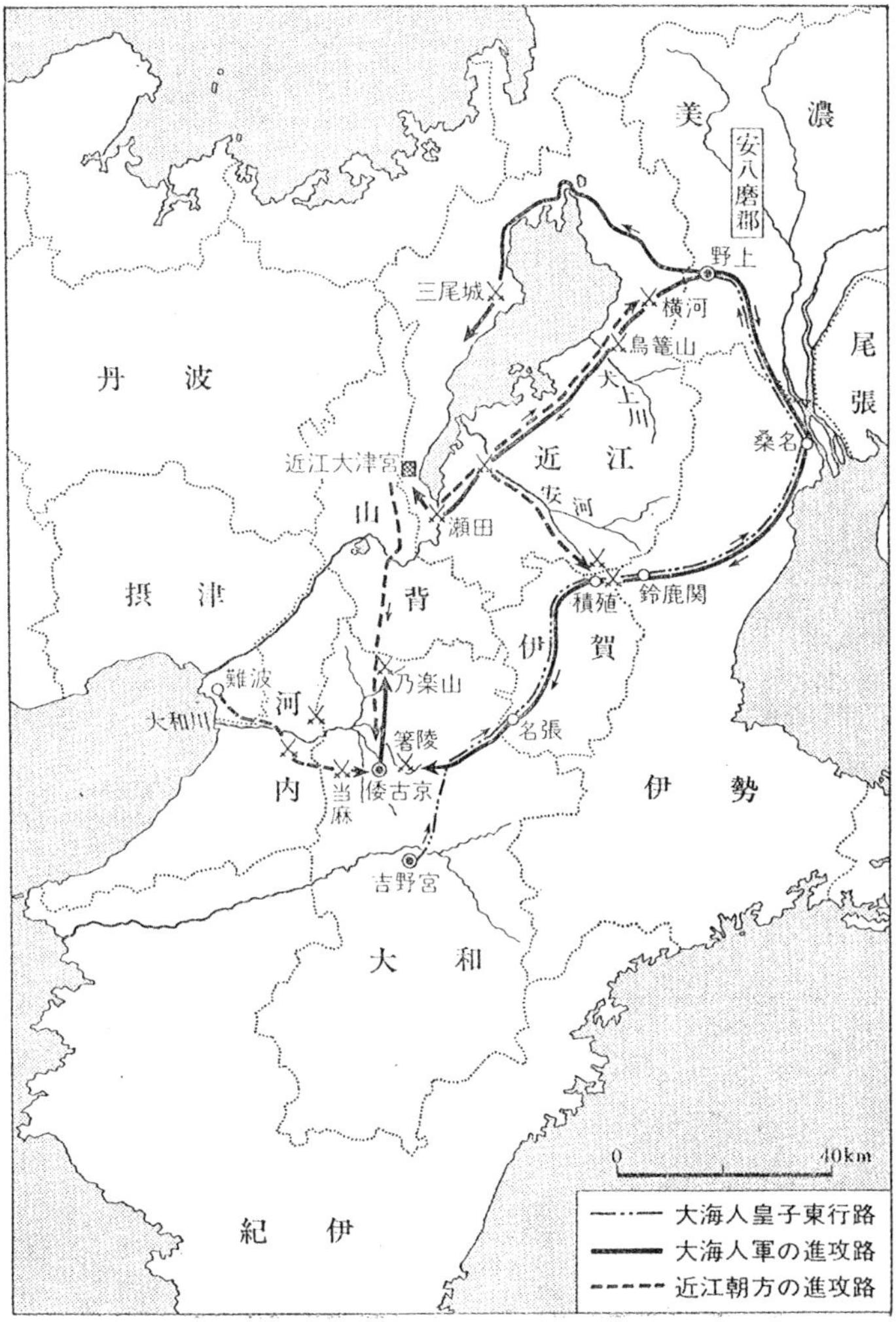

図９．大海人皇子軍と近江朝廷軍の進軍経路

近江朝廷の反応

天武天皇元（六七二）年六月二二日に挙兵した大海人皇子は、二六日に桑名郡家に入るまでのわずか五日の間に、伊賀・伊勢・美濃の三国を制し、さらに尾張をも味方に付け、二五日に鈴鹿、二六日に不破を塞ぐことで、近江朝廷と東国との連絡路を完全に封鎖することに成功しています。一方、このことを知った近江朝廷側は、「群臣みんな怖がって、京の内が大騒ぎになった。なかには東国へ逃げようとする者があり、また、山に入って隠れようとする者があった」というような混乱した状態であったと『日本書紀』は伝えています。それでも大友皇子は、東国、倭京（飛鳥古京）、筑紫国、吉備国に使いを遣わし、それぞれの地方の兵を動かそうとしましたが、東国の軍勢は不破を通過できず、筑紫・吉備国では太宰や国守が大海人皇子に好意を持っていたため画策は失敗し、倭京でも大海人皇子側に与するものが多く、不利に展開していきます。二七日には、大海人皇子が桑名郡家から不破の野上の行宮に入り、七月二日には、紀臣阿閉麻呂《きのおみあへまろ》らに数万の軍勢を率いて伊勢の大山を越えて大和に向かわせ、また、村国連男依らに数万の軍勢を率いて不破から近江に入らせています。このとき近江朝廷側と区別するため衣の上に赤い印を付けさせています。また、別動隊として多臣品治《おおのおみほんじ》に三千の軍勢を率いて莿萩《たら》野《の》に駐屯させ、田中臣足麻呂に倉歴道《くらぶのみち》（三重県伊賀町柘植から滋賀県甲賀町油日へ通じる道）の守衛にあたらせました。一方、近江朝廷側は、山部王《やまべのおおきみ》らに、不破を攻撃するため、数万の軍勢を率いて犬上川に陣を張らせました。いよいよ近江と大和の地で激戦の火蓋が切られることになるのです。しかし、近江朝廷側は、犬上川の辺に集結した軍内部で、山部王が蘇我臣果安《はたやす》らに殺される内紛があって陣容が整わず、なかなか進軍できませんでした。さらに、果安自身も大津宮に戻って自刃し、将軍羽田公矢国らが大海人皇子側に投降するなど、一層混乱を来していったのです。

勢多橋の決戦

七月二日、大海人皇子側の数万の軍勢が、近江の玉倉部邑（米原町醒井付近）まで進み、一方、近江朝廷側も数万の軍勢を率いて犬上川の川縁まで進軍して相対峙し、激戦の火蓋が切られます。近江朝廷側は、その日の内に精兵を放って玉倉部邑《たまくらべのむら》を襲撃しましたが、追撃され、失敗しています。また、五日には、鹿深山（滋賀県甲賀郡）を越えてやってきた別将《すけのいくさのきみ》田邊《たなべ》小隅《おすみ》が、足麻呂らの倉歴道の守衛地を夜半に急襲します。闇夜の襲撃で敗戦し、足麻呂だけがかろうじて難を免れています。この勢いに乗って小隅は、さらに六日にも、莿萩野の宿営地を急襲しますが、このときには、出雲臣狛や多臣品治の精兵により撃退されています。小隅のみが逃げ帰りましたが、二度と来襲することはなかったといいます。七日には、息長《おきなが》の横川（天野川か？）で、男依らが近江朝廷側の軍勢を撃破し、さらに、九日には犬上川の北、鳥籠山《とこのやま》で、犬上川の駐屯地から逃げた敵将を追討しています。男依らの軍勢は安川（野洲川）まで歩を進め、一三日には安川の辺で近江朝廷軍を撃破、一七日には栗太（滋賀県栗太郡）の軍を追討し、二二日、ついに

写真１．「勢多橋」の橋脚基礎（大津市唐橋遺跡）

大津宮を目前とする瀬田川を望む地にまでやってきたのです。対岸の勢多橋のたもとには、大友皇子を始め群臣たちが本営を設け、その陣は最後尾が見えないほどの大規模なものであったと伝えています。そして、瀬田川を挟んだ戦闘の様子が、「旗幟《はた》が野を隠し、土埃が天にまで連なり、鉦鼓の音が数十里先にまで聞こえ、射られた矢が雨のように降ってくる」と生々しく記されています。また、近江朝廷側は、勢多橋の途中を断ち切り、その間に一枚の長板を置き、わたろうとする者がいればその長板を引いて川に落とす作戦に出ました。このため男依等の軍はなかなか進めなかったのですが、一人の勇敢な武将により踏みわたることに成功します。このため近江朝廷側は大混乱の上壊滅状態になり、男依等の軍は粟津岡（大津市膳所付近）まで進んで陣を張ります。有名な勢多橋での戦いですが、近年の調査で当時の橋の橋脚基礎が大津市唐橋遺跡(注11)で見つかっています。

壬申の乱の終結

天武天皇元（六七二）年七月二二日、勢多橋の戦いで勝利した男依等の軍は、粟津岡に陣をはり、一方、湖西を南下していた羽田公矢国等の軍が三尾城（滋賀県安曇川町）を攻略します。大敗を喫した大友皇子は左右の大臣とともに逃走しますが追撃が厳しく、二三日、逃げ場を失い、山前（京都府乙訓郡大山崎か？）に隠れ、自殺してしまいます。二四日、すべての将軍たちは筱浪（佐々浪）（大津宮付近一帯）に集合し、左右大臣を始め罪人たちを探して逮捕した後、二六日に、大海人皇子のいる不破宮（野上行宮）に向かい、大友皇子の頭を営繕に捧げて、ようやく壬申の乱の終結をみたのです。ここに、六六七年に遷都された近江朝廷も終わりを告げ、近江大津宮も廃絶してしまいます。大海人皇子は、九月に入って不破を出発し、八日に伊勢の桑名、九日に鈴鹿、一〇日に阿閉、一一日に名張と進軍の際の逆の道をたどりながら、一二日に倭京（飛鳥古京）に戻ります。その日は嶋宮（奈良県明日香村：離宮）に留まり、三日後の一五日には岡本宮（明日香村：舒明・斉明天皇の皇居）に、さらにその年の冬には、岡本宮の南に新しく造営した飛鳥浄御原宮《あすかのきよみはらのみや》に移ります。この宮は、『日本書紀』に大極

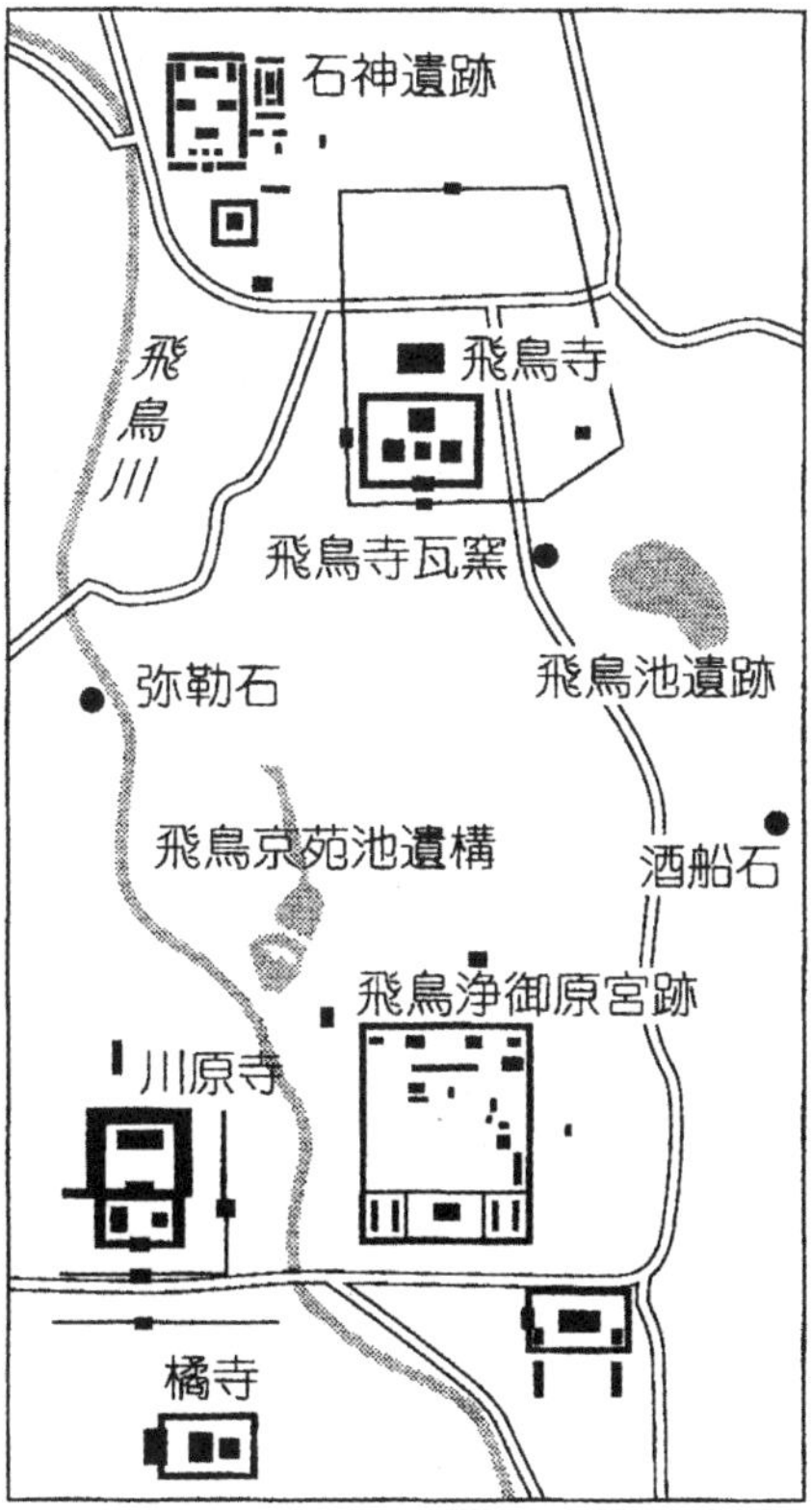

図10．飛鳥浄御原宮跡とその周辺

殿・大安殿・内安殿・外安殿・向小殿などの記述が見られ、また、宮の北西部に広大な苑地が見つかっており、充実した宮殿であったと思われます。しかし、わずか二、三カ月で造営されていることから、京域を整備したものとは考えられません。現在、明日香村岡にその比定地があり、藤原宮への遷都まで、天武・持統両天皇の皇居として機能したのです。大海人皇子は、翌六七三年の二月二七日、ここで即位して天武天皇となり、皇太子妃であった鸕野《うの》皇女を皇后とします。

なお、天武天皇九（六八〇）年に、皇后の病気の平癒を願って、「薬師寺」（奈良県橿原市城殿町にあった寺）が建立されます。この寺は、天武天皇が没して後、六九八年、文武天皇のときに完成を見ていますが、後に紹介するように、この寺と関わりの深い寺院が近江に建立されます。その背景には、近江が戦場となった壬申の乱が大きく関わっているのです。

二、藤原京と寺院の建立

㈠　藤原京の造営

新京の造営

天武天皇の没後、六九〇年一月に、皇后の鸕野皇女が即位して持統天皇となります。この頃から、『日本書紀』に藤原京造営(注12)に関する記事が見え始めます。即位した年の一〇月二九日条に、「高市皇子、藤原の宮地を観す。公卿百寮従なり。」、一二月一九日条では、「天皇、藤原に幸して宮地を観す。公卿百寮皆従なり。」と、まず、皇子と天皇が宮地を下見する記事がみえます。ついで翌年の一〇月二七日には、「使者を遣して新益京（藤原京のこと）を鎮め祭らし」め、土地の神を鎮める地鎮祭を執り行って、京域の造営に着手したことが記されています。ここに、わが国で初めての本格的な中国式の都城の建設が開始され、一二月二日には、早くも、京内に王、貴族、官人等に与える宅地の基準を示しています。さらに、六九二年五月二三日には、「浄廣肆《じょうこうし》難波王等を遣して、藤原の宮地を鎮め祭らし」て、宮殿の造営にも着手します。同時に、二六日に「使者を遣して、幣を四所の、伊勢・大和・住吉・紀伊の大神に奉らし」、伊勢神宮などの諸社に対して、新宮造営の安全祈願を行っています。『日本書紀』には、天皇がたびたび建設現場を視察する記事が見られ、本格的な都城の建設に並々ならぬ強い意欲を見ることができるのです。

新京の選地

ただ、藤原を選地したことについては『日本書紀』は何も語っていません。また、新京の造営に関しては、すでに、天武天皇が、飛鳥浄御原宮造営からわずか四年後に選地を行っており、六八四年三月九日には、「宮室之

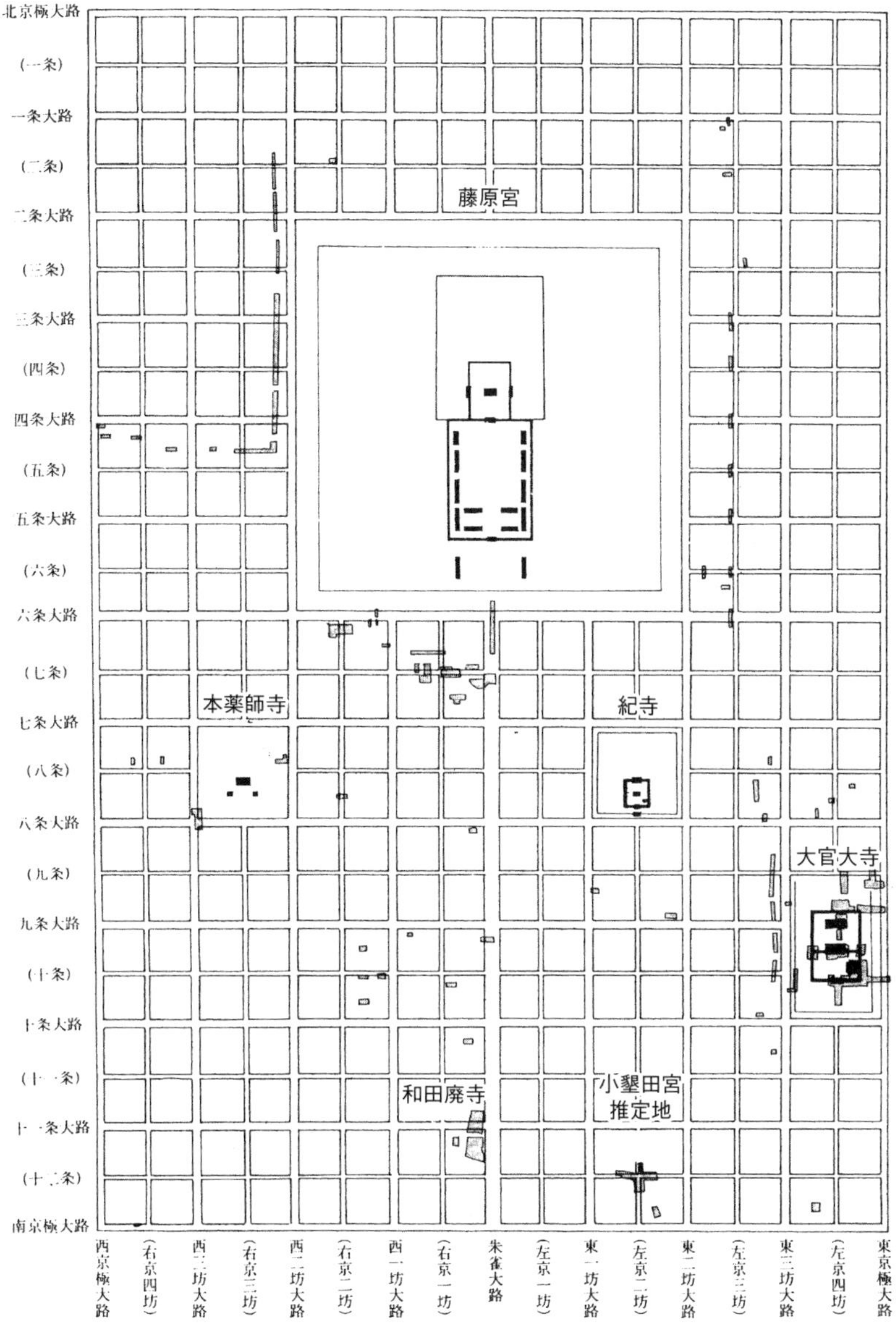

図11．藤原京跡の復元図

地を定め」ているのです。しかし、天皇が翌年の九月に病の床に伏したため、造営には着手できず、「宮室之地」がどこかについては不明のままとなっています。しかし、持統天皇が即位直後に「宮地を観」しているのであり、持統天皇が先帝の遺志を継いだ可能性が高く、おそらく、天武天皇が選した「宮室の地」に新京を造営したものと考えられます。藤原京は、飛鳥の北方、今の橿原市を中心とした大和三山を擁する地にあり、条坊を整え、本格的な瓦葺きの宮殿や役所、寺院などが立ち並ぶ壮大なものとなりました。藤原京へは、地鎮祭を行ってから三年後の六九四年、持統天皇八（六九四）年一二月六日に遷都され、七一〇年、平城京に遷都するまで、持統・文武両朝の宮都として栄えたのです。

(二) 藤原京四大寺の建立

官寺と私寺

持統天皇八（六九四）年一二月六日に遷都した藤原京は、わが国で初めての本格的な中国式の都城であり、また、本格的な瓦葺きの宮殿をもつ宮として造営されました。京域およびその周辺には、皇族・貴族・役人たちの宅地の他に、「大官大寺」・「薬師寺」などの大規模な寺院が建立されています。寺院の建立に関しては、推古天皇三二（六二四）年秋九月の条に、「是の時に当りて、寺四十六所、僧八百十六人、尼五百六十九人、併て千三百八十五人有り。」とあり、この頃には四六寺院を数えていましたが、『扶桑略記』によると、持統天皇六（六九二）年には、諸国に五四八カ寺があったと記されており、天武・持統朝の仏教振興策に乗って、官営の寺以外に多数の私寺（氏寺）が建立されていたことがわかります。こうした多数の寺院建立の背景には、天武天皇九（六八〇）年四月に発せられた詔に、「凡そ諸寺は、今より以後、国の大寺（百済大寺）たるもの二三を除きて、以外は官司治ること莫れ。唯し其の食封《じきふ》（大化の改新の時の私地私民廃止の代償として位階・官職・勲功有る者、また、社寺に与えられた給与制度）有らん者は、先後三〇年を限れ。若し年を数えんに三十に満たば、除めよ。」とあり、造営数の急増が財政を圧迫するようになったため、寺院造営に対する直接的な援助から間接的な食封への政策変換がはかられたと見られる内容から、大化の改新以来、氏寺造営に対して朝廷の援助のあったことがうかがえます。その中には、おそらく、壬申の乱後に行われた論功行賞によるものも多数あったものと考えられます。ともかく、天武朝以降の積極的な仏教振興政策の中で建立された多数の寺院は、朱鳥元（六八六）年一二月一九日に、「天渟中原瀛眞人天皇《あまのぬなはらおきのまひとのすめらみこと》（天武天皇）の奉為に、無遮大會《かぎりなきおがみ》（国王が施主となって行う法会）を五つの寺、大官・飛鳥・川原・小墾田豊浦・坂田に設く。」、また、持統天皇四（六九〇）年七月一四日に、「七寺の安居の沙門、三百二十九に奉施したまう。」とあり、先の五カ寺、後に山田寺と薬師寺を加えた七カ寺が官寺として五四八カ寺の最上位に位置し、さらに、藤原京四大寺と称せられる大官大寺・飛鳥寺・川原寺・薬師寺によって統括されていたものと考えられます。

大官大寺

天武・持統朝において、藤原京の造営にあわせて官寺を整備し、壬申の乱の論功行賞によるものも含めて、私寺（氏寺）の建立に対しても積極的に援助を行い、仏教を国家仏教として政治体制の中に組み込んでいくための振興策を推し進めていきました。その中心にあったのが、藤原京四大寺と称せられる大官大寺・飛鳥寺・川原寺・薬師寺の四カ寺でした。大官大寺[注13]は、舒明天皇一一（六三九）年の「秋七月に、詔して曰わく、「今年、大宮及び大寺を造作らしむ」とのたまう。則ち百済川の側を以て宮処とす。是を以て、西の民は宮を造り、東の民は寺を造る。便に書直縣《ふみのあたえのあがた》を以て大匠とす。」とあり、この年の一二月に「百済川の側に、九重の塔を建つ。」とある百済大寺をもととしています。

百済大寺については、『三代実録』元慶四年一〇月二〇日条（天平一九年の大安寺縁起を要約している）に、

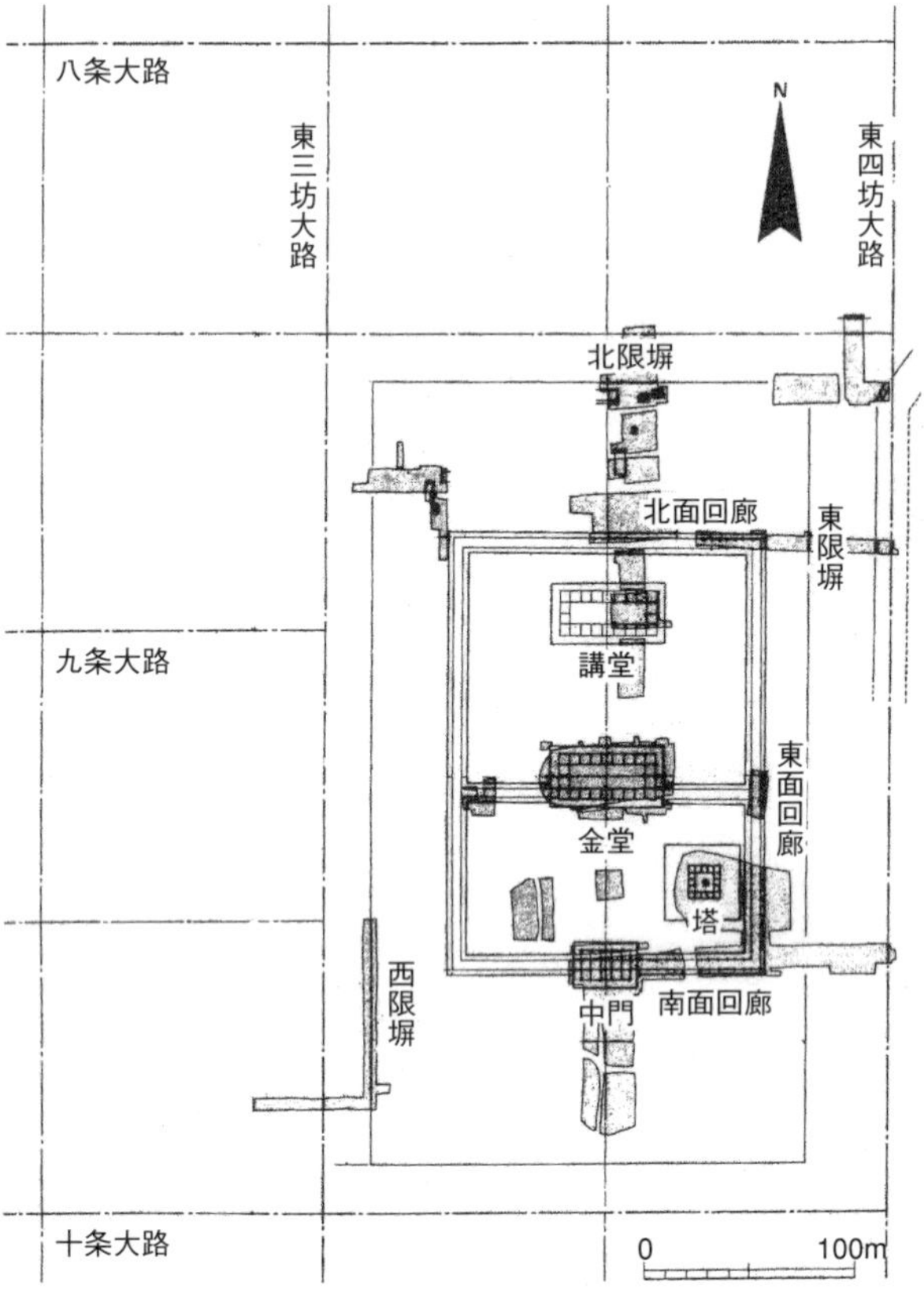

図12．大官大寺跡の伽藍

聖徳太子が平群郡に創建した「熊凝《くまごり》道場（精舎）」の後進とされ、天武天皇の時、それを高市郡夜部村に遷して「高市大寺」を建立したと記されています。

高市大寺は、『日本書紀』の天武天皇二（六七三）年一二月条に、「戊戌に、小紫《しょうし》美《み》濃王《のおおきみ》・小錦《しょうきん》下《げ》紀臣《きのおみ》訶《か》多《た》麻《ま》呂《ろ》を以て、高市大寺造る司に拝す。」と見え、大安寺縁起資材帳を引いて「今の大官大寺、是なり。」とあります。大官は天皇を指していますから、大官大寺は、天皇が建立した国家の中心寺院ということになります。平城京遷都に際して遷されて大安寺と号しています。

しかし、発掘調査の結果、藤原京域にある大官大寺跡は、藤原京造営に伴い新造されたもので、金堂下層から藤原京時代の土器が出土したことから、大安寺縁起に大々的に造営を進めたことが記されている文武天皇の造営になるものであることが判明しました。すなわち、天武天皇と文武天皇による二寺が存在していたと考えられるようになってきており、天武天皇造営の大官大寺の所在地が問題になっています。

飛鳥寺

藤原京四大寺の一つとされる飛鳥寺（法興寺・元興寺）(注14)は、崇峻天皇元（五八八）年、蘇我馬子の発願で創建されたもので、『日本書紀』に、是歳「飛鳥衣縫造《きぬぬいのみやつこ》が祖樹葉《このは》の家を壊ちて、始めて法興寺を作る。此の地を飛鳥の真神原《まかみのはら》と名く。」と記されています。その後、崇峻天皇三年「冬一〇月に、山に入りて寺の木を取る。」と寺の造営の様子が語られ、崇峻天皇五（五九二）年一〇月には「是の月に、大法興寺の仏堂と歩廊とを起つ。」、推古天皇の「元（五九三）年の春正月の壬寅の朔丙辰（一五日）に、仏の舎利を以て、法興寺の刹の柱（塔の心柱）の礎（塔の心礎）の中に置く。丁巳（一六日）に、刹の柱を建つ。」と、金堂や回廊、塔などが、順次、完成し、推古天皇四（五九六）年「冬一一月に、法興寺、造り終わりぬ。」と、九年間の長きにわたった建立事業がようやく終わっています。

伽藍は、三方に金堂を配し、その中央に塔を置き、これらを築地塀で囲み、その北に講堂を置く特異な三金堂形式で、これは高句麗に見られますが、今のところ百済にはないといわれています。国内では、四天王寺、斑鳩寺、中宮寺、橘寺、山田寺などの飛鳥時代の寺院は、塔と金堂、講堂を南北一列に並べた百済に多い伽藍配置で、これが飛鳥寺院の規格形式となっていることから、飛鳥寺は例外的な存在といえます。

飛鳥寺は、蘇我氏の氏寺として建立されたのですが、願主蘇我氏の勢力の強大さを背景に崇峻五年と皇極三年には「大法興寺」と記され、天武天皇六（六七七）年秋七月の一五日には、「飛鳥寺に設斎して、一切経を読ましむ。便ち天皇、寺の南門に御して、三方を禮たまう」とあるように、特に、天武天皇の崇敬が厚かったのです。天武天皇九（六八〇）年四月の詔では、「凡そ諸寺は、今より以後、国の大寺（百済大寺）たるもの二三を除きて、以外は官司治ること莫れ。唯し其の食封有らん者は、先後三〇年を限れ。若し年を数えんに三十に満たば、除めよ。且以為うに、飛鳥寺は司の治に関るべからじ。然も元より大寺として、官司恒に治めき。復嘗て有功れたり。是を以て、猶し官治る例に入れよ。」として、飛鳥寺は特別に官寺に入れられているのです。飛鳥寺も平城遷都により京内に移され、旧地は「本元興寺」と呼ばれています。

川原寺

川原寺（弘福寺）[注15]については、中大兄皇子の母、斉明天皇が、斉明天皇七（六六一）年秋七月二四日に、朝倉宮で崩御したのに対し、中大兄皇子が「一一月の壬辰の朔戊戌（七日）に、天皇の喪を以て、飛鳥の川原（孝徳天皇四年に「飛鳥川辺行宮《あんぐう》」が見える）に殯《もがり》す。」とあること、発掘調査により、寺院の遺構の下層で発見された長大な二条の暗渠が、斉明天皇の川原行宮に関係するものと見られること、また、出土瓦が天智天皇の頃のものであることなどから、皇子が母のため、川原行宮の故地に建立を始めた寺院であると考えられています。東西

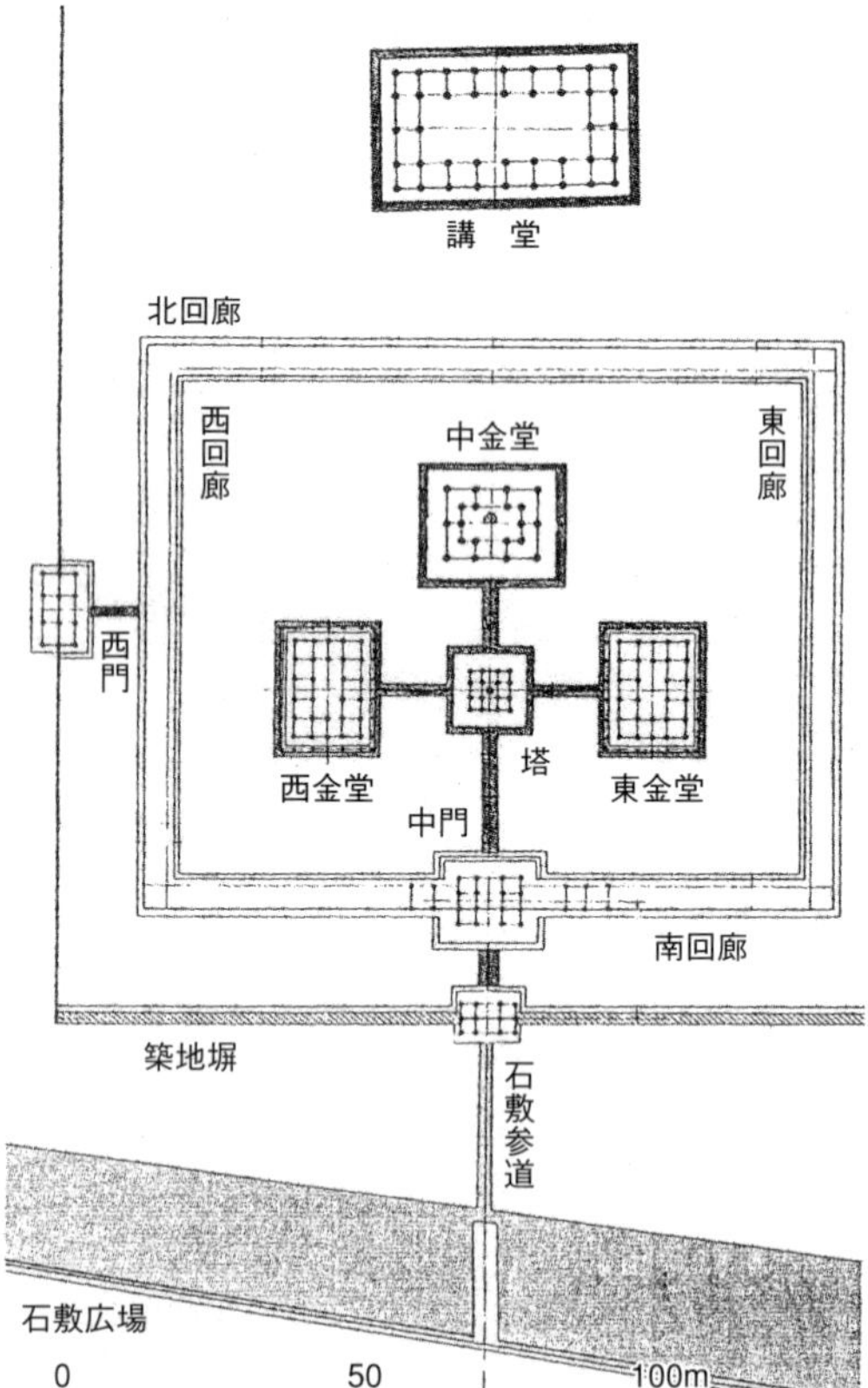

図13. 飛鳥寺跡の伽藍

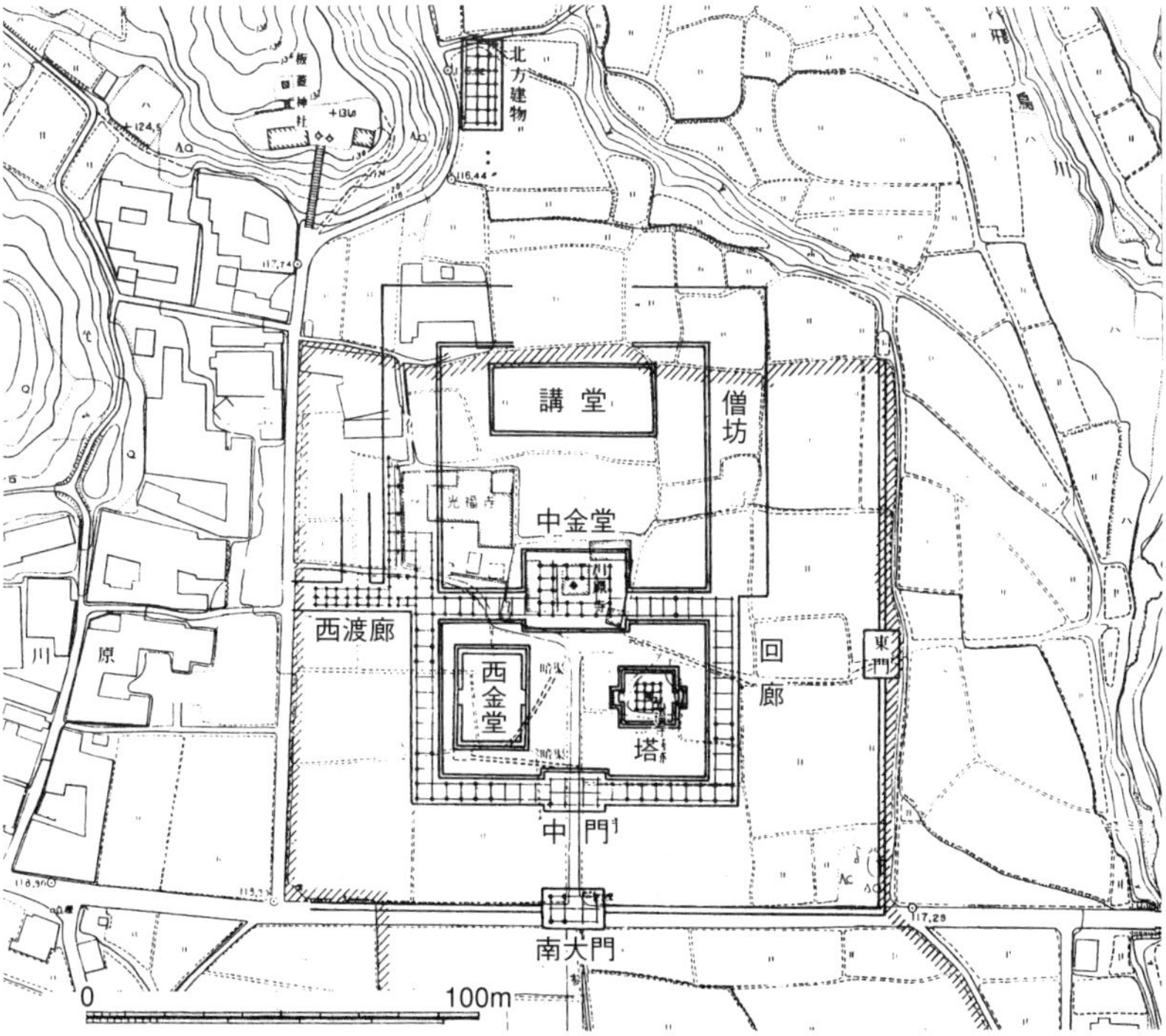

図14．川原寺跡の伽藍

に金堂と塔を配し、北に中金堂と講堂を並べる伽藍配置は、近江の崇福寺跡や南滋賀町廃寺跡、筑紫の観世音寺跡、陸奥の多賀城廃寺跡などに続いており、当時の官寺の基準となっています。

　また、ここで使用された軒先の丸瓦には、内区が一枚の花弁に子葉を二個配する複弁八葉蓮華文で、大きな中房に写実的で大粒の蓮子を表し、花弁は中央に稜を立てて二分割し、周縁は広く面互いの鋸歯文を配する新様式のものが用いられています。崇福寺跡や南滋賀町廃寺跡からは、同じ范型《はんがた》で造られた軒丸瓦も出土していて、両寺院と大津宮との関連の強さを示しています。なお、単純な四重弧文軒平瓦とセットで堂塔の屋根を飾っています。

　天智天皇の没後も、天武天皇二（六七三）年三月に、「書生を聚えて、始めて一切経を川原寺で写したまう。」とあり、この寺院に対しても天武天皇の崇敬が厚かったようです。また、天武天皇は、仏教を国家仏教として政治体制の中に組み込んでいくための仏教振興策として、私寺（氏寺）の建立に対しても積極的に援助を行っていましたが、川原寺式の複弁八葉蓮華文軒丸瓦が、壬申の乱の際に有功の者の多かった山背地方や伊勢・美濃地方に濃密に分布していることから、壬申の乱の論功行賞の一環としても、この地方での氏寺建立に対して優遇政策が取られたものと考えられています。川原寺は室町時代以降荒廃し、今日に至っています。

薬師寺

薬師寺（本薬師寺）(注16)は、天武天皇九（六八〇）年一一月、「癸未（一二日）に、皇后、體不豫したまう。則ち皇后の為に誓願いて、初めて薬師寺を建つ。」とあり、天武天皇が皇后の病の平癒を祈願して発願された寺院なのです。しかし、平城京の薬師寺に現存する東塔擦銘に、「清原宮馭宇天皇（天武天皇）即位八年庚辰の歳建子の月（一二月）、中宮（皇后）不悆をもって此の伽藍を創む。而るに鋪金未だ遂げざるに竜駕騰仙す。」とあって、この時には、まだ、具体的に造営に着手されていなかったようです。また、朱鳥元（六八六）年九月崩御の後、一二月一九日に行われた天武天皇のための無遮大會でも、「五つの寺、大官・飛鳥・川原・小墾田豊浦・坂田に設く。」とあって、五カ寺の中に見えないことから、この時にもまだ完成していないことがわかります。

その後の伽藍造営の様子については、持統天皇二（六八八）年 正月「丁卯（八日）に、無遮大會を薬師寺に設く。」、文武天皇元（六九七）年七月「癸亥（二九日）に、公卿百寮、仏の眼開しまつる會を薬師寺に設く。」、『続日本紀』の文武天皇二（六九八）年一〇月条に「薬師寺の構作略了るを以て、衆僧に詔してその寺に住まわせしむ。」などの記事が見られることから、無遮大會を行う何らかの施設や本尊とそれをまつる金堂は持統天皇の時にできていたようです。しかし、僧坊などの堂塔が完成して衆僧を住まわせられるようになり、伽藍がほぼ完成したのは文武天皇の時だったようです。ただ、大宝元（七〇一）年にも造薬師寺司の任命の記事があり、なお、整備工事は続けられていました。

大宝三（七〇三）年正月に持統天皇が崩御しますが、この時には「太上天皇のために、斎を大安・薬師・元興・弘福の四寺に設く。」とあって、薬師寺は藤原京四大寺のなかで第二位の寺格を持つ大寺院に位置づけられています。平城遷都後の養老二（七一八）年には平城京の右京六条二坊に移されており、新しい薬師寺に対して旧地のものを「本薬師寺」と呼んでいます。

藤原宮と薬師寺の所用瓦

薬師寺は、藤原京の右京八条三坊に主要伽藍が存在し、寺域がその四町分を占める壮大なものであったと考えられています。また、寺の中軸線が京の西三坊の中軸線と一致し、また、寺域の西南隅にあたる場所では、西三坊大路と八条大路の交差点と寺域の西南隅の造営経過の関係が明らかになったことから、寺が藤原京の条坊基準に則って造営されていたことがわかりました。さらに、藤原宮の殿舎に用いられた瓦が、薬師寺のものと類似し、かつ、より新しい型式のものであることから、殿舎造営前に、すでに、薬師寺の建立が始まっていたことも明らかになっています。この堂塔に用いられた軒丸瓦は、内区が一枚の花弁

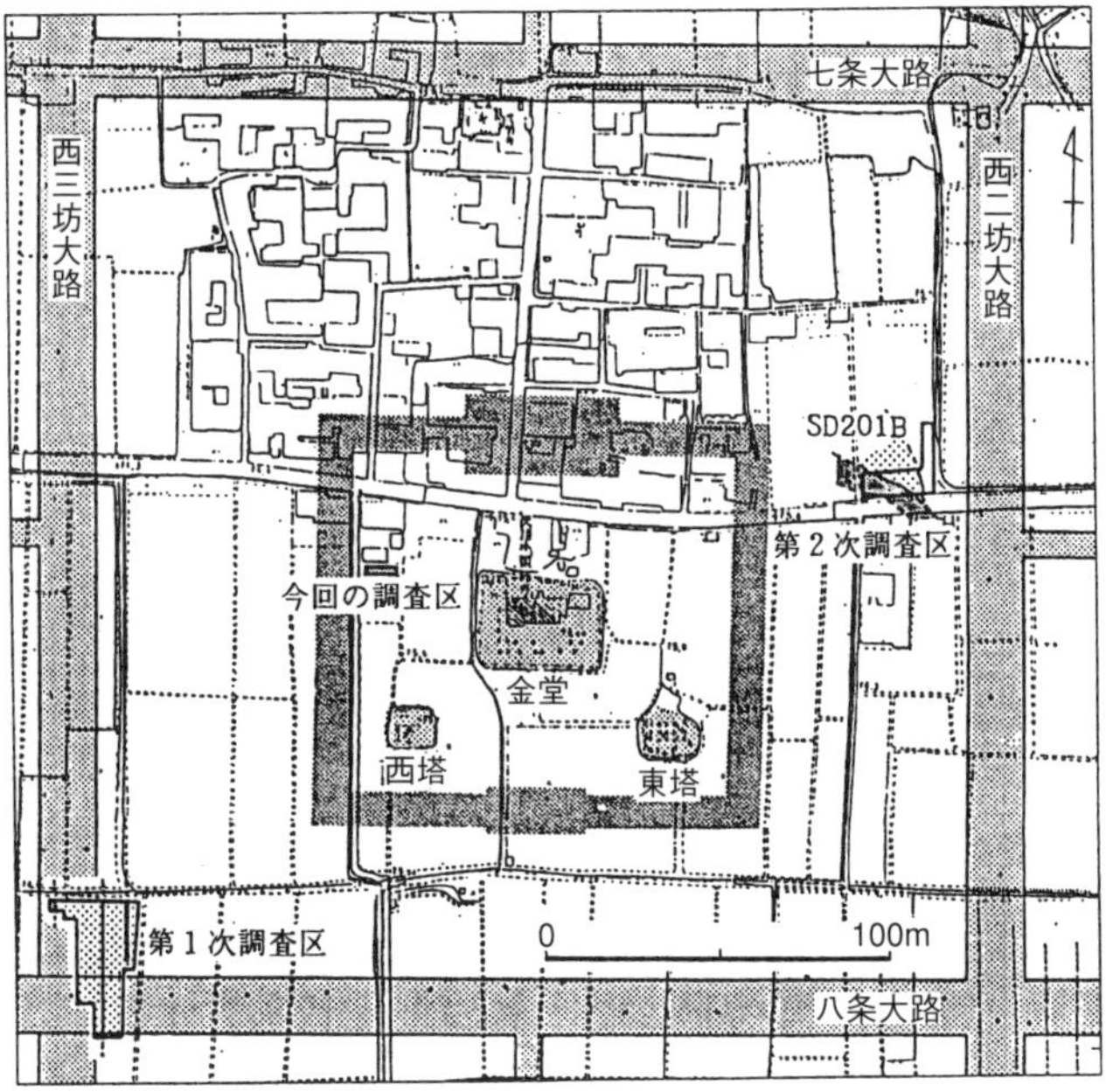

図15. 本薬師寺跡の伽藍

に二個の子葉を配する複弁八葉の蓮華文で、大きな中房には、中央に一個、その外側に五個と九個の二重の蓮子を表し、外区には蓮珠を密に巡らせ、外縁にも線で鋸歯文をあしらったものです。軒平瓦は、雲文のような偏行唐草文を内区の主文とし、外区の上帯部分は蓮珠、下帯部分は線鋸歯文で飾っています。この軒丸瓦と軒平瓦のセットが薬師寺の堂塔の屋根の軒先を飾り、同じ文様を持つものが藤原宮の殿舎にも用いられていたのです。こうした藤原の宮都を代表する薬師寺や藤原宮に用いられた軒瓦が、近江のある特定の古代寺院にも用いられているのです。

三、壬申の乱と寺院の建立（注17）

㈠　壬申の乱の論功行賞

川原寺式軒瓦の分布

川原寺は、中大兄皇子（後の天智天皇）の発願で、母である斉明天皇の死を悼み、飛鳥の川原宮の故地に建立されたと考えられています。近江の崇福寺跡や南滋賀町廃寺跡などでは、その伽藍配置を受け継ぐとともに、同じ笵で作られた新様式の川原寺式複弁八葉蓮華文軒丸瓦が出土していることから、大津宮との関連の深さを推しはかることもできます。また、こ

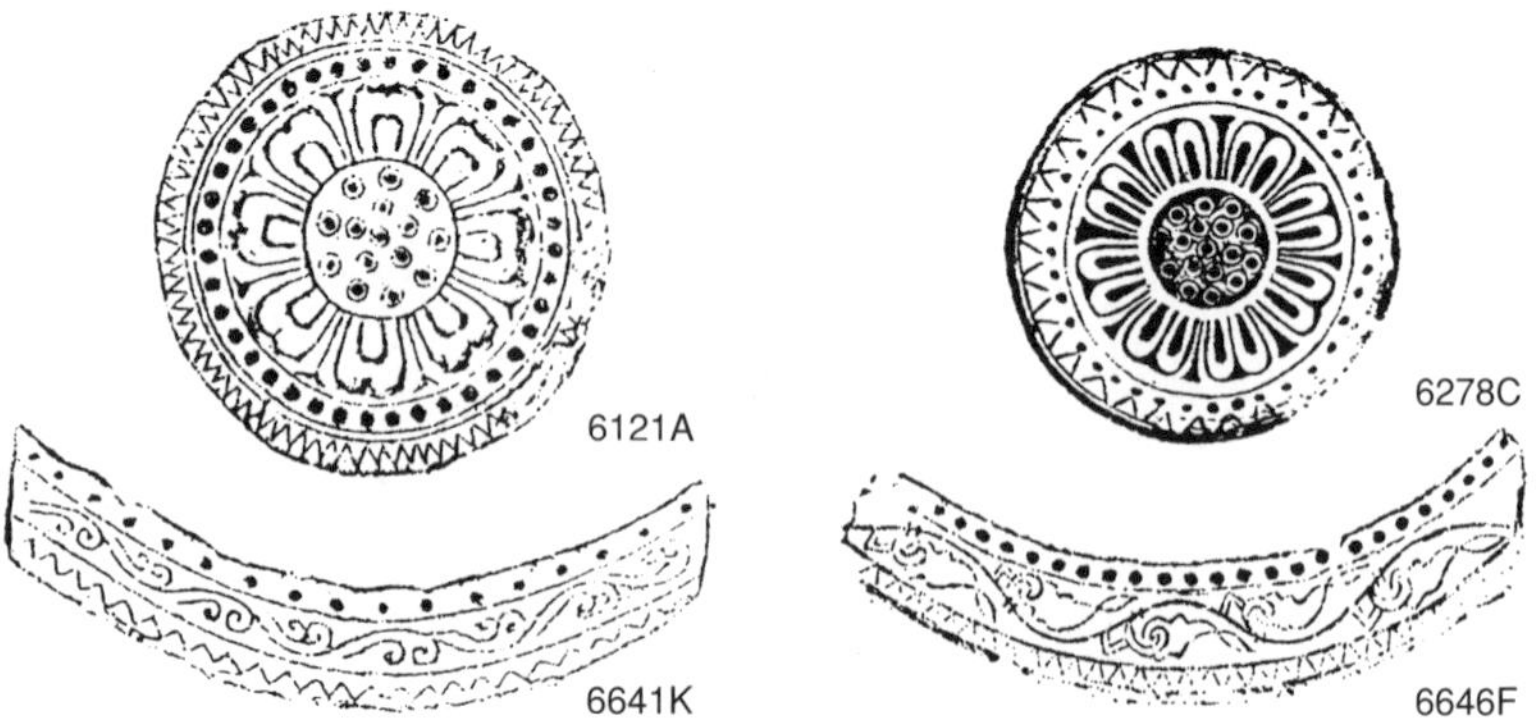

図16．本薬師寺（左）と藤原宮（右）の所用軒瓦

図17．大津市崇福寺跡（左）と南滋賀町廃寺跡（右）出土の軒丸瓦（川原寺跡出土軒丸瓦と同笵）

の新種の川原寺系軒丸瓦が、大和以外では山背や美濃の地域に集中的に出土しているのです。この両地域は、壬申の乱に際して功臣を多く出したところであり、川原寺が、天智天皇の崩御後も、天武天皇の崇敬が厚く、大官大寺や飛鳥寺とともに重きを置かれていたことから、おそらく、壬申の乱後の論功行賞により、有功者の氏寺建立に対して多くの支援が行われたのだろう、（注18）と考えられています。

壬申の乱の戦後処理に関しては、終戦直後の天武天皇元（六七二）年八月二五日条に、「高市皇子に命して、近江の群臣の犯つ状を宣らしめたまう。則ち重罪八人を極刑に坐く。」とあり、また、その月の二七日条に、「諸の有功勲しき者に恩勅して、顕に寵み賞す。」とあって、戦犯の処刑と有功者への論功行賞が同時に行われています。その後も、「諸の有功勲しき者を選びて、冠位を増し加えたまう。」（天武天皇元年一二月二四日条）、「有勲功しき人等に、爵賜うこと差有り。」（天武天皇二年二月二九日条）を始め、『続日本紀』に、文武天皇の大宝元（七〇一）年七月二一日条「壬申の年の功臣、功の等第に随い、また、食封を賜う」（この時には、先朝の時にすでに賜った物に対する相続についても規定しています。）、元正天皇の霊亀二（七一六）年四月八日条「壬申の年の功臣村国小依（男依）の息（子息）従六位下志我麻呂（略）等十人に田を賜う」など、その後も功臣に対する国家の優遇処置は、八世紀の中頃まで続けられているのです。このことから、川原寺系軒丸瓦の分布状況から、論功行賞の一環として、功臣の氏寺建立に対して国家の多大な支援があったと見ることもうなずけるのです。

川原寺式軒瓦と近江の寺院

川原寺は、天智天皇が、母である斉明天皇の死を悼み、飛鳥の川原宮の故地に発願された寺で、天智天皇崩御後も天武天皇の厚い崇敬を受けています。この川原寺で使用された軒丸瓦は、今までに例のない一枚の花弁に二枚の子葉を配する複弁の蓮華文を採用しています。この新様式の文様と同じ系統のものを出土する寺院跡が、近江においても、天智天皇ゆかりの大津市の崇福寺跡や南滋賀町廃寺跡などを始め、真野・坂本・穴太・膳所・石居廃寺跡、草津市の笠寺・花摘寺・下寺・長束廃寺跡、栗東市の手原廃寺跡、近江八幡市の安養寺跡や舟木廃寺跡、竜王町雪野寺跡など、大津市域を中心に湖南方面から湖東方面の南部に集中して分布しています。これらのうち、崇福寺跡や南滋賀町廃寺跡、穴太廃寺跡などは天智天皇の大津宮遷都との密接な関連を推し量ることができますが、他の寺院跡については、天智天皇あるいは天武天皇との関わりを推測できるものの、直接的な建立背景を知ることができません。ただ、川原寺系の軒瓦が、壬申の乱の時に有功者の多かった山背や美濃に密集して分布していることから、彼らの氏寺建立に対しても、乱後の論功行賞により国家的支援がなされたのかもしれません。

壬申の乱激戦地と寺院

一方、天武天皇が鸕野《うの》皇后の病の平癒を祈願して建立された薬師寺では、軒丸瓦に、内区に複弁八葉の蓮華文と一＋五＋九の蓮子を表した大きな中房、外区に密に巡らせた蓮珠、外縁に線で鋸歯文、軒平瓦に、内区に雲文のような偏行唐草文、外区の上帯部分に蓮珠、下帯部分に線鋸歯文をあしらった特徴的な文様が用いられています。同じ文様を持つものが、近江朝廷崩壊後、天武天皇の遺志を継いで造営された藤原宮の殿舎にも用いられています。この特徴的な文様を持つ軒丸瓦および軒平瓦と同笵あるいは同系統のものが、近江では、米原町三大寺

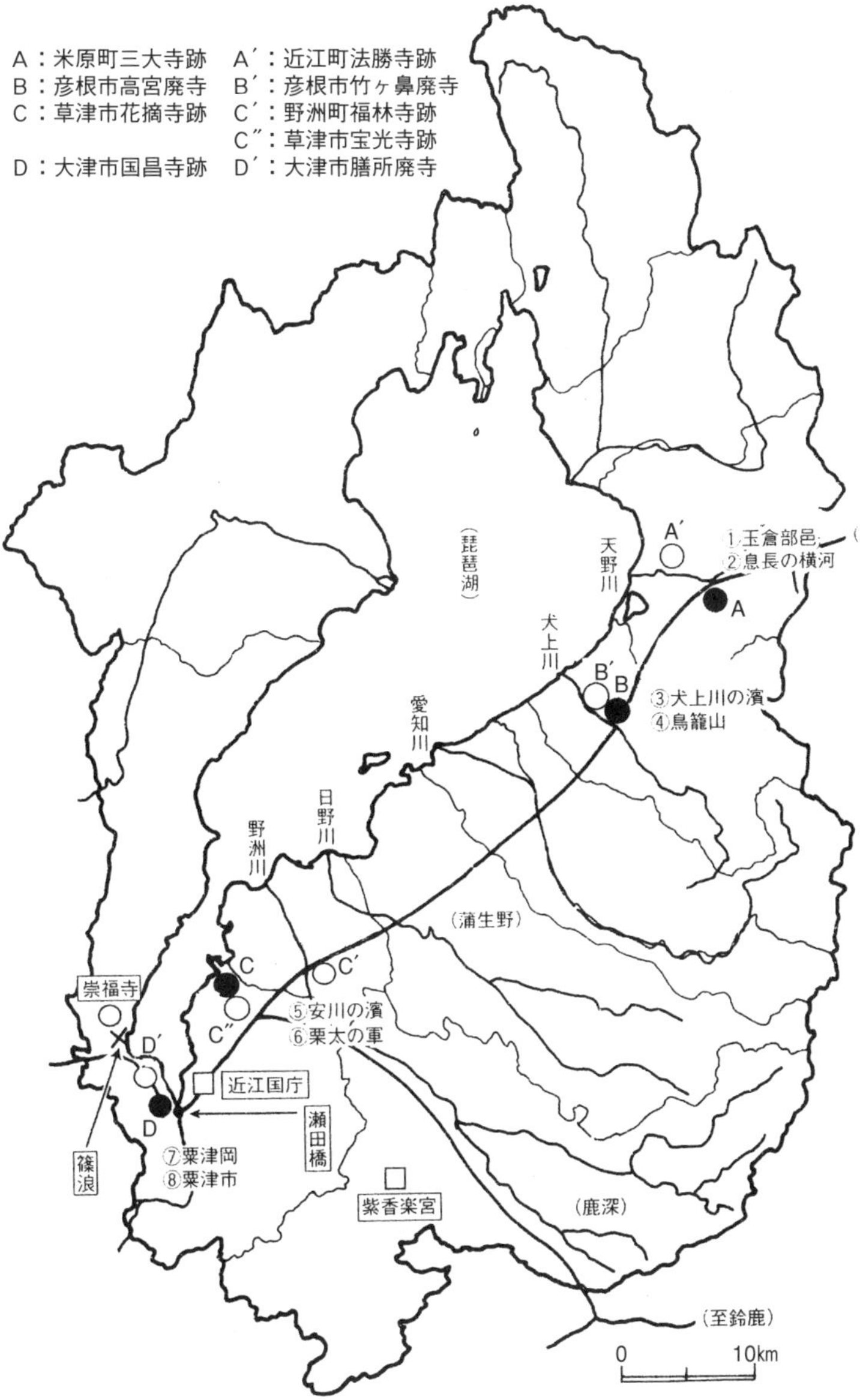

図18. 壬申の乱の激戦地と寺院跡

跡、彦根市高宮廃寺跡、草津市花摘寺跡、大津市国昌寺跡の四カ寺跡から出土しています。[注19]ここで注意したいのは、これら四カ寺跡が、いずれも、壬申の乱の激戦地と重なっていることです。

(二) 三大寺跡と「息長の横河」

「息長の横河」の位置

三大寺跡[注20]は、米原町枝折にあり、旧醒井村の北西部に位置しています。『日本書紀』天武天皇元(六七二)年の壬申の乱の記事に、七月二日、「近江、精兵を放ちて、忽ちに玉倉部邑を衝く。則ち、出雲臣狛を遣わして、撃ちて追わしむ。」とあり、また、七日に「男依等、近江の軍と、息長の横河に戦いて破りつ。其の将境部連薬を斬りつ。」とあります。すなわち、近江朝廷が「犬上川の濱」に陣を張り、天武天皇が陣営を張る不破を攻めるために「玉倉部邑」や「息長横河」で激戦を交わしたことが記されています。「玉倉部邑」については、『古事記』[注21]の倭建命(『日本書紀』では「日本武尊」)東伐の記事の中で醒井の地名起源説話として、「玉倉部の清泉《しみず》に到りて息《いこ》いましし時、御心稍に寤めましき。故、その清泉を号けて、居寤《いさめ》の清泉という。」とあり、醒井付近にあったことがわかります。また、「息長横河」については、「息長」が、古代豪族息長氏の根拠地とされる旧息長村を中心に、天野川を挟み、近江町から今の醒井付近を含む地域と見て大過ないと考えます。従って、三大寺跡付近が、壬申の乱の激戦地の一つに重なっていることがわかります。

三大寺跡の立地

三大寺跡は、米原町枝折にあり、枝折川を挟んだ北の寺尾と南の塚原の両小字を中心とした範囲にあります。地理的には、北に天野川が西流し、西に霊山岳に端を発する丹生川が流れ、枝折川が丹生川に注ぎ込んでいます。また、北は多和田山、東西は霊山岳の山丘が迫り、南は奥行きの浅い醒井峡谷があって、きわめて狭隘な場所に

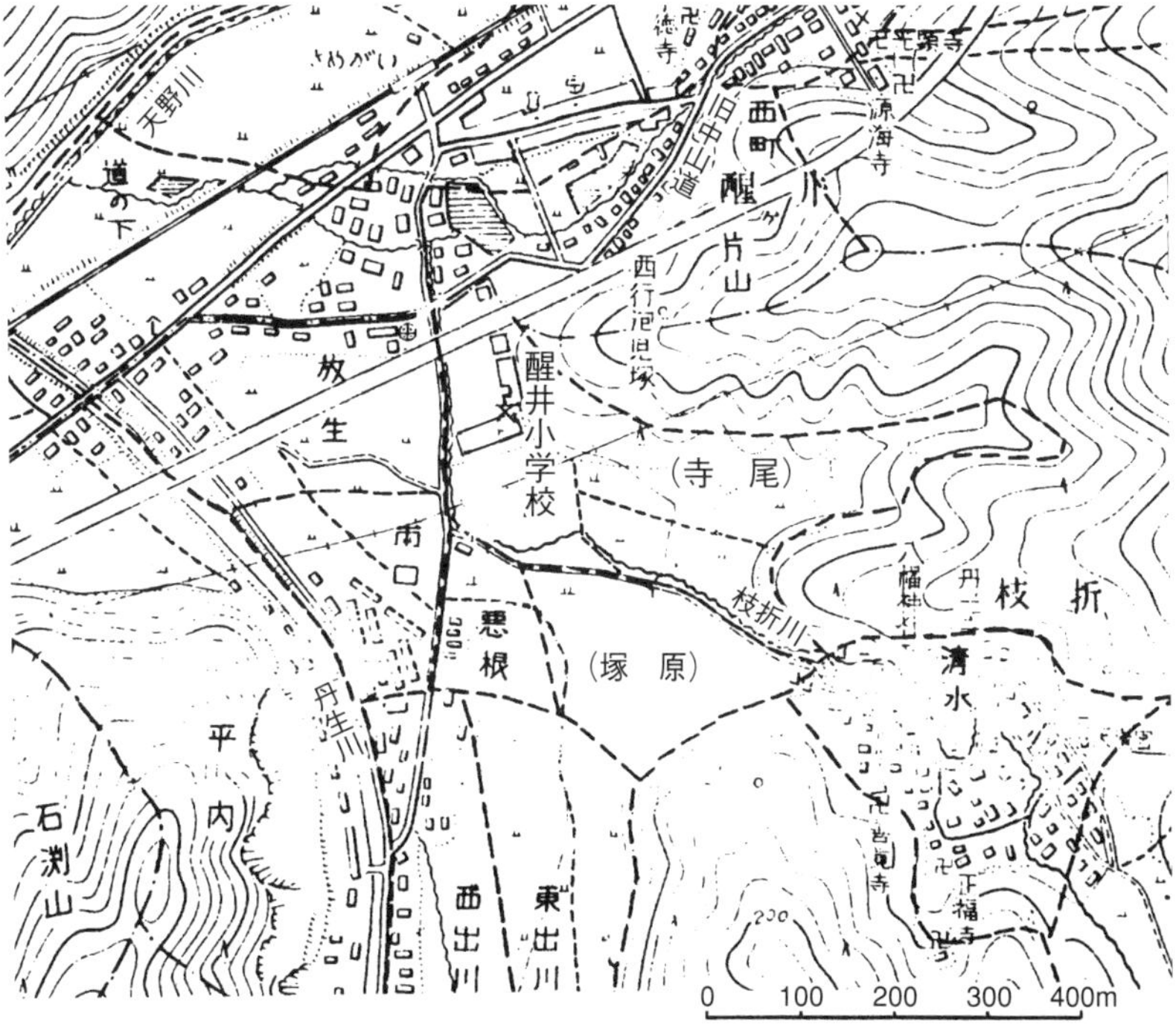

図19．米原町三大寺遺跡の位置（小字寺尾、塚原付近）

位置しています。しかし、天野川は、多和田山の南側山裾を流れ、およそ六kmほどで琵琶湖に開口し、この天野川に沿って中山道が通っているのです。醒井からは、中山道を東へ五kmほどで北陸に通じる北国脇往還道との分岐となる山東町柏原へ、西へ八kmほどで北国街道との分岐となる彦根市鳥居本に至り、さらに、近江と美濃との国境近くにあって、古代三関の一つ不破の関へはわずか東に一〇kmほどで到達します。また、天野川に沿って西へ行けば六kmで朝妻の港に出ることができます。従って、三大寺跡は中山道沿いの南側にあって、畿内中枢部と北陸日本海および東国尾張を結ぶ水陸両交通の要衝に位置し、しかも、醒井は最も狭隘な場所にあり、東国との交流を左右できるネックとなる地理的環境を持っているといえます。

現在の枝折は、小字清水に集落を持ちま

すが、その西方の小字平内・寺尾・高瀬の三部落を併せて枝折村とし、中山道に沿った村だったのです。ただ、枝折の地名は新しく、江戸時代以降に現れるようです。醒井・一色・枝折・上丹生・下丹生・樽が畑の六カ村が合併して後に醒井村と称しましたが、この醒井村の範囲が『日本書紀』などに見られる醒井の範囲と考えてよいかと思われます。従って、三大寺跡は、醒井の北西部に位置し、中山道を北に見下ろす台地上に立地していることになります。

三大寺遺跡群の発掘調査

三大寺遺跡群は、枝折川を挟む北西から南東にかけての比較的平坦な地域に立地しています。遺跡名は、付近に随泉寺、福遊寺、多聞寺などの寺院が存在していたという伝承に由来しますが、この付近に、かつて、寺院が実在していたことが知られるようになったのは、明治三六年、枝折川の北側、小字寺尾にある現在の醒井小学校の校舎増改築の際に多量の瓦が出土したことに始まります。その後、枝折川の南側、小字塚原の西寄りにまで及んで瓦の出土することが知られるようになりました。しかし、堂宇の存在や伽藍の配置はもちろん寺域なども全く不明で、小学校校地から出土した白鳳時代の瓦のみが広く知れわたっていました。寺院以外では、塚原地先の東寄りに巨石が路頭していて、横穴式石室を持つ古墳が存在していることも早くから知られていました。古墳は一基のみではなく、その南側の水田畦畔の石垣の様子から、さらに二基ほど存在するものと考えられました。さらに、付近の水田には、古墳時代から奈良・平安時代頃までの須恵器や土師器などが散布していることから、古墳や寺院跡と重複して集落跡が存在することも推察されていました。

このような状況の中で、昭和五七年度に、塚原地先で初めて発掘調査が実施されたのです。調査の結果、古墳群については予想通り三基見つかりました。これらのうちの一基については、六世紀第三・四半期頃に築造され、七世紀第二・四半期頃まで、少なくとも六回にわたり埋葬が行われていたことが判明しました。集落跡については、古墳群の西側で六世紀末から七世紀初頭頃の竪穴住居三棟を検出しました。削平が激しく全容はつかめませんでしたが、竈の痕跡と思われる焼土を各所で確認することができ、集落跡が広範囲に及ぶものであることがわかりました。寺院関連の遺構としては、この集落が廃絶した後に造営された建物の基礎となる基壇一基を検出しています。出土した土器から、七世紀第四・四半期から八世紀初頭までの間の非常に短い期間存続したものであることも判明しています。その他、平安時代前期の掘立柱建物群が見つかっており、古墳や集落、また、寺院が廃絶した後、相当期間土地利用がなされなかったことなども明らかになっています。

塚原地区の堂宇

塚原地区で検出した基壇は、東西二四m、南北二一mで、中軸線をほぼ磁北線上にとり、東西に少し長い長方形のプランを持っています。基壇の構築は、自然地形が南西側に向かって低くなっているため、東側の高所側を基壇の中ほどまで削り、低所側の西側半分は自然傾斜面をそのまま残して造成し、全体を水平にしてからその上に土を盛り上げて基壇を作る方法をとっています。削平が激しく、基壇の北東部は地山が露出していましたが、東辺部が畦道で掘削を免れ、高さ六〇㎝ほど基壇の盛土が残っていました。また、自然傾斜面を残す基壇南西部にも盛土が残り、土を何層にも叩き締めて盛り上げる版築と呼んでいる工法が認められました。この工法は多くの寺院跡に見られるものです。

この基壇四周に、大量の瓦が集積していました。基壇の側面に瓦を積んで化粧する瓦積基壇が崩壊したものかと思われました。しかし、瓦積基壇の場合、縦に半裁した平瓦が使われることが多いのですが、ここではほぼ完全な平瓦と丸瓦ばかりであったことから、基壇の化粧瓦とは考えにくく、瓦葺建物の屋根に使用されていたものが、建物の崩壊後に基壇の周囲に片づけられ、堆積したものと判断しました。

基壇の周辺状況を見ると、東側のわずか三〇mほどの所に古墳群が残り、西側は二〇mほどで二m近い段差があります。北側は三〇m足らずで枝折川、南側は谷状の地形で湿地となっており、しかも、すぐに山丘が迫っています。従って、到底、壮大な伽藍配置を想定できるような地形的条件が見あたりません。また、試掘調査でも基壇以外に寺院に関連する遺構は見つかりませんでした。従って、枝折川以南の塚原地区では、瓦葺建物一宇のみが存在していた可能性が強いのです。

基壇の上にどのような建物が建っていたかは不明ですが、基壇が正方形に近いこと、瓦が基壇四周から出土することなどから、四面に屋根が展開する入母屋か寄棟の形態のものではないかと推察しています。このことは、出土した無紋の鬼板の形状からも推し量ることができます。

この基壇上の建物は、瓦と一緒に出土した土器から、七世紀第四・四半期に築造され、早くも八世紀初頭には廃絶しています。

寺尾地区の堂宇

一方、寺尾地区では、瓦の出土地点である醒井小学校の校舎は敷地の南端に位置しています。ここ以外では、北東部にプールを新設したときには瓦は出土しなかったとのこ

写真２．米原町三大寺跡塚原地区の基壇跡

とであり、敷地の北側を走る名神高速道路建設工事に際しても瓦が出土したという話は聞いていません。敷地の東側は片山の丘陵が張り出しており、この丘陵の南側、小学校の南東部は通称「蓮池」と呼ばれている湿田で、ここでも瓦が出土したことは知られていません。このことから寺尾地区では、名神高速道路が北限、東限は小学校の東側の町道、西は、小学校の西側を通る県道を境に地形が大きく落差を以て傾斜していることから、この県道が西限となります。南側も枝折川を境に大きな段差があります。従って、寺尾地区においても、塚原地区同様、広範囲に配される伽藍を想定することは難しく、堂宇一棟程度しか建立されていなかった可能性が非常に強いと思います。

二つの堂宇の建立

二つの地区の建物が同じ寺院の建物であるのか、また、それぞれ独立した性格のものなのかは明確ではありませんが、使用されていた軒瓦を比べると少し様相が見えてきます。塚原地区で見つかった建物に使用された軒瓦は、軒丸瓦のほとんど全てが、外区の外縁に三重の圏線を巡らせ、一＋八の連珠を持った小さな中房を持ち、内区に八葉の弁を配するものです。軒平瓦は四重弧文で瓦頭の区別のない無顎のものとなっています。

この軒瓦のセットは、湖東地域に建立される寺院を中心に、湖北地方の寺院に広がっている湖東式とも呼べる近江特有のものなのです。この軒瓦の類例が百済などに見られることから、朝鮮半島の影響を強く受けたものであることがわかります。また、湖東地域は、依知秦氏等の渡来系氏族が居住し、玄室と羨道との境に階段状の施設を持つ渡来系の横穴式石室が分布する地域なのです。このことから、寺院建立に渡来系氏族が大きく関わっていたことをうかがい知ることができます。

一方、寺尾地区の小学校校地からは、塚原地区と同様の軒瓦セット以外に、塚原地区からは一点も出土していない複弁八葉蓮華文軒丸瓦と偏行唐草文軒平瓦のセットが出土しています。軒丸瓦は、直径七㎝の大きな中房に圏線を巡らせて一＋五＋一〇の蓮子を配し、蓮弁は八葉で、T字形の間弁が入っています。外区とは圏線で区別され、外区内縁に四〇個の珠文があり、さらに圏線を巡らせた外縁を細い線鋸歯文で飾っています。軒平瓦は、上外区に珠文、下外区に線鋸歯文を巡らせ、内区は左から右へ唐草文を七回転させています。枝葉の巻き込みも大きいものとなっています。

この軒瓦のセットは、奈良県の本薬師寺所用の軒瓦の型式と全く一緒なのです。本薬師寺は、壬申の乱後の天武天皇九（六八〇）年、天武天皇が、皇后の病の平癒を祈願して建立を発願した寺院であり、三大寺跡に、天武天皇とゆかりの深い本薬師寺での所用軒瓦を使用した堂宇が建立されていたことになるのです。

壬申の乱と三大寺跡

塚原地区の基壇は、出土した土器から七世紀第四・四半期頃に作られたと考えられることから、同じ瓦を出土している寺尾地区の建物もほぼ同時に建立されたものとすることができます。また、当然、薬師寺建立発願の年の六八〇年をさかのぼらないことも明かです。塚原地区では、三基

複弁八葉蓮華文軒丸瓦

単弁八葉蓮華文軒丸瓦

偏行唐草文軒平瓦

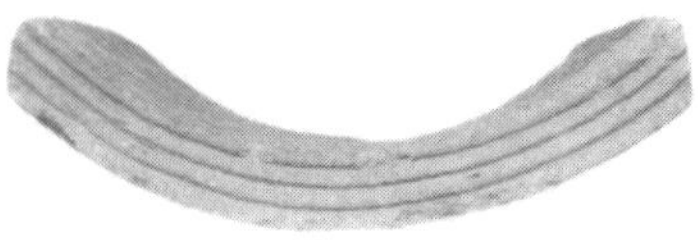

四重弧文軒平瓦

図20．米原町三大寺跡出土の軒瓦（（左）寺尾堂宇、（右）塚原堂宇）

の古墳群が七世紀第二・四半期頃には埋葬のための使用を終え、その西側の集落も同じ頃までは存在していたと考えられます。従って、基壇は古墳を避け、集落の跡地に造成されていることがわかります。寺尾地区に集落があったかどうかわかりませんが、すぐ東に片山の丘陵がのびており、この尾根にも塚原古墳群と同じ頃の片山古墳群があります。すなわち、近接して、それぞれの古墳群を作った二つの村があったことは確実で、その集落は、六七二年に起きた壬申の乱を契機に完全に廃絶し、それぞれの跡地に一棟ずつの堂宇が建立されたと考えられるのです。

三大寺跡と息長氏

三大寺跡は、米原町の枝折地先に所在しますが、この付近は、古代朝妻郷に含まれています。朝妻郷は、応神天皇の息子稚淳毛二岐王《わかのけふたまたのきみ》の裔とされる近江の名族息長氏の根拠地とされ、醒井付近は、分柱した息長丹生真人の居住地であったとの伝承があります。その周辺には、塚原古墳群や片山古墳群、丹生川を挟んだ西側丘陵裾部の石淵山古墳群などが分布しています。また、天野川をわたった北の近江町能登瀬から顔戸にかけての丘陵部にも後期古墳群が築造されています。とくに、能登瀬などの丘陵部には、塚の越古墳や山津照神社古墳などの前方後円墳が分布しています。これらは、湖北南部地域で、長浜市を根拠とした坂田酒人《さこうど》氏とともに勢力を持った古代豪族息長氏の奥津城と考えられています。息長氏は、継体大王の父彦主王《ひこうしのおおきみ》の出自と考えられるとともに、日本武尊や神宮皇后の伝承と深い関わりを持っています。また、広大な生産基盤を持ち、北国街道あるいは北国脇往還道と中山道との合流点、また、湖上交通にとって良港を形成する入江内湖を擁するという水陸の交通の要衝があり、さらに、山津照神社古墳から新羅系の冠帽が出土していることや、入江内湖から伽耶系の須恵器が出土していることなどから、渡来系氏族との結びつきの強いことなどが、息長氏の勢力の背景となっています。

奥津城から北西二㎞ほどの平地には、白鳳時代創建の法勝寺跡(注22)があります。この寺院は、平安時代頃まで続いた息長氏の氏寺と考えられています。息長氏が、壬申の乱において、どのような役割を果したか明かではありませんが、壬申の乱後に氏寺を建立していることから、少なくとも近江朝側ではなかったものと考えられます。また、天武天皇ゆかりの本薬師寺系の軒瓦を使った三大寺跡の堂宇の建立に際しても、息長氏の勢力範囲にあることから、何らかの役割を担っていたものと推察します。

㈢ 高宮廃寺跡と「犬上川の濱」

犬上川辺の激戦

六七二年に起こった壬申の乱で、七月二日と七月七日の天野川付近での激戦に続いて、「数万の衆を率いて、不破を襲わんとして、犬上川の濱に軍《いくさだち》す。」とある近江朝側の前線基地となっている犬上川辺りでの激戦が始まります。具体的には、七月九日に「男依等、近江の将秦友足を鳥籠山《とこやま》に打ちて斬りつ。」とあるだけですが、数万の軍勢で陣を張っていることから、相当な激戦が行われたであろうことは想像に難くありません。

「鳥籠山」については、『延喜式』(注23)兵部省式に「近江国駅馬。勢多三十疋。岡田、甲賀各二十疋。篠原、清水、鳥籠、横川各十五疋。」とあり、『和名抄』の犬上郡の郷中に駅家とあるのはこの鳥籠駅を指しているとされています。現在、彦根市正法寺町の集落の西側に「鳥籠山」と称する山丘があり、白鳳時代から奈良時代前期にかけての須恵器や瓦を焼いた窯跡が発見されています。(注24)

高宮廃寺跡の発見

この犬上川の辺りにも、藤原宮式の軒瓦を出土する彦根市高宮廃寺跡(注25)が存在します。昭和一一年三月に刊行された『滋賀県史蹟名勝天然記念物概要』(以下、『概要』)によりますと、「犬上郡高宮町字遊行塚」地先の田圃の中に、周囲より一間(一・八m)ほど高くなっているところがあり、ここから、明治四四年に、柱受けの窪みのある塔心礎と

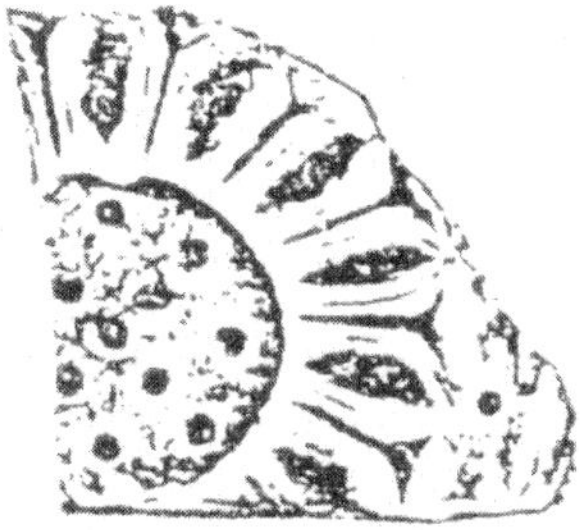

単弁十二葉蓮華文軒丸瓦

複弁八葉蓮華文軒丸瓦

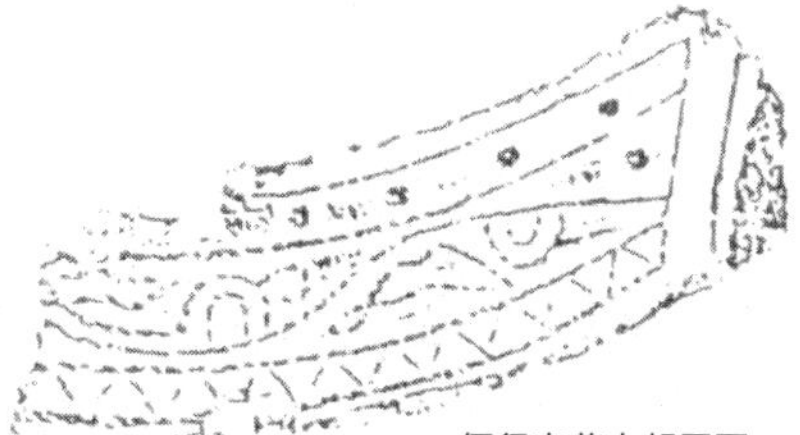

偏行唐草文軒平瓦

図21．彦根市高宮廃寺跡出土の軒瓦

思われるものと他の礎石一個が掘り出されています。その後は、瓦などが集められて、高さ二m、周囲五mの塚状の状態で残されていました。昭和一〇年に道路建設のために土取り工事が行われた際には、新たに、東西南北に並列する四個の礎石が発見されています。これらは、明治四四年の二個の礎石とともに、塔の西半分にあたるとされています。現在、その正確な位置は不明となっていますが、『遺跡地図』によると、彦根市高宮地先に「遊行塚遺跡」が登載されており、この地が高宮廃寺跡にあたるのではないかとされています。

出土した複弁八葉蓮華文軒丸瓦は、大きな中房に一＋五＋八の蓮子をあしらい、外区内縁に連珠、外区外縁に鋸歯文を配するもの、偏行唐草文軒平瓦は、外区上縁に珠文、外区下縁に鋸歯文、内区には右から左に流れる唐草文を配するものとなっています。このうち軒平瓦については、藤原宮式のものですが、各支葉のパルメットの表現に省略が多いこと、内区の右上隅に珠文が一個配されていることなどから、後で述べます大津市国昌寺跡、草津市花摘寺跡から出土している藤原宮六六七六型式とされるものの文様を見て作った笵で製作したものと考えられています。なお、高宮廃寺跡からは、湖東式の単弁十二葉蓮華文軒丸瓦も出土しています。

竹ヶ鼻廃寺跡

一方、高宮廃寺跡とはわずか一・三㎞ほど西方、まさに犬上川の辺に彦根市竹ヶ鼻廃寺跡(注26)があります。竹ヶ鼻町の小字下寺街道・上寺街道・石仏を中心に東西、南北とも三〇〇mほどの寺域が想定されています。『彦根市史』には、かつて数個の礎石や瓦、土器などが掘り出され、付近の式内社都恵神社や地元の方々が所有していること、出土遺物は単弁蓮華文軒丸瓦、須恵器杯身・杯蓋などで、寺院の創建年代が白鳳時代であること、現在の水田下約五〇㎝の所に瓦の層があること、小字下寺街道で、幅一mほどの粘土の固まりが直線状に連なり、基壇の残存したものと考えられることなど、これまでの経緯がまとめられています。また、寺院は、平城宮式の軒瓦が出土していることから、短くても奈良時代までは存続していたと考えられています。その後、昭和五八年度と平成二年度の二度にわたる調査が実施されましたが、瓦が出土すること以外、寺院に関連する遺構は見つかっていません。ただ、古墳時代後期から奈良時代頃にかけての竪穴住居や掘立柱建物が見つかっており、また、付近に古墳があったといわれていることから、

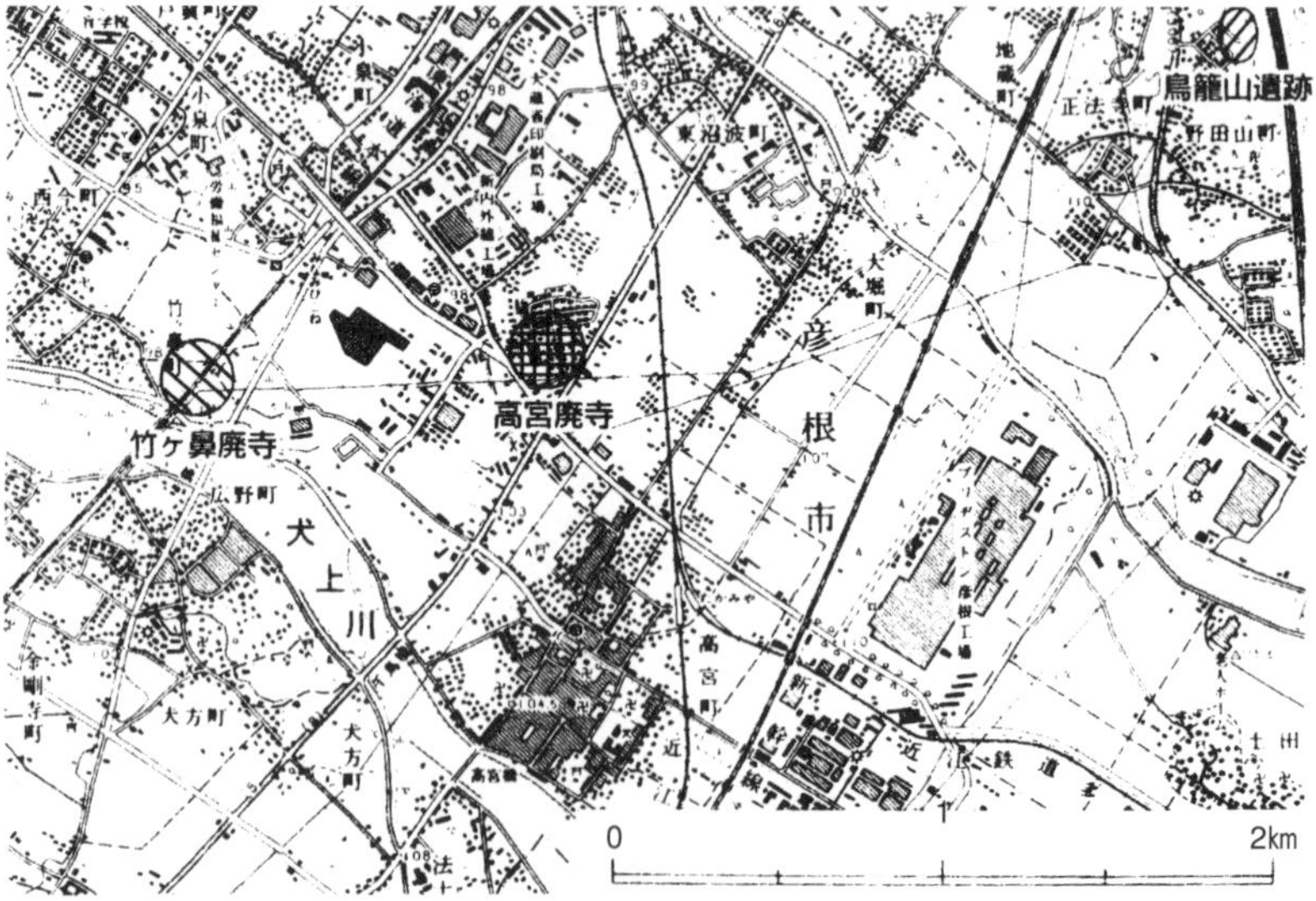

図22．彦根市高宮廃寺跡と竹ヶ鼻廃寺跡・鳥籠山遺跡の位置

寺院は在地豪族の氏寺的な存在であると考えられます。従って、ここでも、壬申の乱後、氏寺に近接して藤原宮と関わりのある高宮廃寺跡が建立されていることになります。

㈣　花摘寺跡と「安川の濱」

「安川の濱」の範囲

六七二年に起きた壬申の乱は、天武天皇側の軍が、天野川に続いて犬上川での激戦に打ち勝ち、さらに、七月一三日の「男依ら、安川の濱に戦いて大きに破りつ」、また、一七日の「栗太の軍を討ちて追う」とあるように、野洲川を挟んで激戦が展開されました。この付近では、草津市花摘寺跡(注27)から藤原宮のものと同笵の軒瓦が出土しています。花摘寺跡は、現在、湖岸に近い下物町にあり、かつての栗太郡に含まれています。また、守山市との境を流れる境川の南側に位置しています。境川は、旧野洲川のかつての氾濫源の南端に当たるとされていることから、「安川の濱」は、旧氾濫原を含む広い範囲と見て差し支えないと考えますので、この寺院跡は「安川」の左岸に位置していることになります。

花摘寺跡の発見

この花摘寺跡については、大正一五年に刊行された『近江栗太郡志』第一巻によれば、江戸時代中期には「礎石古の儘に点在」していたらしく、その存在は古くから知られていました。また、郡志には、「天神祠　祠一宇境内至て広し　此神何の神を斎祀りたるや知る人なし、此の境内元伽藍の跡なるべし、その故は経塔の蓋の如き物あり、大さ方六尺、又柱石の如きものあり、長六尺広四尺余、石面穴あり径り三尺五寸、深五寸許、其他方四尺、或は方五尺許の石数十境内に落々たり、又其近辺古瓦多し、布目或篦目或縄目あり、因て一字に非さる事を知る。」と記されています。さらに、「彼の社の後、田地中に平地より僅に二尺許にして伏石あり」との実見時の所見が掲載され、天満宮の境内や畑地だけではなく、周辺の水田や宅地部分に及ぶものであることもよく知られていたのです。郡志に記載されたものと思われる礎石群は、天満宮入り口の東側の太子堂の横に置かれた塔心礎と思われるものを始め、入口西側の社務所北側に一〇数個、社務所前面に二個などが当たるとされています。これらは、形状や大きさが異なることから、いくつかの堂塔に使用されていたものが集められたものと考えられており、郡志の記載の所見と一致しています。

花摘寺跡の発掘調査

この花摘寺跡については、これまで、付近に残る条里地割りの方向と異なり、天満宮周辺にだけ見られる真南北に走る道路や畦畔、溝などから、南北二町（約二二〇m）、東西一町半（約一六〇m）の寺域が想定されていたのに過ぎませんでした。しかし、その後、昭和五一～五三年度、昭和五七年度と発掘調査が実施され、少しずつですが、実態の解明が進むようになりました。

まず、昭和五一年度には、天満宮の東側と南側で実施された試掘調査の結果、寺院の主軸方向と直行する東西方向の溝

写真３．天満宮境内に残された草津市花摘寺跡の礎石群

が発見され、寺域の南限を画するのではないかと推察されました。昭和五二年度には、地割りから想定されている寺域東辺に対応する幅五・五mの溝状遺構一条と北辺に対応するもの二条が見つかっています。昭和五一年度の調査結果と併せて、南北二町の寺域を持つことが一層確実視されるようになりました。北辺の溝は、一条は幅二m、もう一条は、これの埋没後に新たに掘削されたもので、幅一・五mを計ります。いずれも奈良時代のものとされています。昭和五三年度の調査では、寺域に関わる遺構は見つかりませんでしたが、寺院に関連する雑舎と思われる柱穴などが確認されています。さらに昭和五七年度には、寺域に規制されて建てられた掘立柱建物や柵列が見つかっています。八世紀後半から九世紀前半のものとされていますが、その性格については明らかにされていません。また、瓦溜まりが検出されています。一〇世紀末に形成されていることから、寺院廃絶の時期を知ることができまし

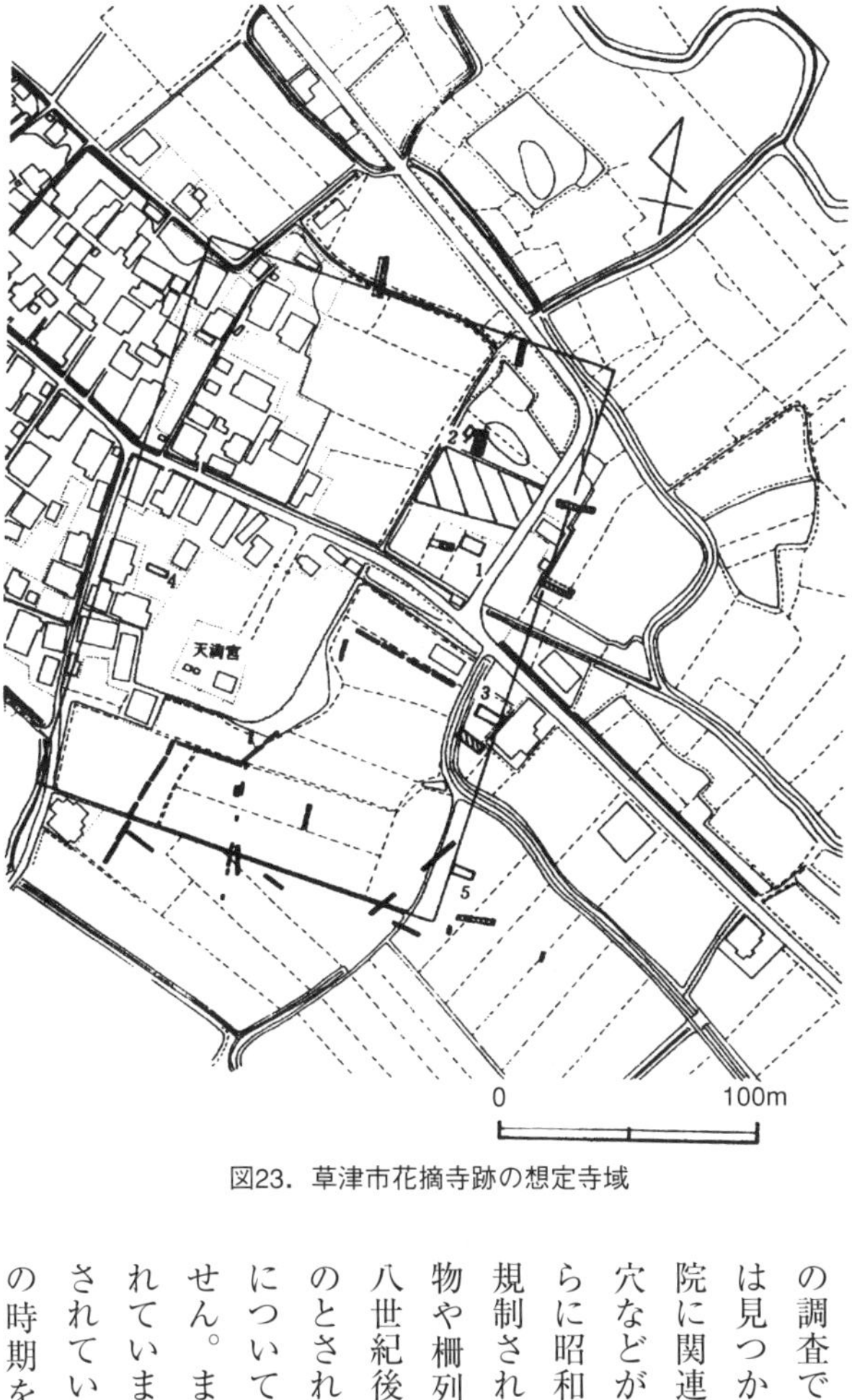

図23．草津市花摘寺跡の想定寺域

た。

この花摘寺跡の創建期の瓦の一つが、藤原宮式の線鋸歯文複弁八葉蓮華文軒丸瓦と変形偏行忍冬唐草文軒平瓦なのです。これらは、藤原宮跡から出土しているものと同じ笵で製作されているだけではなく、粘土の様子や焼き上がり、色調なども非常によく似ていることが確認されています。同じ創建時のものとして、川原式の複弁八葉蓮華文軒丸瓦があります。小片ですが、これに見合う重弧文軒平瓦も出土しています。廃絶の時期に関しては、平安時代に下る軒瓦が出土しています。これは、昭和五七年度の調査で検出された瓦溜まりの形成時期と符合するものです。

福林寺跡

さて、「安川の濱に戦いて大きに破りつ」、あるいは、「栗太の軍を討ちて追う」とある野洲川周辺で、花摘寺跡建立の歴史的環境に目を移してみます。

まず、野洲川右岸の三上山の麓に野洲町福林寺跡(注28)があります。『野洲郡史』（一九二七）によると、この寺は、東寺文書の康和三（一一〇一）年と長治元（一一〇四）年の弁官宣旨に、天武天皇の時、岩城村主《いわきのすぐり》宿祢《すくね》が鎮護国家を祈願して建立したと記されているといわれています。岩城村主は、『日本書紀』の天智天皇三年一二月条に

複弁八葉蓮華文軒丸瓦

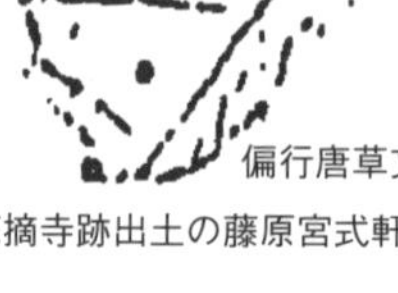

偏行唐草文軒平瓦

図24．草津市花摘寺跡出土の藤原宮式軒瓦

「栗太郡の人磐城村主殷《おほ》」とあり、渡来系の人かとされています。このことから、岩城村主は野洲・栗太両郡に勢力を持つ氏族で、福林寺跡はその氏寺ではないかと思われます。これまでの調査では、白鳳時代の複弁八葉蓮華文軒丸瓦と四重弧文軒平瓦が出土しており、宣旨の内容を確認することができます。その他に、奈良時代の忍冬唐草文軒丸瓦と平安時代の単弁八葉蓮華文軒丸瓦および均整唐草文軒平瓦が出土しており、また、三上神社所蔵の両界曼陀羅の裏の記載から、室町時代末頃まで存続していたことが知られています。

なお、野洲川右岸には、三上山北方の平野部の野洲町永原・北村、中主町六条・八夫などで瓦の出土することが知られていますが、詳細は明らかではありません。

益須寺跡

福林寺跡とは野洲川を挟んだ左岸側に、守山市益須寺《やすでら》跡[注29]があります。これまで何回かの調査が実施され、白鳳時代から奈良時代頃までの瓦が出土していることなどから、『日本書紀』持統天皇七年一一月の条に「沙門法員・善往・眞義等を遣して、試に近江国の益須郡の醴泉を飲服ましめたまう。」、また、八年三月の条に「醴泉、近江国の益須郡の都賀山に涌く。諸の疾病人、益須寺に停宿りて、療め差ゆる者衆し。」とある「益須寺」に相当すると考えられています。この「益須寺」は施薬院的な性格を持った寺院であり、持統天皇の支援を受けていたことがわかります。

渡来系寺院

また、現在の草津市域で、野洲・栗太の郡境を流れる境川の左岸、花摘寺跡の周辺二㎞の範囲内には、下寺・志那中・北大萱・長束・芦浦・片岡など、多数の地点から瓦の出土することが知られています。いずれも白鳳時代にさかのぼり、それぞれ一㎞ほどしか離れずに密集して建立されています。下寺の観音堂廃寺跡[注30]や北大萱の宝光寺跡[注31]などで発掘調査が実施されていますが、これらの寺院跡からは、渡来系氏族との関わりの強い軒丸瓦の外縁に輻線文を施す軒丸瓦や法隆寺式の軒瓦を出土する特徴が見られるとされています。特に、宝光寺跡は、興福寺官務牒疎［嘉吉元（一四四一）年］によると、白鳳四（六七五）年に天武天皇の勅願により、僧定恵により創建されたと伝えられています。また、外縁に輻線文縁をつけた素弁八葉蓮華文軒丸瓦や間に蓮華文を配して三連弁を十字形に施す軒丸瓦など、朝鮮半島の新羅から直接もたらされたものが出土しており、宝光寺跡は渡来系氏族によって造営されたものとされています。

花摘寺跡と氏寺

三大寺跡や高宮廃寺跡で見られたような、花摘寺跡の建立に関わる在地豪族については、施薬院的な性格の益須寺を除き、その周辺に集中する渡来系寺院、あるいは、福林寺跡を建立した栗太郡の岩城村主の一族などが想定できます。激戦地を二カ所と見れば、今後、福林寺跡の前方の平野部に分布する寺院跡を含む範囲から、藤原宮式の軒瓦が新たに発見されるかも知れません。いずれにしても、在地豪族との関わりについては、もう少し周辺の調査が進んでから考えてみたいと思っています。

㈤　国昌寺跡と「勢多橋・粟津」

国昌寺跡

天武天皇側の軍は、天野川、犬上川、野洲川と近江朝廷軍と激戦を重ねながら勝ち進み、ついに近江朝側の大本営と瀬田橋・粟津で最大の激戦を繰り広げます。最後の決戦地となった粟津にも、その南方、最大の激戦が行われた瀬田橋のすぐ西側に当たる大津市光が丘にある国昌寺跡《こくしょう》(注32)から藤原宮式の軒瓦が出土しています。国昌寺跡は、孝謙上皇の保良宮《ほらのみや》、あるいは、延暦四年に焼失した後、平安時代の弘仁一一年に国分寺の寺格が与えられた定額《じょうがく》国昌寺ではないかとされているものです。諸説の検討は後に譲るとして、ここから出土する最古の軒瓦に、藤原宮式の複弁八葉蓮華文軒丸瓦と変形偏行忍冬唐草文軒平瓦が見られるのです。軒丸瓦は、大きな中房に一＋五＋九の蓮子、内区に複弁を八葉配し、外区に三九の蓮珠と線鋸歯文を施しています。軒平瓦は、上外区に珠文、内区に変形偏行忍冬唐草文、下外区に鋸歯文、内区の左上隅に一個の珠文を配するもので、藤原宮出土のものと同笵とされています。

国昌寺跡と膳所廃寺

これまで紹介してきた本薬師寺あるいは藤原宮式の軒瓦を出土する寺院跡では、三大寺跡に対して、天野川を挟んだ五㎞ほど北に、この付近を根拠地とした息長氏の氏寺と考えられる法勝寺跡、高宮廃寺跡に対しては、わずか西方一・三㎞ほどのところに竹ヶ鼻廃寺跡、花摘寺跡では、野洲川左岸の岩城村主の氏寺ではないかと考えられる福林寺跡、あるいは、宝光寺跡のように、渡来系氏族との関わりの深い寺院と、その建立事業を支えるかのように、在地豪族の氏寺と見られるものが存在していました。国昌寺跡についても、北方三㎞ほどのところに大津市膳所廃寺跡(注33)があります。現在、滋賀大学の附属中学校の校地となっている所で、湖と山丘との間の台地上に立地しています。『日本書紀』の壬申の乱に関する記載に「男依等、即ち粟津丘の下に軍す。」とある「粟津丘」にふさわしい立地だと思います。また、「男依等、近江の将（略）を粟津市に斬る。」

複弁八葉蓮華文軒丸瓦

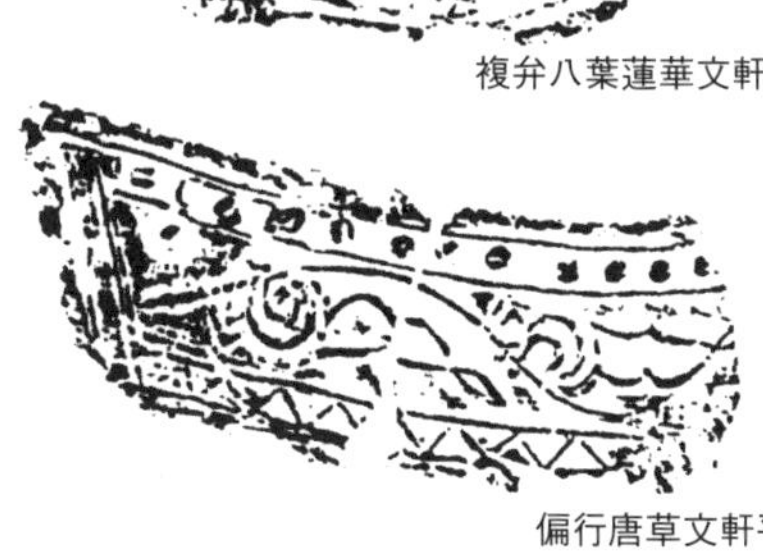

偏行唐草文軒平瓦

図25．大津市国昌寺跡出土の藤原宮式軒瓦

とある「粟津市」はこの「粟津丘」の下の湖岸辺りに位置するのでしょう。ともかく、瓦の裏に書かれた発見時の様子をみると、「剣一刀古瓦数百等地ならしの際掘出せしに付」とあることから、この地から相当量の瓦が出土したことがわかります。出土した軒丸瓦は直径一六・八㎝の複弁八葉のもので、直径五・八㎝と大きい中房に一＋七＋一四の蓮子を配し、内区の外側を一重の圏線で画しています。外区に連珠はなく、斜縁の外縁に鋸歯文を施しています。軒平瓦は厚さ五㎝、弦長二九・五㎝の大きさの四重弧文です。この軒瓦のセットは川原寺式のもので、壬申の乱に先行して建立された在地豪族の氏寺と考えてよいのではないでしょうか。なお、このセットの他に、『滋賀県史跡調査報告書』第五冊には、同中学校校地から出土したとして藤原宮式の軒丸瓦を掲載していますが、事実関係については不明です。

(六) 壬申の乱と持統天皇

これまで紹介してきましたように、壬申の乱の激戦地にあたる天野川に三大寺跡、犬上川に高宮廃寺跡、野洲川に花摘寺跡、瀬田川・粟津に国昌寺跡と、本薬師寺あるいは藤原宮出土瓦と密接な関係のある瓦を出土する寺院が存在し、それを支えるように、法勝寺跡、竹ヶ鼻廃寺跡、福林寺跡や宝光寺跡、また、膳所廃寺跡など、在地氏族の氏寺と思われる寺院が分布するという共通した事象を認めることができました。藤原宮を造営した持統天皇が抱く父、天智天皇に対する追慕の念に関わる『日本書紀』の記事の一つに、持統天皇六（六九二）年閏五月一五日の条、「筑紫大宰卒河内王等に詔して曰わく、『沙門と大隅と阿多とに遣して、仏教を伝うべし。復、大唐の大使郭務悰が、御近江大津宮天皇（天智天皇）の為に造れる阿弥陀像上送れ』とのたまう。」があります。阿弥陀像は、『日本書紀』の天武天皇元（六七二）年三月条に、天智天皇崩御を知った郭務悰等が喪服に着替えて哀悼の意を表する記事が見られることに関連し、正確な時期はわかりませんが、郭務悰が天智天皇のために造ったとされるもので、この仏像を敬うようにとの詔となっています。また、『万葉集』巻二の中の枕詞に「穂積皇子に勅して近江の志賀山寺に遣わしし時、但馬皇女の御作一首」とあります。この天智天皇勅願の志賀山寺（大津市崇福寺跡に比定されている）への穂積皇子派遣は、天智天皇追善供養の意味が強いと思われます。こうした記事から、父である天智天皇に対する持統天皇の強い気持ちを読みとることができると思います。こうした持統天皇の気持ちの延長線上で考えれば、乱の折りの激戦地に位置し、本薬師寺や藤原宮と密接な関係のある瓦を用いた寺院は、その時の激戦地で死亡した関係者の菩提を弔うため、自らの発願で建立されたものと見ることも可能です。また、近くにある寺院は、寺院建立を支援した在地豪族の氏寺と考えられるのではないでしょうか。

第三節　平城京遷都と地方寺院

一．平城京遷都

(一) 平城京造営と官寺の整備

平城京の建設

六七二年に起きた壬申の乱による近江朝滅亡後、宮は大和の飛鳥に戻り、飛鳥浄御原宮が造営されます。翌年大海人皇子が即位して天武天皇となり、鸕野《うの》皇女を皇后とします。天武天皇は新たな都造りの計画をたてますが、志半ばで没してしまいます。しかしその遺志は六九〇年に即位した持統天皇に引き継がれ、大和三山に囲まれた藤原の地に、中国式の本格的な都城が建設されます。この間、近江令、飛鳥浄御原令、そして大宝律令の制定により、大化の改新以来目指してきた律令国家としての新しい体制が完成していきます。また、官寺が整備され、私寺（氏寺）の建立に対しても積極的に援助を行い、仏教を国家仏教として政治体制に組み込んでいくための振興策も推し進められていきました。さらに、元明天皇の時の七一〇年、都は平城に遷都されます。唐の長安城をモデルとするもので、藤原京の三倍もの規模を持ち、その後八代にわたる天皇の壮大な都となります。平城京の建設は、大宝律令の完成とともに、強力な中央集権国家体制が形成されたことを象徴しています。

官寺の整備

平城京の建設と共に、飛鳥や藤原にあった諸寺が遷され、それぞれの伽藍が整えられていきました。まず、七一〇年三月に、山階寺《やましなでら》（＝京都山階に建立され、天武朝に飛鳥に遷された厩坂寺《うまやさかでら》）が平城に移され、名を改めて興福寺とし（『扶桑略記』）、同じ年に、大官大寺が移されて大安寺と号しています（『大安寺縁起』）。七一八年九月には飛鳥寺（法興寺）が移されて元興寺とし（『続日本紀』）、故地を本元興寺と呼ぶようになりました。この年には薬師寺も移され（『薬師寺縁起』）、藤原京の跡を本薬師寺と呼んでいます。また、『扶桑略記』には、興福寺に北円堂を建立（七二一年八月）、興福寺に施薬院、悲田院を建立（七二三年）、興福寺東金堂を建立（七二六年七月）、薬師寺東塔を建立（七三〇年三月）、興福寺五重塔を建立（七三〇年四月）、興福寺西金堂を建立（七三四年一月）等の記事が続き、諸寺の移転に伴って伽藍の整備も順調に進められている様子をもうかがうことができます。

(二) 地方寺院の荒廃

地方寺院の増加

『扶桑略記』の記録によると、天武・持統天皇の仏教振興策に乗って、推古天皇三二（六二四）年のときに四六を数えた寺院数が、持統天皇六（六九二）年には、諸国に五四八カ寺もの私寺（氏寺）が建立されていたと伝えられています。天皇ゆかりの寺院も創建あるいは整えられ、飛鳥と藤原の地に大官大寺・飛鳥寺・川原寺・小墾《おはり》田豊浦寺《だとゆら》・坂田寺・山田寺・薬師寺の七官寺が所在し、これらが地方の諸寺を統括していたと考えられています。近江にも多数の寺院が建立され、現在知られている寺院跡の八〇%以上に当たる六〇カ所以上が七世紀後半の白鳳時代の建立とされているのです。七一〇年、都が藤原から平城に遷され、律令国家として強力な中央集権国家体制が整えられますが、同時に、飛鳥や藤原にあった諸寺も遷され、引き続き仏教を国家仏教として政治体制に組み込んでいく政策がとられました。

霊亀二年五月十五日の詔

しかし、こうした施策に反し、都が平城京へ遷される頃、諸国の寺院の様子が一変していきます。この頃の様子が『続日本紀』[注34]元正天皇霊亀二（七一六）年五月一五日の詔の中で次のように記されています。「法蔵（経典を納める蔵）を崇め飾るは、粛敬を本と為し、仏廟（仏像を祀る堂）を営み修るは、清浄を先と為す。今聞く、諸国の寺家（寺の中にある弟子僧の住む家）多く法の如く為らざると。或いは草堂（かやぶきの家）始めて闢《ひらき》て、争って額題（仏堂に掛ける額）を求め、幢幡《とうばん》（仏堂に飾る旗）僅かに施せば、即田畝を訴う。」すなわち、法蔵や仏廟を守るべき多くの諸国の寺家に、それらに対して謹み敬い、清く穢れない心が失われ、寺領となる田畝を得るために粗末なかやぶきの仏堂を建てるといった有様であるというのです。また、続けて、「或いは房舎修めずして、馬牛群集し、門庭荒廃して、荊棘《いばら》弥生し、遂に無上の尊像をして永く塵穢《じんあい》を蒙らしめ、甚深の法蔵をして風雨を免れざらしめて、多く年代を歴れども、絶えて構成することなし。」とあり、伽藍を荒廃のままに任せ、仏像や経典すら放置してしまっている状況が明確に示されているのです。さらに、「又聞く、諸国の寺家、堂塔成ると雖ども、僧尼住することなく、礼仏聞くことなし。檀越《だんおつ》（布施を行う人）の子孫、田畝を惣攝《そうせつ》（すべてとる）して、専ら妻子を養いて衆僧に供せず。因りて諍訟《そうしょう》（争い訴える）を作らして、国郡を諠擾《ぎじょう》（みだす）す。」と続いており、檀越が寺院を維持すべき田畝を占有してしまうため、無住になってしまっている寺院が諸国に多数あることを述べています。

近江の白鳳寺院の中にも、荒廃の状況を示す寺院跡があります。私が発掘調査にたずさわった遺跡を中心に、近江湖北の事例を二、三紹介します。

二、地方寺院の荒廃—近江湖北地方の事例—

(一) 三大寺跡

三大寺遺跡群の発掘調査

七一〇年、平城京への遷都に伴い、飛鳥や藤原にあった寺院も平城京内に遷され、順次整えられていきます。しかし、その反面、諸国の多くの寺院では、寺家が堕落し、無住となり、荒廃に任せ、檀越が寺領を占有し、争いが絶えなかったようです。霊亀二年の詔の中にはさらに、「近江の国の守従四位上藤原の朝臣武智麻呂もうす。部内の諸寺、多く壃区《きょうく》（境区）を割て、造り修めざるということなく、虚しく名籍を上げる。其の此の如くなるを観るに、更に異量なし。有するところの田園、利を専らにせんと。自ら欲すればなり。もし匡し正さずば、恐らくは滅法いたさん。臣等商量（思いはかる）するに、人よく道を弘るは、先哲の格言、仏法を闡揚《せんよう》（明らかにあらわす）するは、聖朝の上願なり。方に今人情稍薄くして、釈教（釈迦の教え・仏教）陵遅（次第に衰える）すること、独り近江のみにあらず。余国も亦しかり。」とあります。天武・持統朝以降、六〇以上の白鳳寺院が建立された近江国内の諸寺においても、利のみ追求することが多くなり、仏教が次第に衰えていっているというのです。近江の白鳳時代の寺院跡が本格的に調査された例は少ないのですが、私が発掘調査に関わった遺跡の中に、早い段階で荒廃していった様子を知ることのできるものが二、三あります。

まず、三大寺遺跡群の中にある三大寺跡は、壬申の乱で、近江で最初の激戦地となった米原町の醒井の地に建立された寺院跡であることはすでに紹介しました。三大寺遺跡群には、廃寺跡であることを示す堂跡の他に、六世紀第三・四半期頃から七世紀第二・四半期頃までの間で六回にわたる埋葬の認められる塚原古墳群、七世紀第一・四半期を前後する頃の遺物を出土する竪穴住居群、九世紀後半以降の掘立柱建物群が分布しています。竪穴住居群は古墳群を形成した集落跡と考えられますが、堂跡は、七世紀第四・四半期頃、古墳群を避け、竪穴住居群の跡地に建立されています。また、堂跡の廃絶後は、掘立柱建物群による集落が形成されるまで、土地利用がなされなかったものと考えています。

三大寺跡の創建と廃絶(注35)

堂跡は、八〇尺（二四m）×七〇尺（二一m）の規模で版築して築いた基壇を持つものです。調査では、この基壇の四周で大量の瓦の集積（瓦溜まり）が見つかっています。後世の開墾で削平が激しかったのですが、東辺側は自然地形の整形痕がよく残り、基壇との間に幅一〇mほどの堀状の窪みが見られました。この窪みの最も深い部分から基壇の東辺側斜面にかけて多量の瓦の集積が見られたのです。この部分の瓦溜まりから出土した瓦には完全な形のものが多く、ほとんど後世の人の手が加えられていない状況でした。基壇南辺と西辺側でも、幅一・五mほどしか残っていませんでしたが、多量の瓦の集積が見られ、最も遺存状態が悪い北辺側でも細片になった瓦の散布が認められています。この瓦溜ま

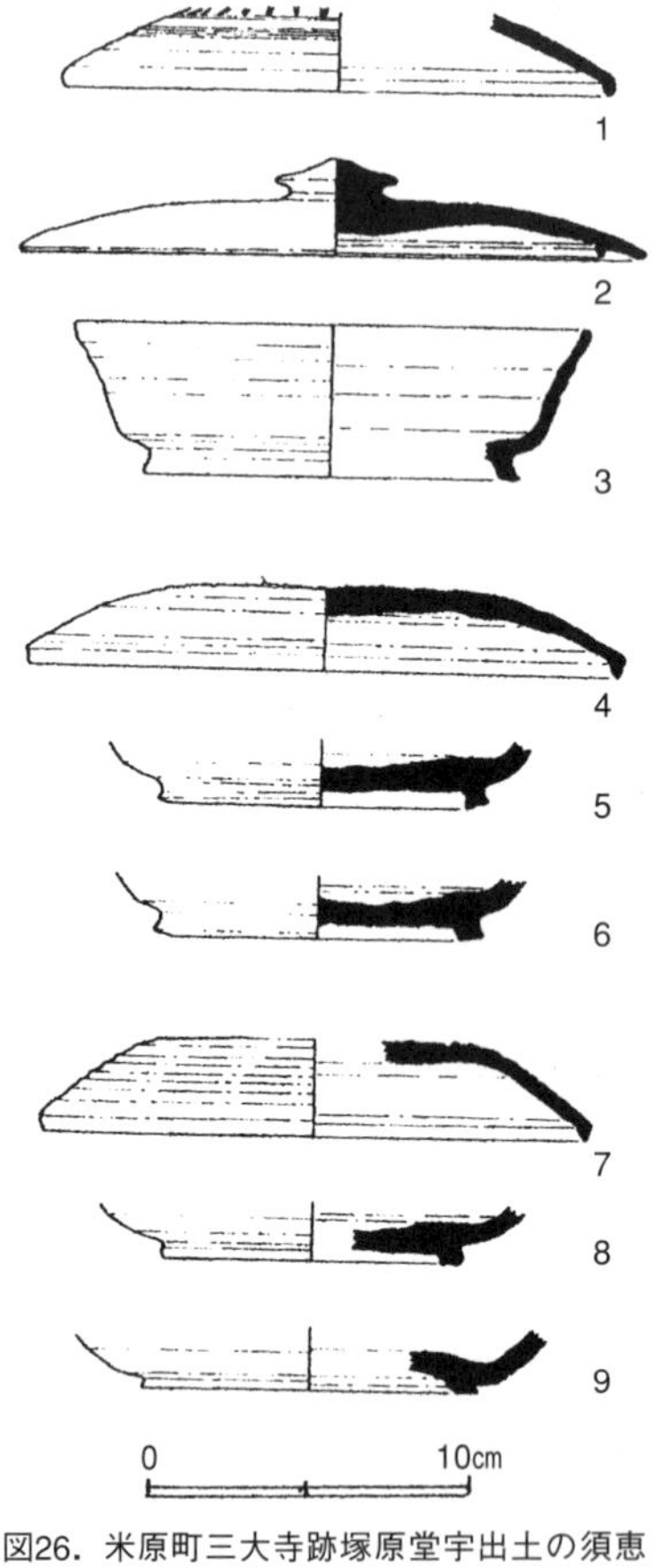

図26．米原町三大寺跡塚原堂宇出土の須恵器杯身・蓋

りは、出土した軒瓦の文様と土器の型式から、七世紀第四・四半期に創建された堂跡が、八世紀初頭に廃絶した後に形成されたものと考えています。また、八世紀初頭から掘立柱建物群が形成される九世紀後半までの遺物が全く出土しておらず、堂塔の廃絶後、寺院の再興はもちろん、土地利用すらされていなかったものと判断しています。すなわち、三大寺遺跡群の中で見つかった壬申の乱直後に建立された堂跡は、八世紀初頭の平城京遷都までのわずか二〇〜三〇年で、完全にその法灯を消してしまっているのです。しかも、地形の高い東側にほぼ完全な形のままの瓦が堆積している状況から、修理や改築がなされずに廃絶し、朽ちて果てて倒壊したまま放置されていたように思われるのです。廃絶の原因は明確ではありませんが、建立後のある時期になって、霊亀二年の詔の中で述べられている「或いは房舎修めずして、馬牛群集し、門庭荒廃して、荊棘《いばら》弥生し、遂に無上の尊像をして永く塵穢《じんあい》を蒙らしめ、甚深の法蔵をして風雨を免れざらしめて、多く年代を歴れども、絶えて構成することなし。」の状態になったのでしょう。

(二) 大東遺跡

大東遺跡の発掘調査

壬申の乱直後に建立され、平城京遷都までに廃絶したと考えられる三大寺跡に似た状況のうかがえるものに、長浜市大東遺跡(注36)があります。大東遺跡は、JR北陸本線長浜駅から東へ三・五㎞ほどのところにあり、大東町の現在の集落の南東部に鎮座する春日神社から多量の瓦が出土したことから寺院跡の存在が推定されてきた遺跡です。春日神社境内に礎石があるといわれていましたが、現在では確認できません。出土した瓦も多くは散逸し、一部が地元に保管されて『坂田郡志』に軒瓦の拓影が掲載されているにすぎず、伽藍配置はもちろん遺跡の性格も長らく不明でした。このような状況の中で、この春日神社のすぐ東側を北陸自動車道が通ることになり、昭和

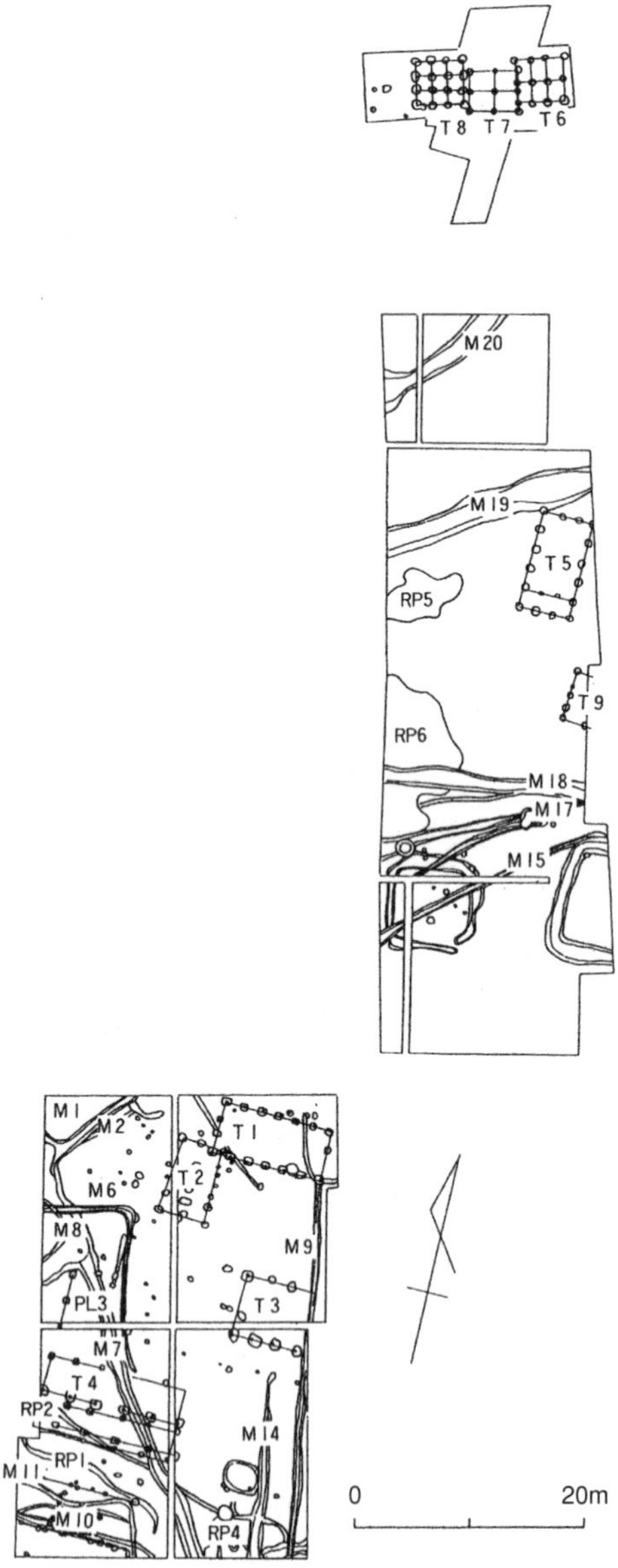

図27．長浜市大東遺跡の遺構分布図
（T：掘立柱建物、M：溝状遺構、RP：瓦溜まり）

四九・五〇年の両年度に発掘調査が実施され、遺跡の実態の幾分かが明らかになってきました。

調査の結果、方形周溝墓二基、掘立柱建物群八棟、溝状遺構一〇数条、瓦溜まり六カ所、多数のピット群などが検出されています。これらの遺構の変遷については、弥生時代の方形周溝墓は寺院跡とは直接関係しないので省くとして、溝状遺構のM一一としたものから、遺跡の中で最も古い飛鳥時代に当たる七世紀前半の土器が出土しています。建物は見つかっていませんが、この頃には集落が存在していたことが推察されました。その後では、掘立柱建物T一の柱穴やM一七・一八の溝跡から奈良時代前半、M七・八としたものから奈良時代前半から中頃にかけての土器類が出土していることなどから、この頃に、T一と同じ磁北方向に建てられた掘立柱建物群（T

一～五）からなる集落が再び形成されている様子がうかがえました。さらに、瓦溜まりのRP四から平安時代後期に下る土師器の皿が出土したことから、この頃、周辺の条里型の水田に合わせた水田開発が行われ、この時の整地作業により瓦溜まりが形成されるとともに、条里畦畔の方向に一致している三棟（T六～T八）の掘立柱建物が築造され、三たび集落が作られたことがわかりました。

寺院の創建と廃絶

こうした遺構の変遷の中で、寺院の創建と廃絶の時期を考えてみたいと思います。

発掘調査では堂跡などの寺院に関連する遺構は見つかっていませんが、RP一～六の六カ所に瓦が集中して堆積していました。多数の平瓦や丸瓦の他に、軒丸瓦・軒平瓦・熨斗《のし》瓦・隅軒平瓦・隅平瓦等が出土していることから、調査地付近に寺院が存在していたと推察しています。軒瓦の型式は、軒平瓦がすべて四重弧文で、軒先側に段のない無顎型式のものです。軒丸瓦は、二種類あります。違いは、中房の

写真４．長浜市大東遺跡出土の軒瓦

規模や蓮子の数、蓮弁の大きさなどですが、いずれも外区外縁に三重の圏線を巡らせ、外区内縁には文様がなく、内区には、不明瞭ながら子葉を持ち、肉厚で稜のはっきりした蓮弁と小さな中房を配するという基本的なモチーフは同じです。これら軒瓦の特徴は、すでに紹介しました三大寺跡の基壇跡から出土したものと共通しています。軒丸瓦は、中房の蓮子が三大寺跡出土のものが一＋八であるのに対し、大東遺跡では一＋四と一＋六である点に違いがありますが、外区外縁の三重圏線、内区の単弁八葉の蓮弁等は全く同類のものといえます。軒平瓦もともに無顎型式の四重弧文です。三大寺跡では、一緒に出土した土器から七世紀第四・四半期から八世紀初頭と時期幅を限定することができています。従って、共通した文様を持つ大東遺跡の寺院も同じ頃に創建されたと考えていいと思います。

また、瓦葺き建物は、葺かれた屋根の重量を支えるため、太い柱と柱の基礎に礎石を必要とし、細くて土中に埋め込むだけの掘立柱建物には用いられることはありません。従って、瓦類は、八世紀前半から中頃に建てられた掘立柱建物群に葺かれたものではないことは確実であり、寺院は、掘立柱建物が建てられる頃には廃絶してしまっていたのではないかと考えられます。このように、大東遺跡では、七世紀第四・四半期頃の白鳳時代に、七世紀前半から中頃にかけての頃に営まれた集落の跡地に創建され、掘立柱建物群が築造されて新しい村が形成される八世紀中頃までには廃絶してしまったと考えられるのです。

こうした変遷が、三大寺跡と共通するものであることから、湖北地方においては、少なくとも壬申の乱直後に創建されたこの二寺院において、ともにその後、霊亀二年の詔の中で述べられているような衰退状況をたどっているのです。

(三) 保延寺大海道遺跡

瓦溜

湖北地方でもう一例、寺院の廃絶と集落の変遷との関係を示している高月町井口《いのくち》遺跡(注37)と保延寺《ほうえんじ》大海道《おおかいどう》遺跡(注38)を紹介します。湖北地方には、越前武生と近江を結ぶ北国街道と美濃関ヶ原と近江を結ぶ中山道の両道を伊吹山系の山裾に沿って連絡している北国脇往還道が通っています。この道は、高月町内に入って高時川をわたり、その右岸に沿って北上しています。そして、高月町内には、この街道に沿って、南から渡岸寺《どうがんじ》遺跡、柏原遺跡、井口遺跡、保延寺大海道遺跡と、いずれも古墳時代後期から平安時代にかけてに発展する集落跡が、延々三kmにわたって間断なく分布しているのです。また、この西側には、集落の発達とともに開発された条里型の畦畔を持つ広大な水田が広がっています。これら諸集落はごく一般的な集落なのですが、この中で、保延寺大海道遺跡と井口遺跡の発掘調査において、大量の瓦の出土を見ているのです。両遺跡とも寺院の正確な所在地がわかっていないのですが、保延寺大海道遺跡では、昭和五〇年度に、現在の保延寺集落の北側で行われたほ場整備工事に伴う発掘調査で瓦溜まりが見つかっており、また、その前年度には、集落の南端付近から、工事中に比較的まとまった状態で瓦が発見されています。ほ場整備工事にかかる調査では、特に土坑などを作ることはなく、西側に傾斜する自然地形を水田にするために水平にした整地層と考え

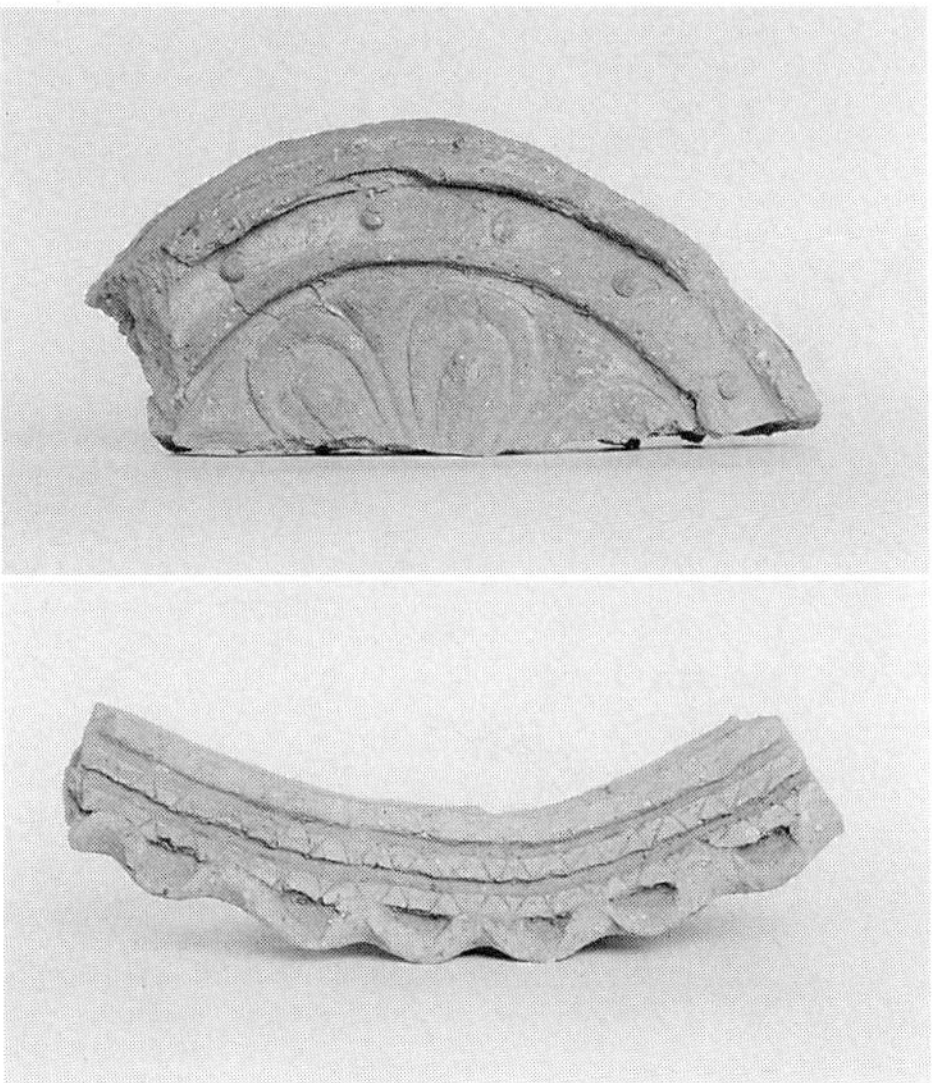

写真５．高月町保延寺大海道遺跡出土の軒瓦

られる土層から出土しています。以前に紹介した平野の開発（注39）の状況からも、瓦溜は、平安時代後期になって集落の跡地を水田化する時期に形成されたものと考えています。

瓦溜と「華寺」（注40）

保延寺大海道遺跡出土の瓦に係る寺院の所在地に関しては、現集落の南端で工事中に見つかっているもう一カ所の瓦の出土地点が参考になります。この地点は、小字鳥居前の南側に位置しています。この付近では、鳥居前の南に小字「華寺」があり、「野上」を挟んでその南に「堂ノ前」と寺院に関連する字名を見ることができます。「華寺」は東西二町、南北一町の長方形の地割りを持ち、野上を含めれば二町四方の範囲となり、この南側に「堂ノ前」の字名がくるのです。瓦の出土地点はこの二町四方の外側に位置することになり

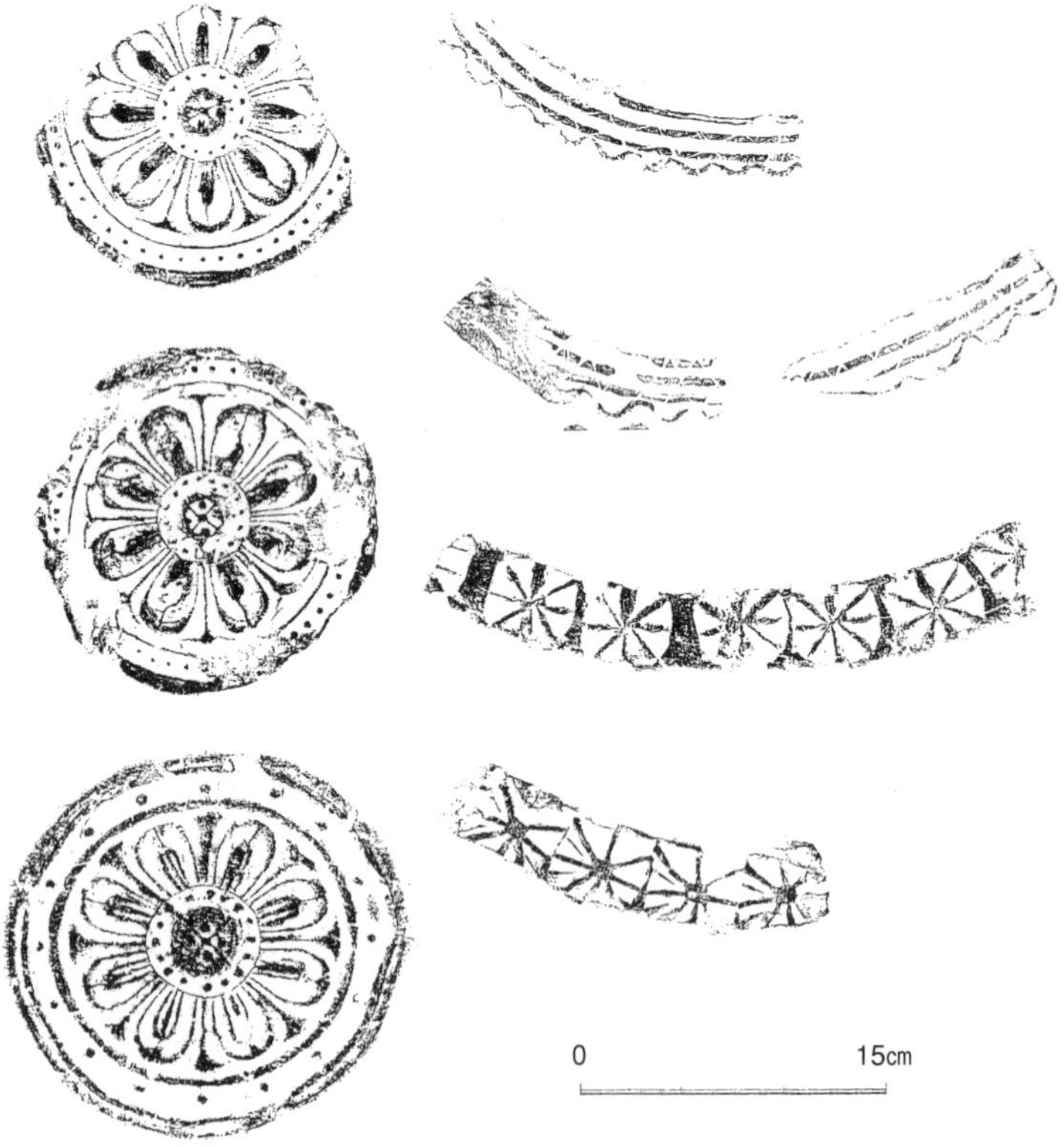

図28．高月町保延寺「華寺」出土の軒瓦（1）

ます。現在の北国脇往還道は、国道三六五号となって、渡岸寺・柏原から井口・持寺《もちてら》、さらに木之本町の田部《たべ》と続いています。井口集落の北側に、国道三六五号に沿って、「大道・北大道・中大道・南大道」などの小字名が見られることから、柏原→井口→田部の現ルートも古くからの街道を踏襲したものと思われます。この場合では、雨森《あめのもり》・保延寺の集落を通らず、「華寺」は街道に沿ったものとはなっていません。一方、高時川から取水し、尾山の南を通り、保延寺・雨森両集落と持寺・井口両集落との間を通って南流する小河川があり、この河川に沿った北側にも、大海道・山道・北路・田村街道など道に関する地名が見られます。柏原→井口→田部ルートは、おそらく、井口遺跡や保延寺大海道遺跡などの諸集落が廃絶した後、平安時代後期以降に設けられたルートと考えます。一方、雨森・保延寺と井口・持寺の間を通るルートはいずれの集落跡をも通過するもので、古来よりの街道であった可能性が強いと思います。

このように見てくると、「華寺」は街道の南側に位置することになり、保延寺大海道遺跡の瓦を含む整地層は、街道を挟んだ北側に形成されていることになります。

このような状況から、保延寺大海道遺跡出土の瓦を用いた寺院は、小字「華寺」付近に存在していたのではな

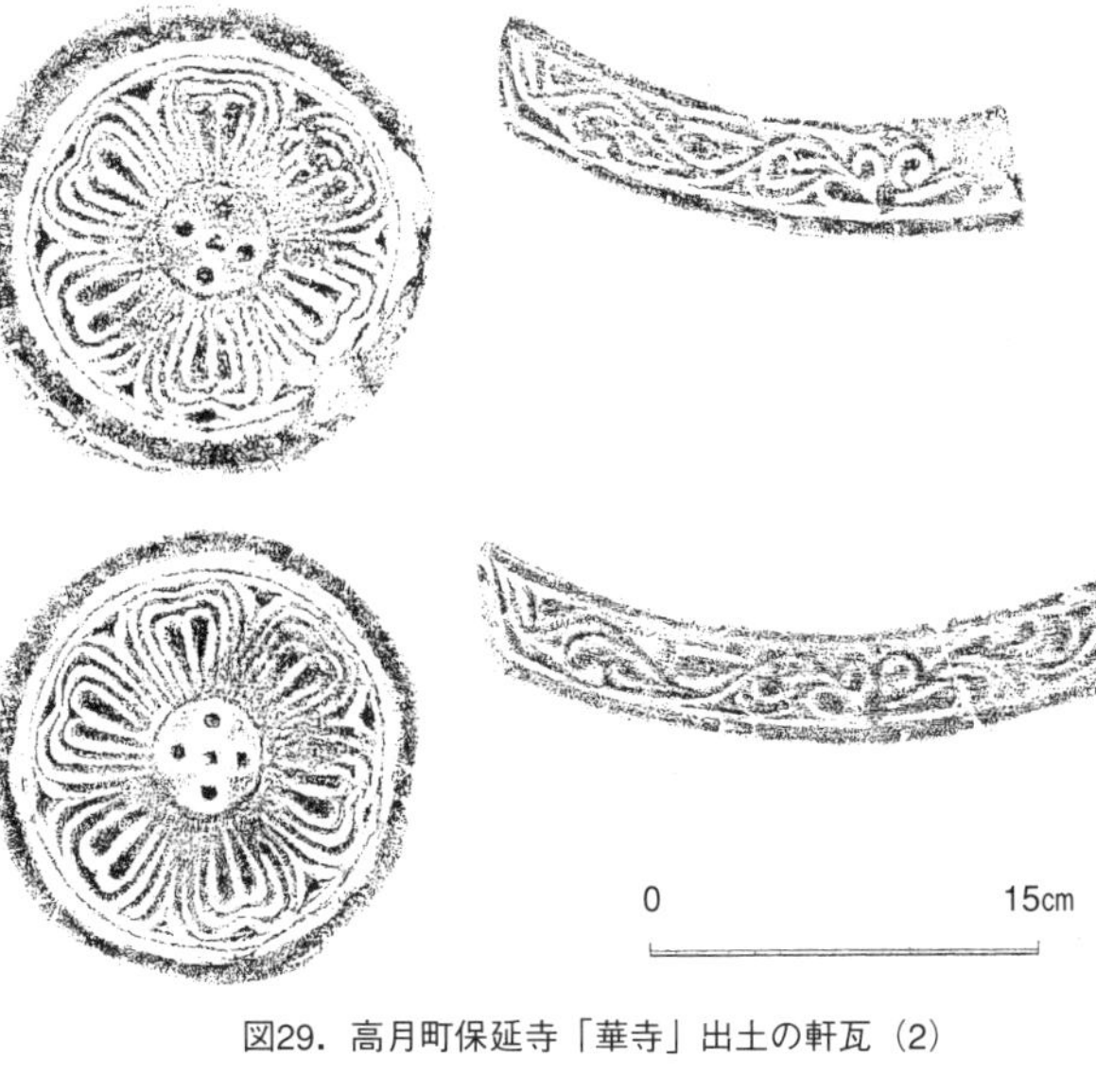

図29．高月町保延寺「華寺」出土の軒瓦（2）

いかと考えられます。

㈣　井口遺跡

発掘調査

保延寺大海道遺跡と南西部でほとんど接する位置にある井口遺跡でも大量の瓦が出土しています。井口遺跡は、遺跡のほぼ中心部を南北に通過する国道三六五号バイパス工事やほ場整備工事に伴って発掘調査が実施されています。南北約一・二km、東西約五〇〇mに及び、一部弥生時代中期末から後期の住居を検出していますが、中心は六世紀末の古墳時代後期から一二世紀の平安時代末にかけて、五〇〇～六〇〇年の長きにわたり存続した集落であることが判明しています。検出された遺構は、七世紀初頭頃の土坑墓を除けば、大半が竪穴住居と掘立柱建物であり、集落の展開に対応して開削された条里水田に関連する溝状遺構でした。特殊な遺構はなく、出土遺物もすべて日常雑器と言っていいものばかりです。鉄製の紡錘車、鉄斧、釘、刀子、また、鉄滓やフイゴの羽口、坩堝《るつぼ》などの鍛冶関係の遺物が出土していますが、日常の活動の範囲をでるものではありません。

瓦溜と「華寺」

バイパス工事に伴う調査では、南北約一・二kmに及ぶ範囲を一〇〇mごとにA～L地区としていますが、瓦類は、ほぼ中央部に当たるD・E両地区から集中的に出土しています。E地区の西隣、小字「殿町」でもほ場整備に伴って発掘調査が実施されています。ここでは、「殿町」の一町範囲の南半分の自然傾斜角度が大きくなっている部分の整地層から大量の瓦が出土しています。D・E両地区は住居の分布しない地域であり、D地区には旧河道が通っています。また、小字殿町でも住居は見つかっていません。従って、瓦類は、水田開発のために河道を付け替え、また、自然傾斜部分を水平にする時の工事の際に堆積したものと考えられます。寺院跡の存在を考えた「華寺」とは、北国脇往還道を挟んで南西わずか五〇〇mほどの距離にあり、保延寺大海道遺跡と「華寺」との位置関係に似ています。また、瓦類の出土状況や街道との関係も共通することから、両遺跡から出土する瓦類は、同じ寺院で用いられたものと考えられます。

瓦溜形成の時期

井口遺跡D地区の旧河道は、発掘調査時点まで、D地区の条里型の方形区画の地割りを対角線上に流れる小水路としてその痕跡を残していました。さきに、高時川から取水し、尾山の南を通り、保延寺・雨森両集落と持寺・井口両集落との間を通って南流する小河川があることを紹介しました。現在は井口の集落を抜けると、方向を変えて国道三六五号沿いに柏原の集落へ向かって南流していますが、旧河道や小水路がこの延長線上に重なることから、この小河川も旧河道の痕跡を残すものと思われます。かつて「平野の開発」で紹介したように、平安時代後期に集落の跡地が大規模に水田開発される際にも、低湿地として河道の痕跡を残していたものと思われます。

このことはともかく、瓦類が旧河道や溝跡、整地層などに廃棄されるようになった時期について考えてみることにします。まず整地層ですが、保延寺大海道遺跡、井口遺跡ともに時代を決めやすい土器類が一緒に出土していません。ただし、旧河道の痕跡と考えたD地区を斜めに走る小水路は、三〇〇m西側で条里型の水田畦畔に沿って流れを変えていますが、この小水路の斜め延長線上で付け替えられる前の旧小水路を見つけています。ここからは、旧水路の埋没時期を示す平安時代後期の灰釉陶器が出土しており、この頃に最近まで見られた条里型の水田景観が形成されたものと考えられます。旧河道に向かった傾斜面の整地もこの頃に施行されたものと考えています。

瓦廃棄の時期

高月町保延寺大海道遺跡や井口遺跡に見られた瓦を含んだ整地層は、集落の跡を含めて大規模に水田形成のための開発が実施される平安時代後期に形成されたものと考えられました。しかし、井口遺跡では、集落跡の中ほ

図30. 高月町井口遺跡の瓦類の出土地点（「殿町」と「華寺」）

どにあたるＤ・Ｅ区などの旧河道や溝跡からも瓦類が出土しています。これら遺構に瓦類が廃棄された時期について見ていくことにします。

井口遺跡の南北一・二㎞にわたる集落跡の南端で、東西方向に走る人工的に掘削された溝跡（ＡＭ一）があり、ここからも比較的多くの瓦類が出土しています。ＡＭ一は、出土した土器から、飛鳥時代に開削され、ほぼ同じ場所で幾度かの改修や付け替えが繰り返された後、平安時代後期に埋没してしまっています。この溝は、西側に広がる条里型水田の坪界の延長線にほぼ一致していることと、溝の掘削から埋没までの時期が集落跡の存続期間とほぼ一致していることなどから、集落の経営と条里型水田の開発・経営との間に深い関係にあることがわかりました。瓦類は、その改修過程で堆積しており、埋没時期である平安時代後期までに廃棄されたものと考えられます。

Ｂ区で見つかった細い溝跡（ＢＭ一）からは、およそ七世紀第四・四半期頃の白鳳時代から奈良時代中頃にあたる八世紀第二・四半期までの間の土器類と一緒に出土しています。

また、比較的多量に瓦類が出土しているＤ区の旧河道からは、同時に七世紀前葉の飛鳥時代から奈良時代前期までの土器類が出土しています。

その他、Ｅ区の溝跡（ＥＭ五）から奈良時代中頃、Ｆ区の溝跡（ＦＭ五）からもＢＭ一と同様に白鳳時代から奈良時代中頃の土器類が瓦類と一緒に出土しています。

このように、瓦類が出土している旧河道や溝跡から出土する土器を見ると、ＡＭ一は時期幅がありますが、ＢＭ一、ＥＭ五、ＦＭ五、旧河道などでは、八世紀第三・四半期以降に下るものがなく、八世紀第二・四半期までのものを最も新しいものとしています。このことから旧河道や溝跡は奈良時代中頃に埋没し始め、その過程で瓦類を堆積させていったものと考えることができます。従って、「華寺」の堂塔の屋根を葺いていた瓦類は、遅くとも奈良時代中頃までには廃棄され、周辺に散在させてしまっているのです。

瓦類の再利用

井口遺跡では、さらに、堂塔を葺いていた瓦類が一般の住居などに再利用されている例が見られます。

ＦＴ二三とした竪穴住居は、平面形が一辺三・六ｍの方形で、南辺の中央からやや東寄りに煮炊きするためのカマドが設けられていました。カマドの壁や天井は壊れて残っていませんでしたが、灰の掻き出しなどで生じた深さ五㎝ほどの窪みが残っており、この部分に炭・灰・焼土などが堆積していました。また、壁の基礎部分がかろうじて確認でき、焚き口の位置も判別できています。この住居跡から多数の瓦類が出土しているのですが、いずれもカマドの床部分に堆積した炭や灰、焼土などの直上にあり、また、焚き口付近の焼土に食い込むような状態で出土しているのです。こうした出土状態から、瓦類は、カマドの焚き口付近の天井部や焚き口の両側を構築する際の材料として用いられていることがわかりました。瓦類は、AT三とした竪穴住居からも多数出土しています。

また、住居の分布しないE区では、三基の鍛冶炉が見つかっています。そのうちの一基には、平瓦を立てて置いた直径四〇㎝ほどの円形の土坑が付随していました。

これらのうちFT二三からは八世紀第二・四半期頃の土器類が出土し、AT三からはこれより少しさかのぼる時期のものが出土していることから、瓦類の旧河道などへの廃棄時期とカマドなどへの再利用の時期とがほぼ一致していることを知ることができました。こうしたことから、この頃には、「遂に無上の尊像をして永く塵穢を蒙らしめ、甚深の法蔵をして風雨を免れざらしめて、多く年代を歴れども、絶えて構成することなし。」（霊亀二年の詔）といわれるように、「華寺」は、最早、衰退しており、一般の人々からも顧みられなくなっていたのではないでしょうか。

平瓦と丸瓦

次に、「華寺」が衰退するまでの経過を井口遺跡出土の瓦類から考えてみたいと思います。

屋根は本瓦葺きで、平瓦と丸瓦を用いて葺かれています。古代の平瓦の多くは、剥がしやすいように布を巻いた桶状の型板に粘土板を巻き付け、叩き板で叩き締めた後に三等分して桶から取り外し、乾燥させてから焼成します。従って、古代の平瓦には、表面（凹面）に布の跡が付き、裏面（凸面）に叩き板の痕跡が残ります。また、型板に粘土板を置いて一枚ずつ作る場合もありますが、この場合も瓦の両面には、桶巻きと同じ痕跡が残ります。

井口遺跡出土の平瓦には完全な形のものは出土していませんが、長さ三七・五cmを計るもの、また、一端の幅が三〇・三cm、他端が二九cmを計測できるものなどがあります。いずれのものにも表面には布目が残っていますが、裏面に付く叩き板の痕跡には、格子状に彫刻した板を用いたときに付く斜格子文を残すもの、縄を巻いた板を用いた時に付く縄目を残すもの、叩き板の痕跡をヘラで削り落として整形するものの三通りが見られました。叩きの痕跡をヘラで削り消してしまうものが最も多く、およそ、一：一：二の比率で出土しています。

丸瓦も平瓦と同様の製作技法で作られています。井口遺跡では、長さ四〇・八cm、幅一一・六～一八・九cmを計る完形品が出土しています。丸瓦の形は、多くが半筒形で、両端の幅が異なり、幅の狭い部分に広い部分を上重ねにする行基葺きと呼ばれる方法で葺くものです。ただ井口遺跡からは、上に重ねるのではなく、下に差し込むための段のある玉縁を持つものが一点だけ出土しています。

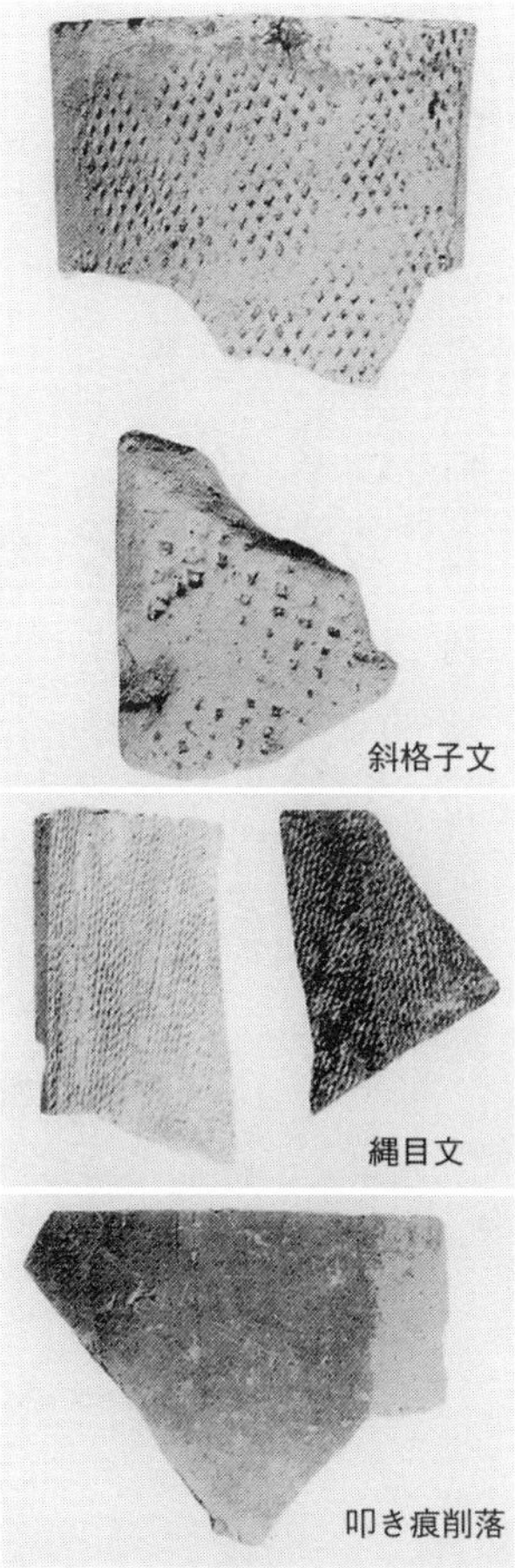

写真６．高月町井口遺跡出土の平瓦

湖北地方で七世紀第四・四半期、白鳳時代に創建されたことがほぼ確実な三大寺跡や大東遺跡の丸瓦には玉縁を持つものはなく、いずれも行基葺き式の半筒形のものだけであり、平瓦の叩き痕も斜格子文とヘラで叩き痕を削り落とすものだけで、縄目のものは出土していません。このことから、井口遺跡出土の平瓦および丸瓦には、白鳳時代の特徴を持つものに加え、それより新しい要素を持つものが見られることから、堂塔の補修や再建のあったことをうかがい知ることができます。

軒平瓦（A～D類）

次は、屋根の軒先を飾る瓦類から寺院の変遷を見てみることにします。軒瓦には軒平瓦で四種類（A・B・C・D類）、軒丸瓦では六種類（A～F類）の文様が見られます。

軒平瓦A類は四重弧文で、最も出土量の多い種類です。これは瓦当面の幅と同じ幅で裏面の先端部分が段を持って分厚くなる段顎型式で、同じ重弧文でも白鳳時代の三大寺跡や大東遺跡からは出土していません。

軒平瓦B類は✳印の連続文です。縦三・五cm、横四cmの✳印を刻んだスタンプを七回連続して押印しています。他の寺院跡ではあまり見かけない文様ですが、A類に次いで数の多いものです。先端部分に段を持たない無顎型式で、通有の平瓦と同様に桶巻き造りの技法で作られています。

また、小片ですが、唐草文かと思われる軒平瓦D類が一点だけ出土しています。

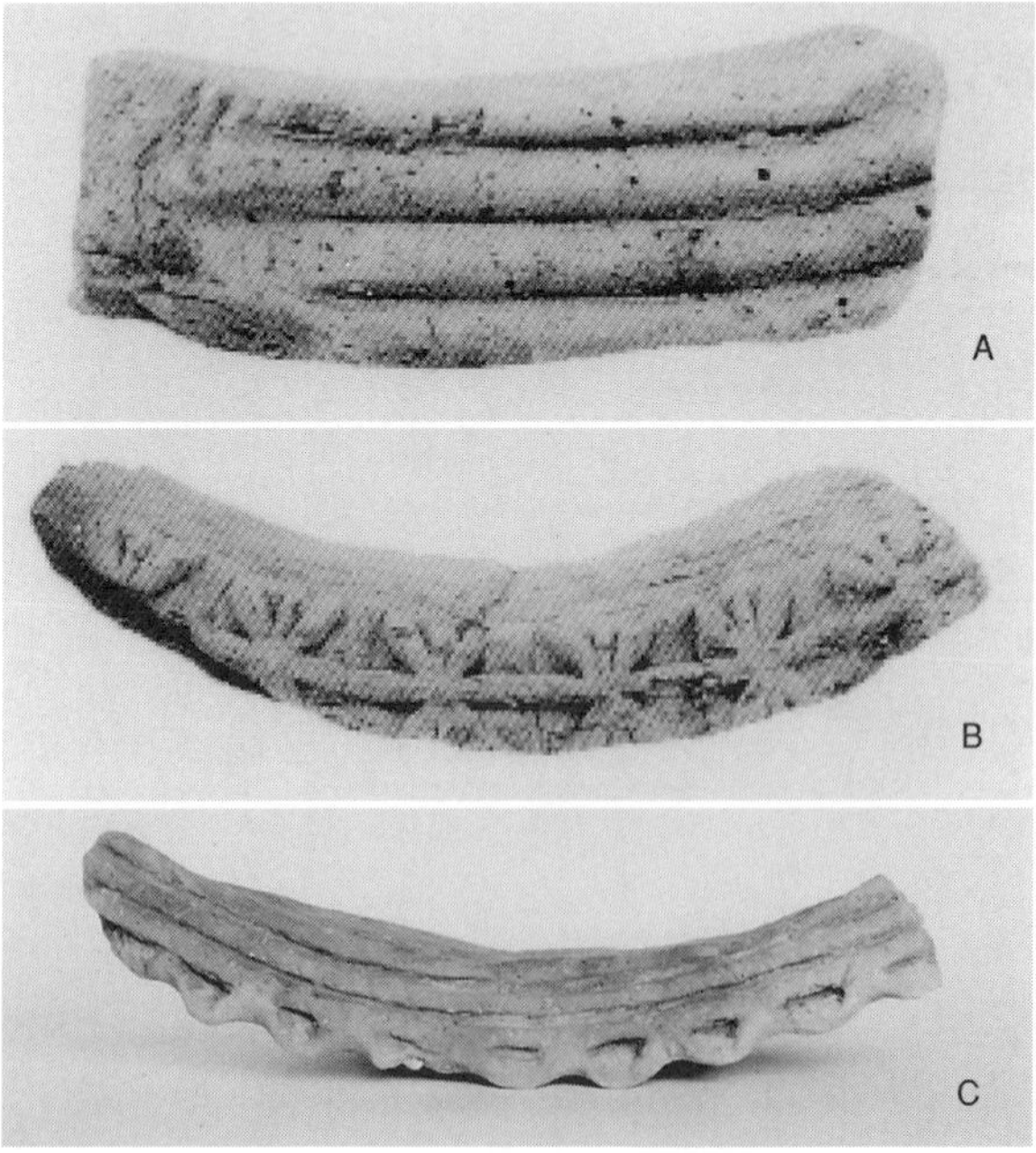

写真7．高月町井口遺跡出土の軒平瓦

複弁系軒丸瓦（A〜C類）

軒丸瓦には、複弁八葉のものが三種類（A〜C類）、複弁六葉のものが一種類（D類）、単弁八葉のものが二種類（E・F類）で、計三形式、六種類と多様なものが出土しています。

軒丸瓦A類は、復元すると直径一九・八㎝となります。中房は直径九・一㎝と比較的大きく、蓮弁より高いもので、一＋六＋一二の蓮子を配しています。内区は、間弁が蓮弁より高く、弁の外側で連続させ、外側に圏線を巡らせています。外区は、圏線で内外縁を区別し、内縁に復元数で三八個もの蓮珠を密に並べ、外縁にも複合鋸歯文を施しています。外区を内外に区別し、珠文と鋸歯文を配するこの文様の特徴は、白鳳時代に大和の本薬師寺で採用され、藤原宮で盛んに用いられたものと共通しています。ただ、鋸歯文の様子などは本来の藤原宮式のものより新しく、八世紀に入ると考えられます。

B類は、直径七・七㎝の圏線のある中房を持ち、一＋八＋八の周環を持つ蓮子を配しています。外区はなくなっていましたが、瓦当面は凸面を形成しています。これは大和の川原寺系の特徴を持つので、重弧文軒平瓦が組み合わさるものですが、当遺跡からは段顎型式のものが出土していることからすれば、やはり八世紀に入るものと思われます。

複弁八葉のもう一種類のC類は、直径一七・六㎝に復元できるもので、直径七・三㎝の中房には圏線が巡り、一＋六＋一二の蓮子が配されています。蓮弁は八葉で、間弁はA・B類とは異なり、独立していて弁より高いものとなっています。外区との間に圏線を巡らせ、外区内縁に蓮珠を密に配しますが、外区外縁は無紋となっています。また、文様が施される部分（瓦頭）の裏側にも布目が残っているところから、瓦頭部分と筒部分とを一本の模骨で同時に製作する一本作りと称する技法であることがわかりました。この技法は、細かく見れば幾種類かあるようですが、これは近江国庁系軒丸瓦の最古式の製作技法と共通する部分があると指摘されています。近江国庁跡は八世紀中頃をさかのぼる成果は得られていませんので、C類は、それが廃棄された時期からすれば、八世紀中頃を下限とするといえます。

以上から、複弁八葉軒丸瓦A～C類はいずれも白鳳時代にさかのぼらず、平城京遷都前後のものであることがわかりました。数量的には、それぞれほぼ同数の数点ずつが出土しています。軒平瓦は、類例のない軒平瓦Bを除くA・D類がこれら軒丸瓦のいずれかと組み合わさるものと思われます。

複弁系軒丸瓦（D類）

複弁系の軒丸瓦では、これらの他に六葉のもの（D類）が一点だけ出土しています。瓦頭の直径は一七・四cmで、大きさはA～C類と大差ありませんが、圏線を巡る中房の直径が四・八cmと小さく、蓮子も一＋四と少なくなっています。内区の蓮弁は三重線で表現され、弁長に対して弁幅が広く、平坦で彫りの浅いものとなっています。外区とは圏線で区別されていますが、内縁はなく、無文の外縁のみとなっています。これとよく似たモチーフを持つものがびわ町満願寺遺跡から出土しています。満願寺遺跡からはこれと組み合わさる軒平瓦が出土して

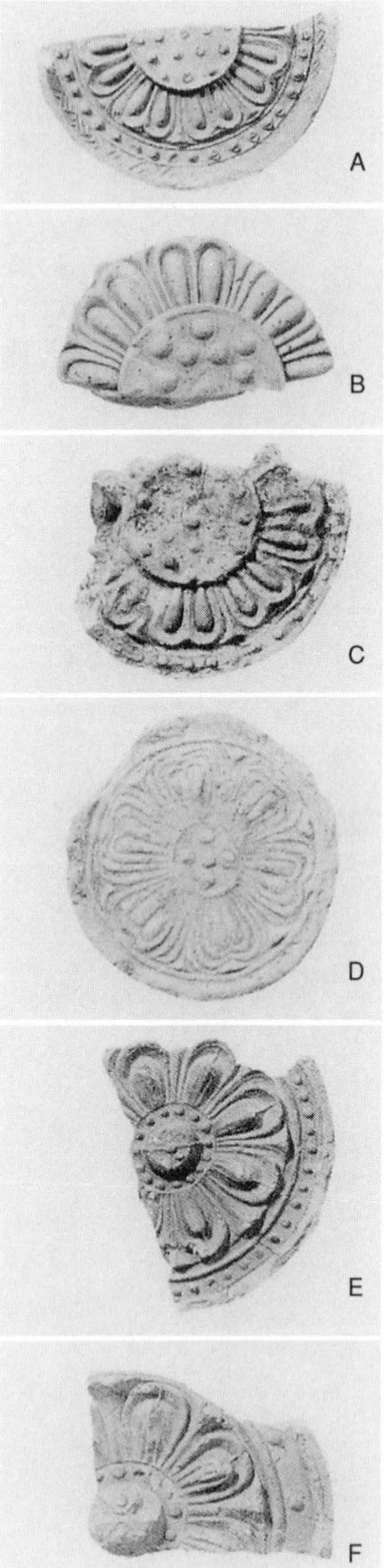

写真8．高月町井口遺跡出土の軒丸瓦

おり、年代を考える参考になりますので、後で紹介することにします。

単弁系軒丸瓦（E・F類）

井口遺跡からは、さらに、二種類の単弁八葉（E・F類）のものが出土しています。

E類は、瓦当面の直径が一六㎝ほどの大きさです。中房は直径四・三㎝で、中央に直径二・七㎝、高さ一㎝の半球状の大きな蓮子を置き、この周囲に一五個の蓮子を配しています。半球状の蓮子には十字が刻まれ、十字の交点と、十字で四等分された各所に一個ずつの蓮子を配しています。内区は圏線で外区と区別され、八葉の蓮弁には、高さ〇・五〜〇・六㎝の隆起した子葉が見られます。外区内縁には珠文が密に配されています。

F類は、E類と全く同じモチーフで、半球状の連子やその上と周囲に巡る連子の数、蓮弁の大きさ、外区と区別する圏線などは全く同じです。違うところは、瓦当面が一八・二㎝、中房が直径五・五㎝、中房中央の半球状の蓮子も直径三・五㎝、高さ一・二㎝と、いずれもやや大きくなっていること、また、外区内縁の幅が少し広くなり、配される珠文の間隔が三㎝と広く、その数が三分の一と少なくなっていることです。

この二種類は、E類がわずか一点のみであるのに対し、F類が一〇点出土しており、A〜D類を含めて、井口遺跡では最も多く出土している軒丸瓦となっています。また、形式的にはE類の方が古式の様相を呈しています。

このような半球状の蓮子の周囲に珠文を巡らせる非常に特徴的な軒丸瓦は、E類に類似するものが竜王町雪野寺跡、蒲生町宮井廃寺・綺田廃寺跡、湖東町小八木廃寺跡、秦荘町塔ノ塚廃寺・野々目廃寺・目加田廃寺跡、湖北町浅井寺・小江寺跡など、F類に類するものが塔ノ塚廃寺跡、目加田廃寺跡など、湖東地域を中心とし、一部、湖北地方まで広く分布しています。これらは湖東式とよぶ近江特有のものですが、朝鮮半島の高句麗からこの瓦の文様の源流かと思われるものが出土しています。近江での初現については、白村江の戦い（六六三年）との関わりから天智天皇の時代の終わり頃とする研究(注41)があります。また、湖北地方のものは、湖東式から二次的に派生したもので、井口遺跡のE類も時期的には白鳳時代頃のものと想定されています。F類はこれより退化して見えるので、修復時の瓦と見てよいでしょう。

このE・F類に組み合う軒平瓦は重弧文ですが、井口遺跡出土の重弧文軒平瓦（A類）は新しい型式のものでした。従って、類例がない✳印の連続スタンプ文を施すB類軒平瓦が該当するのかも知れません。

先に、E・F類軒丸瓦のもと同じ型式のものが出土していると紹介した湖東地域の雪野寺・宮井廃寺・小八木廃寺・塔ノ塚廃寺・野々目廃寺跡などでは、重弧文の瓦当下端部を波状に押圧するものが出土しています。これが湖東式軒丸瓦と組み合って堂塔の屋根を飾っていたものと考えられています。湖東式の軒丸瓦は、井口遺跡以外でも浅井寺跡、小江寺跡などからも出土していますが、この種の軒平瓦は、今のところ湖北地方からは出土していません。ただし、塔ノ塚廃寺跡や目加田廃寺跡からは、同じ系統の軒平瓦ですが、瓦当面に縦線や斜線などを線刻するものが出土しています。これも、やはり、湖東式の単弁系軒丸瓦と組み合うものと考えられますが、この種の軒平瓦（C類）であれば、瓦窯跡ではないかとされている米原町不動谷遺跡や保延寺大海道遺跡、井口遺跡など、湖北地方からも出土しています。特に、保延寺大海道遺跡から出土する瓦類は、井口遺跡と同様に「華寺」で使用されていたものと考えているもので、井口遺跡出土のE・F類軒丸瓦はこれとも組み合っていたのではないかと思います。なお、保延寺大海道遺跡からは、井口遺跡出土のF類の単弁八葉軒丸瓦と段顎型式の重弧文軒平瓦A類も出土しています。

ともかく、E類軒丸瓦が井口遺跡出土の瓦類のうちで最古であり、「華寺」は、この瓦の示す年代を以て創建期とすることができます。

満願寺遺跡出土の軒丸瓦

びわ町の弓削《ゆげ》に「満願寺」という小字があり、その周辺に寺町・寺内・聖町・坊田・経田など寺に関する地名が多く残っていることから寺の故地と伝承され、満願寺遺跡[注42]として周知されています。正確なことはわかりませんが、付近から多数の瓦類が出土していて、地元の来現寺、びわ中学校、大津の琵琶湖文化館などで保管されています。

この満願寺遺跡出土の瓦類の中に、井口遺跡の軒丸瓦D類とよく似たモチーフを持つ軒丸瓦（D—一～三類）を見ることができるのです。このうち、文様の彫りが浅く平坦である点でD—一類が最もよく似ています。しかし、中房は圏線ではなく、一段高い筒状のものであり、蓮子も一＋六で周環を持ったものがスタンプ状に施文されています。内区も蓮弁が五葉であり、二重線で表現され、間弁が中房まで達しています。さらに、外区外縁に圏線が巡っています。

さらに、満願寺遺跡からは、同じモチーフのものがもう一種類（D—二類）出土しています。外区に圏線が巡

写真９．びわ町満願寺遺跡および下八木地先出土の軒丸瓦

りますが、内区は外側に圏線はなく、複弁五葉で蓮弁は二重線で表されています。比較的彫りが深くてふくらみがあり、中房も連子が一＋四で、半球状の立体的なものとなっています。圏線や中房の様相からD―一類より新しいものと考えます。

また、現物はなく、拓影しか残っていませんが、満願寺遺跡から五〇〇ｍほど離れた同町の下八木から、蓮弁の数が四葉とさらに少なくなっていますが、よく似たモチーフのもの（D―三類）が出土しています。

以上の三種類は、形式的にはD―一から二、三へと新しくなるものと考えますが、井口遺跡出土のものに比べ、いずれも、中房の形状や外区の圏線などに古式の様相が見られます。

満願寺遺跡出土の軒平瓦

満願寺遺跡からは、さらに、軒平瓦も三種類（A～C類）が出土しています。

B類としたものは、左右に四回ずつ回転させた均整唐草文で、巻き込みも大きいものとなっています。外区には一重の弧線を施し、内区は、外側に界線を設け、線が太く、彫りの浅い、平坦な唐草文を配しています。軒丸瓦D―一類がこれと共通した表現を取っていることから、これと組み合うものと考えています。

A類は無顎形式の五重弧文で、裏面に、須恵器の大甕などに見られる叩き痕と同じものが見られます。その叩き痕は並行刻み目で、一部斜格子状に二回叩いている部分があります。これと同様の叩き痕を残すものが平瓦にもあることから、瓦製作と須恵器工人との関わりを示す資料となっています。無顎の重弧文は白鳳時代の特徴を残すもので、これに見合う軒丸瓦は、湖北地方では単弁系のものが多いのですが、満願寺遺跡からは出土していません。

C類は直線と弧線に珠文を組み合わせた幾何学的な唐草文を施すものです。類例はありませんが、軒丸瓦D―二類、あるいはD―三類の複弁系の軒丸瓦と組み合うものと思われます。

以上から、満願寺遺跡および下八木出土のものを加えた軒丸瓦、軒平瓦の各三種類は、白鳳時代から奈良時代前葉にかけての頃までの間の時代の違いを示しているものと思われます。また、モチーフが似ている井口遺跡出土の軒丸瓦D類と比べると、いずれも古式の特徴を強く見ることができます。従って、井口遺跡の軒丸瓦D類は満願寺遺跡のものより新しく、白鳳時代にはさかのぼらないものとすることができるでしょう。

㈤　集落の変貌と「華寺」

「華寺」の変貌

現在、岐阜県と福井県を結ぶ国道三六五号（北国脇往還道）は、湖北町の小谷城跡の山裾を通って、高月町馬上《まけ》で高時川をわたり、落川・渡岸寺・柏原・雨森・井口・保延寺・持寺と諸集落を縫いながら北上しています。とくに、高時川をわたったこの地域は、琵琶湖の湖上交通とつながる高時川に接していることや、湖北平野の奥部にあって越前への門戸的な位置にあることから交通の要衝となり、高月南・落川・渡岸寺・柏原・井口・保延寺大海道遺跡など延々五km以上にわたる古代の大集落群が形成されています。とくに、集落群の最北部に当たる井口遺跡や保延寺大海道遺跡などには、集落が形成される飛鳥時代の七世紀初頭頃から三・四半期ほどを過ぎた頃、近江を騒がせた壬申の乱が収まった白鳳時代に、寺院「華寺」が建立される

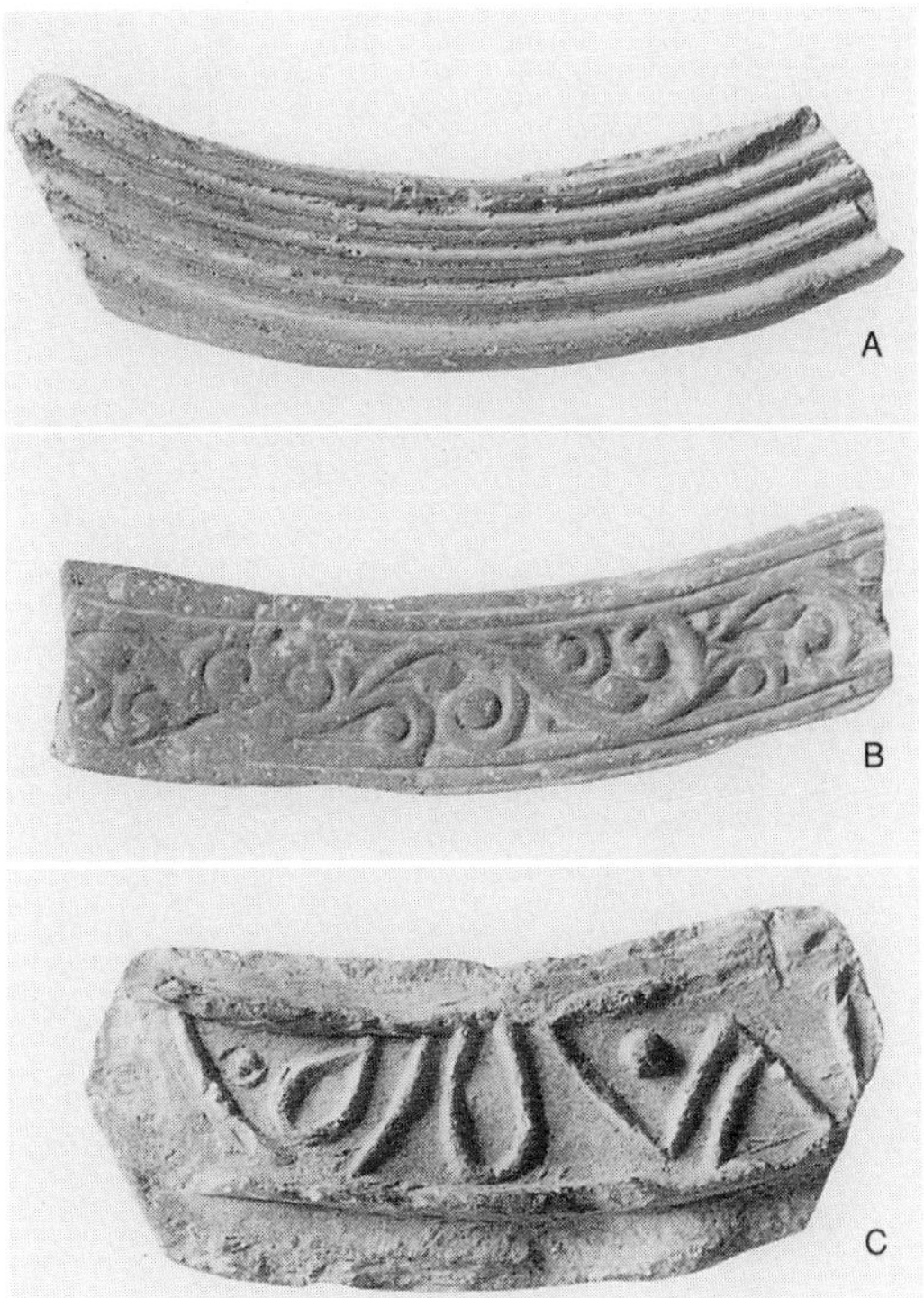

写真10．びわ町満願寺遺跡出土の軒平瓦

のです。おそらく、寺院の建立に伴って、僧尼の住む建物も建てられ、寺院の施主である檀越の屋敷や寺院・僧尼を監督する国師の宿泊施設なども設けられたことでしょう。これらの維持管理の直接的な作業、また、贈賜された寺田（田や畑）の耕作などには、集落の人々が関与させられたものと考えられます。その結果、一般の人々の間にも仏教文化が広まり、それに少なからず触れることができるようになったものと思われます。

寺院は、その後しばらくの間は、順調に維持管理が行われ、修理やあるいは再建などがなされたであろうことは、出土した瓦類から類推することができます。しかし、五〇年ほどたった八世紀中頃には、堂塔の屋根を飾った瓦類が河道や溝に廃棄され、竪穴住居のカマドの構築材料や鍛冶炉に関連する施設などに転用されるなど、「房舎修めずして、馬牛群集し、門庭荒廃して、荊棘弥生し、遂に無上の尊像をして永く塵穢を蒙らしめ、甚深の法蔵をして風雨を免れざらしめ」（霊亀二年の詔）た状態になるほど荒廃してしまうのです。人々の心も寺院の存在から遠ざかっていったかのように思えます。

集落の変貌

井口遺跡の集落では、奈良時代前葉頃を境に、竪穴住居で、バラエティに富んでいたカマドの構造が一つのものに統一され、平面形も長方形のものがなくなって正方形のものだけとなり、床面積も大小格差のあった状態から一〇㎡前後のきわめて小さいものだけになるなどの変化が見られるようになります。この変化に加え、この頃に掘立柱建物が住居として建築され始めた可能性があります。初期のものと思われる掘立柱建物は、床面積が三〇㎡前後と竪穴住居の三倍の規模持っています。また、竪穴住居には倉庫は伴わなかったのですが、掘立柱建物には、その初期の頃から高床式の倉庫を伴っていた可能性が高いのです。集落を構成する人々の間に、身分や財産の多寡など、新たな格差が生じたことが、居住面積だけではなく、住居構造の差異に現れ、しかも、個人所有的な倉庫の存在が私有財産の蓄積を示していると見ることができるのです。

霊亀二年の詔の中に、「檀越の子孫、田畝を惣攝して、専ら妻子を養いて衆僧に供せず。因りて諍訟を作らして、国郡を諠擾す。」とあり、寺院を維持すべき檀越の子孫たちがその立場を利用して寺領を私物化してしまい、争いが絶えなくなっているという世の中の変化の様子が述べられています。また、同じ詔の中で、近江の国の守従四位上藤原朝臣武智麻呂が近江の様子として、「部内の諸寺、多く壃区を割て、造り修めざるということなく、虚しく名籍を上げる。其の此の如くなるを観るに、更に異量なし。有するところの田園、利を専らにせんと。自ら欲すればなり。」と述べ、近江の諸寺すら私利私欲に走っているというのです。「華寺」の荒廃は、こうした集落構造の変化、強いては社会構造の変化という大きな画期と深い関係があるものと考えます。

三、仏教政策の転換

(一) 地方寺院の統廃合(注43)

統廃合の詔

天武・持統天皇の仏教振興策により近江の各地にも数多くの寺院が建立されました。その数六〇とも七〇ともいわれています。これらのうち飛鳥時代や奈良時代に建立された数寺を除くと、ほとんどが白鳳時代に建立されたと考えられています。しかし、霊亀二年の詔で指摘されているように、都が平城京へ遷都された八世紀前葉頃には、集落構造・社会構造の変化と同時に寺領の私物化が進み、寺院の荒廃を招き、仏道の滅法の傾向が強くなってしまいます。このことは、壬申の乱に関係して建立されたと考えられる三大寺跡や大東遺跡などでも例外ではありませんでした。

こうした寺院の荒廃に対して武智麻呂は、同じ霊亀二年の詔の中で、「今故に数寺を併せ兼ねて、合わせて一区と成す。庶幾くは、力を同じくして共に造りて、更に頽法《たいほう》（廃れた仏法）を興さんことを、諸々の国司等、明らかに国師（諸国に置き、国司と共に部内の寺院を監督し、財物田園を調べ、また、経論の講説法務に携わった）衆僧及び檀越《だんおつ》等に告げて、部内の寺家合わすべきと、ならびに財物とを條録し、使に附して奏聞せしむ冝く。」とする政策をとったのです。すなわち、数寺を合併して一つとし、国司に、管内の統合すべきものとその寺の財産を箇条書きにしたものを提出するように命じているのです。

朝妻郷内の寺院

この統廃合の様子を天野川流域で三大寺跡や法勝寺跡のある朝妻郷域内で見てみることにします。ここでは、不動谷遺跡の瓦窯跡を除いても、さらに、飯村《いむら》廃寺跡(注44)、堂谷遺跡(注45)（磯廃寺跡とも称されている）の二カ寺の存在が知られています。三大寺跡と法勝寺跡を加えると、息長氏のテリトリーに四カ寺が存在していることになります。

飯村廃寺跡のある飯村は、天野川の河口部に近く、その左岸に沿った位置にあります。その飯村の西方に八幡神社があり、ここを中心に堂の西、堂の前、堂の東、北寺内、南寺内、地蔵などの寺院に関連する小字名が集中して分布するとともに、早くから、この付近に古瓦の散布していることが知られていました。発掘調査が実施されていないので詳細は不明ですが、周辺条里方向と若干異なる地割りが残っていることなどから、寺院の存在を推察しています。神社に保管されている瓦は、山田寺式の一＋六蓮子中房単弁八葉蓮華文軒丸瓦で、三大寺廃寺跡と同様に白鳳時代のものです。

堂谷遺跡は、入江内湖と松原内湖との間（米原町と彦根市との間）にある磯山の山麓にあります。山を北と西に負い、南と東だけが開けている谷状の地形に立地しています。北堂谷、南堂谷、堂の前の小字名があり、鴟尾、三重弧文軒平瓦、平瓦、丸瓦などが出土しています。出土状況は不明ですが、『彦根市史』などの記載で出土し

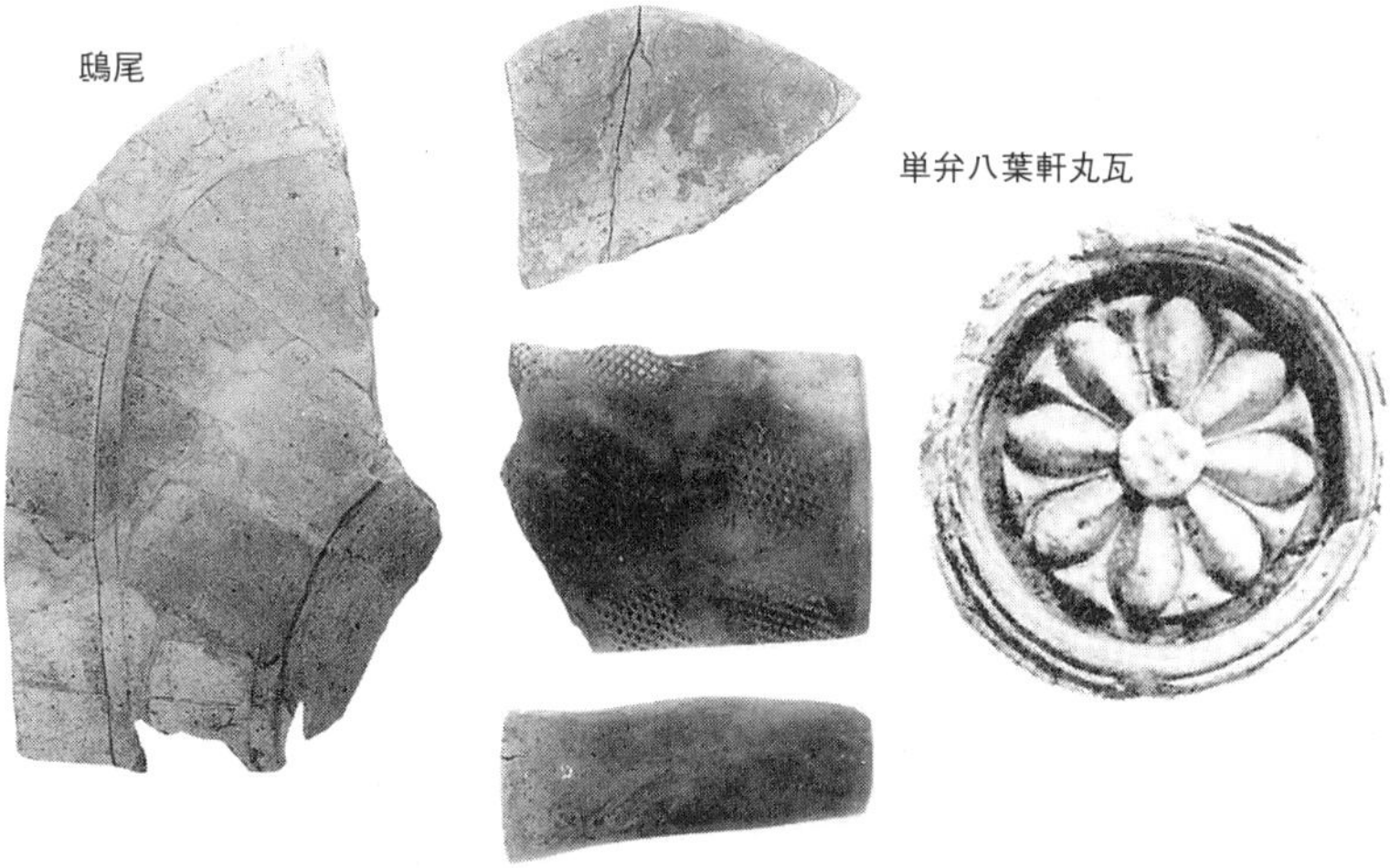

写真11．近江町飯村廃寺跡出土の軒丸瓦（右）と堂谷遺跡出土の鴟尾（左）

ていることがわかる三重弧文軒平瓦、地元の磯崎文五郎さんが保管されていた格子目叩きの平瓦、行基葺きの丸瓦などは、いずれも白鳳時代のものと考えられます。鴟尾は、コンパスを利用した正円形の珠文と並行する沈線を施す破片と、胴部の一部を残す鰭部の破片があります。やはり白鳳時代のものとしてよいと思います。

磯山は、東西両側に内湖があり、琵琶湖に張り出すように存在していたと考えられ、干拓事業が始まるまでは、寺院の立地からすれば少し不適当な感じがします。しかし、六世紀後半には、磯山の北西端に磯崎古墳群が形成されています。また、それ以降では、旧内湖に立地している入江内湖遺跡や松原内湖遺跡の発掘調査の成果から、六世紀末から七世紀前半、七世紀後半から八世紀前半、八世紀後半から九世紀初頭と三つの時期の須恵器などが出土しており、以降は一一世紀末から一二世紀初頭まで遺物が出土しなくなっていることが明らかになっています。このことから、干拓前の状況は一二世紀以降に形成されたもので、白鳳時代には、寺院を建立することのできる地理的な条件が十分に備わっていたということができます。

このように、壬申の乱による激戦の後、白鳳時代の天野川流域には、法勝寺跡、三大寺跡、飯村廃寺跡、堂谷遺跡（磯廃寺跡）の四カ寺が建立されていました。しかし、法勝寺跡を除く三カ寺からは、確実に奈良時代以降に下ると考えられる瓦が出土しておらず、奈良時代の早い段階で廃絶していると見られます。平城京遷都頃には法勝寺跡の一カ寺に減少しているのです。

近江湖北の寺院

湖北の一市三郡全体では、長浜市で八遺跡、坂田郡で一一遺跡、東浅井郡で七遺跡、伊香郡で一三遺跡の計三九遺跡から瓦類が出土しています。そのうち、瓦窯跡であったり遺跡の状況から寺院跡ではないと判断されるものを除いた二五遺跡程度を寺院跡と見ています。そして、その大半が白鳳時代に創建されたものと考えられているのです。その中で、白鳳時代以外に奈良時代や平安時代の瓦も一緒に出土している遺跡、つまり、白鳳時代から平安時代まで存続した寺院跡は、確実なもので坂田郡の法勝寺跡一寺にすぎず、奈良時代までの瓦が出土している遺跡を加えても、東浅井郡の満願寺跡、湖北町浅井寺跡、伊香郡の華寺跡（井口・保延寺大海道遺跡）などが知られているにすぎません。すなわち、白鳳時代に創建され、屋根瓦の差し替えを行うなど堂塔に修理改築を加えながら、奈良時代から平安時代まで存続していたと考えられる寺院跡は、出土している瓦類を見る限り、一郡に一～二寺程度しかなかったことになります。ほとんどが表採された瓦類からの判断ですので、今後の詳細な発掘調査を待たなければなりませんが、多くは、三大寺跡や大東遺跡と同様に、平城京遷都頃までに廃絶するか、屋根瓦を用いなくなったり、規模を縮小していると考えられるのです。これが武智麻呂の取った政策に基づく統廃合によるものか、また、統廃合の場合、これらがどのように合併されていったのか、その経緯などは明かではありませんが、平城京遷都頃を境に寺院経営が大きく変質していることだけは確実です。

大津宮関連寺院

この動向は、近江大津宮に関わる崇福寺・穴太廃寺・南滋賀町廃寺・園城寺前身寺院跡についても例外ではありません。崇福寺については、天平元（七二九）年八月五日の詔に「近江国に在る紫郷山寺《しがのやまでら》（崇福寺跡）は官寺の例に入れしむ。」とあり、建立以後手厚く保護され、南滋賀町廃寺跡についても出土した瓦から平安時代後期頃まで存続したとされています。しかし、穴太廃寺・園城寺前身寺院はともに壬申の乱後に一旦衰退しており、再び法灯に灯がともるまでには、穴太廃寺で奈良時代後期以降、園城寺前身寺院では天安二（八五八）年に円珍が再興するまで待たなければならないのです。

(二) 仏教政策の転換

統廃合の中止

六四五年の大化の改新によりこれまでの氏姓制度が否定され、天皇を中心とする中央集権的国家の確立を目的として、中国の制度にならった律令国家への道を歩んでいきます。仏教政策については、『日本書紀』天武天皇一四（六八五）年三月に、「諸国に、家毎に、仏舎を作りて、乃ち仏像及び経を置きて、礼拝供養せよ」、また、持統天皇五年二月には「(公) 卿等、（天武）天皇の世に、仏殿・経蔵を作りて、月ごとの六齋を行えり。天皇、時時に大舎人《おおとねり》を遣して問いたまう。朕が世にも之の如くせん。故、当に勤しき心をもて、仏法を奉るべし」と、諸国の公卿たちの私邸に仏殿を設け、礼拝するようにとの詔が発せられ、鎮護国家を目的とした寺院造営を推進する政策が取られました。近江において白鳳時代に創建された寺院の数は、大和に次いで多く、六〇数カ寺にのぼるといわれています。

しかし、寺院造営はもちろん、その維持管理にも、当然、莫大な経済力と強い政治力を必要とします。寺院の造営に関して、国家の経済的、技術的援助があったと考えられますが、創建後の寺院経営は、霊亀二年の詔に見られるような結果をもたらしています。その対応策として弱小寺院の合併政策が取られたのですが、天平七（七三五）年六月五日に、「今より以後、更に併すべからず。宜しく寺々をして務めて修造を加えせしむべし。もし怠って造成を肯せざる有らば、前に准じて之を併せよ。其の既に併せ造り終わっていれば、分折（分離）を煩わさず。」と、合併の中止と、それぞれの寺の努力によって荒廃を防止し、修造するよう命ずる勅が発せられ、この政策も、およそ二〇年間で終えています。この合併中止の新たな政策の意図は明確ではありませんが、合併政策が、ある程度、功を奏したためと見ることも可能です。また、合併を推し進めるに当たっての国からの援助の打ち切りを宣告したものと見ることもできます。

官制の体制

このように、律令体制が推進される一方で、鎮護国家を目的とした仏教政策については、白鳳時代の天武・持統天皇によって推進された寺院造営策、都が平城京へ遷都［和銅三（七一〇）年］して以後の奈良時代には、霊亀二年の弱小寺院の合併、天平七年のその中止と、地方寺院の造営および経営に対して三度にわたり、政策の転換がはかられました。

そしてさらに、天平一三（七四一）年二月一四日に「国分寺建立の詔」が発せられます。国分寺は、中央集権国家体制のもとで、鎮護国家と除災招福を願う仏教を民衆支配の精神的支柱とするだけではなく、地方寺院に対する官制の体制を整えるため、各国に置かれた本格的な官寺なのです。これからの考古学的な調査が必要ですが、湖北地方の寺院跡の動向から推察されるように、こうした度重なる国家の仏教政策の転換が、近江湖北だけではなく、諸国の古代寺院の盛衰に多大な影響を与えたことは否めません。

第四節　律令国家と古代寺院

一．律令体制と地方組織

㈠　近江国府

地方組織の整備

わが国の政治体制は、六四五年の大化の改新により、これまでの氏姓制度が否定され、天皇を中心とする中央集権的国家の確立を目的として、中国の制度にならった律令国家への道を歩んでいきます。天智天皇や中臣鎌足により作成され、天智天皇一〇（六七一）年に施行された近江令《おうみりょう》の制定、翌年に起こった壬申の乱を経て、天武天皇の時に編纂され、持統天皇三（六八九）年に施行された飛鳥浄御原律令《あすかきよみはらりつりょう》の制定、そして、文武天皇の時、大宝元（七〇一）年に大宝律令《たいほうりつりょう》が完成し、翌年に施行することで、律令国家としての法的な体制が整うこととなりました。和銅三（七一〇）年には、都を平城京に遷します。平城京は、藤原京の三倍以上の規模を誇り、その後八代の天皇の都となったわが国初の本格的な都城で、律令国家としてふさわしいものとなりました。律令体制は、絶対的な権威をもつ天皇を中心とした中央集権的国家体制であり、中央には、貴族層で構成される太政《だじょう》官《かん》を頂点とした二官八省（神祇官・太政官の二官、中務《なかつかさ》省・式部省・治部省・民部省・刑部《ぎょうぶ》省・大蔵省・宮内省の八省）の官僚機構が存在します。

地方組織としては、国郡里制［霊亀三（七一七）年に国郡郷里制に改める］がしかれます。全国を六六国二島に分け、都の近傍の国を畿内として五畿（初め四畿内と呼ばれていたが、七五七年から和泉が加わって大和・山背・河内・摂津・和泉の五畿内となった）を置き、行政の中心的な役割を持たせました。他の国は、東山道・東海道・北陸道・山陽道・山陰道・南海道・西海道の七道に分けられました。各国は、収穫量などにより大・上・中・下の四等級に分けられ、それぞれに一定数の国司が置かれます。国司には中央官人が任命され、地方の人民は、中央政府により直接把握されました。また、西海道を除いて、畿内に接する六道には、都から放射状に各国を連ねる官道を設け、中央政府からは、国司との連絡役の四度使、国司の監督役として巡察使などが派遣されました。ほぼ今の九州地方に当たる西海道には太宰府をおいて統治させました。国を構成する郡には、国司のもとに郡司が置かれます。郡司と郡司以下の役職には、在地の豪族等が任命されました。なお、近江は、東山道に属する大国と位置づけられています。

近江国府の位置

東山道に属している近江国は、全国に一三ある大国のうちの一つに数えられています。国には国府が置かれます。国府とは国の政治を執り行う国庁を中心に、条坊を持つ小型の都城的な都市のことです。近江国府域については、昭和一〇年に米倉三郎さんが歴史地理学の立場から、大津市瀬田の三大寺丘陵に八丁（約八〇〇m）四方の広さを想定しました。(注46) その後、米倉さんが想定した国府域の南端で、昭和三八年に雇用促進住宅建設に際し発掘調査が実施され、多量の奈良時代の瓦と南門跡や築地塀跡、建物基壇と雨落ち溝などが検出されました。さらに、昭和四〇年に引き続き実施された調査では、南北二棟の正殿と東西の脇殿が検出され、当遺跡が近江国庁跡であることが判明し、全国で初めて国庁の構造が明らかとなりました。(注47) 国府の位置についても米倉さんの想定を

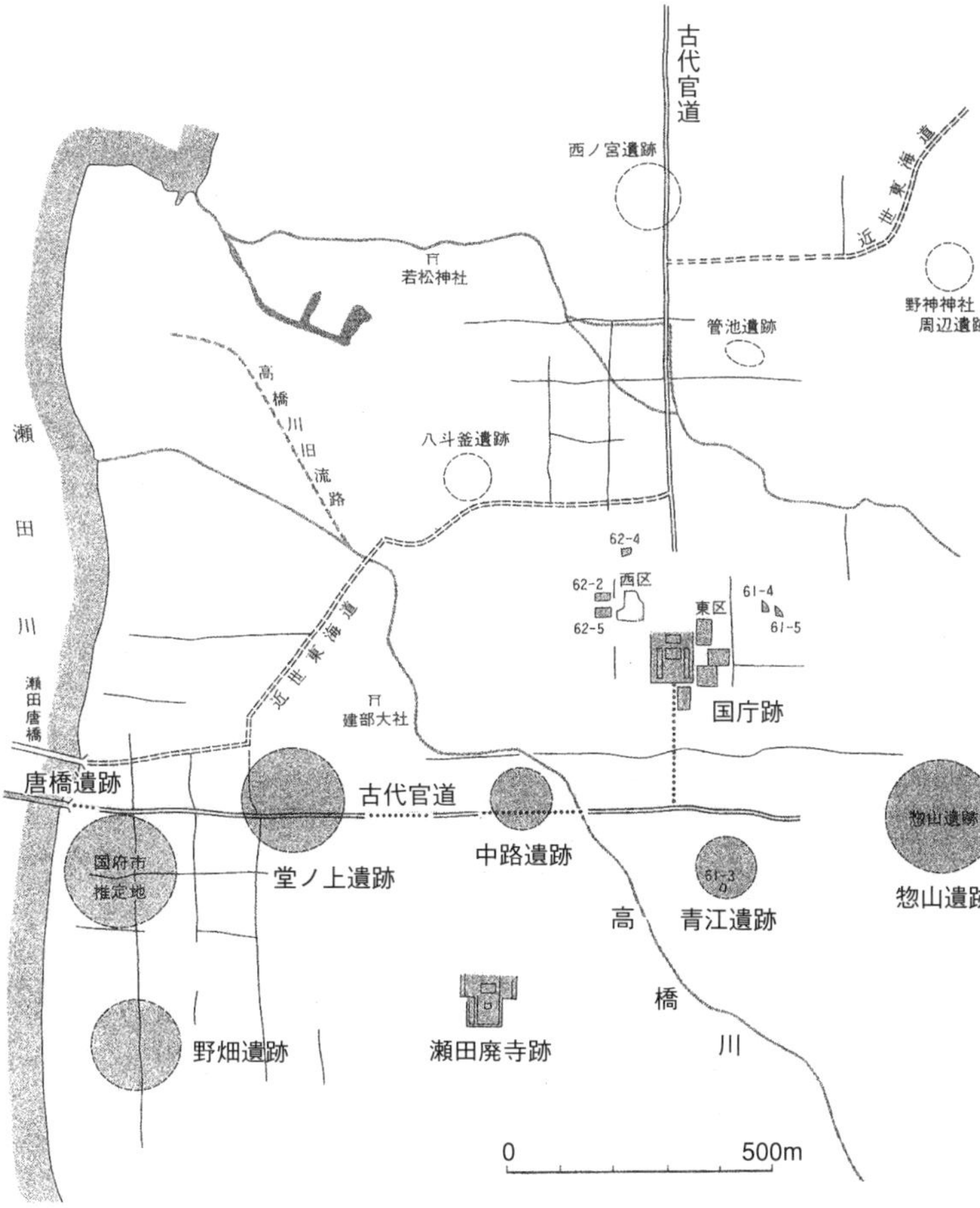

図31．大津市近江国府域周辺の主要遺跡と古代官道

裏付けるものとなり、今日なお、その復元案が踏襲されています。

しかし、これまで、想定されている国府域の国庁より北側では、ほとんど関連する遺構が検出されていないのです。一方、南側では、国府域の南側約二〇〇mほどのところに、「勢多橋」から東に延びる古代の官道が走ると考えられています。(注48) その「勢多橋」については、現在の唐橋から八〇mほど下流の川底で行われた唐橋遺跡の調査で、壬申の乱に出てくる「勢多橋」そのものの遺構と考えられる橋脚台の遺構が見つかりました。その位置が、推定される古代官道の延長線上に位置することから、その存在が、より、蓋然性の高いものとなりました。そして、この官道に沿って、「勢多の駅家」が推定されている堂ノ上遺跡(注49)、国庁に関連する官衙遺跡とされる野畑遺跡(注50)、第二次の国分寺ではないかとされる瀬田廃寺跡(注51)、国司館かと考えられている青江遺跡、国庁に伴う倉庫群と考えられる惣山遺跡(注52)など、国府に関連する遺跡が多数分布することがわかってきたのです。国府の構造については、各国の地理条件やその機能に応じたそれぞれの構成パターンが存在すると考えられており、近江の場合も、これまでの国府域の想定を全く否定するものではありませんが、その復元については、今後の考古学的な検証を待たなければならないでしょう。

(二) 近江国庁

国司の派遣

近江国に都城的な国府が建設されたかどうか、またその範囲はどうかなどについては今後の課題ですが、国の政治を執り行う国庁が三大寺丘陵の現在の位置に置かれたことだけは確実です。国庁には、中央官人から任命された国司が派遣されます。近江国では、和銅元年（七〇八）に多治比真人水守が近江守に任命された記事が初見となります。その後、藤原武智麻呂［和銅五（七一二）年］、藤原仲麻呂［天平一七（七四五）年］、藤原種継［天応元（七八一）年］ら、「藤原」姓を中心に、中央官人の中でも実力者たちが任命されています。このことは、湖上交通を通じて若狭や越前等の日本海沿岸地域、伊賀や尾張などの伊勢湾岸地域などとの交流・交通の要である琵琶湖が存在していることに加えて、広大な水田地帯、琵琶湖の水産物、さらに、豊富な鉄資源など、国司にとって、莫大な利権を手に入れることができる魅力的な国だったからではないでしょうか。中でも、天平宝字六

（七六二）年二月二五日、仲麻呂が正一位となった時、「近江国浅井・高島二郡の鉄穴（鉄鉱石を採掘するための鉱山）各一箇所を賜わ」り、鉄製産に関わる特権を得た記事が見られます。

国庁跡の調査

昭和三八年と四〇年に実施された雇用促進事業団の住宅建設に伴う滋賀県教育委員会の発掘調査によって、南門跡、二棟の正殿と東西の脇殿、これらを取り巻く築地が確認されました。奇しくも米倉の想定を裏付けることとなるとともに、全国で始めて国庁の構造を明らかにしました。昭和四八年には、その重要性から史跡「近江国衙」（昭和五八年度に追加指定する際に、名称を「近江国庁跡」と改める。）として指定されています。昭和五二年から五五年にかけてには、政庁周辺について遺跡の広がりを確認するための発掘調査が実施され、平成八年からは、近江国庁跡の整備を目的とした調査が継続的に実施されています。(注53) また、国庁の外側では、大津市教育委員会が実施した発掘調査により、平成九年に惣山遺跡で礎石建ちの倉庫群、平成一一年に青江遺跡で国庁に付随する大規模な館跡が発見されました。この調査成果を受け、平成一〇年に惣山遺跡、平成一二年に青江遺跡が追加指定され、「史跡近江国庁跡附惣山遺跡・青江遺跡」と改名されています。

政庁跡の調査

国庁の中心施設となる政庁は、東西二分の三町（七二・八m）、南北一町（一〇九m）の規模で築地塀に囲まれ、その中に、南北に廊で結ばれる後殿と前殿、その南側で前殿と廊で結ばれる東西の両脇殿が配されています。築地塀を含みいずれも瓦積で化粧した基壇の上に構築されています。基壇は、後殿が東西二七・九m（約九二尺）、南北一六・四六m（約五四尺）で、東西七間（二三・四m）×南北四間（一二m）の四面庇付建物が想定されています。前殿はこれより南北の長さが大きく一九・三m（約六四尺）の基壇で、建物も、南北五間（一五・〇m）と一間分規模の大きい四面庇付建物を想定しています。前後殿を結ぶ廊は、東西五・四五m、南北九・〇五mの

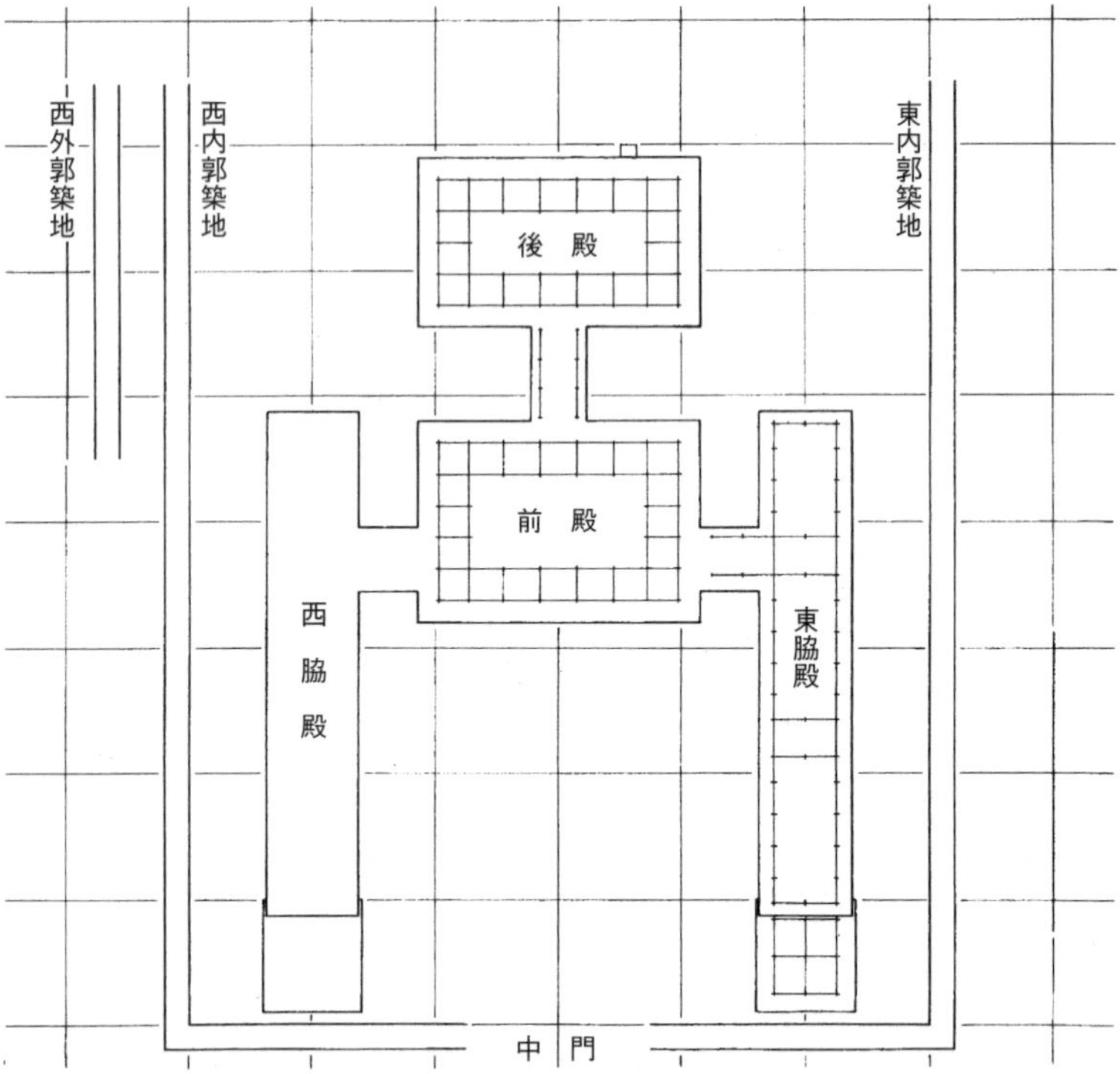

図32．近江国庁の政庁跡（40尺方眼）

規模で、東西一間（三・九m）×南北三間（八・一m）の建物が考えられています。脇殿については、東脇殿が東西九・二m（約三〇尺）、南北四八・五m（一六〇尺）の瓦積基壇を持ち、その南側には、東西九・三五m×南北九・四五mの範囲に玉石を敷き詰めた箇所がありました。玉石敷き部分には、上面には礎石の据え付け穴や根石が残っており、東西二間（六m）×南北二間（七・二m）の礎石建物が建てられていました。東脇殿の建物は、東西二間（六m）×南北一六間（四五・六m）と想定され、この南に二間×二間の建物が取り付くことになります。西脇殿については北側の一部のみしかわかりませんが、東西の基壇幅が九・二mと東脇殿と同じであることから、東脇殿と規模・構造とも同じであったと考えられます。前殿に取り付く廊は、東側の基壇が東西五・六m（約一九尺）、南北六・二m（約二〇尺）を計ります。西脇殿部分にも同様のものが取り付いていたものと想定しています。これらを取り囲む築地塀については、西側で二列、南側で一列、後に、北東コーナー部分を確認しています。西側二列は、東側のものが政庁を囲むものです。南辺の築地には、その中央、正殿から南に四八mの地点に門（中門）が設けられています。この門については、平成一八・一九年度の調査で、東西約一四・一m（四七尺）、南北約九m（三〇尺）と推定される基壇に、二間×三間［門扉部約三・九m（一三尺）、両脇約三m（一〇尺）］の八脚門が建てられていたことがわかりました。

なお、西側築地塀のもう一列は、政庁西側にもう一区画別の官衙があることを示しています。また、その後、政庁の東側にも築地塀を伴う別区画のあることも明確になりました。

政庁周辺の施設

政庁以外の施設としては、これまでの調査で、政庁の東に並列する築地で囲まれた東区画の存在が確認されています。東西五九・四m（二〇〇尺）、南北一〇一mの規模を持ち、瓦積基壇を持つ築地塀で囲まれています。その内側に、瓦積みではなく、木装の基壇を持つ建物が見つかっています。基壇は東西二三・九m×南北一三・二八mで、その北側と東側に掘立柱で造られた塀が設けられていました。木装基壇の建物を中心に、東西三間×南北五間の南北棟、二間×七間の南北棟、二間×七間の東西棟などの掘立柱建物が配されています。政庁の西側にも築地塀で囲まれた西区画があったと考えられますが、その後も東辺の築地塀以外は見つかっていません。また、掘立柱建物群が見つかっていますが、東区画のような基壇を持つものは見つかっていません。政庁の南では、約三〇m地点に、かつて、東西一二m、南北九mの基壇上に立つ東西三間×南北二間の南門を確認したとされてきましたが、その後の調査では、門の痕跡を追認することができません。かわりに、門の位置とされる部分の前面で、玉砂利を用いた階段状の遺構を確認しています。また、政庁の門と国庁の門を結ぶ登庁路にあたる部分の東側で掘立柱建物群を検出しました。性格はわかりませんが、政庁の南側にも何らかの施設が設けられていたことがわかりました。なお、これまでの調査では、政庁と東郭の北側には、主だった建物が配されていなかったようです。

遺構の時期

近江に国庁が置かれた時期については、和銅元（七〇八）年に多治比真人水守が近江守に任命された記事が見られることから、遅くともこの頃には、律令の制度に沿って設置されたと思われます。しかし、これまでの国庁域の発掘調査では、八世紀中頃に当たる奈良時代中頃をさかのぼる建物などの遺構が見つかっていません。発掘調査の成果から見る限り、奈良時代中頃に計画され、奈良時代末から平安時代初期にあたる頃に最も大規模に修復・整備され、また、一〇世紀末頃には衰退してしまったと考えられます。今のところ奈良時代中期以前については、その所在地を含めて不明で、その当時の国庁の構造についても、その解明は今後の課題となっています。

㈢　国府域の調査

国司館？と青江遺跡

府域内には、様々な施設が配されたものと考えられますが、現在のところ国庁の南側で集中的に見つかっています。この南側では、唐橋遺跡で橋脚の基礎遺構が見つかった「勢多橋」をわたって直線的に東にのびる古代官道の存在が推定され、これに沿うように、これまでにいくつかの国府に関連すると考えられる施設が見つかっているのです。その一つが青江遺跡で、国庁からおよそ三〇〇mほど南の丘陵上で、国庁の建物群と同じ方位の築地塀で囲まれた東西二区画の館跡が見つかっています。東区画についてては明かではありませんが、西区画からは、三間×六間以上で、北面に庇の付く大型の掘立柱建物、これと同じ場所で建て替えた大型の礎石建物が検出されました。この建物には、国庁の建物に使われているものと同じ飛雲文と呼んでいる文様を持つ軒瓦が葺かれていたことから、国庁と一体の館跡と考えられています。この建物の外側で築地塀の南東コーナー部分が見つかっています。南北の築地塀には、コーナー部分からおよそ二五mのところに門が設けられています。この館の全体の

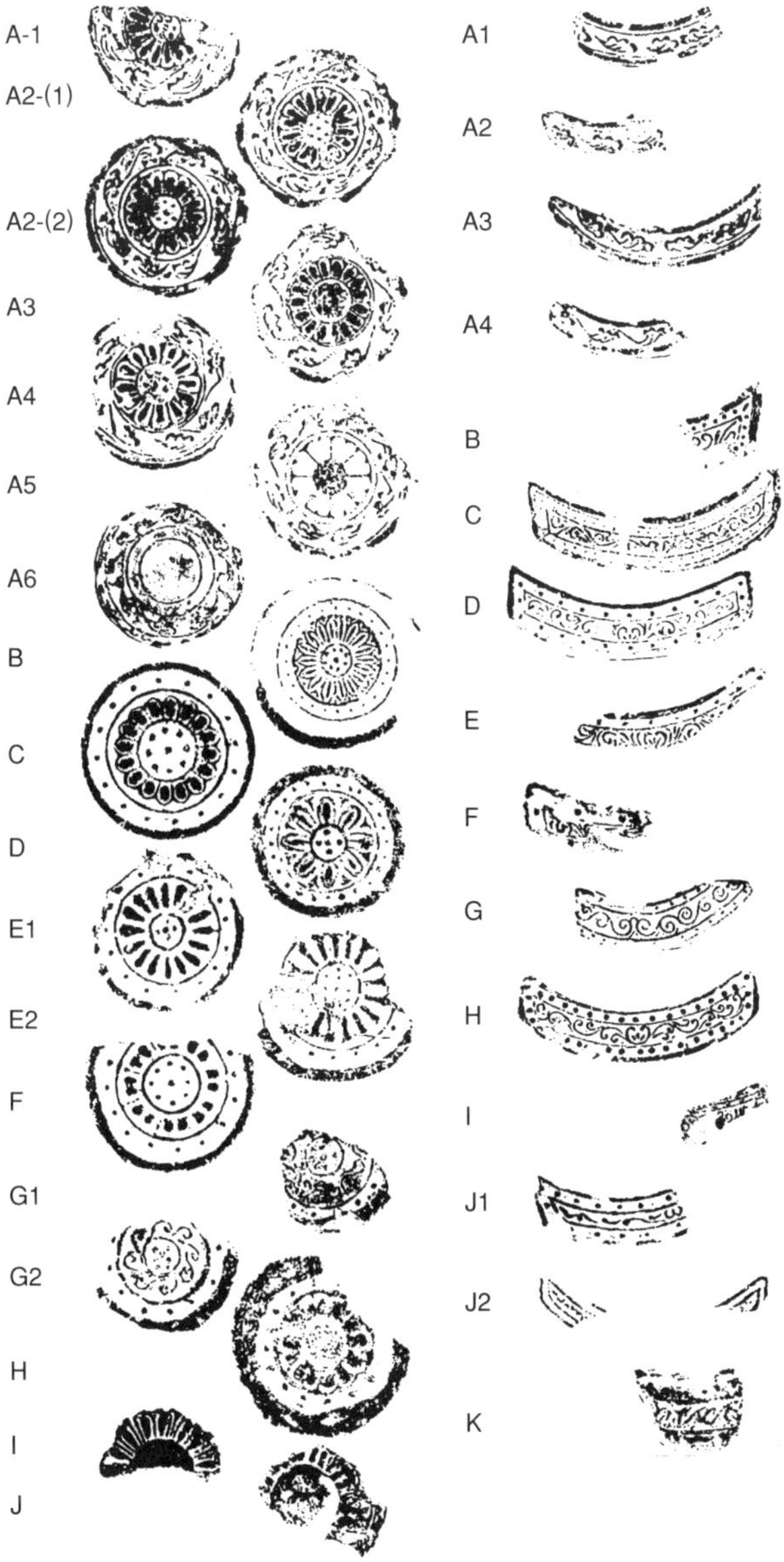

図33．近江国庁跡出土の軒瓦
（軒丸瓦Cの直径18.4㎝、軒平瓦Dの幅29.0㎝）

広さはわかりませんが、推定古代官道に面していると考えれば、およそ一町四方（約一〇〇m四方）の広さを持つことになります。また、東西両区画の築地塀の間は道路となりますが、その幅が約二四mもあり、この道路の延長線を北へ真っ直ぐ延ばすと、国庁の推定南門にあたります。すなわち、古代官道から国庁の正面に向かって真っ直ぐ北に堂々たる道路が延び、官道との交差点南側には、官道に面した広大な敷地を持つ館が設けられていたことになります。このように、青江遺跡は、国庁の正面に位置し、広大な敷地を持つこと、また、発掘調査で日常容器としての食器類が多数出土していることなどから、一般の役所ではなく、国司のような高官の宿舎であった可能性が高いと考えられています。

惣山遺跡と倉庫群

推定古代官道は、青江遺跡の調査で見つかった幅二四mもの大規模な道路とつながり、国庁の正面に向かって北上します。以北については、国庁を迂回して、同じ延長線上をさらに北上するように復元されています。一方、

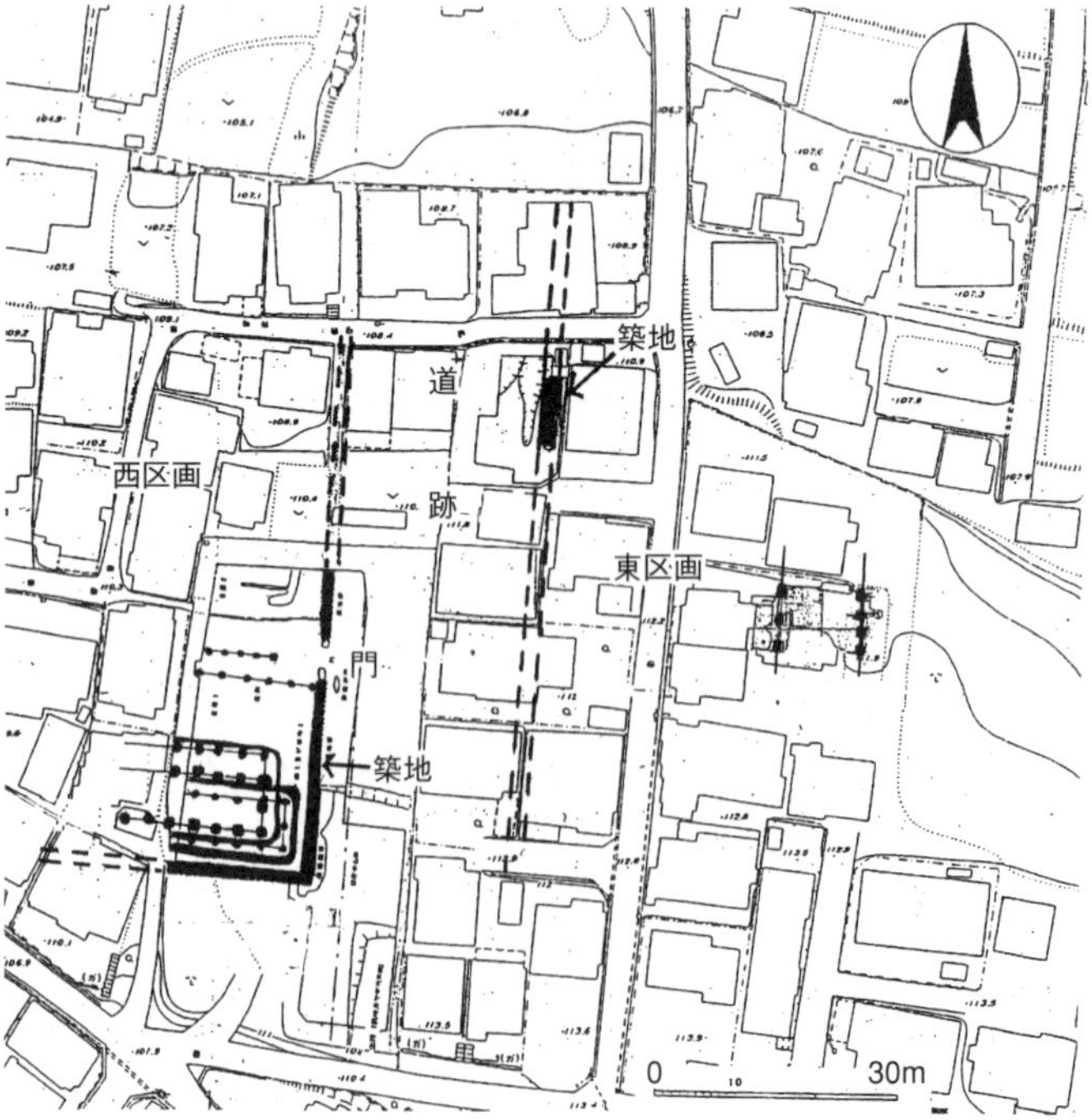

図34．大津市青江遺跡

写真12．大津市惣山遺跡の倉庫群

この交差点から官道をおよそ四〇〇ｍほど東に行った丘陵上で、南北に一直線に配列した瓦葺きで礎石建ちの総柱建物が一二棟も見つかりました。惣山遺跡と呼ばれるもので、見つかった建物はそれぞれ、南北七間（約二一ｍ）、東西四間（六ｍ）の規模を持ち、総延長約三〇〇ｍに及ぶ大規模なものでした。出土遺物から、奈良時代後半から平安時代前半にかけて存在していたことがわかっています。これまで見つかっている国庁の時期と一致するとともに、国庁で使われる飛雲文をあしらった特徴的な軒瓦が出土していることから、国庁に伴う倉庫群であると考えられています。また、倉庫群の北の端が政庁の南辺に一致しており、また、八町四方と想定される国府域のほぼ東辺部に当たることから、その建設がきわめて企画性の高いものであったことがわかりました。倉庫群の南の端は推定国府域の南辺部よりさらに南に下がっており、官道がこれに突き当たることになります。官道をここまで延長させるかどうかは問題が残りますが、「勢多橋」をわたり、古代官道を国庁正面まで来たとき、壮大な倉庫群を目の当たりにすることになるのです。倉庫の間が非常に狭く、また、塀や柵などで囲われていないなど、国庁の正倉とするには躊躇される点がありますが、近江一二郡と関わるかも知れない一二棟という数や、推定国府域の東辺に当たること、官道の延長線に突き当たることなど、国庁正面の二四m道路とともに、近江国庁の荘厳を示そうとしたものかも知れません。その他、古代官道に沿って、三〇〇mほど西の丘陵上に、瓦が出土する中路遺跡があります。詳しいことはわかりませんが、官道に沿って国庁に関連する瓦葺き建物があったようです。

㈣ 官衙の整備

官衙の整備

律令体制の促進に合わせて、地方の組織体制も順次整えられていきました。近江国の場合、瀬田丘陵の東の端に当たる三大寺の丘の上に国府が設けられました。いくつもの谷筋が入り込んでいて、決していい立地とは言い難い場所を選地しており、周辺を大きく造成して国庁域を整えていることが発掘調査により明らかになっています。国庁の位置は、平城京との距離や交通手段が最も重視されて決められます。三大寺の丘は、北に琵琶湖を一望できるだけではなく、西に瀬田川を見下ろすことができることから、琵琶湖と瀬田川を利用した水運の便の良さと平城京に近いということが最大の理由だったのでしょう。最も小高い部分に政庁を置き、谷部分を避けながら狭い丘上に国司館や駅家などの官衙を設け、政治の中心としての体制が整えられていきました。

官営工房の整備

近江の鉄資源は、その豊富さと、平城の都に近いこと、水陸の運輸手段に恵まれていることもあって、非常に重要視されていたのです。このことを裏付けるように、近江には非常に数多くの製鉄遺跡が知られています。国庁の北東部に広がる瀬田の丘陵上だけでも、七世紀中頃の源内峠遺跡(注54)、七世紀末から八世紀初頭の木瓜原《ぼけわら》遺跡(注55)、

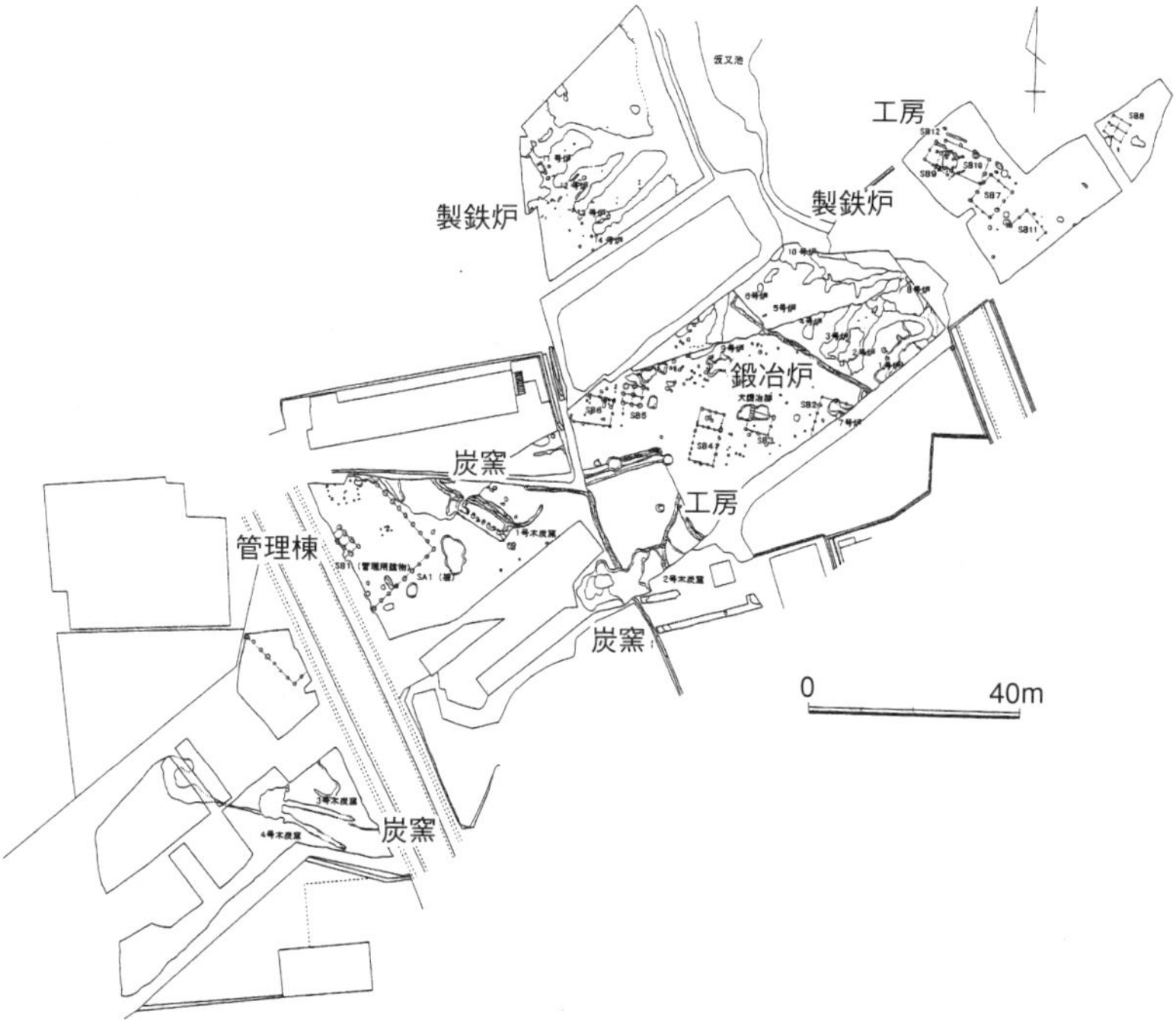

図35．草津市野路小野山製鉄遺跡

八世紀前半頃の野路小野山《のじおのやま》遺跡(注56)と多数の製鉄関連遺跡が分布しています。とくに、野路小野山遺跡は、六基以上、および、四基以上の製鉄炉が並列するという類のない規模を誇るものであることがわかってきました。遺跡は舌状に延びる台地に立地しており、製鉄炉はこの台地の先端部分一面に分布しています。製鉄炉の南西側に当たる台地側からは、製鉄の燃料となる白炭や黒炭を作る炭窯六基、製鉄炉で出来上がったケラの純度を高めるための大鍛冶炉一基、工房となる掘立柱建物四棟、炭や道具類を保管する倉庫一棟、さらに、最高所には、中央に倉庫を置き、その周囲を一辺四〇m弱の広さに柵で囲った一角がありました。設備や施設の規模の状況に加え、その操業の時期が国庁の整備される時期と並行することから、国庁が管轄する官営の工房ではないかと考えられています。すなわち、国庁や官衙域の整備とともに、経済面において、八世紀前半頃、これまで源内峠遺跡や木瓜原遺跡など瀬田丘陵の各所で操業していた小規模な製鉄所をまとめ、野路小野山遺跡で大規模な製鉄コンビナートを設けて、一元的に管理する体制を整えていったと考えられるのです。

また、草津市矢倉口遺跡(注57)では、皇朝一二銭や鋳型、羽口など鋳造に係る遺物や遺構が確認されています。あるいは、鋳銭司のような組織が設けられ、貨幣の鋳造にあたっていたのかもしれません。

運輸機構の整備

交通面では、大津市関津遺跡(注58)で、南北方位の道とこれに方位を合わせた掘立柱建物群、奈良時代を中心とする多量の須恵器や土師器とともに緑釉陶器、墨書土器、円面硯、土馬などが出土し、『続日本紀』に記載される「田原道」、また、「田上山作所」、近江国庁や保良宮などに関連する官衙、あるいは、宅地の可能性のある遺構が見つかっています。平安時代末から鎌倉時代、さらに、近世の頃には、瀬田川を利用した水運の拠点として機能した港である「関津浜」を中心に、大規模な開発が実施され、都市計画を持った集落が営まれていた様子が、発掘調査において明らかになっています。奈良時代においても、この地域が水陸両交通の要衝である重要な地域であったことには変わりはなく、平城京との間の物資の移動に係る官衙が整えられていたものと思います。

二　聖武天皇と東国行幸

㈠　聖武天皇の即位

律令体制の弛緩

七一〇年に都が平城京へ遷されてから、都城を始め、国庁などの地方の諸機関の整備を行い、一部、生産機能の官営化や税制度の整備を図るなど、法制の強化とともに国力の増強に力が注がれてきました。一方、大化の改新以降の崇仏政策も、鎮護国家を目的として一層の推進が図られました。飛鳥・藤原の地にあった官寺などの寺院を新都に移し、地方寺院に対する官主導の体制を整え、また、意図に反して退廃し始めた地方の寺院に対しては、弱小寺院の合併（霊亀二年の詔）を行うなどの政策が取られました。

しかし、こうした体制の整備とは裏腹に、養老六（七二二）年の良田一〇〇万町歩開墾計画の推進を図るため、翌年四月に開墾地の三世までの私有を認める三世一身の法が発布されました。さらに、二〇年ほど後の公地化する時期になると放棄されて開墾地の荒廃が進んだため、天平一五（七四三）年に墾田の私財化を許す墾田永年私財法が発令されるなど、律令体制の根幹をなす公地公民を基調とした田地の班給制度である班田収授法の破綻の兆しが見え始めたのです。

世情不安

また、左大臣まで上り詰めた長屋王が、勢力を持ち始めた藤原不比等の四子（武智麻呂・房前・宇合・麻呂）等による謀反の密告により糾問され、自殺に追い込まれた天平元（七二九）年の長屋王の変、時に勢力を得た僧玄坊や吉備真備らの排除を目論んで挙兵した天平一二（七四〇）年の藤原広嗣の乱など、朝廷内の政争が激化し、内乱まで勃発する状況が生じてきます。このことに加え、天平九（七三七）年には天然痘が流行し、多数の官人が患って政務ができなくなるだけではなく、四月に房前、七月に麻呂、武智麻呂、八月に宇合と、飛ぶ鳥を落とす勢いであった藤原四子が相次いで没し、政局が混迷をきわめます。朝廷内だけではなく、天平七（七三五）年には凶作と豌豆瘡《えんとうそう》が流行したため、市井にも多数の死者がでました。天平九年八月には、天然痘の流行により、田租、出挙の利を免除する措置を執りましたが、こうした状況はなかなか収まらず、世情の不安は募る一方となっていきます。庁内や巷にも呪詛が流行[注59]したのは、当時の世情をよく反映したものといえます。

人心の疲弊

このような世情の中で、神亀元（七二四）年二月に聖武天皇が即位し、国務を執り行っていくのです。文武天皇の王子で、天智天皇の直系である聖武天皇は深く仏教を信じ、即位直後の神亀二（七二五）年七月には国家平安のため金光明経、最勝王経を読ませています（『続日本紀』）。強引なまでに崇仏政策をとり、興福寺の金堂や西金堂、五重塔、薬師寺の東塔の建立、天平一五（七四三）年には詔を発し、生涯の事業となった東大寺の大仏造立、これに加え、天平一三（七四一）年には、諸国に国分寺・国分尼寺の建立を命じ、七重塔を建立して、金光明最勝王経および法華経を書写させ、天皇直筆の金字の金光明最勝王経を安置するよう宣した国分寺建立の詔が発せられました。寺院建立に対しては、水田を施入するなど財政的援助を行っています。しかし、こうした政策が国家財政を圧迫することとなり、大方の不平を募ることとなります。さらに、天平一二（七四〇）年には、藤原広嗣の乱をきっかけに平城京を出、東国へと行幸を行い、その後、短期間の間に、恭仁、難波、紫香楽と遷都を行ったのです。これらの造営のために人々がかり出され、財政だけではなく、人心の疲弊をも招いていくことになるのです。

(二) 東国行幸（注60）

藤原広嗣の乱

このような律令体制の動乱期に、聖武天皇は、近江を舞台とした歴史的な行動を取ることになります。すなわち、天平一二（七四〇）年一〇月二六日に、大将軍大野朝臣東人らに「朕思う所あるによりて、今月の末、暫く関東（伊勢・美濃より東）へ行かんとす。その時に非ずと雖も、事已むに能わず。将軍これを知りて驚恠《きょうかい》（驚き怪しむ）すべからず。」（『続日本紀』）と告げて平城宮を離れ、東国への行幸を開始したのです。「朕思う所」については具体的に述べられていませんが、これまでは、この行幸の目的について、その直前の九月に九州で藤原広嗣の乱が起きており、この乱から逃れるためとの評価が主流を占めていました。大野東人は、広嗣の乱に際して、一万七〇〇〇人の討伐軍を指揮した大将軍なのです。また、乱の鎮圧後の翌年一月には、死罪二六人、官位没収五人、流罪四七人、従罪《ずざい》三二人、杖罪一七〇人と、この乱に与した一味等が多人数にわたり処刑されており、朝廷内にも広嗣に与する者が多かったと考え

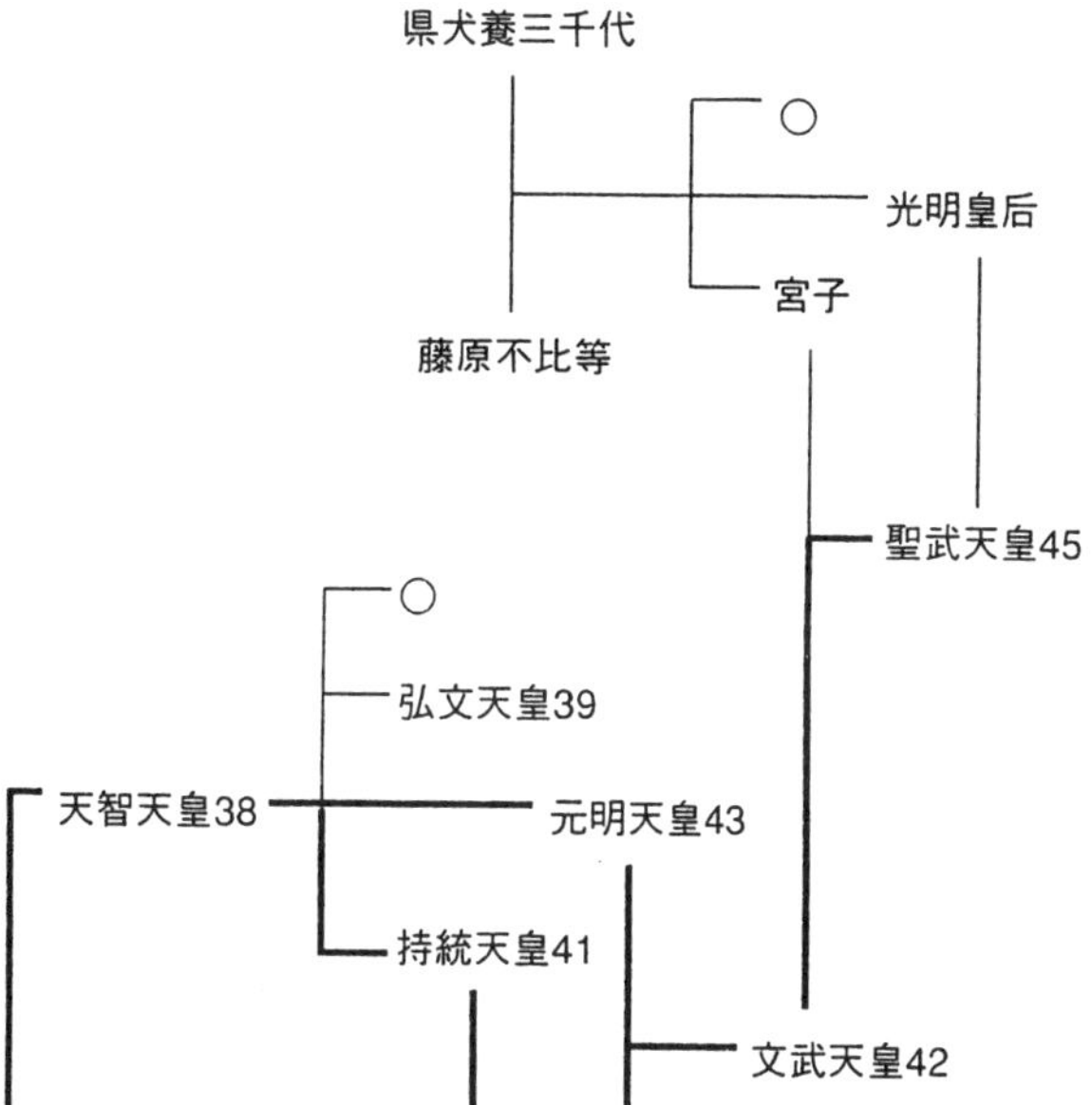

図36．聖武天皇関係人物略系図
（○は省略、数字は歴代数）

られます。こうしたことから、難を避けるため大和を離れたとの見方ができるかも知れません。しかし、伊勢国一志郡川口頓宮に滞在中の一一月三日には、藤原広嗣が肥前国松浦郡値嘉の島長野村で捕獲されたとの報告を受け、五日には暫刑されたことを知っており、単に難を逃れるためだけでは、もはや、行幸の意味がなくなっているのです。

行幸の目的

この行幸は、一〇月一九日に伊勢国の行宮を造る司が任命され、二三日には、行幸の次第司（行幸の指揮者）が決められており、早々にその準備が着々と行われていたのです。次第司には、従四位上の塩焼王が御前長官、従四位下の石川王が御後長官、正五位下の藤原仲麻呂が前衛の騎兵大将軍、正五位下の紀朝臣麻路が後衛の騎兵大将軍に任じられ、騎兵、東西史《やまとかわちのふひとべ》、秦忌寸《はたのいみき》ら総勢四〇〇人もの人が挑発されています。また、行幸の道筋が、曾祖父である大海人皇子（天武天皇）が、壬申の乱の際に、吉野宮から美濃の不破へ至った経路にほぼ沿うものであることは、早くから指摘されています。しかも、天武天皇が「朝明郡の迹太川の辺にして、天照大神を望拝みたまう」行動を取ったのに対し、聖武天皇も、伊勢国一志郡河口頓宮で、「幣帛を大神宮に奉らしむ」といった非常によく似た行動を取っているのです。こうしたことから、東国行幸が、単に乱から逃れるための思いつきだけではなく、「朕思う所」のためにきわめて周到に準備された行動であったことがうかがえるのです。そして、行幸直後に恭仁京への遷都を行っており、その「朕思う所」はこのことにあったのではないかと推察されるのです。このことは、近江行幸途中の十二月六日に、遷都の候補地を整備するため、山背国相楽郡恭仁郷に右大臣橘宿禰諸兄《たちばなのすくねもろえ》が先遣隊として使わされていることからもわかります。しかし、寺院建立などに伴う出費で国が疲弊している時期に遷都を実行するには、朝廷内外の非常に大きな反対勢力に抗する必要が生じます。天武天皇は、壬申の乱に際し、近江朝や大和の諸勢力に対抗するため、不破の野上行宮に至るまでの間に、伊賀、伊勢、尾張、美濃などの諸氏族の支持を確保し、乱を成功に導いています。今回の行幸も、天武天皇の事績を追うことで、遷都に対する彼らの協力を再び得ようとしたのではないでしょうか。総勢四〇〇人にのぼる騎兵等は、そのための威圧には十分な人数だったのでしょう。

免税・賜級

聖武天皇は、伊賀国と伊勢国を通り、天平一二（七四〇）年一二月一日に美濃国の不破の頓宮に到着します。この間、川口頓宮滞在中の一一月四日に和遅野（白川町川口付近）の今年の田租を免除し、鈴鹿郡の赤坂頓宮に滞在中の一一月二一日には、陪従の文武官並びに騎兵と子弟に位を一級、騎兵の父には陪従していなくても二級を賜級、一一月二二日には、五位以上の人に位に応じて絁《つむぎ》を賜給しています。さらに、美濃国の當伎の郡に滞在中の一一月二七日に、伊勢国の高齢者で一〇〇歳以下七〇歳以上の人々に、年齢に応じて大税《おおちから》（国・郡に貯えられた田

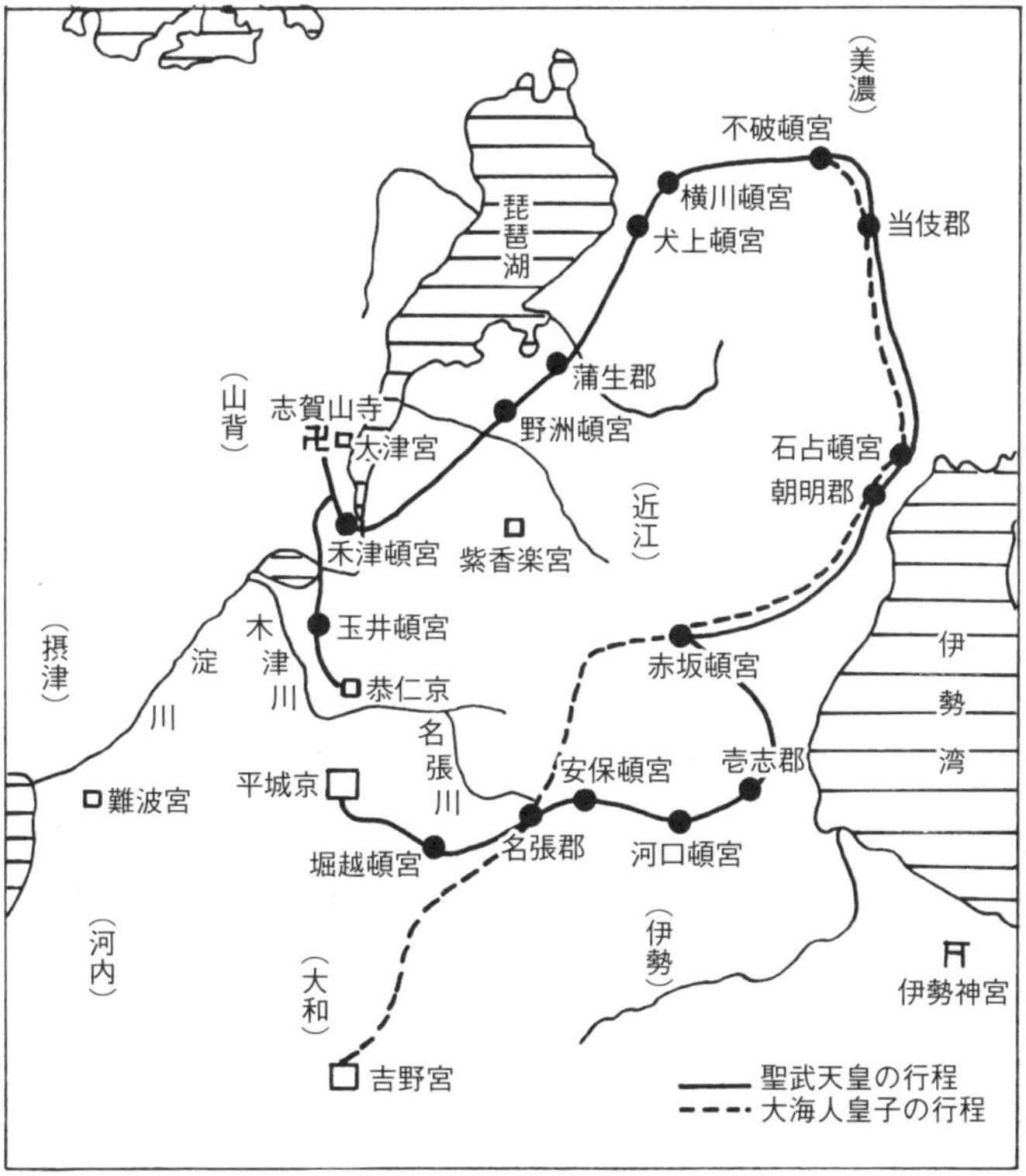

図37．大海人皇子の壬申の乱と聖武天皇の東国行幸の行程

租）を賜給、不破頓宮出発前の一二月五日にも、美濃国の国司・郡司および人民のうち勤労の顕著なものに位一級を賜級しています。各地で頻繁に行われるこうした免税や賜級・賜給は、陪従していない騎兵の父に及んでいることや高齢者への賜給が見られることなどから、壬申の乱の時の功績をたたえたものであると考えられます。壬申の乱の時の功績をたたえることで天武天皇の事績を思い起こさせ、恭仁京遷都についても、東国の諸勢力の協力を取り付けようとしたのかも知れません。

近江までの行程

ただし、天武天皇は近江へ足を踏み入れず、美濃国不破の野上行宮に留まって戦闘の指揮を執っていたのですが、聖武天皇は、不破頓宮で「騎兵の司を解きて、京に帰り入らし」め、全く無防備の状態で近江入りを果たしており、伊賀・伊勢・美濃までとは行幸体制が一変してしまっているのです。このことについては後ほど触れることとして、ここで、『続日本紀』に従って、天平一二（七四〇）年一〇月二六日の勅に始まる東国行幸開始から近江にはいるまでの行程記事をまとめておきます。

○一〇月二九日　伊勢国に行幸し、この日の内に山辺郡竹谿村堀越《つげむらほりこし》の頓宮（都祁村友田付近か）に到る。
○一〇月三〇日　伊賀国名張の郡（名張市中村付近か）に到る。
○一一月　一日　伊賀国阿保の頓宮（青山町阿保付近か）に到り宿す。
○一一月　二日　伊勢国一志郡川口の頓宮（一志郡白山町川口の大隅遺跡か）に到る。これを関宮といい、一〇日間留まる。
○一一月一二日　一志郡の郡（一志郡一志町の片野遺跡から嬉野町平生遺跡か）に至り、宿す。
○一一月一四日　鈴鹿郡赤坂の頓宮（鈴鹿市国府町の三宅神社遺跡か）に至る。
○一一月二三日　赤坂を発し、朝明《あさけ》の郡（四日市市大矢知町久留倍《くるべ》遺跡か）に到る。

○一一月二五日　桑名郡石占《いしうら》の頓宮（多度町戸津の尾津神社付近か）に至る。
○一一月二六日　美濃国当伎《たぎ》の郡（養老郡養老町滝付近か）に到る。
○一二月　一日　不破郡不破の頓宮（不破郡垂井町内か）に至る。

なお、宿泊地については、「頓宮に到る」と「郡に到る」とが書き分けられており、「名張の郡」、「一志郡の郡」、「朝明の郡」、「当伎の郡」などは郡衙などを指し、仮宮の頓宮ではなく、郡衙の施設や郡司の私邸などが利用されたようです。いずれも正確な位置のわからないものが多いのが現状です。そうした中で、四日市市の久留倍遺跡(注61)では、整然と配置された掘立柱の倉庫群が検出されており、朝明の郡衙の正倉であることが確認されているようです。

三　近江の行程

近江行幸の意図

聖武天皇は、天平一二（七四〇）年一二月六日に不破を出発し、その日のうちに近江国坂田郡の横川《よかわ》の頓宮に入ります。ただし、その二日前の四日に、騎兵の司を解き、平城京へ帰らせており、全く無防備の状態で近江国入りを果たしており、伊賀・伊勢・美濃での行幸体制が一変してしまっているのです。近江国での行程は次のように記されています。

○一二月　六日　坂田の郡横川の頓宮に至る。
○一二月　七日　横川より発し犬上の頓宮に至る。
○一二月　九日　犬上より発し蒲生郡に到りて宿す。
○一二月一〇日　蒲生郡の宿より発し野洲の頓宮に至る。

○一二月一一日　野洲より発し志賀の郡禾津の頓宮に至る。
○一二月一三日　志賀の山寺に幸し仏を礼す。
○一二月一四日　禾津より発し山背の国相楽郡玉井の頓宮に至る。

行幸の行程が、曾祖父である天武天皇の壬申の乱の時の吉野宮から不破に至る経路にほぼ沿うものであることは、早くから知られています。しかし、壬申の乱の際、天武天皇は不破から離れず、近江には足を踏み入れていないのに対し、聖武天皇は不破で騎兵司を解散させ、京に帰らせており、いわば、武装を解除するといった行動を取った上で、近江への行幸を敢行しているのです。しかも、天皇の宿舎で、仮宮である頓宮が、壬申の乱の時の激戦地に重なって設置されているのです。こうした行動の中に、あえて近江に足を踏み入れた聖武天皇の意図が隠されているように思われます。特に、禾津頓宮に滞在中の一三日に、天智天皇の勅願の「志賀の山寺」に参り、その仏を拝んでいることに注意したいと思います。壬申の乱の際の近江での激戦地に寺院が建立されたことについては、すでに紹介してきましたが、今回の頓宮の設置場所とも大きく関わり、近江行幸の目的が見えてくるのです。

壬申の乱の激戦地と頓宮

天平一二年一二月六日に近江に入った聖武天皇は、横川・犬上・野洲・禾津に頓宮を設け、行幸を行っています。なお、蒲生郡では郡家に宿しています。これら頓宮の位置が壬申の乱の際の激戦地と重なるのです。横川は、壬申の乱では、「男依等、近江の軍と、息長の横河に戦いて破りつ。」とあり、犬上は、「時に近江……数万の衆を率いて、不破を襲わんとして、犬上川の濱に軍す。」とあります。さらに、野洲は、「男依等、安河の濱に戦いて大きに破りつ。」、禾津は、「男依等、即ち粟津岡の下に軍す。」や「近江の将……を粟津市に斬る」とあります。また、「近江、精兵を放ちて玉倉部邑を衝く。」とある玉倉部邑は醒ヶ井付近とされ、「男依等、近江の将秦友足を鳥籠山に打ちて斬りつ。」とある鳥籠山は犬上郡に設けられた鳥籠駅付近の山丘を指しています。「栗太の軍を討ちて追う。」の栗太郡は野洲川左岸に位置しています。このように、頓宮は、明らかに、壬申の乱の際の激戦地に設けられているのです。壬申の乱の直後、この激戦地に、藤原宮式の文様を持つ軒先瓦を使った寺院が建立されたことについては、すでに紹介しました。すなわち、横川に三大寺跡、犬上に高宮廃寺跡、野洲に花摘寺跡、禾津に国昌寺跡が存在するのです。父である天智天皇に対する強い気持ちを持つ持統天皇が、その激戦地で破れた関係者に対して、その菩提を弔うために建立したのではないかと思われるような分布状況を示しているのです。聖武天皇の近江での行幸は、その寺院、あるいはその故地を巡ることを目的としたものとなっているように見受けられるのです。近江での最後の滞在地である禾津の頓宮で、天智天皇の勅願である「志賀の山寺」、今の崇福寺跡へ参拝していることも、この思いを強くします。また、この寺院付近に、共通して、在地豪族の氏寺的な性格を持つ寺院跡が存在することも紹介した所です。横川に法勝寺跡、犬上に竹ヶ鼻廃寺跡、野洲には福林寺跡、あるいは、草津市の渡来系氏族に関わりの深い寺院跡、粟津に膳所廃寺跡などで、持統天皇が寺院建立を支援した在地豪族の氏寺と考えたのですが、この氏寺を建立した在地豪族が、聖武天皇の行幸に際しても、重要な役割を果たしていると考えられるのです。

(四) 禾津の頓宮

膳所城下町遺跡

横川・犬上・野洲・禾津の各頓宮の位置について、それら頓宮が、壬申の乱の時の激戦地に重なっており、その激戦地に建立された藤原宮式の軒先瓦で屋根を飾る寺院が存在すること、その近くに、この寺院建立に関わり、かつ、頓宮設営に際しても大きな役割を果たしたと考えられる在地豪族の氏寺と思われる寺院跡が存在すること、などからその推定作業を行ったことがあります（注62）。特に、頓宮の設営と在地豪族との関わりについては、大津市膳所城下町遺跡（注63）で発見された大型の掘立柱建物を禾津の頓宮と考えたことがきっかけとなっています。

大型掘立柱建物の発見

遺跡は、膳所城公園の真西、県立膳所高等学校の敷地内にあって、現在の湖岸からおよそ一㎞ほど離れ、東側に近世の東海道が通っています。建物は、東西七間、南北二間の身舎の南北両側に庇を持つ二面庇建物で、ほぼ南北方向（磁北に対して約一一度東に振っている）方向にあり、その規模は、東西七間（約二〇・八m）×南北四間（約一一・九m）で、柱間が二・九七m（約一〇尺）、床面積が二四七・五㎡あります。柱は、一辺一・六m四方の柱穴に、直径四〇～五〇㎝の柱を据え、土を少しずつ入れて突き固めていく「版築」という技術で柱の周囲を埋め戻して柱を建て上げています。また、建築足場と考えられる柱穴が建物の外周と内側、柱通りの中間に当たる規則的な位置で検出されています。特に、建物の外周の足場柱穴が、建物の柱筋から三m外側の位置で見つかったことで、軒先の広が

写真13．大津市膳所城下町遺跡の大型掘立柱建物

りの大きさを知ることもできました。建物は、柱材を抜き取って解体撤去していますが、柱の抜き取り跡は一〇cmほどの円礫を多く含む軟らかな土で埋め戻されており、堅く踏みしめたような様子はなく、無造作に埋め戻されていました。さらに、柱の抜き取り跡から八世紀第二・四半期に当たる土器が出土しており、この建物の解体時期を知ることができました。ちょうど聖武天皇の東国行幸の時期に符合しているのです。

膳所廃寺跡

膳所城下町遺跡で発見された大型の掘立柱建物は、その構造や規模が、平城京などで発掘される官衙跡や貴族の邸宅の正殿などの中心的な建物に匹敵するものであるとともに、恭仁宮の内裏後殿と推定されている建物に類似していることが明らかになりました。こうしたことから、発見された位置が、広義の粟津の範囲にはいることも加えて、これが聖武天皇が天平一二（七四〇）年に近江国に設けた「禾津の頓宮」として、ほぼ、間違いないと考えています。そして、この頓宮の造営に関しては、その西側にある膳所廃寺跡を建立した在地豪族が重要な役割を果したものと思われるのです。

膳所廃寺跡は、膳所高校から北西約五〇〇mほどの滋賀大学付属学校の敷地内にあります。かつて多量の瓦が出土したようですが、その多くは埋め戻されてしまっています。現在残っているものの中に、斜縁の外縁に鋸歯文が施され、一＋七＋十四の蓮子がある大きな中房を持つ複弁八葉蓮華文軒丸瓦と有顎の四重弧文軒平瓦があります。この二つはセットになって屋根を飾っていたもので、川原寺式のものです。また、現物はなく、拓影だけが残っているのですが、外区に珠文帯が巡り、一＋五＋九の蓮子のある中房を持つ複弁八葉蓮華文軒丸瓦が同じ場所から出土したと伝えられています。真偽については不明だということですが、藤原宮式のもので、少なくとも寺院の存続期間の下限を示すものといえます。

国昌寺と氏寺

聖武天皇の東国行幸に伴う頓宮の設営地に関し、壬申の乱の際の激戦地と関わりのある場所が選ばれていることはよく知られています。「禾津の頓宮」の場合、最大の激戦が行われた勢多橋付近と、最後の決戦地となった粟津岡付近の二カ所がその候補地として考えられます。勢多橋のすぐ西側の大津市光が丘には、藤原宮式の軒瓦を出土する国昌寺《こくしょうじ》跡があります。持統天皇の父天智天皇に対する追善の意が強く、定額寺《じょうがくじ》（貴族、皇族、豪族などが建立した寺院を官寺に準ずる寺格に位置付け、国が管理・統制するとともに保護した。）であり、単なる私寺ではなかったようです。飛雲文を持つ軒丸・軒平瓦、単弁一二葉蓮華文軒丸瓦と唐草文軒平瓦も出土しており、奈良時代後半には、「甲賀宮国分寺」が焼失したとき直ちに国分寺の事務を代行する寺院となり、平安時代には国分寺として国家的な機関としての寺院となっています。一方、その北方に所在する膳所廃寺跡からは、川原寺系の軒瓦が出土しています。この瓦は、大和以外では山城や伊勢・美濃の地域に集中的に出土しており、これらの地域が、壬申の乱に際して功臣を多く出していることや、川原寺が天智天皇の崩御後も天武天皇の崇敬が厚く、大官大寺や飛鳥寺とともに重きを置かれていたことなどから、おそらく、壬申の乱後の論功行賞による国家の支援を受けた在地豪族が建立した氏寺だろうと考えられています。近江においては、天智天皇ゆかりの大津市の崇福寺跡などの官寺以外に、南滋賀町・真野・坂本・穴太・石居廃寺跡、草津市の笠寺・花摘寺・下寺・長束廃寺跡、栗東市の手原廃寺跡、近江八幡市の安養寺跡や舟木廃寺跡、竜王町雪野寺跡など、そして、膳所廃寺跡を加えて、大津市域を中心に湖南方面から湖東方面の南部に集中して分布しています。それぞれの建立背景を知ることができませんが、国昌寺のような官寺的な性格のものではなく、私寺と見てよく、壬申の乱との関わりも想定することができます。少なくとも膳所廃寺跡の位置は、壬申の乱の際の「粟津岡」と重なるのではないかと考えています。従って、膳所廃寺跡は、壬申の乱の直後に、乱後の論功行賞により支援を受けた在地豪族の氏寺である可能性が非常に高いと考えられます。「禾津の頓宮」と考えられる大型の掘立柱建物が検出された膳所城下町遺跡が、この寺院跡の南東わずか五〇〇mほどのところに位置していることは単なる偶然ではなく、建立や行幸の実行に際して、その任を果たせる実力者、すなわち、膳所廃寺跡を建立できた在地豪族の存在が大きく関わっていたのではないでしょうか。

相模町廃寺跡

膳所廃寺跡の存続期間の下限は、遅くとも七一〇年の平城京遷都頃までと考えられることから、霊亀二年の藤原武智麻呂の言上に見られるように、その後、荒廃していったものと思われます。ところが、付属学校の位置から南へわずか約六〇〇mほどのところに、奈良時代の平城宮の瓦を出土する別の寺院跡があり、どうもこの寺院は、場所を変えて復興しているようなのです。なお、これまで、二カ所をまとめて膳所廃寺跡と称されてきましたが、ここでは、所在地の地名から相模町《さがみちょう》廃寺跡(注64)と仮称して区別することとします。

相模町廃寺跡は、かつて大津紡績工場があったところで、昭和二〇年、工場敷地内の運動場の南西隅で防空壕掘削の際に瓦が発見されています。外区に粗い珠文を配し、一＋五の蓮子のある中房を持つ複弁八葉蓮華文軒丸瓦一種と均整唐草文軒平瓦二種があります。軒丸瓦は平城宮六一三五B、軒平瓦が平城宮六六九一Bおよび六七六三Aとされるものと同種のもので、ともに平城宮第Ⅳ期（七五七〜七六九年）に編年されているものなのです。昭和四年頃にも相模川で同じ種類のものが採集されていたようです。膳所廃寺跡が平城京遷都頃に荒廃していること、また、六〇〇mほど離れていることなどから、両寺院は、平城宮第Ⅳ期にあたる頃、膳所廃寺跡から相模町廃寺跡へと場所を変えて再建された別の寺院跡と見てよいでしょう。

なお、壬申の乱の論功行賞については、終戦直後の天武天皇元（六七二）年八月二七日条に「諸の有功勲しき者に恩勅して、顕に寵み賞す。」とあるのを始め、天武天皇元年一二月二四日条の「諸の有功勲しき者を選びて、

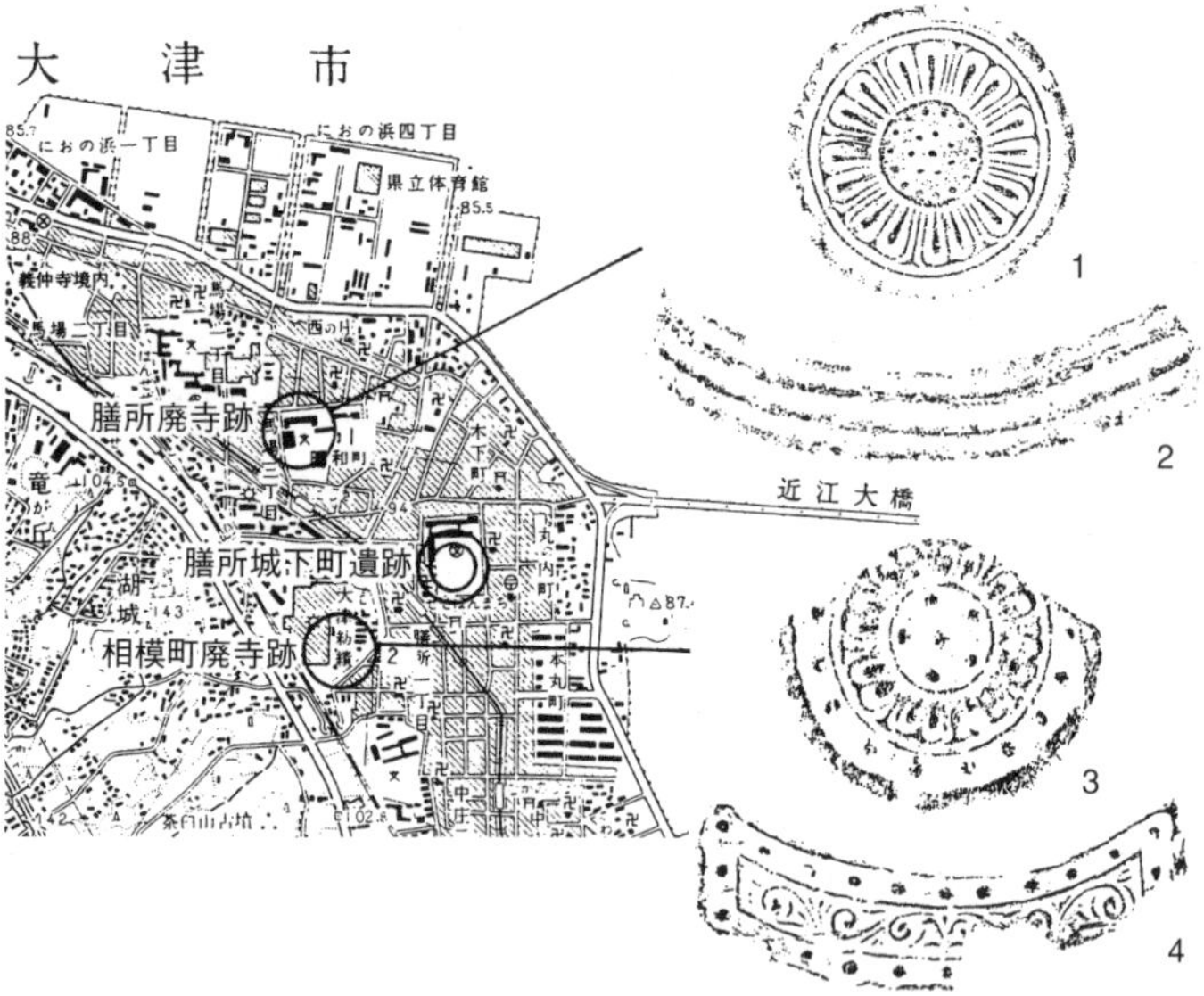

図38．大津市膳所城下町遺跡と膳所廃寺跡・相模町廃寺跡
（1・2：膳所廃寺跡出土軒瓦、3・4：相模町廃寺跡出土軒瓦）

冠位を増し加えたまう。」、天武天皇二年二月二九日条の「有勲功しき人等に、爵賜うこと差有り。」、『続日本紀』の文武天皇の大宝元（七〇一）年七月二一日条の「壬申の年の功臣、功の等第に随い、また、食封を賜う」、元正天皇の霊亀二（七一六）年四月八日条の「壬申の年の功臣村国小依（男依）の息（子息）従六位下志我麻呂（略）等十人に田を賜う」、さらにその後、八世紀の中頃まで、功臣に対する国家の優遇処置が続けられています。このことは、膳所廃寺跡の荒廃と寺院創建豪族が没落することとは一致するものではないことを示しています。膳所廃寺跡の寺院の創建者は、奈良時代中頃にも在地の有力者として存在し続け、「禾津の頓宮」の設営や行幸の実行に際しても、その任を果たしたものと思われます。

官衙遺構

『続日本紀』に、聖武天皇が「禾津の頓宮」を離れる際、「近江国の郡司に位一級を賜う」とあります。この郡司とは、多分、頓宮の所在する滋賀郡の郡司を指すものと思われますが、さらに穿ってみれば、膳所廃寺跡を創建した在地豪族のことではないでしょうか。頓宮の設営や行幸の実行にさらなる功績を挙げたことが、平城宮第Ⅳ期頃に場所を変えて寺院の再建を果たした要因の一つになっているのではないでしょうか。また、寺院再建の要因と膳所城下町遺跡との関わりも考えられるのです。発掘調査では、「禾津の頓宮」と考えられる大型建物が撤去された跡地で、ほぼ真北方向に柱筋を通して、

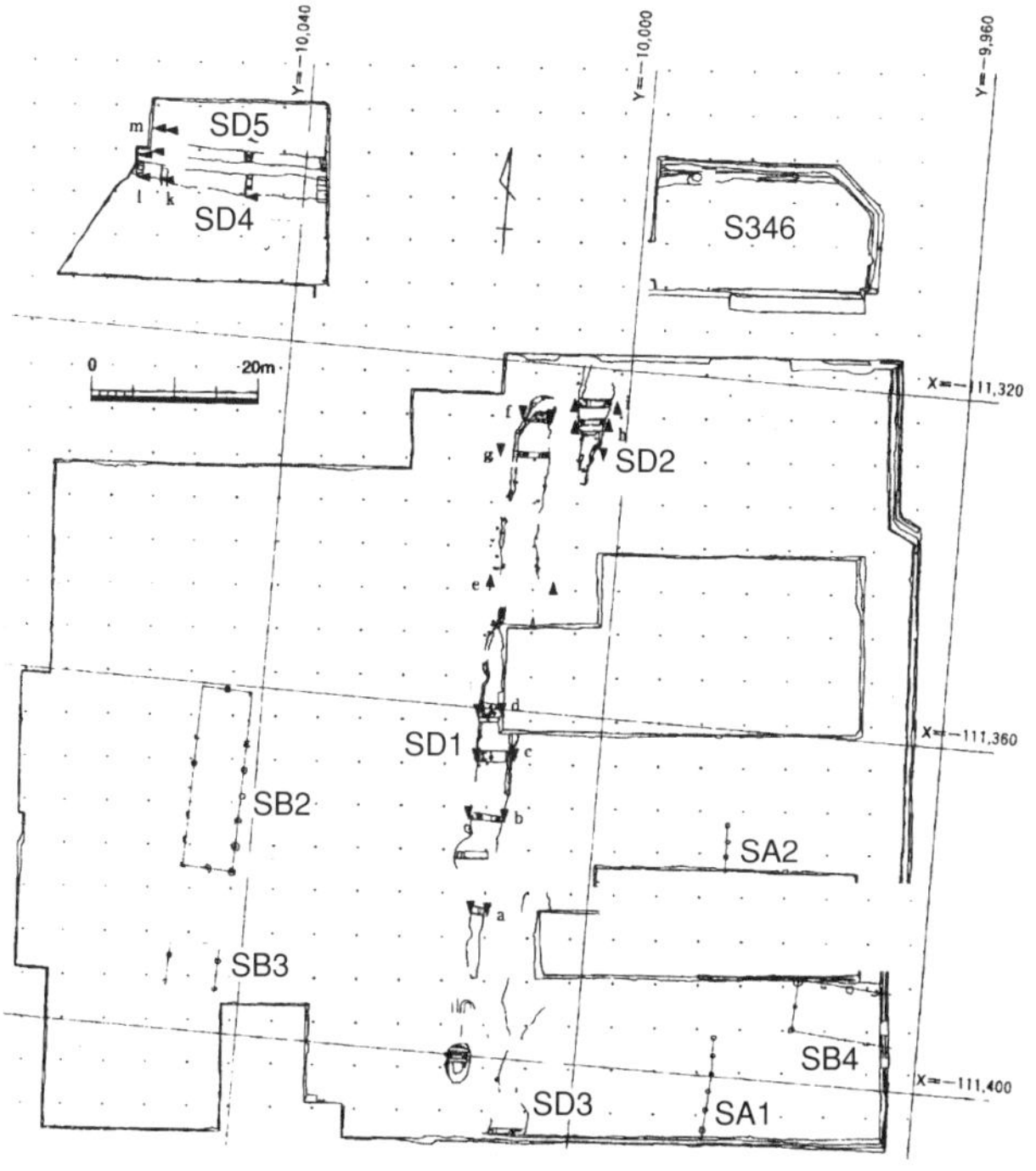

図39．大津市膳所城下町遺跡の奈良時代後半の遺構群

柱間にして一間あるいは二間分の距離を置いて建つ二棟の南北棟の建物（北側のＳＢ二は七間×二間、南側のＳＢ三は、東西はＳＢ二と同じ規模の二間、南北方向は不明）と、これを囲む堀跡ＳＤ一～五が建物の東側と北側で見つかっています。また、堀の東側にも、これらの建物と直行する方向で、柱間の規模もＳＢ二・三と同じ建物ＳＢ四（二間×四間以上）が建てられ、その西側の堀との間に、建物の部分で途切れて出入り口を作る柵ＳＡ一・二が設けられていました。さらに、堀ＳＤ五に連続すると思われるＳＤ三四六がＳＢ四の北側でも見つかっており、ＳＢ五を囲う別の区画のあったこともわかっています。こうした遺構の配置や建物の規模・形状などから、頓宮の跡

地に、一町四方以上の規模と想定される広大な区画が二つ以上設けられ、その中に官衙的な要素の強い建物が建てられていたことがわかりました。さらに、これらの遺構から、平城宮六二三五B複弁八葉蓮華文軒丸瓦、六七六三A均整唐草文軒平瓦を始め、相模町廃寺跡で寺院が再建された時期と一致するのです。こうしたことから、官衙の性格が整えられた時期が、平城宮六一三三A～C単弁一一葉蓮華文軒丸瓦などが出土しており、それらについてはさらに検討を要しますが、壬申の乱、東国行幸、新たな官衙の設営と続く国家的事件・事業に対し、二つの寺院を建立した在地豪族の関わりがきわめて大きかったことをよく示しているのです。

また、頓宮の跡地の利活用の形態として官衙的な施設が存在することを頓宮の位置を推定する三つ目の条件として加えるができます。

(五) 横川の頓宮

「息長《おきなが》の横河」

東国行幸に伴う在地豪族の関わりは、近江で最初に置かれた「横川の頓宮」においても見られます。「横川」は、『日本書紀』天武天皇元（六七二）年七月七日の壬申の乱の記事では、「男依等、近江の軍と、息長の横河に戦いて破りつ。其の将境部連薬を斬りつ。」と見えます。「息長」については、近江町域に入る朝妻郷が、応神天皇の息子稚淳毛二岐王の裔とされる近江の名族息長氏の根拠地とされ、醒井付近は、分柱した息長丹生真人の居住地であったとの伝承があります。特に、醒井から天野川をわたった北の近江町能登瀬《のとせ》から顔戸《ごうど》、高溝にかけての丘陵部から平地には、古墳時代初期から古墳の造営が確認されており、特に、六世紀に入ると、湖北地方で最大の勢力を持つようになる首長たちの奥津城としてふさわしい、塚の越古墳や山津照神社古墳などの前方後円墳が築かれます。このことから、「息長」は、近江町の朝妻郷を中心に、天野川を挟み、醒井付近を含む米原町の

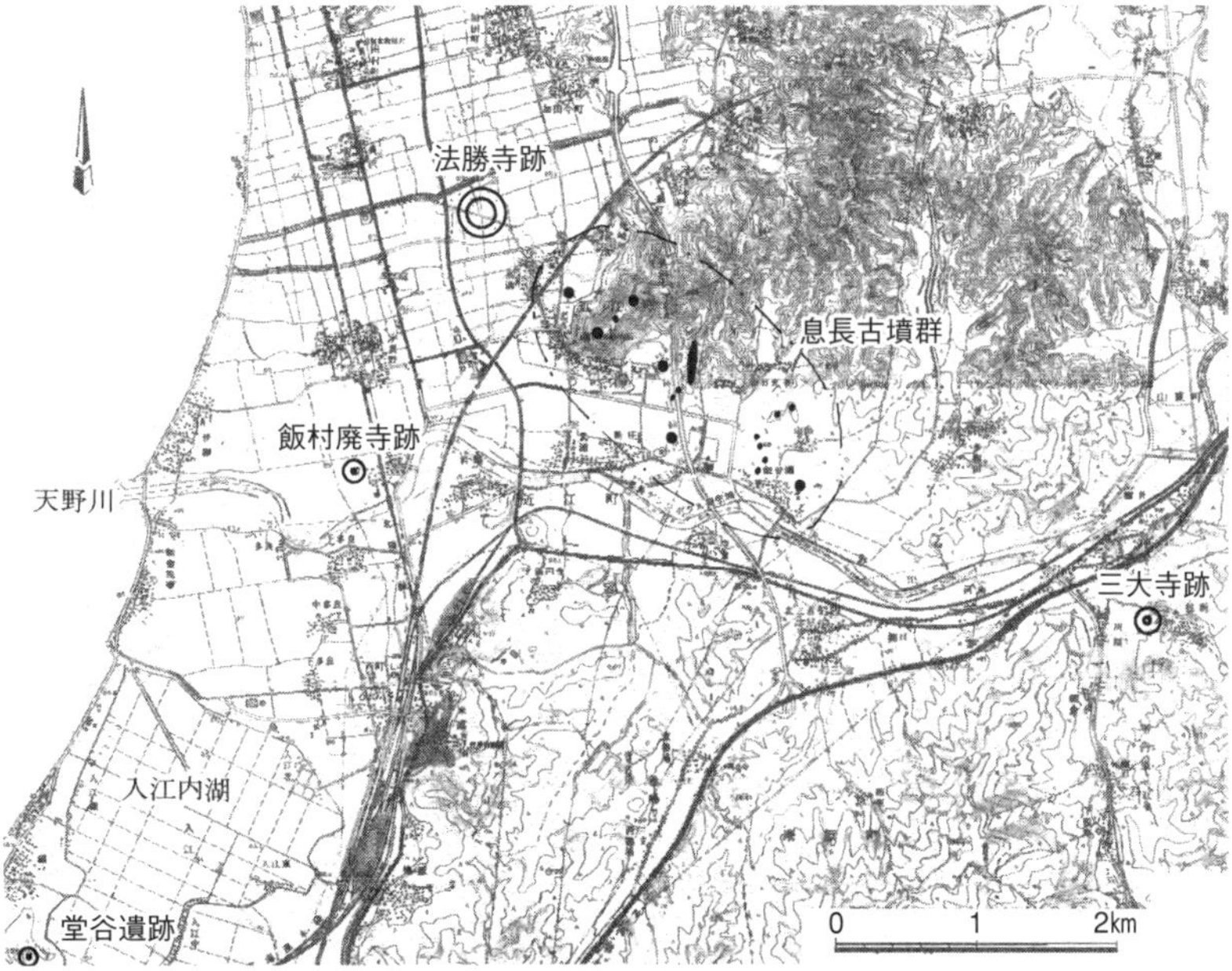

図40．天野川流域の寺院跡と息長古墳群

地域と見て大過なく、「横河」は天野川を指すものとしてよいと考えます。従って、「横川の頓宮」の位置は、必ずしも醒井付近に拘泥する必要はなく、広く「息長」の範囲と見ておく方がいいように思います。

この領域の中で、天野川左岸の醒井に三大寺跡が建立され、奥津城から北西二kmほどの高溝の平地に法勝寺跡が位置しているのです。三大寺跡には二つの堂宇があり、一つは本薬師寺式の軒瓦が出土しており、持統天皇と関わるもの、近接するもう一棟は、先の堂宇建立に関わった在地豪族が併設したものと考えました。この在地豪族が息長氏ではないかと考えられ、その氏寺が法勝寺跡ではないかと推察されるのです。そして、「横川の頓宮」の位置は、これまで考えられていたように天野川左岸の醒井付近、すなわち、三大寺跡に近い所ではなく、「禾津の頓宮」と膳所廃寺跡・相模町廃寺跡との関係を参考に、天野川右岸の法勝寺跡により近い場所ではないかと考えています。

法勝寺跡

法勝寺跡は、発掘調査の成果や地形、遺物の散布などから、二町四方に及ぶ寺域が想定されています。出土している軒丸瓦には、①外縁重圏文単弁八葉蓮華文軒丸瓦、②一＋六蓮子中房単弁八葉蓮華文軒丸瓦（山田寺式軒丸瓦で、蓮弁幅や弁の高さで違いがある）、③多蓮子大型中房外区外縁鋸歯文復弁軒丸瓦（川原寺式軒丸瓦）、④一＋四蓮子中房単弁八葉蓮華文軒丸瓦（平坦な蓮弁で最も新しい）、また、軒平瓦には、①三重弧文軒平瓦（③軒丸瓦に対応）②四重弧文軒平瓦（②軒丸瓦に対応）③扁行木葉文軒平瓦（④軒丸瓦に対応）などがあります。軒丸瓦①が白鳳期のもの、軒丸瓦④と軒平瓦③のセットが平安時代に下ると思われることから、白鳳から平安時代まで存続した可能性の高い寺院跡と考えられます。また、①の軒丸瓦は、弁間の先端に珠文を配する特異な文様を持っています。これは、日本では、大阪府羽曳野市埴生野《はにゅうの》善正寺跡から一例のみが出土していると聞いていますが、もとは、百済末期様式の中にある特徴で、泗沘《しひ》時代（扶余＝五三八年に遷都した百済最後の王都）の故地である扶余東南里廃寺跡など数カ寺より出土しているということです。（注65）少しさかのぼ

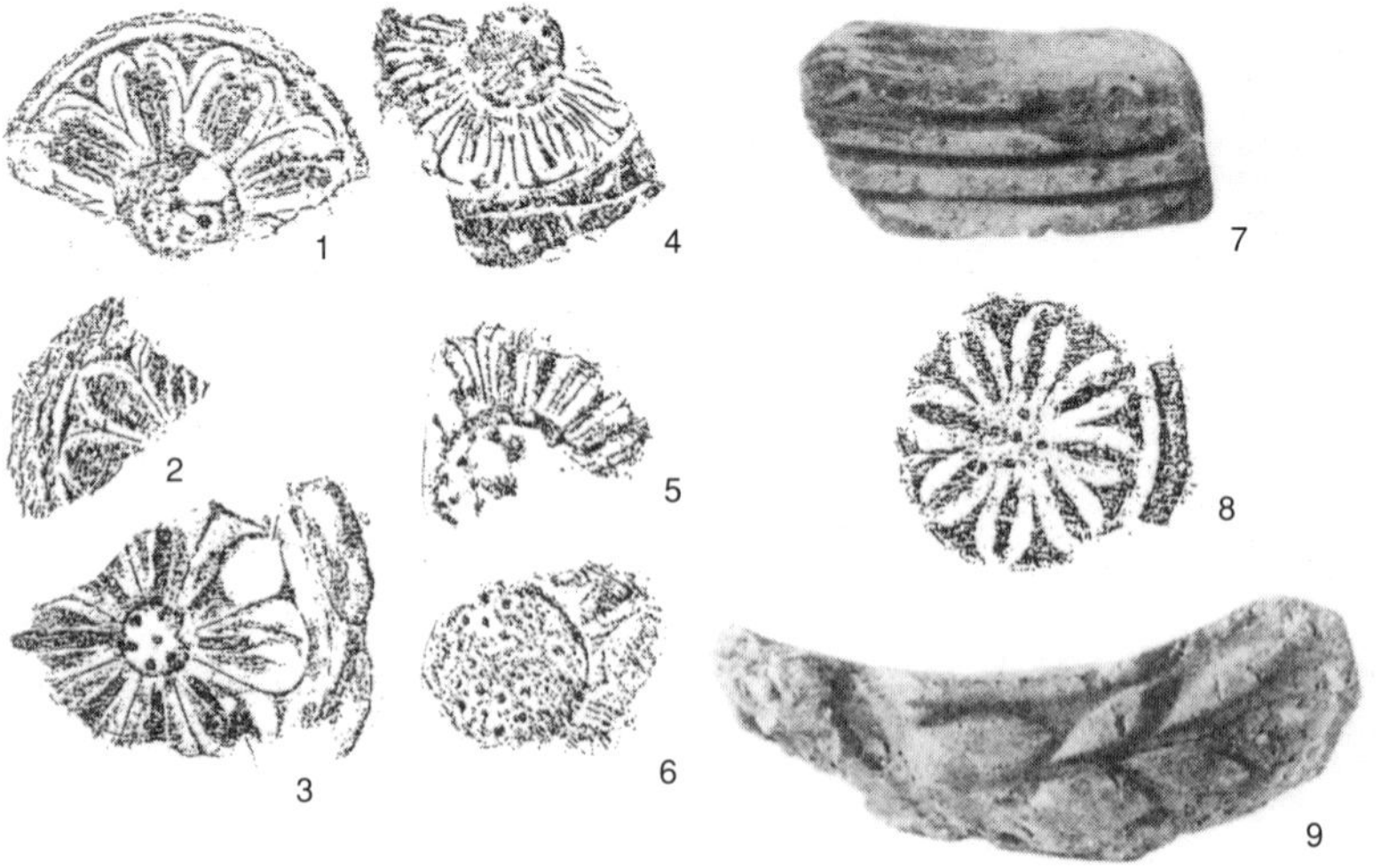

図41．近江町法勝寺跡出土の軒瓦（1～7；白鳳時代、8・9；平安時代）

りますが、息長氏に関連する高島町鴨稲荷山古墳を見ると、新羅系の金銅製の冠や金製垂飾耳飾りなどの装身具、朝鮮半島からの輸入品と考えられている双龍文環頭大刀など、大陸との関わりのきわめて深い副葬品を持っているという特徴があります。また、息長古墳群のなかの山津照神社古墳からも金銅製の冠が出土しており、塚の越古墳からも出土したという伝承があります。このように、息長氏と大陸との関係は古墳時代にさかのぼるのであり、外来系の軒瓦を葺く法勝寺遺跡が息長氏の氏寺であることを間接的に証明しているものと思います。

㈥　犬上の頓宮

「犬上川の濱」

聖武天皇は、到着の翌日（一二月七日）には、早くも、「横川の頓宮」を発ち、その日のうちに「犬上の頓宮」に着いています。この「犬上」についても、六七二年の壬申の乱の際、「時に近江……（略）……数万の衆を率いて、不破を襲わんとして、犬上川の濱に軍す。」（七月二日）、あるいは、「男依等、近江の将友足を鳥籠山に打ちて斬りつ。」（七月七日）とあり、この付近も戦乱の地に当っています。そして、この犬上川右岸にも、藤原宮式の瓦を使った高宮廃寺跡が建立されています。また、わずか一・三㎞ほど西方に、在地豪族の氏寺と考えた竹ヶ鼻廃寺跡が存在することについても、すでに紹介してきたところです。「犬上の頓宮」の所在地を考える場合についても、禾津と横川の頓宮の場合と同様に、この二つの寺院跡が重要なポイントと見ています。

竹ヶ鼻廃寺跡

さて、竹ヶ鼻廃寺跡に関しては、『概要』に、かつて古瓦を出土した奈良時代の逸名の寺院として紹介されています。また、『彦根市史』上冊（以下『市史』）によると、竹ヶ鼻町に下寺街道・上寺街道・薬師堂・石仏と寺院の存在をうかがわせる小字名が残っており、その字名の範囲が、周囲とは異なり、東西および南北とも約三〇

○mの方形の地割りを残していることを指摘しています。そして、この地域を中心に古い瓦が散布しており、特に、高宮に通じる小字下寺街道に多く、その一部を占める旧称要法寺では、現水田面から約五○cmで瓦の堆積層に達するとのことです。また、この地区から数個の礎石が掘り出され、そのうち三個が社寺や個人宅に現存しているようです。さらに、下寺街道では、幅一mほどの粘土の固まりが直線的に連なっていたと記され、土壇の残存したものとされています。小字下寺街道が方形地割りの北辺を占めていることから、この粘土帯は、あるいは、寺域の北限を界する築地塀などの痕跡かも知れません。

なお、付近に鎮座する式内社都恵《つえ》神社の『根元記』［元文五（一七四〇）年、三省子が記す］に、伝教大師建立とする「恒河寺」の名前が見えますが、平安時代初期に下る瓦類が見られないこと、飛鳥時代末頃に創建されていることなどから、恒河寺とするよりも、在地豪族の氏寺として建立された逸名の寺

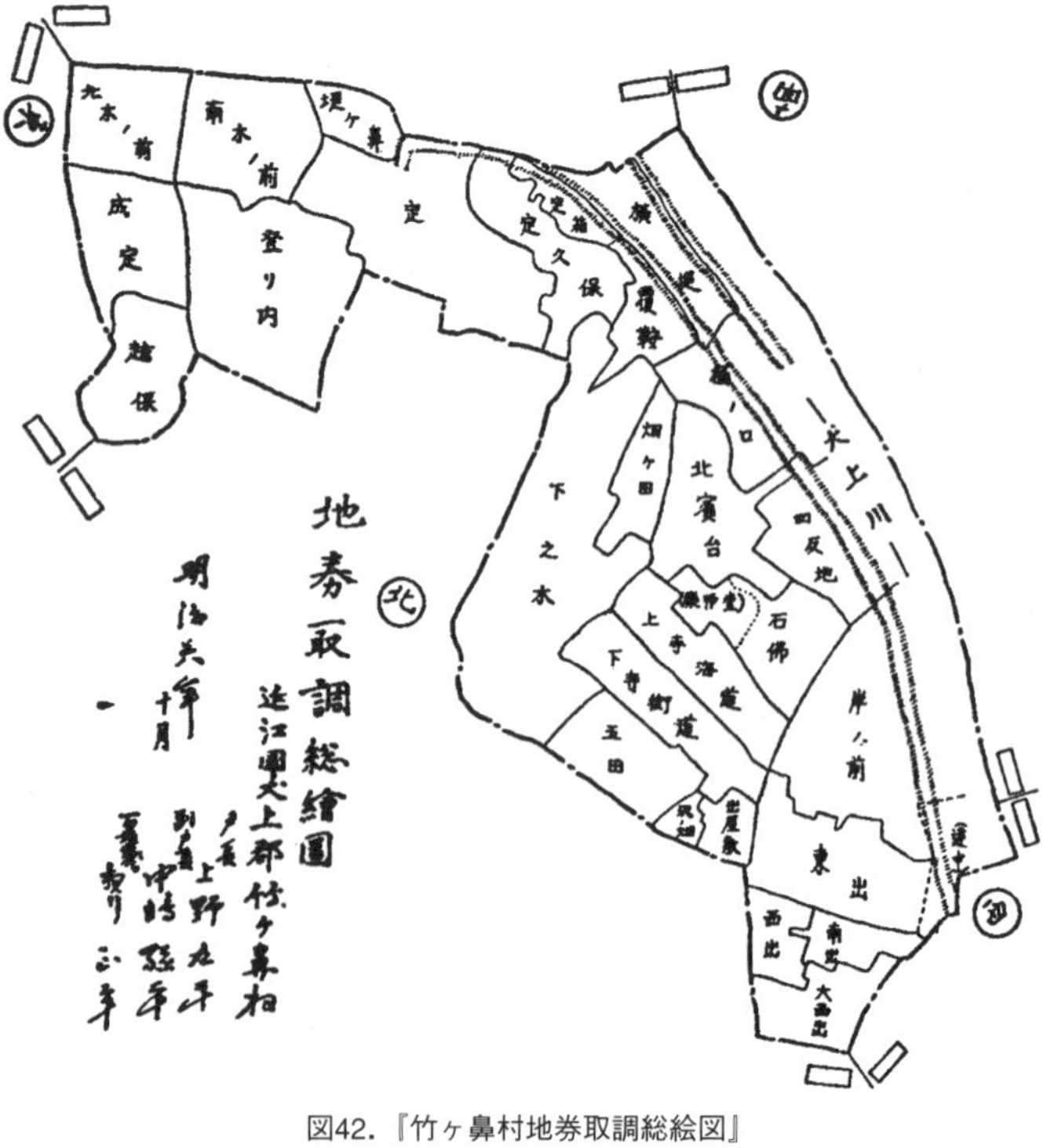

図42.『竹ヶ鼻村地券取調総絵図』

院とすべきでしょう。

『概要』・『市史』掲載軒瓦

この竹ヶ鼻廃寺跡から出土したとされる軒瓦が、『概要』と『市史』に紹介されています。軒丸瓦は三種で、一つは、『市史』に紹介されている小さな中房に一個の蓮子を配し、外縁に円圏線を巡らせる単弁八葉蓮華文軒丸瓦（一）です。山田寺系のもので、この寺院の創建期のものと思われます。二つ目は、大きな中房に一＋四＋八の蓮子を配する細弁十六葉蓮華文軒丸瓦（二）です。『市史』のものでは外区がわかりませんが、『概要』には、高宮廃寺跡出土のもの（四）として、外区に蓮珠のあるものが掲載されています。異形ですが、白鳳時代のものと見て間違いないと思います。三点目は『概要』に掲載されているもので、複弁八葉蓮華文軒丸瓦（五）です。

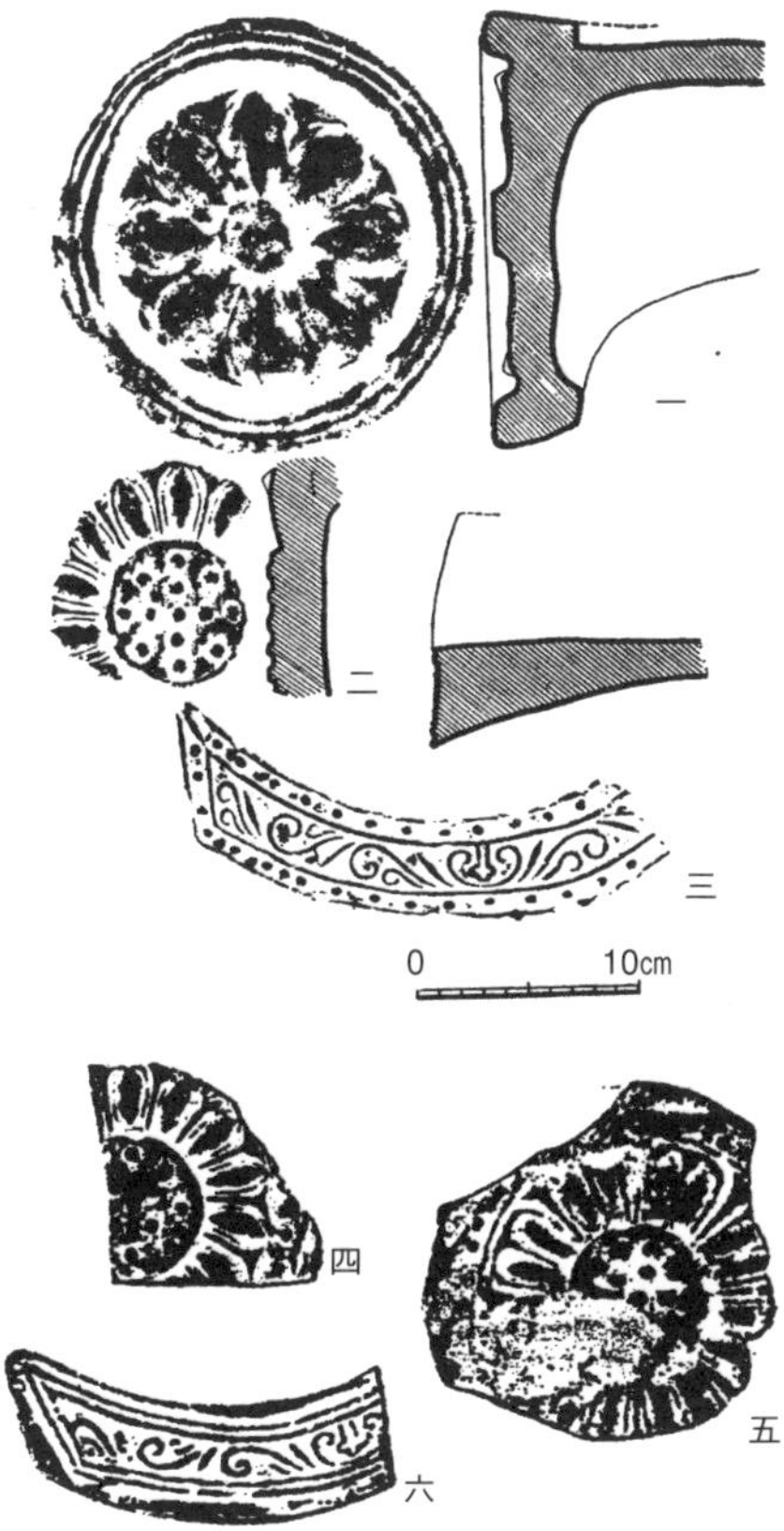

図43．彦根市竹ヶ鼻廃寺跡出土の軒瓦（1）
（一～三：『彦根市史』上冊、四～六：『滋賀県史蹟名勝天然紀念物概要』掲載）

比較的大きい中房に一＋五＋九と推測できる蓮子を配し、外区内側に圏線を巡らせ、蓮珠を配しています。外縁の様子はわかりませんが、藤原宮系のものに似ています。軒平瓦は二種類で、ともに均整唐草文軒平瓦ですが、『市史』に掲載されているもの（三）は、内区の唐草を三回転させ、外区に一重の圏線と蓮珠が配されています。平城宮遷都初期のものに比べると、蓮珠の間隔が少し広くなり、外区コーナーを結ぶ線が上部だけになっているなどの違いが生じていますが、奈良時代の比較的早い段階のものです。『概要』のもの（六）は、外区に蓮珠がなく、二重の圏線を巡らせています。南滋賀町廃寺跡、秦荘町軽野塔ノ塚廃寺跡、彦根市屋中寺跡などからも出土しているもので、平城宮六六六三Cに類似し、軽野塔ノ塚廃寺跡からはこれと組み合う平城宮六二二五Bに似る複弁八葉蓮華文軒丸瓦が出土しています。『市史』掲載の（三）に続くものです。以上の軒瓦を見る限り、竹ヶ鼻廃寺跡は、壬申の乱前後に創建され、早くても、奈良時代の前葉頃まで続いていたことがわかります。

集落と寺院の建立

この寺院跡に本格的な発掘調査の手が入ったのは昭和五八年度からで、これまでに、彦根市教育委員会によって三度の調査が実施されています。いずれも開発事業に伴う事前調査で限界があり、瓦類以外に寺院に直接関わる成果は得られませんでしたが、竹ヶ鼻廃寺跡の前後史を明らかにすることはできました。その成果を禾津や横川の頓宮関連遺跡と比較検討することで、「犬上の頓宮」の所在地を検証する材料を得ることができると考えています。まず、調査報告書などから、三度にわたる調査の成果をまとめておきたいと思います。

昭和五八年度の第一回目の調査は道路工事に伴うもので、遺跡の推定範囲の東端付近を南北に通して実施されました。竪穴住居が八棟（SH二・三・六では壁際で焼土が認められたことから竈を持つこと、SH二・三・八（七）からは須恵器・土師器が出土していることなどから、いずれも七世紀代のもの）、掘立柱建物が八棟（二間×三間四棟、二間×二間一棟、一間×二間三棟といずれも小規模なもので、時期は不詳）などが検出されています。平成二年度の二回目の調査は、一回目の南西部、式内都恵神社の西側で、マンション建設に伴って実施され、竪穴住居六棟（SH四・五出土の土師器は古墳時代前期、SH六から須恵器が出土、他は不明）、掘立柱建

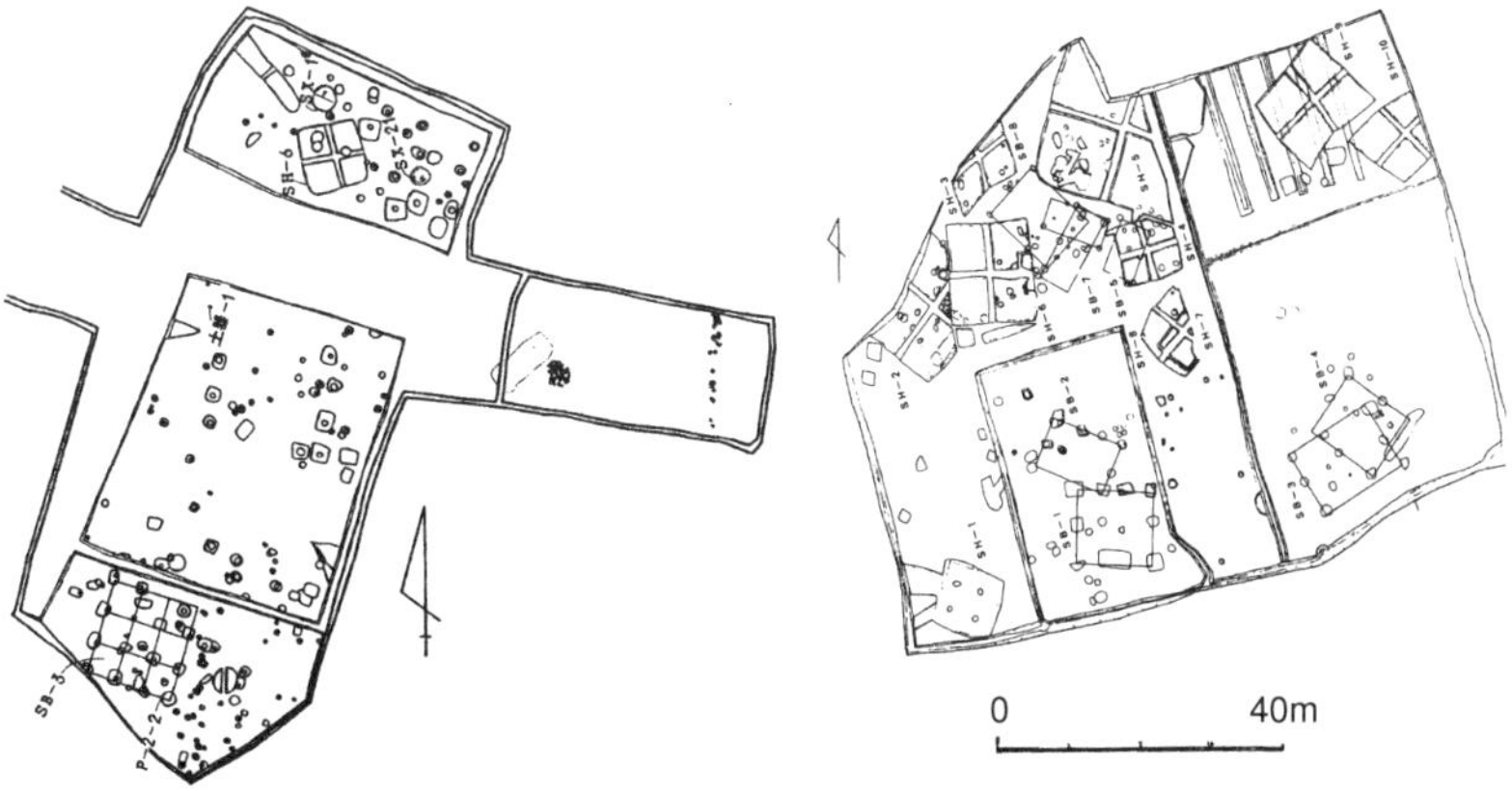

図44．彦根市竹ヶ鼻廃寺跡の遺構図（1）（左：昭和58年度、右：平成2年度）

物三棟（一間×三間二棟、三間×三間総柱一棟）が検出されました。包含層からは、六世紀後葉から七世紀中葉の須恵器や土師器とともに、瓦類が出土しています。この二回の調査では、寺院が建立される前、六世紀後葉から七世紀中葉にかけての頃には、一般の集落が営まれていたことが明らかになりました。さらに、二回目の調査で見つかった奈良時代にさかのぼるかと思われる三間×三間の総柱の掘立柱建物を除く小規模な掘立柱建物は平安時代に下るものと考えられ、この頃に集落が再形成されていることもわかりました。この状況は、三大寺跡の塚原堂宇が、やはり集落の跡地に建立されていることと共通しており、ここでも寺院建立に際して、集落の移転を伴うような、非常に強い力が働いていたと考えられます。壬申の乱の前後に建立された寺院の性格を物語るものとして、注意する必要がありそうです。

平成二年度調査の出土軒瓦

寺院に関連するものとしては、包含層からですが、平成二年度の式内社都恵神社西側での調査で瓦類が出土しています。その中に、これまで出土していない細弁蓮華文軒丸瓦（a～d）が出土しています。中房部分は明かではありませんが、外縁に線鋸歯文、外区に蓮珠を配するもので、『市史』に掲載されている均整唐草文軒平瓦

（包含層からは細片（f）が出土している）とセットになる奈良時代のものと思われます。また、『市史』掲載の山田寺系単弁蓮華文軒丸瓦と見合う押引重弧文軒平瓦（g）も初めての出土です。これで、軒丸瓦四種、軒平瓦三種となりましたが、以前からの寺院の年代観を変更するものではありません。さらに、神社西側からは、軒瓦や平瓦、丸瓦などとともに、多数の塼《せん》が出土しています。塼とは煉瓦のことで、床に敷くか壁面に貼り付け、また、建物の基壇の化粧にも使います。仏像を印して焼いたものもありますが、竹ヶ鼻廃寺跡のものはいずれも無文のもののようです。詳しい報告がされていないので詳細は不明ですが、報告書に掲載されている写真を見る限り、縦：横が一：二程度の長方形で、厚みも平瓦程度のもののように見受けられます。床に敷くには薄いようで、建物の基壇（塼積み基壇）に使われたのかも知れません。これら瓦類は、ほとんどが軟化しており、報告者は二次的に火を受けたとされ、寺院が火災にあったことを示唆しています。しかし、一方で、包含層に焼土や炭化物が多量に混ざっていることは確認できなかったとしており、矛盾した見解となっています。火災ではなく、計画的な別の要因により廃寺になったものと考えています。

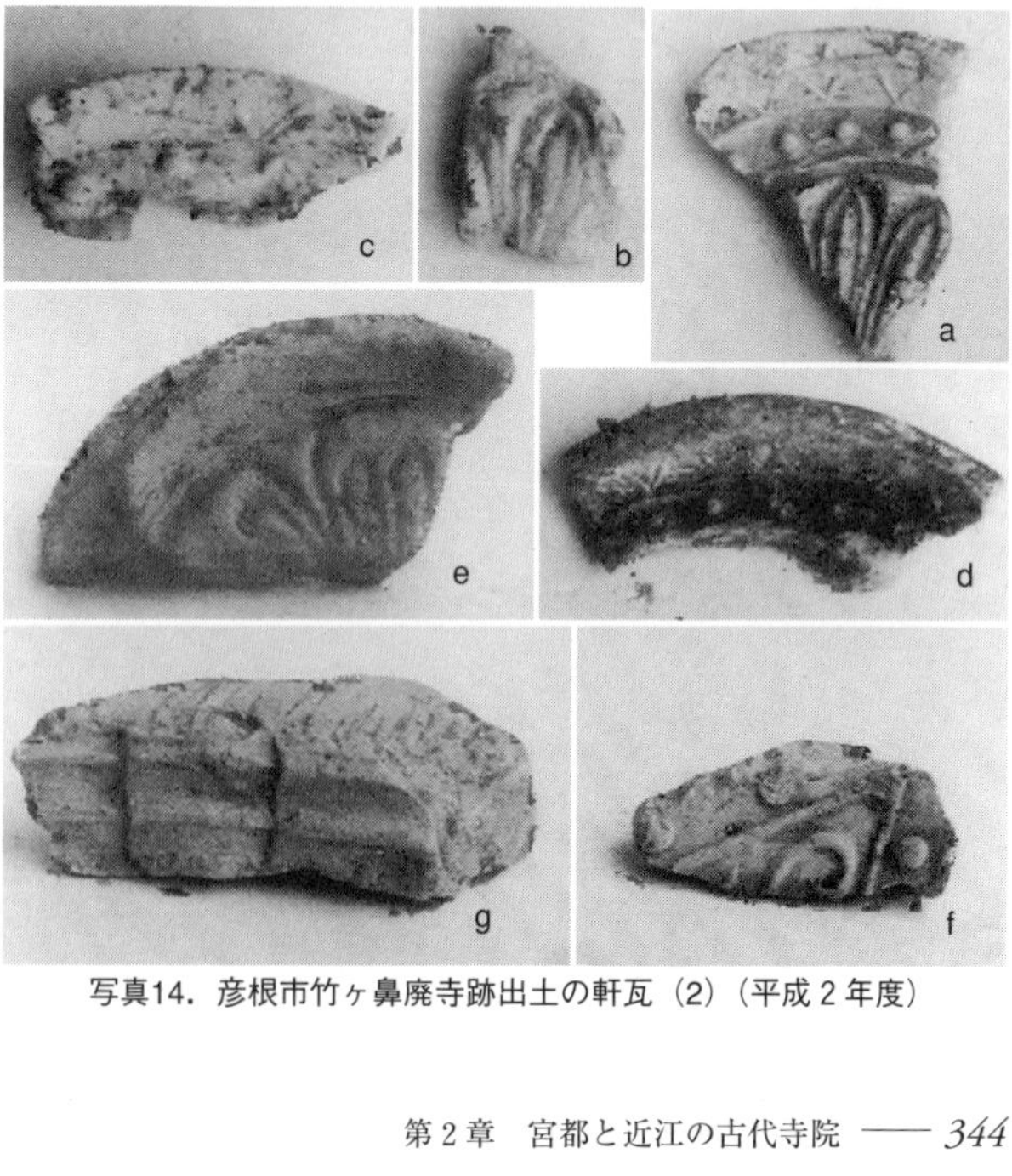

写真14．彦根市竹ヶ鼻廃寺跡出土の軒瓦（2）（平成２年度）

平成七年度調査の出土軒瓦

彦根市竹ヶ鼻廃寺跡に対するこれまでの二度の調査対象地は、現在のJR琵琶湖線より東側、都恵神社の周辺で、遺跡に対してはその東辺部に当たります。平成七年度には、さらに、JR線の西側で、遺跡の中心部に当たると思われるところで実施されました（『竹ヶ鼻廃寺遺跡現場説明会資料』、以下『資料』）。この時は、寺院跡地一帯が整地されたとされるその整地層から大量の瓦が出土しています。飛鳥時代末頃から白鳳時代の軒丸瓦では、単弁系のものが三種類あります。一つは『市史』に掲載されている山田寺系の外縁に圏線を巡らせる単弁八葉蓮華文軒丸瓦（A）、もう一つは、これまでに出土していない外区に蓮珠を巡らせる単弁（八葉）蓮華文軒丸瓦（C）です。これらに見合う軒平瓦としては、平成二年度の調査の時にも出土している押引重弧文軒平瓦（G）と、始めての出土となる変形重弧文軒平瓦（H）があります。変形重弧文軒平瓦は、上下二重弧文の間に斜格子状の刻線を施文するもので、間の文様は異なりますが、不動谷瓦窯跡や軽野塔ノ塚廃寺跡などに同系統のものがあります。軒丸瓦（C）は秦荘町野々目廃寺跡出土のものに類例があり、近似するものに高月町井口遺跡出土例があります。井口遺跡からは重弧文の下縁に波状の粘土の貼り付けと重弧部分に斜格子の刻みを入れた軒平瓦があり、野々目廃寺跡からも下縁に指頭圧痕を加え、波状にしたものがあることから、（C）には（H）が見合うものと考えます。三つ目の（F）は、『市史』掲載のものとも異なるものです。複弁系では、『概要』の拓影と同じものと、外区に蓮珠を持たない複弁八葉蓮華文軒丸瓦（B）が見られます。奈良時代のものでは、平成二年度の調査で出土している細弁十六葉蓮華文軒丸瓦（D）がほぼ完全な状態で出土しており、これに見合う『市史』などで紹介されている均整唐草文軒平瓦（I）も出土しています。外区に蓮珠や鋸歯文の見られない複弁蓮華文軒丸瓦（E）は、『概要』で紹介されている蓮珠を持たない均整唐草文に見合うものです。

このように、寺院関連遺構は見つかっていませんが、湖東式や地方的な特色を持つ瓦を使用しながらも、創建時には山田寺系が用いられ、その後にも藤原宮系（本薬師寺系）、さらには平城宮系の軒瓦が用いられており、中央勢力との関わりの強い寺院であったことをよく物語っています。

竹ヶ鼻廃寺跡の官衙遺構

竹ヶ鼻廃寺跡の平成七年度の発掘調査でも、寺院関連遺構は見つかりませんでしたが、寺院跡地と思われるかなりの部分が瓦の入った土で整地され、その整地層を基盤として、きわめて官衙的な要素の強い建物群が造営されていることがわかりました。建物群の時期については、報告書が刊行されていないため詳細はわかりませんが、『資料』では、「整地層の状態から、奈良時代中期以降平安時代後期までと考えられる。」と記されています。

この建物群は、略図で正確ではありませんが、建物の軸線を比べてみると、三つのグループに分けられ、少なくとも三時期にわたる変遷がありそうです。第一グループは建物軸線が磁北に対して少し東に振る東端の四棟で、東西に並ぶ三間×三間（六m×九m）と四間×三間（六・五m×六・五m）の大型の総柱建物とその東側で南北に並ぶ三

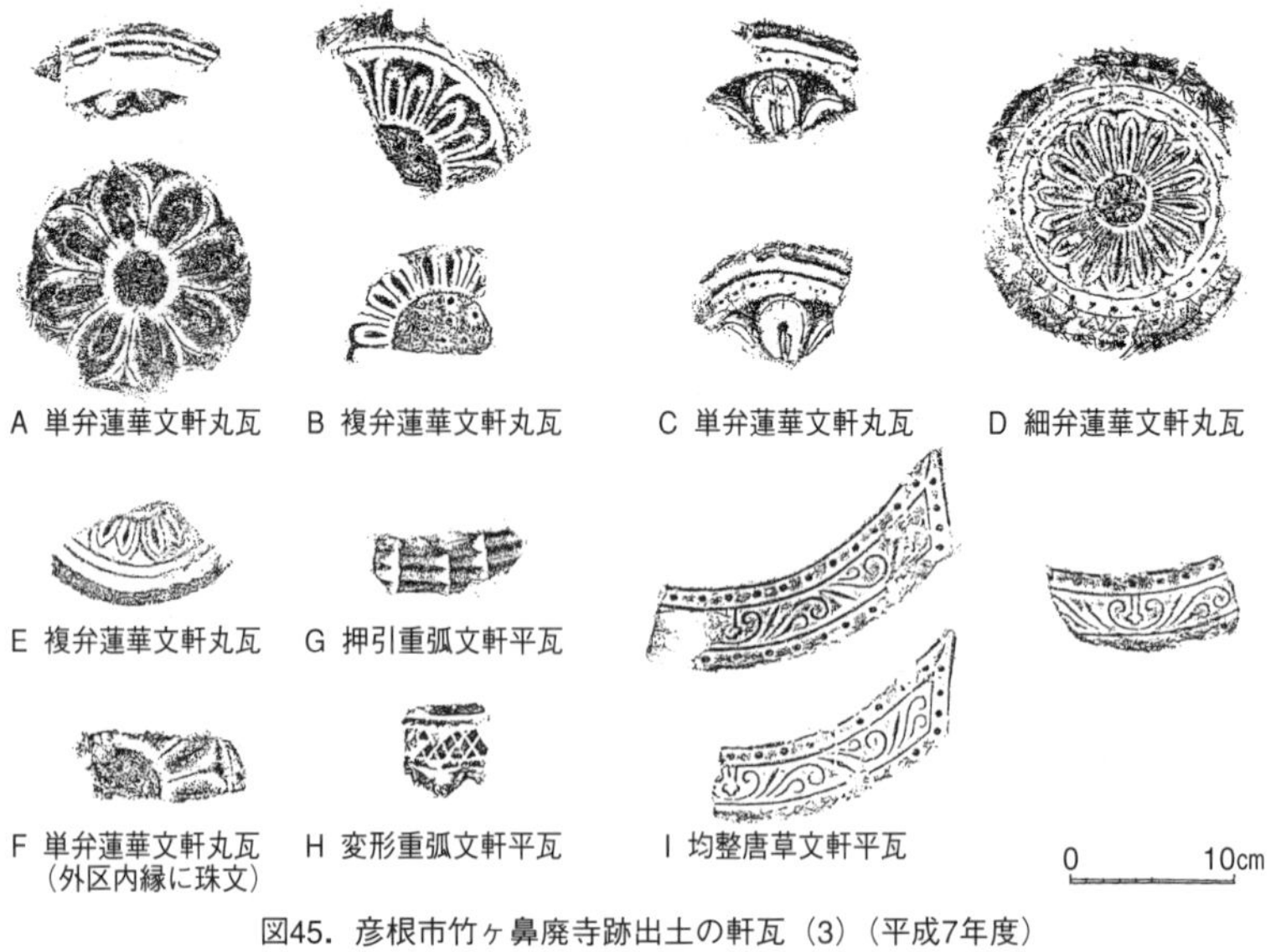

図45. 彦根市竹ヶ鼻廃寺跡出土の軒瓦（3）（平成7年度）

間×三間以上と三間×三間（六m×五m）の方形の小型の建物の四棟です。第二グループはほぼ磁北方向にあるもので、調査範囲では中程に集中しています。南端の東西に延びる柵列（一一間以上で、これに直交して南に延びる二条の柱列が認められます）、その北側の一間×五間の中型、その北東部の二間×五間（六m×一五m）の大型の総柱建物、その北側で並行する二条の柵列（西側の柵列は二間×三間以上の建物に取り付いている）、さらに西側で逆T字形で、南北に出入り口のある柵列とこれに囲われる二間×五間以上の中型建物、その北東部の三間×一間以上の小型建物の五棟です。第三グループは磁北よりわずかに西に振るもので、西寄りに集まっています。東側に柵列のある三間×八間（七m×一七m）の大型の建物を中心に、東側に五間以上×三間の中型、二間×二間、あるいは、二間以上×二間の小型の建物三棟とL字形の柵列、南側に三間以上×三間の中型、北側に二間×三間の小型の総柱建物、南西側に二間×八間（六m×一九m）の大型の総柱建物を配しています。以上の三グループは、近江の官衙関係遺跡での建物の軸線が、新しくなるに従い東に触れる傾向にあることから、第三から第二、第一グループへ、西よりの範囲から東よりへと変遷しているのではないかと考えられます。

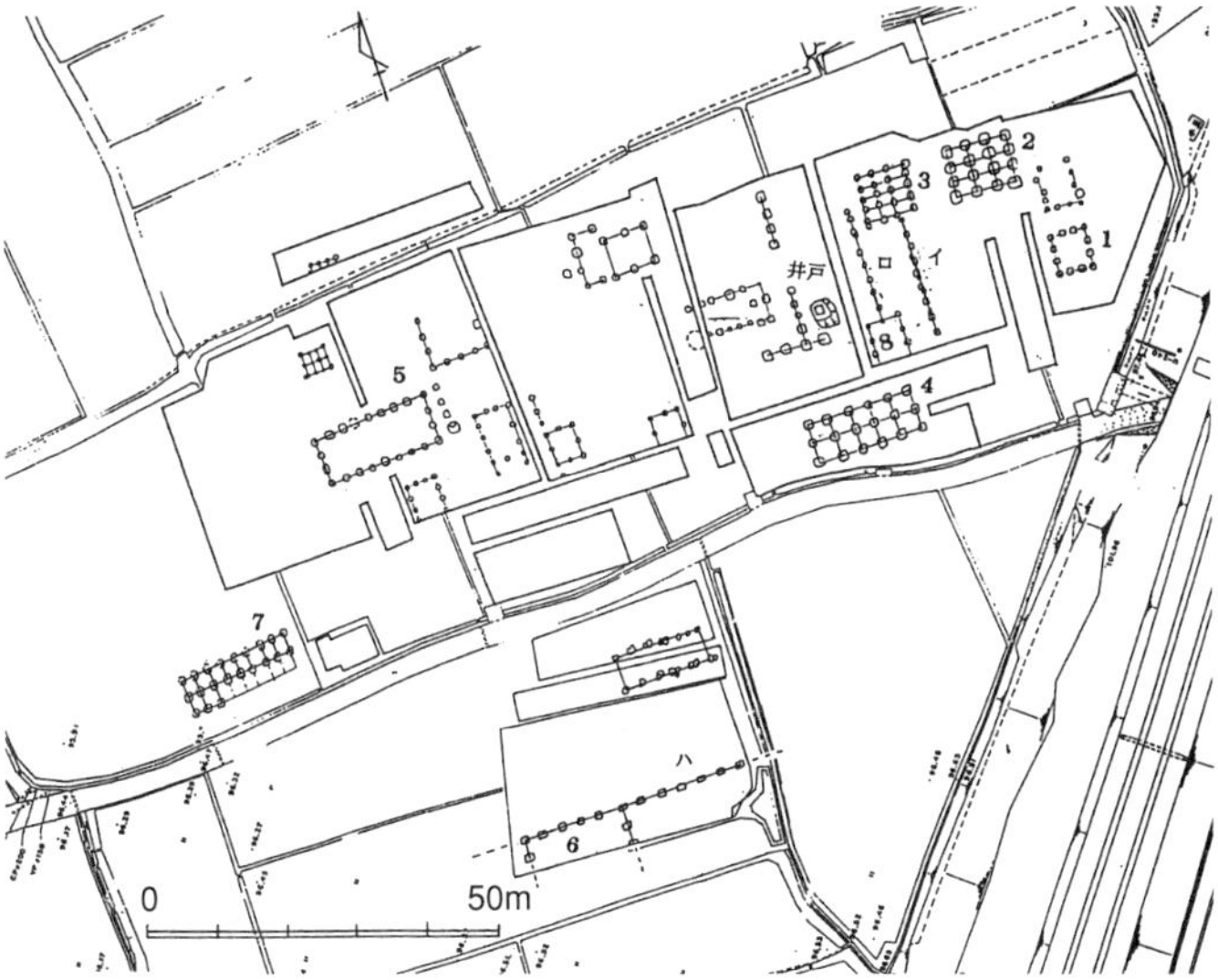

図46．彦根市竹ヶ鼻廃寺跡の遺構図（2）（平成7年度）

これら建物群の性格については、総柱や側柱だけのものでも長大なもの、また、正方形のものなどがあり、いずれも倉庫であると思われます。また、その規模や規則的な配列から、これらは一般集落のものではなく、官衙的な性格のものであることも明らかです。その造営時期については、基盤となる整地層に寺院に使用された瓦が含まれていることから、奈良時代中期以降の造営とされています。

犬上の頓宮の所在地

以上の調査成果から、六世紀後葉から七世紀中葉頃には一般的な集落が経営されていましたが、飛鳥時代の末頃の七世紀後葉に入る頃には、集落の移転を伴う寺院の建立がなされています。その所在地については未だ不明ですが、遺跡を含め、その周辺の何れかの地であることは確実です。また、出土瓦から見る限り、この寺院は奈良時代前葉頃まで存続し、その後解体されています。そして、その跡地に倉庫を中心とする官衙的施設が設けられているのです。こうした変遷と聖武天皇の「犬上の頓宮」との関わりについてですが、結論からいいますと、頓宮の設営と寺院の解体とが有機的に関係し、そのことが、その跡地での官衙的な建物群の造営の契機となっていると考えています。その根拠は、膳所城下町遺跡での調査成果です。ここでは、「禾津の頓宮」の撤去後の平城宮第Ⅳ期（七五七～七六九年）の頃、その跡地に一町四方以上の規模と想定される広大な区画を二つ以上設け、その中に官衙的な要素の強い建物が建てられているのです。この遺構変遷が竹ヶ鼻廃寺跡と共通すると見ているのです。また、東国行幸に伴う頓宮の設営や宿す場所には、郡衙や郡司の居宅との関わりの強さが見られます。「禾津の頓宮」の場合も、『続日本紀』に、聖武天皇が「禾津の頓宮」を離れる際、「近江国の郡司に位一級を賜う」とあり、膳所廃寺跡や膳所城下町遺跡と郡司との関わりが考えられました。「犬上の頓宮」の設営についても犬上郡の郡司が関わった可能性は高く、その人物が、竹ヶ鼻廃寺跡の寺院建立や官衙的遺構群の造営にも関わった可能性は十分にあります。このことから、「犬上の頓宮」の所在地を竹ヶ鼻廃寺跡の跡地に求めたいと考えています。今後のさらなる調査を待ちたいと思います。

㈦　蒲生郡に到りて宿す

一二月九日、聖武天皇たちは、「犬上より発し蒲生郡に到りて宿」しています。ここでは「宿す」とあって、「頓宮に至る」との記述はありません。壬申の乱の際も、犬上川と野洲川との間での戦乱については触れられていません。この表記法は、一〇月三〇日の「名張の郡に至る。」、一一月一二日の「一志の郡に至りて宿す。」、二三日の「朝明の郡に至る。」、二六日の「美濃の国当伎の郡に至る。」等にも見られます。これらでは、郡衙や郡司の私邸が天皇の宿舎として利用されたものと考えられています。その所在地については、はっきりしたことがわかっていませんが、四日市市の久留部遺跡では、整然と配置された倉庫群などが見つかり、朝明郡衙の正倉ではないかとされ、「朝明の郡に至る。」との関連も推察されています。「蒲生郡に到りて宿す。」も蒲生郡衙や郡司たちの居宅に宿したと思われます。

蒲生郡衙の所在地については、候補遺跡がいくつか上げられています。有力な候補地としては、近江八幡市の馬淵町から千僧供町にかけてに位置する勧学院遺跡（注66）や御館前遺跡（注67）などが上げられます。勧学院遺跡では、奈良時代中期の掘立柱建物や井戸などが見つかっています。掘立柱建物の一つは、二間×三間（三・四八m×四・三八m）の総柱の東西棟で、柱の規模やほぼ磁北方向に中軸線を合わせていることなどから、一般集落のものではなく、豪族クラスのものか官衙に伴う倉庫と見られています。また、井戸跡からは、多数の土器や木製品とともに、『論語』や『老子』の一文を手習いしたのではないかと考えられている「習書木簡」が出土しており、周辺に下級官人が居住していたか、執務を取るような官衙が存在していたのではないかと推察されています。その他、官衙の存在を推定できる資料として、出土例のきわめて少ない薬壺形高台付杯身、「高」、「用」と記された墨書土器などが上げられています。一方、隣接する御館前遺跡では、奈良時代から平安時代にかけての掘立柱建物六棟が検出されています。磁北方向に軸線を持ち、柱間が二・七ｍを計る大型の建物が含まれていること、「西殿」と記された墨書土器(注68)などが出土していることなどから、やはり官衙の存在を推定しています。しかし、いずれも主要な建物が発見されておらず、今後の調査に待たなければなりません。

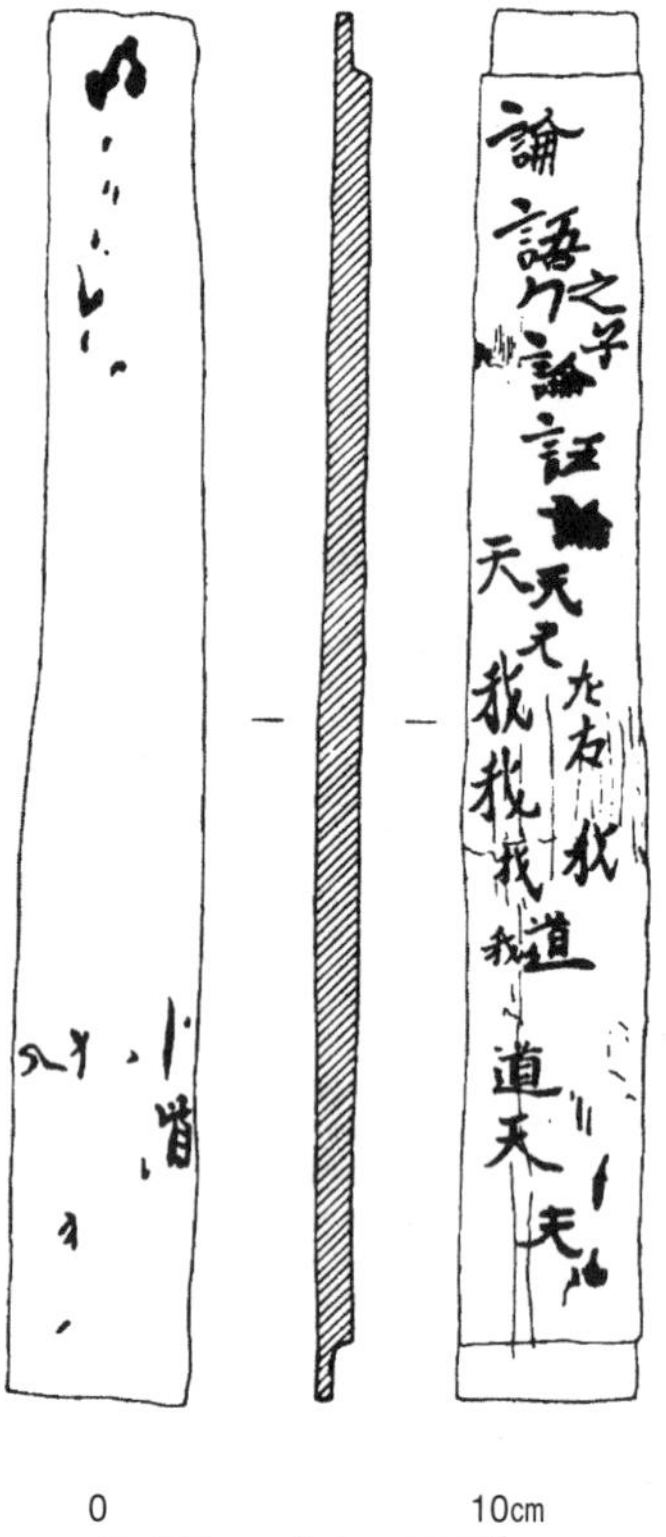

図47．近江八幡市勧学院遺跡出土の「習書木簡」

(八)　野洲の頓宮

花摘寺跡周辺

天平一二年一二月一〇日、聖武天皇は、「蒲生郡の宿より発し野洲の頓宮に至」っています。野洲の頓宮もまた、六七二年の壬申の乱で、七月一三日に「男依等、安川の濱に戦いて大きに破りつ。」、また、一七日に「栗太の軍を討ちて追う。」とある野洲川周辺での激戦地にあたります。この「安」、「栗太」の地域にも、旧野洲川の氾濫源の南端辺りに当たる境川左岸に、藤原宮式の瓦を持った花摘寺《はなつみでら》跡が建立されています。この寺院の建立に関わった在地豪族として、花摘寺跡付近に分布する渡来系氏族との関わりの深い寺院（草津市宝光寺・長束廃寺・観音寺廃寺・片岡廃寺・観音堂廃寺・大般若寺跡）を建立したい人物、あるいは、栗太郡で力を持つ石城村主の一族が野洲郡にも勢力を拡大していたと見られることから、その一族と関わりのある野洲川右岸の福林寺跡を建立した人物を候補として紹介してきました。花摘寺跡からは、藤原宮式の軒瓦以外に、奈良時代の均整唐草文軒平瓦、平安時代に下るかとされる瓦当幅の狭い蓮華文軒平瓦などが出土しており、平城京遷都後も伽藍が存在していたことがうかがえます。

しかし、花摘寺跡周辺の諸寺は、発掘調査が実施されている観音堂廃寺跡では、飛鳥時代の素弁と単弁系の軒丸瓦を使う創建期の第一期、白鳳時代の複弁系軒丸瓦と重弧文系の軒平瓦が使用される第二期まで確認できますが、その後は法灯が消えており、次に寺院の存在がうかがえるのは剣頭文の軒平瓦を用いる平安時代後期まで待たなければなりません。また、講堂跡などが検出されている宝光寺跡においても、奈良時代に下る軒瓦は見られません。その他の観音寺廃寺跡でも七世紀後半、大般若寺跡では白鳳時代の軒瓦が採集されているにすぎず、片岡・長東廃寺跡については、寺院の存在を推定されているにすぎません。また、寺院以外の奈良時代の遺跡についてもはっきりしたものは分布していません。従って、現在のところ、花摘寺跡周辺では、「野洲の頓宮」の所在地を探す手がかりがないのが現状です。

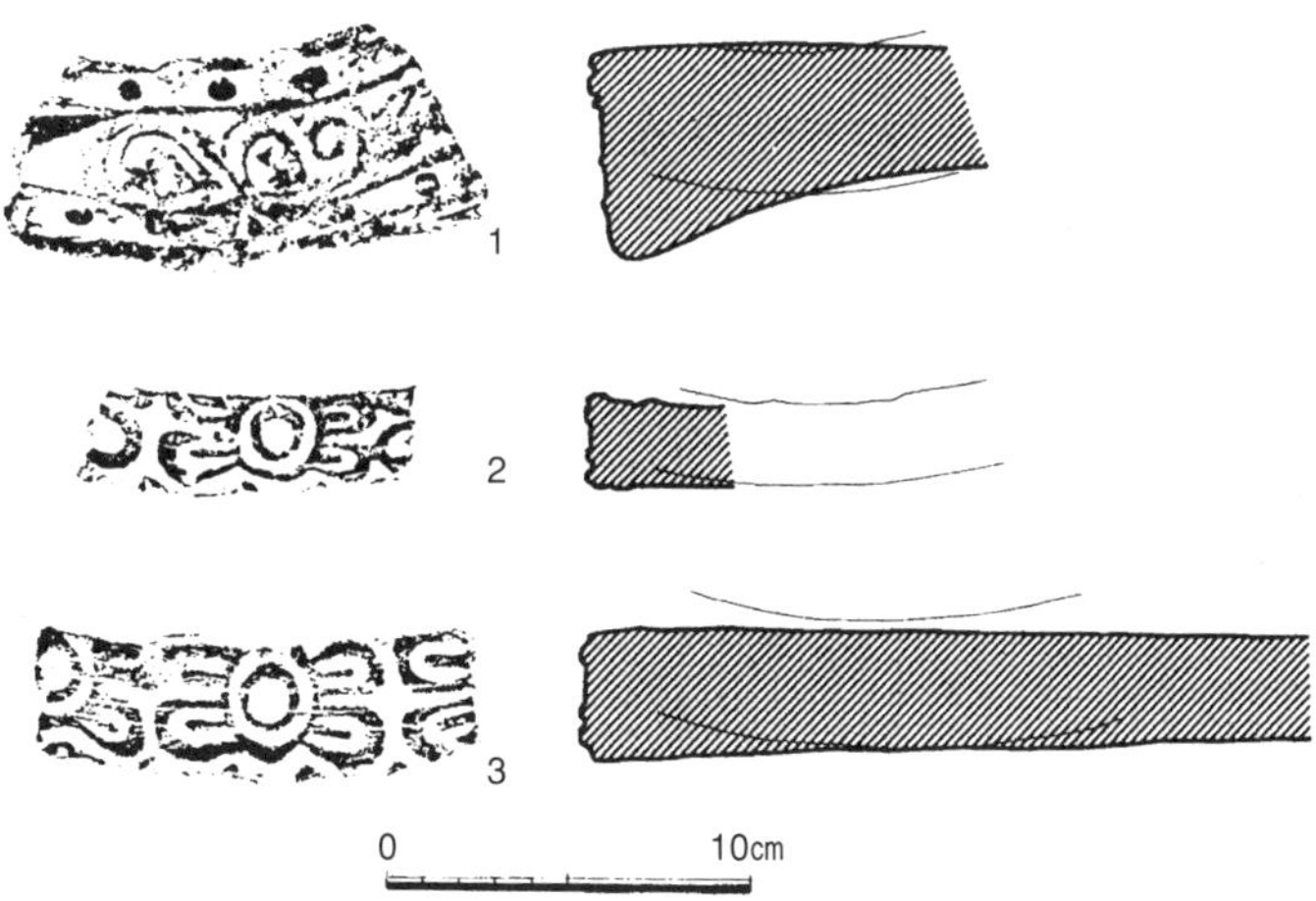

図48．草津市花摘寺跡出土の軒瓦（1：奈良時代、2・3：平安時代？）

福林寺跡

花摘寺跡付近以外で野洲川辺に所在する有力寺院としては、野洲川右岸で、旧野洲郡に入る福林寺跡をあげることができます。「福林寺」は、かつてその名の寺院が実在していたらしく、東寺文書の康和三（一一〇一）年、長治元（一一〇四）年の弁官宣旨では、天武天皇の時、岩城村主宿禰が鎮護国家を祈念して建立した寺と記されています。このことから、石城村主は栗太郡の渡来系の豪族とされていますが、その一族が野洲郡にも勢力を伸ばし、氏寺として「福林寺」を建立したと考えられています。福林寺跡からは、白鳳・奈良・平安時代の軒瓦が出土しており、文献とよく符合していることなどから、当廃寺跡が、かつての「福林寺」であるとされています。従って、花摘寺跡から八㎞ほど離れていますが、この一族と関わる野洲市福林寺跡周辺も候補地として考えてみる必要がありそうです。福林寺跡は野洲川右岸、三上山の麓にあり、現在、野洲中学校の校舎やグランドとなっています。『近江輿地誌略《よちしりゃく》』〔享保一九（一七三四）年に膳所藩士寒川辰清が藩命により編纂した近江の地誌〕に紹介され、また、『概要』には、付近の畑地に礎石の存在していたことが記されています。学校の造成や校舎の裏山の裾を流れる大堀川の改修工事などの際に多量の瓦が出土したと伝えら

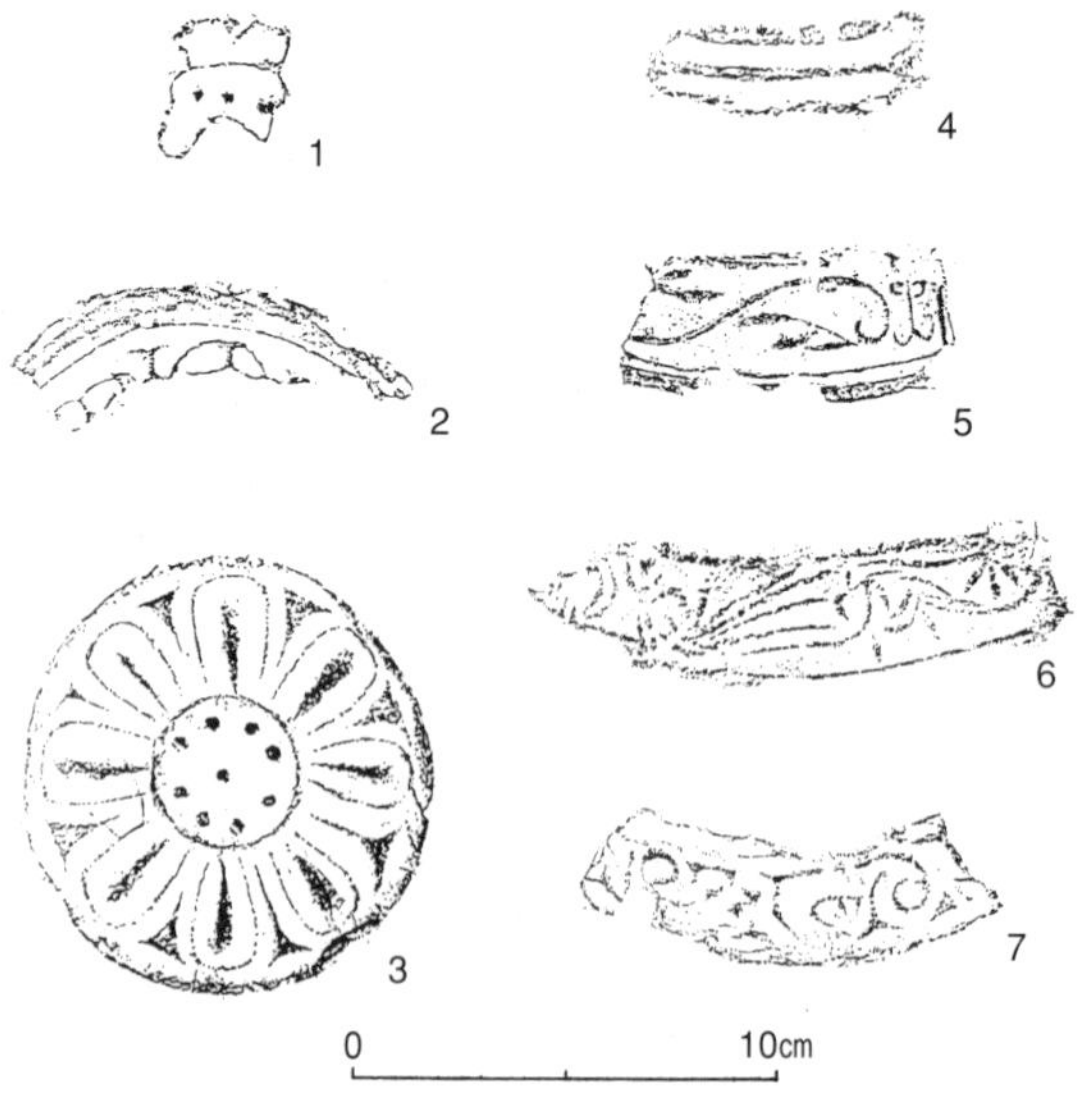

図49．野洲町福林寺跡出土の軒瓦
（1・2・4：白鳳時代、5・6：奈良時代、3・7：平安時代）

れています。その後、昭和五〇・五一年に、校舎の増改築に伴って発掘調査が実施されましたが、平安時代の井戸跡から多数の瓦が出土したにとどまり、寺院の伽藍などを復元できる成果は得られなかったようです。なお、中主町八夫《やぶ》西ノ後遺跡(注69)から、「福林寺」と墨書した土器が出土しています。この遺跡からも鴟尾や平瓦などが出土しており、寺院の存在が推定されていますが、両寺院の関係は不明です。

小篠原遺跡

福林寺跡の西側平地、ＪＲ東海道新幹線から在来のＪＲ琵琶湖線に挟まれた付近には、野洲郡衙の推定地とされている小篠原遺跡(注70)が所在しています。この遺跡には、野洲郡内に広がる磁北に対して三三度東に傾く条里型の水田に対し、磁北に対して七度ほど東に振った特殊地割りが存在しています。この地割りは、野洲川をわたって東北に進む旧東山道が、この地割りの南中央で、急に東西に方向を変え、二町あまり進んだ後に、再び東北へ抜けており、幹線道路のルートにも大きな影響を与えているのです。これまでの発掘調査では、昭和六二年度に、特殊地割りの中の東西の坪境に重複する道路状遺構が見つかっています。幅〇・八〜一m、深さ〇・二〜〇・四mほどの側溝を設けた幅三・九〜四・三mほどの規模です。平成二年度には、二町幅の特殊地割りから西外側で、ほぼ同規模で、特殊地割りの方向と並行する南北の道路状遺構とこれに直行する東西方向のものが検出されています。南北方向の道路状遺構には、東西道路状遺構から半町ほどの間隔で並行する二条の溝が直角に取り付いていました。これらの調査成果から、東西、南北ともに四町の特殊地割りが想定でき、その地割りの中をさらに半町程度の小区画が設けられている部分があることなどが判明しました。この特殊地割りは七世紀中葉から後半頃に計画的に施行され、八世紀中頃までは機能していたとされています。このような造成工事は国家的な力でなければできないものであり、野洲の郡衙などが想定できる国家的組織の中の重要な遺構となります。また、地割りの西側には、後の朝鮮人街道が通っており、二km弱で野洲川に至ることから、水陸両交通の要衝でもあります。

このことから、古代東山道の諸駅の一つとして『延喜式』に見える「篠原駅」などの遺構の存在も想定できます。さらにこの付近は、北東部に、林の腰・越前塚・天王山・円山・甲山古墳など、前方後円墳を中心とする県内でも有数の後期古墳群が存在しており、古墳時代以来、きわめて有力な古代勢力のテリトリーが形成されていたこともわかっています。栗太郡の有力者とされる岩城村主一族とも深い関係にあったものと思われ、福林寺の建立や郡衙などの設営には、こうした在地勢力が大きく関与していたと考えられるのです。郡司には在地豪族がその任にあたることが多く、「野洲の頓宮」の設営に当たっても、彼らの協力は欠かせないものであったはずで、小篠原遺跡がその所在地の候補の一つとして取り上げる理由となっています。しかし、この区画内で、二間×四間で、梁行き六・六~七・六m×、桁行き一三・五~一四・七mと床面積が一〇〇㎡前後の比較的大規模ものも見つかっていますが、まだ、中心的な建物は見つかっていません。頓宮に関連するものを含めて、今後の調査を待たなければなりません。

「野洲の頓宮」の所在地

特殊地割り以外でこの遺跡で注目すべき調査成果は、特殊地割りの北東部外側で検出されたL字形に配列される南北棟および東西棟各二棟とこれらを結ぶ柵列の検出で、この施設が特殊地割りの方向よりさらに東に振っていることと、八世紀後半に設けられているということです。建物群は、南北棟のものが二間×七間以上の長舎で、その南側に半間分の幅で長さが四間の建物が接しています。東西棟は二間×七間の長舎で、これにもその西側に半間分の建物が接していました。これら建物を柵列で結び、方形の区画を新たに作っているのです。後期郡司館、厨家、後期郡庁などが想定されていますが、いずれにしても官衙的な施設であることは間違いありません。

また、特殊地割り南側の安城寺遺跡でも、溝で囲った一町四方の方形区画を東西二区画併置しています。特に西側の区画二には、二間×八間の長舎や庇付の建物などがコの字形に配されているのであり、やはり官衙的な色彩が濃い遺構群といえます。そして、この遺構群も特殊地割りの方向とは異なり、八世紀中頃に設けられているのです。

このように、八世紀中頃を境に、特殊地割りとは異なるところで、官衙的建物を囲う新たな方形区画が設けられているのであり、遺跡の変遷から見れば大きな画期といえるでしょう。詳細な報告や今後の調査を待たなければならない部分が多いのですが、遺跡が在地豪族の氏寺と考えられる福林寺跡の西側に位置していること、八世紀中葉から後半頃に官衙的施設が新たに設けられていることなど、膳所城下町遺跡や竹ヶ鼻廃寺跡での様相と非常によく似ているのです。このことが、小篠原遺跡および

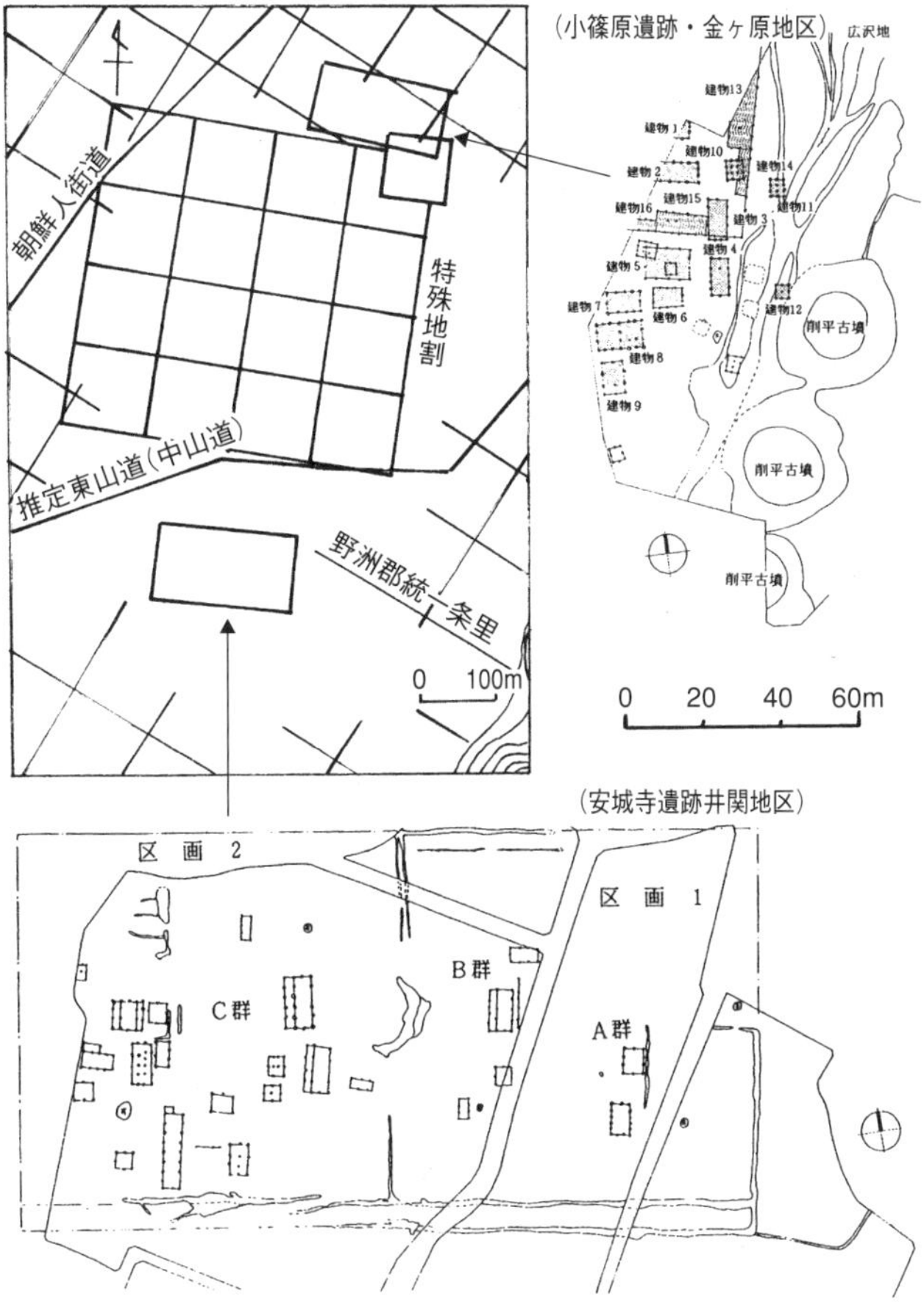

図50．野洲郡衙推定地（特殊地割）と周辺の奈良時代官衙遺構

その付近を「野洲の頓宮」の所在地の候補の一つとして取り上げる理由なのです。

㈨　近江行幸の意図

聖武天皇は、一二月一一日には「野洲より発し」ており、その日に「志賀の郡禾津の頓宮に到」っています。「禾津の頓宮」には四日間滞在しています。その間の一三日には、天智天皇ゆかりの「志賀の山寺に幸し仏を礼」しています。東国行幸の大きな目的は恭仁京遷都にあったと思われますが、近江での行幸は、近江入国に際しての武装解除、壬申の乱の時の激戦地での頓宮の設営、そして、近江最後の地での志賀山寺への礼拝と、伊賀・伊勢・美濃までとは異なる行動が取られています。こうした行動の中に聖武天皇の近江行幸の意図が隠されていると思われますが、今のところ、聖武天皇の真意を十分にはかりきれないのが現状です。

聖武天皇は、一二月一四日に「禾津より発し山背の国相楽郡玉井の頓宮に到」ります。「玉井の頓宮」は、今の京都府相楽郡井手町と考えられています。そして、一五日には「皇帝前に在りて恭仁の宮に幸す。始めて京都を作る。」とあり、東国行幸を終えているのです。

三．三都制の実現

㈠　恭仁京

恭仁京遷都

聖武天皇の恭仁京遷都は、東国行幸途中の天平一二（七四〇）年一二月六日（『続日本紀』）に、「不破より発し坂田の郡横川の頓宮に至る。この日、右大臣橘《たちばな》の宿祢《すくね》諸兄《もろえ》前に在りて発し、山背の相楽郡恭仁郷を形略（整備）す。遷都を擬するを以ての故なり（遷都の候補地とするためである）。」とあるように、行幸の最も大きな目的でした。行幸を終えた天皇は、一二月一五日に「前に在りて恭仁宮に幸」し、「始めて京都を作る（造営に着手する）」のです。さらに、翌年の正月一日には、「使いを伊勢大神宮都及び七道諸社に遣わしめ、弊を奉りて新京に遷るの状」を広く告げさせています。

恭仁京への遷都は、天平九（七三七）年、藤原四子が疫病で没した後、右大臣にまで上り詰めた時の実力者、橘諸兄の主導により推し進められたとするのが通説です。遷都の理由としては、紫香楽での廬舎那仏（大仏）造立の拠点として、また、既設の平城宮、難波宮に加え、中国の三都制を目論んで恭仁宮を造営した、などの説があります。さらには、藤原広嗣の乱などに見られるような政情不安を一掃し、人心を刷新するためとの見方もあります。ともかく、三月九日には平城宮の兵器が甕原宮《みかのはらのみや》（甕原は相楽郡加茂町の地名で、ここに恭仁宮以前、離宮が置かれていた。）に運ばれ、さらに、五位以上のものが勝手に平城に住むことを禁止し、平城に住んでいる者は、その日のうちに恭仁京へ出発し、それ以外にいる者も召還して恭仁京に行くよう命令を出して、軍事や政治の体制整備を図っています。また、平城の東西二市を恭仁京に移し（八月二八日）、遷都による負担を軽減するため左右京域と畿内四カ国の田租を免除（九月四日）し、恭仁京に住む人々へ宅地を班給（九月一二日）するなど、経済体制や生活についても、遷都による混乱の回避をはかるための施策を打ち出しています。

こうした準備を進め、新宮を「大養徳恭仁大宮《やまとのくにのおおみや》」と命名（一一月二一日）し、天平一四年正月一日に、正式な宮であることを示す「大いなる楯槍《たてとほこ》」が石上・榎井両氏により樹立され、正式に皇都となったのです。

恭仁宮造営と行基

恭仁宮跡[(注71)]は、今の京都府相楽郡加茂町にあります。平城宮跡に近く、その北側、木津川の右岸に設けられています。宮の造営は、『続日本紀』天平一二（七四〇）年一二月一五日に「始めて京都を作」り始めてから、天平一五（七四三）年一二月二六日に「恭仁宮の造作を停む」まで、足かけ四年もの歳月を費やして続けられています。造営にあたっては、造宮卿を置き［天平一三（七四一）年九月八日「正四位下智努の王、正四位上巨勢朝臣奈氏麻呂二人を以て造宮卿となす。」］、大養徳（大和）、河内、摂津、山背の四カ国から五千五百人の役夫を徴発（九月九日）して行われました。宮都は、中心となる宮だけではなく、「賀世山（鹿背山）の西道より以て東を左京となし、以西を右京となす。」（九月一二日）とあり、左右の京域（注72）を設定したものでした。この京域内の「賀世山の東河に橋を造ら」せるに際しては、「畿内及び諸国の優婆塞等を召し、之を役」するとともに、橋が「成るに随いて得度せしめ」ており、その員数が七五〇人に及んでい

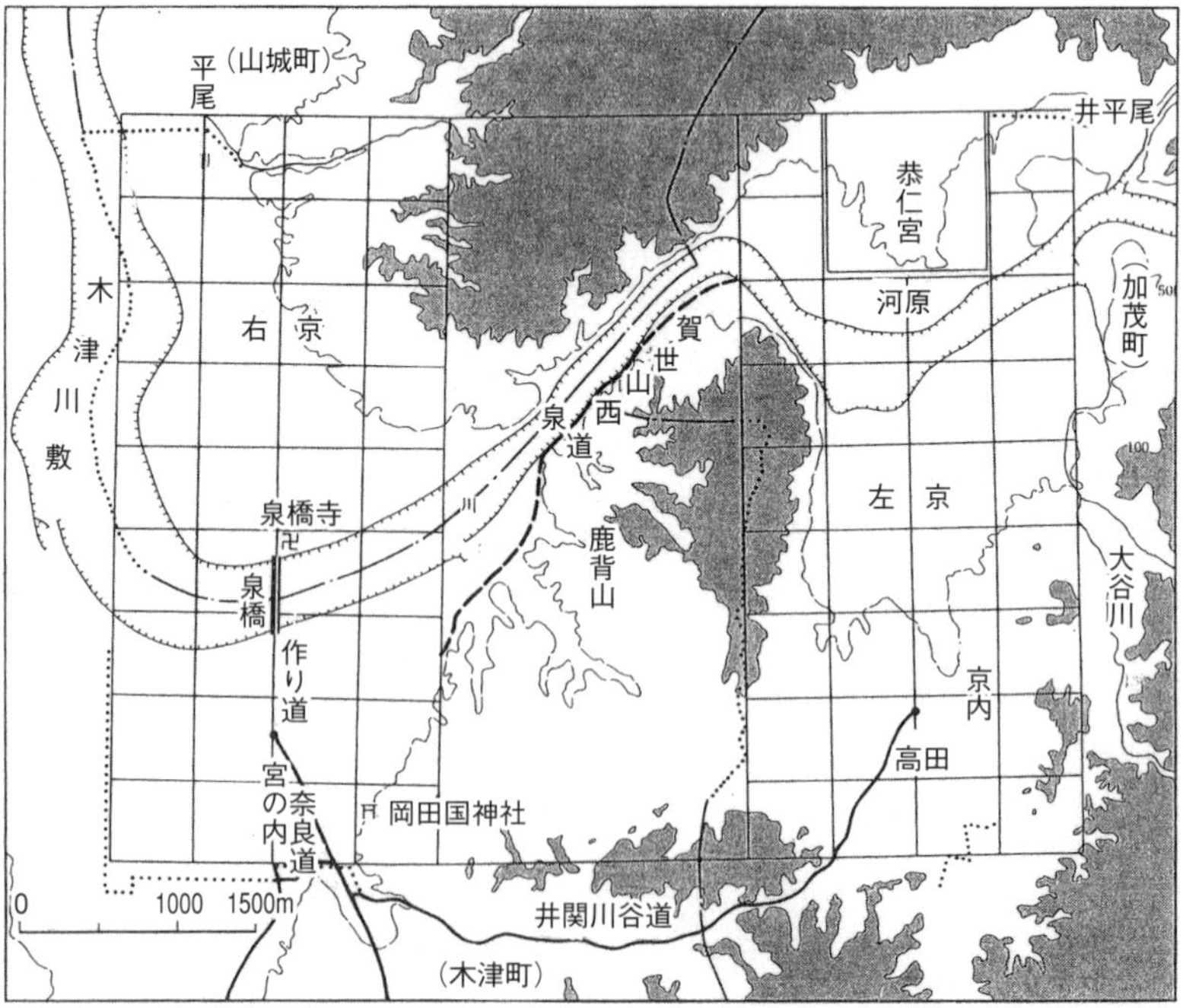

図51．京都府恭仁京跡の復元図

るというのです（一〇月一六日）。とくに優婆塞《うばそく》等の召還には注意する必要があります。優婆塞は在家のまま戒を受けた男子のことで、その多くは、行基に随う人たちだったのです。行基については、役民などの往還のための宿泊施設である布施屋の建築、道路の整備や橋梁の構築、田畑への池溝の掘削など、社会事業に従事する一方で、民衆への説法を続け、多くの弟子と信奉者を集めていたことはよく知られているところです。こうした布教活動が僧尼令に違反しているとして、たびたび政府から弾圧を受けていたのですが、その弾圧を緩和させるだけではなく、信奉者である優婆塞等に対し、彼らが正式な僧侶であることを認める代わりに宮都造営に積極的に参画させたのです。こうして、遷都に対する民衆の不平不満を抑え、さらには、優婆塞等を介して、この後に行われる盧舎那仏（大仏）造立に民衆をも参画させる足がかりを作っていったのです。

恭仁宮造営の進捗状況

恭仁宮の大極殿の造営にあたっては、「平城の大極殿並びに歩廊を壊して恭仁宮に遷し造る」［『続日本紀』天平一五（七四三）年一二月二六日］とあり、平城宮の建物を移築してまで行われています。また、膳所城下町遺跡の発掘調査の結果、禾津頓宮跡と推定した大型掘立柱建物に、あわただしく解体された様子がうかがえるとの報告を得ています。この大型掘立柱建物が、恭仁宮の南北の二面に庇を持ち、内裏後殿と推定されている掘立柱建物ＳＢ五五〇七に、その規模、構造とも非常によく似ているのです。内裏と頓宮はともに天皇の御在所であること、また、造営に着手した翌年、天平一三（七四一）年正月一日に、「五位以上を内裏において宴す。」とあって、内裏については最も早く完成していることなどから、あるいは、こうした建物に利用されたのかも知れません。禾津頓宮だけではなく、他の頓宮などの建物についても、どの建物に利用されているかわかりませんが、恭仁宮で再利用するために移築されている可能性が非常に高いと考えています。しかし、内裏で饗宴を開いた同じ時に、恭仁宮で始めて朝賀を受けているのですが、「宮垣未だならず。囲繞すに帷帳《とばり》を以てす。」の状態であり、

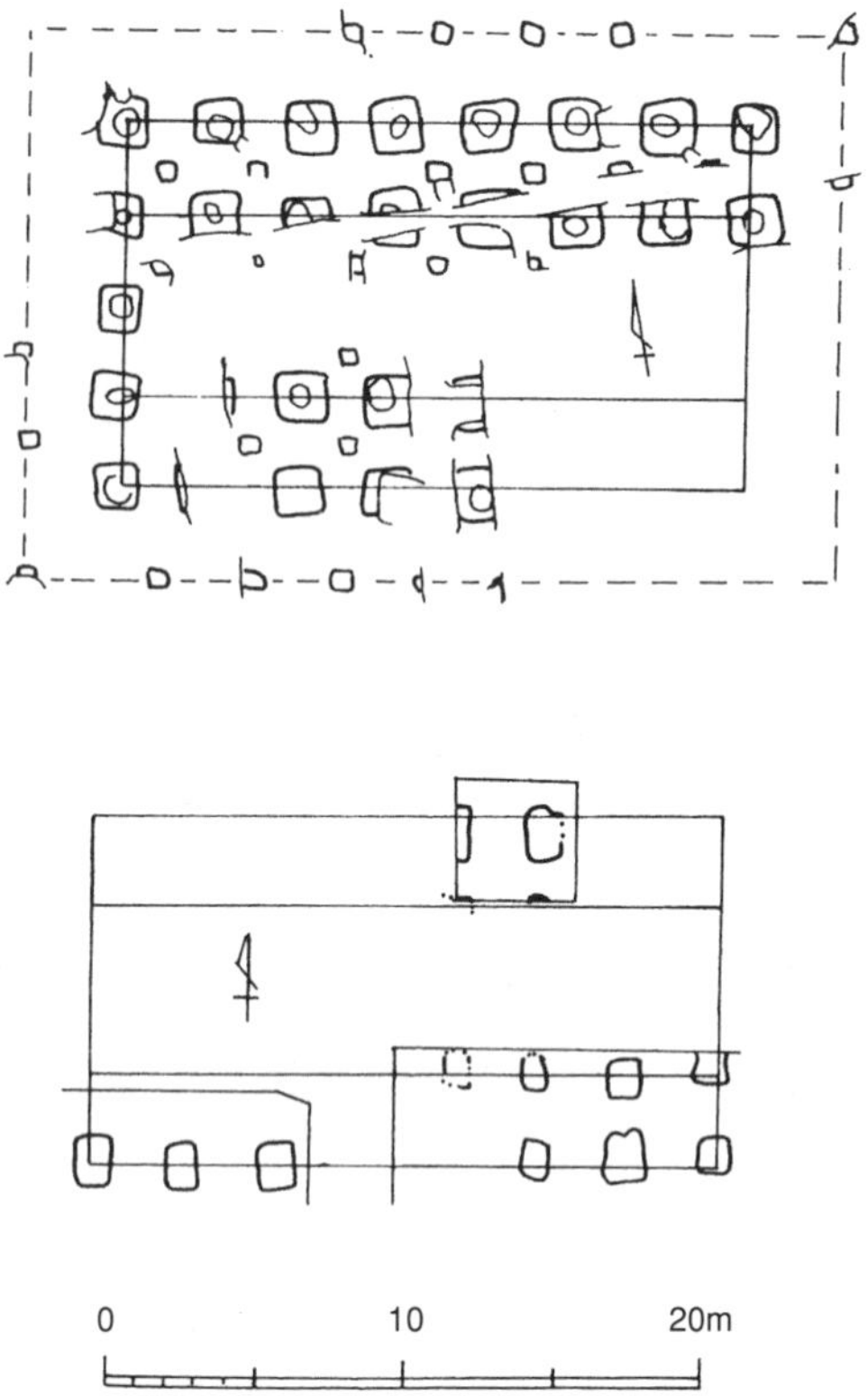

図52．京都府恭仁宮跡の推定内裏後殿（ＳＢ5507）（下）と大津市膳所城下町遺跡の大型掘立柱建物（上）

実際には、なかなか思うようにはかどらなかったようです。そのため、造宮卿を置き（九月八日）、大養徳（大和）など畿内四カ国から役夫を徴発し（九月九日）、行基に従う優婆塞等を動員して（一〇月一六日）造営の促進を図ったのです。しかし、大楯・大槍を樹立し、正式に皇都とした翌年の天平一四（七四二）年正月一日の朝賀の時にも、「大極殿未だ成らざるために、替わりに四阿《あずまや》の殿を造りて此処においては朝を受く。」状態でした。この四阿については、最近の調査で、その痕跡ではないかとされるものが見つかったようです。また、二月三日、新羅の使節一八七人が来朝したとの太宰府の報告に対し、「新京草創宮室未だ成らざるを以て、」太宰府で饗宴してそのまま返すよう詔を出しています（二月五日）。こうした状況を経て、大安殿、大極殿、朝堂院などの中枢の建物を整えていきます。しかし、宮都造営は、紫香楽宮を造るため、天平一五年一二月二六日に、ほぼ完了したとして、急遽、停止されてしまいます。

恭仁宮造営の停止

天平一二年一二月一五日に着手してから、停止される天平一五年一二月二六日まで、足かけ四年の間に造営された恭仁宮については、京都府教育委員会によって精力的に発掘調査が続けられています。その結果、東西五〇m、南北二五mの巨大な「大極殿」、東西二カ所の「内裏院」、掘立柱の塀に囲まれた「朝堂院」、宮の周囲を囲む東西約五六〇m、南北約七五〇mの「大垣」などが確認されています。これら各施設の造営については、『続日本紀』の記述を見ると、次のような経緯のあったことがわかります。

・内　裏：天平一二年一二月一五日：「内裏において宴す。」
・大安殿：天平一四年　正月一六日：「天皇大安殿に御しめ、」
・宮　垣：天平一二年一二月一五日：「宮垣未だ成らず。」
　　　　　天平一四年　八月　五日：「大宮の垣を築くを以てなり。」
・大極殿：天平一四年　正月　一日：「大極殿未だ成らざるために、」
　　　　　天平一五年　正月　三日：「天皇大極殿に御して」
・朝堂院：天平一六年春正月　一日：「五位以上を朝堂に饗す。」

こうした中枢の施設の他にも、「平城宮の兵器を甕原宮に運ばしむ。」（天平一三年正月一一日）や、「水路を取り兵庫の器杖を運漕せしむ。」（天平一六年二月二〇日）などの記述から、兵器庫である「兵庫」などの施設も造られていたことがわかります。

恭仁宮は、天平一五年一二月二六日に造営が停止されています。しかし、平城宮還都の準備を行うため、天平一七年五月三日に造宮輔従四位下秦公嶋麻呂を使わして恭仁宮を掃除させ、五月六日には紫香楽宮から恭仁宮に一旦帰還していることから、少なくとも、平城宮へ還都する六月一四日までは、宮の諸施設は残っていたと考えられます。平城宮還都が決まってからは、恭仁京の市人たちが、早朝から夜更けまで、先を争って平城京へ移って行き、その行列は絶えることがなかった（五月一〇日）といわれ、天平一七年に天皇が恭仁宮から平城宮に行幸（五月一一日）すると、各官司の役人たちもそれぞれ元の役所に戻っており、以後、荒廃していったものと考えられます。そして、天平一八年九月二九日に「恭仁宮の大極殿を国分寺に施入」することで、宮としての機能を完全になくしてしまったのです。

(二) 難波宮(注73)

難波宮遷都

恭仁宮の造営は、『続日本紀』天平一四年正月一日、石上・榎井両氏が「大いなる楯槍」を樹立し、正式な皇都とした時にも、なお、「大極殿未だ成らざるために、替わりに四阿の殿を造り朝を受く。」といった状態で、遷都後もその造営が続けられていたのです。しかし、聖武天皇は、その半年足らず後の八月一一日には、「朕将に近江国甲賀郡紫香楽村に行幸せんとす。即ち、造宮卿正四位智努の王、輔外従五位外高岡の連河内等四人を以て、離宮を造る司となす。」と、恭仁宮の造宮卿である智努の王を含む造宮司を選任し、紫香楽に離宮の造営を命令しているのです。その後、たびたび紫香楽宮を訪れ（天平一四年八月二七日・一二月二九日・天平一五年四月三日・七月二六日）ており、天平一五年七月二六日からは、一一月二日までの四カ月もの間、紫香楽宮に留まっているのです。離宮造営の目的については後で考えるとして、天皇は、四カ月の長期にわたる紫香楽宮滞在を終えて、天平一五年一一月二日に恭仁宮に帰還します。その後、天平一六年二月二四日まで紫香楽への行幸は行われていませんが、この間に、また、大きな動きがおこります。一二月二六日の詔によって、恭仁宮の造営を停止し、紫香楽宮の造営を促進する一方で、難波宮への遷都が画策されているのです。すなわち、天平一六年閏正月一日に百官を朝堂に集め、「恭仁難波の二京何れか定めて都と為せん。」と尋ねた結果、恭仁京と難波京のそれぞれの賛成票が、五位以上で二四人対二三人、六位以下で一五七人対一〇三人と、僅差ながら恭仁京がよいとする意見が上回りました。また、四日には、使いを市に行かせ、市人にも同じ問いかけをしたところ、難波京および平城京を望む者は、それぞれ、たった一人という結果となったのです。この結果を受けてか、九日には、恭仁京に諸寺に関わる人々の社宅を造るよう京職に命じています。しかし、二月になって、天皇は、二〇日に「恭仁宮の高御座並びに大楯を難波宮に運」ばせ、「水路を取り、兵庫の器杖を運漕せし」め、二六日には、「今難波宮を以て定めて皇都と為す。」と詔を発し、翌月三月一一日、難波宮の中外の門に「大いなる楯槍」を樹立して、遷都を強行したのです。

前期難波宮跡

難波の地は、『日本書紀』によれば、「難波津」が仁徳紀以降の各所にたびたび見られ、瀬戸内海航路の拠点として重要な役割を果たしています。難波津の重要性は、中国や朝鮮との海上交通の拠点であるだけではなく、山背から近江へと続く淀川水系の水運を利用できる点であり、旧河内湖を抱えていることから、河内湖に注ぐ大和川によって大和とも結んでいる点です。このことを背景に、古く、応神大王の難波大隅宮、仁徳大王の難波高津宮、欽明大王の難波祝津宮などが置かれたと伝えられています。これらの宮の実態については明かではありませんが、皇極天皇四（六四五）年六月に起きた中大兄皇子と中臣鎌足らによる大化の改新後の一二月に遷都し、白雉元（六五〇）年一〇月に東漢直荒田井比羅夫を「将作大匠」に任命して宮の造営に着手した孝徳天皇の「難波長柄豊碕宮」については、この時の宮跡と考えられる遺構群が、大阪市の上町台地の一画から見つかっています。聖武天皇の宮跡と区別して、「前期難波宮跡」と呼んでいます。宮は、白雉三年九月に、ほぼ、完成したようですが、天智天皇二年八月の百済への援軍が唐・新羅の水軍に大敗した白村江の戦いを契機に、天智天皇六（六六七）年三月には近江大津宮に遷され、天武天皇元（六七二）年の壬申の乱の後には、大和の飛鳥浄御原宮《あすかのきよみはらのみや》に遷されてしまいます。しかし、飛鳥浄御原宮で即位した天武天皇は、「凡そ都城・宮室は一所に非ず。必ず両参に造らん。故にまず難波に都せんと欲す。」（天武天皇一二年一二月）と詔しているように、唐制にならった複都制の思想に基づく宮と京の完成を目指し、難波宮の整備にも力を注いでいます。天武天皇八（六七九）年一一月には羅城（都城の周囲に造られた城壁）を築くまでに至っていますが、朱鳥元（六八六）年正月に、「大蔵省」から出火し、宮室は悉く焼失してしまいます。以降の難波宮については不明ですが、『万葉集』や『続日本紀』などは、持統上皇、文武天皇、元正天皇、聖武天皇などが難波宮へ行幸していることを伝えており、何らかの形で宮が維持されていたものと思われます。難波宮の再建は、聖武天皇によって神亀三年一月、式部卿従三位藤原《ふじわらの》宇合《うまかい》が「知造難波宮事（難波宮造営長官）」に任命され、大々的に実施されます。この時の遺構群も、「前期難波宮跡」に重複して見つかっています。

後期難波宮跡

聖武天皇により大々的に再建された難波宮の跡を「後期難波宮跡」として、孝徳天皇の宮跡と区別しています。完成した時期はわかりませんが、天平四（七三二）年三月に、知造難波宮事の藤原宇合ら以下、仕丁以上の者に物を賜っており、この頃には造営が一段落したものと思われます。「万葉集」に藤原宇合の歌として「昔こそ難波田舎と言われけめ　今は都ひき都びにけり」があります。この歌は、宮の体裁が整った時の喜びを歌ったものであろうとされています。造営工事は、その後も、天平一〇（七三八）年頃まで続いたとされています。そして、天平一六年三月一一日、難波宮の中外の門に「大いなる楯槍」を樹立して、恭仁宮から遷都が行われたのです。

この後期難波宮の構造について、『続日本紀』に、大安殿、東西楼殿、中外門、太政官庭、東南新宮などの施設名が見られます。発掘調査では、内裏、大極殿、朝堂院、官衙の一部などが明らかにされています。内裏は、東西一七九・三mの区域を複廊で取り囲んだその中央に大安殿［九間×四間（二六・八m×一一・九m）の四面庇掘立柱建物］と前殿［九間×二間（二六・八m×五・九六m）の掘立柱建物］を配し、それらを北面の回廊と東西の塀が囲んでいます。前殿は難波宮独自のものですが、殿舎配置には平城宮や平安宮の内裏との共通性が見られます。大極殿には、大極殿と複廊の付く後殿が配されています。大極殿は、凝灰岩の化粧が見られる基壇［四一・七m（一四〇尺）×二一・二m（七一尺）］が残っており、南面に三カ所、北面に二カ所、東西に各一カ所の階段を持っています。朝堂院は、西面築地と西第一堂が確認されており、さらに、東第五堂、西第五堂などの存在が推定できることから、一二堂が存在していたと考えられています。また、内裏西面回廊から約一八m西で、内裏と朝堂院の西外郭を画する片庇廊状の遺構が確認されている他、内裏・朝堂院の外方で官衙建物の存在も確認されています。出土遺物では、とくに、再建初期の重圏文軒丸瓦や重圏文軒平瓦が難波宮の造営で創出されたものとされ、後には、長岡宮や平安宮の造営の際に多数運ばれていることが知られています。

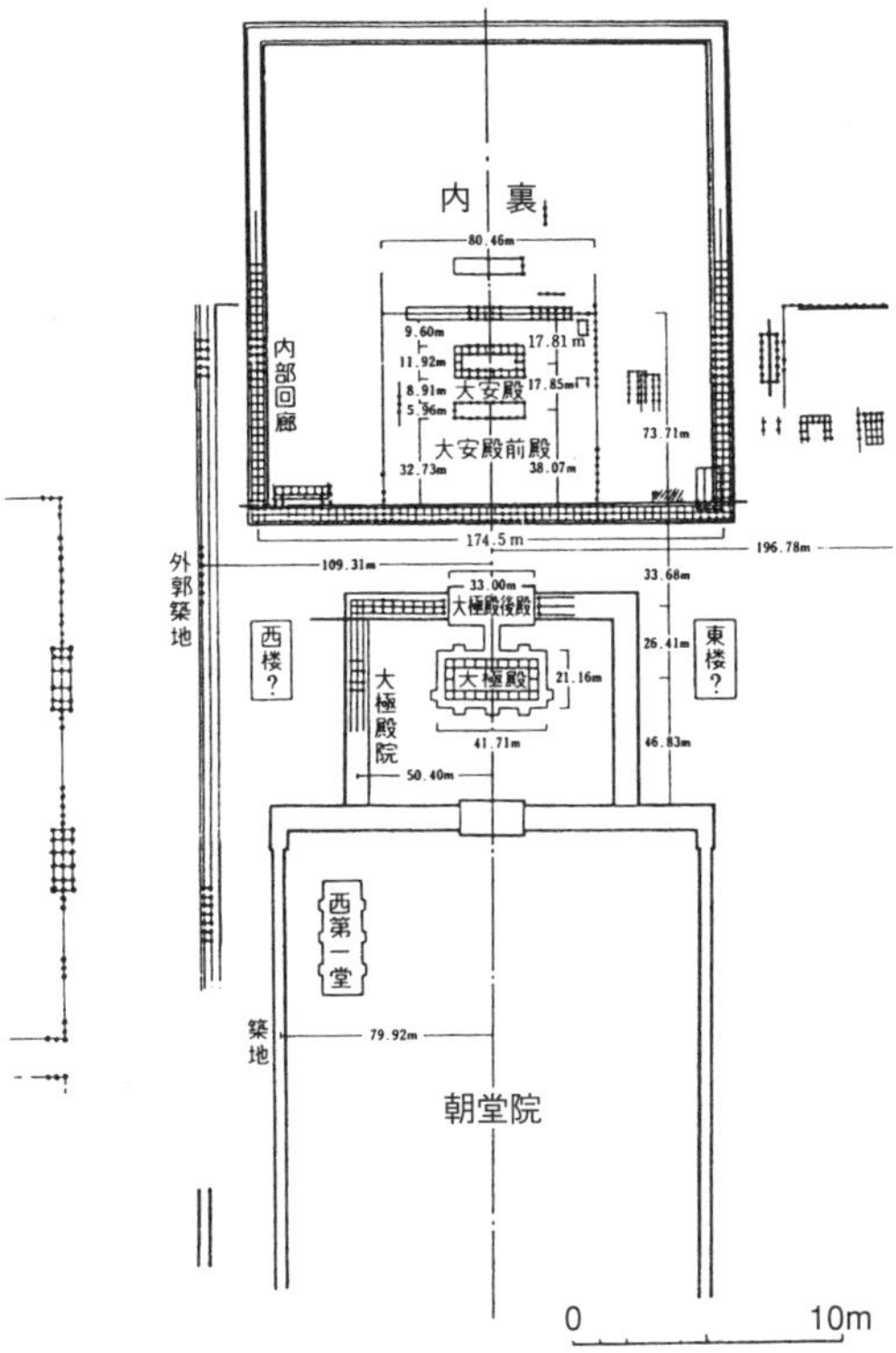

図53. 聖武天皇の難波宮（後期難波宮跡）

(三) 紫香楽宮

紫香楽宮の造営

聖武天皇の紫香楽宮造営に対する方向性は、恭仁宮遷都の翌月、天平一四(七四二)年二月五日、「この日、始めて恭仁京東北の道を開きて、近江甲賀郡に通す」時に決まっていたと見られ、八月一一日には「紫香楽村」への行幸を計画するとともに、ここに離宮を造るための司を置き、造営に着手しているのです。その後も、造営の進捗状況を視察するためか、たびたび紫香楽行幸を繰り返し(天平一四年八月二七日・一二月二九日、天平一五年四月三日・七月二六日)、進捗に遅れがあるとみるや、皇都である恭仁宮の造営を停止(一二月二六日)してまで、紫香楽宮の造営に力を注いでいるのです。紫香楽に離宮を造ろうとした意図は、とくに天平一五(七四三)年七月二六日から四カ月間におよぶ紫香楽宮滞在中の一〇月一五日に盧舎那仏造立の詔を出し、一九日には、「盧舎那仏の像を造り奉らんがために、始めて寺地(甲可寺建立のための敷地)を開」いていることから、盧舎那仏の造立にあったことは明かでしょう。

聖武天皇と橘諸兄

聖武天皇は、恭仁宮に遷都後、わずか、二年あまりの天平一六(七四四)年三月一一日に、百官や市人の意見を無視し、難波宮への遷都を強行しています。そして、その後一〇カ月足らずの天平一七(七四五)年正月一日には、今度は紫香楽宮を皇都としているのです。ただし、難波宮への遷都は、聖武天皇が紫香楽宮へ行幸(二月二四日)した直後の二六日に、難波宮に残った橘諸兄によって宣告されていることに注意しておく必要があると考えます。一方、その後の紫香楽宮への遷都にあたっては、皇都の印である大なる楯・槍の樹立は、これまでその任にあった「石上榎井二氏は倉卒(いそがしく)追集(召集)に及ばず。故に(大伴牛養と佐伯常人の)二人之を為さし」めているのであり(『続日本紀』の分注)、遷都が、きわめて急なことであったことを示しています。

しかも、この時には、恭仁宮や難波宮への遷都で主導的な役割を果たした橘諸兄の名前が出てきていないのです。このように見てくると、紫香楽宮遷都の背景には、どうも、時の勢力者であり、聖武天皇が留守の間に難波宮遷都を宣告した橘諸兄と、盧舎那仏造立に非常な思いを抱いた天皇との間に、何か確執があったかのように見受けられるのです。

紫香楽宮への遷都

紫香楽宮は、当初、盧舎那仏造立のために、離宮として造営が開始されています。紫香楽宮の造営の様子について、『続日本紀』には恭仁宮ほどの記述が見られませんが、造営開始後たびたび行幸を繰り返していることや、四カ月という長期間滞在していること、恭仁宮の造営を停止して紫香楽宮造営の促進を図っていること、さらに、「朱雀門」、「大安殿」、「朝堂」などの施設の名称が見られることなどから、ある程度の進捗が計られていたものと推定できます。また、これまで進められてきた発掘調査の成果からも、宮としての体裁は相当に整っていたと見ていいでしょう。こうした状況の中で難波宮遷都が強行されたのですから、紫香楽宮の造営を図る聖武天皇と難波宮に留まる元正上皇および橘諸兄との間で、何か、政治的な緊張関係が存在していたと考えられているのです。このことは、難波宮遷都のわずか三日後の天平一六（七四四）年三月一四日に、金光明寺（東大寺）の大般若経を紫香楽宮の大安殿に運び込み、僧二〇〇人を招いて一日中経の転読を行わせたのに対し、翌日の一五日には、難波宮においても、東西の楼殿（高殿）に僧三〇〇人を招いて大般若経を読ませていることなどにも現れているのではないでしょうか。この緊張関係も、一一月になって、難波宮に留まっていた太上天皇（元正上皇）が、一四日に「甲賀宮」（紫香楽宮）へ行幸されたことで、緩和されたと見られ、天平一七（七四五）年正月一日に、紫香楽宮遷都が実現したのです。

紫香楽宮跡の発見

この紫香楽宮の所在地については、すでに江戸時代から礎石が露出し、「内裏野」、「寺野」などと呼称されていた丘陵地が宮跡と考えられ、国の史蹟名勝天然記念物調査員だった黒板勝美さんの踏査を経て、大正一五年に、「史蹟紫香楽宮址」として国の指定を受けました。しかし、昭和五年に、滋賀県保勝会調査員の肥後和男さんらによって、丘陵内の礎石などを見つけるための調査(注74)が実施され、金堂跡、講堂跡を中心として、中門跡、経楼跡、鐘楼跡、塔跡、塔院回廊跡、食堂跡などが見つかり、これらが東大寺に似た伽藍配置を持つことから、丘陵上の礎石群は紫香楽宮ではなく、寺院の遺構であるとされるようになりました。

　その後、長らく実体が不明であった紫香楽宮は、昭和五〇年代から継続的に実施されてきた調査(注75)の成果から、この寺院跡から二km北側にある信楽町の宮町遺跡に所在することが明らかとなり、平成一六年度に、「史跡紫香楽宮跡」に追加指定され

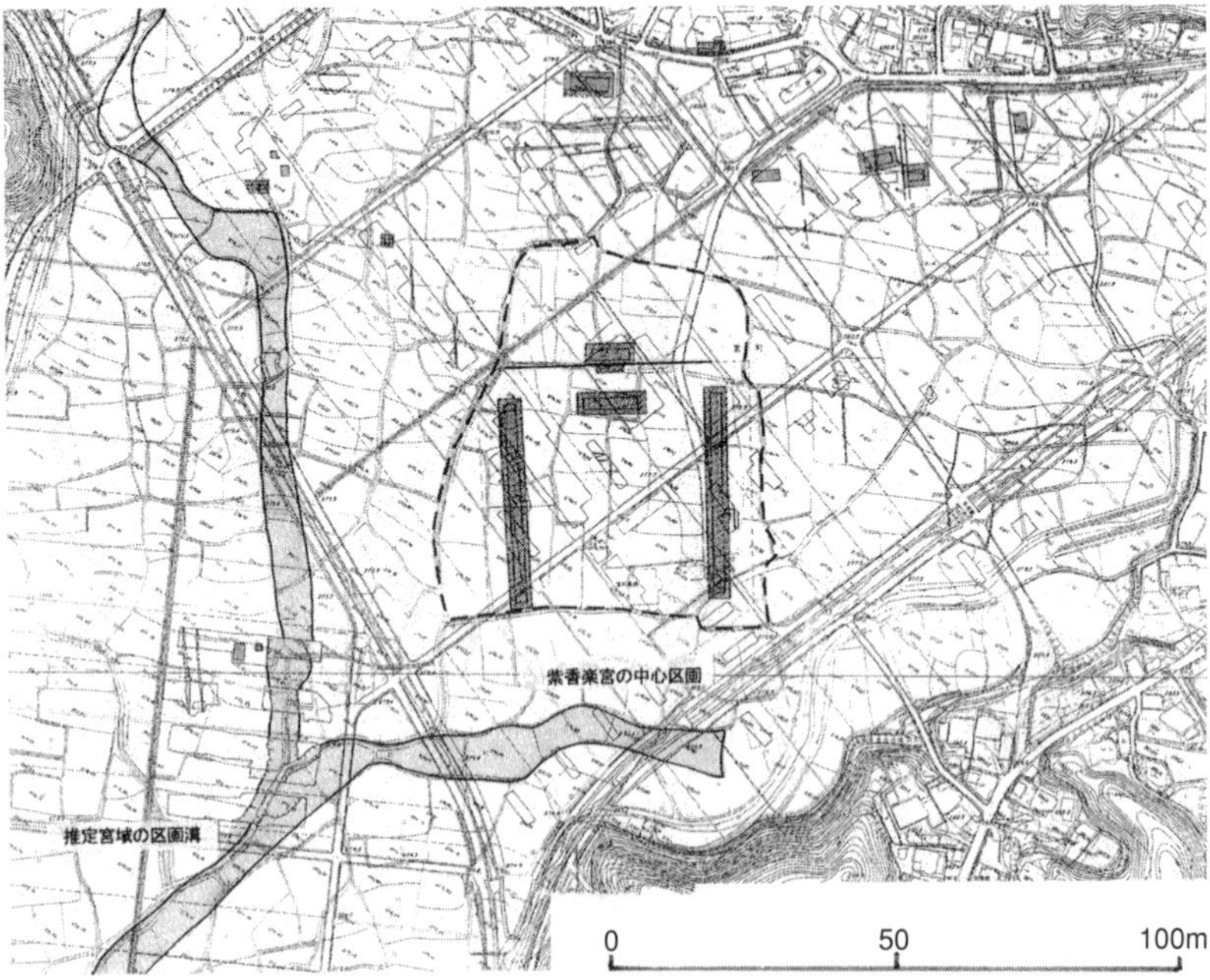

図54．信楽町宮町遺跡（紫香楽宮跡）

ました。

木簡の出土

宮町遺跡の調査は、昭和四六年から四九年にかけて行われたほ場整備工事によって、巨大な掘立柱建物の柱根が見つかったことがきっかけとなっています。しかも、この柱を年輪年代法によって測定したところ、天平一五（七四三）年の秋に伐採されたという結果が得られたのです。その後、信楽町内の分布調査や、近世古文書の調査などが実施され、その成果に基づいて、昭和五八年度から、信楽町教育委員会によって、宮町遺跡の発掘調査が継続的に実施されるようになりました。その調査成果の一つとして、まず、平城京などの都を除いて、全国トップクラスの七千点以上と大量に出土している木簡をあげることができます。これが、宮町遺跡が紫香楽宮跡であることの証拠物件として大いに注目されています。木簡は、紙の替わりに木の板に墨で書いた役所などの書類や荷物の付け札などのことで、多数の官人たちが、宮町遺跡で様々な事務を取り扱っていたことを示しています。その中の宮の造営に関わるものとしては、紫香楽宮を造営する「造離宮司」中の一つの部署で、天皇が住まう建物の造営を示す「造大殿所」と墨書するものがあります。

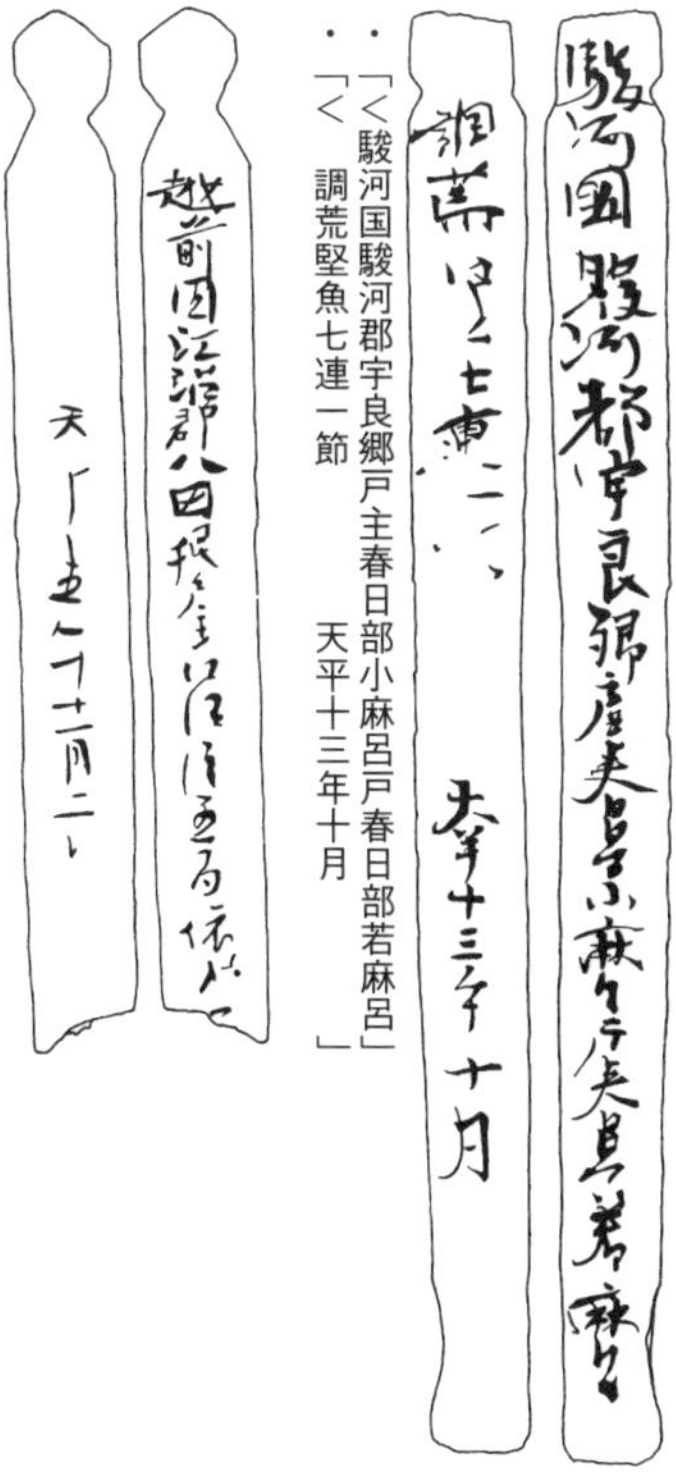

・「<駿河国駿河郡宇良郷戸主春日部小麻呂戸春日部若麻呂
・「<　調荒堅魚七連一節　　天平十三年十月」

・「<越前国江沼郡八田郷戸主江沼臣五百依戸口×
・「<　天□□〔平十カ〕五年十一月二日」

図55．信楽町宮町遺跡出土の荷札木簡
（左）越前国江沼郡八田郷からの荷札木簡
（右）駿河国駿河郡宇良郷からの調の荷札木簡

さらに、紫香楽宮造営以前の天平一三年の墨書の見られる駿河国の荷札や、恭仁宮のある山背国関係のものが見られるなど、恭仁宮の倉庫に貯蔵されていた調庸物が、紫香楽宮の造営の開始前後に、紫香楽に運ばれてきていると考えられる木簡なども出土しています。この他、東日本だけではなく、その中の越前国の荷札に「天平十五年十一月」の日付があり、天平一五年一〇月一六日の「東海東山北陸三道二十五国の今年の調庸等の物皆紫香楽宮に貢がせしむ。」という詔と一致することも注目されています。木簡以外の文字資料としては、墨書土器や線刻土器があり、王権と関わりのある「御厨」や「□厨司水」、軍事官司や外交使節が携帯する薬である「万病膏」などが見られ、「紫香楽」に多くの官人たちがいたことを示しています。

紫香楽宮跡の中枢部の発見

宮町遺跡から大量に出土する木簡などは、この遺跡が紫香楽宮跡であることを十分に予感させるもので、あとは、宮殿の建物の存在が確認できれば、ほぼ確実という段階にまで、調査が進んでいました。そして、ついに、平成一二年度の第二八次発掘調査で、長さが一〇〇mを越すような長大な南北棟が見つかったのです。当時の信楽町教育委員会は、この結果をもとに、宮町遺跡が聖武天皇の紫香楽宮跡であり、長大な建物は、その中枢部の一部であることを高らかに宣言しました。現地説明会には二千人以上の人々が訪れ、新聞などにも大々的な報道がなされました。平成一三年度以降には、この中枢部の構造解明に焦点を定めて調査が進められるようになりました。その結果、先に見つかった長大な建物の西側で並行するもう一棟が見つかり、長大な二棟の南北棟建物が、東西で左右対称に配置されていることが判明しました。さらに、この南北棟建物を二辺とするコの字形配列の北辺中央に複数の東西棟建物が見つかりました。そのうち一棟（建物Ⅰ）は、九間×四間で四面に庇を持ち、東西三七・五m（一二五尺）、南北一一・九m（四〇尺）もある大型の建物であり、さらに、この建物の北側に、九間×四間で四面庇と同じ構造ですが、二六・七m×一一・九mと一回り小さな建物（建物Ⅱ）が配されているこ

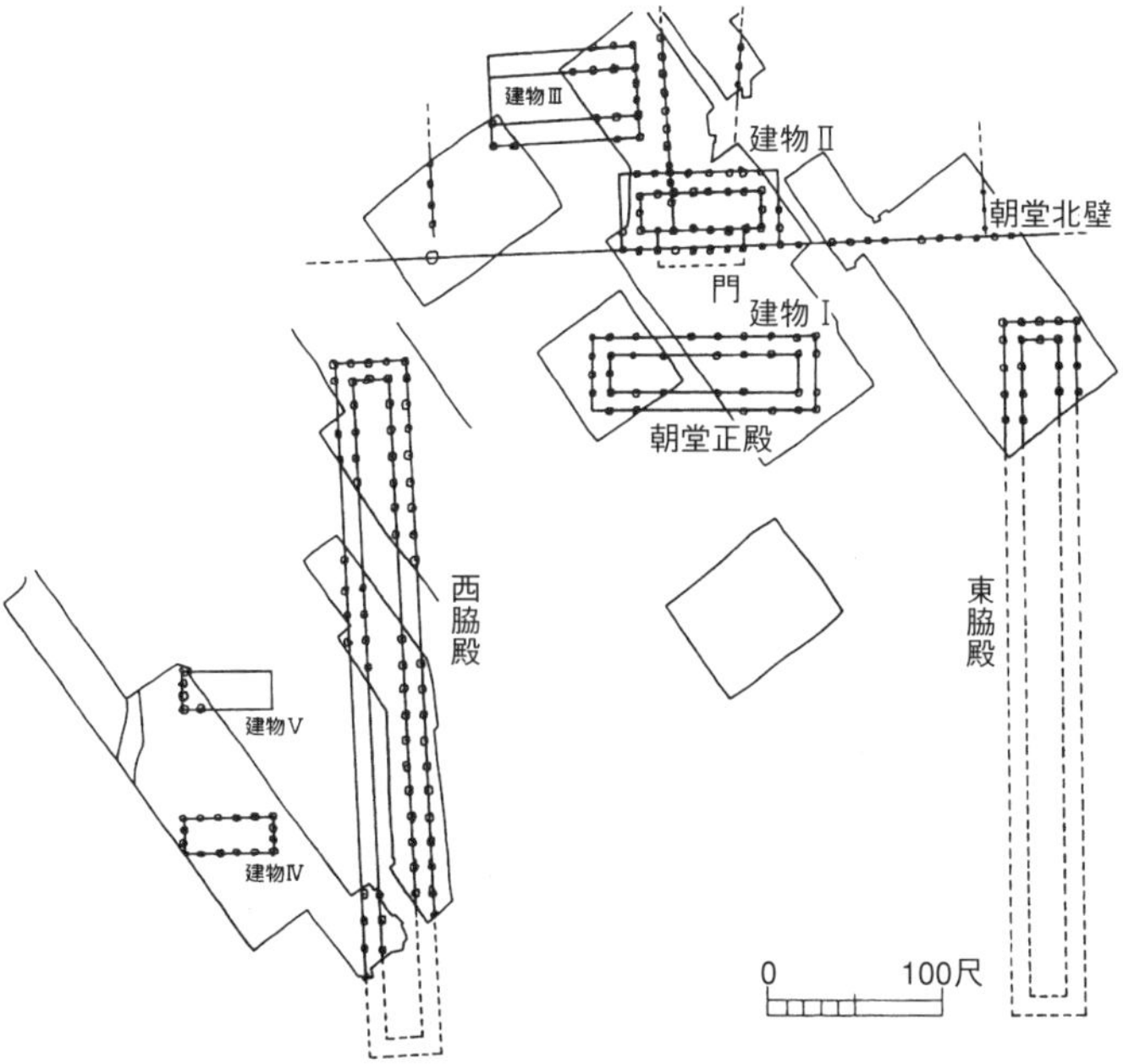

図56．信楽町宮町遺跡の中心区画

とがわかりました。このような建物配置は古代の宮殿や役所の中核部分でのみ確認されるものであり、さらに、これらの建物が飛びぬけた規模を持つことや四面に庇を持つ構造であることなどから、この区画部分が紫香楽宮跡の中枢部分であると判断され、その中でも、建物Ⅰが宮の中心的な建物の一つであると考えられるようになりました。なお、北側の建物Ⅱ部分には、建物の撤去後に、五間×二間と間口の広い格式の高い大きな門が築造され、さらに、この門から掘立柱による東西に延びる塀が設けられていることがわかりました。すなわち、本来一つの区画であった部分が、門と塀で南北の二つに区切られ、北側に、さらに重要な施設が設けられたことを示しており、今後の調査成果が、一層、注目されるものとなったのです。

紫香楽宮の造営

宮町遺跡で発見された、東西で並行する長大な二棟の南北棟建物と四面庇を持つ二棟の東西棟建物がコの字形に配された区画は、『続日本紀』の天平一七年正月七日に「百官主典《さかん》以上に朝堂に於いて宴を賜う。」とある朝堂にあたると考えられています。また、平城宮馬寮東方東区（西池宮）の建物配置に非常によく似ているところから、この区画の中心建物は、建物Ⅰのさらに南側にある可能性も指摘されています。また、途中、建物Ⅱが撤去され、塀を伴う格式の高い五間門を置き、一つだった区画を二つに分けるという大改造がなされていることから、当初は離宮として造営されていたものが、後に皇都とされたことで、南側の朝堂部分とは区別し、北側部分に、皇都にふさわしい新たな施設が設けられたのではないかと考えられています。恭仁宮や難波宮では、朝堂の北側に大極殿が配され、発掘調査でも確認されています。しかし、紫香楽宮では、現在のところ確認されておらず、『続日本紀』にもこの施設の名称は出てきていません。皇都にふさわしい新たな施設とは、今後の調査を待たなければなりませんが、あるいは、天皇出御の殿である大極殿であるのかもしれません。また、『続日本紀』の天平一七（七四五）年正月一日の条に、「にわかに新京（紫香楽宮）に遷都して、山を伐り開き土地を造成して、宮殿を建造したのであるが、まだ垣や塀ができあがらないので、替わりに垂れ幕などを張り巡らせた。」とあります。遷都の儀式を執り行っているのですから、朝堂院を指しているものと思われますが、この垣や塀が、新たに設けられる大極殿とともに朝堂院を囲うものであり、発掘調査で見つかった門とそれに取り付く掘立柱塀がその一部であった可能性もあると思います。『続日本紀』には、朝堂以外の中枢施設として「朱雀門」、「大安殿」という施設名が見られます。大安殿は、天皇の普段の御在所である内裏の中心建物で、恭仁宮では、朝堂院の北側に、東西二つの内裏区画の存在が確認され、大安殿にふさわしい建物も見つかっています。しかし、宮町遺跡では、「朱雀門」とともにまだ見つかっていません。

新宮神社遺跡の調査

『続日本紀』の天平一六（七四四）年三月一四日条に、金光明寺（東大寺）の大般若経を紫香楽宮に運び入れた際、「朱雀門」に入る頃、それを迎えるために雅楽の演奏があったとされています。「朱雀門」は、朝堂院などの中枢施設の中央正面にあるのが普通ですが、まだその所在については、確認されていません。ただ、平成一二年度に、新宮神社遺跡(注76)で、この朱雀門につながる朱雀道ではないかとされる道の痕跡とその道に架かる橋の遺構とされるものが発見されました。遺跡は、ちょうど、宮町遺跡と推定甲賀寺跡との中間地点にあり、盆地状の宮町遺跡の南を画する低丘陵の南側裾部に立地しており、道の側溝かとされる溝跡が二カ所で見つかったのです。道路一では、東側の側溝と思われる溝跡（幅三〇～六〇cm、深さ三～五cm、国土座標北に対して約三度西に傾く）が、延長五七m分が検出されています。また、この溝の北側に取り付くように、丘陵裾部を流れる川（旧河道）に架かる橋の脚部の痕跡（橋脚）とされるものが見つかっています。桁行き三間（八・三～八・五m）、梁行き三間（八・二～八・四m）の規模で、この橋脚の規模から、西側側溝が削平されていて不明だった道の幅を、およそ、一二m程度だろうと推定しています。橋の向きは、道路一の側溝よりもさらに大きく、国土座標北に対して八度西に傾いていまいした。川の流れに対して、直行するように架構されたのだろうとされています。このことから、これらの遺構は、推定甲賀寺跡の方から道路一を通り、旧河道を橋脚でわたって、丘陵上の切り通しを抜けて紫香楽宮にいたる朱雀道と判断されました。ただ、計画道路は直線であることが基本であるのに対し、さほどの幅を持たない河川のために、橋の方向を変えなければならない理由がよくわかりません。また、橋を越えてすぐ丘陵にはいるのですが、ここでも直線ではなく、右に折れて、切り通しとされる部分で左に入るものとされています。さらに、道路一もこの切り通しも、仮に直進させても、その南に朱雀門が位置すると思われる「朝堂」の中軸線とは重なりません。このことも疑問に思うところです。さらに、橋脚は、柱間寸法がやや不ぞろいで、柱通りも不規則なものとなっています。とくに、梁間の北側に位置する丘陵側一間分の柱間が三・三～三・四mであるのに対し、他の二者が二・四～二・六mであることから、二間×三間の基本形から北側に一間分を張り出して作ったとしています。このところも、不勉強でその構造がよくわからないところです。

二つの朱雀道

新宮神社遺跡で見つかった朱雀道かとされる道路一については、少し疑問の残る部分もありましたが、旧河道から出土した檜材の年輪年代を測定したところ、七四四年（天平一六年）伐採の結果が得られていますので、道路や橋脚とされているものや、それに付随する掘立柱建物などの施設が、紫香楽宮の造営時期と重なることだけは確かだと思います。もう一つの道路二とされるものは、宮町遺跡の南を画する丘陵が途切れて馬門川《うまかど》が南流する谷部に位置しています。道路一からは約七五m西に離れ、方向も国土座標北から東に三度振っています。二条の側溝と思われる溝跡（幅一・〇～一・五m、深さ〇・五～一・〇m）が見つかっており、その幅が一八mと広いものとなっています。報告書では、道路二の道幅が広く、紫香楽宮に直線的に至ることのできる道であることから、道路一は、馬門川が増水して通行が困難になった時のバイパスとして設けられたのではないかとされ、二つの道が併存していたと考えられています。すると、道路二が本来の朱雀道ということになりますが、道路二も直進させると丘陵の端に行き着いてしまいますし、やはり、「朝堂」の中軸線とは重ならないのです。道路二も、二条の溝跡が道路の側溝であるかも含めて、さらなる検討が必要かと思います。このように、今後の調査に待つところが多いのですが、新宮神社遺跡の調査成果は、紫香楽宮の造営が、単に宮だけではなく、盧舎那仏の造立を目指して寺地を開いた甲賀寺などをも含めた、広域に及ぶ全体計画の中で推し進められ

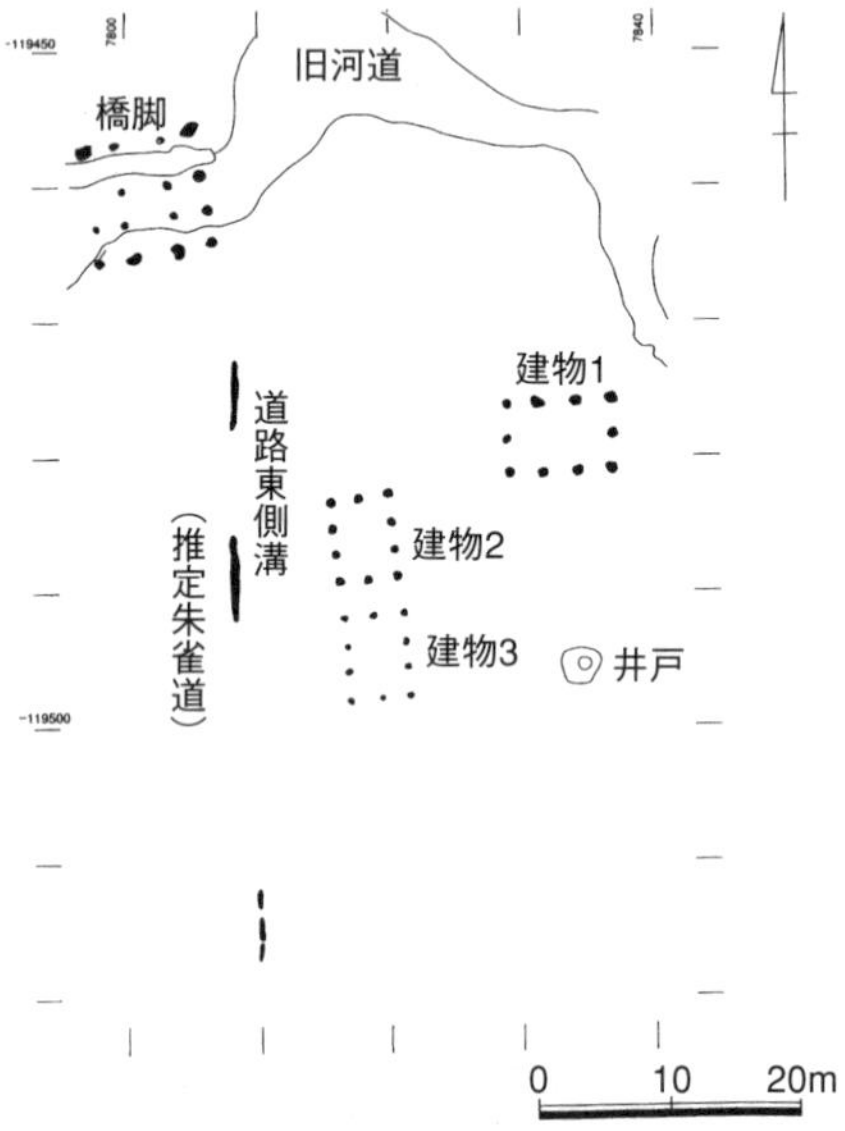

図57. 信楽町新宮神社遺跡の推定朱雀道（道路一）

た事業であったことを教えてくれました。

官衙域の調査

次に、宮の官衙域についてですが、『続日本紀』の天平一六年四月二三日の条に、紫香楽宮を造営し始めたが、百官の役所がまだ完成しない、という下りがあります。しかし、大量に出土する木簡から、この百官の役所、すなわち、行政に携わる役人たちの事務所（官衙）が存在していたことは明らかですし、また、「朝堂」とされる中枢部が発見されるまでの発掘調査においても、その存在が少しずつ明らかになっていたのです。

まず、宮域の造成工事について、宮町遺跡の土壌の花粉分析の結果、八世紀中頃に周辺の植生が大きく変化していることがわかりました。発掘調査においても、宮に関連する遺構群が、遺跡全体に広がる整地層から検出されることが多いようです。また、遺跡の西側と南側で大溝が見つかっています。現在の馬門川は、遺跡の南でYの字形に交わり、新宮神社遺跡のある谷部に流れています。この大溝は、おそらく、この馬門川を改修し、宮域を画するように、直線的に付け替えられたものと思われます。

また、推定「朝堂」の北部、遺跡の北辺部で官衙的な遺構が確認されています。朝堂の中軸線の真北に近いところに、四面に庇を持つ東西棟の大型建物があり、これの南を区画するような東西方向の掘立柱塀や溝跡が見つかっています。この塀は、「朝堂」から、およそ一町ほどの場所にあります。この区画の南側には、南北方向の掘立柱塀があり、ここからさらに東側では、およそ五〇mの間隔で並ぶ南北方向の掘立柱塀が三条（重複するものを含む）と、その塀に囲われた東西、あるいは南北棟の掘立柱建物などが見つかっています。塀や建物の方向にばらつきがあり、掘立柱建物に建て替えが見られ、宮の造営過程を複雑にしていますが、大型建物を持つ区画を中心に、一町あるいは半町を単位とした、少なくとも六つ以上の区画を持った官衙域が形成されていたことがわかります。大型の建物は、その規模からすれば、『続日本紀』に出てくる大安殿に相当し、これを含む区画は、遷都後に内裏となる施設なのかも知れません。また、大型建物のおよそ一町ほど西側には、東側の建物とは異なる総柱の建物（ＳＢ六一〇二・ＳＢ一四一五〇）が分布しています。総柱は高床の倉庫と考えられるもので、西側には、あるいは、調などを納める倉院にあたる区画があったのかも知れません。

このように、天平一七年正月一日の遷都までのきわめて短期間のうちに、大規模な造成工事が行われ、「朝堂」などの中枢部、官衙域などの諸施設の整備が図られました。しかし、一方では恭仁宮の造営が続いており、加えて盧舎那仏造立のための寺院の建立が企画され、さらには難波宮への遷都と、国の財政を圧迫するだけではなく、不安定な政情に振り回される官人たちの不平・不満が募り、それに動員される人民の疲弊は語るに余りあるものとなっていたのです。

平城宮への還都

聖武天皇は、橘諸兄や太上天皇（元正上皇）等との確執なかで、紫香楽宮への遷都を行いました。こうした度重なる宮や寺院の造営は、国家財政を圧迫し、官人たちの不

図58．信楽町宮町遺跡北辺部の官衙遺構群

平・不満を募らせ、人民の疲弊を招きました。こうした世情に追い打ちをかけるように、「四月一日、市の西山に火あり。」、「三日、寺（甲賀寺か？）の東山に火あり。」、「八日、伊賀国の真木山（紫香楽宮に近い三重県阿山町）に火あり。」、「十一日、宮城の東山に火あり。」などと、紫香楽宮遷都（天平一七年正月一日）直後から、宮周辺での火災や地震などの災厄が相次いで起こり、ますます、人心の不安を煽ることとなったのです。人々の狼狽ぶりは、一一日の火災の際、火が連日衰えなかったので「都下の男女たちは競って川に行き、財物を埋めた。」と、その様子を記しています。また、天皇も「大丘野（場所不明）に行幸しようとした。」とあり、山火事が宮の間近まで迫っていたことがわかります。そうした中で、五月二日、諸司の官人たちを召集し、太政官にどこを都とするのがよいかを問わせています。また、五月四日にも、平城の四大寺（薬師寺・大安寺・元興寺・興福寺）の僧侶たちに同じ問いかけを行っています。ともに、全員が平城を都とすべきと答えています。このことを受けて、天皇は、五月六日に恭仁宮に戻り、還都の準備を始めたのです。恭仁京の市人たちが平城京へ移る時の様子を『続日本紀』五月一〇日の条は、「早朝から夜更けまで、先を争って行き、行列は絶えることがなかった。」と記しており、人々の安堵の様子をうかがい知ることができます。一方、廃都となる甲賀宮（紫香楽宮）は、五月一一日の条に、「無人の地となり、盗賊が充満し、山火事もまだ消えなかった。」と、その荒廃ぶりを伝えています。甲賀宮には諸司および衛門士等を派遣して、官物を収納させて始末をし、各官司の役人たちもそれぞれ元の役所に戻らせ、六月一四日には、平城宮の宮門に大楯を建てて還都を行いました。

こうして、紫香楽宮は、皇都として、わずか、五カ月あまり、離宮としての二年半ほどの期間（天平一四年八月一一日に離宮造営の司を置いた日から遷都まで）を加えても、三年足らずの宮都としての幕を閉じたのです。

第五節　甲賀寺と国分寺（注77）

一.「史跡紫香楽宮跡」と「甲賀寺」

(一)「甲賀寺」の建立

盧舎那仏造立と「甲賀寺」

紫香楽宮は、天平一四（七四二）年八月一一日に、離宮として造営が開始されました。離宮造営の目的が盧舎那仏の造立にあることは、天平一五（七四三）年一〇月一五日に、「菩薩の大願を発して、盧舎那仏の金銅像一躯を造り奉る。国銅（国中の銅）を尽くして像を溶かし（鋳造し）、大山を削りて以て堂を構え、広く法界に及ぼしめ、朕が知識（仏に協力する者）と為す」と詔が出されていることから明らかだと考えます。紫香楽宮が仏教の聖地、仏都としての性格をもつとされる理由がここにあります。そして、その月の一九日には、「皇帝紫香楽宮に御す。盧舎那仏の像を造り奉らんがために、始めて寺地を開」き、一年ほど後の天平一六（七四四）年一一月一三日には、「甲賀寺に始めて盧舎那仏像の体骨柱（大仏鋳造のための鋳型の骨組み）を建」て、「天皇親しく臨みて、手づからその縄を引」き、鋳造直前までの準備を整えたのです。

この盧舎那仏造立の事業では、初めて寺地を開く時に、行基法師が弟子らを率いて衆生（民衆）を勧誘したように、盧舎那仏の鋳造にあたっても、「もしさらに一枝草一把土を持って像を助け造らんと願いする者あらばこれを許す」と、衆生の参加・協力を求めています。このように行基を介して事業を民衆に理解させ、参画させる手法は、すでに、天平一三（七四一）年一〇月、恭仁京造営に際し、「賀世山の東河（木津川）」に橋を架ける時に優婆塞を召還したことにも見られます。天平一三年の恭仁宮遷都、天平一四年の紫香楽宮の造営、天平一五年の盧舎那仏造立のための寺地の造成、そしてこれに加えて天平一六年に盧舎那仏を鋳造しようとするのですから、これら事業に伴う様々な辛苦から生じる民衆の不平不満を抑えるため、信奉厚い行基を介して民衆を懐柔する必要があったのです。

しかし、「甲賀寺」での鋳造事業は、天平一七年六月一四日に平城京へ還都し、その年の八月に東大寺に大仏殿造営のための整地工事が開始されていることから、完全に中止されてしまいます。体骨柱を建ててからわずか二カ月弱の間で、到底、盧舎那仏像が完成したとは思えません。従って、寺地を開いてから紫香楽宮遷都までの一年半ほどの間でどの程度「甲賀寺」の造営が進んだのか全く伝わっていませんが、少なくとも大仏殿は建立されなかったと見るべきでしょう。

「甲賀寺」と「史跡紫香楽宮跡」

天平一五年一〇月一九日に「盧舎那仏の像を造り奉らんがために、始めて寺地を開」いて建立しようとした寺が、一年ほど後に「甲賀寺に始めて盧舎那仏像の体骨柱（大仏鋳造のための鋳型の骨組み）を建」てたとある「甲賀寺」であることは間違いないと思います。これまで、この「甲賀寺」の具体的な場所については、かつての「史跡紫香楽宮跡」がその候補地とされてきました。この「史跡紫香楽宮跡」は、当初、聖武天皇の紫香楽宮と推定され、史跡に指定されたのですが、後に東大寺に似た伽藍配置を持つ寺院の遺構であることが判明したことから、「甲賀寺」と推定されるようになったのです。その後、長らく実体の不明であった紫香楽宮跡が、宮町遺跡に所在することが明らかになり、さらに、新宮神社遺跡の調査によって、朱雀道かと考えられる道路状遺構が発見され、宮町遺跡と「史跡紫香楽宮跡」とが有機的に関連づけられるようになったことから、ますます、「史跡紫香楽宮跡」が「甲賀寺」である可能性が高くなってきたとされているのです。

しかし、盧舎那仏造立が中止されているので、大仏殿の建立はなかったと考えられます。大仏殿は、東大寺では金堂にあたる寺院の中心的建造物ですから、大仏殿と「甲賀寺」の建立が別の場所で行われたとしない限り、「甲賀寺」は平城京還都までには、ほとんど完成していなかったと思われるのです。従って、「史跡紫香楽宮跡」の遺構が「始めて寺地を開」いて建立しようとした「甲賀寺」と一致するのかどうか、また、「盧舎那仏像の体骨柱」を建てた場所もこの「史跡紫香楽宮跡」なのか、改めて検討していく必要があります。これまでの研究でも、「史跡紫香楽宮跡」の寺地の造成の様子、寺域、堂塔の構造、現在の伽藍の建立の時期、さらには廃絶の時期などが明確にされていないのです。

なお、以下では、この寺院遺構を「史跡紫香楽宮跡[注78]」と表記し、「甲賀寺」とは区別することとします。

(二)「史跡紫香楽宮跡」の調査

昭和二五年の調査[注79]

これまでの「史跡紫香楽宮跡」の発掘調査は、昭和二五年に、伽藍遺構の北側の闕伽池《おかいけ》と称される楕円形の窪み部分と塔院で、わずか三日間実施されたのにすぎません。窪地からは奈良時代の土器や瓦が出土し、当時の用水池ではないかとされました。しかし、主要伽藍北辺から三〇mほど離れていることもあり、伽藍遺構の時期や性格などを明確にすることができませんでした。また、塔院の調査では、塔が低い二重基壇を持ち、火災により焼失してしまっていることなどがわかりました。しかし、やはり、伽藍全体の性格を把握するには至っていません。こうした状況の中で、早くから採集されてきた軒瓦が研究の対象とされてきました。とくに、恭仁宮跡・山背国分寺跡から出土する軒瓦との同笵関係にあるものに注目して、「史跡紫香楽宮跡」の創建時期、すなわち現在残っている伽藍遺構が盧舎那仏造立に伴い建立された「甲賀寺」かどうかという疑問に答えようとされてきました。現状では軒瓦が唯一の検討資料ですので、ここで私なりに整理し、「史跡紫香楽宮跡」の性格について考えてみたいと思います。

「史跡紫香楽宮跡」出土の軒瓦

これまで採集されてきた軒瓦には、軒丸瓦が三型式（a・b・c）、軒平瓦（A・B・C）も三型式あります。軒丸瓦aは、単弁一七葉の蓮華文で、中房は圏線で囲まれ、一＋八の連子が配されています。外区内縁の珠文帯は二重圏線で区画され、小さな珠文を比較的密に二四個を配し、外縁は高くて直立縁に近く、線鋸歯文を巡らせています。鋸歯文は不鮮明なものが多く、なでて消しているものも見られます。軒丸瓦bは、複弁六葉の蓮華文で、中房には一＋六の連子が配されますが、圏線を巡らせるものと（b—1）、

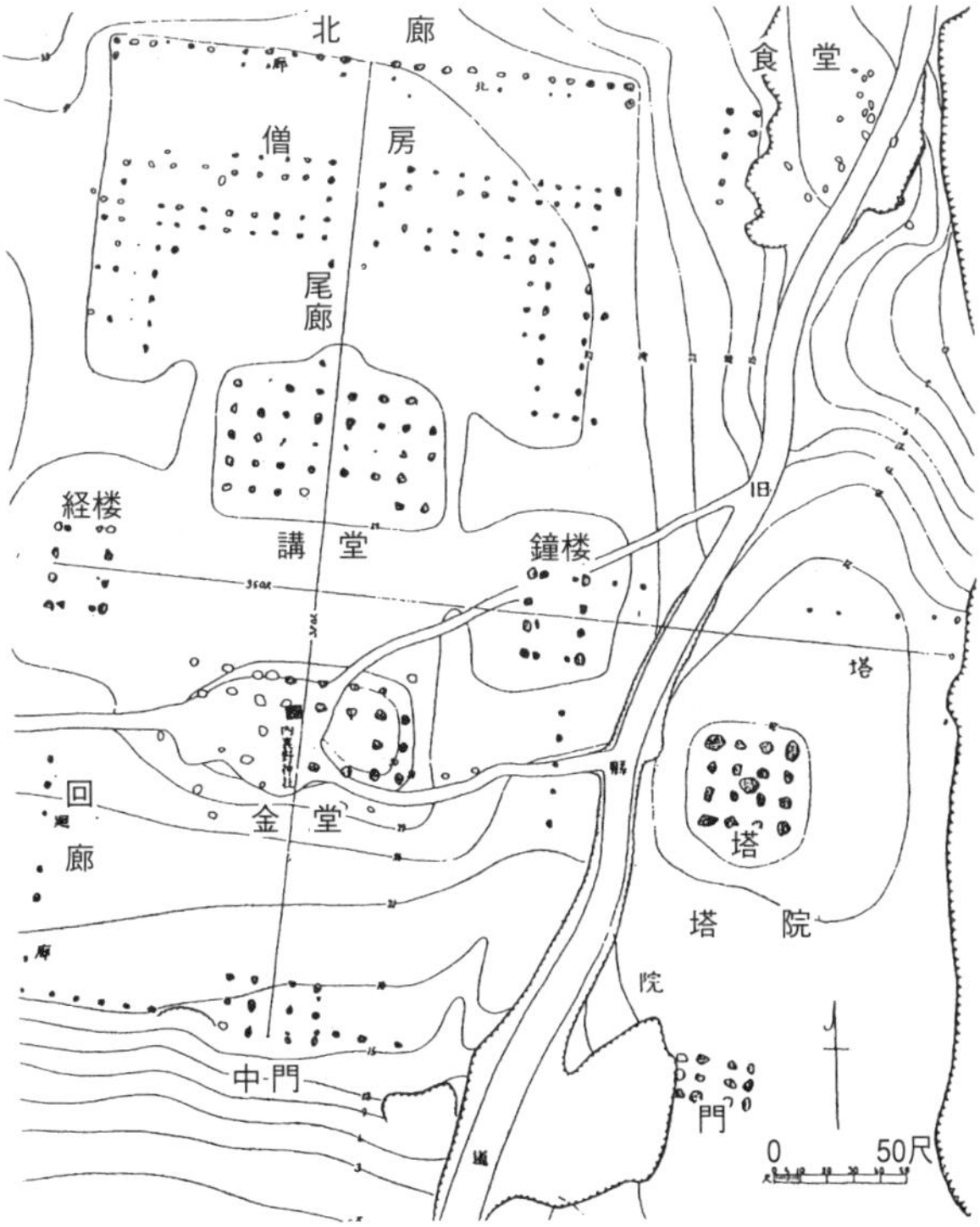

図59．昭和五年調査の「史跡紫香楽宮跡」の実測図

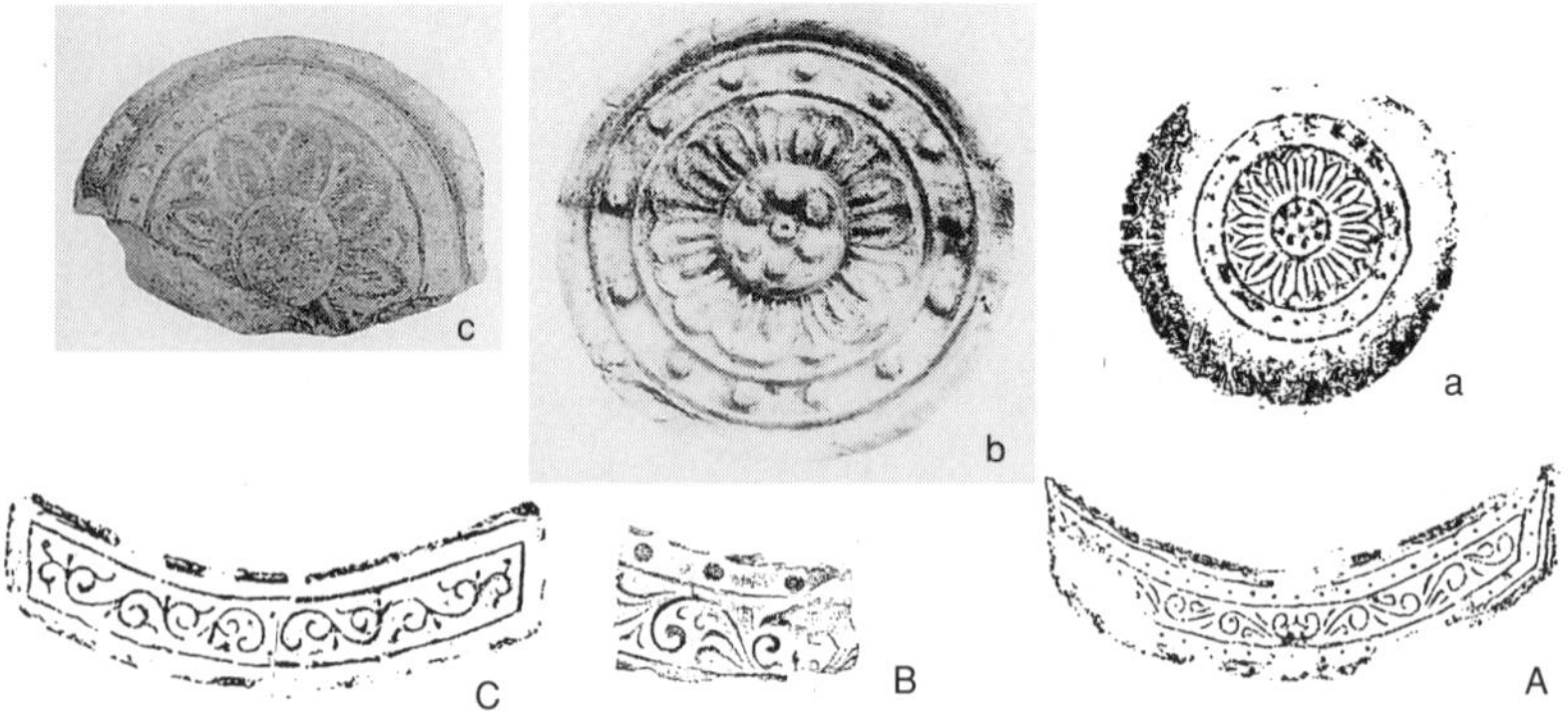

図60.「史跡紫香楽宮跡」出土の軒瓦

中房を突出させるもの（b―2）とが見られます。外区内縁の珠文帯は二重の圏線で区画され、大きな珠文を粗に一三個配しています。三型式目は、単弁八葉の蓮華文で、傘形の特徴ある間弁を持っています。突出する中房に一＋八の連子を配し、外区の珠文帯は二重の圏線で区画され、小さな珠文を密に配しています。軒平瓦Aは、左右両側に四回転する均整唐草文で、中心飾りは花頭形のものが垂れています。珠文帯を二重圏線で囲い、各コーナーを結んで作った四区画の中に、小さな珠文を密に配しています。軒平瓦Bは、同じ均整唐草文ですが、三回転する唐草の巻き込みが強く、遊離する支葉が三～四枚からなっています。中心飾りは三葉で、左右の二葉が外反し、分離しています。外区の珠文帯には、大振りな珠文が配されています。軒平瓦Cは、中心に三角形の珠文を上下に配し、その左右に五回転の唐草文を配するものです。支葉がワラビ手のようで、遊離していません。

軒瓦の編年

この中で、軒丸瓦aと軒平瓦Aがセット（a―A）として用いられたもので、山背国分寺造営寺に新調された軒瓦（第三群軒瓦）と同じ笵で作られたものがあることがわかっているものです。山背国分寺は、天平一八（七四六）年九月二九日に「恭仁宮の大極殿を国分寺に施入す。」とあり、以降、寺院としての堂塔伽藍の整備が進められています。恭仁京造営にあたっては、平城京から運び込まれた軒瓦（第一群軒瓦）や、恭仁京造営寺に新調された軒瓦（第二群軒瓦）が用いられています。しかし、国分寺整備事業によって造営された塔院地区から出土する軒瓦には、第一・二群軒瓦の出土率がきわめて低く、第三群軒瓦の比率がきわめて高いことから、山背国分寺造営に必要な大部分の瓦は新調されたものと考えられています。（注80）その主なものがa―Aのセットなのです。従って、このセットの製作年代を天平一八年以降とすることができます。ただ、山背国分寺出土の同笵軒瓦は、「史跡紫香楽宮跡」で用いられた笵を利用して作られているとの指摘（注81）があり、「史跡紫香楽宮跡」出土のものの製作年代を天平一八年以前とする考えがあります。

次に、軒丸瓦b―1は、なぜか平安時代に下るものとされてきたものです。しかし、東大寺式の平城宮六二三五―E（注82）と同じ特徴をもち、これとセットになる平城宮六七三二―Eが軒平瓦Bとしたもの（b―B）なのです。これらは東大寺系の一群の中でも古い部類もので、平城宮第Ⅲ期（天平十七（七四五）年～天平宝字元（七五七）年）―二の段階のものと考えられています。平城宮第Ⅲ期（天平勝宝年間（七四九～七五六年）からその造営に用いられているものです。平城宮や東大寺出土のものと同笵かどうか確かめていませんが、「史跡紫香楽宮跡」造営にあたって平城宮から運び込まれたものと思われます。

三つ目の軒丸瓦cは、連弁のモチーフからすれば、軒丸瓦aの単弁一七葉を交互に間弁に変えたものと見ることができます。これとセットとなるものが軒平瓦C（c―C）です。軒丸瓦cは、佐藤宗男さんの所蔵瓦（注83）として紹介されてきましたが、なぜか、これについても、これまでほとんど注目されませんでした。しかし、このセットは、平城宮第Ⅳ期（天平宝字元（七五七）年～宝亀元（七七〇）年）―二の軒丸瓦六一五一A―a、軒平瓦六七六〇―Aに近似しているのです。軒平瓦Cの珠文帯が省略され、中央飾りや唐草が簡略化されていることから、平城宮Ⅴ期に下る可能性がありますが、少なくとも平安時代のものではありません。

以上から、「史跡紫香楽宮跡」から出土した軒丸瓦、軒平瓦の三つのセット（a—A・b—B・c—C）は、a—Aが山背国分寺が整備される天平一八（七四六）年以降（それ以前とする考えもあります）、b—Bが平城宮Ⅲ—二期の東大寺造営にかかる天平勝宝年間（七四九～七五六年）、c—Cが宝亀元（七七〇）年以降の平城宮Ⅳ—二期からⅤ期とすることができます。これらのうちb—Bは平城京から運び込まれたものであり、「史跡紫香楽宮跡」の堂塔が東大寺の建立と並行して行われていたことを示しています。また、c—Cはその後の補修瓦と見ることができ、「史跡紫香楽宮跡」の存続時期を示すものといえます。

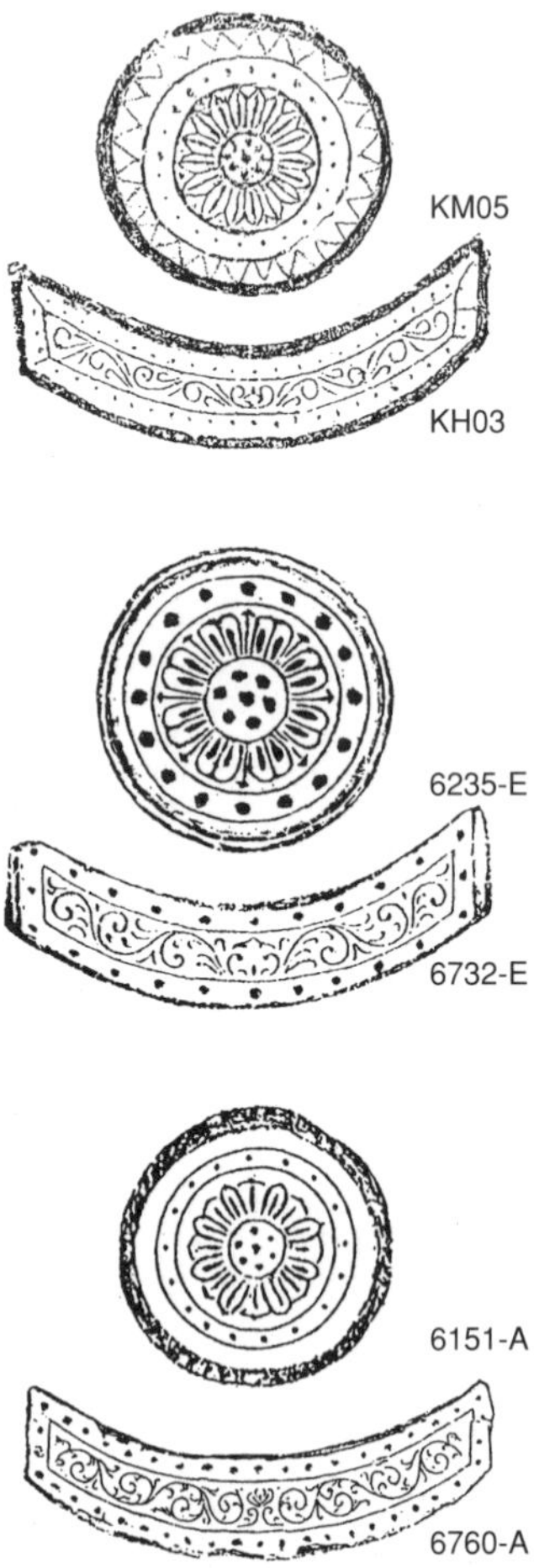

図61．京都府山背国分寺跡（上2点）・奈良県平城宮跡（下4点）出土の軒瓦

「史跡紫香楽宮跡」の創建

創建にかかる問題はa—Aの時期で、恭仁宮の大極殿を山背国分寺に施入した年を基点として、それ以前か以後かの結論を出すことができません。しかし、今後の調査の進捗によっては改めなければなりませんが、たとえ同笵関係から山背国分寺跡出土のものより古いとしても、「甲賀寺」の中心となる大仏殿の建立がない状況で、他の伽藍の整備が行われていたとは考え難いことから、平城京還都までにa—Aの軒瓦を用いた堂塔の建立はな

かったと考えています。すなわち、a—Aは山背国分寺造営時期をさかのぼって用いられたものではなく、平城京から運び入れられたb—Bとともに「史跡紫香楽宮跡」の伽藍の整備に際し用いられたものと推察しています。

紫香楽宮廃止後の寺院の建立については、『正倉院文書』の中に、天平一七（七四五）年一〇月、「造甲可寺所」より仕丁《つかえのよぼろ》等の公粮を申請する解文があり、「甲可寺」の中に、まだ、直丁・廝丁合わせて一六七人がいたことがわかっています。また、同じ文書の中に、天平一九（七四七）年正月、「甲可寺（甲賀寺）造仏所」より金光明寺（東大寺）の造仏官宛の牒が残っています。さらに、天平勝宝三（七五一）年一二月一八日の日付で、東大寺の奴婢の一人がに「甲賀宮国分寺」の大工の家で捉えられたことを告げる文書（『大日本古文書』宮崎道三郎所蔵「奴婢見来帳」）が残っています。これらから、宮廃止後も寺院造営に関わる組織体制は十分に維持されていたことがわかります。

㈢　鍛冶屋敷遺跡の調査

大規模鋳造遺構の発見

紫香楽宮関連遺跡の調査は、現在も滋賀県や甲賀市の教育委員会で精力的に進められています。その中で、「甲賀寺」に関する重要な発見があり

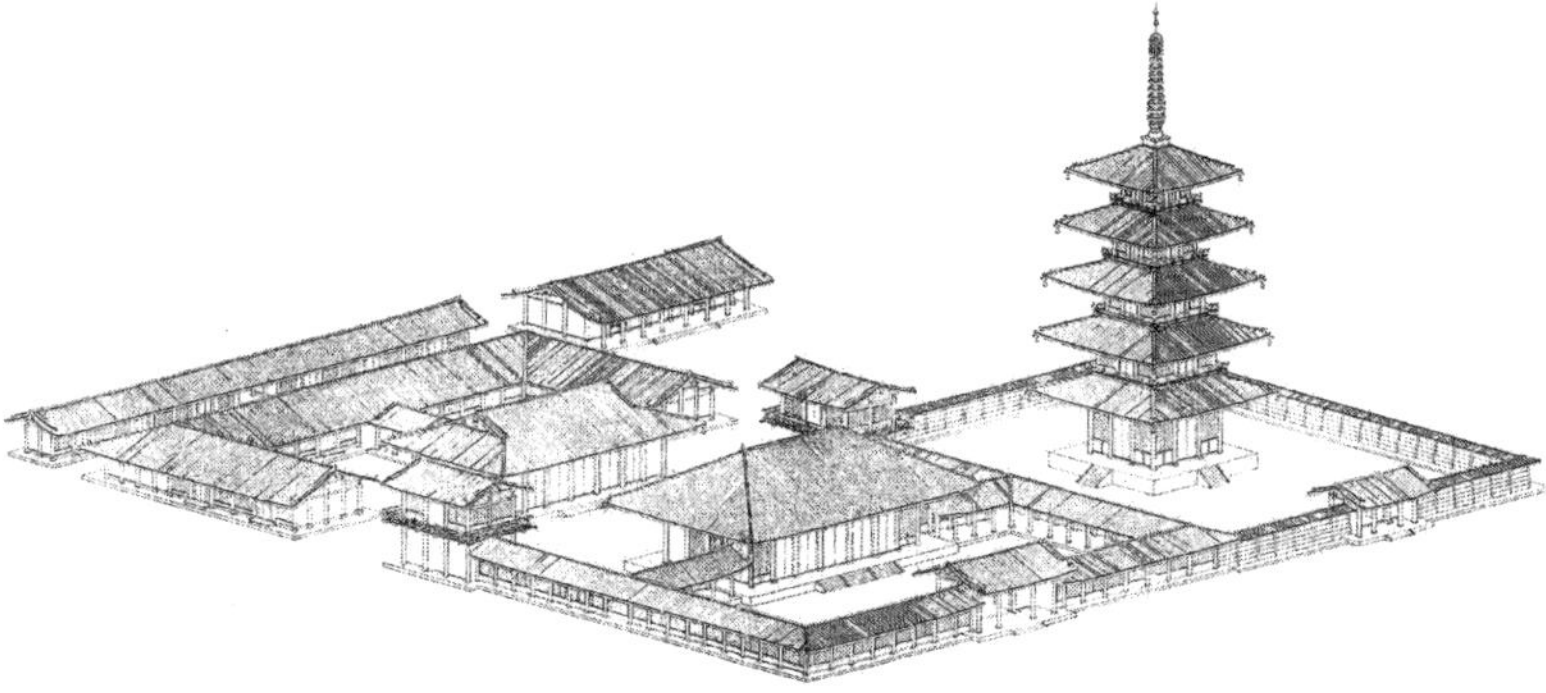

図62.「史跡紫香楽宮跡」の復元図

ました。それは「史跡紫香楽宮跡」の北東部に位置する鍛冶屋敷遺跡での大規模な鋳造遺構の発見です。詳細は発掘調査報告書に譲りますが、鋳造遺構に関わる概略を報告書では次のようにまとめられています。(注84)

第一段階前半　大型掘立柱建物が建てられた段階

第一段階後半　大型掘立柱建物を撤去して銅の精錬を行った段階

第二段階前半　第一鋳造遺構群西列で銅の精錬を行った段階

第二段階後半　第一鋳造遺構群によって銅の鋳造を行った段階

第二段階後半以降　第二鋳造遺構群によって銅の精錬・銅製品の鋳造を行った段階

第三段階　銅の精錬を行い、土坑五、六において大型銅製品の鋳造を行った段階

第一鋳造遺構群は、約一八m間隔で設けられた二本の南北溝の間に、およそ三m間隔で、送風施設（鞴）、溶解炉、鋳込み遺構といった一連の鋳造関係遺構を東西二列に整然と配するものです。西列八単位、東列六単位が検出されていますが、それぞれ九単位、計一八基は存在していたと見られています。また、それぞれの単位の間に資材置き場かと思われる掘立柱建物がおかれています。第二鋳造遺構群は、第一鋳造遺構群の東側で見つかっています。削平が激しく全容はわかりませんが、第一鋳造遺構群が東西方向に各鋳造関係施設を並べているのに対し、南北方向に配列しています。さらにその東側でも南北方向に各施設を並べた第三鋳造遺構群の存在が確認されています。第三段階の土坑五・六は大型品の鋳造遺構で、土坑五は仏像の台座状の器物、土坑六は梵鐘を鋳造していた可能性が強いとされています。

鋳造遺構群の性格

鍛冶屋敷遺跡で見つかった鋳造遺構群は、その規模や整然と配列されている状況だけで官営の工房であると推察できます。このことについては、「二竈領」と墨書された土器が出土したことで証明されました。これは、「に

のかまどのうながし」と読み、「二番目の溶解炉を管理する責任者」という意味があります。東大寺造営関係の木簡の中にも見られ、鍛冶屋敷遺跡の鋳造作業においても大規模な工房が組織されていたことがうかがえるのです。『正倉院文書』の中に、天平一九（七四七）年正月「甲可寺造仏所」より金光明寺（東大寺）の造仏官宛て、制作中の三体の仏像を運ぶ際の所用の担夫、材料等の員数を計算し具注した牒が残っています。鍛冶屋敷遺跡の工房組織はこの「甲可寺造仏所」に相当するのではないでしょうか。ただし問題は、これら鋳造遺構群が、「甲賀寺」の造営、強いては、盧舎那仏造立に直接関わるものかどうかです。報告書では、鋳造遺構群のそれぞれの実年代についても歴史的な事象と結びつけて、第一段階前

写真15．信楽町鍛冶屋敷遺跡全景（上が北）

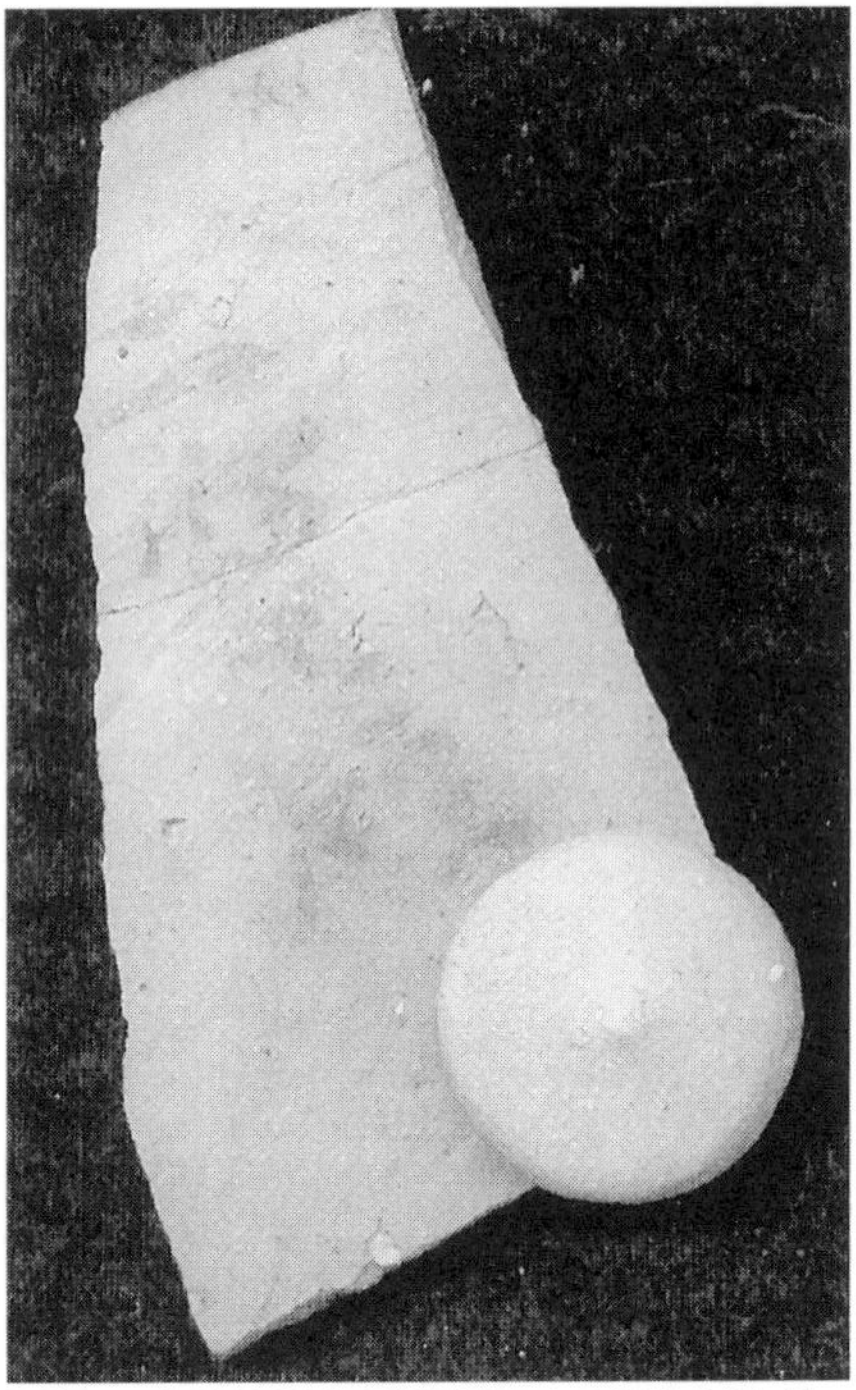

写真16. 信楽町鍛冶屋敷遺跡出土の墨書土器（「二竈領」）

半は聖武天皇の最初の紫香楽行幸［天平一四（七四二）年八月一一日］を上限とする時期、第一段階後半は盧舎那仏造立の発願（天平一五年一〇月一五日）を上限とする時期、第二段階後半以降～第三段階は「甲賀寺」の近江国分寺化（天平一七年五月以降）と関わる時期とされています。第一鋳造遺構群が操業されていた第二段階前半および後半については触れられていませんが、その前後の時期の想定から、盧舎那仏造立の詔の発布、および、そのための寺地を開いてから平城京還都までの間、すなわち「甲賀寺」が造営されていただろうとする期間があてはまります。天平一六年一一月一三日に体骨柱を建てていることから、確かにこの頃には紫香楽に相当量の「国銅」が集積されていたと思われます。しかし、大仏殿ができる前に「甲賀寺」の他の伽藍が整備されていたとも思われず、この段階で、盧舎那仏造立のために必要な「国銅」を仏具や宮の装飾品などの製作に使っていたとは到底考えられません。従って、第二段階は、平城京還都（天平一七年六月）後、さらに穿ってみれば、東大寺大仏殿造営のための整地工事が開始（天平一七年八月）されて以降、報告書の「甲賀寺」の近江国分寺化と関わる時期にまで下ると考えています。第一段階の大型掘立柱建物の性格についてはわかりませんが、これを撤去してまで鋳造遺構群を作っているのですから、平城京還都以前で、この建物こそが「甲賀寺」造営に何らかの関わりのある施設と思っています。

二、「史跡紫香楽宮跡」と「甲賀宮国分寺」

㈠「甲賀宮国分寺」

国分寺・国分尼寺造営の詔

これまで、出土している軒瓦の検討から、「史跡紫香楽宮跡」の創建の時期は、恭仁宮の大極殿が山背国分寺に施入された天平一八年頃ではないかとしてきました。現在残っている伽藍は、盧舎那仏を建立しようとした「甲賀寺」ではなく、都が平城京に還都され、盧舎那仏造立が金光明寺（後の東大寺）に移る際、近江国分寺として改めて整備された時の遺構ではないかと考えているのです。すなわち、盧舎那仏造立を試みた場所は別にあるのではないかということです。たとえば、鍛冶屋敷遺跡で第一段階前半とされる大型掘立柱建物が何らかの関わりを持っているのではないかと推定することも可能なのです。ともかく、鍛冶屋敷遺跡については、今後の発掘調査の成果を待ちたいと思います。

さて、この近江国分寺が紫香楽にあったとする根拠は、天平勝宝三（七五一）年一二月一八日の日付で、東大寺の奴婢の一人が「甲賀宮国分寺」の大工の家で捉えられたことを告げる文書（『大日本古文書』宮崎道三郎所蔵『奴婢見来帳』）が残っていることです。そして、「史跡紫香楽宮跡」に対する次の問題は、現在残っている伽藍遺構が文献に唯一見られる「甲賀宮国分寺」なのかどうかということです。この問題に対しては、後で述べるように、近江国分寺の廃絶時期や廃絶状況を示す記録が残っており、「史跡紫香楽宮跡」のこれまでの調査成果がこの記録に符合するかどうかを検討する必要があるのです。

この問題を検討する前に、国分寺の創設に関して簡単に触れておきます。『続日本紀』天平一三（七四一）年三月二四日に、全国の僧寺に七重の塔を造らせ、僧寺に「金光明最勝王経」、尼寺に「妙法蓮華経」を各一部、別に天皇が書写した「金字金光明最勝王経」を安置させる詔が出されています。『類従三代格式』(注85)（弘仁・貞観・延喜三代の格を集大成し、分類編纂したもの。）では、同じ内容のことが、天平一三年二月一四日付けの「国分寺事」の勅として見えています。これがいわゆる「国分寺・国分尼寺造営の詔」で、僧寺には封戸五〇戸、水田一〇町、尼寺には水田一〇町が施入され、僧寺に僧二〇人を置いて金光明四天王護国の寺、尼寺に尼一〇人を置いて法華滅罪の寺とするとしています。また、国分寺の管理には、その国の国司をあたらせています。このことが、国分寺が国庁に近い場所に建立されたとする根拠になっています。この国分寺創設の考えは、天皇の信仰はもちろん、唐に留学していた玄坊等の勧めがあったこと、律令制の行き詰まりや凶作・疫病の流行などによる社会不安を取り除く必要があったこと、などが直接の要因であったようです。

近江国分寺の研究史

近江国分寺に関しては、これまで文献からの調査が主流でした。その主なものは、『国分寺の研究』に掲載されている柴田實さんの研究(注86)です。「甲賀宮国分寺」は紫香楽宮にある寺院、すなわち「甲賀寺」を指し、現在見られる「史跡紫香楽宮跡」の伽藍遺構であるとされています。また、「史跡紫香楽宮跡」が紫香楽宮が廃された後に国分寺に改められた寺とするには甚だ不自然だと述べられています。そして、天平宝字六（七六二）年の石山寺創建に関する『正倉院文書』に、紫香楽故京の遺材を以て石山に法備国師を入れる板屋を作るとあることから、国師は国司と共に一国の寺務を検校する役割を持っており、在任中は国分寺に在留するのが通例と考えられるとして、この年に国分寺を紫香楽から「勢多」に移したと推定されています。この推定には、京都来迎院文書の中に、宝亀一一（七八〇）年一一月一〇日付けで、三津首広野（伝教大師最澄）が国分寺僧最寂の死闕の替えとして得度された時の牒があることをあげ、はるか後の正中二（一三二五）年の記録に叡山末寺領として「勢多国分寺敷地」とあることを補強資料としています。ただし、「勢多」にあったとされる寺院の所在地については、不明とせざるを得ないとされています。

また、『新修国分寺の研究』に加えられた林博通さんの「近江国分寺に関する発掘調査(注87)」では、現在の「史跡紫香楽宮跡」の伽藍遺構を「甲賀寺」とし、伽藍の類似点から東大寺の前身的性格を持っているとされています。「甲賀宮国分寺」に関しては、宮廃止後に「甲賀寺」に国分寺としての寺格が与えられたとされ、天平一九（七四七）年に制作中の仏像が東大寺に移された時点で「甲賀宮国分寺」としての性格が失われたとしています。さらに、平安前期の瓦が出土していることを以て、天平一九年に寺格は降下したものの寺院としての法灯は存続していたとしています。すなわち、「史跡紫香楽宮跡」の伽藍遺構は、聖武天皇が盧舎那仏造立のために建立を始めた「甲賀寺」であり、これが「甲賀宮国分寺」であった期間は、宮が廃された天平一七（七四五）年五月から天平一九年一月までの間であったということになります。その後の国分寺については、柴田氏の研究を援用されていると思われますが、「勢多」にある大津市野郷原の瀬田廃寺跡を考えていると述べられています。

柴田・林のお二人はいずれも「甲賀寺」は現在の「史跡紫香楽宮跡」であり、「甲賀宮国分寺」は紫香楽宮廃都後に「甲賀寺」に寺格が与えられ、柴田氏は七六二年、林氏は七四七年と時期は少し違いますが、いずれにしても早い段階で国分寺は勢多に移されたとされています。このお二人の意見が、これまでの文献史学と考古学を代表する近江国分寺に関する研究の現状だと思われます。

(二) 近江国分寺と「史跡紫香楽宮跡」

出土軒瓦

柴田實・林博通のお二人の研究成果を踏まえ、ここでもう一度「史跡紫香楽宮跡」の伽藍遺構について、これまでの数少ない調査成果を考古学の立場で考えてみたいと思います。

まず、出土遺物では、これまで報告されている三型式の軒瓦のうちb―Bのセットは東大寺系の古い段階のもの［天平勝宝年間（七四九～七五六年）］、平城京の編年では第Ⅲ期―二に当たります。山背国分寺と同笵の関係のあるa―Aのセットについては、このb―Bのセットと同時に用いられていることから、山背国分寺が整備される頃をさかのぼるものではないと考えました。そして、c―Cのセットが最も新しい補修瓦で、平城京の第Ⅳ期―二（七六七～七七〇年）、あるいはこれよりわずかに新しく、「史跡紫香楽宮跡」の伽藍遺構の廃絶時期の上限を示すものと見ています。

平成一六年度の調査(注88)

次に、伽藍遺構に関しては、昭和二五年の塔跡の調査後、平成一六年になって、ようやく、中門から経楼までの回廊跡の調査が行われました。伽藍の構造などについては刊行される予定の報告書に譲り、滋賀県の年報や現地説明会の資料から注目すべきところを拾ってみます。回廊跡の調査では、回廊外側で見つかった礎石列のいずれもが火を受け、中には加熱で割れたものも存在していました。これと対になる内側の柱列は掘立柱で、いずれの抜き取り痕にも焼土や炭などが詰まっていました。経楼跡付近の調査では、新たな回廊の礎石を検出していますが、確認した礎石の上に、経楼から焼けて流れ落ちた壁土、焼土、炭、焼けた瓦などが堆積していました。また、西塔跡と推定している場所の調査では、遺構は明確ではありませんでしたが、加熱で割れた礎石片と思われるものや、焼土と炭の混じった土層を確認しています。また、中門・経楼跡の礎石も被熱しています。以上から中門・経楼・回廊のいずれもが火災に遭っていることが明白です。塔跡の調査でも焼土層の堆積が認められ、火災により焼失したと報告されています。さらに、経楼跡付近の焼土などの堆積状況から、再建どころか火事後の清掃もなく廃絶してしまっていることが明らかになっています。出土遺物では、これまで報告されている三型式のいずれもが出土しています。

次に、この火災が何時起きたかの問題ですが、軒瓦のc—Cのセットが示す時期が上限となることは明らかです。c—Cの軒瓦は平城京の第Ⅳ期—二（神護景雲元年～宝亀元年（七六七～七七〇年））、あるいはこれより少し新しいかも知れないと見ており、この頃に「史跡紫香楽宮跡」の伽藍遺構が焼失したと考えられます。

平成一八年度の調査(注89)

この年には、講堂の北側から北東部分、および、僧坊南側から軒廊（尾廊）部分が調査されています。このときの調査で注意すべきは、講堂周辺から出土した軒瓦について、「複弁六葉の蓮華文で、中房には一＋六の連子が配され、外区内縁の珠文帯は二重の圏線で区画され、

写真17.「史跡紫香楽宮跡」の経楼跡と焼土層の下から見つかった回廊跡の礎石

大きな珠文を粗に一三個配する東大寺軒瓦に類似するもののみを確認している。」と報告されていることです。従って、少なくとも軒廊と寺院の中心堂宇の一つである講堂については、平城京還都以降に建立された可能性の高いことが判明したのです。

「延暦四年火災焼尽」

近江の国分寺廃絶に関する記録に、『日本紀略』弘仁一一（八二〇）年一一月二二日の条の記事があります。これには「国分僧寺延暦四（七八五）年火災焼尽、伏せて望む定額国昌寺を以て国分金光明寺となす。」とあり、国分僧寺が全焼したので、定額国昌寺を国分寺とすると記されています。これまでの近江国分寺の研究では、近江国分寺は、遅くて天平宝字六（七六二）年、早くて天平一九（七四七）年には甲賀から「勢多」に移っているとされています。そして、甲賀から「勢多」に移った国分寺は大津市野郷原の瀬田廃寺跡が有力視されてきたのです。従って問題は、瀬田廃寺跡に、延暦四年に「火災焼尽」したとする記録に符合

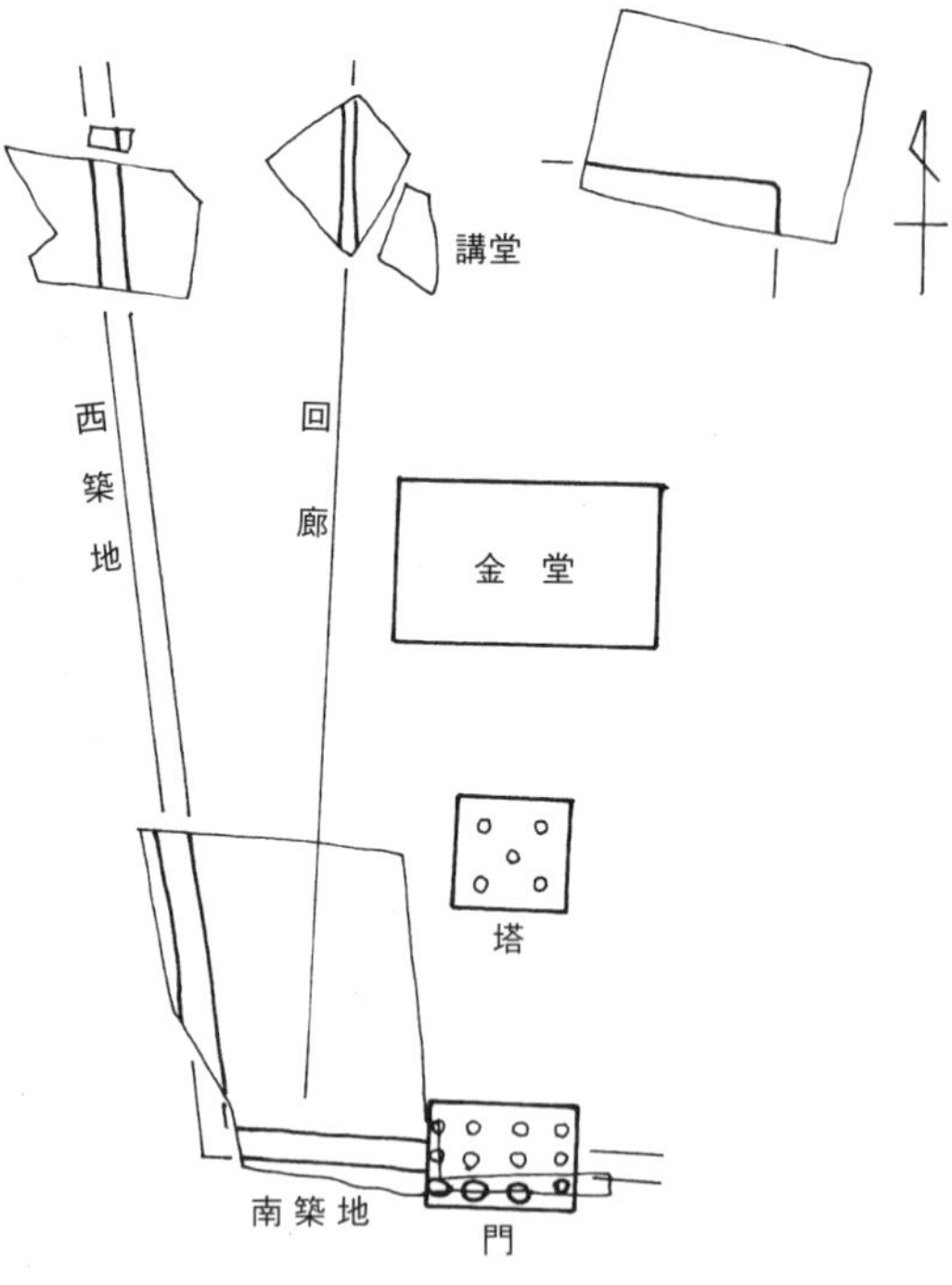

図63．大津市瀬田廃寺跡の伽藍配置図

する全焼した痕跡があるかどうか、被災していればその時期はいつかということです。当然、「史跡紫香楽宮跡」についても同様の問題を解決しておく必要があります。

まず、「史跡紫香楽宮跡」について見ると、これまでの調査で、現在の伽藍遺構は、平城京の第Ⅳ期―二、あるいはこれより少し新しい頃に屋瓦の補修がなされていることから、この頃を上限とする時期に全焼し、火事跡の始末もなく廃絶したものであることが明らかとなっています。この状況は、『日本紀略』弘仁一一年の「延暦四年」という廃絶の時期、その廃絶が「火災焼尽」によるものであるとする記事の内容と矛盾するところが全くありません。

一方、瀬田廃寺跡については、昭和三四年の発掘調査で、塔跡の全部、金堂跡の西半部、西僧房跡、西廊跡、築地跡が見つかっています。また、金堂の北方にかつて礎石があったことから講堂の存在が推定され、北から講堂、金堂、塔が一直線に並ぶ四天王寺式の伽藍配置が考えられています。この時の調査報告書でまず注意すべきは、被災状況についての記述が塔跡に限られていることです。従って、まず、「火災焼尽」の記述に合ってこないのです。また、平成一七年の調査で、門跡とその門から塔跡までの間の西側の築地跡が見つかっています。このときの調査でも火災の痕跡は見つかっていません。

「勢多国分寺敷地」と瀬田廃寺跡

この塔跡の被災時期を含めて、寺院の創建と存続期間を示すものとして、多数出土している軒瓦があります。まず創建時のものとしては、流雲文縁単弁一二葉軒丸瓦と流雲文軒平瓦のセットがあります。近江国庁跡、堂ノ上遺跡、石山国分遺跡などから出土しているものと同じで、奈良時代後期中葉頃のものです。ただこれ以外に、小片ですが、鋸歯文縁複弁八葉蓮華文軒丸瓦など、さらにさかのぼるものが出土しており、創建時期をさらにさかのぼらせる必要があるかもしれません。もう一つの組合せは、珠文縁複弁八葉蓮華文軒丸瓦と珠文縁均整唐草文軒平瓦です。これは、平安時代前Ⅰ期（七九三～八三四年）(注90)に比定され、京都市西賀茂角社瓦窯跡出土のものに似たモチーフのものがあり、この瓦窯跡出土のものと共通した造瓦法を持つとされる平安京の西寺跡などから出土しているものと同じもので、明らかに平安時代前期に下るものです。しかも、これは火災にあった塔跡周辺からだけ出土しており、塔の再建に用いられた軒瓦であると考えられるのです。

　こうした調査結果から、瀬田廃寺跡は、奈良時代後期中葉をさかのぼる時期に創建され、被災した塔が平安京の瓦を用いて再建されていたことがわかります。従って、寺院は塔の再建以降、平安時代前期以降にも存続していたことになります。そこで『日本紀略』の記事と照合してみると、まず、塔跡だけが火災に遭っているという調査結果から、「火災焼尽」とは見なしがたいことは先に述べました。また、焼尽後国分寺を定額国昌寺にあてているのですから、焼尽した国分寺は再建されなかったと見るべきで、塔を再建していること自体『日本紀略』の記事に矛盾しています。次に、塔跡の被災時期については、再建に平安京の瓦が用いられていることから九世紀代と見られ、やはり焼失が「延暦四（七八五）年」とする記録とも矛盾してきます。このように、瀬田廃寺跡

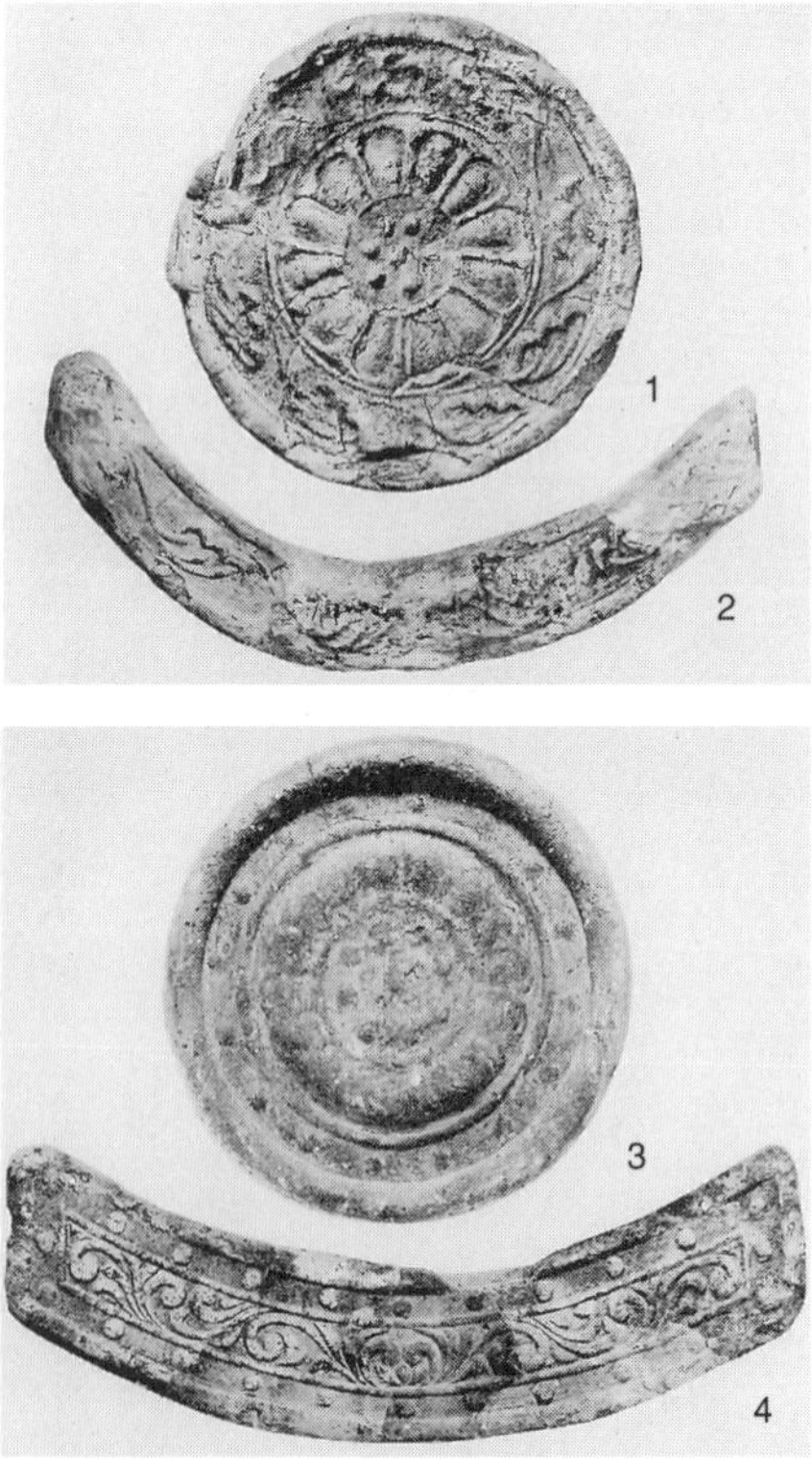

写真18．大津市瀬田廃寺跡出土の軒瓦
（1：流雲文縁単弁一二葉蓮華文軒丸瓦、2：流雲文軒平瓦、3：珠文縁複弁八葉蓮華文軒丸瓦、4：珠文縁均整唐草文軒平瓦）

が「延暦四年火災焼尽」した国分寺とは到底考えることができないのです。

以上から、「甲賀宮国分寺」は現在の「史跡紫香楽宮跡」の伽藍遺構であって、平城京遷都後に創建され、少なくとも延暦四年まで「国分僧寺」としての寺格を持っていたと考えることができるのです。なお、正中二年の『叡山末寺領注文』の「勢多国分寺敷地」の記述については、「国分寺が所有する勢多の敷地」と解すべきではないでしょうか。

㈢ 定額国昌寺と国分寺

定額国昌寺

その後の近江の国分寺に関する情報として、藤原実資《さねすけ》の九七八年から一〇三二年までの日記を集めた『小右記』の中の寛仁元（一〇一七）年一二月一四日の記事に、「昨日近江国国分並びに尼寺等野火のため焼亡す、先に尼寺焼亡、次に国分寺、両寺相去ること頗る遠く、しかし、風吹き移る」とあります。国分寺については、弘仁一一年一一月に定額国昌寺に国分寺の寺格が与えられており、従ってここでいう「近江国国分（寺）」はこの国昌寺を指していると考えられます。この定額国昌寺の遺跡は、石山寺のある伽藍山北側の石山国分の台地東端に位置するポリテクセンター滋賀辺りが有力候補地となっています。古くは、江戸時代の『近江輿地志略』に礎石などのあったことが記され、昭和五年には、この付近で採集された藤原宮系の軒瓦など白鳳時代から平安時代までの瓦が肥後和男氏によって『滋賀県史蹟調査報告書』第五冊[注91]に紹介されており、この付近が国昌寺跡であり、平安時代の近江国分寺の跡とされてきたのです。しかし、今は、かつてこの付近にあったという礎石は西方寺などに移されているとされるなど、旧状をとどめておらず、ポリテクセンター滋賀の西側二〇〇m足らずにある晴嵐小学校の一画に、何れからか移された「近江国分寺」の石碑が建つだけとなっています。

石山国分遺跡の調査

その後、候補地を含むこの辺り一帯は石山国分遺跡[注92]として周知され、東海道新幹線工事に関連して、昭和三六年には晴嵐小学校移転工事、翌年にはその南西部二〇〇m足らず付近の本線工事に伴い発掘調査が実施されました。ともに寺院の伽藍遺構の発見はありませんでしたが、多数の瓦が出土しています。近江国分寺にかかる可能性のある平安時代のものに、軒丸瓦では、圏線を巡らせる中房に一＋四の珠文を配し、外区に比較的密に二五個の蓮珠を巡らせる単弁八葉蓮華文軒丸瓦（二）が両調査地点から、さらに、圏線を巡らせる比較的大きい中房に一＋六の珠文を配し、外区には一六個の蓮珠を巡らせ、内区には七つの渦巻状の唐草を文様とする唐草文軒丸瓦（四）が本線工事地点から出土しています。軒平瓦では、両地点から、外区に比較的粗な蓮珠を巡らせ、内区に向かい合うCの字形の中心飾りに三葉文を配し、左右に四回転の唐草を描く均整唐草文軒平瓦（三）が出土しています。これらと同じものは、すでに、肥後さんによって紹介されています。ただ、新幹線工事に伴う二カ所の調査で、瓦の出土地点がさらに西側五〇〇～六〇〇mに広がることが明らかになりました。石山国分遺跡は、定額国昌寺跡や近江国分寺跡だけではなく、天平宝字三（七五九）年一一月一六日に造営を開始した保良宮に関わる遺跡であり、『小右記』寛仁元（一〇一七）年一二月一四日の国

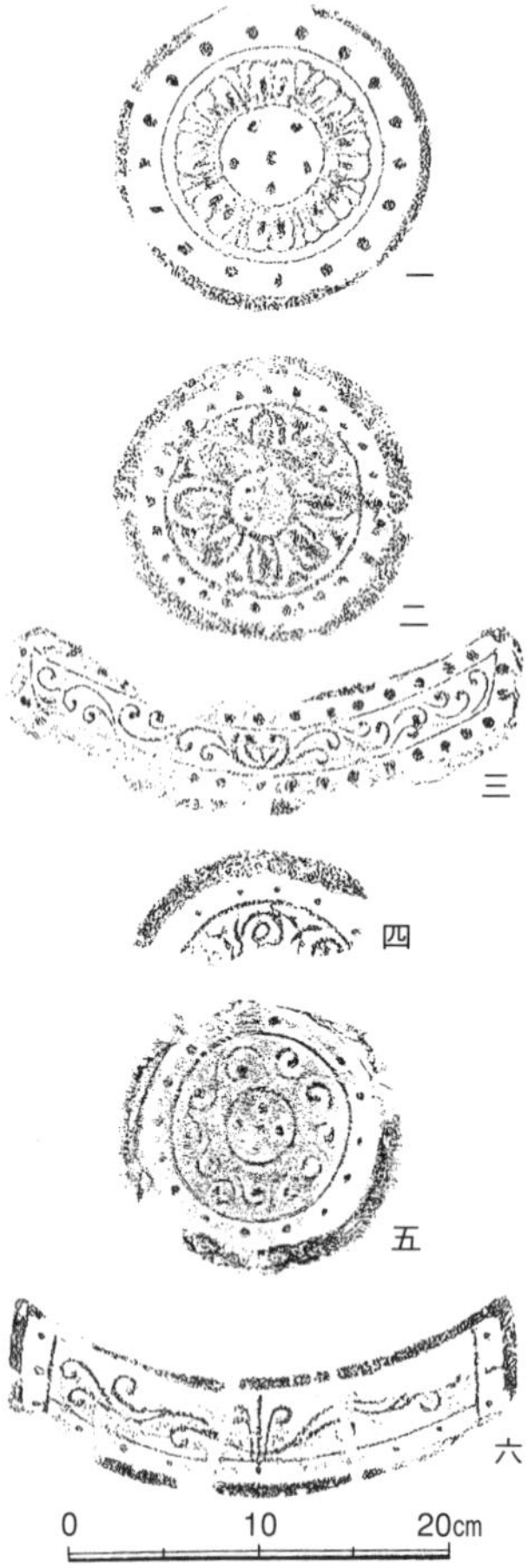

図64．大津市石山国分遺跡出土の平安時代の軒瓦

分僧寺・尼寺の火災の記事で、「両寺相去ること頗る遠く、しかし、風吹き移る」とされる尼寺の存在も推定されている遺跡なのです。

南郷田中瓦窯跡

白鳳時代創建の定額国昌寺跡は、弘仁一一（八二〇）年一一月二二日に国分寺としての寺格が与えらた頃、伽藍の修理や整備が行われたらしく、平安時代に下る瓦が出土しています。そして、この瓦を焼成するため、国分寺推定地から南三㎞ほどの丘陵地に南郷田中瓦窯（注93）が設けられていることがわかりました。平成四年に行われた調査では、二基の瓦窯跡が見つかっています。第一号窯はロストル構造を持つ平窯で、長さ一・六五m、幅一・九mの横長長方形の焼成室の床に、高さ四〇㎝弱の畝を六条作り、燃焼室との境に七つの分煙孔を設けています。燃焼室は焼成室より約二五cmほど低く作っています。平窯は、登窯ほどの高温は望めませんが、ロストル構造を持つことで焼成室の温度を均一にすることができ、瓦をむらなく焼き上げることができる長所を持っています。この一号窯の南側四mたらずのところで第二号窯が確認

写真19．大津市南郷田中瓦窯跡第1号窯（ロストル構造を持つ平窯）

されており、複数の瓦窯で操業されていたことが明らかになっています。この瓦窯跡からは、軒丸瓦が三種類、軒平瓦が二種類出土しており、このうち軒丸瓦二種類、軒平瓦一種類が石山国分遺跡から出土しているものなのです。さらに、単弁八葉蓮華文軒丸瓦（石山国分遺跡の二）は近江国庁跡、南滋賀町廃寺跡、堂ノ上遺跡、長尾瓦窯跡からも出土しており、何れも同笵であることが確認されています。また、渦巻状唐草文軒丸瓦は南滋賀町廃寺跡からも出土しています。軒平瓦は大半が均整唐草文軒平瓦（同三）で、近江国庁跡では軒丸瓦（同二）とセットで出土しており、また、これも堂ノ上遺跡からも出土しています。瓦の供給先が近江国庁を中心とする既設の関連施設や寺院に及んでおり、南郷田中瓦窯跡が近江国分寺を修復するためにのみ設けられたものではなかったようです。

この頃は、桓武天皇により延暦一三（七九四）年に平安京に遷都され、律令体制の再建を目指して班田制の励行や健児《こんでい》制の採用による兵制の整備、弘仁・貞観・延喜の三代格式の編纂などが行われた時代です。また、桓武天皇は、近江国滋賀郡に梵釈寺を建立し、仏教の興隆をも図っています。こうした情勢のもとで、地方機関の中心である近江国庁を中心とする諸施設や寺院を大々的に修復し、再整備しする事業が実施された可能性があります。すでに焼亡している近江国分寺が再建されず、三〇有余年も後に国昌寺に寺格を与えたことも、こうしたことと関連していると考えられます。

第六節　保良宮

一．保良宮の造営

㈠　藤原仲麻呂と保良宮

聖武天皇は、天平一七（七四五）年六月一四日に平城宮に還都し、東大寺建立を発願した後、天平勝宝元（七四九）年に退位して第一皇女に位を譲り、孝謙《こうけん》天皇が誕生します。この頃、民部卿で近江守を兼ねた藤原仲麻呂が、大仏造営を推進するなどして孝謙天皇の母である光明皇后の信任を得て勢力を伸ばし、時の左大臣橘諸兄《もろえ》の勢力を凌ぐ勢いとなっていました。天平宝字元（七五七）年七月には橘奈良麻呂が企てた謀反を防ぎ、一党を滅ぼしています。さらに、天平勝宝八（七五六）年五月二日に聖武上皇が崩御すると、孝謙天皇は皇太子である道祖王《ふなどおう》を廃し、仲麻呂の女婿である大炊王《おおいおう》を立て、しかも、天平宝字二（七五八）年には若干二五歳のこの大炊王（淳仁《じゅんにん》天皇）に譲位したのです。天平宝字六年二月二日に正一位にまで上りつめた仲麻呂の権威は、名実ともに絶大なものとなっていきます。

そして、淳仁天皇即位の翌年、天平宝字三（七五九）年一一月一六日、近江で、近江大津宮、紫香楽宮に続いて三度目の宮都の造営が開始されます。『続日本紀』に「造宮輔従五位下中臣丸連張弓と越前員外介従五位下長野連君足を遣わして保良宮《ほらのみや》を造らせた」とある保良宮です。宮の所在地が仲麻呂の勢力下にある近江国であることから、その造営には仲麻呂の力が大きく働いていたことがうかがえます。また、保良宮は平城京の副都として造営されたものですが、孝謙上皇と淳仁天皇は、平城京の改造を理由に、天平宝字五（七六一）年一〇月二八日から保良宮へ遷っています。宮の造営だけではなく天皇の遷幸にも、彼の力が大きく働いているのです。また、この事業には、天平宝字五年一月二一日条に「諸司の史正以上の宅地を分配して支給させた。」とあり、天平宝字五年一〇月二八日の条には「朕思うところがあって、北京（南京の平城京に対する呼称）を造ろうと考えている。」とあって、京域の造営も伴う大規模なものだったのです。

なお、保良宮が近江国に所在することについては、天平宝字五年一〇月二八日条の保良宮に遷る詔の中に「近江国保良宮」とあることから明らかであり、続いて北京を造営するに当たり勅された文章の中に「都に近き両郡」とあることから、平城京に近い滋賀・栗太郡内に所在することもわかっています。

(二) 保良宮の研究史

保良宮の所在地、宮域や京域、また、保良宮と国昌寺、あるいは国分尼寺との関係などについて様々な意見が述べられています。これまでの研究史については、吉水眞彦さんが『石山国分遺跡発掘調査報告書』の中でまとめられていますので、その概略を紹介しておきます。

○肥後和男「近江国分寺址」（『滋賀県史蹟調査報告』第五　一九三三年）：保良宮の後を国昌寺とした。

○大井重二郎『上代の帝都』（一九四四年）：保良庄四十町が想定できる平野が近津尾《ちかつお》神社（旧洞神社を合祀）東方の高台にあり、保良宮はこの台地の一地域。

○滝川政次郎「保良宮考」（『史学雑誌』第六四巻第四号　一九五五年）：保良京は伽藍山の西麓、北を琵琶

湖に向ける台地にある。南限を伽藍山西北角と近津尾神社を結ぶ線、北限を北大路とし、その宮室は、京域の南端に外側に突出する形で設けられていた。

○栄原永遠男「国府と保良宮」（『新修大津市史』第一巻　一九七八年）：保良宮は石山寺のある伽藍山西北方付近から北方の北大路・粟津付近にかけてのどこか。

○西田弘「国昌寺跡」（『近江の古代寺院』一九八九年）：国昌寺と保良宮は併存していた。国昌寺（国分寺）推定地の南西で行った東海道新幹線の事前調査地について報告者の島田暁は、国分尼寺の可能性を示されているが、新たな仮説として、ここに保良宮があり、その跡地を利用して国分尼寺を建てたのではないか。

○林博通「保良宮小考」（『考古学と文化史』一九九四年）：石山国分台地を中心に伽藍山の西を通り、国分を経て北大路に至る南北行する道、唐橋から北大路の集落を貫通する東西行する道、御霊神社の東を経てやや東方に迂回しながら国分台地の裾を通って石山寺方面に続く古道があり、この道と伽藍山東北端部との接点を南西端とする範囲、約六八〇～六九〇ｍ四方が保良宮の主要部。

保良宮の所在地については、瀬田川西岸の伽藍山西麓から北麓の光ヶ丘から国分にかけての台地のどこかとする意見で大方が一致しています。しかし、いずれの説も推論にすぎず、北京（保良京）も含めた正確な位置や構造、国昌寺や国分尼寺との関係などは全く明らかになっていません。やはり発掘調査の成果を待たなければならないのが現状です。

㈢　石山寺と保良宮

保良宮造営に関わるものとしては、保良宮が所在したとされる台地の南側に伽藍山がありますが、その南東山麓に、西国三三所観音巡礼第一三番札所である石山寺があります。『石山寺縁起』によると、石山寺は、天平勝宝元（七四九）年、聖武天皇の勅願で、大仏の開眼供養を行った良弁が開基したと伝えられています。とくに、天平宝字五年には造石山寺所が設けられ、一二月から翌年の六月の間に、本堂、法堂、鐘楼兼経楼、僧坊四宇、食堂、写経所、雑屋などの諸堂が整備されています。整備に先立つ天平宝字五年一〇月二八日には平城京改造を理由に淳仁天皇と孝謙上皇の保良宮行幸が行われ、翌年の五月二三日まで長期滞在しています。国庁を中心とする諸官衙だけではなく、石山寺の諸堂の整備もこうしたことが背景にあり、北京（保良京）の鎮護のための寺として大々的に行われたものと考えられます。

二．石山国分遺跡と関津遺跡の発掘調査

㈠　石山国分遺跡

発掘調査の成果

『遺跡地図』によると、伽藍山西麓から北麓にかけての台地一帯は、国分寺、国分尼寺、国昌寺、保良宮などの所在が推定されており、「石山国分遺跡」として登録されています。この遺跡の発掘調査は、これまで四回実施されています。第一次調査は、昭和三六年に実施された大津市立晴嵐小学校の移転に伴うもの、第二次調査は、第一次の調査地点から南西二〇〇ｍほどのところで実施された国鉄東海道新幹線工事に伴うものです。この時の調査では近江国分寺、国分尼寺に関わる部分が多く、すでに国分寺の問題を取り上げたときに紹介しています。保良宮に関わる調査成果としては、平成四年と五年に実施された第三次及び第四次の調査結果があります。ここではその成果を紹介しておきたいと思います。

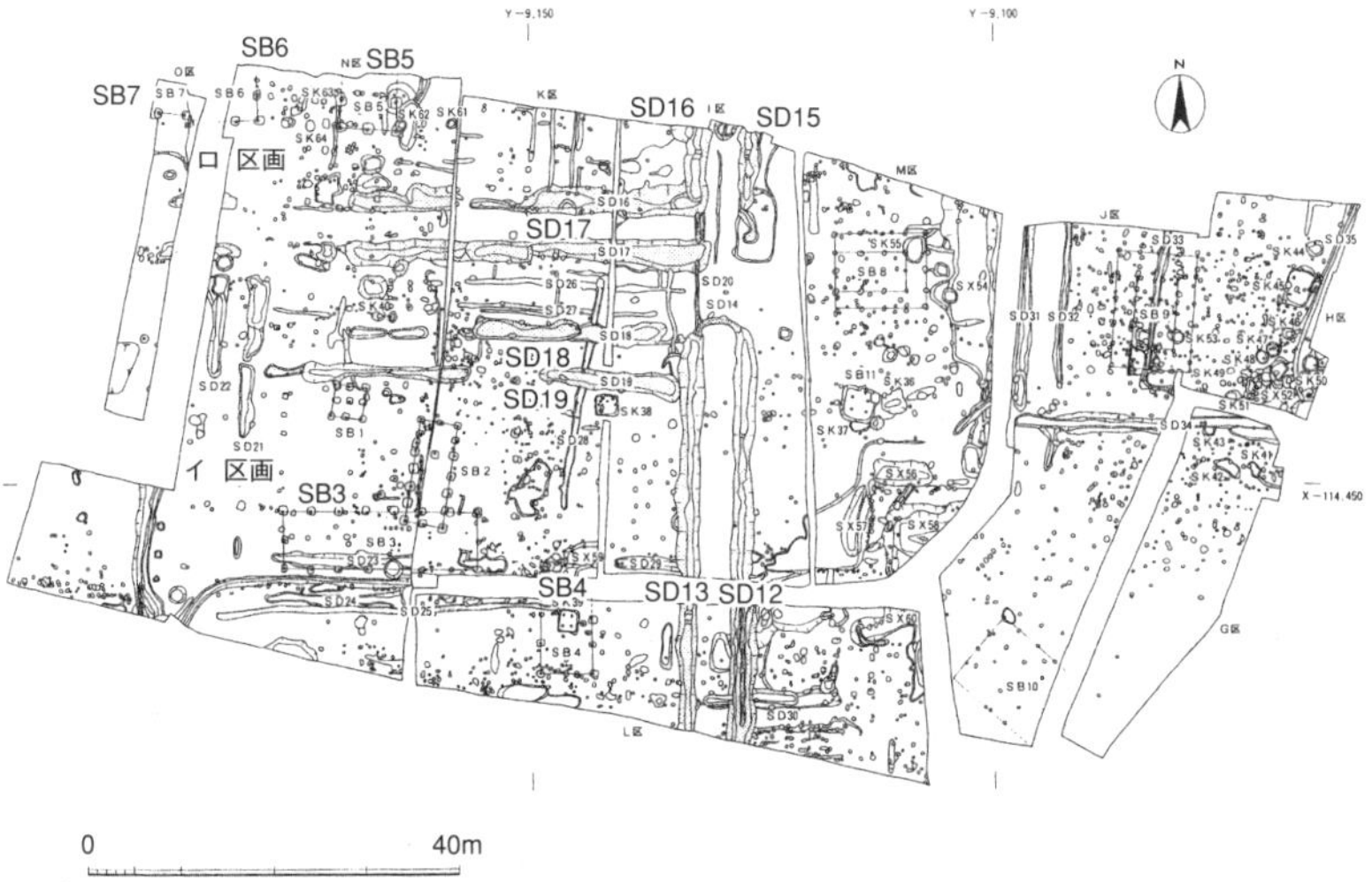

図65．大津市石山国分遺跡（ハ区画はロ区画の西側にある）

調査では奈良時代から平安時代にかけての遺構・遺物が見つかっていますが、特に、保良宮の時代に関わるものとしては、三つの区画（イ～ハ区画）を示す築地塀と区画内に立つ掘立柱建物および鉄器の生産工房（ＳＫ三六～四〇）など、報告書で奈良時代Ａ—Ⅱ期の遺構群とされるものが該当します。その概要については、次のように報告されています。

イ区画は、東西一町、南北四〇ｍ以上で、これを区画する南北方向の築地塀①（ＳＤ一二・ＳＤ一三、芯心距離六ｍ）と東西方向の築地塀②（ＳＤ一八・ＳＤ一九、芯心距離四・五ｍ）、さらに、築地塀①と並行する築地塀③（南北溝五・六・南北溝七）が見つかっています。この区画内からはＳＢ三（東西棟、七間×二間、床面積一二六㎡）とＳＢ四（南北棟、三間×二間）の二棟の掘立柱建物が検出されています。

ロ区画は、南北築地塀④（ＳＤ一五・ＳＤ一六、芯心距離六ｍ）、東西築地塀⑤（ＳＤ一六・ＳＤ一七、芯心距離五ｍ）、築地塀④と並行する南北築地塀⑥（溝五・六・南北溝七）で囲われる東西一町、南北不詳の規模のものです。

この区画内からも掘立柱建物SB五（東西棟、一間以上×二間）、SB七、SB六（やや方位が異なる）が見つかっています。

ハ区画は、東西築地塀⑦（東西溝一・三・東西溝四）と南北築地塀⑥だけが見つかっており、規模はわかりませんが、三つ目の区画を構成しています。

鉄器生産工房はいずれも土壙状の遺構（SK三六〜四〇）で、鉄塊、鉄滓、炉壁、鞴羽口《ふいごはぐち》などが出土しており、鍛冶遺構であることが明らかです。

石山国分遺跡と保良宮

天平宝字三（七五九）年一一月一六日から始まった保良宮の造営は、天平宝字五（七六一）年の「元日の朝賀をやめた。新宮がまだできていないためである。」、さらに、翌年の元旦も「朝賀の儀式を行わなかった。宮室（保良宮）が未完成であったからである」とあり、思うように進まなかったようです。このことを受けて、天平宝字六（七六二）年三月二五日に「保良宮の諸殿と屋垣を諸国に分担工事させて、一時に完成させた」とあり、保良宮の中枢部がこの頃一気に完成していることがうかがえます。これに対し、第三・四次の調査で見つかった奈良時代A—Ⅱ期とされる保良宮時代の三つの区画は一町四方という大きさを持ち、イ区画とロ区画が、築地塀②と⑤との間の幅一〇m足らずの道を挟んで南北に並び、ロ区画の西側にハ区画が位置するものでした。また、イ区画で見つかっている建物SB三は二間×七間（六m×二一m）の規模を持ち、これと直行して南北棟（SB四）が配置されていました。このような区画や建物の規模などからは、「保良宮の諸殿と屋垣」とするよりは、天平宝字五年一月二一日条の「司門衛（衛門府）督で従五位上の粟田朝臣奈勢麻呂、礼部（治部）少輔で従五位下の藤原朝臣田麻呂と、六位以下の官人七人らを保良宮に派遣し、諸司の史生以上の宅地を分配して支給させた」とある官人たちの邸宅である可能性の方が高いと考えられます。また、出土遺物に、保良宮に関わる奈良時代の

A—Ⅱ期とされる七五〇年頃の瓦が出土しています。瓦葺きの屋根は重量があり、太い柱とその柱の沈下を防ぐための礎石が必要となり、柱組も複雑なものとなります。この瓦が宮と関連するものであるとするなら、宮の中枢部の建物に葺かれていたものとするのが常識的な見解でしょう。発掘調査で見つかっている掘立柱建物では瓦葺きの屋根を持つことは難しいのです。従って、発掘調査地点は、「一時に完成させた」保良宮の中枢部と考えられる「諸殿と屋垣」ではなく、その周辺の京域の一部なのではないでしょうか。

なお、瓦類の大半は平城京での使用瓦と同笵あるいは同文のものであり、このことからも、奈良時代A—Ⅱ期の遺構群と保良宮との関係の深さを推しはかることができます。ただし、瓦類には藤原宮出土のものと同笵で、国昌寺創建期の瓦も混ざって出土しています。保良宮に瓦葺きの建物があったのかどうかは、「諸殿と屋垣」の発見を待たなければなりません。

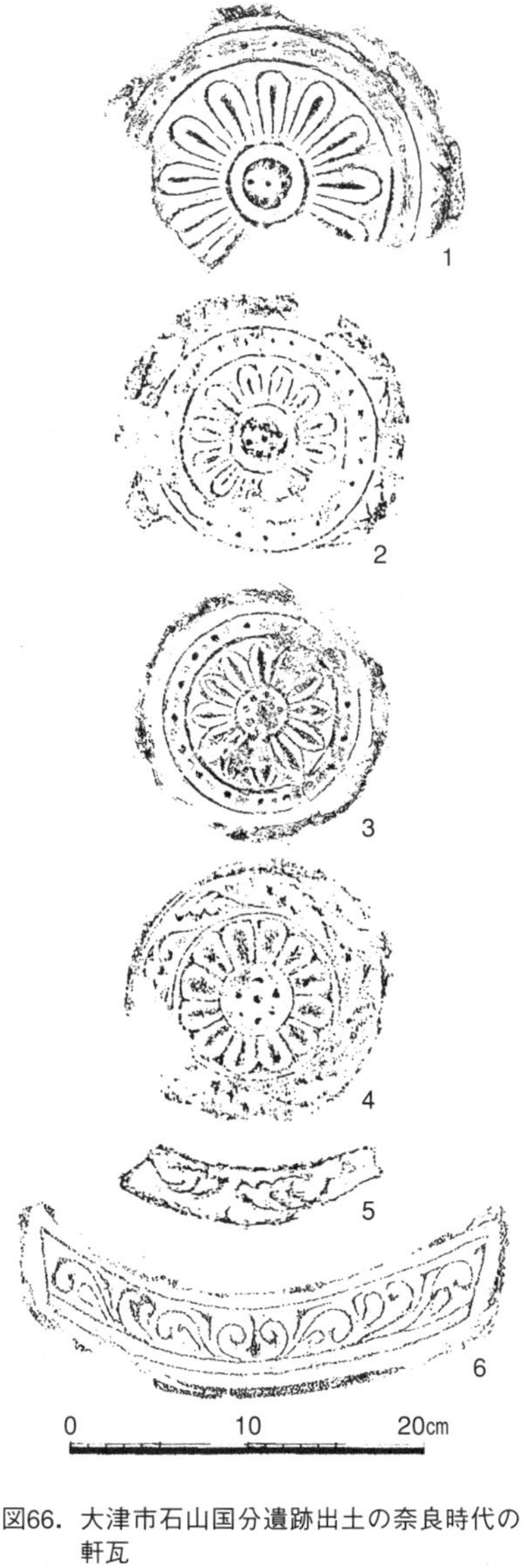

図66．大津市石山国分遺跡出土の奈良時代の軒瓦

(二) 関津遺跡

道路跡

大津市石山国分遺跡の保良宮に関連する奈良時代A—Ⅱ期の遺構から出土している瓦類は、その大半が平城京第Ⅳ期(七五七~七七〇年)に編年されているものです。これと同笵あるいは近似するものが、平城京だけではなく、近江国庁周辺の堂ノ上・野畑・瀬田廃寺跡などからも出土しています。どうもこの頃、国庁を始め関連官衙の整備、寺院の修復などが大々的に実施されているようなのです。ちょうど、藤原仲麻呂が近江国守を兼任していた時期[天平一七(七四五)年に民部卿で近江守を兼任」で、近江国を勢力下におき、朝廷で絶大な勢威を誇っていた時期と重なるのです。また、最近、関津遺跡で、「奈良時代から平安時代前期にかけての大規模な道路跡(『続日本紀』記載の「田原道」の可能性が高い)と道路沿いに「田上山作所」をはじめ「近江国庁」や「保良宮」に関連する公的施設(官衙)や宅地の可能性を持つ建物群が立ち並び検出されました」と、発掘調査成果の発表がありました。(注94) 道路跡は、南北方向に直線的に延びるもので、約二五〇mにわたって検出されています。八世紀初頭頃に敷設された可能性があり、少なくとも八世紀中頃から九世紀中頃までは機能していたとされています。この道路の東西両側には幅一~三m、深さ〇・一~〇・三mの側溝が設けられており、両側溝の中心距離が一八mあることから、道路面の幅は約一五mほどと推定されています。幅一五mという規模は、これまで確認されている七官道(奈良時代に平城京と地方とを結ぶために整備された山陽道、山陰道、南海道、西海道、東海道、北陸道、東山道の七つの幹線道路)の道幅より三m以上も広いものなのです。東山道は山科から逢坂山を越え、瀬田唐橋をわたって近江国庁から東国へ向かうルートを取りますが、田原道は、東山道からわかれて京都府の城陽市付近から宇治田原を抜け、瀬田川沿いに北上しており、瀬田唐橋をわたらずに国庁へ向かうルートで、平城京と近江国庁を結ぶ最短の道路なのです。今回発見された道路跡がこの「田原道」であることはほぼ間違いないと思いますが、その性格は、国庁始め関連官衙の整備にあわせて施行された近江国庁の「南北大路」、さらには天平宝字五年一〇月二八日の詔に見られる北京(保良京)造営のための壮大な都城計画に基づく「朱雀大路」などが考えられています。いずれにしても、七官道を凌駕するような規模の道路の施行であり、ここにも仲麻呂の威信が示されていると考えていいでしょう。

建物群

関津遺跡で見つかった大規模な道路跡の両側で、これまで約六〇棟の建物跡が見つかっています。いずれも掘立柱建物で、七間×二間、五間×二間、三間×二間、庇を持つ建物、倉庫と思われる総柱の建物など、様々な規模と構造のものが道路方向に沿って立ち並んでいます。倉庫は通常の建物群に付随することが少なく、建物群とは一定の空間を保って南側に集まっています。また、建物群に付随する井戸跡も八基検出されています。建物群は、自然地形や現状の地割などから、南北五〇〇m、東西六〇〇mの範囲で道路に沿ってひな壇状に造成がなされた宅地に配されていたと考えられています。建物を囲う柵や溝などが見つかっておらず、それぞれの区画などは不明ですが、建物の配置や井戸との関係、現状の地割などから、一〇〇mから五〇m四方程度の敷地が想定できます。出土遺物には、墨書土器、硯、帯金具、木沓、暗文土師器、瓦、製塩土器などがあり、八世紀中葉から九世紀中葉のものを

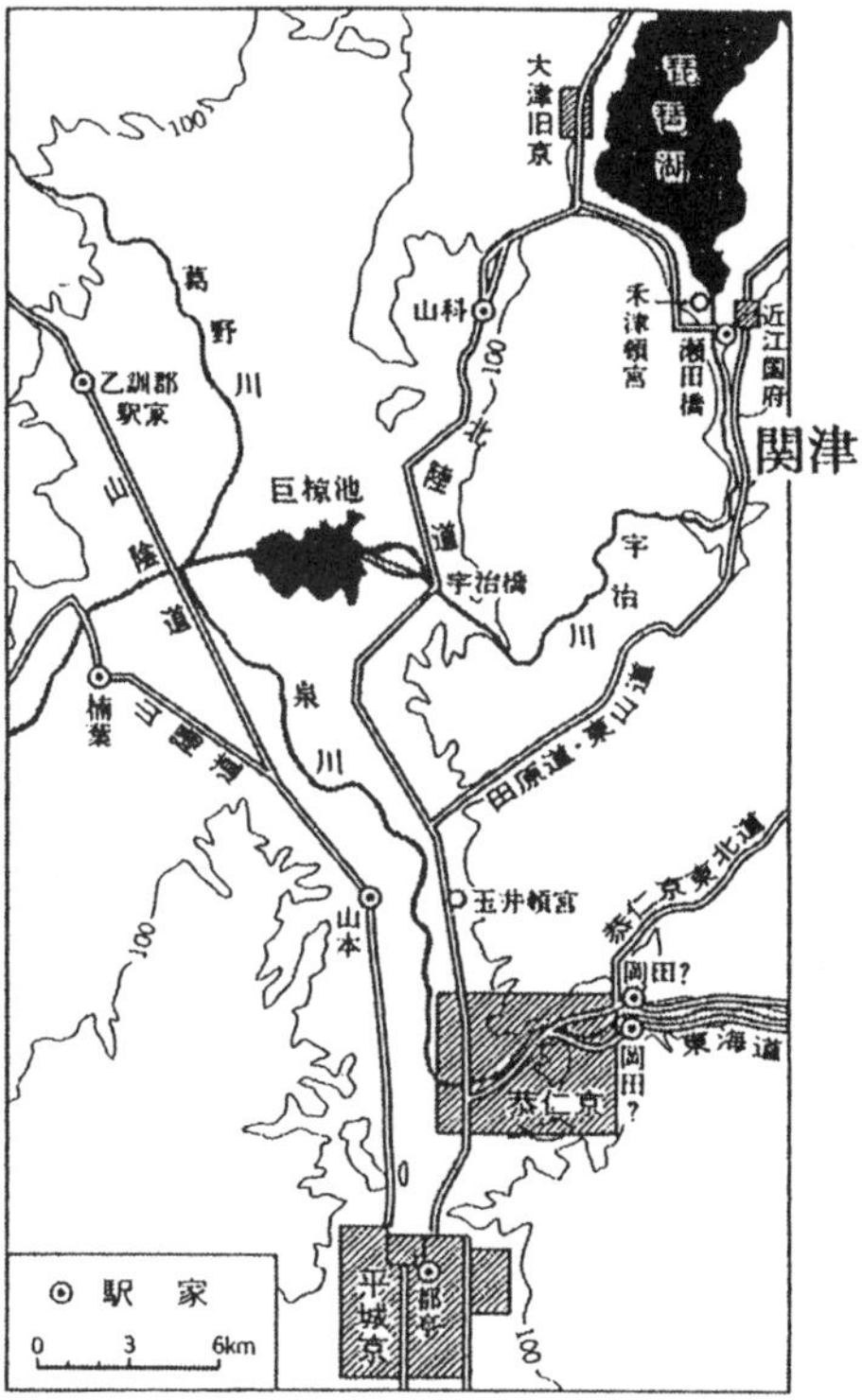

図67．平城京以北の奈良時代の駅路と関津遺跡

中心としています。また、硯は識字層の存在、帯金具や木沓などは官人層の存在が考えられ、遺跡が一般集落ではなく官衙的な性格のものであることを示しています。さらに、暗文土師器や都城型とされる特徴ある土馬、県内初例の龍（羊）形硯などは平城京との強い関わりを物語っています。道路跡が北京造営の都城計画と関わるものであれば、建物群は、『続日本紀』天平宝字五年一月二一日条に見られる「諸司の史生以上の宅地を分配して支給させた。」とある官人たちの宅地であったのかも知れません。

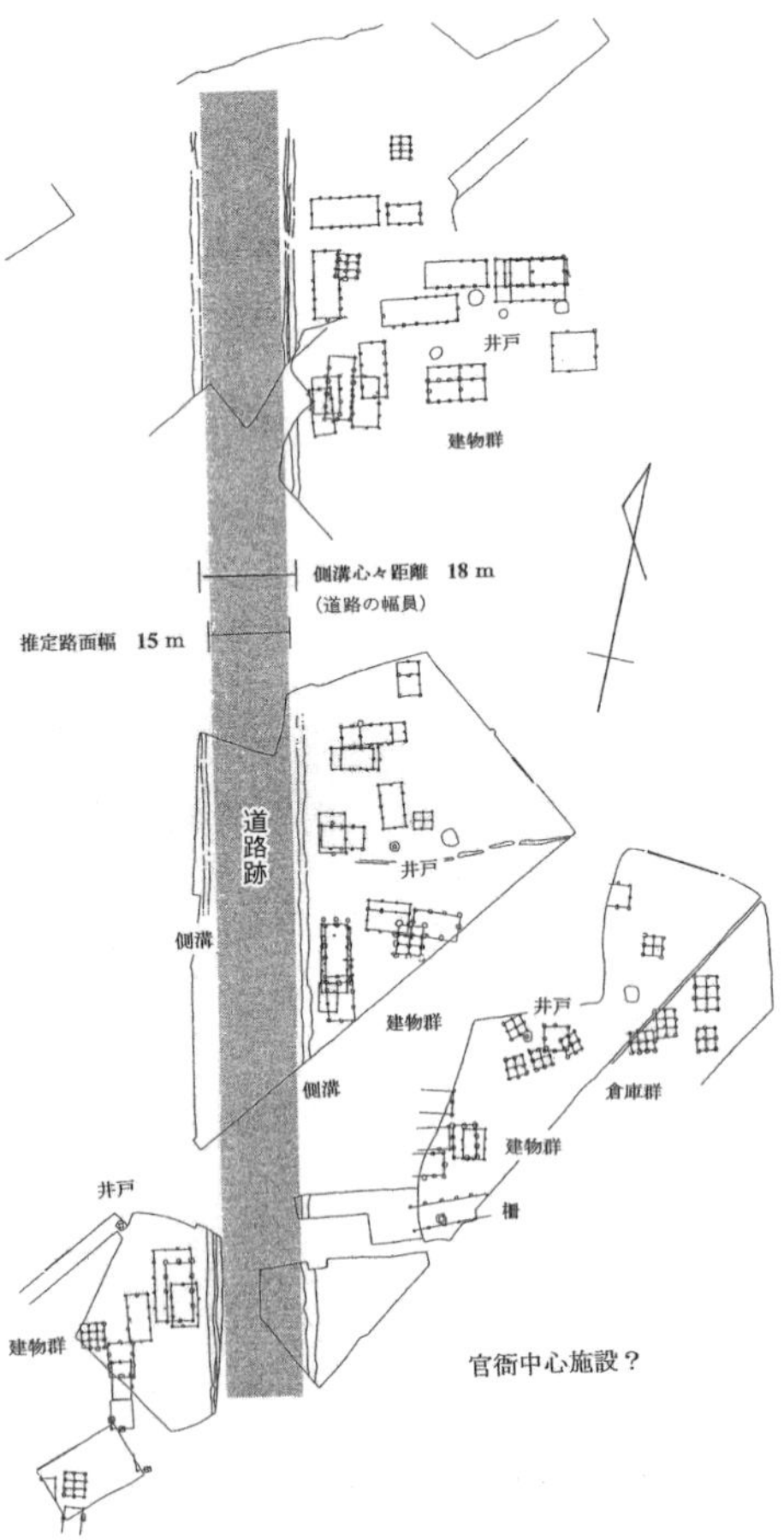

図68．大津市関津遺跡の道路跡と建物群

三．恵美押勝の乱と廃都

藤原仲麻呂は、近江国庁を始め堂ノ上遺跡や野畑遺跡などの周辺官衙、関津遺跡の大規模な道路や官衙、石山寺や瀬田廃寺跡などの寺院の整備など、律令体制の立て直しのために大きな力を発揮しました。なかでも、保良宮の造営については、仲麻呂の専権が最も顕著に現れた出来事といえます。天平宝字五年一〇月二八日には「平城宮を改造するために、しばらく近江国保良宮に移る。」と詔があり、淳仁天皇も孝謙上皇とともにここに遷らせているのです。保良宮は、仲麻呂が自らの権勢を誇るため、勢力下にある近江国に平城京の副都としてその造営が進められたといって過言ではないでしょう。しかし、『続日本紀』天平宝字六（七六二）年五月二三日の条に「高野天皇（孝謙上皇、後に重祚して称徳天皇）と帝（淳仁天皇）との仲が悪くなった。このため高野天皇は保良宮から平城宮に遷り、淳仁帝は中宮院（大極殿近くの殿舎か）に入御し、高野天皇は法華寺に入御した。」とあり、孝謙上皇は平城京に戻ってしまい、淳仁天皇も保良宮を離れたのです。これは、孝謙上皇が保良宮で上皇の病気を治療した看病僧の道鏡を寵愛、信任し始めたことが原因で、淳仁天皇につく仲麻呂との対立が顕在化した事件なのです。しかも、同年の六月三日には、五位以上の官人を朝堂に集め、「国家の大事と賞罰の二つの大本は朕（孝謙上皇）が行うこととする。」と詔し、淳仁天皇から国家の大権を簒奪したのです。一層窮地に追い込まれた仲麻呂は、天平宝字八（七六四）年九月一一日に乱（恵美押勝の乱）を起こしますが、九月一八日には高島郡勝野で捕獲され、惨殺されてしまいます。淳仁天皇も一〇月九日に位を廃され、淡路に流されてしまいました。

天平宝字三（七五九）年一一月一六日に始まった保良宮の造営、さらに、天平宝字五年一〇月二八日には保良京（北京）の造営と、仲麻呂の権威を示すために行われてきた平城京の副都の造営も、仲麻呂が乱を起こしたことで中止されてしまいます。『西大寺資材流記帳』の神護景雲二（七六八）年の条には、保良宮の跡地が「保良庄として大和西大寺に施入」されたことが記されています。

第七節　平安京遷都と古代寺院

一．桓武天皇と平安仏教

㈠　桓武天皇の即位

奈良仏教の堕落

仏教は、律令体制のもとで、鎮護国家の祈願に奉仕するものとして興隆が図られてきました。平城京遷都にあたっても、飛鳥の旧都から寺院を移し、さらに、いくつもの寺院が新造されました。平城の都には、南都七大寺（当初の大安寺・薬師寺・元興寺・興福寺・東大寺の五大寺に西大寺・法隆寺を加えるが、異説もある）を中心とする大規模な伽藍を持つ寺院が京内に林立し、それらが官の手で手厚く保護されていたのです。そして、聖武天皇の時代に、官営で盛んに写経が行われ、東大寺に大仏が造立され、全国に国分寺が建立されるなど、仏教文化の粋に彩られた天平文化が生み出されました。その反面、紫香楽宮の造営が大仏造立を目指した、いわば仏都の建設にあったように、また、聖武天皇自らも退位後に出家して仏道に専念したように、仏教が政治に深く入り込んだ時代でもあったのです。特に、出家していた孝謙上皇が、恵美押勝の乱後に淳仁天皇を廃して称徳天皇として重祚した時、寵愛した道鏡が僧職のまま太政大臣に、さらに天皇に準じる法王へと政治と宗教界の最高位に登り詰め、仏教と政治との関わりが最も密接・不可分のものとなったのです。さらに、官の大寺が平城京内に集中していたことから、僧たちの生活が俗界とも密接な関わりを持ち、市場経済の動きとも深く関わっていったのです。こうした政治や経済との関わりの増幅により、戒律による規範が緩み、名誉と地位と利益だけを望んで仏門に入る者が増加し、僧侶を管理・監督する国師や国司たちの意識も弛緩するなど、仏教界の堕落を招いていったのです。これに加え、寺院や僧侶に対して行われてきた様々な優遇策が国家の財政をも圧迫し、律令体制そのものの危機をも招いてしまいました。

このような危機的な状況が続く中、天応元（七八一）年四月三日に即位した桓武天皇は、即位後一年目の延暦元（七八二）年四月一一日に詔を発し、「玆の稼穡《かしょく》（農事）を務め、政《まつりごと》倹約に遵《したが》い、財倉廩《そうりん》（米倉）に孕むまんことを欲す。」として、政局の打開に乗り出します。この詔では、「（平城京の）興作《こうさく》（宮殿の造営）を屛け《のぞ》（中止し）」、「今は宮室居するに堪え、服翫《ふくがん》（調度品など）用るに足れり。」として、平城京内での宮殿・居室の造営などを中止させています。また、寺院に関しても「仏廟ここに終え」とし、その建立の終了を宣言したのです。これに伴って造宮省（宮室の造営、修理などを司る）と勅旨省（皇室の用品調達も司る）の二省、法花寺司（法華寺の造営を司る）と鋳銭司の二司を廃止しました。

遷都の実施

桓武天皇は、財政の構造改革を行い、律令体制の立て直しをはかる一方、人心の一新をはかるため、延暦三（七八四）年に長岡京（京都府向日市、長岡京市、大山崎町にまたがる）、延暦一三（七九四）年に平安京（京都市の中心部）にと、遷都を実施しています。延暦元年に発せられた詔の思惑には、平城京での宮殿や居宅、寺院の造営、調度品の調達などを中止していることから、遷都の実行が伏線としてあったものと思われます。そして、この遷都の大きな特徴は、平城京遷都の時とは異なり、平城京にある寺院を新京に移転することはなく、膨大な数に上っていた寺院や僧侶たちを旧京に残したまま行われたことです。このことは、これまでのように、仏教が政治に深く入り込むことを避けるためにとられた措置だと思われます。天皇の目論む律令体制の立て直しの中には、政治や財政だけではなく、仏教界の改革も大きな位置を占めていたのです。

(二) 桓武天皇の仏教政策

寺領の制限

遷都を前後して、寺院や仏教僧たちに関する詔勅が矢継ぎ早に発せられており、その内容から、天皇の仏教政策の一端をうかがうことができます。

まず、『続日本紀』延暦二(七八三)年六月一〇日に、広大な面積を占めるようになった寺地やその寺地の私有化に関する勅が出されました。京内や畿内での寺院の造営に関しては、すでに、制度が設けられていたのですが、現実は、所管の役所の取り調べが緩やかであることにつけ込んで「私に自ら営作」されており、制限ある定額寺が膨大な数にのぼっていたのです。その状況は、「もし年代を経れば、寺ならざる土地は無からん」とまで危惧されるほど、寺の数が増え、寺領が広大な面積を占めるようになっていたのです。こうした状況に対して厳しく禁断を加えるとともに、許可なく道場を建立したり、寺に田や園地、家などを喜捨したり、売却や交換した場合、それを許可した官人を厳しく処罰することとし、こうした行為の取り締まりの強化を図ったのです。

なお、『日本後紀』延暦二四(八〇五)年一月三日には、氏寺を権門勢家に寄進したり、寺地を許可なく売買することに対しての禁断を強化しています。これらの詔勅から、寺院や権門勢家による土地の私有化が進行し、「公地公民」という律令体制の根本が大きく崩れ始めていたことをうかがい知ることができます。これらの詔勅の目的は、こうした状況を立て直すことにあったのです。

選任基準の強化

桓武天皇が発した詔勅の中で最も多いのは、仏教僧の堕落を厳しく取り締まり、その僧たちを管理監督する国師たちの資質に及ぶものです。具体的には、得度者（得度は、仏門に入り、僧尼としての資格を得ることで、その決定は国家が行い、勝手に仏門にはいることは禁止されている。）・受戒者・交替僧の選任基準の強化・整備（延暦二年四月二八日・延暦一七年四月一五日・大同元年一月二六日）、国内の僧や諸寺の監督・監査権が与えられている国師（僧職で、後に「講師」に改められる）の選任基準の強化・整備（延暦二年一〇月六日・延暦三年五月一日・延暦一四年八月一二日・延暦一六年八月一一日・延暦一八年五月一九日・延暦二三年一月一一日・延暦二四年一二月二五日）など、僧侶の人事に関わる規定の整備や選任基準の強化がはかられました。すなわち、僧侶の堕落を防ぎ、資質の高い人物を選任するため、僧侶たちを監督・指導する諸国の国司・国師（講師）の権限を強め、得度や受戒、定数の補充・交替にあたっては、戒律を護持できる人物を選任するよう任用基準を強化したのです。一方、現職の僧侶たちに対しても、彼らの違法行為や風紀の乱れに対してその取り締まりを強化し、遵法の督励（延暦四年五月二五日・延暦一四年四月二三日・延暦一七年四月一五日・延暦一七年七月二八日）を行っています。

平安仏教の成立

このように、僧侶の資質の向上を図り、規律の乱れを取り締まる一方、修行に励む出家僧に対しては食糧を供給して保護し、罪科を懺悔して善行・功徳を積んでいる者に対しては出家を許可（延暦一一年一月一五日）しています。また、法師に倦むことなく仕えた弟子僧（延暦一六年一月二二日）、山中で苦行して道を修めた大和国の四僧（延暦一六年四月七日）、教理と実践行の分野で修行する元興・薬師寺の僧四三人（延暦二一年二月三日）などには物を与えています。桓武天皇は、国政と深く関わり、俗化してしまった奈良仏教に対し、それを批判し、清浄で戒律を守って俗塵を離れ、幽谷山林で修行し、仏道を学び、真実への悟りを希求する僧や、民間を教化し布教に努める僧たちを援助・保護しているのです。平安朝の新しい仏教政策の中で、そうした僧こそが鎮護国家の祈願に奉仕することができ、民衆を救済することができると考えたのです。こうした仏教政策の中から生まれたのが伝教大師最澄の天台宗であり、弘法大師空海の真言宗だったのです。これらは、奈良仏教に対し平安仏教と称されています。奈良仏教の寺院が都城の中に建立されたのに対し、天台宗が比叡山、真言宗が高野山を根本道場として選んだのもきわめて当然のことだったのです。

二 梵釈寺

㈠ 梵釈寺の建立

造営の意図

新たな平安仏教が生み出されていくなかで、天皇は、『続日本紀』延暦五（七八六）年一月二一日、「近江の国滋賀郡において、始めて梵釈寺を造」るのです。延暦七（七八八）年六月九日には「下総越前二国の封各五十戸」、延暦一〇年には「近江国の水田一百町を施」（『類従三代格』）し、修理や供養の費用に充てるようにしています。『続日本紀』の記事では梵釈寺造営の意図は述べられていませんが、『類従三代格』延暦一四年九月一五日の勅に、「妙果勝因無上の道（深遠な仏の果法と勝れた因縁を示しているこの上ない仏教の教え）を広めんと思う。」と記されており、仏教の興隆を祈願して建立されたことがわかります。

立地環境

この梵釈寺の位置は正確にはわかっていませんが、同じ延暦一四年の詔の中に、「これ（上述の造営の意図）を以て、山水の名区（景勝の地）を拓き、禅地（仏寺）を草創し、土木の妙製を尽くし、伽藍を庄飾（装飾）し、名づけて梵釈寺という。」、また、「時が陵谷（丘陵や渓谷の地形）を変えても、仁（思いやり、慈しみのある人）が祠（寺院）を崇めんことを」などとあること、さらに、『今昔物語』に「三井寺の北に梵釈寺という寺有り」とあることなどから、「三井寺」北方の谷奥の丘陵上にあって、清浄かつ景勝の地に立地していたことがわかります。また、『日本後紀』(注95)弘仁六（八一五）年正月一五日の条に、「崇福・梵釈二寺は、禅居の浄域で、伽藍の勝れた地なり。」とあること、同じ年の四月二二日に嵯峨天皇が「近江国滋賀韓埼（大津市唐崎）」を行幸した際、崇福寺で輿を降りて仏を礼拝した後に次いで、「さらに梵釈寺を過ぎるとき、輿を停めて詩を賦す。」とあること、延暦二一（八〇三）年一〇月二九日に「崇福寺は、先帝（天智天皇）の建てる所なり。梵

図69．史跡崇福寺跡と「三井寺」・「韓埼」

釈寺別当大法師常騰、兼ねて検校（監督）加えせしむべし。」とあることなど、梵釈寺が天智天皇勅願の崇福寺と並列して記述されている事例が多いことから、両寺院が非常に近い場所に位置していたと考えられます。

(二)「韓埼」行幸と「史跡崇福寺跡」

「韓埼」行幸

桓武天皇が仏教の興隆を願って建立された梵釈寺は、近江の崇福寺とともに、東大寺・興福寺・元興寺・大安寺・薬師寺・西大寺などの大和一〇大寺に並ぶ寺格のある寺院として、朝廷の手厚い保護を受けています。しかし、三井寺の北方にあって、谷奥の丘陵上の清浄かつ景勝の地に立地していたことはわかるのですが、その所在地については、まだ確定的な見解がないのです。ただ、『続日本紀』弘仁六（八一五）年四月二二日に嵯峨天皇が、「近江国滋賀韓埼」に行幸した時の記事が大きなヒントを与えてくれています。「韓埼」は、今の「唐崎」で、「万葉集」などにも登場し、古くからの湖畔の名所であり、平安時代には「七瀬祓所《ななせのはらいどころ》」として重要な場所でした。唐崎といえば「唐崎の松」が有名で、今は、湖に突き出た岬にある唐崎神社境内に、代を重ねた老松が見られ、唐崎の景観を引き立たせています。天皇は、「船を御し、湖に泛《うか》ぶ。国司風俗歌舞を奏でる。」と、湖での遊興を楽しんでいます。その場所は、この唐崎神社付近だったのでしょうか。ともかく、行幸先は今の唐崎付近と考えていいと思います。京都からこの唐崎を訪れるのには、京都の北白川から志賀峠を越える志賀越えの旧道を通り、滋賀里へ出る道が最も近く、この道は古代から中世にかけて、とくに賑わったといわれています。天皇は、行幸途中に崇福寺で「堂に上り仏を礼」し、さらに、梵釈寺で「輿を停め詩を賦（詩を作る）」しているのです。天皇もこの旧道を通って「韓埼」へ行幸したとすれば、崇福寺および梵釈寺は、旧道に沿ったその途中の丘陵上で、清浄かつ景勝の地にあったことになります。

「史跡崇福寺跡」

旧道を近江国側からたどれば、滋賀里の集落から谷川に沿う道を進み、その道が左右にわかれる分岐点を左に取れば、志賀越えの旧道となります。この道沿いに所在する寺跡としては、道の分岐点まで登ったその一帯の山丘上にある「史跡崇福寺跡」が知られています。この寺跡は、「三井寺の北」約三・五kmに位置し、谷奥の山丘上にあって「陵谷」に立地しており、伽藍のある山丘の裾には谷川の清流の音が聞こえ、伽藍に立つと木の間隠れに琵琶湖や湖東平野を一望することができる「山水の名区」の場所にあるのです。まさに、「史跡崇福寺跡」が梵釈寺の跡とするのにふさわしい条件を備えているのです。

では、「史跡崇福寺跡」は、はたして、桓武天皇の梵釈寺の跡なのでしょうか。史跡には三つの尾根に堂塔が分布しています。北尾根には瓦積みの基壇の上に「弥勒堂」と称する建物があり、中尾根には西に小金堂、東に塔跡が並列し、南尾根には西に金堂、東に講堂が建てられています。ここから白鳳時代の軒瓦が出土していることから、これら堂塔に、創建が白鳳時代にさかのぼるもののあることが明らかです。また、中尾根の塔跡の心礎から舎利容器や荘厳具が出土したことは有名です。これらは、現在、国宝の考古資料に指定されており、天智天皇勅願の寺とするのにふさわしい工芸品といえます。従って、「史跡崇福寺跡」は、桓武天皇の梵釈寺ではなく、天智天皇の崇福寺であるとする方が蓋然性が高いと考えられてきました。

南尾根の伽藍

ただし、三つの尾根のうち南尾根に建立された堂塔は、北の二つの尾根の堂塔とは方位が異なっているのです。しかも、他の二つの尾根に比べて大がかりな土木工事が実施され、急峻な丘陵地で東西約四二m、南北約四三mに及ぶ平坦地が造り出されているのです。この平坦地の中央西側に、五間×四間（約一五・一五m×一二・一二m）の南面する金堂が一段高い基壇の上に建立され、その東側に、五間×四間（約一三・一m×一〇・三m）で南側にさらに庇のつく講堂、講堂の北側に、三間×二間（約七・六m×五・六m）で経蔵などが考えられる小規模な堂宇が位置しています。これら堂宇が、北の二つの尾根の堂宇に対して約五度の開きをもって建立されているのです。また、この平坦地以外に、金堂跡の西北方の斜面、東下方の斜面などにもいくつかの平坦地があり、雑舎などの存在が想定されています。ともかく、この違いを創建時期の差として、北側の二つの尾根の堂塔が崇福寺の跡であり、南尾根の堂塔伽藍だけは梵釈寺であるとする説があるのです。確かに、北尾根・中尾根の堂塔と南尾根の堂塔とは建立時期が異なっていると思われます。しかし、崇福寺は歴代天皇の崇敬を受けており、度重なる火災や地震などに対しても、その都度復旧・再建が繰り返され、遅くても平安時代末期まで存在しているのです。出土遺物も白鳳時代のものが少なく、瓦類や土器類の大半は平安時代に降るものとされています。従って、南尾根の堂塔は崇福寺の修復・再建に伴うものである可能性もあり、一概に梵釈寺とするわけにはいきません。梵釈寺の所在地については、今後の発掘調査の成果を待ちたいと思います。

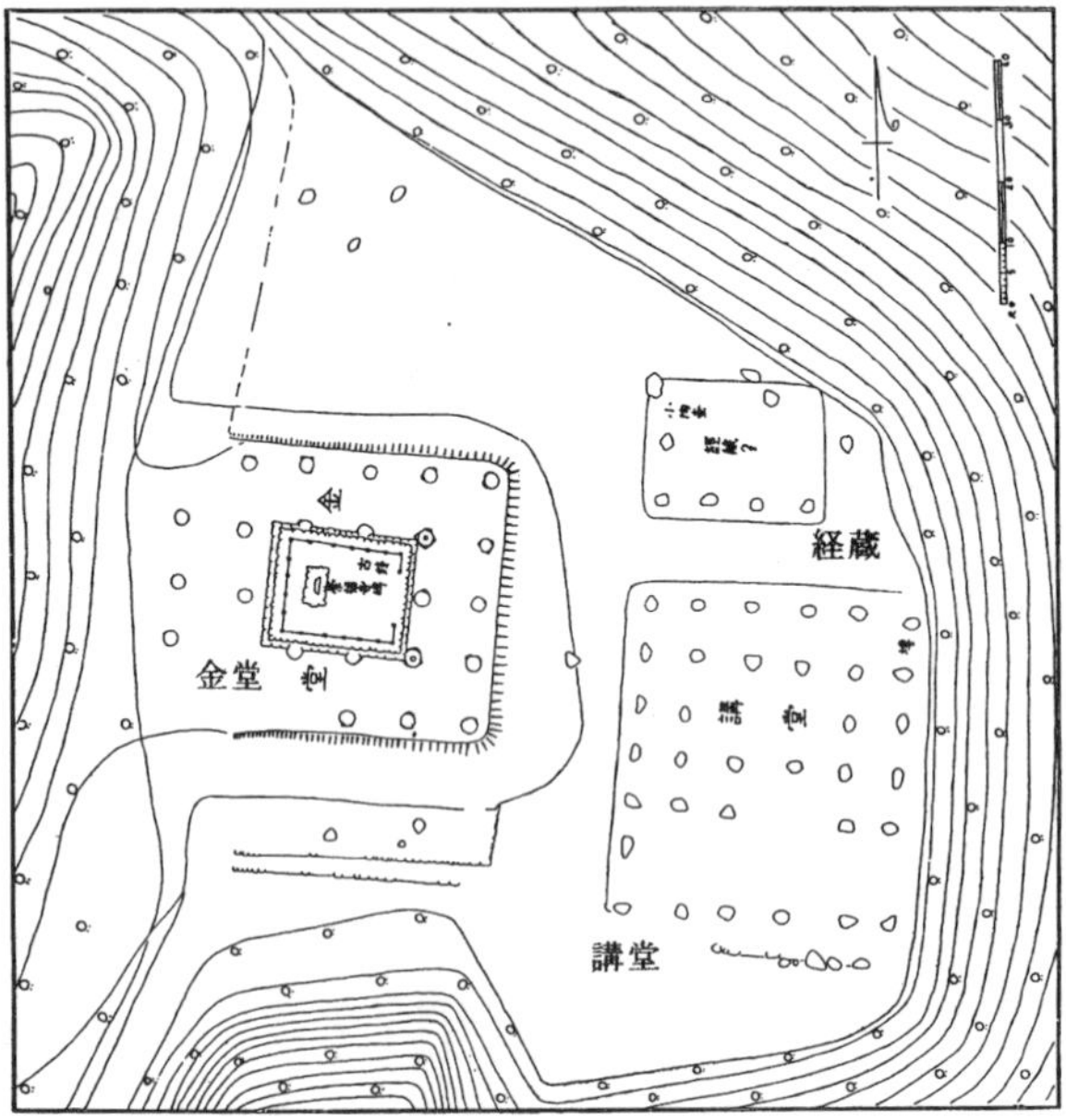

図70．史跡崇福寺跡南尾根の堂塔伽藍

三　宮都と古代寺院

㈠　官寺

長岡京遷都は、平城京にある寺院を移籍することはなく、膨大な数に上っていた寺院や僧侶を残したまま実施されました。また、延暦元（七八二）年四月三日に造法花寺司、延暦八（七八八）年三月一六日に造東大寺司と、遷都に前後して相次いで造寺司が廃止され、もはや、官営の造寺・造仏が行われなくなっています。『続日本紀』延暦九（七九〇）年九月三日の条に、「京下の七寺に誦経せしむ。皇太子寝膳（寝食）適《かな》うに乖《そむ》けるが為なり」と、安殿《あて》親王の病気平癒を祈願して長岡京内の「七寺」に読経させたとありますが、この「七寺」は、乙訓寺跡、宝菩提院廃寺跡、鞆岡廃寺跡、吉備廃寺跡、大山崎廃寺跡など造営以前から存在した氏寺で、新造の寺院ではないと考えられています。平安京遷都では、都の護りとして、羅城門の東西に東寺（教王護国寺）と西寺が建立されています。しかし、国家的な法会には、平安京内やその近辺の寺院ではなく、旧京に残した南都七大寺と新薬師寺・本元興寺・唐招提寺、これに難波の四天王寺・弘福寺、近江の崇福寺を加えた一五大寺などで実施することが度々命じられているのです。京内や都に近いという理由で氏寺などが保護されることもなくなっているのです。

㈡　地方寺院

また、各地の定額寺に対しても、すでに延暦二（七八三）年六月一〇日の勅で厳しい規制を加えています。『続日本後紀』承和一〇（八四三）年正月八日の勅に、「聞くところによると、疫病が多発し、若死にする者が多い。これに加え、時ならぬ時に花が咲き縁起が悪い。よろしく来る二月より始めてこの九月まで、八の日毎に十五大寺及び諸国の国分二寺、並びに定額寺、名神等寺に、仁王般若経を講ぜしむべし。」とあるように、長期間におよぶ法会に対しても、一五大寺だけではなく、全国の諸寺に命ずることが可能となっていたのです。すなわち、「莫大な費用をかけて、平安京に寺院を移籍せずとも、畿内・七道諸国という全国視野に立って、寺院やそこで行う法会を制度的に掌握できるという律令政府の絶大な自信」[注96]が生まれていたのです。『続日本紀』延暦一〇（七九一）年四月一八日の「山背国管内諸寺の浮圖《ふと》（寺塔）、年を経るやや久しいため、破壊の処多し。詔して使いを遣わしめみな修理を加う。」、また、『日本後紀』延暦二四（八〇五）年一月一四日の「また天下諸国に令し、国中の諸寺塔を修理せしむ。」等の詔勅は、氏寺の修復に際しても、律令政府が関与する所となっていたことを示しているのです。

㈢　近江の寺院

こうして仏教に対する律令国家としての体制が再整備されていく中で、延暦五（七八六）年一月二一日に、近江に天皇勅願の梵釈寺が建立され、既存の崇福寺とともに手厚い保護を受けているのです。大津宮を造営した天智天皇に対する歴代天皇の崇敬の念の大きさを示すものであり、例外的な寺院の新造であったと考えられます。大津宮から始まり、藤原京、平城京、紫香楽宮、保良宮、長岡京、平安京と続いた宮都と近江の古代寺院との関わりは、この梵釈寺をもって終わります。琵琶湖周辺には、これまで取り上げてきた古代寺院以外に、数多くの有名・無名の氏寺や山岳寺院、また、その跡が存在しています。戦国時代の戦火をくぐり抜けてきた平安仏も数多く、今なお、各地の寺院に安置され、人々の崇敬を集めています。歴史の表舞台に現れたものだけではなく、いずれもが、近江の歴史の中に息づいているのです。

一考古学徒の足跡―あとがきにかえて

私が、初めて発掘調査の最初から最後まで通して参加したのが、京都府八幡市の茶臼山古墳という古墳時代前期の竪穴式石室を持つ前方後円墳でした。発掘調査の手引き書を片手に手探り状態でしたが、京都府の堤圭三郎さんや高橋美久二さんたちの指導を得て、何とか調査を終えました。現場の器財を撤収したときには、何かいいようのない充実感のあったことを覚えています。そしてその充実感をさらに昇華させるため、竪穴式石室を中心に畿内の前期古墳の埋葬構造について調べてみることにしました。ほぼ一年間で、その成果を京都教育大学考古学研究会の機関誌『史想』一四号（一九六八年）に発表することができましたが、その時期の後半は、大先輩の安井良三さんのもとを訪ね、論文の指導を受ける日々が続きました。論文の下書きを短時間で目を通し、その後は、ウイスキーを飲みながら論文とは関係のない色々な話を聞かされました。今では、研究方法や論文の書き方のノウハウを教えていただいたと感謝しています。研究することの楽しさを知ったのもこの頃です。卒論も、小江慶雄先生の指導を得ながら同じテーマでまとめ、無事卒業することができました。その後、その卒論をまとめ直して「前期古墳の竪穴式石室構造について」を『史想』第一六号（一九七三年）に発表しました。石室構造を類型化し、その分布状況を示したものです。古墳が墓であるとともに政治的なものであると捉え、畿内の政治的なエリアを示そうとしたもので、その考え方はその後の古墳時代研究の基本となっています。

卒業後は財団法人古代学協会『平安博物館』に就職させていただきました。ここでは、平安京の調査研究を担当し、上司であった伊藤玄三さんや近藤喬一さん、後から来られた上野佳也さんと甲元眞之さんの下で、平安の宮都や関連寺院、瓦窯などの発掘調査・研究に従事しました。また、初めて一人で担当した京都市中久世遺跡では、調査中に地元の杉江義郎さんに見せてもらった人の顔を墨書した奈良時代の土師器の壺に興味を持ち、それが道教系の呪具であることを論証した「墨書人面土器について」(『考古学雑誌』第五八巻第四号　一九七三年)を発表しました。この頃は、館内外の考古学会の錚々たるメンバーに囲まれ、学者の世界に一歩足を踏み入れた錯覚を味わえた時期でもありました。でも、館長の角田文衞先生の『古代学序説』(一九七二年)の講義を聴き、古代学の薫陶を受けましたが、期待に反して、基礎知識もなく、語学力のない私にとって、数カ国語の原文が引用されている書物を前に、いかんともし難い状況に陥ったことを覚えています。このことが原因ではないのですが、若気の至りか、就職浪人を覚悟してあっさりと退職し、滋賀県の行政発掘に首を突っ込むこととなりました。

滋賀県では、一年足らずで運よく滋賀県教育委員会に勤めることができるようになりました。教育委員会には同じ大学の中谷雅治さん、林博通さんがおられ、新人にとっては心強い存在でした。ただ、日々、開発と追っかけごっこで、調整と調査に忙しい毎日を送ることとなりました。そんな中で、無作為に与えられる様々な時代の様々な種類の遺跡に当たることを楽しみとする術を覚えました。今津町弘川遺跡で整然と並ぶ倉庫群を見つけたときには、考古学的資料の他、『類聚三代格』などの史料を本格的に調べ、それが古代郷倉であることを論証し、「古代郷倉について―滋賀県高島郡今津町弘川遺跡の検討―」(『史想』第一八号　一九七九)を発表しました。木之本町長野古墳群の並列する二基の方墳の調査からは、近畿周辺の方墳が前方後円墳を中心とする在地首長墓群とは離れ、交通のネックになる場所に分布していることなどに注目し、「方墳の性格―とくに近畿地方の中期方墳について―」(『古代文化』第

三二巻第八号　一九八〇年）をまとめました。余呉町桜内遺跡から多数の銅鏃が出土したときには、「弥生時代の銅鏃」（『滋賀考古学論叢』第一輯　一九八一年）で形態分類や地域性を論じ、長らく停滞していた研究に挑戦してみました。浅井町慶蔵寺遺跡や甲良町法養寺遺跡などの小規模な掘立柱建物群についても、「残存条里と集落遺跡」（『滋賀考古学論叢』第二輯　一九八五年）で、近江の条里開発を考える資料として活用しています。余呉町上ノ山古墳群、湖北町四郷崎古墳、長浜市諸頭山古墳群、米原町塚原古墳群などの一連の横穴式石室の調査からは、「近江における横穴式石室の受容と展開」（滋賀県立安土城考古博物館『紀要』第一号　一九九三年）で、古墳時代後期の首長層の動向や石室に埋葬される人々の性格などに言及しました。寒い湖北の冬空の下、米原町三大寺遺跡群で初めて白鳳時代の寺院跡を調査しました。堂塔伽藍を持つような大規模な寺院ではなく、藤原宮式の軒瓦を持つ堂宇と湖東式の軒瓦を葺く堂宇の二堂だけが隣接して建立されたものです。その建立の契機については、長らく気にはなっていたのですが、大津市膳所城下町遺跡で見つかった大型掘立柱建物を聖武天皇の東国行幸の際の「禾津の頓宮」と考えた時に、ようやく壬申の乱との関わりで捉えることができ、「聖武天皇の東国行幸と壬申の乱—大津市膳所城下町遺跡の大型掘立柱建物を「禾津の頓宮」とする考え方の参考に—」（『人間文化』一三号　二〇〇三年）の中で記述することができました。さらに、「米原市三大寺廃寺跡再考—二つの堂宇の建立と廃絶—」（『淡海文化財論叢』第一輯　二〇〇六年）では、律令国家の仏教政策にまで言及することができました。また、膳所城下町遺跡に関係して、「禾津の頓宮」と隣接する氏寺、頓宮跡地の官衙的利用状況などから他の頓宮の位置を推定（「聖武天皇東国行幸にかかる頓宮の位置を推定する試み—近江国の場合—」『考古学論究』二〇〇七年）し、恭仁京遷都をもくろむ東国行幸と在地豪族との関わりなどにも言及することができました。直接担当していないのですが、史跡紫香楽宮跡の寺院遺構の調査からは、出土している軒瓦の編年や火災状況などの発掘成果を検討（「甲賀宮国分寺」と「旧史跡紫香楽宮」―近江国分寺に関する一・二の問題―」『王権と武器と信仰』二〇〇八年）することで、聖武天皇が建立しようとした「甲賀寺」と近江国分寺との関係について考えることができました。こんな風に、行政発掘に携わる間は、関わった遺跡ごとに何かを考え、文章にするという楽しみ方を実践してきたのです。

発掘調査で忙殺されている時に、堅田直さんや石野博信さんからの誘いで帝塚山考古学研究所の古墳部会に加えていただきました。気分転換がはかれ、しかも、これまであまり経験してこなかった大学の考古学ゼミのような訓練を受けることができました。確か月一回の集まりで、とくに弥生時代から古墳時代の過渡期の墓制（「死者の場―埋葬主体の配置―」『古墳の起源と天皇陵』一九八五年）と横穴式石室の地域性（「近畿の横穴式石室地域論・滋賀」『横穴式石室を考える―近畿の横穴式石室とその系譜―』一九九〇年）についてはシンポジュームが開催され、その発表のために、夜遅くまで勉強したことを覚えています。また、小笠原好彦さんの主導で取り組んだ近江の古代寺院の集成作業（小笠原好彦・田中勝弘・西田弘・林博通『近江の古代寺院』一九八九年）も、高月町井口・保延寺大海道遺跡、長浜市大東遺跡、米原町三大寺遺跡などに対して再検討を加えることができ、おかげで、律令国家の仏教政策を検討するきっかけとなりました。『弥生時代の研究』九（一九八六年）や『古墳時代の研究』一〇（一九九〇年）など市販本への依頼原稿も、それまでの調査成果をまとめるいい機会となりました。

滋賀県立安土城考古博物館在職中は、初代学芸課長として博物館業務を軌道に乗せる傍ら、展示業務に携わりました。この博物館は「城郭と考古」をテーマとしており、考古では、近江最大の前方後円墳である瓢箪山古墳と弥生時代の農耕集落を代表する大中の湖南遺跡の二つの史跡から、弥生時代と古墳時代に特化した博物館活動を行うこととしています。当然私は考古を担当し、展示の企画にあわせて調査・研究に専念することができました。顧問をしていただいた上山春平先生とも色々お話をさせていただき、まさに最高の充電期間だったと思っています。平成六年度に『弥生の祈り人―よみがえる農耕祭祀―』、平成八年度に『墓と弥生時代』と題して展覧会の企画、図録の刊行を行いました。この展示を通じて、前方後方墳の性格について論じた「弥生の墓から古墳へ―近江の場合の三つの墳形と墳墓群構造―」（『太邇波考古学論集』一九九七年）を発表し、これをもとに「近江の古墳時代前期」『淡海文化財論叢』第二輯　二〇〇七年）で大和政権と近江の在地勢力との関わりを考えてみました。平成九年度の『物と人―古墳時代の生産と運搬―』では、古墳時代の鉄や玉類などの諸物資の生産と流通および大王権の関わりを示す中で、地方勢力を結集して出現する継体大王にも考古学的に焦点を当てました。「継体大王の出現背景（上）・（下）―水運と古墳の動向を中心に―」（『古代文化』第七号・第八号　一九九八年）はこのときの発想をまとめたものです。自分が関わった遺跡の調査成果を題材にするこれまでの方法から一歩前進し、一定のテーマについて広く論究する方法が学べた時代でした。

そうこうしているうちにいつの間にか滋賀県教育委員会を退職する歳になってしまいました。退職を機に、大橋信弥さんたちからの勧めもあって、これまでの業績をまとめてみようと、一度、すべての論考に目を通してみました。しかし、読めば読むほど追加や訂正をしたくなる箇所が目につき、言い回しまで気になってしまいました。しかも、個々の遺跡の調査成果をきっかけに論考していることが多いため、弥生時代から室町時代まで、さらに、墓制、祭祀、官衙、寺院、平野の開発、銅鏃、土師器など様々な分野に及び、とうてい一書にまとめられるような状態ではないことに気がつき、論集としての出版はあきらめました。一方、安土城考古博物館在籍中から続けている産経新聞の『歴史への招待席』の連載については、きりをつけるため退職後も少しの間続けました。この連載は、私が一人で執筆を始めた第五〇回目から一八八回目までは「暮らし」・「生産技術」・「運輸技術」・「平野の開発」・「祭祀」・「水中考古学」と多義にわたるテーマで近江の古代史を紹介しています。この部分については、まとめ直してサンライズ出版の淡海文庫の一冊（『遺跡が語る近江の古代史―暮らしと祭祀―』二〇〇七年）に加えていただきました。一八九回目からは「古墳」、三〇二回目からは「宮都と古代寺院」とテーマを絞りました。「古墳」に関してはこれまでの近江に関する論考をもとに、先学の論考の紹介や書き下ろしを加えて構成することができたのですが、「宮都と古代寺院」については、ほとんどが書き下ろしとなりました。考古資料だけではなく、『日本書紀』や『続日本紀』などの慣れない史料を読む毎日で、しかも、ほぼ毎週の掲載で大変苦労しました。でも、このことが結果的に、古墳時代から平安時代までの琵琶湖をめぐる古代王権について、通史的に時系列で記述していくこととなったのです。そして、これをもとにした今回のこの本作りが、これまでの一区切りとなる退職後の大仕事となりました。

二〇〇八年六月

田中勝弘

注（初出遺跡・文献のみ）

第一章

1. 田中勝弘『弥生の祈り人―よみがえる農耕祭祀―』（滋賀県立安土城考古博物館平成六年度春季特別展図録　一九九四年）
2. 田中勝弘・吉田秀則『墓と弥生時代』（滋賀県立安土城考古博物館平成八年度春季特別展図録　一九九六年）
3. 弥生時代の木偶は、守山市赤野井湾遺跡、守山市下之郷遺跡からも出土しています。大中の湖南遺跡：滋賀県教育委員会『大中の湖南遺跡調査概要』（滋賀県文化財調査概要第五集　一九六七年）、湯ノ部遺跡：滋賀県教育委員会・財団法人滋賀県文化財保護協会『湯ノ部遺跡発掘調査報告書Ⅰ』（県道荒見上野近江八幡線改良工事に伴う中主町内遺跡（Ⅱ）一九九五年）、烏丸崎遺跡：滋賀県教育委員会・財団法人滋賀県文化財保護協会『烏丸半島基盤整備に伴う烏丸崎遺跡発掘調査報告書』（一九九六年）
4. 滋賀県立近江風土記の丘資料館『近江の銅鐸と銅鏡』（一九八一年）
5. 井上秀雄他訳注『東アジア民族史一―正史東夷伝―』（東洋文庫二六四　一九九二年）
6. 田中勝弘「弥生の墓から古墳へ―近江の場合の三つの墳形と墳墓群構造―」（両丹考古学研究会『太邇波考古学論集』　一九九七年）
7. 中央南幹線内西岩田瓜生堂遺跡調査会『瓜生堂遺跡』（一九七一年）、瓜生堂遺跡調査会『瓜生堂遺跡』Ⅲ（一九八一年）
8. 田中清美「加美遺跡発掘調査の成果」（『古代を考える』四三　一九八六年）、長島暉臣慎・田中清美「大阪市加美遺跡の弥生時代中期墳丘墓」（『月刊文化財』二一一　一九八五年）
9. 佐賀県教育委員会『吉野ヶ里遺跡発掘調査概報』Ⅱ（一九九四年）、佐賀県教育委員会『吉野ヶ里』（一九九四年）
10. 財団法人愛知県埋蔵文化財センター『朝日遺跡』Ⅰ（愛知県埋蔵文化財センター調査報告書第三〇集　一九九一年）、愛知県清洲貝殻山貝塚資料館『朝日遺跡』Ⅱ（一九九五年）
11. 滋賀県教育委員会・守山市教育委員会・財団法人滋賀県文化財保護協会『服部遺跡発掘調査報告書』Ⅱ（一九八

五年）
12. 守山市教育委員会『二ノ畔・横枕遺跡発掘調査現地説明会資料』（第二七次発掘調査の速報　一九九一年）
13. 田中勝弘『北陸自動車道関連遺跡発掘調査報告書Ⅸ—伊香郡余呉町桜内遺跡—』（滋賀県教育委員会・財団法人滋賀県文化財保護協会　一九八九年）
14. 長浜市教育委員会『大戌亥・鴨田遺跡現地説明会資料』（一九九四年）
15. 虎姫町教育委員会『五村遺跡発掘調査〈現地説明会資料〉』（一九九四年）、虎姫町教育委員会『五村遺跡』（虎姫町文化財調査報告書第二集　一九九七年）
16. 近江町教育委員会『西円寺遺跡』（近江町文化財調査報告書第一六集　一九九三年）
17. 丸山竜平「三川丸山古墳」（第二四回埋蔵文化財研究集会『定型化する古墳以前の墓制』第Ⅱ分冊近畿、中部以東篇　一九八八年）
18. 梅原末治「栗太野洲両郡に於ける二、三の古式墳墓の調査報告（一）—近江国に於ける主要古墳の調査録其二—」（『考古学雑誌』第一二巻第二号　一九二一年）
19. 梅原末治「栗太野洲両郡に於ける二、三の古式墳墓の調査報告（二、完結）」（『考古学雑誌』第一二巻第三号　一九二一年）
20. 梅原末治「近江国野洲郡小篠原大岩山の一古墳調査報告」（『考古学雑誌』第一二巻第一号　一九二一年）
21. 滋賀県史蹟名勝天然記念物調査会『滋賀県史蹟名勝天然記念物概要』（一九二二年）、『近江栗太郡志』巻壱（一九二六年）
22. 丸山竜平「巨大古墳の発生—近江壷笠山遺跡と埴輪の起源—」（『東アジアの古代文化』五二　一九八七年）
23. 近藤義郎・春成秀爾「埴輪の起源」（『考古学研究』第一三巻第三号　一九六七年）
24. 安曇川町教育委員会『南市東遺跡発掘調査報告』（一九八一年）
25. 第一一回埋蔵文化財研究会『西日本における方形周溝墓をめぐる諸問題』（一九八二年）
26. 能登川町教育委員会『能登川町埋蔵文化財調査報告書』第八集（一九八七年）
27. 『栗東市の歴史』第四巻　資料編Ⅰ（一九九四年）

28. 財団法人栗東町文化体育振興事業団『栗東町埋蔵文化財発掘調査　一九八九年度年報』（一九九〇年）
29. 前方後方墳プレシンポ『考古学フォーラム定例会資料』（一九九五年）
30. 滋賀県教育委員会・財団法人滋賀県文化財保護協会『横江遺跡発掘調査報告書』Ⅱ（一九九〇年）
31. 山崎秀二「益須寺遺跡」（第二四回埋蔵文化財研究集会『定型化する古墳以前の墓制』（一九八九年）、守山市教育委員会『守山市文化財調査報告書第三九冊―益須寺遺跡第一五次調査報告書―』（一九九〇年）
32. 財団法人栗東町文化体育振興事業団『栗東町埋蔵文化財発掘調査　一九八九年度年報』（一九九〇年）、前掲書27
33. 滋賀県教育委員会・財団法人滋賀県文化財保護協会『県営干拓地等農地整備事業関係発掘調査報告書―浅小井（高木）遺跡―』Ⅲ（一九八六年）
34. 前掲書29
35. 近江町教育委員会『法勝寺遺跡』（近江町文化財調査報告書第六集　一九九〇年）
36. 守山市教育委員会『塚之越遺跡現地説明会資料』（一九九五年）、守山市教育委員会『塚之越遺跡の古墳と出土品について』（守山市教育委員会記者発表資料　二〇〇三年）
37. 野洲町教育委員会『冨波遺跡発掘調査概要報告書』（一九八三年）
38. 滋賀県教育委員会『大津市皇子山古墳群調査概要』（一九七一年）
39. 新旭町教育委員会『熊野本古墳群Ⅰ―分布測量・六号墳・一二号墳範囲確認調査報告書―』（新旭町文化財調査報告書第三集　二〇〇三年）
40. 高月町教育委員会『古保利古墳群―第一次確認調査報告書―』（二〇〇一年）
41. 能登川町教育委員会・能登川町埋蔵文化財センター『神郷亀塚古墳』（能登川町埋蔵文化財調査報告書第五五集二〇〇四年）
42. 近江町教育委員会『近江町内遺跡分布調査報告書』（近江町文化財調査報告一　一九八七年）
43. 能登川町教育委員会『能登川町埋蔵文化財調査報告書　第一〇・二七・三一・三五・三六・三九・四三・四四・四六・四八・四九集』（一九八八・一九九三・一九九五～二〇〇〇年）
44. 能登川町教育委員会『能登川町埋蔵文化財調査報告書　第七集』（一九八七年）

45. 前掲書5
46. 寺沢薫「纏向形前方後円墳の築造」(『同志社大学考古学シリーズⅣ　考古学と技術』(一九八八年)
47. 広瀬和雄『前方後円墳国家』(二〇〇三年)
48. 都出比呂志『王陵の考古学』(二〇〇〇年)
49. 梅原末治「近江安土瓢箪山古墳」(『日本古文化研究所報告』四　一九三七年)
50. 丸山竜平「膳所茶臼山古墳」(『近江』二号　一九七三年)
51. 彦根市教育委員会『荒神山古墳発掘調査概要報告書』(彦根市埋蔵文化財調査報告第三五集　二〇〇四年)、彦根市教育委員会『荒神山古墳—平成一五・一六年度範囲確認調査概要—』(彦根市埋蔵文化財調査報告書第三六集二〇〇五年)、彦根市教育委員会『荒神山古墳Ⅲ・Ⅳ—平成一八・一九年度範囲確認調査概要—』(彦根市埋蔵文化財調査報告書第四一集　二〇〇八年)
52. 八日市市教育委員会『雪野山古墳の研究』(一九九六年)
53. 西条古墳群発掘調査団『西条古墳群発掘調査略報』(一九六四年)
54. 高橋護・鎌木義昌・近藤義郎「宮山遺跡」(『総社市史』考古資料　一九八七年)
55. 間壁忠彦・間壁葭子「岡山県真備町黒宮大塚古墳」(『倉敷考古館研究集報』第一三号　一九七七年)
56. 近藤義郎「都月坂二号弥生墳丘墓」(『岡山県史』考古資料　一九八六年)
57. 滋賀県教育委員会『昭和四八年度滋賀県文化財調査年報』(一九八五年)
58. 梅原末治「近江和邇村の古墳墓　特に大塚山古墳に就いて」(『人類学雑誌』三七—八　一九二二年)、丸山竜平「近江和邇氏の考古学的研究」(『日本史論叢』四　一九七四年)
59. 広島県立歴史民俗資料館『古墳誕生の謎を探る—特殊器台から埴輪へ—』('90特別展図録　一九九五年)
60. 島根大学法文学部考古学研究室『山陰地方における弥生墳丘墓の研究』(一九九二)
61. 島根県立八雲立つ風土記の丘資料館『古代の出雲と吉備・大和』('90特別展図録　一九九〇年)
62. 楯築刊行会『楯築弥生墳丘墓の研究』(一九九二年)
63. 肥後弘幸「丹後地域の弥生墓制」(『京都府埋蔵文化財論集』第二集　一九九一年)

64. 田中勝弘「弥生時代の銅鏃について」(『滋賀考古学論叢』第一集　一九八一年)、田中勝弘「銅鏃」(『弥生文化の研究』九　弥生人の世界　一九八六年)、田中勝弘「銅鏃」(『季刊考古学』第二七号　一九八九年)
65. 橋本達也「古墳時代前期甲冑の技術と系譜」(八日市市教育委員会『雪野山古墳の研究』一九九六年)
66. 小林行雄『古墳時代の研究』(一九六五年)
67. 福永伸哉「雪野山古墳と近江の前期古墳」(八日市市教育委員会『雪野山古墳の研究』一九九六年)
68. 都出比呂志「墳丘の型式」(『古墳時代の研究』七　古墳Ⅰ　墳丘と内部構造　一九九二年)
69. 田中勝弘「前方後方墳と方墳」(『初期古墳と大和の考古学』二〇〇三年)
70. 田中勝弘「近江の古墳時代前期」(『淡海文化財論叢』第二輯　二〇〇七年)
71. 長浜市教育委員会『詳細遺跡分布調査報告書—横山古墳群・横山城跡及び関連砦—』(長浜市埋蔵文化財調査資料第五二集　二〇〇三年)、長浜市教育委員会『詳細遺跡分布調査報告書二—横山古墳群・横山城跡及び関連砦確認調査—』(長浜市埋蔵文化財調査資料第六四集　二〇〇五年)
72. 定納古墳群測量調査団「近江町定納古墳群測量調査報告」(『滋賀考古』第二〇号　一九九八年)、森下章司・藤本史子・宮崎幹也「滋賀県坂田郡近江町定納古墳群の調査」(『大手前大学史学研究所紀要』オープン・リサーチ・センター報告第四号　二〇〇四年)
73. 『古事記祝詞』(日本古典文学大系一　岩波書店　一九六七年)、『日本書紀』上・下(日本古典文学大系六七・六八　岩波書店　一九六七・一九六八年)
74. 田中勝弘「大和政権と近江」(『新修彦根市史』第一巻　通史編　古代・中世　二〇〇七年)
75. 藤間生大『倭の五王』(岩波新書六八五　一九六八年)
76. 前掲書5
77. 田中勝弘「湖北地方の前方後円墳」(『北陸自動車道関連遺跡発掘調査報告書』Ⅶ　高月町瓢塚古墳　一九八二年)
78. 辻善之助他『改訂坂田郡志』第一巻(一九七五年)、前掲書71
79. 近江町教育委員会『息長古墳群』(近江町地域文化叢書第一集　一九九六年)
80. 高月町教育委員会『古保利古墳群詳細分布調査報告書』(一九九五年)、前掲書40

81. 滋賀県教育委員会『国鉄湖西線関係遺跡分布調査報告書』（一九六八年）
82. 滋賀県教育委員会『北陸縦貫道路遺跡分布調査報告書』（一九七〇年）
83. 前掲書21、滋賀県教育委員会『ほ場整備事業にともなう文化財調査報告』Ⅱ（一九七五年）
84. 滋賀県教育委員会・財団法人滋賀県文化財保護協会『北陸自動車道関連遺跡発掘調査報告書』Ⅴ（一九八〇年）
85. 滋賀県教育委員会・財団法人滋賀県文化財保護協会『北陸自動車道関連遺跡発掘調査報告書』Ⅵ（一九八一年）
86. 滋賀県教育委員会・財団法人滋賀県文化財保護協会『虎御前山遺跡』（仮）虎御前山教育キャンプ場整備事業にともなう試掘調査報告書　一九九八年）
87. 直木孝次郎・藤原光輝『滋賀県東浅井郡湯田村雲雀山古墳群調査報告』（大阪市立大学文学部歴史学教室紀要第一冊　一九五三年）
88. 長浜市教育委員会『越前塚遺跡発掘調査報告書―加納工業団地造成関連』（長浜市埋蔵文化財調査資料第五集　一九八八年）
89. 前掲書71
90. 近江町教育委員会『息長古墳群一―遺跡詳細分布調査報告書―』（近江町文化財調査報告書第二〇集　二〇〇〇年）
91. 京都大学文学部考古学研究室『琵琶湖周辺の六世紀を探る』（一九九五年）
92. 近江町教育委員会『塚の越古墳』（近江町埋蔵文化財調査報告第一〇集　一九九一年）
93. 前掲書83
94. 『延喜式』主税上（新訂増補　国史大系（普及版）『延喜式』中篇　吉川弘文館　一九七二年）
95. 新旭町教育委員会『熊野本古墳群Ⅱ―一八号墳・一九号墳範囲確認調査報告書―』（二〇〇四年）、前掲書39
96. 滋賀県教育委員会・財団法人滋賀県文化財保護協会『国道一六一号線・高島バイパス遺跡分布調査概要報告書』（一九七一年）、中江彰「王塚の周辺」（『安曇川町史』一九八四年）
97. 今津町教育委員会『今津町文化財調査報告書』第三集（一九八四年）、今津町教育委員会『今津町文化財調査報告書』第七集（一九八七年）

98. 滋賀県教育委員会・財団法人滋賀県文化財保護協会『妙見山遺跡（妙見山古墳群）』（一般国道一六一号（湖北バイパス）工事関連今津町内遺跡発掘調査報告書　一九九〇年）、今津町教育委員会『弘部野南海道遺跡の調査・妙見山古墳群一号墳の調査』（滋賀県高島郡今津町内遺跡発掘調査概要報告　一九九七年）、今津町教育委員会『妙見山遺跡発掘調査概要報告書』（一九九八年）
99. 『蒲生町史』第三巻　考古・美術・建築・民俗（二〇〇〇年）
100. 滋賀県教育委員会『滋賀県文化財調査年報　昭和五八年度』（一九八五年）、滋賀県教育委員会・財団法人滋賀県文化財保護協会『緊急地域雇用特別交付金事業にともなう出土文化財管理業務報告書』（二〇〇二年）
101. 丸山竜平「中世以前の竜王町—原始・古代の竜王町—」（『竜王町史』上巻　一九八七年）
102. 安土町教育委員会・安土町史編纂委員会・財団法人滋賀県文化財保護協会『常楽寺山古墳群調査報告書』（一九七七年）
103. 森浩一・石部正志「近畿およびその周辺」（『日本の考古学』Ⅳ　古墳時代（上）一九六七年）
104. 酒詰仲男・安井良三「ケンサイ塚古墳発掘調査概要」（現地説明会資料　一九六〇年）、蒲生町教育委員会『木村古墳群発掘調査概要報告書』（蒲生町文化財資料集（一）一九八三年）に再録）
105. 『石部町史』一巻（一九八九年）
106. 丸山竜平「甲賀郡水口町泉所在の古墳群」（『滋賀文化財だより』No.8　一九七七年）、滋賀県教育委員会・財団法人滋賀県文化財保護協会『泉塚越古墳』（国道一号水口道路改築工事に伴う発掘調査報告書　二〇〇四年）
107. 小野山節「大古墳の世紀」（『古代の日本』第五巻　近畿　一九七〇年）
108. 滋賀県教育委員会・財団法人滋賀県文化財保護協会『泉塚越古墳』（国道一号水口道路改築工事に伴う発掘調査報告書　二〇〇四年）
109. 細川修平「金銅製甲冑を有する古墳」（前掲書108）
110. 滋賀県教育委員会・財団法人滋賀県文化財保護協会『植遺跡』（ほ場整備関係（経営体育成基盤整備）遺跡発掘調査報告書三二—三　二〇〇五年）
111. 八尾市教育委員会『八尾市内遺跡昭和六一年度発掘調査報告書Ⅱ』（八尾市文化財調査報告一五　一九八七年）

112. 大阪府教育委員会『大園遺跡発掘調査概要』Ⅲ（一九七六年）、大園遺跡調査会『大園遺跡発掘調査概報』二（一九七六年）

113. 大阪市文化財協会『大阪市中央体育館地域における難波宮跡・大坂城跡発掘調査中間報告』（一九八九年）、大阪市文化財協会『大阪市中央体育館地域における難波宮跡・大坂城跡発掘調査中間報告』Ⅱ（一九九〇年）

114. 和歌山県教育委員会『鳴滝遺跡発掘調査概報』（一九八二年）

115. 財団法人大阪文化財センター『宮の前遺跡・蛍池東遺跡・蛍池遺跡・蛍池西遺跡一九九二・一九九三年度発掘調査報告書』（一九九四年）

116. 館野和己「畿内のミヤケ・ミタ」（『新版古代の日本』第五巻　近畿Ⅰ　一九九二年）

117. 冨波遺跡：野洲町教育委員会『冨波遺跡発掘調査概要』（一九八三年）、古冨波山古墳：前掲書18、大岩山二番山林古墳：前掲書20、大岩山古墳：前掲書19、円山古墳：大手前女子大学考古学研究室・野洲町教育委員会『史跡円山古墳』（一九八三年）、野洲町教育委員会『史跡大岩山古墳群　天王山古墳・円山古墳・甲山古墳』（野洲町文化財資料集　二〇〇一―二　二〇〇一年）、甲山古墳：野洲町教育委員会『史跡大岩山古墳群　天王山古墳・円山古墳・甲山古墳』（野洲町文化財資料集　二〇〇一―二　二〇〇一年）、大塚山古墳：野洲町教育委員会『史跡大岩山古墳群　大塚山古墳調査整備報告書』（二〇〇六年）、『宮山一号墳：野洲町教育委員会『宮山一号墳調査報告書』（一九九三年）、宮山二号墳：『宮山二号墳』（史跡大岩山古墳群保存整備事業報告―一　一九九一年）、亀塚古墳・天王山古墳：野洲町『野洲町史』第一巻　通史編一（一九八七年）、野洲町教育委員会『史跡大岩山古墳群―天王山古墳・円山古墳・甲山古墳調査整備報告書』（野洲町文化財資料集二〇〇一―二　二〇〇一年）

118. 岡山古墳：前掲書21、北谷一一号墳：滋賀県教育委員会『草津市山寺町北谷古墳群発掘調査概報』（一九六一年）、毛刈古墳・山の上古墳・下味古墳・佐世川古墳・新開一号墳・新開二号墳：滋賀県教育委員会『滋賀県史蹟調査報告』第一二冊（一九六一年）、亀塚古墳・大塚越古墳：前掲書21・椿山古墳：栗東町教育委員会『町内遺跡分布調査報告書』（栗東町文化財調査報告書第二冊　一九八九年）、下戸山古墳：財団法人栗東町文化体育振興事業団『栗東町埋蔵文化財発掘調査一九九八年度年報』（二〇〇〇年）、地山一号墳：財団法人栗東町文化体育振興事業団『栗東町埋蔵文化財発掘調査一九九〇年度年報Ⅱ』（一九九二年）

119・野洲町教育委員会『辻町遺跡現地説明会資料』（二〇〇〇年）、野洲町教育委員会『野々宮遺跡現地説明会資料』（一九八五年）
120・野洲町教育委員会『野々宮遺跡現地説明会資料』（一九八五年）、野洲町教育委員会『野々宮遺跡現地説明会資料三』（一九八七年）
121・守山市教育委員会『下長遺跡発掘調査報告書Ⅷ』（二〇〇一年）
122・栗東歴史民俗博物館『一九九五年度栗東町埋蔵文化財発掘調査成果展』（一九九七年）
123・田中勝弘ほか『物と人―古墳時代の生産と運搬―』（滋賀県立安土城考古博物館　平成九年度春季特別展図録一九九七年）、田中勝弘「古墳時代における水運技術」（滋賀県立安土城考古博物館『紀要』第六号　一九九八年）
124・小西永子「岡古墳出土の船形埴輪の意義について」（藤井寺市教育委員会『岡古墳―古市古墳群の調査研究報告Ⅰ―』藤井寺市文化財報告第五集　一九八八年）
125・滋賀県教育委員会・守山市教育委員会・財団法人滋賀県文化財保護協会『服部遺跡発掘調査報告書』Ⅴ（一九八五年）
126・田中勝弘「狐塚古墳群の問題点」（滋賀県教育委員会・財団法人滋賀県文化財保護協会『一般国道（長浜バイパス）関連遺跡発掘調査報告書』Ⅳ　一九八七年）
127・草津市教育委員会『大将軍遺跡概要報告』（現地説明会資料　一九九三年）、草津市教育委員会『大将軍遺跡現地説明会資料』（一九九五年）、草津市教育委員会『大将軍遺跡概要報告』（現地説明会資料　一九九七年）、草津市教育委員会『平成七年度草津市文化財年報』（草津市文化財調査報告書二九　一九九七年）
128・草津市教育委員会『草津川改修関連遺跡発掘調査概要報告書（Ⅲ）―御倉遺跡発掘調査概要報告―』（草津市文化財調査報告一五　一九八九年）
129・滋賀県教育委員会・財団法人滋賀県文化財保護協会『芦浦遺跡』（滋賀県住宅供給公社芦浦住宅団地建設工事に伴う発掘調査報告書　一九九八年）
130・草津市花摘寺跡等調査団『草津市花摘寺跡・南笠古墳群調査報告』（一九七〇年）、草津市役所『草津市史』第一巻（一九八一年）、藤井朗「南笠古墳群周濠確認調査」（『滋賀文化財だより』No.136　一九八九年）

131　大津市教育委員会『埋蔵文化財包蔵地分布調査報告書』（大津市埋蔵文化財調査報告書（二）　一九八一年）
132　吉水真彦「大津市内に所在する前方後円墳の一考察」（『近江地方史研究』九　一九七九年）
133　大津市教育委員会『真野古墳古墳発掘調査現地説明会資料』（一九九六年）
134　丸山竜平前掲書58
135　大津市教育委員会『雄琴遺跡発掘調査報告書―雄琴駅周辺土地区画整理事業に伴う―』（大津市埋蔵文化財調査報告書（三二）　二〇〇〇年）
136　田中勝弘「方墳の性格―特に、近畿地方における中期方墳について―」（『古代文化』第三二巻第八号　一九八〇年）
137　山田良三他「尼塚古墳群発掘調査概報」（京都府教育委員会『埋蔵文化財発掘調査概報』一九六九年）
138　城陽市教育委員会『城陽市埋蔵文化財調査報告書』第二集　一九七四年）
139　高橋美久二他「宮ノ平古墳群発掘調査概報」（京都府教育委員会『埋蔵文化財発掘調査概報』一九七四年）
140　伊達宗泰他『塚山古墳』（奈良県埋蔵文化財調査報告書（一）　一九五七年）
141　小島俊次『奈良県の考古学』（郷土考古学叢書〈一〉　一九六九年）
142　網干善教『五条猫塚古墳』（奈良県史蹟調査報告書第二〇冊　一九五七年）
143　前掲書141
144　八木奘三郎「丹波国多気郡雲部村の古墳発見品」（『人類学雑誌』第一七巻一八九号　一九〇二年）
145　梅原末治「丹波国南桑田郡篠村の古墳」（『考古学雑誌』第九巻第一号　一九一八年）
146　前掲書144
147　亀岡市史編纂委員会『亀岡市史』上巻（一九六〇年）
148　『新修亀岡市史』資料編第一巻（二〇〇〇年）
149　京都府立丹後郷土資料館『両丹地方の方墳』（常設展資料四　一九七八年）
150　梅原末治「丹波国何鹿郡多田の方形古墳」（『考古学雑誌』第八巻第四号　一九一七年）
151　前掲書149

152　前掲書149
153　前掲書149
154　前掲書149
155　田中勝弘「継体大王出現の背景（上）―水運と古墳の動向を中心に―」（『古代文化』第七号　一九九八年）、「同（下）」（『同』第八号　一九九八年）
156　南出真助「古代敦賀津の中世的変容」（『人文』二四　一九七二年）
157　中司照世「敦賀の古墳について」（『気比史学』第五号　一九八五年）
158　梅原末治「続越前敦賀郡の遺物と遺跡」（『考古学雑誌』第七巻第一号　一九一九年）
159　福井県教育委員会『向出山古墳群』（北陸自動車道関係遺跡調査報告書第一三集　一九七八年）
160　青木豊昭「古墳は語る」（『福井県史』通史編一　一九九三年）
161　青木豊昭「横山古墳群について―後期前方後円墳を中心として―」（『福井県史』通史編一　一九九三年）
162　福井県教育委員会『六呂瀬山古墳群―国道三六四号建設に伴う発掘調査報告書―』（福井県埋蔵文化財調査報告第四集　一九八〇年）
163　福井県教育委員会『御茸山古墳群』（福井県文化財調査報告第二八集　一九八七年）
164　斎藤優『若狭上中町の古墳』（一九七〇年）、網谷克彦「武人の時代―向山一号墳・西塚古墳」（福井県立若狭歴史民俗資料館特別展図録『躍動する若狭の王たち―前方後円墳の時代―』　一九九一年）
165　柳沢一男「若狭の横穴式石室の源流を探る」（福井県立若狭歴史民俗資料館特別展図録『躍動する若狭の王たち―前方後円墳の時代―』　一九九一年）
166　中村潤子「広帯二山式冠について」（『古代学研究』一〇一　一九八三年）、森浩一「潟と港を発掘する」（『日本の古代三　海を越えての交流』一九八六年）
167　高橋克壽「若狭の埴輪と地域政権」（福井県立若狭歴史民俗資料館特別展図録『躍動する若狭の王たち―前方後円墳の時代―』　一九九一年）
168　梅原末治『近江国高島郡水尾村の古墳』（京都帝国大学文学部考古学研究報告第八冊　一九二四年）、高島町教育

委員会『稲荷山古墳周湟確認調査』(一九八一年)
169 京都府立丹後郷土資料館・京都府立山城郷土資料館・京都府総合資料館『環頭大刀の発見―丹後湯船坂二号墳―』(一九八三年)
170 澄田正一「尾張と熱田神宮」(『古代の日本』六 中部 一九七〇年)
171 赤塚次郎・中嶋郁夫「2東海 1西部(岐阜・愛知)」(『古墳時代の研究』第一一巻 地域の古墳Ⅱ 一九九〇年)
172 神遠野浩一「尾張氏の発生について」(『文化史論叢(上)』一九八七年)
173 東海埋蔵文化財研究会断夫山古墳測量班「断夫山古墳の測量調査」(第六回東海埋蔵文化財研究会『断夫山古墳とその時代』 一九八九年)
174 高橋克壽「湖北の後期前方後円墳の動態」(『琵琶湖周辺の六世紀を探る』一九九五年)、滋賀県教育委員会・財団法人滋賀県文化財保護協会『一般国道八号(長浜バイパス)関連遺跡発掘調査報告書―西火打遺跡・狐塚遺跡―』Ⅳ(一九八七年)
175 島田貞彦「近江国坂田郡能登瀬の古墳」(『歴史と地理』第一五巻第三号 一九二六年)、高橋克壽・森下章司「山津照神社古墳の調査」(『琵琶湖周辺の六世紀を探る』 一九九五年)
176 岩崎直也「地方窯の上限と系譜を求めて(Ⅱ)」(『滋賀考古学論叢』第三集 一九八六年)、田中勝弘「入江内湖遺跡とその遺物」(『滋賀考古学論叢』第三集 一九八六年)
177 谷岡武雄『平野の開発』(一九六六年)
178 梅原末治「恵解山古墳」(『京都府史跡勝地調査報告』第六冊 一九二五年)、長岡京市教育委員会『史跡恵解山古墳』(一九八一年)
179 梅原末治『久津川古墳研究』(一九二一年)
180 宇治市教育委員会『五ヶ庄二子塚古墳発掘調査報告』(宇治市文化財発掘調査報告 第三冊 一九九二年)、宇治市教育委員会『宇治市埋蔵文化財発掘調査概報』第一一集・第一三集(一九八八年・一九八九年)
181 杉本宏「京都の古墳の動向と継体朝」(『継体王朝の謎―うばわれた王権―』一九九五年)

182・滋賀県教育委員会『昭和四八年度滋賀県文化財調査年報』（一九七五年）
183・福永清治「小篠原遺跡「林ノ腰古墳」の発掘調査―埋没していた大型前方後円墳―」（『滋賀考古』第一八号　一九九七年）
184・野洲町『野洲町史』第一巻　通史編一（一九八七年）
185・前掲書101
186・田中勝弘「近江における横穴式石室の受容と展開」（滋賀県立安土城考古博物館『紀要』第一号　一九九三年）
187・岡田登「近畿の横穴式石室地域論・三重県」（帝塚山考古学研究所『横穴式石室を考える―近畿の横穴式石室とその系譜―』一九九〇年）
188・多賀町教育委員会『大岡高塚古墳発掘調査現地説明会資料』（二〇〇七年）
189・滋賀県埋蔵文化財センター『滋賀埋文ニュース』第一二八号（一九九〇年）
190・栗東町教育委員会『町内遺跡分布調査報告書』（栗東町文化財調査報告書第二冊　一九八九年）
191・江南洋「丸山古墳群」（『東海道新幹線増設工事に伴う埋蔵文化財発掘調査報告書』一九六五年）
192・前掲書101
193・滋賀県教育委員会『北陸自動車道関連遺跡発掘調査報告書』Ⅱ（一九七六年）
194・『改訂坂田郡志』上巻（一九七五年）
195・彦根市史考古部会『『新修彦根市史』編さんにともなう彦根市内遺跡・遺物調査報告書』（二〇〇四年）
196・安承周・全榮來「百済石室墳―研究」（『韓国考古学報』一〇・一一　一九八四年）
197・水野正好「滋賀郡所在の漢人系帰化氏族とその墓制」（滋賀県教育委員会『滋賀県文化財調査報告書』第四冊　一九七〇年）
198・前掲書99
199・滋賀県教育委員会・財団法人滋賀県文化財保護協会『ほ場整備関係遺跡発掘調査報告書』Ⅴ（一九七八年）
200・水野正好他「竜石山古墳群」（『東海道幹線増設工事に伴う埋蔵文化財発掘調査報告書』　一九六五年）
201・前掲書101

202　西田弘「愛知郡湖東町祇園西塚古墳の調査」（財団法人滋賀県文化財保護協会『滋賀文化財だより』No.190　一九九三年）
203　中谷雅治「階段状石積みのある横穴式石室について」（『水と土の考古学』　一九七三年）、前川清文「近江の竪穴系横口式石室」（滋賀県教育委員会・財団法人滋賀県文化財保護協会『ほ場整備関係遺跡発掘調査報告書』Ｖ　一九七八年）
204　彦根市教育委員会『段ノ東遺跡』（新生産調整推進排水対策特別事業に伴う発掘調査報告書　二〇〇〇年）
205　彦根市教育委員会『葛籠北遺跡』（彦根市埋蔵文化財調査報告第九集　一九八五年）
206　前掲書74
207　前掲書184
208　田中勝弘『三大寺遺跡群』（米原町埋蔵文化財調査報告書Ｉ　一九八四年）
209　細川修平・大崎哲人「大津市大伴遺跡発掘調査報告書」（滋賀県教育委員会『昭和六〇年度滋賀県文化財調査年報』（一九八七年）
210　田中勝弘「終末期古墳群の問題点—群構成の分析とその意味—」（滋賀県教育委員会・財団法人滋賀県文化財保護協会『横尾山古墳群発掘調査報告書』一般国道（京滋バイパス）関連遺跡発掘調査報告書二　一九八八年）
211　田中勝弘「後期古墳における副葬土師器の変化」（『滋賀考古学論叢』第四集　一九八八年）
212　京都府立丹後郷土資料館・京都府立山城郷土資料館・京都府立総合資料館『重要文化財指定記念特別展　環頭大刀の発見—丹後・湯船坂二号墳—』（一九八三年）
213　新納泉「2　副葬品の種類と編年　1　武器」（『古墳時代の研究』八古墳Ⅱ　副葬品　一九九一年）
214　滋賀県教育委員会・財団法人滋賀県文化財保護協会『北牧野古墳群』（斧研川荒廃砂防事業に伴う埋蔵文化財発掘調査報告書　二〇〇三年）
215　前掲書21・101
216　新旭町役場『新旭町誌』（一九八五年）
217　新納泉「双龍・双鳳環頭大刀」（久美浜町教育委員会『湯船坂二号墳』久美浜町文化財調査報告書第七集　一九

八三年）
218．財団法人滋賀県文化財保護協会『滋賀文化財だより』No.216・217（一九九六年）、財団法人滋賀県文化財保護協会・滋賀県立安土城考古博物館『近江・河内・大和の渡来人』（『いにしえの渡り人―近江の渡来文化―』展　財団法人滋賀県文化財保護協会設立二五周年記念・第七回埋蔵文化財調査研究会　シンポジウーム　一九九六年）
219．前掲書101、滋賀県教育委員会・財団法人滋賀県文化財保護協会『大篠原東遺跡試掘報告』（一九八二年）
220．財団法人滋賀県文化財保護協会『滋賀文化財だより』No.76（一九八三年）
221．畑中英二「滋賀県下における律令期須恵器生産の動向に関する検討」（滋賀県立安土城考古博物館『紀要』第二号　一九九四年）
222．滋賀県教育委員会『昭和五〇年度滋賀県文化財調査年報』（一九七七年）
223．滋賀県教育委員会・財団法人滋賀県文化財保護協会『大通寺古墳群』（一般国道一六一号（西大津バイパス）建設工事に伴う発掘調査報告書　一九九五年）
224．西田弘「草津市北谷古墳群の調査」（滋賀県教育委員会『平成二年度滋賀県埋蔵文化財調査年報』一九九二年）
225．高島町教育委員会『音羽古墳群Ⅰ―石穴支群調査概要報告―』（高島町文化財資料集―三　一九八四年）
226．山東町教育委員会『町内遺跡―大原氏館跡・すも塚古墳―（第二次）』（山東町埋蔵文化財調査報告書Ⅸ　一九九三年）
227．多賀町教育委員会『楢崎古墳群―団体営ほ場整備事業に伴う埋蔵文化財発掘調査報告書―』（多賀町埋蔵文化財発掘調査報告書第一二冊　二〇〇三年）
228．平井美典「滋賀県犬上川左岸群集墳と簀秦画師氏」（『文化財学論集』一九九四年）
229．滋賀県教育委員会・財団法人滋賀県文化財保護協会『尼子遺跡』（ほ場整備関係遺跡発掘調査報告書ＸＸ―四　一九九三年）
230．松浦俊和「ミニチュア炊飯具形土器論―古墳時代後期横穴式石室墳をめぐる墓前祭祀の一形態―」（京都教育大学考古学研究会『史想』第二〇号　一九八四年）
231．前掲書197

232 大津市教育委員会『大谷遺跡発掘調査報告書―一般国道一六一号（西大津バイパス）建設に伴う―』（大津市埋蔵文化財調査報告書（二五）一九九四年）
233 滋賀県教育委員会・財団法人滋賀県文化財保護協会『北落古墳群』（ほ場整備関連遺跡発掘調査報告書ＸＸⅠ―四　一九九四年）
234 財団法人滋賀県文化財保護協会・滋賀県立安土城考古博物館前掲書218
235 財団法人滋賀県文化財保護協会・滋賀県立安土城考古博物館前掲書218
236 滋賀県教育委員会・財団法人滋賀県文化財保護協会『木曽遺跡』（ほ場整備関係遺跡発掘調査報告書ＸＸⅢ―二　一九九六年）
237 愛知川町教育委員会『第三次なまず遺跡発掘調査報告書』（愛知川町埋蔵文化財発掘調査報告第六集　一九九六年）
238 滋賀県教育委員会・財団法人滋賀県文化財保護協会『ほ場整備関係遺跡発掘調査報告書』Ⅵ―五（一九七九年）
239 滋賀県教育委員会『蒲生郡日野町小御門古墳群調査概要』（滋賀県文化財調査概要第三集　一九六六年）
240 前掲書239
241 前掲書222
242 財団法人滋賀県文化財保護協会・滋賀県立安土城考古博物館前掲書218
243 松室孝樹「カンザシを副葬する古墳」（滋賀県立安土城考古博物館『物と人―古墳時代の生産と運搬―』平成九年度春季特別展図録　一九九七年）
244 彦根市教育委員会『福満遺跡―城南保育園改築に伴う福満遺跡第四次調査』（彦根市埋蔵文化財調査報告第一三集　一九八七）
245 藤田富士夫『古代の日本海文化―海人文化の伝統と交流―』（中公新書九八一　中央公論社　一九九〇年）
246 八日市市教育委員会『八幡社古墳群発掘調査報告書』（八日市市文化財調査報告（11）一九九二年）
247 前掲書186
248 『新旭町誌』（一九八五年）

249 前掲書248
250 柴田實「小野神社と唐臼山古墳」（滋賀県『滋賀県史蹟調査報告』第八冊　一九三九年）
251 滋賀県教育委員会・財団法人滋賀県文化財保護協会『横尾山古墳群発掘調査報告書』（一般国道一号（京滋バイパス）関連遺跡発掘調査報告書Ⅱ　一九八八年）
252 日野町教育委員会『日野町埋蔵文化財発掘調査報告書』第一三集（一九九九年）
253 滋賀県教育委員会・財団法人滋賀県文化財保護協会『県道高山長浜線緊急地方道整備事業に伴う東野館遺跡発掘調査報告書』（一九八九年）
254 京都教育大学考古学研究会「堅田平野における後期群集墳の一様相」（京都教育大学考古学研究会『史想』第二一号　一九八八年）
255 白石太一郎「岩屋山式の横穴式石室について」（『論集終末期古墳』　一九七三年）
256 前掲書255
257 滋賀県教育委員会・財団法人滋賀県文化財保護協会『錦織・南滋賀遺跡発掘調査概要Ⅷ—付：南郷田中瓦窯・石山寺境内遺跡発掘調査概要—』（一九九四年）
258 滋賀県教育委員会・草津市教育委員会・財団法人滋賀県文化財保護協会『横土井（観音寺）遺跡発掘調査報告書』（国道一号京滋バイパス関連遺跡発掘調査報告書第一冊　一九八五年）
259 滋賀県教育委員会『昭和四九年滋賀県文化財調査年報』（一九七六年）
260 前掲書210

第二章

1. 滋賀県教育委員会『平成一三年度滋賀県遺跡地図』（二〇〇二年）
2. 田中勝弘「湖北の古代寺院と瓦出土遺跡」（小笠原好彦・田中勝弘・西田弘・林博通『近江の古代寺院』　一九八九年）
3. 林博通『大津京跡の研究』（二〇〇一年）

4. 柴田實「大津京阯下　崇福寺阯」(『滋賀県史蹟調査報告』第一〇冊　一九四一年)
5. 林博通「園城寺」(小笠原好彦・田中勝弘・西田弘・林博通『近江の古代寺院』一九八九年)
6. 肥後和男「大津京址の研究」(『滋賀県史蹟調査報告』第二冊　一九二九年)、柴田実「大津京阯(上)」(『滋賀県史蹟調査報告』第九冊　一九四〇年)、滋賀県教育委員会『昭和五一年度滋賀県文化財調査年報』(一九七八年)
7. 滋賀県教育委員会・財団法人滋賀県文化財保護協会『一般国道一六一号(西大津バイパス)建設に伴う穴太遺跡発掘調査報告書』Ⅳ　二〇〇一年)、前掲書3
8. 前掲書3
9. 『日本書紀』下(日本古典文学大系六八　岩波書店　一九六八年)
10. 森公章『「白村江」以後』(講談社選書メチエ一三二　講談社　一九九八年)
11. 滋賀県教育委員会『唐橋遺跡』(瀬田川浚渫工事関連埋蔵文化財発掘調査報告書Ⅱ　一九九二年)
12. 奈良国立文化財研究所飛鳥資料館『藤原宮─半世紀にわたる調査と研究─』(飛鳥資料館図録第一三冊　一九八四年)、木下正史『藤原京─よみがえる日本最初の都城』(中公新書一六八一　中央公論新社　二〇〇三年)
13. 奈良国立文化財研究所『飛鳥・藤原宮発掘調査概報』七～一三(一九七七～一九八三年)、井上和人「大官大寺の発掘調査」(『日本歴史』第四二二号　一九八三年)
14. 奈良国立文化財研究所『飛鳥寺発掘調査報告』(奈良国立文化財研究所学報五　一九五八年)、奈良国立文化財研究所『飛鳥・藤原宮発掘調査概報』二三・二四(一九九三・一九九四年)
15. 奈良国立文化財研究所『川原寺発掘調査報告』(奈良国立文化財研究所学報九　一九六〇年)
16. 奈良国立文化財研究所『飛鳥・藤原宮発掘調査概報』六・一四・二一・二三～二六(一九七六・一九八四・一九九一・一九九三～一九九六年)
17. 田中勝弘「聖武天皇の東国行幸と壬申の乱─大津市膳所城下町遺跡の大型掘立柱建物を「禾津の頓宮」とする考え方の参考に─」(滋賀県立大学『人間文化』一三号(滋賀県立大学人間文化学部研究報告一三号)二〇〇三年)
18. 稲垣晋也『古代の瓦』(日本の美術第六六号　一九七一年)
19. 坪之内徹「畿内周辺地域の藤原宮式軒瓦─讃岐・近江を中心にして─」(『考古学雑誌』第六八巻第一号　一九八

二年）
20. 田中勝弘『三大寺遺跡群』（米原町埋蔵文化財調査報告書Ⅰ　一九八四年）、田中勝弘「三大寺跡」（小笠原好彦・田中勝弘・西田弘・林博通『近江の古代寺院』一九八九年）
21. 『古事記　祝詞』（日本古典文学大系一　岩波書店　一九六七年）
22. 近江町教育委員会『近江町内遺跡分布調査報告書』（近江町文化財調査報告一　一九八七年）
23. 『延喜式』前篇・中篇・後篇（新訂増補　国史大系　吉川弘文館　一九七二年）
24. 彦根市教育委員会『鳥籠山遺跡発掘調査概要報告書』（彦根市埋蔵文化財調査報告第二三集　一九九二年）
25. 滋賀県史蹟名勝天然記念物調査会『滋賀県史蹟名勝天然記念物概要』（一九三六年）、西田弘「近江の古瓦Ⅲ湖東北部」（財団法人滋賀県文化財保護協会『文化財教室シリーズ』三三　一九七九年）
26. 『彦根市史』上冊（一九六〇年）、彦根市教育委員会『竹ヶ鼻廃寺・品井戸遺跡（第四次）』（彦根市埋蔵文化財調査報告第八集　一九八五年）、彦根市教育委員会『竹ヶ鼻廃寺発掘調査報告書』（彦根市埋蔵文化財調査報告第二一集　一九九一年）、彦根市教育委員会『竹ヶ鼻廃寺遺跡現場説明会資料』（一九九六年）
27. 『近江栗太郡志』（一九二六年）、草津市教育委員会『草津市花摘寺跡・南笠古墳群調査報告』（一九七〇年）、滋賀県教育委員会・財団法人滋賀県文化財保護協会『ほ場整備関係遺跡発掘調査報告書』Ⅳ—Ⅰ（一九七七年）、草津市教育委員会『花摘寺遺跡発掘調査報告』Ⅰ（草津市文化財調査報告二　一九七八年）、草津市教育委員会『昭和五三年度草津市埋蔵文化財調査報告』（草津市文化財調査報告四　一九七九年）、草津市教育委員会『花摘寺廃寺発掘調査報告書』（草津市文化財調査報告九　一九八五年）
28. 野洲町『野洲町史』第一巻　通史編（一九八七年）、『野洲郡史』（一九二七年）
29. 守山市教育委員会『益須寺跡発掘調査報告書』（守山市文化財調査報告書第七冊　一九八一年）、守山市教育委員会『益須寺遺跡発掘調査報告書』（守山市文化財調査報告書第二九冊　一九八八年）、守山市教育委員会『益須寺遺跡第一五次発掘調査報告書』（守山市文化財調査報告書第三九冊　一九九〇年）
30. 滋賀県教育委員会・財団法人滋賀県文化財保護協会『ほ場整備関係遺跡発掘調査報告書』Ⅲ—Ⅰ（一九七六年）、滋賀県教育委員会・財団法人滋賀県文化財保護協会『ほ場整備関係遺跡発掘調査報告書』Ⅳ—Ⅰ（一九七七年）

31. 草津市教育委員会『宝光寺跡発掘調査報告書』（草津市文化財調査報告一二　一九八八年）
32. 肥後和男「近江国分寺阯」（『滋賀県史跡調査報告』第五冊　一九三三年）、柴田實「近江国分寺」（『国分寺の研究』上巻　一九三八年）、島田暁「国分寺廃寺跡」（『東海道新幹線増設工事に伴う埋蔵文化財発掘調査報告書』一九六五年）、西田弘「国昌寺」（小笠原好彦・田中勝弘・西田弘・林博通『近江の古代寺院』一九八九年）
33. 西田弘「膳所廃寺」（小笠原好彦・田中勝弘・西田弘・林博通『近江の古代寺院』一九八九年）
34. 『続日本紀』前篇・後篇（新訂増補　国史大系　吉川弘文館　一九六九年）、宇治谷孟『続日本紀』上・中・下全現代語訳（講談社学術文庫一〇三〇・一〇三一・一〇三二　講談社　一九九二・一九九五年）
35. 田中勝弘「米原市三大寺廃寺跡再考―二つの堂宇の創建と廃絶の背景―」（『淡海文化財論叢』第一輯　二〇〇六年）
36. 滋賀県教育委員会・財団法人滋賀県文化財保護協会『北陸自動車道関連遺跡発掘調査報告書』Ⅰ（一九七四年）、滋賀県教育委員会・財団法人滋賀県文化財保護協会『北陸自動車道関連遺跡発掘調査報告書』Ⅲ（一九七六年）、田中勝弘「大東廃寺跡」（小笠原好彦・田中勝弘・西田弘・林博通『近江の古代寺院』一九八九年）
37. 滋賀県教育委員会・財団法人滋賀県文化財保護協会『ほ場整備関係遺跡発掘調査報告書』Ⅳ―Ⅱ（一九七六年）、滋賀県教育委員会・財団法人滋賀県文化財保護協会『ほ場整備関係遺跡発掘調査報告書』Ⅴ（一九七八年）、滋賀県教育委員会・財団法人滋賀県文化財保護協会『国道三六五号線バイパス工事に伴う埋蔵文化財発掘調査概要報告書―高月町井口遺跡―』（一九八一年）、滋賀県教育委員会・財団法人滋賀県文化財保護協会『国道三六五号線バイパス工事に伴う埋蔵文化財発掘調査報告書―高月町井口・柏原遺跡―』（一九八四年）
38. 滋賀県教育委員会・財団法人滋賀県文化財保護協会『ほ場整備関係遺跡発掘調査報告書』Ⅲ―Ⅰ（一九七六年）
39. 田中勝弘「残存条里と集落遺跡」（『滋賀考古学論叢』第二集　一九八五年）
40. 北村圭弘・下田真里子「華寺遺跡の屋瓦―近江の古代寺院研究の基礎資料―」（『北近江』第二号　二〇〇五年）
41. 小笠原好彦「湖東式軒丸瓦の成立年代と系譜」（西田弘先生米寿記念論集『近江の考古と歴史』　二〇〇一年）
42. 田中勝弘「満願寺廃寺」（小笠原好彦・田中勝弘・西田弘・林博通『近江の古代寺院』一九八九年）、三辻利一・北村大輔・北村圭弘「満願寺廃寺出土瓦の産地」（財団法人滋賀県文化財保護協会『紀要』第三号　一九九〇年）

43．前掲書35
44．前掲書22
45．『彦根市史』上冊（一九六〇年）、奈良国立文化財研究所飛鳥資料館『日本古代の鴟尾』（一九八〇年）、西田弘「磯廃寺」（小笠原好彦・田中勝弘・西田弘・林博通『近江の古代寺院』一九八九年）
46．米倉二郎「近江国府の位置について」（『考古学』第六巻第八号　一九三五年）
47．滋賀県教育委員会『近江国府国衙地区発掘調査概要』（滋賀県文化財資料集第一号　一九六五年）、滋賀県教育委員会『史跡近江国衙跡発掘調査報告』（滋賀県文化財調査報告書第六冊　一九七七年）、滋賀県教育委員会・財団法人滋賀県文化財保護協会『史跡近江国衙跡調査概要』（一九七八年）
48．金田章裕「基調講演資料　丘上の甍群『近江国府』〈歴史の十字路にそびえ立つ古代都市〉」（いにしえの近江再発見Ｐａｒｔ．３歴史フォーラム資料集『丘上の甍群・近江国府―歴史の十字路にそびえ立つ古代都市―』二〇〇一年）
49．滋賀県教育委員会『昭和四八年度滋賀県文化財調査年報』（一九七五年）、滋賀県教育委員会『昭和五〇年度滋賀県文化財調査年報』（一九七七年）
50．林博通・栗本政志「近江国府関連官衙跡の調査―大津市野畑遺跡の調査概要―」（『古代文化』第三五巻第一号一九八三年）
51．滋賀県教育委員会『滋賀県史跡調査報告書』第一二冊（一九六一年）、大津市教育委員会『瀬田廃寺跡現地説明会資料』（二〇〇七年）
52．大津市教育委員会『青江遺跡現地説明会資料』（二〇〇五年）、滋賀県埋蔵文化財センター『滋賀埋文ニュース』第二四〇号（二〇〇〇年）、田中久雄「滋賀県　惣山遺跡」（日本考古学協会『日本考古学年報』四〇　一九九九年）
53．滋賀県教育委員会『史跡近江国庁跡附惣山遺跡・青江遺跡調査整備事業報告書』Ⅰ（二〇〇二年）、滋賀県教育委員会『史跡近江国庁跡附惣山遺跡・青江遺跡調査整備事業報告書』Ⅱ（二〇〇四年）、滋賀県教育委員会『史跡近江国庁跡附惣山遺跡・青江遺跡調査整備事業報告書』Ⅲ（二〇〇七年）、滋賀県教育委員会『平成一六年度滋賀県埋蔵文化財調査年報』（二〇〇六年）、滋賀県教育委員会『平成一七年度滋賀県埋蔵文化財調査年報』（二〇〇六年）、滋賀県教育委員会『平成一八年度滋賀県埋蔵文化財調査年報』（二〇〇七年）

54. 滋賀県教育委員会・財団法人滋賀県文化財保護協会『源内峠遺跡』（びわこ文化公園整備事業に伴う発掘調査報告書　二〇〇一年）

55. 滋賀県教育委員会・財団法人滋賀県文化財保護協会『木瓜原遺跡』（立命館大学びわこ・くさつキャンパス造成工事関連埋蔵文化財発掘調査報告書　一九九六年）

56. 滋賀県教育委員会・草津市教育委員会『野路小野山遺跡発掘調査概報』（一九八四年）、滋賀県教育委員会・草津市教育委員会・財団法人滋賀県文化財保護協会『野路小野山遺跡発掘調査報告書』（国道一号京滋バイパス関連遺跡発掘調査第四冊　一九九〇年）、草津市教育委員会『野路小野山製鉄遺跡範囲確認発掘調査報告書（平成一七年度史跡指定地北側隣接地の調査）』（草津市文化財報告書第六三号　二〇〇七年）

57. 草津市教育委員会『平成元年度遺跡発掘調査報告会資料』（一九九〇年）

58. 滋賀県教育委員会・財団法人滋賀県文化財保護協会『関津遺跡現地説明会資料』（二〇〇六年）

59. 田中勝弘「墨書人面土器について」（『考古学雑誌』第五八巻第四号　一九七三年）、田中勝弘『遺跡が語る近江の古代史—暮らしと祭祀—』（二〇〇七年）

60. 前掲書17、瀧浪貞子『日本古代宮廷社会の研究』（一九九一年）

61. 四日市市教育委員会『一般国道一号北勢バイパス埋蔵文化財発掘調査概報Ⅳ』（二〇〇〇年）、四日市市教育委員会『一般国道一号北勢バイパス埋蔵文化財発掘調査概報Ⅵ』（二〇〇二年）、四日市市教育委員会『一般国道一号北勢バイパス埋蔵文化財発掘調査概報Ⅶ』（二〇〇三年）、四日市市教育委員会『四日市市文化財保護年報一四—平成一四年度—』（二〇〇三年）、四日市市教育委員会『一般国道一号北勢バイパス埋蔵文化財発掘調査概報Ⅷ』（二〇〇四年）

62. 田中勝弘「聖武天皇東国行幸にかかる頓宮の位置を推定する試み—近江の場合—」（『考古学論究』二〇〇七年）

63. 滋賀県教育委員会・財団法人滋賀県文化財保護協会『膳所城下町遺跡—大津市膳所二丁目—』（滋賀県膳所高等学校校舎等改築工事に伴う発掘調査報告書　二〇〇五年）

64. 前掲書33
65. 佐藤宗男「法勝寺遺跡出土の古瓦について」（近江町教育委員会『近江町内遺跡分布調査報告書』近江町文化財調査報告一 一九八七年）
66. 滋賀県教育委員会・財団法人滋賀県文化財保護協会『ほ場整備関係遺跡発掘調査報告書』XⅢ―二（一九八六年）
67. 近江八幡市教育委員会『近江八幡市埋蔵文化財発掘調査報告書XXⅢ』（一九九二年）
68. 滋賀県立風土記の丘資料館『近江の官衙―墨書土器と硯』（一九八三年）
69. 前掲書68
70. 野洲市教育委員会『野洲郡衙跡推定地第一次確認調査概要報告書』（野洲町文化財資料集 一九七六年）、野洲市教育委員会『一九九三・一九九四埋蔵文化財調査年報』（二〇〇五年）、野洲市教育委員会『一九八七埋蔵文化財調査年報』（二〇〇五年）、野洲市教育委員会『一九九一・一九九二埋蔵文化財調査年報』（二〇〇五年）、森隆「近江国野洲郡衙遺跡の基礎的考察」（『古代文化』第四九巻第九号（一九九七年）
71. 京都府教育委員会『恭仁宮跡発掘調査報告Ⅱ』（二〇〇〇年）
72. 足利健亮「恭仁宮域の復元」（『社会科学論集』四・五合併号 一九七三年）
73. 中尾芳治「難波宮跡一〇年来（一九七〇～一九八〇年）の調査成果と研究動向」（財団法人大阪文化財協会『難波宮址の研究』第七 一九八一年）、中尾芳治『難波京』（考古学ライブラリー四六 ニュー・サイエンス社 一九八六年）
74. 肥後和男『紫香楽宮阯の研究』（滋賀県史蹟調査報告第四冊 一九三一年）
75. 信楽町教育委員会『宮町遺跡発掘調査報告書』Ⅰ（信楽町文化財報告書第三集 一九八九年）、信楽町教育委員会『宮町遺跡発掘調査報告書』Ⅱ（信楽町文化財報告書第四集 一九九〇年）、信楽町教育委員会『紫香楽宮関連遺跡発掘調査報告書』（信楽町文化財報告書第八集 一九九四年）、鈴木良章「紫香楽宮関連遺跡の調査―朝堂建物の発掘調査を中心に―」（『考古学ジャーナル』四七〇 二〇〇一年）、甲賀市教育委員会『新・よみがえれ紫香楽宮』（二〇〇五年）
76. 滋賀県教育委員会・財団法人滋賀県文化財保護協会『新宮神社遺跡』（近畿自動車道名古屋神戸線建設事業に伴

う発掘調査報告書二　二〇〇四年）
77. 田中勝弘「「甲賀宮国分寺」と「旧史跡紫香楽宮跡」―近江国分寺に関する一・二の問題―」（『王権と武器と信仰』　二〇〇七年）
78. 滋賀県教育委員会『史蹟紫香楽宮跡保存施設事業報告書』（一九六八年）
79. 宇野茂樹・日名子元雄「史跡紫香楽宮跡塔跡・伽池跡発掘調査概要」（滋賀県教育委員会『教育時報』第一九巻特集号　文化財資料第五集　一九六七年）
80. 上原真人『恭仁宮跡発掘調査報告書　瓦編』（京都府教育委員会編　一九八四年）
81. 林博通「甲賀寺跡」（小笠原好彦・田中勝弘・西田弘・林博通『近江の古代寺院』　一九八九年）
82. 奈良国立文化財研究所『平城宮発掘調査報告』XⅢ（奈良国立文化財研究所学報第五〇冊　一九九一年）、奈良国立文化財研究所『平城京・藤原京出土瓦型式一覧』（一九九六年）に従う。
83. 西田弘「近江古代寺院の古瓦文様」（小笠原好彦・田中勝弘・西田弘・林博通『近江の古代寺院』一九八九年）
84. 滋賀県教育委員会『鍛冶屋敷遺跡』（二〇〇六年）
85. 『類聚三代格』前篇・後篇（新訂増補　国史大系　吉川弘文館　一九五二年）
86. 柴田実「近江国分寺」（角田文衛編『国分寺の研究』上巻　吉川弘文館　一九三八年）
87. 林博通「近江国分寺に関連する発掘調査」（角田文衛編『新修国分寺の研究』第三巻　一九九一年）
88. 滋賀県教育委員会『平成一六年度　史跡紫香楽宮跡現地説明会資料』（二〇〇五年）、滋賀県教育委員会『平成一六年度滋賀県埋蔵文化財調査年報』（二〇〇六年）
89. 滋賀県教育委員会『平成一八年度滋賀県埋蔵文化財調査年報』（二〇〇七年）
90. 近藤喬一『平安京古瓦概説』（一九七七年）
91. 肥後和男「近江国分寺阯」（滋賀県教育委員会『滋賀県史蹟調査報告』第五冊　一九三三年）
92. 大津市教育委員会『石山国分遺跡発掘調査報告書』（二〇〇二年）
93. 滋賀県教育委員会・財団法人滋賀県文化財保護協会『錦織・南滋賀遺跡発掘調査概要―付南郷田中瓦窯跡・石山寺境内遺跡発掘調査概要―』（一九九四年）

94. 滋賀県教育委員会・滋賀県埋蔵文化財センター『土の中から歴史が見える―最新の発掘成果から―』（第八八回滋賀県埋蔵文化財センター研究会　平成一八年度滋賀県発掘調査成果報告会　資料集　二〇〇七年）
95. 『日本後紀』（新訂増補　国史大系　吉川弘文館　一九六一年）
96. 上原真人「都城の寺院」（『季刊考古学』第二二号　一九八八年）

挿図・写真引用文献等

第一章

図1．大型方形周溝墓（注6から）
図2．円形周溝墓（注6から）
図3．円形周溝墓および前方後方墳の分布（注6から）
図4．高月町小松古墳（注40から）
写真1．能登川町神郷亀塚古墳（注41から・東近江市教育委員会提供）
図5．前方後方墳の二つの様態（注6から）
図6．奈良県箸墓古墳（『書陵部紀要』四〇（一九八九年）から）
図7．安土町瓢箪山古墳の中央石室（注49から）
写真2．八日市市雪野山古墳出土の冑（復元品）（注52から・東近江市教育委員会提供）
写真3．安土町瓢箪山古墳中央石室出土の方形板革綴短甲（京都大学蔵）（滋賀県立安土城考古博物館『常設展図録』（一九九四年）から・滋賀県立安土城考古博物館提供）
写真4．虎姫町丸山古墳出土の獣帯鏡（滋賀県教育委員会提供）
図8．八日市市雪野山古墳出土の三角神獣鏡（注52から）
図9．安土町瓢箪山古墳（注49から）
図10．各地の前期前方後円墳（注49・57・注58丸山竜平から）
図11．在地勢力と新勢力の分布と変遷（注70から）
図12．彦根市荒神山古墳と大津市膳所茶臼山古墳（注74から）
図13．主要古墳群の分布と水路・陸路
図14．西浅井町塩津丸山一号墳（注79から）

図15　高月町西野山古墳（注78から）
図16　長浜市茶臼山古墳（注71から）
図17　新旭町熊野本一八号墳・一九号墳（注95から）
図18　安曇川町田中王塚古墳群（注96から）
図19　今津町平ヶ崎王塚古墳群と妙見山古墳群（注97から）
図20　日野川流域に分布する主要古墳
図21　蒲生町木村古墳群（注99から）
図22　蒲生町木村古墳群（天乞山古墳・久保田山古墳）（注99から）
図23　竜王町雨宮古墳（注101から）
写真5　近江八幡市供養塚古墳（注100から・滋賀県教育委員会提供）
図24　安土町常楽寺山一号墳（注102から）
図25　水口町西罐子塚古墳（注106丸山竜平から）
図26　水口町塚越古墳（注106滋賀県教育委員会から）
写真6　水口町植遺跡の大型倉庫群（滋賀県教育委員会提供）
図27　水口町植遺跡周辺の地形（注110から）
図28　野洲町大岩山古墳群の三つのグループ（注117宮山一号墳から）
図29　野洲町大塚山古墳（注117大塚山古墳から）
図30　栗東市新開一号墳副葬品出土状態（注118新開一号墳から）
図31　栗東市下戸山古墳（注118下戸山古墳から）
図32　栗東市地山古墳と椿山古墳（注118椿山古墳・地山一号墳から）
写真7　栗東市新開四号墳出土の船形埴輪（注123図録から・栗東歴史民俗博物館提供）
図33　守山市服部遺跡の古墳群（注125・126から）

図34．草津市南笠一号墳・二号墳（注130草津市花摘寺跡等調査団から）
図35．旧滋賀郡に分布する主要古墳（『図説大津の歴史』上巻（一九九九年）から）
図36．大津市木ノ岡古墳群（注79から）
図37．「倭の五王」の時代の主要古墳群（〇印）
図38．近江の方墳と主要在地首長墓
図39．山背・久津川古墳群平川支群と方墳（注136から）
図40．大和・佐紀古墳群と吉野川流域の方墳（注136から）
図41．丹波・亀岡盆地の方墳（注136から）
図42．丹波・福知山盆地の方墳（注136から）
図43．古代敦賀津の復元（注156から）
図44．敦賀市向出山一・二号墳（注157から）
図45．越前の首長墓（近藤義郎編『前方後円墳集成』中部編（一九九二年）から）
図46．北国脇往還道沿いに分布する首長墓（注91から）
図47．若狭の首長墓（注164網谷克彦から）
図48．上中町十善の森古墳の横穴式石室（注164斎藤優から）
図49．湖西北部の首長墓
写真8．高島町鴨稲荷山古墳の家形石棺（高島市教育委員会提供）
図50．高島町鴨稲荷山古墳出土の金銅装環頭大刀（復元図：長さ九一・八㎝）（注168梅原末治から）
図51．旧伊勢湾岸線と主要後期前方後円墳（注170から）
図52．名古屋市断夫山古墳（注173から）
図53．琵琶湖と美濃・越前・若狭（注155から）
図54．近江町息長古墳群（注91から）

図55　近江町山津照神社古墳（注175高橋克壽ほかから）
図56　淀川水系の首長墓と継体大王の宮都（注155から）
図57　宇治市宇治二子塚古墳（注180から）
図58　大津市国分大塚古墳（注182から）
図59　野洲町林ノ腰古墳（注183から）
図60　高槻市今城塚古墳（『高槻市史』第六巻（一九七三年）から）
図61　高島町鴨稲荷山古墳の横穴式石室（注168梅原末治から）
図62　野洲町越前塚古墳の横穴式石室（注184から）
図63　大津市国分大塚古墳の横穴式石室（後円部）（注182から）
図64　五個荘町丸山古墳群の横穴式石室（注191から）
図65　湖北町四郷崎古墳の横穴式石室（注193から）
図66　安土町竜石山二号墳の横穴式石室（注200から）
図67　彦根市葛籠北古墳群（注126・205から）
図68　三つの横穴式石室の分布
図69　八日市市八幡社四六号墳（注246から）
図70　野洲町三上山西麓の群集墳
図71　大津市福王子一八号墳（注209から）
図72　高島郡内出土の環頭大刀　（左）鴨稲荷山古墳：双龍文（注213から）、（右）北牧野二号墳：単龍文（注214から・滋賀県教育委員会提供）
写真９　大津市大通寺三七号墳出土の金銅装銀鋲剣菱形杏葉（注223から・滋賀県教育委員会提供）
写真10　草津市北谷七号墳出土の銀象眼のある刀の柄頭（注224から・滋賀県教育委員会提供）
写真11　多賀町楢崎三七号墳出土の鉄製木工具（注227から・多賀町教育委員会提供）

写真12．大壁造建物の復元模型（財団法人滋賀県文化財保護協会提供）
写真13．県内各地の徳利形須恵器（滋賀県教育委員会提供）
写真14．彦根市福満遺跡出土の子持勾玉（注244から・彦根市教育委員会提供）
図73．大津市横尾山一号墳の横穴式石室（注251から）
図74．大津市横尾山古墳群（注251から）

第二章

図1．近江大津宮中枢部推定復元図（注3から）
図2．大津市崇福寺跡（注4から）
図3．大津市南志賀町廃寺跡（注6滋賀県教育委員会から）
図4．大津市穴太廃寺跡（注7から）
図5．大津市穴太廃寺跡出土の軒丸瓦（注3から）
図6．近江大津宮と寺院の配置（注3から）
図7．城（●）と朝鮮式山城（○）の分布（注10から）
図8．大海人皇子を巡る系図
図9．大海人皇子軍と近江朝廷軍の進軍経路（直木孝次郎「壬申の乱」（『国史大辞典』第七巻　吉川弘文館　一九八六年　から）
写真1．「勢多橋」の橋脚基礎（大津市唐橋遺跡）（注11から・滋賀県教育委員会提供）
図10．飛鳥浄御原宮跡とその周辺（注12から）
図11．藤原京跡の復元図（注12から）
図12．大官大寺跡の伽藍（注13から）
図13．飛鳥寺跡の伽藍（注14から）

図14．川原寺跡の伽藍（注15から）
図15．本薬師寺跡の伽藍（注16から）
図16．本薬師寺（左）と藤原宮（右）の所用軒瓦（瓦の型式は注82に従う）
図17．大津市崇福寺跡（左）と南滋賀町廃寺跡（右）出土の軒丸瓦（川原寺跡出土軒丸瓦と同笵）
図18．壬申の乱の激戦地と寺院跡（注17から）
図19．米原町三大寺跡の位置（注20から）
写真2．米原町三大寺跡塚原地区の基壇跡（注20から・米原市教育委員会提供）
図20　米原町三大寺跡出土の軒瓦（（左）寺尾堂宇（注19から）・（右）塚原堂宇（滋賀県教育委員会提供））
図21．彦根市高宮廃寺跡出土の軒瓦（注25から）
図22．彦根市高宮廃寺跡と竹ヶ鼻廃寺跡・鳥籠山遺跡の位置
写真3．天満宮境内に残された草津市花摘寺跡の礎石群
図23．草津市花摘寺跡の想定寺域（注27草津市教育委員会から）
図24．草津市花摘寺跡出土の藤原宮式軒瓦（注19から）
図25．大津市国昌寺跡出土の藤原宮式軒瓦（注32西田弘から）
図26．米原町三大寺跡塚原堂宇出土の須恵器杯身・蓋（注20から）
図27．長浜市大東遺跡の遺構分布図（注36滋賀県教育委員会他から）
写真4．長浜市大東遺跡出土の軒瓦（注36から・滋賀県教育委員会提供）
写真5．高月町保延寺大海道遺跡出土の軒瓦（注38から・滋賀県教育委員会提供）
図28．高月町保延寺「華寺」出土の軒瓦（1）（注40から）
図29．高月町保延寺「蓮寺」出土の軒瓦（2）（注40から）
図30．高月町井口遺跡の瓦の出土地点（「殿町」と「華寺」）
写真6．高月町井口遺跡出土の平瓦（注37から・滋賀県教育委員会提供）

写真7．高月町井口遺跡出土の軒平瓦（注37から・滋賀県教育委員会提供）
写真8．高月町井口遺跡出土の軒丸瓦（注37から・滋賀県教育委員会提供）
写真9．びわ町満願寺遺跡および下八木地先出土の軒丸瓦（注42田中勝弘から）
写真10．びわ町満願寺遺跡出土の軒平瓦（注42田中勝弘から）
写真11．近江町飯村廃寺跡出土の軒丸瓦（右）（注44から）と堂谷遺跡出土の鴟尾（左）（注45西田弘から）
図31．大津市近江国府域周辺の主要遺跡と古代官道（注48から）
図32．近江国庁の政庁跡（注53から）
図33．近江国庁跡出土の軒瓦（注53から）
図34．大津市青江遺跡（注52大津市教育委員会から）
写真12．大津市惣山遺跡の倉庫群（大津市教育委員会提供）
図35．草津市野路小野山製鉄遺跡（注56草津市教育委員会から）
図36．聖武天皇関係人物略系図
図37．大海人皇子の壬申の乱と聖武天皇の東国行幸の行程（注60瀧浪貞子から）
写真13．大津市膳所城下町遺跡の大型堀立柱建物（注63から・滋賀県教育委員会提供）
図38．大津市膳所城下町遺跡と膳所廃寺跡・相模町廃寺跡（注33から）
図39．大津市膳所城下町遺跡の奈良時代後半の遺構群（注63から）
図40．天野川流域の寺院跡と息長古墳群
図41．近江町法勝寺跡出土の軒瓦
図42．『竹ヶ鼻村地券取調総絵図』（注45『彦根市史』上冊（一九六〇年）から）
図43．彦根市竹ヶ鼻廃寺跡出土の軒瓦（1）（『彦根市史』上冊（一九六〇年）と『滋賀県史蹟名勝天然記念物調査概要』（一九三六年）掲載分）
図44．彦根市竹ヶ鼻廃寺跡の遺構図（1）（左：昭和五八年度・右：平成二年度）（注26から）

写真14・彦根市竹ヶ鼻廃寺跡出土の軒瓦（2）（平成二年度）（注26から・彦根市教育委員会提供）
図45・彦根市竹ヶ鼻廃寺跡出土の軒瓦（3）（平成七年度）（注26から）
図46・彦根市竹ヶ鼻廃寺跡の遺構図（2）（平成七年度）（注26から）
図47・近江八幡市勧学院遺跡出土の「習書木簡」（注66から）
図48・草津市花摘寺跡出土の軒瓦（注27から）
図49・野洲町福林寺跡出土の軒瓦（注28から）
図50・野洲郡衙推定地（特殊地割）と周辺の奈良時代官衙遺構（注70森隆から）
図51・京都府恭仁京跡の復元図（注72から）
図52・京都府恭仁宮跡の推定内裏後殿（ＳＢ五五〇七）（下）と大津市膳所城下町遺跡の大型掘立柱建物（上）
図53・聖武天皇の難波宮（後期難波宮跡）（注73から）
図54・信楽町宮町遺跡（紫香楽宮跡）（注75から）
図55・信楽町宮町遺跡出土の荷札木簡（注75から）
図56・信楽町宮町遺跡の中心区画（注75から）
図57・信楽町新宮神社遺跡の推定朱雀道（道路一）（注76から）
図58・信楽町宮町遺跡北辺部の官衙遺構群（注75から）
図59・昭和五年調査の「史跡紫香楽宮跡」の実測図（注74から）
図60・「史跡紫香楽宮跡」出土の軒瓦（注81・83から）
図61・京都府山背国分寺跡（上二点）と奈良県平城宮跡（下四点）出土の軒瓦（注80・82から）
図62・「史跡紫香楽宮跡」の復元図（注78から）
写真15・信楽町鍛冶屋敷遺跡全景（上が北）（注84から・滋賀県教育委員会提供）
写真16・信楽町鍛冶屋敷遺跡出土の墨書土器（「二竈領」）（注84から・滋賀県教育委員会提供）
写真17・「史跡紫香楽宮跡」の経楼跡と焼土層の下から見つかった回廊跡の礎石（滋賀県教育委員会提供）

図63・大津市瀬田廃寺跡の伽藍配置図（注51大津市教育委員会から）
写真18・大津市瀬田廃寺跡出土の軒瓦（注51滋賀県教育委員会から・滋賀県教育委員会提供）
図64・大津市石山国分遺跡出土の平安時代の軒瓦（注92から）
写真19・大津市南郷田中瓦窯跡第一号窯（ロストル構造を持つ平窯）（注93から・滋賀県教育委員会提供）
図65・大津市石山国分遺跡（ハ区画はロ区画の西側にある）（注92から）
図66・大津市石山国分遺跡出土の奈良時代の軒瓦（注92から）
図67・平城京以北の奈良時代の駅路と関津遺跡（原図：足利健亮『日本古代地理研究』一九八五年）
図68・大津市関津遺跡の道路跡と建物群（注94から）
図69・史跡崇福寺跡と「三井寺」・「韓埼」
図70・史跡崇福寺跡南尾根の堂塔伽藍（注4から）

■著者略歴

田中　勝弘（たなか　かつひろ）

京都市生まれ。

京都教育大学卒業。

財団法人古代学協会平安博物館、滋賀県教育委員会文化財保護課、途中、財団法人滋賀県文化財保護協会・滋賀県立安土城考古博物館学芸課（出向）を経て、現在、滋賀県埋蔵文化財センター参事。

専門は考古学。

主な著書に

・『近江の古代寺院』（共著）1989年

・『新修彦根市史』第一巻　通史編　古代・中世（分担執筆）2007年

・『淡海文庫37 遺跡が語る近江の古代史—暮らしと祭祀—』2007年

など

古墳と寺院—琵琶湖をめぐる古代王権—

2008年8月20日発行

著　者／田　中　勝　弘

発行者／岩　根　順　子

発行所／サンライズ出版株式会社

〒522-0004 滋賀県彦根市鳥居本町655-1

TEL 0749-22-0627　FAX 0749-23-7720

印刷・製本／P-NET信州

ISBN978-4-88325-366-1 Printed in Japan